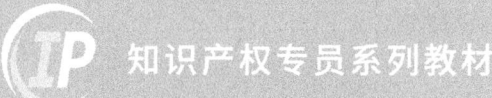
知识产权专员系列教材

科研机构
知识产权管理

宋河发　潘成利◎著

知识产权出版社
全国百佳图书出版单位
—北京—

图书在版编目（CIP）数据

科研机构知识产权管理 / 宋河发，潘成利著 .—北京：知识产权出版社，2025.4. —（知识产权专员系列教材）. —ISBN 978-7-5130-9918-9

Ⅰ. D923.4

中国国家版本馆 CIP 数据核字第 2025SX9326 号

内容提要

本书将科研机构知识产权管理的理论分析、实证研究和政策实践相结合，突出知识性、理论性以及政策措施的可操作性。

本书可作为科研机构知识产权相关人员培训的教材，也可作为创新管理和知识产权管理专业研究生的教学参考书，适合科研机构知识产权管理人员与科研人员阅读，也适合科技管理人员与政策研究人员阅读。

责任编辑：尹　娟　　　　　　　　　　　责任印制：孙婷婷

知识产权专员系列教材

科研机构知识产权管理

KEYAN JIGOU ZHISHI CHANQUAN GUANLI

宋河发　潘成利　著

出版发行：知识产权出版社有限责任公司		网　址：http://www.ipph.cn	
电　话：010-82004826		http://www.laichushu.com	
社　址：北京市海淀区气象路 50 号院		邮　编：100081	
责编电话：010-82000860 转 8702		责编邮箱：yinjuan@cnipr.com	
发行电话：010-82000860 转 8101		发行传真：010-82000893	
印　刷：北京中献拓方科技发展有限公司		经　销：新华书店、各大网上书店及相关专业书店	
开　本：720mm×1000mm　1/16		印　张：42	
版　次：2025 年 4 月第 1 版		印　次：2025 年 4 月第 1 次印刷	
字　数：708 千字		定　价：149.00 元	
ISBN 978-7-5130-9918-9			
出版权专有　侵权必究			
如有印装质量问题，本社负责调换。			

目 录

第一章 概 论 — 001
- 1.1 研究背景 — 001
- 1.2 主要国家或地区知识产权战略动向 — 004
- 1.3 科研机构知识产权管理意义 — 011
- 1.4 研究综述 — 013
- 1.5 研究内容 — 026
- 1.6 特色与创新之处 — 027

第二章 科研机构知识产权发展状况 — 029
- 2.1 科研机构知识产权发展现状 — 029
- 2.2 科研机构知识产权发展分析 — 036
- 2.3 小结 — 041

第三章 部分国家及地区科研机构与高校知识产权管理 — 043
- 3.1 美国科研机构与高校知识产权管理 — 043
- 3.2 欧洲科研机构与高校知识产权管理 — 057
- 3.3 日本科研机构与高校知识产权管理 — 069
- 3.4 小结 — 078

第四章 科研机构知识产权管理理论基础 — 081
- 4.1 科研机构知识产权管理理论 — 081

4.2 科研机构知识产权管理概念 …… 086
4.3 科研机构知识产权管理功能 …… 088
4.4 科研机构知识产权管理分类 …… 092
4.5 科研机构知识产权管理原则 …… 095
4.6 科研机构知识产权管理标准 …… 106
4.7 科研机构知识产权综合评价 …… 114
4.8 小结 …… 124

第五章 知识产权战略规划管理 …… 126

5.1 知识产权战略规划管理概述 …… 126
5.2 科研机构知识产权战略规划管理 …… 129
5.3 知识产权战略规划评估 …… 155
5.4 小结 …… 156

第六章 科研机构知识产权组织管理 …… 157

6.1 科研机构知识产权组织管理概述 …… 157
6.2 国外科研机构知识产权组织管理 …… 158
6.3 国内科研机构知识产权组织管理 …… 162
6.4 科研机构知识产权组织管理职能 …… 169
6.5 科研机构知识产权组织关系 …… 177
6.6 知识产权管理机构人才队伍建设 …… 183
6.7 小结 …… 185

第七章 科研机构知识产权培训管理 …… 187

7.1 知识产权人才培养 …… 187
7.2 知识产权培训机构 …… 188
7.3 知识产权资格考试 …… 190
7.4 科研机构知识产权培训考试内容 …… 196
7.5 知识产权培训班 …… 210
7.6 知识产权培训问题分析 …… 219
7.7 小结 …… 222

第八章 科研项目知识产权全过程管理 …… 224

8.1 国内外科研项目知识产权管理 …… 224

8.2 科研项目知识产权管理 ················ 225
8.3 科研项目知识产权全过程管理概述 ········ 227
8.4 科研项目知识产权全过程管理主要环节与任务 · 234
8.5 科研项目知识产权全过程管理评估指标体系 ·· 241
8.6 小结 ····························· 249

第九章 科研项目知识产权分析 251
9.1 科研项目知识产权分析概念与分类 ········ 251
9.2 科研项目知识产权分析原则 ············ 252
9.3 科研项目知识产权分析报告结构与内容 ···· 254
9.4 科研项目知识产权检索分析 ············ 256
9.5 科研项目创新性分析 ················· 269
9.6 科研项目知识产权预测预警分析 ········· 278
9.7 科研项目知识产权战略布局分析 ········· 281
9.8 科研项目知识产权申请获取分析 ········· 288
9.9 科研项目知识产权维持分析 ············ 295
9.10 科研项目知识产权价值评估分析 ········ 298
9.11 科研项目技术标准与知识产权关联分析 ··· 303
9.12 科研项目知识产权转移转化分析 ········ 304
9.13 知识产权分析报告评估 ··············· 306
9.14 小结 ···························· 307

第十章 知识产权质量与效益管理 308
10.1 专利质量讨论 ····················· 308
10.2 主要国家和地区专利质量指标体系 ······ 310
10.3 专利质量研究综述 ················· 323
10.4 专利质量测度原则与指标体系 ········· 331
10.5 科研机构专利质量问题分析 ··········· 338
10.6 专利质量与专利价值 ················ 342
10.7 高价值专利 ······················· 345
10.8 小结 ···························· 349

第十一章 知识产权转移转化管理·················352
- 11.1 知识产权转移转化的内涵外延·················352
- 11.2 知识产权转移转化现状·················353
- 11.3 科技成果与知识产权转移转化法律政策·················353
- 11.4 知识产权转移转化服务体系·················359
- 11.5 知识产权转移转化政策工具·················375
- 11.6 转移转化问题分析·················380
- 11.7 科技成果转化和知识产权运营模式·················387
- 11.8 小结·················394

第十二章 技术标准与知识产权管理·················400
- 12.1 技术标准·················400
- 12.2 标准知识产权政策·················402
- 12.3 标准专利披露政策·················404
- 12.4 标准专利许可政策·················407
- 12.5 专利池政策·················409
- 12.6 许可收益与收益分配政策·················411
- 12.7 标准必要专利与产业创新发展·················429
- 12.8 小结·················446

第十三章 科技成果知识产权激励政策·················448
- 13.1 主要国家知识产权权属法律政策·················448
- 13.2 知识产权权属激励·················449
- 13.3 国有资产管理与知识产权运用·················456
- 13.4 创新生态体系理论与科技成果转化和知识产权运用·················463
- 13.5 促进科技成果转化知识产权实施权制度·················466
- 13.6 知识产权共有制度·················477
- 13.7 知识产权股权激励·················482
- 13.8 科研机构知识产权奖励报酬·················484
- 13.9 小结·················489

第十四章 知识产权保护管理·················490
- 14.1 知识产权管理制度·················490

14.2	知识产权合同管理	494
14.3	知识产权源头保护	501
14.4	知识产权行政司法保护	511
14.5	小结	517

第十五章 知识产权风险管理 519

15.1	风险管理理论	519
15.2	知识产权风险识别	521
15.3	基础管理知识产权风险	525
15.4	科研项目知识产权风险	529
15.5	科研机构知识产权风险管理	536
15.6	小结	542

第十六章 知识产权法规与政策 543

16.1	国际知识产权条约	543
16.2	我国相关知识产权法律	549
16.3	科技计划知识产权政策	573
16.4	科技创新知识产权政策	584
16.5	中国科学院知识产权政策	585
16.6	知识产权政策体系	590
16.7	科研机构知识产权政策体系	626
16.8	小结	640

参考文献 641

致谢 662

第一章 概 论

当今世界，科学技术呈加速发展态势，各国竞争的核心是科技创新的竞争，知识产权已成为一个国家的战略资源和核心要素。高校科研机构和企业是国家创新体系的重要主体，担负着为做出引领性原创性成果突破和关键核心技术攻关的重任。加强科研机构知识产权管理，高水平创造和有效运用知识产权，是实施创新驱动发展战略和高质量发展的必然要求，是提升科技创新效率的重要手段，具有重要的历史和现实意义。

1.1 研究背景

当前，科学技术呈加速发展态势，以新一代人工智能、6G 通信、量子信息、元宇宙、智慧互联为代表的信息科学，以干细胞、合成生物学为代表的生命科学，以及以暗物质暗能量为代表的空间科学正在发生一系列显著的突破，新一轮科技革命及其引发的产业变革如火如荼，数字经济与实体经济加速融合。当今世界，大国竞争日益加剧，国际形势剧烈动荡，世界正经历百年未有之大变局。世界各国的竞争是综合国力的竞争，实际是科技创新能力的竞争，本质是知识产权的竞争。

近年来，许多国家发布了一系列促进科技创新战略。2011 年的《美国创新战略——投资建立美国创新区》提出实行永久研究与实验（R&E）税收减免政策。扩大 R&E 税收信贷政策范围并永久化，统一为 R&E 的 20%。这是有史以来增幅最大的 R&E 税收减免。简化税收信贷政策，将简化税收信贷率提高到 17%，这将有利于激励企业增加投资。将税收信贷政策永久化，企业由此可以投资，增加就业，并对未来继续享受信贷的收益充满信心。

2011年2月，美国发布了《创新战略——确保经济增长和繁荣》报告，论述了创新赢得未来是必由之路，明确提出"私营企业是创新的动力"，明确政府作为创新推动者的作用，提出了无线计划、专利改革、K-12教育、清洁能源技术开发、创业计划等五项核心行动方案，提出了培育下一代世界级劳动力、强化基础研究领先地位、建设先进基础设施、发展先进信息技术生态系统等五个内容的投资创新要素举措，并包括税收信贷政策永久化、支持和保护知识产权、创新系统发展、支持创新的企业家、支持清洁能源、生物纳米与先进制造技术空间技术应用、卫生和医疗发展等优先领域突破等。2015年10月，美国政府发布了第三版《美国创新战略——投资建立美国创新区》。主要包括投资基础创新领域、激励企业创新、扩大创新税收信贷政策，培养更多创新人才，创造高质量就业岗位和促进经济增长，推动国家重点创新领域取得突破，建设创新型政府等。2018年10月，美国发布《先进制造业领导战略》，概述了新阶段美国引领全球先进制造的愿景，提出通过发展和推广制造新技术、培育先进制造业所需的新劳动力、扩大国内制造业供应链的能力三大任务，确保美国国家安全和经济繁荣。2011年1月，美国总统签署了《美国2010竞争复兴法》，其中一项重要的工作是成立创新咨询委员会。2018年以来，美国不断以强迫技术转让、盗窃知识产权等名义指责中国，对中国商品加征关税，发布中国实体名单，禁止对中国高新技术的投资。近年来，美国对我国出口商品加征关税，将1 200多家企业和高校科研机构列入实体名单，2022年发布的《芯片和科学法案》为美国半导体的研究和生产提供高额研发投入、政府补贴和投资税抵免并加强芯片技术标准化的控制，明确提出限制有关芯片企业在中国开展正常经贸与投资活动。2020年6月，美国总统科技顾问委员会（PCAST）发布《关于加强美国在未来产业中领导地位的建议》，首次提出建议组建未来产业研发联合体（IotFIS），以维持和巩固美国全球科技领导者地位，并建议拜登政府建设未来产业研究所，聚焦人工智能、量子信息科学、先进制造、生物技术和先进通信网络五大未来产业，开展交叉研究。2022年2月，美国国家半导体技术中心（NSTC）发布了《关键和新兴技术清单》，清单在《关键和新兴技术国家战略》（2020年）基础上，移除了部分传统技术，新增和更新了部分关键和新兴技术领域。在2021年美国总统拜登上任后高度重视教育的可及性和STEM人才的培养。

2022年2月8日，欧盟委员会通过《欧洲芯片法案》，强化欧盟在研究和技术层面的领导地位；建立并强化欧盟在先进、节能和安全芯片设计、制造和包装方面的创新能力，并将其转化为制成品；建立一个适当的框架大幅提高其在2030年前的芯片生产能力，减少对外依赖；解决技能短缺问题，吸引创新人才并支持熟练劳动力的培养；加深对全球半导体供应链的了解。《欧洲芯片法案》提出了"欧洲芯片倡议"支持大规模的技术能力建设和尖端芯片创新；设立一个新框架吸引大规模投资，提高芯片生产能力，确保供应安全；建立一个成员国和欧盟委员会之间的协调机制以监测市场发展和预测危机的三大重点。

英国、德国、日本等发达国家也纷纷出台未来产业相关科技创新政策和战略部署。英国发布《产业战略：建设适应未来的英国》，旨在以科技促进英国的经济发展和转型。英国2020年实施"全球人才签证"弥补英国脱欧后造成的科研人员流失，大力吸引世界顶尖高层次技术人才等来英工作，且申请名额不设上限。德国《高技术战略2025》的主题就是"研究与创新为人民"，依靠科技提高生活质量、保护生存基础、保障德国经济在全球主要市场占据竞争优势。2023年3月18日，荷兰ASML公司正式发布了《关于额外出口管制的声明》。2023年5月23日，日本经济产业省公布了外汇法法令修正案，将先进芯片制造设备和氟化氢、蚀刻液、聚酰亚胺和高纯度氟材料等23个品类追加列入出口管理的管制对象，限制对中国出口。

党的十八大以来，我国经济科技快速发展，根据世界知识产权组织（WIPO）《2021年全球创新指数报告》，我国创新指数2023年排名第11位，较2012年提高了23个位次。但是我国科技创新能力还存在一些短板弱项，与高质量发展还有差距。为从根本上解决我国面临的人口、资源和环境问题，增强我国的自主创新能力和竞争力，2006年1月，我国颁布了《国家中长期科学和技术发展规划纲要（2006—2020年）》及配套政策，确立了我国今后15年的科技工作指导方针："自主创新、重点突破、支撑发展、引领未来"，确立了我国2020年科学技术发展的总体目标："自主创新能力显著增强""进入创新型国家行列"，特别强调要"实施知识产权战略和技术标准战略"。党的十八大作出了实施创新驱动发展战略的决定，明确提出"科技创新是提高社会生产力和综合国力的战略支撑，必须摆在国家发展全局的核心位置"，"要坚持走中国特色自主创新道路，以全球视野谋划和推动创新，提高原始创新、集成创新和引进消化吸收再创新能力，更加注重协同创新"，并从深化科技体制改革、完善国家创新体系、优化创新环境层面对科技创新工作进行了部署。党的十九大提出了高质量发展的战略决策，明确指出"创新是引领发展的第一动力，是建设现代化经济体系的战略支撑"，并对基础研究和重大突破、应用研究与技术研发、国家创新体系建设和创新要素进行了战略部署。党的二十大提出走中国式现代化道路，对科技创新作出了两个方面的部署。一是要求完善科技创新体系，二是加快实施创新驱动发展战略。完善科技创新体系，提升国家创新体系整体效能，加快实施创新驱动发展战略，实现高水平科技自立自强，都需要发挥知识产权的支撑、服务和引领作用。

1.2 主要国家或地区知识产权战略动向

20世纪以来，一些发达国家相继制定和发布知识产权战略，在科技创新中强化知识产权保护和运用，将知识产权与科技创新、国际贸易紧密结合，加强知识产权国际协调保护，世界知识产权保护呈日益强化趋势，并作为国际竞争的工具。知识产权不仅成为国际竞争力的核心，也成为国际经济政治博弈的重要内容。加强知识产权管理不仅成为许多国家科技和创新政策发展的热点，也成为许多国家知识产权法律制度关注的重点。

（1）美国。美国2009年发布的《美国创新战略——推动可持续增长和高质量就业》提出要加强知识产权创造和保护。在知识产权创造上，强调对R&E实行税收信贷永久化政策，预算额度高达750亿美元，激励企业投入、创新和发展。在知识产权保护上创新战略"必须确保知识产权在海外市场和允许更多国际间竞争的技术标准得以保护"，"政府现正致力于确保美国专利商标局有足够的资源、权力和灵活性来有效管理美国的专利制度，给创新性知识产权授予高质量专利，同时拒绝受理不值得给予专利保护的权利要求"。2011年的《美国创新战略——投资建立美国创新区》特别提出，要"通过有效的知识产权政策促进创新"，"资助并保护有效的知识产权"。一是"公共政策必须确保创新者可以及时得到高质量的知识产权"。美国专利商标局修改了专利审查员的成果奖励制度,采用了新的更全面的专利质量审查程序。奥巴马政府支持全面的专利立法改革,实施美国专利商标局的可持续资助模式。第一次要求审查员严格执行《美国专利法》第112条,提高专利质量,并将专利审查时间从35个月降至20个月。二是"政府将继续优先考虑知识产权执法,通过知识产权保护继续支持美国企业和消费者"。2010年6月22日,美国知识产权执法协调员办公室(IPEC)发布了第一个联合战略计划,以打击知识产权侵权现象,主要包括6个方面33项条款。三是达成反假冒贸易协议,并"建立一个强有力的执行打击假冒和盗版商品的法律框架,也要推动关键实践活动促进法律在现实中生效"。2015年的《美国创新战略——投资建立美国创新区》提出建立强有力的知识产权体制,认为"完备的知识产权制度能够确保在创新的各个阶段对创造者发挥激励作用并吸引重要投资",为此将进一步健全专利立法,完善专利体系,解决滥用专利诉讼的问题。同时,要建立平衡的反垄断制度保护创新。反垄断法的基本目标是保障消费者适当利益和推动创新。通过平衡各方利益,这些法律可以让消费者以较低的价格享受更好的科技产品和服务。反垄断法通过禁止不正当竞争合并、共谋和排他的垄断权利的使用保证正当竞争。

2011年1月,美国通过了新修订的专利法(美国法典第35部分)并正式实施,将先发明制改为先申请制。2011年9月16日,美国发布《创新美国法案》,建立可持续资助模式,以降低专利案件积压和未决时间,促进投资者提高专利质量,上诉前引入新的异议程序为挑战专利有效性提供了更低成本的渠道,对小微企业费用减免使得非独立和缺乏资源的发明人更容易获得知识产权,加强国际协调简化海外获权过程,建立申请快速通道使得发明更快投入市场。政府还通过专利信息可及性和可使用计划,减少专利诉讼滥用。美国司法部和联邦贸易委员会2010年修改发布的《平行兼并指南》提出,执法机制应同时考虑兼并对创新活动激励的影响和兼并是否会带来能增强创新能力的互补能力。

2015年初,美国参众两院就改进美国的专利系统,众议院提出提案《专利改革创新法案》,着眼于改善专利诉讼程序本身。参议院提出提案《专利强化法案》着眼于提高授权专利的质量。2015年6月,美国通过了《创新法案》。此外，美国参议院还通过了《保护美国人才和企业家法案》，规定在专利诉讼中，当法院认定一方当事人为无理行动时，法官应判定无理方支付另一方的律师费，还要求在一些专利侵权诉讼中推迟高成本的举证过程，防止企业因使用涉嫌侵权产品而被诉讼。

2022年1月5日，美国总统签署《2022年保护美国知识产权法案》，拓展已有民事诉讼程序、刑事程序、特别"301"调查以及"337"调查等知识产权保护措施，拓展政府部门行政监管与行政执法的权力，给出了12项对相关主体的制裁措施和2项对个人的制裁措施。一旦违反法案相关规定，企业可能被列入实体清单并面临资产冻结，同时个人面临人身风险。

2023年6月7日，美国专利商标局发布了《2022—2026年战略计划》，该计划旨在促进国家创新、发展包容性资本主义并提升全球竞争力优化专利质量和流程。共有五个目标，一是提升美国包容性创新力和国际竞争力，二是促进高价值知识产权的有效形成，三是保护知识产权使其免受新的持续性威胁，四是使创新为公众带来积极效应，五是优化机构运营以提升员工和客户体。

（2）日本。日本2003年提出知识产权立国战略之后，不断优化支持创新的知识产权法律制度和政策，加强对中小企业专利申请的政策优惠，重视知识产权政策与创新政策的结合，每年推出新的知识产权推进计划。尤其是日本特许厅（JPO）2022年3月18日发布《2022年知识产权推进计划》，主要内容包括：①支持初创企业充分利用知识产权获得投融资。完善对初创企业知识产权的战略支撑体系与环境，如风险投资；完善初创企业灵活利用股票和新股认购权的环境，如取消大学对灵活收购、持有股票的各种限制，制定面向知识产权对价的新股认购权发行框架等；促进大型企业向初创企业提供经营资金。②促进大学知识产权商业化。要创造与商业化相关的知识产权，加强对国际专利申请的支持，制定维权流程指南，推动技术转移机构（TLO）集约化等；创造促进灵活收购股票和新股认购的环境；促进单独申请，创造便于大学许可共享专利的环境，加强研究成果利用情况的公开等。③促进知识产权和无形资产的投资与利用。加强对企业知识产权和无形资产的投资者治理，支持中小初创企业利用知识产权和无形资产获得资金，如担保。④促进技术种子和内容的获取。统一版权的权利处理；加强公共和私营部门信息技术设施之间的合作，以促进对研究人员、研究内容、论文、知识产权的检索，如考虑对自愿给予许可的激励机制，加强对知识产权的披露。⑤促进知识产权在数字市场和空间的应用。在 Web 3.0 和元宇宙等数字技术创造的市场和数字空间中，重新明确知识产权的意义，并促进其应用。⑥基于数字绿化的竞争战略，促进标准和数据的战略利用；通过利用国家专业人员等的成果，加强战略标准的利用；推动数据平台数据处理规则的实施。⑦助力知识产权建设的实务。创造优质知识产权的实务改进；改革专利代理人和律师的使命、职责（除申请代理和争议解决工作外，加强咨询业务）。

2023 年 6 月，日本特许厅发布《第三次区域知识产权振兴行动计划（2023—2025）》，支持区域和中小企业的知识产权创造、获取和利用。基本方针有：①建立有目标意识的支援体制，促进区域价值创造。②加强中央和地方支持中小企业知识产权的协同效应。③KPI 的设定与共享。中央在设定并推进 KPI（中央 KPI）的同时，区域也要设定并推进基于地方自治团体产业振兴等的 KPI（区域 KPI）。实操支援作为中央 KPI 的主要指标，在实施支援的基础上还要对支援结果进行分析，将分析结果反馈给区域，确保知识产权措施能够渗透到地方。

（3）欧盟。欧盟知识产权体系由欧盟层面法律和成员国层面法律两部分组成。2010 年，欧盟发布《欧洲 2020：创新、绿色增长和就业》报告，提出用"创新、绿色增长和就业"战略替代"里斯本战略"，把知识、创新和绿色增长作为欧盟竞争力的核心，促进欧洲知识产权制度的现代化，制定欧洲专利协定，还提出制定专利许可转让的知识市场政策。2014 年，欧洲专利局建立的包括检索、审查、异议、复审等专利审批程序的"质量管理系统"获得国际质量标准 ISO 9001 的认证。2015 年 10 月，法国、德国、英国等 7 个欧盟国家签署了有关统一专利法院协议的临时申请草案。2015 年年底已有包括上述国家的 8 个国家签署了该协议。2023 年 2 月 17 日，德国政府向欧盟理事会交存了其对《统一专利法院协议》（UPCA）的批准，使得与单一专利相关的一揽子法规能够在目前 17 个国家生效。单一专利体系和统一专利法院在 2023 年 6 月 1 日正式开始运行。

欧洲专利局行政理事会于 2021 年 6 月 30 日批准并通过《数据保护条例》，该条例在 2022 年 1 月 1 日正式生效。欧盟知识产权局于 2022 年 8 月 19 日发布《虚拟商品和 NFTs 分类方法》。根据欧盟知识产权局的规定，所有可下载的材料都适合纳入第 9 类。"虚拟物品"是指在网上社区或网络游戏中购买和使用的非实物物品。因此，所有虚拟商品都属于第 9 类，它们被视为数字内容或图像。

2023 年 1 月 23 日，欧盟委员会和欧盟知识产权局启动了新的 2023 年欧盟中小企业基金，为欧盟中小企业提供知识产权抵用券。新的欧盟中小企业基金预算为 6 010 万欧元。成员国知识产权预诊断（IP Scan）费用可报销 90%；知识产权局商标和外观设计注册费可报销 75%；WIPO 收取的商标和外观设计的国际保护费用可报销 50%。将欧洲专利和植物新品种纳入，提供资金总额 510 万欧元，欧盟植物品种局收取的植物新品种注册申请费可报销 50%。

2023 年，欧洲专利局发布《2023 年战略计划》。共有五个目标：一是建立一个参与型、知识型与协作型的组织；二是简化 IT 系统并提高现代化水平；三是提供高质量的产品和服务；四是建立具有全球影响力的欧洲专利制度和网络；五是确保长期可持续性发展。

英国 2023 年公布了《2026 年战略和优先事项（2022—2023）》，战略愿景是将知识产权做到最好，确保英国成为世界上最具创新性和创造力的国家。一是提供卓越的知识产权服务：到 2026 年，实现快速、可靠、灵活、高质量的服务，提供不同知识产权类型的无缝体验。二是营造世界领先的知识产权环境：到 2026 年，调整知识产权制度与国际、国内的变化同步，包括技术变革、贸易协议、全球知识产权制度，确保 IP 被视为一种资产，真正释放知识产权的价值。三是提供优秀的工作环境：到 2026 年，英国知识产权局将不断改进以满足未来的需求。

2022 年 10 月 20 日，英国科学、创新和商业界齐聚伦敦皇家学会和曼彻斯特科学与工业博物馆，启动了英国技术转移政府办公室 GOTT。2023 年 4 月 17 日，英国科学、创新、技术部（DSI）和技术转移政府办公室（GOTT）共同发布《管理知识产权和保密指南》。2023 年 8 月，英国政府发布知识资产管理战略指南（KAMS），以帮助公共部门组织制定知识资产管理战略，考虑其付诸实践所需的条件，确保组织内有效的知识资产管理。需要根据组织的需求来调整组织结构、政策和流程。

（4）韩国。2022 年 8 月 18 日韩国知识产权局发布《知识产权综合计划》。

一是实施基础牢固的知识产权审查和审判。2023 年将半导体领域退休的民间专业研究人员投入到专利审查中，2024 年扩大至电池、第五代通信（5G）、第六代通信（6G）、氢能、尖端机器人、生命工程（生物）、航空航天等尖端战略产业领域，提高审查的专业性和速度，防止技术流失海外。优先审查半导体等尖端技术专利，大幅缩短审查时间，支持韩国企业抢占尖端技术领域专利和市场。到 2027 年，构建以高性能、强大的人工智能为基础的智能审查系统，提高相似专利和商标检索准确度。二是面向科学与产业界的知识产权服务创新：为韩国企业营造以知识产权为基础的稳定发展环境。分析专利大数据，扩大对以开发核心技术的产学研为对象的标准专利战略支援，从 2022 年航空航天、数字医疗保健等到 2023 年实现半导体、显示器、二次电池等。扩大以中小企业为对象的职务发明制度咨询支援事业，实现知识产权产业化，推动引进专利盒税制。提升知识产权价值评估的可靠性，强化发明评估机构的知识产权价值评估能力，2023 年设立运营"知识产权评估管理中心"，2025 年构建基于人工智能的知识产权价值评估系统。扩大知识产权金融规模，增加知识产权价值评估费用的支持。2027 年将知识产权金融规模扩大至 23 万亿韩元。完善知识产权保护体系，引入共同诉讼代理制度，通过聘请专利代理师和律师共同担任代理人，保护元宇宙中的外观设计和商标，加大对商业秘密海外泄露的处罚力度，将推行"秘密专利制度"。三是加强对以知识产权为基础"进军海外"韩国企业的支援：扩大重视知识产权地区专利官派遣，运营改编地区海外知识产权中心（IP-DESK），2022 年覆盖美国、欧盟等 5 个国家和地区，2027 年计划扩大到越南、印度、墨西哥等 8 个国家。加大对海外韩国品牌伪造商品的监控力度，支持企业开展非专利实施主体（NPE）专利无效调查等。扩大面向海湾阿拉伯国家合作委员会（GCC）、南美等国家的韩国知识产权体系的传播，推动更多韩国专家进入世界知识产权组织。

韩国知识产权局 2022 年 11 月 30 日发布《知识产权组合优化技术保护战略指南》，综合利用专利、商业秘密、外观设计、商标等各种知识产权，对技术进行全方面保护。2023 年 6 月 8 日，韩国知识产权局发布《2022—2023 年知识产权政策推进成果和未来发展规划》，引入集中审查制度和电话专线应答制度，建立审查指数体系，提高了知识产权管理服务水平。搭建世界首个由组织、人员和制度构成的专利审查一揽子支持体系支持半导体领域发展。知识产权政策成为国政议题，强化国内外地位。未来五大核心推进任务：一是提高韩国知识产权局的内部能力。在二次电池和生物等战略性技术领域引入专利审查一揽子支持体系，正式推动AI在专利审查和裁决等全过程中的运用。二是保障未来的新增长动力。基于12项国家战略技术重组专利大数据，防止重复研发。新增知识产权重点建设高校，培养技术－知识产权复合型人才。三是制定公正的创新成果补偿体系，提高核心技术泄露处罚标准，完善职务发明的权利继承制度和诉讼结构。四是推动创新型企业的商业化。建立知识产权评估管理中心，开发交易、损害赔偿和职务发明等各类型评估模型，降低企业知识产权评估手续费。五是促进制定以知识产权为基础的出口增长政策。将海外知识产权中心（IP-DESK）的运营权移交至知识产权保护院，继续向中东和东盟等战略市场推广韩国特色的知识产权行政管理和审查服务体系。

2022年2月17日，韩国知识产权局发布2023年基于专利的研发战略（IP-R&D）支持通知，明确将向中小企业、中坚企业、大学和公共研究机构投入360亿韩元用于专利研发战略支持。2023年6月初，韩国知识产权局发布《2023年大学与公共科研机构专利技术商业化验证支持项目》实施方案，支持大学和公共科研机构、企业、财团具有技术转移和商业化潜力的专利，每项资助2 200万韩元（含增值税），包括专利技术试制品的制造、检测、认证所需要的直接成本。2022年8月30日，韩国知识产权局发布2023年基于专利的研发战略（IP-R&D），强化与他国存在差距的战略技术竞争力，涵盖半导体、显示器、二次电池、氢3个领域，涉及17个项目；抢占涵盖尖端移动手段（Mobility）、人工智能、机器人、网络安全3个领域，涉及17个项目的未来技术。通过建立专利战略专家和专利分析机构专门团队，开展专利大数据分析，提供专利壁垒应对策略和最佳研发方向。2023年8月，韩国知识产权局宣布成立知识产权评估管理中心，负责知识产权价值评估的质量管理，并将用于知识产权融资、交易和转让等领域，将开发多种知识产权价值评估模型，并将其推广至评估机构，同时运营知识产权评估信息系统，管理评估结果。

（5）中国。2008年6月，中国发布了《国家知识产权战略纲要（2008—

2020年)》，提出了"激励创造、有效运用、依法保护、科学管理"的方针，制定了"把我国建设成为知识产权创造、运用、保护和管理水平较高的国家"的目标。近年来，中国政府充分发挥国家知识产权战略实施部际联席会议制度的作用，加强知识产权法律制度建设，优化政府管理体制，强化知识产权创造、保护、运用、管理、服务，尤其是加强知识产权司法和行政执法保护，加强专利质量建设，深入推进知识产权强省、强市、强县和强企试点示范，知识产权工作取得了举世瞩目的成效。2015—2022年以来，国内发明专利申请量从133.9万件增加到161.9万件，从2011年开始连续多年居世界第一，每万人口发明专利拥有量从6.3件提高到9.4件。

特别重要的是，2020年11月中央政治局第二十五次集体学习专门研究知识产权工作。中共中央、国务院2021年9月印发《知识产权强国建设纲要（2021—2035年）》，提出了知识产权工作的发展目标、总体要求、六大任务和四项保障措施。国务院在2021年11月印发了重点专项规划《"十四五"国家知识产权保护和运用规划》，部署了五大战略任务。党的二十大提出走中国式现代化道路，对科技创新作出了两个方面的部署，一是要求完善科技创新体系，二是加快实施创新驱动发展战略，尤其是提出要"加强知识产权法制保障，形成支持全面创新的基础制度"。我国相继修正和通过了《中华人民共和国民法典》（以下简称《民法典》）、《中华人民共和国商标法》（以下简称《商标法》）、《中华人民共和国专利法》（以下简称《专利法》）❶、《中华人民共和国著作权法》（以下简称《著作权法》）、《中华人民共和国促进科技成果转化法》（以下简称《促进科技成果转化法》）和《中华人民共和国科学技术进步法》（以下简称《科技进步法》）等法律法规，知识产权保护力度和社会满意度不断提高，可以说中国知识产权的春天到来了。

1.3 科研机构知识产权管理意义

当前，我国已成为世界第二大经济体，也已成为世界研发投入大国。实施《知识产权强国建设纲要（2021—2035年）》以来，虽然我国知识产权能

---

❶ 本书中《专利法》特指2020年修正的《中华人民共和国专利法》。

力有了显著增强，但是我国离知识产权强国还有一定差距，我国每万人口发明专利拥有量等指标还低于发达国家，知识产权质量总体还不高，关键核心技术知识产权还比较缺乏，知识产权转化实施率总体还较低，世界知名品牌还不够多，知识产权使用费逆差还在不断扩大。我国原始创新能力不强，产业结构不合理状况依然突出，一些领域存在关键核心技术"卡脖子"问题，知识产权对提升我国创新能力和竞争力，促进形成新质生产力，促进经济社会发展的激励、保障和服务作用还远没有完全发挥出来。目前，我国面临的国内国际环境日益复杂，国家知识产权强国战略实施已进入关键时期和攻坚阶段，深入实施科教兴国战略、创新驱动发展战略、人才强国战略和知识产权强国战略，建设科技创新强国和知识产权强国，对知识产权发展提出了一系列新的要求，要求必须加强包括科研机构在内的创新主体的知识产权管理。

科研机构是指有明确的研究方向和任务，有一定水平的学术带头人和一定数量与质量的研究人员，有开展研究工作的基本条件，长期有组织地从事研究与开发活动的机构（成思危，2000）。科研机构一般分为社会公益类研究机构、技术开发类研究机构和社会科学类研究机构三类，其中社会公益类科研机构是指从事社会公益事业、技术基础和农业科学研究的科研机构的统称（陈静，冯国境，2003）。1986年3月，国家科学技术委员会颁布的《关于科研单位分类的暂行规定》将社会公益类科研机构分为三类：①社会公益事业，如医药卫生、劳动保护、计划生育、灾害防治、环境科学等；②技术基础工作，如情报、标准、计量、观测等；③农业科学研究工作。我国科研机构主要包括从事基础研究和应用基础研究的国家科研机构、提供共性技术的行业或部门科研机构，以及为地方经济社会发展提供支撑的地方科研机构三大类。

科研机构也可划分为公共科研机构和非公共科研机构两类。公共科研机构的公共性取决于科研活动服务对象的属性，解决市场机制不能解决的科技创新问题的科研机构都应当纳入公共科研机构的范畴。公共科研机构是我国科技机构的主体，是实现社会公共利益的科研机构。公共科研机构主要面向社会提供公共科研服务，具有较强的外部性和公共品性质。社会公益科研机构是公共科研机构，部分面向国家战略需求，部分面向产业共性技术和竞争前技术研发的、技术开发类科研机构也是公共科研机构。

目前，研究所是有组织从事科研活动的基本单元，我国研究所主要包括五大类型：一是公共基础性科技研究和服务组织；二是重大全局或局部性社会问题研究和科技服务组织；三是利用现有资源和资质从事公共技术咨询服务和社会事务的监测与评价等业务组织；四是区域农林牧副渔业及生态环境领域的基础性、突发性科学研究与技术支持服务组织；五是接受政府委托或具有半官方性质的政策宣传与执行组织（刘亚非，2006）。研究所具有与企业和营利性科研机构不同的特点，它不以营利为目的，主要从事研究开发活动，其产出具有显著的外溢性，科研活动具有市场的非竞争性。

科研机构知识产权管理是科研机构创新体系建设的重要内容，是支撑科研机构从事研究开发活动的基础工作和重要保障。科研机构知识产权战略是国家知识产权战略的重要组成部分，是建设知识产权强国的重要基础。建设知识产权强国和科技创新强国，必须从战略上重视和加强科研机构的知识产权管理，必须从根本上提高科研机构知识产权管理水平，提升知识产权管理能力，支撑科研机构科技创新能力建设。

当前，中央提出建设世界科技创新强国与知识产权强国建设目标，开展科研机构知识产权管理的理论和实践研究，完善科研机构知识产权管理的制度和组织体系，优化知识产权管理的机制和方法，提升科研机构知识产权管理效率，支撑提升科技创新效率，是深入落实科教兴国战略、创新驱动发展战略和人才强国战略的客观需要，是从根本上提高我国自主创新能力，建设世界科技创新强国与知识产权强国的必然要求，也是有效应对国际激烈知识产权竞争，从根本上解决我国经济社会一系列问题，保障和促进国家安全和社会公共利益的需要，具有重要的理论和现实意义。

1.4 研究综述

世界知识产权组织认为，知识产权是指发明、文学与艺术作品，标记、名称、图像与商业上使用的设计的思想创造物。知识产权分为两类，一类是工业产权，包括发明（专利）、商标、工业设计和地理标记；一类是著作权，包括文学和艺术作品，如小说、诗歌与戏剧、电影、音乐作品，艺术作品如绘画、照片、雕塑和建筑设计。知识产权还涉及从产生到灭失的整个过程。

所以，科研机构知识产权管理不仅包括各类知识产权的管理，还包括知识产权从创造到商业化整个过程的管理。现有科研机构知识产权管理研究主要集中于以下几个方面。

1. 知识产权管理概念

知识产权管理是实施知识产权战略的重要工具（Reitzig，2004），是一种特殊的知识管理，是为规范知识产权工作，充分发挥知识产权制度的重要作用，促进自主创新和形成自主知识产权，推动知识产权的开发、保护、运营，由专门的知识产权管理人员利用法律、技术等方式所实施的有计划的组织、协调、谋划和利用的活动（蒋坡，2007），是管理者对知识资源的利用、创造、转移、使用进行决策、计划、组织、控制和领导，培育知识创新能力，以创造财富、提高竞争力，促进组织发展的管理活动和过程（潘正琼，2007），是知识产权主体以实现其最佳经济效益，提高核心竞争力为目标，对其拥有的知识产权资源利用法律、经济、技术等手段实施的有计划的组织、协调、谋划和利用的管理活动（田文锦，2009），是知识产权管理机构将企业内部的知识产权资源和外部能够获取的资金、技术、信息等资源进行有机整合，在知识产权管理制度的激励与约束下，将这些资源进行优化配置并合理分配到知识产权开发、保护、运营活动中，加快知识产权从产生到价值实现的进程。知识产权管理是企业、科研机构、高校和个人借以维持其专利、商标、著作权的手段，可以是简单的知识产权权利的维持更新，也可以是为了知识产权投资机会和监测侵权而进行的市场研究（Wisgeek，2010），是指政府机构、高校、科研院所、企业或者其他组织等主体计划、组织、协调和控制知识产权相关工作，并使其发展符合组织目标的过程，是协调知识产权事务的宏观调控和微观操作活动的总和（朱雪忠，2010），是政府机构、企业或者其他组织对知识产权工作加以计划、组织、协调和控制的活动与过程（罗国轩，2007），是一个企业或者其他经济组织乃至国家对其所拥有的知识产权资源进行有效的计划、组织、领导和控制，以实现最佳经济效益和提高国际竞争力的过程（柯涛，林葵，2004），是基于知识产权制度对其知识产权进行申请、评价、经营、保护等方面的管理工作，是为了促进企业自主创新和形成自主知识产权，推动企业强化对知识产权的有效开发、保护、运营能力（冯晓青，2010），提高其经济数量和市场竞争力（马静，2010）。

知识产权是科技型企业最重要的无形资产,是增强技术创新能力的利器。知识产权有效管理策略的拟定对强化高新技术企业市场竞争力以及实现利益保护至关重要。知识产权体系贯标对企业发展的意义还在于可以使企业更重视科学决策、制度创新、产品研发和强化风险控制,促进企业技术持续创新、调整和优化企业内部管理,旨在保护和提高企业的竞争优势。我国知识产权管理是指中国政府通过管理和代表知识产权的集体组织对知识产权实施的一种经营、保护等行为(葛永莉,2020)。

2. 知识产权管理类型

知识产权管理包括管理支撑(知识产权活动战略管理,内部知识产权管理职能、知识和技能,知识产权防御和实施系统)、创新发展(创意产生,概念选择与原型;知识产权情报与咨询支持)、知识产权资本化(内部知识产权安全,知识产权申请注册,内部知识产权审计与评价,知识产权许可与获取)、外部关系管理(知识产权商业开发与市场化,外部知识产权安全、协议与伙伴匹配,研究风投与创业或分离企业知识产权控股),而知识产权管理结果则包括知识产权产出(内部知识产权资本化产出,外资知识产权资本化产出)、外部关系满意度(知识产权对合作伙伴适应度)(Liu, Chin, 2010)。知识产权管理也可分为两个领域的管理,一个是内部知识产权管理,主要是知识产权部门的运作及管理其与其他部门的关系,包括知识产权意识、知识产权保密、知识产权申请、知识产权应用;一个是外部知识产权的管理,主要管理与其他机构知识产权的关系,包括知识产权的诉讼、知识产权信息和知识产权许可(Pitkethly, 2001)。企业知识产权管理是指为规范企业知识产权工作,最大限度地发挥知识产权在企业发展中的重要作用,促进企业技术创新和加强企业自主知识产权,从而使企业能够更加有效地进行知识产权创造、获取、维护、运用和管理,而对企业知识产权活动过程进行计划、组织、领导和控制的活动。

根据管理主体的不同,知识产权管理可分为知识产权工商管理与知识产权公共管理两个板块,前者的管理主体为公司、企业、社会团体等社会"私"主体,后者为国家知识产权行政管理部门(宋伟,2010)。知识产权管理还可分为政府行政部门知识产权管理、企业知识产权管理、事业单位知识产权管理、行业知识产权管理(罗国轩,2007);还可分为知识产权主管部门的知识产权管理（即政府行政主管部门的知识产权管理）、企业的知识产权管理和事业单位的知识产权管理（杨志安，2008）；还可分为以政府为主体的知识产权行政管理、以企业为主体的企业知识产权管理以及以高等学校、科研院所为主体的知识产权管理（范晓波，2009）。以实施主体为标准，知识产权管理有宏观的政府知识产权行政管理、中观的行业知识产权管理、微观的组织知识产权管理三个层次之分，其中政府知识产权行政管理既以行业和组织的知识产权管理为基础，又对行业和组织的知识产权管理起指导、协调等作用，行业知识产权管理是沟通政府知识产权管理和组织知识产权管理事务的桥梁，组织是实施知识产权管理的微观主体，是政府及行业知识产权管理活动的直接作用对象（朱显国，杨晨，2010）。现有关于企业知识产权管理的定义亦是主要围绕管理主体、管理客体、管理目的3个要素进行界定，但由于在管理主体、管理客体及管理目的的定位和表述上存在宽泛、笼统、抽象以及遗漏或交叉重复的问题，对企业知识产权管理实践指导意义不大。

按照知识产权管理的主体，知识产权管理可分为6种类型：① 政府行政部门的知识产权管理，即知识产权行政管理部门依据相关法律的授权对知识产权进行的接受申请、审查、授权、登记等管理活动；② 企业知识产权管理，即企业根据自身条件和市场变化情况对其知识产权事务进行管理的相关活动；③ 事业单位知识产权管理，即高等院校、科研院所等事业单位根据自身特点和法律法规，参考市场需求对其知识产权进行管理的活动；④ 行业知识产权管理，即行业协会或组织依据自己的权力范围对知识产权进行相关管理的活动；⑤ 中介机构的知识产权管理，即知识产权中介机构依法对其从事的知识产权相关事务的管理活动；⑥ 个人知识产权管理，即个人对自己拥有的知识产权或者相关权利的管理，如作者对其精神权利的管理活动（朱雪忠，2010）。

按管理的层次划分，知识产权管理也可以分为国家层面的知识产权管理、地方层面的知识产权管理以及企业层面的知识产权管理（马海群，2009）。按照管理体制及部门职责，知识产权管理工作可以分为知识产权战略的制定、知识产权制度的建立与执行、知识产权管理人员的配置、生产经营中的知识产权策略指导、知识产权的获得与维护、知识产权的交易、知识产权信息的利用、知识产权纠纷的预防与处理（马静，2010）。

按照知识产权管理的客体，知识产权管理可以分为专利管理、商标管理、版权管理和其他知识产权管理，其中其他知识产权管理包括集成电路布图设计权的管理、植物新品种权的管理、地理标志权的管理、商业秘密权的管理、商号权的管理等（罗国轩，2007）。知识产权管理还可以包括知识产权成果的创造管理、知识产权权利取得管理、知识产权成果的转化与利用管理、知识产权保护与维权管理、知识产权行政管理（朱清平，2003）。

3. 知识产权流程管理

知识产权申请与授权管理是当前科研机构知识产权管理的主要内容。国家知识产权局编写的《专利审查》等许多文献详细论述了科研机构、高校和企业的知识产权管理，尤其是专利的申请与授权的管理。

科研机构进行知识产权管理的目的是促进学术界与产业界的紧密结合，其知识产权管理系统主要负责知识产权创造、知识产权组合管理、知识产权评估、竞争性评价、战略决策五个方面的事务，可以分为三个过程：知识产权创造过程（促进科研、提供外部资源支持）、知识产权保护过程（发明公开、可专利性检索、申请策略）、知识产权商业化过程（市场评估、技术转移）（Jain，Sharma，2006）。

科研知识产权管理流程如下：① 识别知识产权：从项目计划、研发计划、待发表论文、项目资助方协议和其他合作协议中识别知识产权问题；② 明确知识产权归属：政府拥有全部权利，或政府所有但项目方可以进行许可，以及是否有传播权等；③ 进行知识产权保护：著作权或工业产权；④ 防止侵犯他人知识产权及维权。

科研机构知识产权管理的工作内容划分为六个方面：知识产权教育与培训、明确知识产权归属、知识产权事务的集中化管理、专业的知识产权组合管理、避免侵犯他人知识产权、有效的技术转移服务。其中，在被诉侵权时，因学术目的科研机构可以享有法律豁免，可以不被判为侵权，这也是科研机构知识产权管理的一个重要特征。关于技术转移，该指南提出了两个市场模型：一是积极将技术提供和许可给感兴趣的商业伙伴，获取许可收益；二是通过寻找潜在的侵害自身知识产权的有关方，通过谈判确定许可价格以获取收益（Mcdonald，2004）。知识产权管理过程体现了知识在不同主体间的传递过程，富有效率的传递是完善知识产权全过程管理的关键因素。基于知识产权管理"前端管理，后端转化"的过程特征，科研机构知识产权管理过程由此可以划分为前端知识产权管理和后端技术转移管理两个阶段（饶远，刘海波，张亚峰，2022）。

知识产权流程管理可以分为知识产权的获取管理、知识产权的维护管理、知识产权的运营管理、知识产权的日常管理和知识产权的国际经营管理（蒋坡，2007）；可以分为管理流程、作业流程和支持流程，与管理流程对应的是知识产权战略管理和知识产权风险内控管理，作业流程涉及知识产权研发管理、知识产权生产和销售管理，而支持流程则对应知识产权人力资源管理、知识产权信息管理等（刘佳，2009）；可以分为知识产权的取得管理、知识产权运营管理以及知识产权保护管理（范晓波，2009）；可以分为知识产权的创造与取得管理、企业知识产权运用管理、知识产权合同管理、知识产权成果管理、企业知识产权资产评估管理、企业知识产权纠纷处理管理和知识产权信息的开发和利用管理（朱显国，杨晨，2010）；可以分为知识产权管理准备、知识产权申请管理、知识产权授权管理、知识产权维护管理、知识产权运营管理和知识产权评价管理（雷星晖，莫凡，2010）；可以分为知识产权管理组织机构建设、知识产权管理制度建设、知识产权管理的运行机制建设、知识产权创造管理、知识产权运用管理、知识产权保护管理（朱宇，黄志臻，唐恒，2011）。知识产权管理可分为以下流程：① 知识产权取得管理。② 知识产权利用管理：可细分为知识产权的商品化管理、知识产权的转让管理、知识产权的许可管理、知识产权的质押管理等。③ 知识产权国际化经营管理，包括知识产权的国际权利化管理、知识产权的国际许可管理、知识产权的国际贸易管理等。④ 知识产权风险管理：风险管理主要是为了应对可能的来自各界的侵权行为，从而维护自己的权益。⑤ 知识产权的日常管理：知识产权日常管理包括知识产权信息管理、知识产权合同管理、人力资源管理等（汪琦鹰，杨岩合，2009），具体可以分为以下：a. 知识产权取得管理，可细分为自主创新过程中的知识产权管理和基于市场交易获得的知识产权管理；b. 知识产权开发管理，也叫知识产权生产管理，是知识产权的产品化过程；c. 知识产权运营管理，分为知识产权转移管理、知识产权扩散管理和知识产权自营管理；d. 知识产权维护管理，主要针对知识产权开发管理、运营管理而进行的技术服务、知识产权保护以及冲突管理；e.知识产权组织管理，指权利人为了激励知识产权创造、促进知识产权开发、利用和维护而进行的组织构造、人员设置、制度建设和文化建设（王琛，赵连勇，2011）。知识产权管理过程则由此可以划分为前端的知识产权管理和后端的技术转移管理两个阶段。前端知识产权管理过程包括立项、研发、成果报告与评估、专利申请、发表论文；后端技术转移管理过程包括市场调研、预期保护范围、制定申请策略、维护后续运营（饶远，刘海波，张亚峰，2022）。

目前相对一致的观点是，应将知识产权管理纳入科研机构科技活动的全过程中，要实行知识产权的全过程管理（路甬祥，2002），应把知识产权保护融入科技项目管理的全过程。在项目立项前，为确保项目的新颖性和创造性，应进行国家专利文献检索，提供所涉及技术领域的专利检索报告。在项目研究过程中应进行专利文献的跟踪检索，发挥专利信息的借鉴、启发作用，及时跟踪了解有关领域新的知识产权产生的情况，适时对项目的研究方向、技术路线做出调整和补充，对提出的阶段性研究成果及最终研究成果，适合申请专利的及时申请专利。在项目研究结束或鉴定后及时进行专利保护并实施，对暂时不适合申请专利的，不应放弃管理，应作为技术秘密严格加以保护（陶遵菊，陶遵丽，贺传庆，2005）。必须把知识产权战略贯穿于知识产权的创造、管理、实施和保护的全过程，要组织员工培训，加强人才队伍建设，确立自主创新战略，设立专门管理机构，制定相关的规章制度，加强知识产权转化利用（张云球，2006），知识产权保护应与科技计划管理并行（郭鄢，2006），要建立查新检索制度、科研成果公开审查制度、专利申请制度和专利管理制度（符颖，2006）。

4. 知识产权奖励与激励管理

传统的知识产权激励理论认为，知识产权制度激励创新者，可以作为一种战略工具，吸引投资，使企业增长（Oh，Phillips，2016），建立竞争优势（Reitzig，2004），通过内部使用收回发明人的研发投资，包括较小的公司，如初创企业，以及与战略合作伙伴的合作。科研机构需要良好的知识产权管理系统，更需要有足够的激励政策。增加研发投资所带来的新发现为利用知识产权和推动进一步研发提供了更多机会，并且为早期研发提供了更多资助机会，以避免科研在所谓的"死亡谷"中失败。从大背景来看，技术创新推动了高技能就业岗位的创造和经济增长,但这种进步背后的知识产权(IP)具有高度流动性,很容易与经济活动分开。政府利用各种激励工具来促进创新,如税收抵免(tax credit)、研发补贴(R&D subsidy)和专项贷款(special loans),不同类型的政府激励工具在短期和长期创新成果中发挥着不同的作用。

知识产权奖励与激励管理是促进科研机构知识产权创造运用的重要手段,不仅包括对科研机构的奖励激励,也包括对发明人或设计人的奖励激励。作为创新的奖励和动力,任何专利制度的一个重要部分都是确保公众从获得创新中受益。我国《专利法》《科技进步法》《促进科技成果转化法》都有知识产权奖励激励的规定,但这些统一性的规定不能完全适应科研院所多样化的知识产权奖励激励需要。在职务发明相关的知识产权界定过程中,要探索更加灵活的分配机制,要更广泛地采用更灵活的方法来处理知识产权问题,以调动创新者和企业家的积极性,而不是过分强调国家作为创新活动资助主体的权益;如果政府资助产生的创新成果由于知识产权分配纠纷而不能够商品化、产业化,其价值很可能因替代技术的出现而递减为零。在对科研机构进行奖励和激励时要把握好公益性和促进积极性的平衡(路甬祥,2002),要正确处理科研机构社会利益最大化和自身利益最大化的矛盾与度,绝不能因为强调社会利益而限制院所自身利益,不鼓励技术的向外转移,但也不能过度强调知识产权归承担单位所有,造成知识的垄断,所以应当区分不同性质的知识产权,采取不同的机制处理这些问题(李文波,2003)。知识产权管理人才一直是我国科研机构知识产权管理的瓶颈,科研院所应建立知识产权培训制度,有计划、有步骤地展开科研人员的培训工作(王凤桐,张青,2004),改进培训计划将有助于研究人员更好地了解知识产权、转化研究和商业化。

5. 知识产权转移转化管理

知识产权转移转化是知识产权管理研究的重要内容。在高校科技成果转化全链条中,科技成果创造、科技成果扩散、科技成果应用各部分都嵌入了知识产权管理活动。高校知识产权管理是指高校计划、组织、协调和控制知识产权的相关工作,与高校的战略管理、科研管理、教学管理、人力资源管理等共同构成高校管理体系(朱雪忠,2010),是一套知识产权创造、知识产权商业化、知识产权保护的系统,包含权利探索、创造、评估、保护、利用、执行等一系列与知识生产相关的活动。高校知识产权管理应当平衡各个利益主体之间的关系，而公共利益属性是高校知识产权管理的重要特征，技术转移的策略、转移的对象和转移的收益目标等都要把社会效益放在重要的位置，即使要发起维权诉讼，其首要目标也应当是为了获取和许可专利给社会其他成员使用（Merrill，Mazza，2010）。科研机构和高校的知识产权被认为是公共品，在拥有知识产权上具有很小的优先权利，但其激励架构也会引导高校去申请和保护知识产权，但最关键的问题是企业的识别、吸收和占有公用科学中心开发技术的能力。

  为激励发明人创造和实施知识产权的积极性，日本和我国台湾地区曾尝试实行过发明人拥有或发明人与雇主共享知识产权的制度，我国湖北化工研究院等也实行了这种共享知识产权所有权的办法，西南交通大学2016年1月4日出台西南交通大学专利管理规定（简称"西南交大九条"），率先在全国开启了"职务发明知识产权归属和利益分享制度改革试验"（宋河发，2021）。全国2019年选择了40家高校院所开展下放科技成果所有权或长期使用权的试点，但"实践表明这种法定制度并不可取"，这种制度的后果是容易发生实施后的纠纷，反而不利于知识产权的实施（郑成思，2006）。高校职务科技成果混合所有制，不仅违反上位法关于职务科技成果权属的规定，而且对产权混合所有的固有缺陷也缺乏应对方案（王影航，2020）。应建立以利益驱动为基础的激励机制，为科技成果的产业化提供条件（顾金亮，2004）。总体来说，目前我国各大高校知识产权保护意识逐渐增强、知识产权管理体制日益健全、知识产权运营工作不断规范，在知识产权管理与科技成果转化方面都形成了各自的风格。国内高校知识产权管理机构主要有四种模式，分别为科技管理部门设置相关科室兼管模式、科技管理部门设置知识产权管理办公室模式、独立知识产权管理机构的北京大学模式、清华大学模式。不可否认的是，国内仍旧有部分高校的机构设置与人员配置趋于简单，存在知识产权管理机构不健全、运用能力不强、管理制度不完善等问题，许多高校没有给予知识产权管理工作足够重视，缺乏专门的知识产权管理审核机构，导致科技成果整体转化效率不高。

  6.知识产权保护管理

  知识产权的价值可以认为是取决于平衡风险缓解与参与。从这个角度理解，与来自人群的内容相关的权利获取和责任限制的决策过程就是我们所说的知识产权管理。科研机构知识产权保护管理包括内部管理和外部管理两个方面，内部管理如签订知识产权协议或保密协议，或者在劳动合同中具体列出知识产权保护条款。所有参与者对其法律权利和责任的理解程度受到管理合同的语言和形式的重大影响，并且是透明度和感知公平性的关键决定因素，知识产权管理可能出现的非法律风险与管理不善的期望和感知到的不公平有关。当前，我国科研机构知识产权保护管理存在的问题主要是内部知识产权流失等，少数职工"身在曹营心在汉"，把单位职务成果当作私有成果，未经权利人同意，置单位利益于不顾，在外兼职或当技术顾问，将单位的化学配方、工艺流程、技术诀窍、设计图纸等技术成果提供给兼职、顾问单位，从中捞取个人利益（金德林，2003）。科研机构存在着侵犯或丧失无形知识财产很少受到法律追究，甚至不被意识的现象，或因法律界限不清，单位侵犯个人权益或个人侵犯单位权益的现象等。比如，在其提交的内容中包含他们自己未创建或未经授权重复使用/重新分发的内容，这就造成知识产权污染。知识产权污染涉及使用、组合和构建现有内容，如果参与者在其提交的申请中包含不属于他们自己的受保护内容，则会给组织带来相当大的风险，并可能导致代价高昂且旷日持久的诉讼。

一些学者通过对中国部分科研机构现状进行研究，认为要加强科技主管部门与知识产权主管部门的协作，改革绩效、职称评价体系，对科研成果转移转化方面加大奖励力度；妥善处理知识产权纠纷，坚决遏制侵权行为；加强发明人的权利，进一步促进经济利益平衡。总之，知识产权的内部保护还需要完善的科技评价、奖励体系以及健全的激励与约束机制，以充分调动科技人员的积极性，从而减少知识产权流失。外部保护则主要指科研院所与知识产权司法行政执法机关的合作，保护本单位的知识产权利益，这方面主要涉及侵权调查、提供证据等问题（杨晓慧，2002）。

7. 国家科技计划项目知识产权管理

科研机构知识产权意识薄弱有四种表现：技术成果无形流失、技术失密、科技协作难、科技成果权属纠纷（黄秀英，俞小英，1994）。我国科研机构知识产权管理中存在五大突出问题：① 普遍存在着过于重视成果获奖和论文发表，轻视对成果的产权保护，使不少发明创造丧失新颖性的现象；

② 存在着项目立题时，只检索研究文献，而不检索知识产权文献，一立题便出现项目已经侵权或低水平重复研究的现象；③ 存在着成果证书很多，企业可转化和投产的很少，难以真正造福于人民的现象；④ 存在着随着人员流动，特别是人才流失，连同知识产权流失的现象；⑤ 存在着国际领先水平的创新技术却只申请了本国专利，将完整技术无偿奉献给了本国以外的所有国家，导致出现知识产权流失速度更快、损失更惨重的现象（杨晓慧，2002）。

我国科研机构知识产权管理存在的主要问题包括，知识产权管理制度不健全，缺乏知识产权管理专门人员，对专利信息的运用不足等。在科研管理中如何运用知识产权制度还缺乏系统的策划和具体的更加有效的措施，今后我国关于科研机构知识产权政策的走向是，要以营造创新环境、建立创新机制、提升创新能力为未来政策目标；以推行知识产权战略，加大推进力度为未来政策重点；以强化知识产权管理，推动创新主体能力建设为未来政策重要内容；以强化知识产权服务支撑作用，建立科技创新知识产权中介服务体系为未来政策配套措施。我国国家科技计划项目知识产权管理制度不仅存在法律和政策上的不足，也是科研机构知识产权管理的薄弱环节。要明确国家科技计划项目各项管理办法和规定中对于知识产权的要求，改革评价体制，应用类成果应通过市场检验，突出专利作为评价指标的重要作用，完善知识产权管理环境建设，即国家投入力量完善知识产权信息工作，加强企业在科技计划项目中的参与广度和深度，发挥企业在国家创新系统中的主体地位，国家科技计划项目立项时应考察项目承担方的知识产权管理水平等建议（王明明，程蕾，2006），要制定研究国家科技计划的知识产权管理政策（袁真富，2007）。

一些学者研究了对美国、日本等国家政府资助项目知识产权制度，提出了促进我国高校和科研院所知识产权实施的思路和措施（包海波，2005）。美国自然科学基金会是"原则导向型"知识产权管理模式，英国工程和自然科学研究委员会是"规则导向型"知识产权管理模式。中国科学基金组织应注重从知识产权制度建设、知识产权权益归属、研究数据管理共享以及科学基金组织管理角色定位等方面构建以法律为主、规则为辅的"政策＋规则"复合型知识产权管理模式（胡春艳，周付军，2020）。科研机构和科研项目层面知识产权管理是由技术转移办公室（TTO）承担的，TTO技术经理（知识产权经理）负责发明、项目、合同的评估，其工作既包括对新发明创造的可专利性评估，也包括专利的市场前景评估，TTO 对内联系一线科研人员，为科学家提供知识产权咨询服务，并促成内部各单位之间的合作，对外负责联系专利代理、律师和外部专家，使他们参与到市场评估、专利维权等专业性较强的工作中来。在专利申请过程中，TTO 作为发明创造所有者的代表与专利代理保持协作；在获得授权后，负责侵权监测和专利续费管理。还有一些学者研究了美国《拜杜法案》，提出了对我国科技计划项目知识产权管理的思路。

8. 知识产权管理研究方法

目前的知识产权管理研究主要聚焦三大方面：管理学角度对知识产权管理的现状的探究及分析、法学及文化角度对知识产权管理的研究及建议、知识产权管理学科建设及人才培养（宋博文，栾春娟，2019）。知识产权管理方法研究主要集中在定性和定量评价上。知识产权战略管理研究经常使用 SWOT 进行战略环境分析，该方法视组织内外部条件为整体，通过对内外部环境因素进行全面系统的分析，考察选取关联因素，充分认识、掌握、利用和发挥有利条件和因素，控制或化解不利因素和威胁，扬长避短，为制定知识产权战略提供依据（汪张林，汪守霞，汪子微，2015），并确定之后战略措施和战略重点落实的系列规划方案，来指导知识产权战略实施（冯晓青，2010）。在 SWOT 分析中，并不是所有因素都需要同等关注，企业要想在竞争中取得有利地位，寻找和确定自身关键成功因素十分重要（米兰，刘红光，2010）。在定性评价方法中，国内学者主要从宏观角度进行研究。如肖尤丹（2013）从宏观角度对我国整体知识产权管理现状进行评价。徐波和刘辉（2018）分析了我国知识产权行政执法过程中的问题并提出对策建议进行改善。韩兴（2016）以高校为研究主体，在研究其知识产权管理时分析重理论、轻实践对知识产权运用所产生的影响。王珍愚等（2012）也以高校作为研究对象，从政策导向、管理制度、机构和政策等方面对高校知识产权管理存在的问题进行定性分析。国外学者温茨科夫斯卡（2018）从宏观国家立法框架对高校知识产权的影响进行定性分析，通过选取四个欧洲国家的大学进行案例研究，从而得出研究结论。黛拉（2013）立足于法国政府 1999 年提出的"创新法案"中知识产权分配对科研人员创新积极性的影响进行研究。舍恩（2014）从四种大学技术转移办公室组织形式出发，运用案例分析经典技术转移办公室、自主技术转移办公室、综合技术转移联盟以及专业技术转移联盟四种形式的利弊，为知识产权管理提供借鉴意义。杰斐逊（2017）通过定性研究方法比较不同高校在知识产权管理和转移转化中的具体运用和组织结构，阐述不同高校在知识产权管理实践中的共同点和差异，从而为提升国家知识产权管理能力提供借鉴。定量方法研究多通过构建知识产权管理数学模型或评价指标体系开展，数学模型主要有回归分析法、因果模型法、灰色关联度模型、社会网络分析法、DEA法等。如通过回归分析方法研究提升高校科技成果转化的关键因素，包括科研人员激励，高校所处位置，高校明确的科技成果转让任务以及高校技术转移办公室的经验（Friedman, Silberman, 2003），或采用层次分析法对组织知识资本进行评价（Cricelli, Greco, Grimaldi, 2014），也可以将二者结合使用进行定量分析（Hu, et al., 2016）。采用层次分析法（施学哲，等，2016）或模糊综合评价法（姜军伟，2013）可评价知识产权管理的影响因素。在模糊综合评价法基础上产生了一些初步集化的方法（陈衍泰，陈国宏，李美娟，2004），如模糊层次分析法（AHP-FCE）、多层模糊综合评价法等。评价指标体系主要通过构建主要二级指标和赋予权重进行综合加权得出综合指数，如科研机构知识产权能力评价（宋河发，2013）。还有定性定量结合的方法如文献计量法、政策文本计量法、技术路线图法等。

  从现有研究可以看到，知识产权管理是科研机构科技管理的重要内容，涉及知识产权管理的主体客体、知识产权战略与制度、知识产权申请保护、知识产权转移转化、知识产权奖励激励、知识产权人才培养与队伍建设等方面。但通过研究可以发现现有研究仍存在许多不足之处。一是关于科研机构知识产权管理的研究较为缺乏，尤其是缺乏知识产权战略规划、组织体系建设、转移转化、质量管理和知识产权与科研项目结合的系统研究。二是现有知识产权管理研究多数属于理论研究，缺乏实践性和可操作性，知识产权管理研究方法不系统，方法创新不足。没有找到一套适合我国科研机构特点的知识产权管理机制、体系和方法，在知识产权权利归属和转化上没有提出有效的对策。

1.5 研究内容

本书的研究目的主要是研究科研机构知识产权管理的基本问题，研究提出科研机构知识产权管理的方法和措施，以期对我国加强科研机构知识产权管理提供一定的理论与实证参考。本书主要有以下几个方面的研究内容。

（1）研究我国科研机构知识产权发展环境，分析我国科研机构知识产权管理存在的问题，提出我国实施创新驱动发展战略，建设创新型国家和知识产权高水平国家对科研机构知识产权管理的重大需求。

（2）研究美国、欧洲和亚洲主要国家科研机构和高校知识产权管理的特点和规律，给出对我国科研机构加强知识产权管理的启示和经验借鉴。

（3）研究科研机构知识产权管理的内涵、功能、类型和基本原则、知识产权管理规范化和监测，明确科研机构知识产权管理研究的边界。

（4）研究科研机构知识产权战略规划管理，重点分析科研机构知识产权战略规划制定的主要内容、原则和方法。

（5）研究科研机构知识产权管理的组织体系建设，包括知识产权组织机构管理的定位、目标模式、职能、人员配置和知识产权组织机构内部各部分之间的关系，以及知识产权组织机构与外部机构的关系等。

（6）研究科研机构知识产权教育培训管理，以中国科学院知识产权培训班为例，研究了科研机构知识产权培训班的班次、课程、教材和资格考试等。

（7）研究科研机构项目知识产权全过程管理，提出科研机构知识产权全过程管理的概念、特征、管理原则、主要任务、基本流程和考核指标体系，提出了加强科研项目知识产权全过程管理的对策措施。

（8）研究知识产权分析的主要内容和工具方法，提出科研项目知识产权分析报告的框架和撰写要求。

（9）研究科研机构知识产权质量与效益问题，研究单项专利和科研机构专利质量的内涵，建立了专利质量测度指标体系和从有质量专利识别有效益专利的模型，提出了提升专利质量与效益的政策建议。

（10）研究科研机构知识产权转移转化管理，通过问卷调查和理论研究梳理了我国科研机构知识产权转移转化的现状和问题，提出了促进我国科研机构知识产权转移转化的政策建议。

（11）研究科研机构技术标准与知识产权管理。研究了我国技术标准中的知识产权政策，重点研究了专利披露政策、专利许可政策、专利池管理政策和专利许可收益分配政策，并针对我国技术标准知识产权管理政策提出了相应的政策建议。

（12）研究国外主要国家职务发明权属和奖励报酬制度，研究我国职务发明奖励报酬法律法规和政策存在的主要问题，从提升创新效率和激励单位与发明人积极性角度提出了职务发明知识产权的权属制度。

（13）研究科研机构知识产权保护与风险管理，通过案例研究科研机构自我保护知识产权，在审查、复审和无效程序中保护以及通过知识产权和行政司法保护知识产权的方式，梳理了科研机构知识产权的主要风险，提出了加强科研机构知识产权保护与风险防范的对策措施。

（14）研究科研机构知识产权法规政策，面向创新驱动发展战略实施，从科研机构知识产权创造、运用、保护和管理出发，研究现有知识产权政策的现状与问题，提出了构建知识产权政策体系的思路，提出科研机构知识产权创造、运用、保护、管理和服务是政策发展的建议。

1.6 特色与创新之处

本书的特色与创新之处有以下几个方面。一是总结了主要国家科研机构和高校知识产权管理的特点和规律，提出了加强我国科研机构知识产权管理的经验启示。二是提出了我国科研机构知识产权管理的概念特征、功能、分类、原则，提出了科研机构知识产权管理标准化的主要内容和知识产权综合发展监测指标体系。三是研究了科研机构知识产权战略规划的主要内容，提出了制定科研机构知识产权战略规划的思路。四是研究了科研机构组织机构的定位、模式和职能，提出了完善科研机构知识产权组织体系、培养知识产权管理人才团队和加强能力建设的措施。五是提出了科研机构知识产权教育培训的主要课程、培训内容和考试办法。六是提出了科研项目知识产权全过程管理理论的概念、原则、任务、流程和主要考核指标，提出了加强科研机构知识产权全过程管理的对策措施。七是提出了科研项目知识产权分析报告的主要框架和知识产权分析的主要内容和工具方法。八是研究了单项专利和科研机构专利质量的内涵和构成，提出了专利质量测度指标体系和提升专利质量与效益的政策建议。九是分析了我国科研机构知识产权转移转化的问题，提出了促进我国科研机构知识产权转移转化的政策建议。十是研究了技术标准中的知识产权政策，提出了知识产权收益分配政策，提出了加强技术标准知识产权管理的对策建议。十一是从知识产权政策体系构建出发，梳理了我国的知识产权政策和存在的主要问题，提出了我国科研机构知识产权政策的发展方向。

第二章 科研机构知识产权发展状况

科研机构是我国知识产权创造的主体，近年来知识产权申请和授权量增长迅速。但在数量迅速增长的背后，我国科研机构知识产权发展还处于较低水平，不仅存在一些问题和不足，还面临一系列严峻的挑战。加强科研机构知识产权管理，必须深入分析我国科研机构知识产权的发展状况，必须明确创新发展战略实施对科研机构知识产权管理的重大需求。

2.1 科研机构知识产权发展现状

根据《中国科技统计年鉴（2022）》的数据，2021年，我国共有2 962个研究机构，研究开发人员52.9万人，研究开发经费支出3 717.9亿元，研发经费支出中政府拨款3 007亿元。在全部研究机构中，有746个中央部门属研究与开发机构，研发人员39.22万人，研发经费支出额3 190.48亿元。根据《中国科学院统计年鉴（2022）》的数据，2021年中国科学院下属的科研机构达到105个，科研机构人员64 765人，科研机构科技活动经费支出额达到743亿元，科技活动收入为790亿元。从政府拨款占研究机构研发经费筹集额的比例来看，我国现有科研机构基本上都是政府支持的公共科研机构，因此，本章以我国公共科研机构代替科研机构作为研究对象。

1. 专利申请授权

专利与创新有着十分紧密的关系。本书主要检索分析科研机构专利申请量和专利授权量，工具是中国知识产权检索系统，检索策略是逻辑检索，分析的内容包括中国科学院、行业院所和地方院所发明、实用新型、外观设计专利年度申请分布情况、发明专利授权情况以及主要领域专利分布情况。

（1）中国科学院专利分布情况

根据检索结果，2010—2021 年，中国科学院三类专利申请量从 6 907 件增加到 21 591 件，其中发明专利申请量从 6 301 件增加到 19 191 件，实用新型专利申请量从 591 件增加到 2 328 件，外观设计专利申请量从 15 件增加到 72 件，如图 2-1 所示。发明专利申请量占三种专利申请量的比例稳步提高，2021 年达到 88.88%。2014 年到 2021 年，全院 PCT 专利公布量从 981 件增加到 1930 件（数据来源：WIPO）。

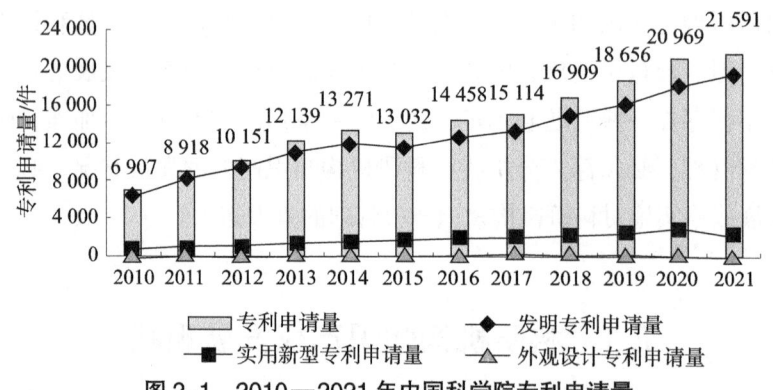

图 2-1　2010—2021 年中国科学院专利申请量

数据来源：http：//www.cnipr.com/zy/sjtj/（检索日期截至 2023 年 9 月）

2010—2021 年，中国科学院三类专利授权量从 4 952 件增加到 9 572 件，其中发明专利授权量从 4 346 件增加到 7 172 件，实用新型专利授权量从 591 件增加到 2 328 件，外观设计专利授权量从 15 件增加到 72 件，如图 2-2 所示。发明专利授权量占三种专利授权量的比例一直保持在第一，2021 年达到 74.93%。

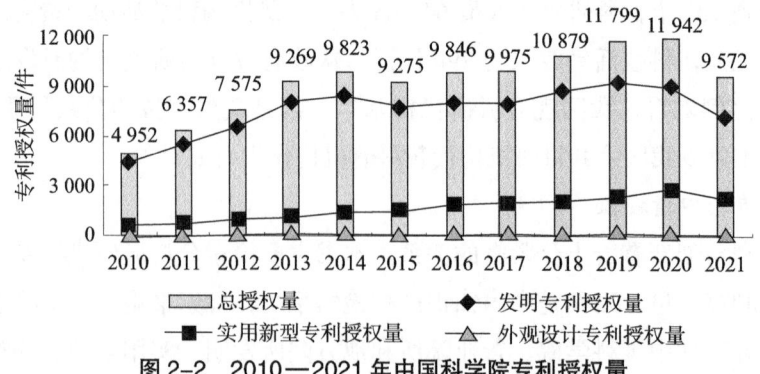

图 2-2　2010—2021 年中国科学院专利授权量

数据来源：http：//www.cnipr.com/zy/sjtj/（检索日期截至 2023 年 9 月）

中国科学院下属公司及中国科学院与企业共同的专利申请分布反映了中国科学院与企业的合作情况,以"(中国科学院%/PA or 中国科学院%/PA)and(%公司/PA or %厂/PA)and 2010/AD"为检索策略检索中国知识产权网中外专利数据库服务平台。检索结果表明,2010—2021年,中国科学院下属企业及中国科学院与外部企业合作的三种专利申请量从540件增加到1848件,其中发明专利申请量从472件增加到1571件,实用新型专利申请量从68件增加到267件,外观设计专利申请量增加不多,最多的是在2019年只有19件,如图2-3所示。

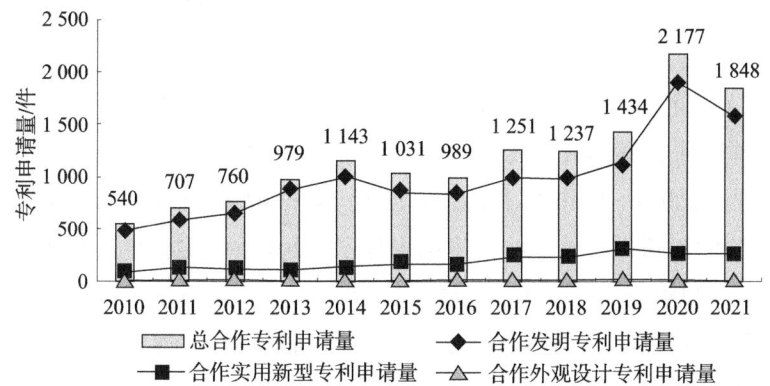

图2-3 2010—2021年中国科学院下属公司及与企业合作中国专利申请量
数据来源:http://www.cnipr.com/zy/sjtj/(检索日期截至2023年9月)

(2)行业院所专利分布

以"(%研究院/PA or %研究总院/PA)and(中国%/PA or 国家%/PA or 全国/PA)and 2010/AD not(%省%/PA or %市%/PA or %自治区%/PA or %县%/PA or %乡%/PA)"为检索策略进行检索,检索结果显示,2010—2021年,全国行业科研机构发明专利申请量从4 255件增加到25 199件,授权量从3 289件增加到7 097件,其中2019年达到9 395件。实用新型专利申请量从1 606件增加到6 786件,外观设计专利申请量从73件增加到233件,如图2-4所示。

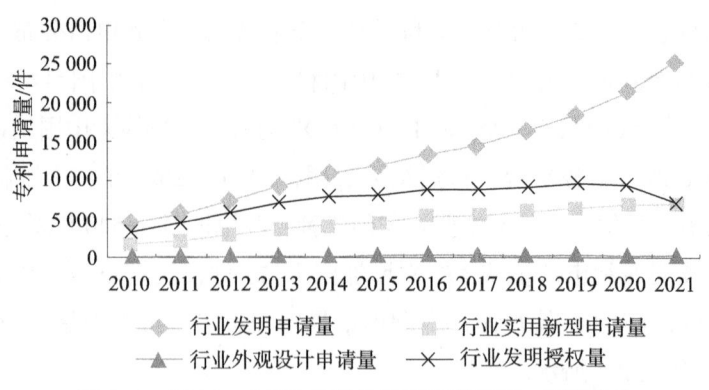

图 2-4　2010—2021 年行业院所专利申请、授权分布

数据来源：http：//www.cnipr.com/zy/sjtj/（检索日期截至 2023 年 9 月）

（3）地方科研院所专利分布

以"（% 研究院 /PA or % 科学院 %/PA or % 研究所 %/PA）and 2012/AD and（% 省 %/PA or % 市 %/PA or % 自治区 %/PA or % 县 %/PA or % 乡 %/PA）"为检索策略进行检索，检索结果显示，2010—2021 年，我国地方科研机构发明专利申请量从 3 040 件增加到 25 093 件，授权量从 1 805 件增长到 17 740 件，实用新型专利申请量从 1 698 件增加到 8 367 件，外观设计专利申请量从 232 件增加到 697 件，如图 2-5 所示。

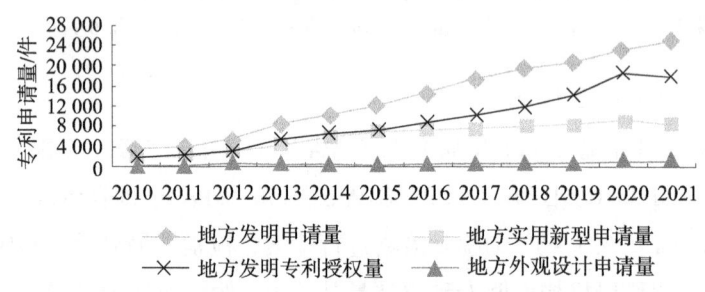

图 2-5　2010—2021 年地方科研院所专利申请分布

数据来源：http：//www.cnipr.com/zy/sjtj/（检索日期截至 2023 年 9 月）

（4）全国科研机构专利分布

将上述三类科研机构的专利数量进行加总后可以看到，2010—2021 年，我国全部科研机构三种专利申请量从 17 811 件增加到 87 966 件，年均增速 15.6%，其中发明专利申请量从 13 596 件增加到 69 483 件，授权量从 9 440 件增加到 32 009 件，年均增速 11.7%，实用新型专利申请量从 3 895 件增加

到 17 481 件，年均增速 14.6%。外观设计专利申请量不大，从 320 件增加到 1 002 件，如图 2-6 所示。

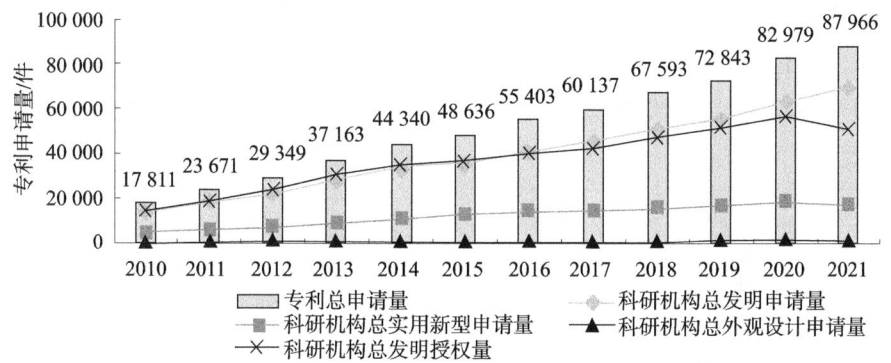

图 2-6　2010—2021 年全部科研机构专利申请量、授权量

数据来源：http：//www.cnipr.com/zy/sjtj/（检索日期截至 2023 年 9 月）

从三类科研机构专利数量所占的份额来看，2010 年到 2021 年，在全部科研机构发明专利申请量中，中国科学院占 32%，在全部实用新型申请量中，中国科学院占 14%，在全部外观设计专利申请量中，中国科学院占 8%，如图 2-7 所示。

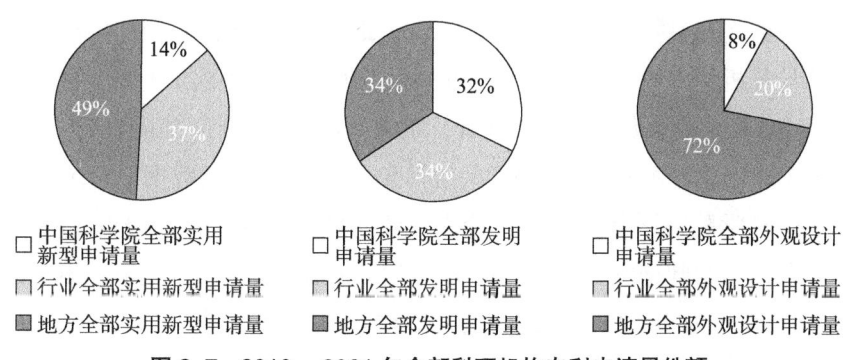

图 2-7　2010—2021 年全部科研机构专利申请量份额

数据来源 http：//www.cnipr.com/zy/sjtj/（检索日期截至 2023 年 9 月）

2. 商标申请注册

根据对六棱镜（sixlens.com）全球产业科技情报分析系统 PatNav 商标通的检索结果（2014—2022 年，以商标申请人为检索条件，包含"研究院"的商标注册记录有 74 934 项，包含"研究所"的有 34 131 项，包含"研究

总院"的有282项,包含"研究中心"的有8 504项,包含"科学院"的有7 464项。

根据对六棱镜商标通的检索结果,2014—2022年,以商标申请人为检索条件,包含"中国科学院"和"中科院"的商标申请记录有3 578项。中国科学院(包含下属单位)商标申请量从114件增加到717件,如图2-8所示。

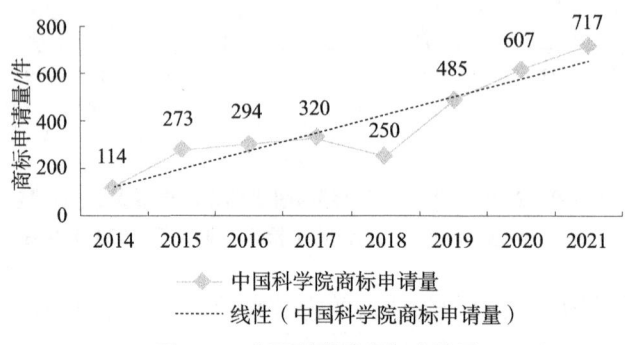

图2-8　中国科学院商标申请量

3. 论文著作

(1)科技论文和科技著作

科技论文和科技著作也是一种重要的知识产权产出。根据《中国科技论文统计与分析》的数据,从2010年到2021年,我国被SCI收录的科技论文总数从143 769篇增加到615 436篇,被EI收录的科技论文从119 374篇增加到393 255篇。根据《中国科学院统计年鉴(2022)》的数据,2010—2020年,中国科学院被国际上期刊或论文集收录的科技论文从30 586篇增加到49 867篇,国内刊物发表的科技论文从12 846篇减少至9 511篇,出版的科技专著2010年为288种,2021年为492种。

(2)软件著作权

为了解科研机构的软件著作权申请登记情况,本书使用国家版权局公告系统(ncac.gov.cn)检索全国软件著作权分布情况,尤其是中国科学院的著作权登记分布情况。

检索结果表明,2010—2021年,我国软件著作权登记数量呈显著上升趋势。全国软件著作权登记量从81 966件增加到2 280 063件,其中中国科学院计算机软件著作权登记量从 744 件增加到 2 971 件，如图 2-9 所示。

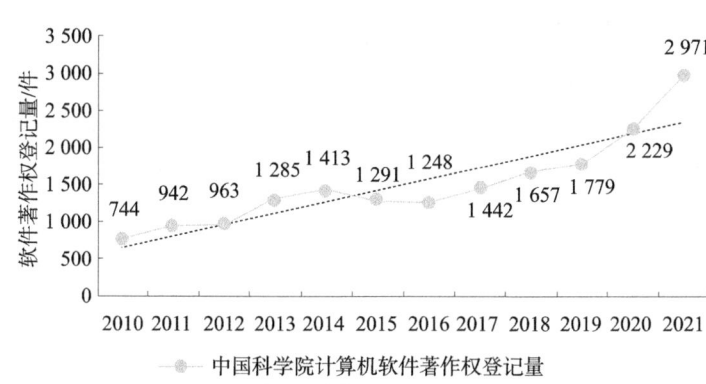

图 2-9　中国科学院软件著作权登记

2021 年，中国科学院共有 70 个以上院属单位获得软件著作权登记，软件著作权登记量为 2 971 件，较 2020 年的 2 229 件增长了 33.3%。软件著作权登记公告量前五名的单位为：中国科学院空天信息创新研究院、中国科学院自动化研究所、中国科学院软件研究所、中国科学院合肥物质科学研究院、中国科学院武汉岩土力学研究所，公告量均超过 100 件，共计 771 件，占全院登记公告总量的 25.95%。登记量超过 100 件的还有中国科学院信息工程研究所和中国科学院沈阳自动化研究所。其中，中国科学院空天信息创新研究院的软件著作权公告量由 2020 年的 121 件上升为 2021 年的 194 件，增幅达 60.33%。

4. 集成电路布图设计

根据六棱镜集成电路布图设计的检索结果，从趋势上看，我国集成电路布图设计申请量和公告授权量呈不断上升趋势，2010—2021 年，申请量从 1 108 件增加到 20 353 件，公告发证量从 1009 件增加到 13 087 件。其中科研机构（含企业科研机构）集成电路布图设计专有权申请量从 26 件增加到 345 件，公告发证量从 22 件增加到 295 件。在科研机构中，中国科学院集成电路布图设计专有权申请量从 1 件增加到 26 件，公告发证量从 12 件增加到 38 件，如图 2-10 所示。

5. 植物品种申请登记

通过我国农业植物新品种保护查询，2010—2021 年，我国科研机构农业植物新品种申请公告量为 10 390 件，其中包含"研究院"的申请公告量有

1 357 件，包含"研究所"的有 8 693 件，包含"研究中心"的有 340 件。授权公告量达到 4 570 件，其中包含"研究院"的授权公告 528 件，包含"研究所"的 3 872 件，包含"研究中心"的有 170 项。其中，中国科学院农业植物新品种申请 354 件，授权 131 件。在行业院所中，"中国农业科学院"申请公告有 1 275 件，授权公告 541 件，中国水稻研究所申请公告 271 件，授权公告 106 件。

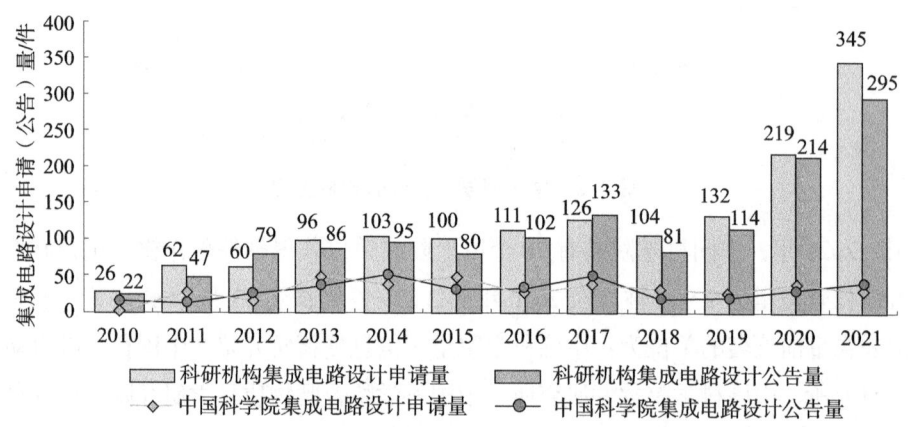

图 2-10　科研机构及中国科学院集成电路布图设计申请及公告量趋势

2010—2021 年，在国家林业局公告的林业植物新品种权中，我国科研机构共获得 669 项林业植物新品种授权，其中中国林业科学研究院获得 99 件，地方研究所获得 328 件，中国科学院获得 75 件授权。在中国科学院获得林业植物新品种授权单位中，江苏省中国科学院植物研究所获得 30 件，中国科学院昆明植物研究所获得 17 件，中国科学院植物研究所获得 13 件，中国科学院华南植物园获得 12 件。

2.2　科研机构知识产权发展分析

2.2.1　科研机构知识产权发展优势与劣势

改革开放 40 多年来，我国科研机构知识产权发展迅速，已经具有一定的优势。

2000—2011年,我国科研机构三种专利申请量由2 846件增加到87 966件,其中发明专利申请量从1 871件增加到69 483件,实用新型专利申请量和外观设计申请量分别增长到17 481件和1 002件。2021年,科研机构发明专利申请量占三种专利申请量的比例达到74.97%。2004—2021年,集成电路布图设计申请量从11件增加到345件。1992—2021年,全国科研机构软件著作权登记量从100件增加到228万件。从上述数据可以看出,我国科研机构知识产权申请量、授权量或登记量、公告量都有较大幅度增长,尤其是发明专利申请量增长迅速,所占比例也较高,我国科研机构知识产权已具有明显的知识产权规模优势。

但是,我国科研机构目前普遍面临一些突出问题。

一是知识产权管理组织体系建设与基础条件建设落后。我国大多数科研机构没有专门的知识产权管理机构。根据国家知识产权局的一项统计,我国科研机构有专门知识产权管理部门的仅占31.3%,没有专门知识产权管理部门而由单位科技处等代为管理的占59.8%,由内部人员兼职管理知识产权的占8.4%。而在科研机构知识产权转移组织机构设置上,由单位内部技术转移办公室专门负责专利转移和产业化的占59.1%,设立创新公司独立市场化经营本单位专利转移和产业化的占16.5%,委托知识产权经纪公司负责本单位专利转移和产业化的占24.3%。

二是我国科研机构普遍缺乏知识产权管理人才团队。我国大多数科研机构知识产权管理没有形成人才团队,大多数只是专利管理或者专利流程管理人员,缺乏知识产权披露评估、知识产权许可、知识产权法律、知识产权投资等人才构成的团队,而团队是科研机构知识产权管理的基础。

三是我国科研机构知识产权管理职能与技术转移职能、投资职能分离。我国科研机构的知识产权管理职能大多数是单独设置的,既没有与技术转移部门相结合,也不与投资部门相结合。在我国大多数科研机构中,知识产权管理与技术转移职能分属不同的部门,知识产权管理不是面向技术转移的管理,而技术转移管理缺乏有效的知识产权管理支撑。知识产权转移转化的最好方式是对它进行投资,尤其是要建立种子期或创业型的投资基金,所以我国科研机构知识产权管理的效率较低。

四是知识产权创造的质量和效益不高。我国科研机构知识产权质量总体水平还不高，发明专利平均维持年限仅有 8 年多，专利实施率还较低。我国缺乏专利质量控制的方法和相关政策，科研机构缺乏识别高质量专利的方法，也缺乏从高质量专利到高效益专利的识别方法。

五是科研项目知识产权管理粗放。据统计，我国科研机构知识产权管理部门负责研发成果专利申请管理工作的达到 92.1%，但能负责专利授权后市场化工作和负责专利授权后权利维护工作的仅占 50.5% 和 62.1%。我国大多数科研机构知识产权管理由一个人来管理，而且仅仅负责专利等知识产权的申请联系工作，对发明披露评估、知识产权维持与否、知识产权诉讼做得很不够，做的多是"二传手"的事情。

六是知识产权转移转化模式不足。我国科研机构存在的主要问题是知识产权尤其是专利转化实施率不高。我国目前促进知识产权转移转化的经营模式存在较大问题。第一是中介思维占据主流。我国的中介机构大多是简单的第三方模式，而这种模式实际上存在严重的经营模式问题。第三方科技中介机构游离于科研、市场和资本之外，与科技创新结合不紧密，与产业和企业结合也不紧密，更缺乏风险投资功能。正是因为存在致命缺陷，美国高校和科研机构在 20 世纪 90 年代开始纷纷抛弃第三方中介模式。第二是转移转化机构普遍缺乏盈利模式。现有多数中介机构缺乏清晰明确的盈利模式，只是简单的"中介"，靠中介费经营而不是拥有有效盈利模式的中介机构很难生存。第三是很多知识产权转移转化机构缺乏市场独立性。我国很多部门和地方引导成立的技术转移中心、创业机构、知识产权交易中心、集中管理机构等是官办机构，机制不活。

七是知识产权管理政策体系化问题。我国知识产权转移转化的政策工具主要包括财政投入、税收优惠、投融资政策和政府采购政策。我国对目前亟须发展的战略性新兴产业、高技术产业没有实行如软件集成电路产业那样 3%～6% 的低增值税优惠政策。现行科研机构技术转移额低于 2 000 万元不需要缴纳所得税规定的额度仍过低。将科技成果转化和知识产权运用所得纳入工资薪金总额并不符合其实际含义，一些地方将高校科研机构四技合同余额作为应纳税所得额明显偏离高校科研机构的公益属性。目前出台的多数金融政策存在可操作性不足的问题，虽然出台了促进科技成果转化急需的种子基金和风险投资支持政策、创业引导资金政策，但还存在很多落实问题。我国一直没有出台支持知识产权转移转化的保险和再保险政策，一直没有将技术类知识产权等列入政府采购支持自主创新的政策范围。而2011年我国自主创新产品政府采购政策废止后，政府采购支持自主创新的制度实际上已经失效，无法通过政府采购有效促进知识产权的转移转化。

2.2.2 科研机构知识产权发展机遇与挑战

知识产权是支撑乃至制约高水平科技自立自强、现代产业自主可控、未来产业创新发展的关键核心因素。2016年中共中央、国务院发布的《国家创新驱动发展战略纲要》提出了建设世界科技创新强国的宏伟目标，要求实施"知识产权、质量、标准和品牌战略"。《国家中长期科学和技术发展规划（2020—2035年）》专门部署了知识产权与技术标准战略。习近平总书记多次强调要"实现高水平科技自立自强"。尤为重要的是，党的二十大要求"以中国式现代化全面推进中华民族伟大复兴"，对知识产权工作现代化提出了新要求。

创新是引领发展的第一动力，保护知识产权就是保护创新。2020年11月30日，中央政治局就加强我国知识产权保护工作举行第二十五次集体学习，专门研究学习知识产权保护和运用问题。2021年9月21日，中共中央、国务院印发《知识产权强国建设纲要（2021—2035年）》，提出要实施知识产权强国战略，并部署了八大战略任务和六项保障措施。2022年10月16日，党的二十大胜利召开，提出要"强化知识产权法治保障，形成支持全面创新的基础制度"。2021年10月28日，国务院印发作为国家二十项重点规划之一的《"十四五"国家知识产权保护和运用规划》，部署了五项重大任务、四项保障措施和十五个重点工程。在国家知识产权局及人力资源和社会保障部的推动下，知识产权硕士专业学位已经获得批准，一批有学位授权自主审核的单位开始设置知识产权一级学科点。

当今世界，科学技术呈加速发展态势，以新一代人工智能、6G通信、量子信息、元宇宙、智慧互联为代表的信息科学，以干细胞、合成生物学为代表的生命科学，以及以暗物质暗能量为代表的空间科学正在发生一系列显著的突破，新一轮科技革命及其引发的产业变革正如火如荼地进行，数字经济与实体经济加速融合。2019年我国启动制定《国家中长期科学和技术发展规划纲要（2020—2035年）》，专设知识产权与技术标准战略研究专题。2021年全国人大常委会通过了新修订的《科技进步法》，明确规定利用财政性资金设立的科学技术计划项目所形成的科技成果相关知识产权授予承担者，为科研机构知识产权管理创造了良好的法律和政策环境。

近年来，为贯彻落实党中央、国务院关于科技创新和知识产权工作的决策部署，中国科学院办公厅于2020年4月27日印发了《中国科学院院属单位知识产权管理办法》，2022年6月6日印发了《中国科学院战略性先导科技专项管理办法》。作为国家最高学术机构和科学技术研究中心，中国科学院实施了战略性先导科技专项、率先行动计划，尤其是2023年以来以抢占科技制高点为核心任务，开始实施抢占科技制高点攻坚计划，知识产权的作用更加凸显，也为中国科学院院属单位等知识产权发展带来重大战略机遇。

但我国科研机构知识产权也在遇到越来越大的挑战。首先是国际知识产权竞争越来越激烈。当今世界，科学技术加速发展，新一轮科技革命及其引发的产业变革如火如荼，国际经济、政治和军事竞争日趋激烈。国际竞争主要是科技创新的竞争，实质是知识产权的竞争。知识产权已成为国家的战略资源和竞争力的核心要素，知识产权创造、保护、管理、运用能力已成为决定一个国家科技创新能力和竞争力的根本能力。近年来，许多国家纷纷制定创新战略，完善科技、教育、人才体系，抢占科技创新制高点，不断制定和优化知识产权战略，通过知识产权强化科技创新能力和国际竞争力，一些国家还利用知识产权打压和渗透其他国家。2018年以来，美国等国家通过对我国出口商品加征关税、将企业和高校科研机构列入实体名单、禁止向我国出口高端芯片，限制我国正常的科技交流和技术转移。同时，通过将知识产权与技术标准结合、发起"337"调查、限制重要领域专利申请、指控中国强迫技术转让、阻碍WTO上诉机制等，通过知识产权将中国限制在制造业价值链的低端。

其次是经济社会发展对知识产权的挑战。当前，我国已成为世界第二大经济体，也已成为世界知识产权大国。但我国离科技创新强国和知识产权强国目标还有一定差距，我国面临的人口资源环境问题依然突出，产业结构仍然还不合理。其主要原因在于知识产权对提升我国创新能力和竞争力，提高经济增长质量的作用发挥还不够。现在，我国科技创新强国建设和知识产权强国建设进入了关键时期和攻坚阶段，迫切需要全面加强创新主体知识产权管理，迫切需要发挥科研机构知识产权管理的引领作用和示范作用。

最后是创新驱动发展战略实施对知识产权的挑战。创新驱动发展战略是党的十八大提出的国家战略。创新驱动发展战略的本质是科技创新成果要有效转化为现实生产力。知识产权制度是保障和激励创新的基本制度。目前，我国正处于从要素驱动向创新驱动发展转变的关键时期。但我国知识产权制度对创新驱动发展的支撑作用还未充分发挥出来。总体来看，我国科研机构知识产权管理不适应创新驱动发展战略主要表现在四个方面。一是科研机构知识产权体制机制不适应。科研机构知识产权体制机制还不适应创新驱动发展、高质量发展和中国式现代化的要求，市场机制对科研机构知识产权创造运用的作用还未完全发挥出来。二是科研机构知识产权质量不适应。重大创新成果少，专利总体质量不高，专利转化实施率较低是最突出的表现。三是科研机构知识产权转移转化不适应。多数科研机构是两级法人结构，缺乏有效的知识产权管理机构、人才团队和能力结构。四是科研机构知识产权基础能力不适应。科研机构知识产权机构建设落后，人才形不成团队，基础条件平台缺乏，转移转化机构缺乏必要的职能。

2.3 小结

本章主要分析了我国科研机构知识产权的发展现状，重点分析了科研机构知识产权管理存在的问题和挑战。实施创新驱动发展战略，建设科技创新强国、知识产权强国的关键是要充分发挥知识产权制度激励和保障科技创新的作用，要高水平创造和有效运用自主知识产权。明确了深入实施创新驱动发展战略和建设科技创新强国、知识产权强国对科研机构知识产权管理的重大需求。

一是要求知识产权支撑经济社会发展的需要。凡是不符合或不能支撑经济社会发展需求的管理都是不科学的管理。科技创新强国和知识产权强国建设要求科研机构知识产权管理必须面向经济社会发展需要，必须将知识产权与经济社会发展紧密结合，必须显著提高知识产权的转移转化效率，必须能够支撑形成新质生产力。

二是要求创造一大批高水平核心知识产权。科技创新强国和知识产权强国建设目标不仅表现为知识产权研发投入能力强和权利获取能力强，更重要的是掌握一大批能支撑高水平科技自立自强和现代产业自主可控的关键核心自主知识产权，要掌握一大批高质量的知识产权，知识产权数量和质量能够适应经济社会高质量发展和现代化建设的要求。

三是要求知识产权要有效转移转化。知识产权创造的根本目的是运用，知识产权不仅要成为科研机构参与国际科技竞争的工具，创造和传播知识，支撑创新人才培养，也要能转化为新质生产力，转化为科学价值、技术价值、经济价值、文化价值、社会价值，支撑经济和社会发展。

四是要求知识产权能支撑产业创新发展。科研机构创造的知识产权必须为产业创新发展提供有力的支撑，知识产权必须符合产业创新发展需要，提供有效供给。科技机构知识产权要与产业技术标准结合，能影响和支撑产业技术标准实施。还要为产业安全、赋能改造、优化升级保驾护航，科研机构的知识产权要在我国产业中具有一定的影响力和控制力。

五是要求知识产权管理科学化和规范化。科技创新强国和知识产权强国建设目标要求科研机构和知识产权管理必须摆脱松散、被动的管理模式，而应实施主动、协同、高效、科学的管理。因此，科研机构知识产权管理要立足实际，借鉴国外成功经验，要走向规范化、现代化、科学化。

第三章 部分国家及地区科研机构与高校知识产权管理

知识产权管理的目的是提升科技创新活动的效率，支撑经济社会发展。科研机构知识产权管理有其自身的发展规律，研究国外科研机构和高校知识产权管理发展规律具有重要意义。尤其是美、欧、日等发达国家或地区科研机构和高校在知识产权管理的组织机构、人员队伍、管理制度、管理过程、收益分配政策等方面已经积累了许多成功的经验，对加强我国科研机构知识产权管理具有重要的借鉴作用。

3.1 美国科研机构与高校知识产权管理

美国公共科研机构包括国有国营实验室（GOGO）、国有承包经营实验室（GOCO）以及联邦资助的R&D中心（FERDC）三类。前两者的实验室研究设施所有权归政府，FERDC所有权则属于民间。三种科研机构中GOGO数量最多，是联邦政府内部和联邦政府部门所属并直接管理运营的科研机构，它们与政府联系最为紧密。其他类型的联邦实验室有一部分交给大学或公益机构代管，在管理方式上更为自由灵活，通常由大学、企业或公益机构代管并受托运营，科研及人事等内部管理都接受委托方的管理。

1980—2000年，美国共颁布近20部知识产权和技术转移相关的法律，其主要内容都是促进大学、国家实验室、非营利机构的知识产权和技术向产业界转移，以促进美国的科技进步与经济发展。

知识产权和技术转移活动的主要参与者是政府实验室、大学、非营利机构、产业界、技术转让中介机构。如果不考虑中介的作用，知识产权转移主要有大学—政府实验室，产业界—政府实验室，政府实验室—产业界，政府实验室—政府实验室几种关系。技术转移渠道主要有合同研究、合作研究、工作小组、技术转让许可、研究资助、技术咨询、人员交流、设备利用、实验室参观、信息（会议、会晤）扩散与出版物。美国1982年设立了小企业创新项目（Small Business Innovation Research，SBIR），1986年设立了合作研究与发展项目（Research and Development Agreement，CRADAs），1992年设立了小企业技术转让项目（Small Business Technology Transfer，STTR）以及大学、国家实验室、企业参与的大型研究集团、科学园区项目。

美国十分重视知识产权的转化利用，1980年颁布的《拜杜法案》允许大学等非营利公共机构和小企业拥有政府资助项目的知识产权。美国1980年颁布的《斯蒂文森-怀特勒技术创新法案》以及1986年改名的《联邦技术转移法》，1998年的《技术转移商业化法》和1999年美国国会通过的《发明家保护法令》，2000年通过的《技术转移商业化法案》等，鼓励建立国家或大学技术转移中心或成果完善化机构，加速产学研合作，简化联邦政府科技成果利用程序，极大地提高了科研机构、大学和产业界知识产权创造和转化利用的积极性。

美国公共科研机构知识产权管理政策首先体现为《拜杜法案》。1980年12月12日，美国国会通过的《拜杜法案》关于公共科研机构等主要有以下几个方面的政策：①联邦政府资助，或以合同、合作方式支持公共大学、小企业和非营利组织产生的发明，其所有权归承包者所有。资助合同是指全部或部分由联邦政府支持资金的实验、开发或研究工作的合同；发明是指可以申请专利的发明发现或任何专利法规定的主题，以及植物新品种；非营利组织包括符合规定的大学、高等教育机构、非营利科学研究机构等。②承包者有责任以书面形式与教授和技术职工签订协议，要求其披露发明和转让发明给大学等。③大学、小企业和非营利组织如果有权获得发明创造的权利则可以保留该权利。在任何分合同中要包含专利权条款，要向资助机构报告相关发明，书面选择是否保留专利权的权利，建立教育项目指导雇员及时公开重要性，要求雇员书面同意保护政府利益的相关发明。④大学、小企业和非营利组织有责任在发明人书面披露后两个月内向联邦机构披露新发明，披露后两年内必须决定是否保留发明的权利，否则权利归联邦机构。⑤ 大学、小企业和非营利组织保留权利，则必须一年内申请专利，并于十个月内通知联邦机构是否申请国外专利，否则联邦机构可以自己申请国外专利。大学、小企业和非营利组织必须在说明书中注明政府支持和发明的政府权利。⑥ 大学、小企业和非营利组织选择保留权利，必须以美国的名义向政府提供非排他、非可转让、非可撤销和付费在全球实施的确定的许可。大学、小企业和非营利组织必须定期提交专利运用的报告。⑦ 任何获得排他权制造产品的企业必须在美国制造该产品，除非提供合理和非成功或者经济不合理的理由。⑧ 在市场化专利的过程中，应给予小企业（500人以下）优待，提供将发明应用的相应资源和能力，但也可以向支持研究的大企业进行许可。⑨ 大学、小企业和非营利组织不能将所有权转让给第三方，除了专利管理机构。⑩ 大学、小企业和非营利组织必须与发明人分享发明许可收益，剩余部分要支持研究教育。⑪ 在一定条件下，政府可以要求大学、小企业和非营利组织授予第三方许可，如果发明未能在合理期限内取得实施，如果健康安全、公众使用、遇到障碍或者不满足法律要求，政府也可获得发明的权利并自行授予许可（march-in-right）。

　　后来经过1982年1月12日管理与预算办公室发布的联邦机构实施《拜杜法案》指南、1983年总统备忘录政府专利政策、1984年《拜杜法案》的修改、1987年3月18日《拜杜法案》相关规定的修改，《拜杜法案》精神体现在美国行政法规37 CRF401中，并规定了标准条款。CRF37是由美国联邦注册办公室发布的行政法规，共包括美国专利商标局、版权局、版权费委员会、技术政策助理局长、技术副局长五部分职能。第四部分技术政策助理局长职能包括两部分，401是非营利组织和小企业承担联邦政府拨款、合同或合作协议做出发明的权利，404是政府拥有发明的许可。

　　《拜杜法案》颁布实施以后，美国研究型大学的专利申请量和授权量急剧增长，专利申请量则增长了10倍，大学和科研机构的教授们纷纷携带科研成果开办公司，许多科研机构和大学建立技术转移办公室，组建包括法律、商务和科学背景的人才团队，大学技术转移经理人协会的成员从1980年的113个增加到1999年的2 178个，美国每年30亿美元的经济收入和25万个就业机会受益于科研机构产生的新技术。1980年以来，科研机构的发明许可产生了 2 200 多家新企业。将发明的权利授予承担单位是最重要的商业化的措施，实行统一的专利申请和许可程序，以及大学授予排他许可的能力也是技术转移成功的重要因素。但是，专利申请与许可数量的增加也受到其他因素的影响，而不仅仅是《拜杜法案》，比如生物技术的发展，美国最高法院在 Diamond versus Chakrabarty 生物技术可专利的判决，打开了生物、分子和生物技术研究技术专利申请的大门，《拜杜法案》对于科研机构刚开始的激励作用比长远的作用要大（Mowery，Ziedonis，2002）。

但是，《拜杜法案》也产生了一些负面的效果。第一，由于大学和科研机构的唯一目的是拥有所有权后可以向企业进行许可而获得收益，《拜杜法案》实际上向大学和科研机构大大进行了利益倾斜。第二，许多大学也拥有自己的企业，或者教授们携带知识产权开办新的企业，《拜杜法案》允许他们拥有知识产权所有权的政策会在产业界和大学之间产生冲突，从而导致不公平竞争。第三，该法案的通过也会激励大学、科研机构和企业不从事产生专利较少的基础性研究而转向应用研究，去获得专利许可收益，但是美国的实际数据表明这种情况并没出现。第四，生物领域的发现被申请专利后会影响产品的开发。作为补救措施，美国国立卫生研究院颁布了一个指南，要求不能商业化的方法专利必须向其他科学家证明它在合理条件下是可行的。美国专利商标局也修改了生物发现的可专利性指南。第五，该法案虽然规定发明人应分享专利许可收益，但对发明人应分的比例规定不明确，发明人与单位之间关于分享收益的纠纷层出不穷。第六，政府介入权（march-in-right）作用的大小问题，行使介入权的具体措施是什么并不清楚，如果大学和科研机构懈于向企业许可专利技术，政府又没有相应的处罚措施。

《拜杜法案》和《技术创新法案》的实施并没有足够的理由使得实验室的专利申请量增长，然而，采取激励系统的建立尤其是专利法案的实施，以及支持技术转移的内部资源配置等共同刺激了专利申请的增长活动（Link，Siegel，Van Fleet，2011）。所以，美国科研机构和大学等非营利组织知识产权管理政策还体现在《技术创新法案》《联邦技术转移法》《技术转移与商业化法》《发明家保护法案》《国家技术转移和促进法案》等法案中。这些法案的主要思想包括：①扩大拥有知识产权所有权政策适用的范围，全面促进技术转移，所有国家项目承包商如营利和非营利科研机构、大学、中小企业都可以在一定限制条件下拥有知识产权所有权。② 承包者必须承担努力对科研成果进行开发和转移的义务，必须定期向政府部门报告发明的使用情况，防止承包者滥用知识产权独占权和在商业应用方面不作为。③ 加强对技术转移实施履行义务的监督和评估，要求非营利科研机构等必须建立技术转移部门，并保证部门经费，研究人员有责任转移技术。④ 将知识产权创造和转化作为政府部门绩效考核的指标。⑤ 建立国家或大学技术转移中心或成果完善化机构，加速产学研合作。⑥ 简化联邦政府科技成果利用程序，提高非营利科研机构、大学和产业界知识产权创造和转化利用的积极性。美国斯坦福大学技术转移办公室和国家技术转移中心的模式、美国阿贡实验室知识产权投资基金模式成为许多国家学习的榜样。

3.1.1 美国国立卫生研究院

美国国立卫生研究院（NIH）建于1887年，隶属于美国卫生与人类服务部，是国际著名的医学与行为科学研究机构。该研究机构的目标是鼓励创造性发展和制定创新研究政策，开发、维持和更新人力物力资源，推广医学及相关科学知识，促进科学发展，增强民众和社会的科学意识。为实现上述目标，NIH开展众多卫生医疗研究项目，涉及人类疾病的起因、诊断、预防和治疗，人类的成长和发展过程，环境污染的生物影响，医疗卫生数据的收集、分发和交流，医学图书馆的维护与发展及对医学图书管理员的培养等。

美国国立卫生研究院下设一个院长办公室和27个研究所与研究中心，员工人数约为19 303人。美国国立卫生研究院2022财年预算为520亿美元，其中超过80%用于资助国内外2 500多家高校、医学院以及其他研究机构的30多万名科学家和研究人员。

美国国立卫生研究院制定了一系列与技术转移相关的政策，推动知识产权转移转化。其中与生物技术相关的政策包括《开发资助研究协议1994》《通用生物材料转移协议1995》《生物医学研究资源共享1999》《研究数据共享办法2003》《生物学研究模型共享办法2004》《生物学发明许可最佳实践2005》《NIH内部实验室材料转移政策（2010）》等。同时，美国国立卫生研究院还制定纳税人利益保护计划，强调纳税人是医药领域取得显著成果的受益者，因此要确保美国的纳税人生活不断得到改善。2013—2022财年美国国立卫生院知识产权转移活动见表 3-1。

表 3-1　美国国立卫生研究院技术转移活动　　　　　单位：件

	2013	2014	2015	2016	2017	2018	2019	2020	2021	2022
发明披露	320	370	292	320	331	303	237	285	253	251
美国专利申请	303	358	301	284	342	246	180	265	185	204
美国专利授权	122	197	151	152	145	114	180	107	106	196
许可专利	180	222	275	285	328	329	342	359	334	332
许可费用/百万美元	116.6	137.7	147.1	137.8	135.6	110.9	78.2	63.4	122.3	704.3
合作研发合同（仅NIH）	77	79	101	115	111	82	88	99	82	92
标准	46	45	73	89	93	63	74	58	53	76
材料	31	34	28	26	18	19	14	29	12	15

来源：NIH OTT. http://ott.od.nih.gov/about_nih/statistics.aspx

美国国立卫生研究院的知识产权管理工作主要由技术转移办公室（The NIH Office of Technology Transfer，OTT）负责。其使命是通过管理 NIH 和 FDA 的发明改善公共健康，在公共机构生物医药技术转移和实务中处于领先地位。OTT 根据联邦技术转移法案和相关法律法规设立，主要开展针对美国国立卫生研究院和食品药品监督管理局（FDA）的发现和发明创造评估、保护、市场化、许可、监控、管理等活动。此外，OTT 还负责美国国立卫生研究院及美国卫生与人类服务部下属联邦食品药品监督管理局和疾病预防控制中心（CDC）的技术转移政策制定以及技术转移政策委员会的决策落实工作。OTT 通过保留 NIH 内部实验室的发明创造完成技术转移工作，许可这些发明到企业并保障使用、商业化和公众可得。

NIH 也允许资助的外部机构寻求专利保护和商业化许可。OTT 下设内部投资组合管理单元和许可管理部门（图 3-1）。OTT 现有人员 25 名，多拥有博士学位，尤其是法学博士学位，或者拥有 MBA 学位。

NIH 技术转移项目的目标是通过建立开发与商业化的桥梁，将 NIH 和 FDA 公共投资的内部研究产生的新知识应用于进一步的研究和商业化，以造福美国人民和国外人民。该项目包括两个部分，一是研究合作，二是 NIH 和

FDA 发明的知识产权获取和通过许可协议将知识产权与相关材料向私营企业的转移,以支持和促进开发和商业化。

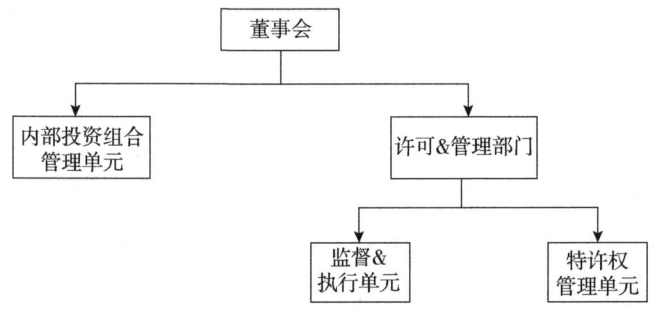

图 3-1　OTT 组织机构

来源:https://www.techtransfer.nih.gov/about-ott/org-chart

OTT 位于美国国立卫生研究院总部,在 27 个下属研究所和中心均设立有"技术开发协调员",各研究所和中心的技术开发协调员与技术转移办公室构成互补关系。它们分别负责不同的工作,技术开发协调员和 OTT 负责的工作见表 3-2。

表 3-2　NIH 技术开发协调员与 OTT 职责

NIH 技术开发协调员	OTT
协商协议和使技术发展协调员接触研究所和中心研究项目需要的相应材料和信息以及其他资源	
评估发明披露是否适合开发和商业化目的的需要获得专利权和保护专利权	1. 评估发明披露 2. 保障 NIH 发明的高价值和有商业上吸引力的专利申请
1. 协商基础研究记忆研发项目合作协议,推荐拟开发和商业化 2. 监视合作协议包括研究合作协议,开展尽职调查和监视研究范围变化 3. 保证研究所和中心根据研发合作协议收到合作伙伴支付的费用 4. 在技术转移政策发展上发挥领导作用	1. 协商和执行许可协议,将 NIH 的专利和其他未获专利权的材料转移到私营企业进行开发和商业化 2. 监视许可协议,开展尽职调查和保障许可费正确支付 3. 管理被许可方支付许可费支付给发明人和研究所与中心

OTT 技术转移项目的主要过程包括：① 评估和保护发明，制定合适的专利管理战略；② 决定对新兴技术的价值提议，是否具有医药或科学实用性，吸引资金或合作伙伴能力，以及市场化的能力；③ 实施市场化战略，将技术直接转移到最适合商业化的相关者手中；④ 许可发明；⑤ 识别合作伙伴；⑥ 协商协议，管理研究资源包括药物、生物、研究工具和研发合作的交流；⑦ 评估规制和政策环境，决定技术转移的影响。

为简化许可流程，NIH 实施了 Pay.gov 项目，基于网站允许被许可人通过支票或建立储蓄账户支付许可费。创立了创业许可项目，对创新企业许可药品、疫苗和疗法技术，还创立了针对非营利机构的许可和产品开发伙伴项目，对低收入地区诊断、治疗疾病起到了重要作用。还使用小企业技术转移基金转移技术，小企业技术转移基金（Small Business Technology Transfer Grants）旨在资助小企业与研究机构之间的研发合作计划，分两期进行资助，分别是可行性投资和对产品的进一步开发。

下属研究机构专利申请费用全部由 OTT 负责，一旦某项技术成功转移转化，OTT 将技术转让费的 15%～25% 返还给研发机构，但返还上限为 15 万美元。美国法律和 NIH 的政策规定，发明人每年可获得 NIH 收到的许可费，2 000 美元及以下的获得全部，2 000 美元到 5 万美元的获得 15%，5 万到 15 万美元的获得 25% 并封顶。此外，OTT 还拿出部分预算用于外部研究人员和大学的合作，并对小型技术公司的创新性项目进行资助。技术许可费由 OTT 的许可费收费单元和财务管理办公室管理。

2022 年，NIH 获得了 7.04 亿美元的特许权收入，这是迄今为止一年内收到的最高金额。FDA 批准了 Spikevax®，Moderna 的 COVID-19 mRNA 疫苗和 Novavax 的 COVID-19 蛋白疫苗的紧急使用授权，两者都采用了 NIAID 的 SARS 刺突蛋白技术。2022 年，共有 251 项发明披露，204 项专利申请，96 项美国专利颁发，332 项执行许可。OTT 发起了一个针对创业企业的流水线许可程序，给予一年排他选择，2 000 美元许可费，也可以转换成长期的商业化许可。

OTT 技术许可过程如图 3-2 所示。外界先选择感兴趣的技术领域，再从中寻找能够进行许可的特定技术。针对特定技术，外界可以选择所需的许可方式，并与 OTT 许可专员进行沟通联系。许可方式包括商业评估许可（主要用于评估商业潜力）、内部商业使用许可（限于内部作为商业开发活动的工具）、非排他专利许可和排他专利许可，前两个都不能销售或者扩散发明产品。然后，需填写并提交许可申请表，与 OTT 沟通协商许可条款，并提出许可方式（排他性和非排他性许可）要求。如果要求排他性许可，OTT 将告知最终结果。

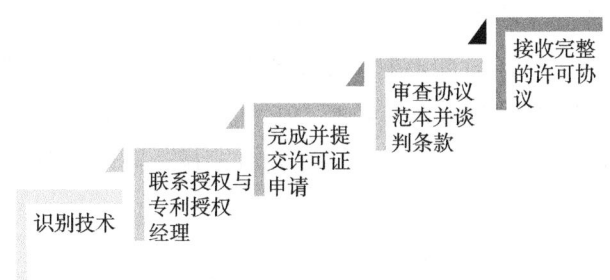

图 3-2　OTT 技术许可过程

来源：https：//www.techtransfer.nih.gov/licensing/licensing-process

OTT 对不同技术采用不同的许可方式，仅对专利技术和治疗手段才授予排他性许可，而对多重使用不会给予排他性许可。在许可费用谈判方面，主要考虑如下因素：技术研究阶段、技术品种、产品市场价值和独特性、专利许可广度和市场范围等。

2012 年，NIH 还与 MPEG LA 公司一起建立了专利池 Librassay，在体外听诊和个人药品应用上提供一站式全球专利权许可，其最初的专利池大约 400 项来自 NIH、FDA 等美国和外国的专利，准备开发听诊产品的入池企业可获得非排他的商业性许可。

3.1.2　美国阿贡国家实验室

阿贡国家实验室（Argonne National Laboratory）是美国第一个国家实验室和最大的科学与工程研究中心之一，也是美国能源部所属最大的研究机构之一，主要开展科学研究和工程化活动。实验室组织机构包括理事会下设的能源科学与工程化联合实验室，计算、环境与生命科学联合实验室，光子科学联合实验室，物理科学与工程实验室，以及一批研究中心、联合研究所和项目办公室等。此外，还成立有理事会支持机构，负责阿贡国家实验室相关的政府事务、教育项目、实验室研发工作、反间谍活动、内部审计、评估等工作。截至 2022 年，阿贡国家实验室拥有员工 3 723 名，包括 1 451 名科学家和工程师，366 名博士后。阿贡国家实验室年预算 11 亿美元，采购总额 4.4 亿美元。设有 21 个研究部门，6 个国家科学用户设施，许多中心、联合研究所、项目办公室以及数以百计的研究合作伙伴。阿贡实验室科学研究和工程化活动主要集中在三个领域：① 基础科学，扩大人类对物质宇宙的认识，使未来的技术成为可能；② 先进的计算和分析，将下一代超级计算和人工智能相结合，发现和创新超越目前的能力，并为复杂的技术和社会问题提供决策信息；③ 工程先进的技术，包括清洁能源和脱碳，微电子和量子信息科学。其组织机构如图 3-3 所示。

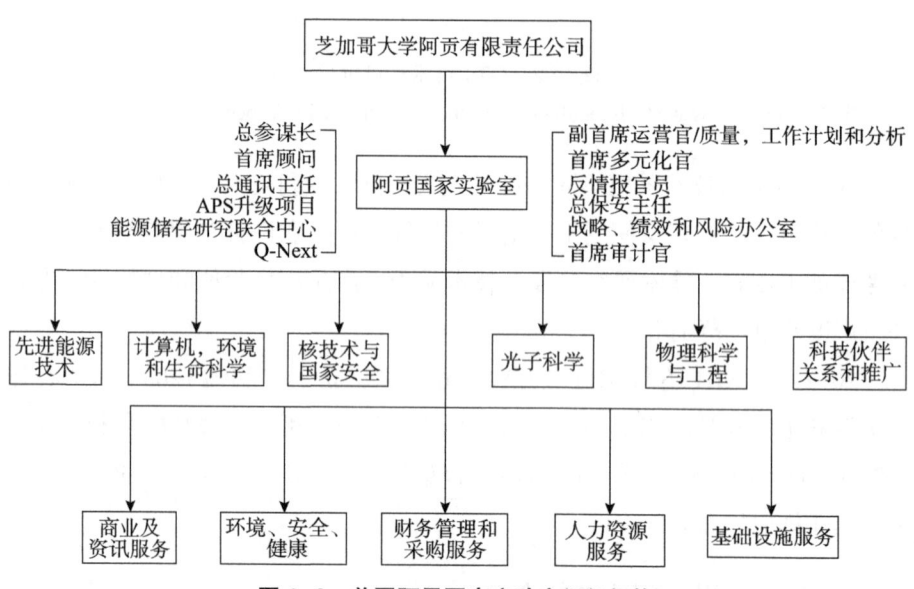

图 3-3　美国阿贡国家实验室组织机构

来源：http://www.anl.gov/downloads/organization-chart

阿贡国家实验室的技术转移工作主要由科技伙伴关系和推广部负责，该部门受芝加哥大学阿贡有限责任公司理事会领导，由理事会统筹规划和派遣人员。阿贡实验室积极与学术研究机构、联邦机构、私营企业等展开合作。通过美国能源部推出的小企业代金券计划（SBV）、技术商业化基金（TCF）和驻地技术专家计划（TIR）等一系列计划加强与工业界的合作，将技术从实验室转移到市场。此外，阿贡实验室积极推动创业风险投资，通过连锁反应创新计划（CRI）、能源I-军团计划（Energy I-Corps）以及和波尔斯基创业与创新中心合作推动和助力优秀技术团队的创业计划。阿贡实验室通过战略合作项目（SPP）、合作研究开发协议（CRADA）、技术服务协议（TSA）和技术许可协议与私营企业展开合作，实现技术转移。公司可以通过许可协议获得阿贡实验室的发明和版权的权利，许可可以是非排他性的，也可以是排他性的。截至2022年，CRI项目已经孵化了6个项目，成功成立了31家创业公司，7家正在进行商业销售。在过去6年里创造了585个就业岗位。2011—2020年，阿贡国家实验室获得了589项专利，从2012年到2021年，实验室从工业领域获得了超过3 000万美元的许可收入，涉及从汽车电池到教育工具的各种技术。2017—2021年，实验室分别在SPP和CRADA伙伴关系下与全球1 871家和453家机构合作伙伴进行了合作。2022年，实验室披露了107项发明，61项专利。签订了183个价值约1.84亿美元的SPP项目和47个价值约6 400万美元的CRADA协议。

3.1.3 斯坦福大学

斯坦福大学被公认为世界上最杰出的大学之一，位于加利福尼亚州的斯坦福市。2022年，斯坦福大学拥有16 963名员工从事教学、学习、研发、服务、企业管理等工作，共有7个学院，教授2 304人，本科生7 761人，研究生9 565人，基金规模达到363亿美元，校外资助项目超过7500项，年度总预算18.2亿美元，其中84%来自联邦政府。斯坦福大学技术许可办公室（Office of Technology Licensing，OTL）成立于1970年1月1日，尼尔斯·赖默斯（Niels Reimers）为首任主任。OTL的信条是"努力将技术转移到全世界"，使命是为社会应用和福利促进斯坦福大学技术转移，并努力创造效益支持研究和教学。

斯坦福大学制定了专门的知识产权政策和各种许可协议。一是知识产权政策，包括《知识产权手册》《关于许可大学技术的九个要点》。二是与院系相关企业许可的政策，包括《院系关于承诺和利益冲突的政策》《学术理事会成员的外部咨询活动》《院系咨询政策》《院系咨询活动要求和协议概要》《学术理事会成员外部咨询活动》《设立与斯坦福大学相关创业企业的大学投资规定》。三是《材料转移协议（MTAs）》。四是《医疗技术评估协议》。

如其 Board policy 规定，履行大学教学科研职责，或者非临时使用大学资源，全部或部分由教职员工包括学生完成的所有能够申请专利的发明应当及时向大学公开，除非已批准放弃的发明。不管资助资金来自哪里，发明人应当将这些发明的权利赋予大学。大学应当将权利赋予大学的发明使用费的一部分给予发明人。如果大学不能或者决定不以及时方式申请专利或者许可发明，可以根据与工作相关合同条款的可能性程度再将权利赋予发明人。上述这些政策可以扩展到没有被雇佣的学生、访问学者以及其他没有被大学雇佣的人。政策还额外规定，除了终身教授和雇员包括学生，这些规定还扩展到全部的毕业生和博士后人员，参加或者准备参加斯坦福大学研究项目的非雇员，包括访问教授、产业人员等。

斯坦福大学管理程序规定，资助研究办公室负责审查大学授权和合同条款的条件为是否符合大学知识产权与研究开发的政策。技术转移办公室的任务是为社会应用和福利促进大学的技术转移和获得研究与教育的收益；负责管理大学发明报告和许可，发明商业价值评估，专利申请决策，与代理机构合作争取专利权利，与产业的许可合同谈判。全部的教授、雇员、学生雇员、毕业生和博士后人员必须签订斯坦福大学专利和版权合同，参与或准备参与斯坦福研究项目的非雇员也必须签订该合同。发明披露是提供发明人、发明事项、产生发明情形和相关活动信息的文件。政府资助项目产生的发明，当技术转移办公室不能或者不保留知识产权权利时，权利应当属于政府，在此种情况下，发明人可以请求并获得资助机构授予的权利，但必须在请求时提供详细的商业化开发计划。

斯坦福大学的许可政策规定，许可分两种方式，一种是独占许可，一种是非独占许可。许可费政策规定，现金收益首先从毛收入中扣除15%的管理成本和直接成本，如专利申请费，剩下的收入分为三份，其中1/3分给发明者，1/3分给发明者所在的系，1/3分给发明者所在的学院。对于非独立的直接向副院长、所长报告的实验室、研究中心、研究所，发明人可以将属于系收益的全部或部分的1/3给予该实验室、研究中心、研究所，属于学院的则给予研究所。股票收入的15%分给OTL，以弥补办公室的日常行政管理费用，发明者获得剩下股份中的 1/3，其他的股份则由斯坦福管理公司（Stanford Management Company）管理，主要投入 OTL 的研究生奖学金基金中。斯坦福大学许可收益分配监督主要由 OTL 许可员负责。

斯坦福大学 OTL 设立执行委员会，执行董事。截至 2022 年，OTL 从刚成立时的 2 人扩展到 63 人，下设许可办公室（20 人）、HIT 基金（3 人）、知识产权管理办公室（3 人）、产业合同办公室（11 人）、业务发展与战略营销部（7 人）、业务运行部（10 人）、实习计划项目（6 人），组织结构如图 3-4 所示。

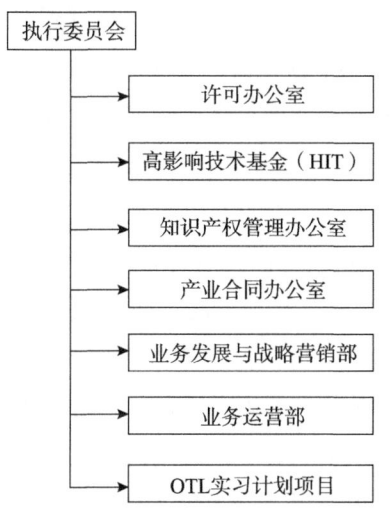

图 3-4　斯坦福大学技术转移办公室组织结构

斯坦福大学技术许可办公室（OTL）每周收到 9～10 个发明申请公开，其中 50% 申请专利，有 20%～25% 的发明披露能得到许可。在 2022 年，斯坦福大学从 1 099 项技术中获得了 8 960 万美元的总特许权使用费收入和股权。12 项发明获得了 100 万美元或更多的版税或股权，70 项技术的收入在 10 万至 100 万美元之间。OTL 评估了 510 项新技术披露，签署了 147 项新协议。其中 75 项为非排他性许可，39 项为排他性许可，33 项为期权协议，有 38 家主要基于斯坦福技术的新创业公司获得了期权或许可。此外，OTL 向 1 085 名发明家分配了总计 1 573 万美元的个人收入，在斯坦福大学评估了其版税收入份额的基础设施费用后，斯坦福大学的院系获得了 1 569 万美元，学院获得了 1 281 万美元。斯坦福大学还向共同知识产权所有者和研究赞助商支付了 297 万美元。

斯坦福大学知识产权管理主要经过下列阶段：发明披露—发明技术评估－许可战略（申请专利－市场许可）—市场战略（许可谈判）—维持关系。在发明披露阶段，OTL将技术分配给相应技术领域的许可员，许可员首先要与发明人讨论发明的技术和市场情况，还要咨询OTL的其他人或者产业专家，要对发明发展现状、发明人情况、知识产权状况、商业化潜力、许可的潜力进行研究。最主要的问题是该发明是否能为大学产生许可收益。在申请专利阶段，要分析许可是否是知识产权许可，是否是著作权许可，发明能否申请专利和能否实施，发明是否已经公开。许可还需得到外部人员如技术专家、专利代理师或专利律师的帮助。在市场战略中，许可一般要考虑是否等待发明公布和有关数据，要考虑单个专利或是专利组合，要与企业联系和提供相关信息。其主要步骤为：列出市场内容—列出潜在被许可人名单—联系潜在的被许可人跟踪。

许可协议主要包括选择性许可、独占许可和非独占许可三种形式，多采用非独占许可方式和入门费加提成方法，如中小企业一般首次仅需付款5 000到1万美元作为入门费，股份份额一般不多于成立公司全部股份的5%。主要的许可条款包括财务条款和非财务条款，财务条款包括每年最低费用（入门费）、提成比例（按净销售收入或按单位销售产品）、专利成本和创业企业的权益，而非财务条款包括定义、授权、开发阶段和尽职调查规定、保证及弥偿、侵权行动、争议解决等。

斯坦福大学OTL办公室还开展以下工作支持技术许可：① 创办企业，向新创企业进行知识产权许可。② 发明公开，截至2022年，斯坦福大学根据许可协议持有196家公司的股权。在2022年，18家公司的股权被清算，产生了2 237万美元的收入。③ 建立商标实施基金，它来自于院系OTL净收益的1%，2009年得到了35.9万美元，获得了2 624.8万美元的名称、标志等的商标实施许可收益。④ 建立种子基金（Birdseed Fund）。由院长或系主任管理，资金额约2.5万美元，支持未许可技术的原型开发或实验。

硅谷的成功和斯坦福大学在硅谷所处的重要地位，使得赖默斯和斯坦福大学首创的OTL模式引来了众多大学的仿效，麻省理工学院特意向斯坦福大学请求借调赖默斯一年，指导其毫无起色的技术转移工作，而引入OTL模式之后，麻省理工学院的技术转移工作便很快有了起色。加利福尼亚大学伯克利分校和旧金山分校都聘请赖默斯开展技术转移工作，建立了技术转移办公室，他还成为全美大学技术转移经理人协会的主要创办者和美国—加拿大许可执行经理协会的主席。20世纪90年代初，多数大学都抛弃了技术转移的第三方模式，转而采用OTL模式。OTL模式现已成为当代美国大学技术转移及知识产权管理的标准模式（宋河发，2013）。

3.2 欧洲科研机构与高校知识产权管理

欧盟在公共科研机构和高校研究知识产权管理上的政策主要体现在以下几个方面：一是加大知识产权创造的投入。如德国非常重视知识产权的创造，每年在科学研究和科技发明创新上的投入是全世界比例最高的国家之一，德国《研究和创新协定》主要实施对象是大学以外的大型科研机构，协定规定科研机构的研究经费每年至少要保持3%的增幅。政府直接投入的主要对象是大学、政府科研机构和国家实验室。二是促进知识产权转化。欧盟制定指南帮助成员国建立公共科研机构知识产权所有权、许可与利用制度，促进公共科研机构知识产权向产业及衍生创设公司转移。促进公共科研机构及公共、私人合作伙伴知识产权管理和利用。德国政府鼓励科研机构的发明人设立公司，促进知识产权产业化。德国为促进知识产权应用及产业化，允许企业根据自身需要，招聘大学、科研机构的研究人员作为雇员，或在大学、科研机构设立研究中心、实验室，通过提供科研项目和经费，进行关键领域或者核心技术的研究开发。法国于1982年和1984年颁布了《科研方针和指导法》及《高等教育法》，明确了公共科研机构和高校在促进科技成果转化、推动产业和经济发展方面的责任，法国公共研究机构纷纷依托国家设立全国技术资源中心网络，向企业特别是中小企业提供技术咨询、技术转让或开展合作开发。法国1999年6月通过的《促进研究及技术创新法》允许科研和教育人员参与创建创新型企业，并采取减免税收、建立孵化器和启动基金等方法鼓励科研人员以知识产权尤其是专利技术入股企业，鼓励现有企业接受和使用科研人员的知识产权。法国法律鼓励创新企业使用发明专利，从1997年起研究人员以发明专利作为资本入股参与企业的创建和开发，其专利使企业获益的，其利润的征税可延缓5年执行。英国也规定，科研机构要与有潜力使用其知识产权的单位和从事知识产权许可的人士建立友好关系。三是为科研机构发明人提供帮助。德国的科研机构都有专门的实验室管理、财务管理、法律事务律师或专利事务律师，法律事务律师或专利事务律师主要工作就是为发明人和研究机构提供知识产权服务。法国工业产权局专门设立了地方工作部，主要负责11个地方分中心的指导和管理工作，地方分中心根据地方工业和科研机构的密集程度设立，主要是为了方便地方科研机构、各类企业进行知识产权信息咨询和申请工作。英国为所有的科研人员提供有关知识产权事务的专业咨询和培训条件。四是加强知识产权培训教育。欧盟支持成员国开展有关知识产权、技术转让的教育和培训活动。欧盟提出，在毕业前，每一个学生尤其是科学、工程及商学院的学生都要确保接受过有关知识产权和技术转让的基本教育和培训。英国规定，大学和科研机构的科研人员在其申请知识产权保护措施之前不得泄密，科研人员要熟悉雇主在知识产权事务方面的做法和安排，必要时要参加有关知识产权的培训或从专利办公室索取相关的培训资料。科研人员要注意做好实验室的研究记录，以此作为鉴定和开发知识产权的重要组成部分。

2022年3月，欧盟发布欧洲大学知识产权管理和商业化报告，该报告通过对欧盟21所大学的知识产权（IP）管理实践的研究，分析了大学知识产权管理和研究商业化的模型和过程。大多数大学采用的是线性模型，侧重于保护和销售研究成果，但与产业的互动不足。这些过程包括对被披露的发明进行可专利性评估，然后选择具有商业潜力的发明申请专利，报告认为有必要与产业界良性互动、更多地关注价值创造和利用，而不仅仅是许可收入。大学知识产权管理面临挑战，主要是缺乏用于概念验证资金，即使很多大学建立了种子资金，但对概念验证的支持资金仍然不足；主要关注专利申请与许可，而不是与产业界的互动；技术转移办公室合作技术和产业范围较广，所以很难充分了解市场；大学在国际合作中因不涉及当地产业而普遍存在合法性问题。还分析了不同国家大学在知识产权合理使用方面存在的差异：大学在知识产权意识和能力、教师免责影响技术转移办公室对知识产权的掌控程度和拥有知识产权的实体、各个国家针对技术转移办公室或大学控股公司拥有分拆所有权的法规、对技术转移办公室的评估、技术转移办公室管理一个或是多所大学及其管理知识产权的方式等。2022年3月28日，欧洲知识产权服务台发布《欧洲地平线项目知识成果增值指南》，主要目的是，研究"欧洲地平线（Horizon Europe）"资助下的研究和创新项目如何成功评估其产生的知识成果，以及如何通过有效的交流、传播和利用来提高其影响力。欧盟委员会确定了知识增值的六个主要渠道：① 产学研联合研究和流动；② 创建研究驱动的衍生公司和初创公司；③ 中介机构和知识转移的专业支持；④ 公民和当地社区的参与；⑤ 知识产权（IP）管理和标准化；⑥ 知识传播和政策采纳。

3.2.1 马普学会

马普学会是德国著名基础研究机构，其前身是1911年成立的威廉皇家学会，1948年2月正式命名为马克斯·普朗克科学研究促进会（Max-Planck-Gesellschaft zur Förderung der Wissenschaften，MPG，简称马普学会）。马普学会是独立的非营利性研究所，主要研究涉及自然科学、生命科学、社会科学和人文学领域中公众感兴趣的基础研究活动。此外，马普学会还支持新研究领域的开辟活动，与高校开展合作并提供大型科研仪器。

马普学会组织机构如图3-5所示。马普学会会员包括超过650名支持会员、名誉会员和当然会员，还包括委任的科技会员。会员召开会员大会，选举产生马普学会的理事会成员。理事会是马普学会最高决策和监控机构，决定马普学会下属研究机构的成立和解散、负责研究所所长和成员的任免，以及研究所的预算分配。理事会选举产生马普学会的主席和执行委员会，并负责秘书长的任免。马普学会董事会由执行委员会和秘书长组成。执行委员会为主席提供咨询，并为重大决策进行准备工作。马普学会主席由理事会选举产生，任期6年，代表学会行使权利，建立研究政策的指导方针，主持管理理事会、执行委员会和会员大会。马普学会的研究机构包括85个研究所和附属研究设施（Research Facilities），在生命科学、物理、化学、天文、社会科学、医学、大气科学、数学、经济学等领域开展基础研究，研究所大多不具有独立法人地位。到2021年，马普学会拥有23 950名员工，其中包括6 745名科学家。此外，还有 20 898 名正式员工，519 名奖学金获得者和 2 533 名客座教授。2021 年，马普学会总收入达 25.64 亿欧元，其中收到联邦政府和州政府拨款共计约 19.7 亿欧元。

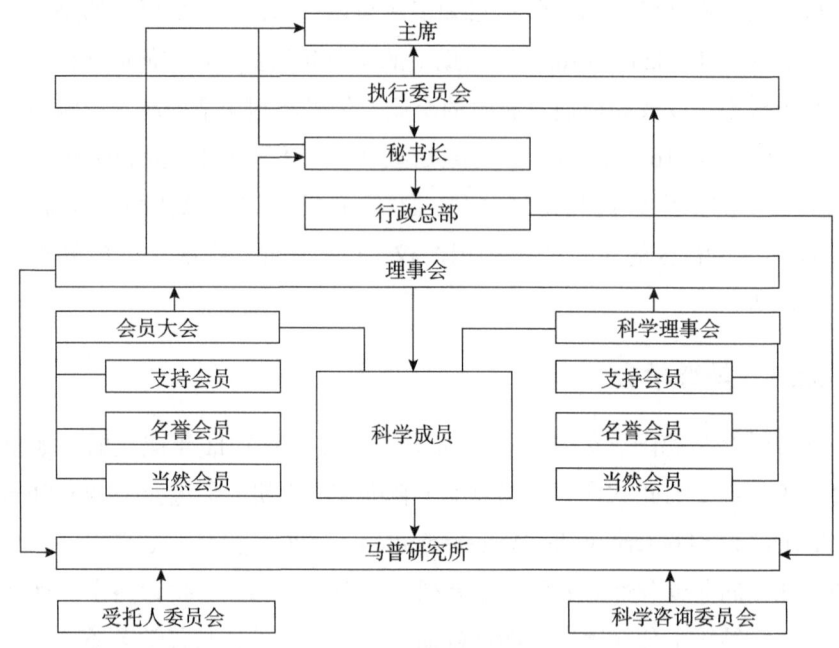

图 3-5　马普学会组织机构

资料来源：https：//www.mpg.de/about-us/governing-bodies

马普学会成立的全资子公司——马普创新公司（Max Planck Innovation GmbH，MI），负责新思想和新发明的转移转化、发明专利实施，以及研究所在工业应用领域的发展，马普学会通过书面协议形式向该公司授权，全权委托该公司处理知识产权和技术转移事务，全部收益属马普学会所有，马普学会则向公司支付成本。该公司通过向企业授权以及创办衍生企业，创造了大批新产品和新就业岗位。MI 的前身是 1970 年成立的嘉兴仪器公司（Garching Instrumente GmbH），1993 年更名为嘉兴创新公司（Garching Innovation GmbH）。为强化公司在科学界和产业界的纽带作用，嘉兴创新公司 2007 年更名为马普创新公司。

MI 成员包括跨领域科学家、商人和律师，马普学会还成立由政府部门、科学家和商业界代表组成的顾问团监督公司工作。公司每年平均评估 140 项发明，其中约一半最终申请了专利。截至2021年，共管理了4 700余项发明，签订使用合同2 850余份。自20世纪90年代初以来，马普学会已经衍生出了170家公司，其中绝大多数都得到了MI的积极支持。在此期间，这些附带利益创造了约8 200个就业机会。自1979年以来，总营业额约为5.3亿欧元，来自许可证和出售股权。2021年，MI共申报发明142项，注册专利120项，签订合同78项，其中使用协议51项。许可和参与销售的使用收益预计将达到约2 000万欧元。

MI职员分五种专业类型。第一是不同学科领域的科学家，第二是经济事务专家，第三是法律事务专家，第四是专利事务专家，第五是行政管理事务人员，包括秘书。该公司根据每一个技术转移项目属性的要求来临时搭建项目工作团队并确定项目经理。工作团队通常由一名科学家、一名经济专家和一名法律或专利专家组成。

MI总经理Jörn Erselius拥有卫生技术背景和MBA学位，副总经理Ulrich Mahr主要负责衍生公司和组合管理。专利与许可管理团队6人，大部分具有技术背景，其中生命科学专利与许可经理有3人，物理、化学、技术和软件专利许可经理有3人，创业经理有3人，大部分具有商业和技术专业背景。合同和财务管理团队有4人，3人有律师资格。专利管理团队有4人，1995年专利管理职能从马普学会转移到该公司，其中专利管理3人，主要职能包括处理马普学会发明主张，联系专利律师，与专利律师一起完成正式文件，监视期限，核对专利收费票据，披露发明等。

MI的定位是科学和产业的伙伴，为马普学会研究所评估技术和申请专利提供咨询与支撑，将马普学会发明转移到产业，支持在企业的马普学会科学家。其主要业务包括：①向马普学会科学家提供日常的技术转移信息；②向马普学会科学家提供知识产权问题的咨询；③审查马普学会提交发明申请是否可以进行专利申请；④评估马普学会提交的发明申请是否具有潜在商业价值；⑤委托和指导外部专利代理机构进行专利申请事务工作；⑥在世界范围内与工业界接触以建立伙伴关系；⑦联系投资家、职业经理和企业家建立合作关系；⑧寻找合适的开发基金和风险基金项目；⑨承担马普学会对外的意向性协议与许可协议谈判和协议签署；⑩为马普学会发明家和工业界的合作提供指导性意见和政策文件；⑪制定马普学会专利和许可战略的制定和开拓策略；⑫ 评估创业公司的创建理念，并协助和辅导制定经营计划和融资方案。

马普学会出台的政策主要有：《发明人指南》《发明披露表格》《知识和技术转移指南》《秘密公开协议》《材料转移协议》《衍生公司指南》《创办企业的办法》。《发明人指南》规定，马普学会职工完成的发明通常是基于研究所经验或工作范围内做出的发明，是雇员发明，根据雇员发明法案，马普学会拥有该发明的权利，发明人应当向研究所的管理部门报告发明，并且支持马普学会应用和商业化其发明。创业政策考虑了各方的积极性和需求，在衍生公司创办过程中，明确规定知识产权的拥有和使用，衍生公司和研究所的关系，研究人员可以根据需要借调到衍生公司去工作，但要量化工作时间和成本，衍生公司可以按照正常交易的方式继续使用研究所的知识产权，研究所通常派出董事来参与创业公司的管理，知识产权市场化运作的收益由研究人员、创业公司和研究所共同分享。

MI 为马普学会科学家和商业人士代表提供服务，负责处理技术转让相关事宜，并协调两大团体的关系。此外，MI 还为新公司成立过程中的相关研究人员提供建议，并就这些投资问题进行谈判。MI 还积极进行知识产权转移转化中规章制度的建立，并与全世界相关公司保持密切关系，以挖掘发明中的价值。MI 的主要收入来源为许可转化收入和合同收益。许可收入一半来源于海外，类型多样。MI 与工业界和科学家们之间签订了许多合同，研究人员也可以和其他潜在合作者之间订立合约。

MI 的主要工作流程如图 3-6 所示。马普学会发明人与 MI 电话联系，将研究成果告知 MI，同时提供发明公开、附加信息、专利或论文检索等其他信息。MI 与马普学会接洽，对容易取得专利的研发成果，推荐专利申请，MI 负责申请流程，申请费用由马普学会承担，同时要求发明人提供外加数据和实验，并将专利权授予发明人。而对不推荐专利申请的发明，马普学会以技术秘密进行保护。对于发明专利，MI 负责寻找需要该专利技术的公司进行专利许可，或者以直接出售专利的形式获得收益。专利收益由马普学会负责分配，研究所和发明人都能按照一定的比例获得收益，其中研究所 37%，马普学会 32%，发明人 30%，创新公司 1%。

第三章　部分国家及地区科研机构与高校知识产权管理

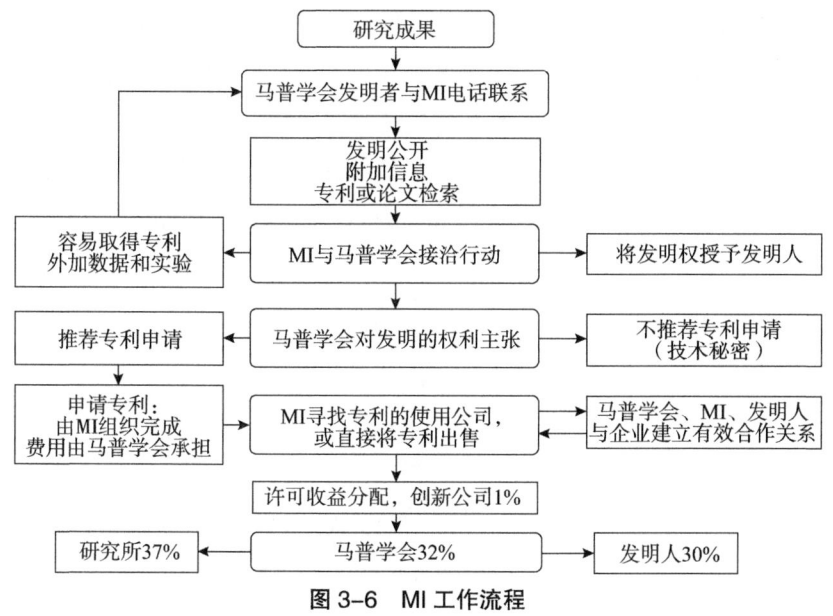

图 3-6　MI 工作流程

3.2.2　弗朗霍夫学会

弗朗霍夫应用研究促进会（Fraunhofer-Gesellschaft zur Förderung der angewandten Forschung，简称弗朗霍夫学会）是德国最为著名的应用研究机构，也是欧洲最大的应用研究机构，是独立的非营利机构，基本经费由政府资助，但有 70%～80% 的经费来自企业的合同研究。2022 年弗朗霍夫学会有下属 66 个研究所，拥有 30 350 名员工。弗朗霍夫学会研究领域涵盖自适应结构技术、能源技术、信息通信技术、材料和组件技术、纳米技术、高分子表面技术、表面和光电子技术、国防和安全技术、高能陶瓷技术、生命科学技术、微电子技术、数字模拟技术、生产和制造技术、交通和运输技术等领域。弗朗霍夫学会的主要客户是工业企业，面向企业需求提供研发等技术服务和组织战略等咨询服务，也面向联邦和各州政府委托，承担战略性公共研究项目研究，经费来源也包括政府和国家项目的资助。

联合大会（General Assembly）是弗朗霍夫学会的最高权力机构，定期召开会员大会，选举评议会（Senate）成员，并执行年度报告和财政预算审查、协会章程修改等职责。评议会由弗朗霍夫学会联合大会选举产生，成员来自科技界、工业界和政府，主要负责制定弗朗霍夫学会的研究政策和发展规划，并决定研究所的设立等相关事务。弗朗霍夫学会的管理工作由理事会委任的执行委员会承担，包括1名主席和3名委员，5位成员中包括两位知名科学家工程师、两名律师，一名有商业经验的人士。此外，还成立有科技咨询委员会，作为学会的咨询机构，为执行委员会提供科技和战略咨询服务。承担具体科研工作的是76个研究所和研究机构，组织结构如图3-7所示。

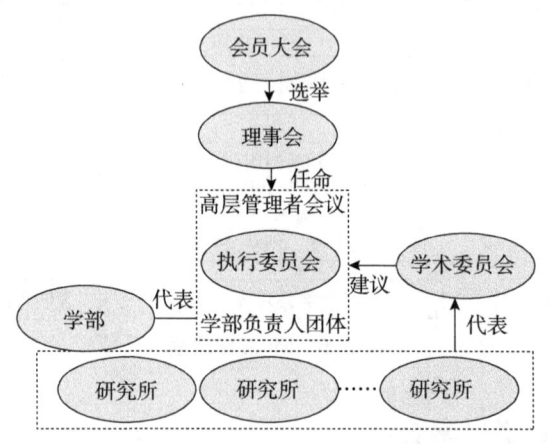

图3-7 弗朗霍夫学会组织结构

资料来源：https://www.fraunhofer.de/en/about-fraunhofer/profile-structure/structure-organization.html

弗朗霍夫学会的研究经费分为竞争性资金和非竞争性资金两大部分，非竞争性资金主要包括欧盟和政府投入的科技事业基金，以及联邦国防部等部门下拨的专项资助。竞争性资金则主要来自合同研究，如公共部门的招标课题和企业研发合同等。弗朗霍夫学会的研究经费主要为竞争性资金，例如2012—2016年，合同研究经费占弗朗霍夫学会营业收入的82%以上，2021年高达26.15亿欧元。弗朗霍夫学会各研究所所长均由所在地的大学教授担任，而且许多所长都曾经担任一些大企业的董事或研究开发部的主任。弗朗霍夫学会研究所的大多数技术和专业人员都是合同制人员，学会为每位新职员提供一份为期3～5年的定期合同。弗朗霍夫学会建立了完善的评估体系，对下属研究所进行有效监督。评估方式主要包括：年度报告审查、科研绩效评估和研究项目成果综合评价。此外，每五年还对研究所进行一次综合评估，主要指标包括：既定战略规划的完成情况、重点课题的实施进度、科研人员的整体素质与结构、科研设施的装备水平与利用率、经费总额中竞争性资金比例、竞争性资金中企业研发合同的比例、申请和取得专利的数量、客户的分布结构与服务满意度、技术成果转让的数量和收益、经费支出的范围和科研辅助系统的服务质量等。此外，考虑到弗朗霍夫学会应用研究为主的导向，研发成果多面向产业界，在产出指标中，论文数量仅作为参考指标，知识产权相关指标是关注的重点。弗朗霍夫学会将评估结果作为今后发展规划调整和资源分配的依据，也作为对研究所人事任免和职工薪资水平的重要依据。

弗朗霍夫学会一直是德国最大的专利申请机构之一。在管理人事与法律事务委员会的指导下，弗朗霍夫学会的法律事务与合同部下设专利与许可处负责知识产权管理工作。2022年弗朗霍夫研究所披露了443项发明，申请了375件专利，总的有效专利权和申请达到7 414件（表3-3）。签署了301项新的知识产权许可或销售协议，有效协议总数达到3 141个，许可费收益1.61亿欧元。

表3-3 弗朗霍夫学会专利申请与许可收入（2018—2022年）

	2018年	2019年	2020年	2021年	2022年
有效专利与专利申请/件	6 881	7 050	7 667	7 620	7 414
发明披露/件	734	733	753	604	443
专利申请/件	612	623	638	521	375
许可费收入/百万欧元	109	107	99	114	160

弗朗霍夫学会十分注重与企业的合作研究，合作研究成果的知识产权归弗朗霍夫学会所有，合作企业可以无偿使用，但2013年后，知识产权归属主要根据合同进行约定。弗朗霍夫学会技术转移的主要方式包括合同研究和许可授权，创办新的衍生企业也成为学会知识产权收入的重要来源。通过创办新的衍生企业，弗朗霍夫学会将先进技术进行成功转移，以便运用知识产权获得更大收益。弗朗霍夫学会还建立有风险投资项目，通过支持衍生企业和创业企业，从而最大化技术转移收益，创建弗朗霍夫研究机构与私人企业的协作网络，推动研究所内部商业文化和企业家精神的培育。

弗朗霍夫学会在政府支持下创建了德国专利中心，其主要任务是为弗朗霍夫学会研究所提供专利服务以及为其他未设专利服务部门的高校、校外科研机构、自由发明人服务。主要服务内容包括咨询，用于专利申请、保护和转化的无息贷款，协助寻找合作伙伴，许可证转让等。对于经审查确定具有经济应用前景的科研成果和发明，该中心可以提供无息贷款，并规定只能用专利收益还贷，以减轻专利申请给科研人员或发明人带来的经济风险。对于得到无息贷款的成果，该中心负责进行市场推介，帮助寻找许可证使用单位，开展许可证使用条件谈判，起草许可证使用合同。作为报酬，该中心收取许可收益的25%，发明人获得20%。弗朗霍夫学会知识产权组织结构如图3-8所示。专利中心下设知识产权管理办公室、微电子工程办公室、表面工程和光电子制造办公室、生命科学办公室、专利战略及应用办公室和许可办公室等，负责不同的专利事务。该专利中心的主要职能包括：① 代表学会处理专利事务；② 维护学会知识产权利益；③ 负责技术转移转让谈判；④ 为研究项目提供战略咨询；⑤ 通过培训提高职员的意识等。

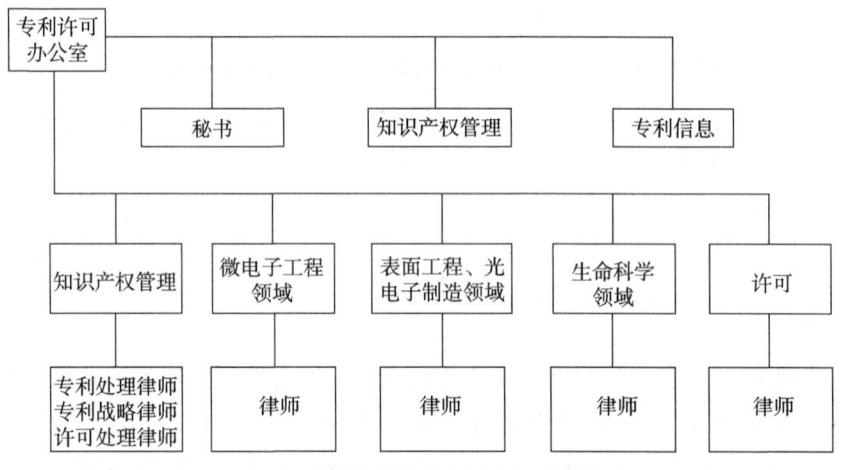

图3-8　弗朗霍夫学会知识产权组织结构

此外，为促进知识产权的商业化应用，弗朗霍夫学会于2007年开展专利投资组合分析系统，以协调发明专利使用过程、确保技术诀窍和知识产权的系统运用，并促进成果导向的知识产权管理的商业化探索。该分析系统旨在系统增强单个专利的未来市场潜力，通过关注能够带来巨大经济收益的专利，对知识产权的潜在商业价值进行挖掘。该分析系统的战略管理的核心是特定的专利投资组合管理，使得研究所能够根据市场因素和未来潜在收益对专利进行布局。该系统建立一个两维矩阵来确定研究所内部不同业务单元的相对位置，并建立一套指标体系对其进行评估。例如，引入基于市场吸引力等外部因素来评估潜在商业价值指标，引入开发实力等内部质量因素来评价专利群创造许可收益的能力。这种关注专利战略过程的分析视角，为研究所提供了建立以开拓市场为导向的专利投资组合的支撑。弗朗霍夫学会对专利投资组进行定期评审，通过与目标组合的比较，帮助研究所识别外部市场条件的变化和对新技术发展的需求，并对现有专利投资组合进行改进。

2009 年，弗朗霍夫学会在研究所实施了结果导向的知识产权管理系统，其主要工具是战略过程，针对市场潜在需求支持研究所组织和开发专利组合，并取得了极大成功，通过分析专利组合，对低吸引力专利族提出降低成本的建议，并加快有吸引力专利族的申请与开发利用。借助该系统已有 20 个研究所通过加强合同研究之外的知识产权许可开辟了新的收入来源。例如，MP3 一直是弗朗霍夫学会专利许可收益的重要技术，其收益的大部分又用于投资与知识产权相关的研究，弗朗霍夫学会的前瞻基金支持具有市场前景的高价值专利组合。

2011 年，为加强技术转移和衍生企业发展，弗朗霍夫学会执行委员会发起了一个 4D（discovery，defined，develop，deploy）的先导项目，主要目标是系统评估能够可持续获得许可收益或者创建衍生企业的单个产品创意的市场性，以及用弗朗霍夫学会的基金开发并市场化这些创意。这是一个集成的、结构化和多阶段的过程，每个阶段都运用"现有技术方法（state-of-the-art）"进行专业化和优化，最后由管理团队提出是否建议衍生企业的结论。一般情况下，开始阶段有 40 个产品创意，执行委员会最后选择 7 个作为先导项目进行支持。

3.2.3　牛津大学

牛津大学（University of Oxford）是一所在世界上享有顶尖大学声誉、巨大影响力的知名学府，是位于英国牛津市的公立大学，建校于 1 167 年，为英语世界中最古老的大学，在英国社会和高等教育系统中具有极其重要的地位。2022 年，牛津大学有 90 多名皇家学会会员，100 多名英国科学院院士，2 000 多名学术人员，5 900 多名研究与支撑人员，超过 7 000 名研究生。

2022 年，牛津大学学生数量超过 26 000 人，包括 12 683 名本科生和 13 324 名研究生；拥有 39 个学院和 6 个永久私立场所（hall）。外部研究资助和合同是其最大的研究经费来源，2021 到 2022 年牛津大学研究收入总额 8.66 亿英镑，其中外部研究经费达 7.11 亿英镑。

牛津大学科技创新公司（OUI），建立于 1988 年，成立之初名为"Oxford University Research and Development Ltd"，随后改称"Isis Innovation"，2016 年 6 月为凸显其与牛津大学的关系，改为"Oxford University Innovation"，是牛津大学 100% 控股的研究和技术商业化公司，旨在帮助研究人员实现研究成果商业化，主要业务包括专利申请、知识产权许可、咨询与劳务合同、新公司孵化、原材料出售等，同时为社会各界提供接触学术专业知识的机会。OUI 一共有 9 个部门，截至目前共有 94 名员工。OUI 组织结构如图 3-9 所示。其中许可和风险投资部门有 47 人，负责帮助希望知识产权商业化的研究人员与技术寻求者、投资者和其他外部方联络。咨询部门有 8 人，帮助牛津大学科研人员识别和管理咨询机会，帮助客户联系世界一流的牛津大学跨学科研究。

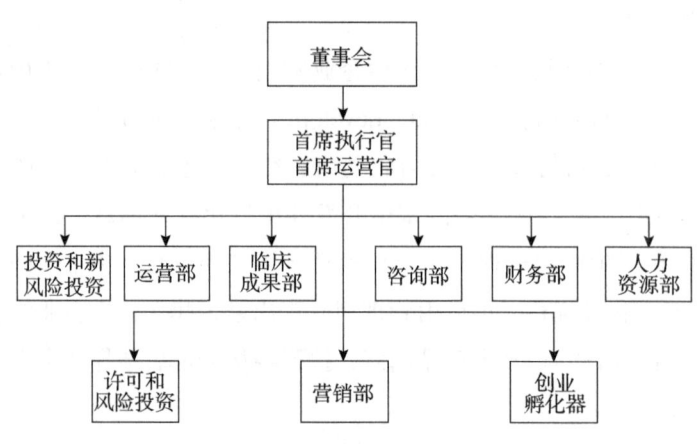

图 3-9　OUI 组织结构

除此之外，为了更好地向英国和国际的大学、组织机构提供关于技术转移体系建设的方案，OUI 成立了牛津国际创新咨询有限公司，最初命名为 Isis Enterprise，2017 年更名为 Oxentia。Oxentia 的主要业务是提供创新研究和策略，知识交流和技术转移管理，创新创业学习营和加速营，技术转移转化、培训和指导等方面的专业咨询和服务。1990 年，牛津大学成立了开放式创新论坛牛津创新协会（Oxford Innovation Society），现在由 OUI 运营。汇集了研究人员、发明家、衍生公司、技术转移专家、本地企业和全球最具创新性的跨国公司等资源。该协会以牛津大学校内的技术商业化相关部门为中心，向外辐射周边区域分布的不同层次高科技产业园区，构建起了良好的科技创新环境，并逐步形成了科技创新资源的集聚效应，尤其是形成了完整的创新链条和创业氛围。各个园区不仅是牛津大学重要的教学和科研实践基地，也为科研成果的进一步商业化提供了广阔的物理空间、市场空间和创新链条空间，尤其是便于开展政产学研合作，有效实现了传统科技创新资源与现代市场机制的结合。

OUI 的主要业务包括知识产权的许可、新公司的建立、咨询顾问及服务合同。2022 年，公司管理 4 995 件专利及申请，1 157 项交易。OUI 接收到了 318 个发明披露，提交了 73 项专利申请，创办了 15 家衍生公司，收入比 2021 年增长了 60%，达到 3 000 万英镑。当年，OUI 向牛津大学和科研人员返还了 1 300 万英镑的收入，比 2021 年增长 43%。

牛津大学知识产权许可收益分配政策主要是：OUI 保留 30% 的收入作为持续成本的贡献，净收入在 5 万英镑以下的研究人员分 85.7%，一般收入账户分 14.3%；净收入在 5 万英镑以上，50 万英镑以下的研究人员分 45%，一般收入账户分 30%，部门分 25%；净收入在 50 万英镑以上的研究人员分 22.5%，一般收入账户分 40%，部门分 37.5%。牛津大学知识产权许可净收益的分配见表 3-4。

表 3-4 牛津大学知识产权许可净收益的分配

净收入	研究人员分配占比 /%	一般收入账户分配占比 /%	部门分配占比 /%
5 万英镑以下	85.7	14.3	0
5 万~50 万英镑	45	30	25
50 万英镑以上	22.5	40	37.5

3.3 日本科研机构与高校知识产权管理

日本在 1995 年就制定了《科学技术基本法》，发布了第一个五年计划

（1996—2000年）。1998年又发布了《促进大学技术转移法》，即TLO法，1999年发布了《产业复兴特别措施法》，制定了日本的"拜杜法案"，2000年又发布《强化产业技术法》，这些法律成为日本知识产权管理的主要法律。

由于知识产权权属制度，再加上大学、科研机构对知识产权的重要意义认识不足，日本过去专利授权的数量大大低于美国。所以，日本在2002年制定并发布了《知识产权战略纲要》，提出了"知识产权立国"的基本方针，推出了100项知识产权政策。为落实该方针，日本2003年又颁布实施《知识产权基本法》，成立了内阁知识财产战略本部，此后每年开始制定和发布知识产权战略推进计划。日本《知识产权战略》中十分重视知识产权创造，鼓励科研机构、大学和企业开展创造性开发研究，积累和有效利用其知识产权，不断完善知识产权制度，为科研人员、中小企业申请专利等提供资助，提供良好的知识产权服务。同时，日本还注意充分发挥民间的科研力量，促进公立和民间科研机构的合作。

2004年以前，日本科研机构、大学和企业职务发明申请权归属科研人员个人，而且还将国立科研机构受民间委托开发完成发明的知识产权优先给予委托企业。1998年5月，日本制定颁布了《促进大学技术转移法》，其核心内容是推进将大学科技成果向企业转移机构即TLO的设立，政府从制度与资金方面对TLO予以支持。此后，日本建立了近50个TLO，其中多数归属于大学，一部分属于国立研究机构。比较有影响力的有日本国立产业技术综合研究所的AIST Innovaions、名古屋工业科学研究所的CHUBU TLO、东京大学尖端技术孵化中心（CASTI）、京都科技园区的Kansai TLO、东京工业大学TLO、庆应大学TLO、早稻田大学TLO、关西地区TLO、东京电机大学TLO等。日本文部科学省和经济产业省对共同承认的TLO可给予最多达3 000万日元的年度资助（资助年限不超过5年）和上限为10亿日元的贷款担保。资助的费用可用于科技成果的收集、评估、调查、信息加工、收集、传播，以及技术指导、技术转移等，但不包括专利申请及专利代理等费用。1999年10月，日本政府颁布的《产业复兴特别措施法》对承认的TLO实行专利费和专利审查费三年减半收费的政策。2000年的《强化产业技术法》则进一步支持大学TLO的发展，TLO可以免费使用大学的研究实验设备和设施。

日本TLO的主要功能包括：获取知识产权；对创新成果选择并申请专

利；组织许可谈判、收取并分配许可费；组织产学研联络活动，为大学或研究机构确定未来研究方向提供评估咨询；孵化专利技术，为新创企业提供支持；提供创业辅导，开展技术咨询；支持大学研究的创意团体。日本对 TLO 的评价不仅包括专利申请量，也包括专利许可数量、许可费收入、许可产生的产品数量、支持成立的具有商业前景新创公司的数量等。

2004 年，日本发布了《强化大学改革法》，实行日本国立大学法人化改革，大学拥有了法人地位，但大学必须设立相应的专业性组织来管理知识产权，如成立知识产权本部或者知识产权中心，部长通常由大学常务副校长兼任。日本将职务发明成果专利申请权和专利权由发明人拥有收归大学和科研机构所有，技术转移迅速发展。2004—2008 年，日本专利申请量由 5 085 件增加到 6 980 件，2005—2008 年，许可数量由 1 056 增加到 1 319 件，许可费收入由 10.7 亿日元增加到 12.54 亿日元。

日本大学的技术转移办公室主要通过合同转移大学的知识产权，与大学合作的共有权利人企业可获得排他权且不用支付许可费。日本还通过设立技术转移事务所、设置专利等情报信息数据库、对科研人员进行知识产权培训、鼓励科研人员申请专利等方式，进一步加大对大学、科研机构知识产权管理和科技成果向产业界转移的支持。日本把知识产权作为研究成果评价的重要条件，学校把教师申请专利数量和质量作为衡量其科研水平的主要考核指标之一。为激励科研人员获取专利，日本还在法律中明确规定科研人员应占有专利许可收益的份额，日本大学和科研机构向企业转移知识产权获得的收益分为三部分，一部分返还给发明人，一部分返还给发明人所在系，一部分返还大学。

2022 年 4 月 28 日，日本经济产业省发布了《高校科研成果社会实施指南》，将研究成果实施过程分为挖掘发明、制定专利战略和运用知识产权三个阶段：其中挖掘发明是提取研究成果可能为社会提供的附加价值，根据市场趋势和企业实际情况（业务形态和价值链等），探讨实施计划，考察研究成果可应用于哪些产品和服务、研究成果优势。一是使用流程图确定具有发明潜力的研究人员；二是从科研经费等竞争性资金申报书中收集研究的概要信息；三是利用论文和专利分类寻找具有较大实施潜力的研究人员，利用专利地图、权利要求图作为与研究人员交流的工具。制定专利申请战略是制定确保技术转移实施业务所需的专利策略，考虑基于未来用途的商业化构想，不仅考虑"可能会获得专利"或"可能会成为基本专利"而选择专利申请，还应考虑"对企业好用"的专利。即利用邻近检索挖掘有效的现有专利技术，寻找专利申请时机，以获得有价值的"强大专利"。运用知识产权是指活用已取得的专利权等知识产权，向社会提供从研究成果中提取的附加价值。事先了解单独申请和合作申请，并在合作研究项目开始前与企业就权利使用安排进行协商，以便最大限度地利用权利，将从高校研究成果中提取的附加价值与初创企业的业务联系起来，同时制定可吸引投资人的业务计划、寻找投资人。与企业合作、寻求联盟，在完成研究成果的社会实施后与企业持续开展合作研究。

3.3.1 东京大学

东京大学成立于1877年，是日本第一所国立大学，也是日本顶尖的研究型大学。到2022年，拥有10个学部，15个大学院，13个研究所和13个大学中心。东京大学拥有教职工8 192人，外国科研管理人员759人，本科和研究生共计28 785人。院系包括法、医、工、文、理、农、经济、教育和药学学科，研究生院包括法律政治、医学、工程、人文社会学、理科、农学、生命科学、经济、艺术与科学、教育、药学、数学科学、前沿科学和两个与信息技术有关的交叉学科。

东京大学目前的知识产权转化主要由产学合作总部（DUCR），东京大学技术转移机构（TOUDAI TLO）和东京大学优势资本株式会社（UTEC）三部分负责。其中DUCR负责知识产权管理，TOUDAI TLO负责专利申请和技术转移，UTEC负责支持风险投资、支持新创公司。

1998年3月，东京大学就成立了校外技术转移公司——先进技术孵化中心（the Center for Advanced Science and Technology Incubation，简称CASTI）。CASTI负责经营学校知识产权和发明人拥有的专利。CASTI是东京大学部分教师自愿发起成立的股份有限责任公司，公司的所有股东均为东京大学教师。由于设在校外，公司运作灵活，所有工作人员均从企业界招聘。TLO-CASTI由该大学的数位教授出资成立，是具有独立法人资格的股份公司。2004年，东京大学将CASTI更名为东京大学技术转移公司TOUDAI TLO，是东京大学全额资助的公司。其经营哲学是"将东京大学的知识通过与产业的联系回报社会",现有资本 2 000 万日元。

TOUDAI TLO 主要通过专利许可、签订材料转移协议、软件开发等产业可用的著作权许可、技术咨询等将科研成果转化到企业,既转移大学的专利,也转移发明人的专利,还转移共有权利的专利。在接到大学的发明报告后,选择有商业化前景的发明,然后将这些有市场前景的发明许可到企业,企业要有能力提升早期阶段的发明价值并进行进一步的商业化开发。TOUDAI TLO 主要包括以下领域的技术转移:药品发现、抗体药物、生殖医学、诊断、图像、研究工具、医疗设备等。对于研究人员来说,TLO 是将发明获得权利、市场化和许可的代理机构,对于企业来说,是帮助企业找寻技术信息,组织与研究人员的会议并进行合同谈判等的机构。TOUDAI TLO 是搭建东京大学技术与产业界桥梁的机构,目的是提供"一站式"知识产权服务,目前共有员工 29 人,其中总裁兼首席执行官 1 人,总监 3 人。

东京大学技术转移的流程是:科研人员要先向东京大学的大学企业关系办公室披露其发明,由大学企业关系办公室再向 TOUDAI TLO 披露发明创造,技术转移办公室调查发明是否可以申请专利,如果认为需要补充有关信息,还要求科研人员进一步评估该发明的可专利性和市场情况,如果可以申请专利则请求大学企业办公室批准;如果大学企业办公室决定申请,则由技术转移办公室委托外部知识产权服务机构撰写专利申请文件,办理专利事务,并与相关企业联系向企业进行许可。东京大学技术转移流程如图 3-10 所示。

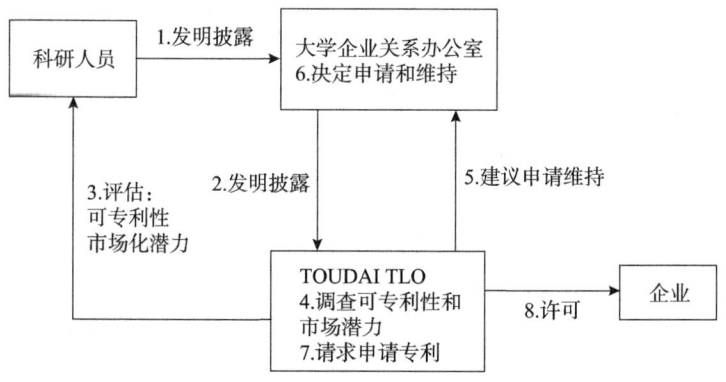

图 3-10　东京大学技术转移流程

2004年大学法人化改革后，东京大学专利申请量有了较大幅度的增长。TOUDAI TLO 2021年接收到的发明申请568件，申请专利409件，其中单独申请154件，共同申请255件。签订专利许可合同382件，总技术转移收益8.88亿日元。截至2021年，共许可技术4 212件，收入115.14亿日元。转移成功的技术有人工细胞组织（3D细胞共培养系统）、人造血管、细胞纤维、剂稳定表达高效诱骗RNA的能抑制特定Microrna的Mirna新抑制、体外神经网络制造方法、分析膜蛋白阵列、细胞处理板、快速多基因单活生动物大脑神经元标签、类风湿关节炎的治疗／预防剂（肽）。

东京大学的收益分配政策是：专利许可费由企业交付给TOUDAI TLO，在扣除保护权利和其他必需的费用之后，再由产学合作总部按照大学的内部条例进行分配，其中30%归大学所有，30%归发明人所在的研究所或实验室，40%归发明人。

3.3.2 奈良先端科学院大学

奈良先端科学院大学（Nara Institute of Science and Technology，NAIST）创建于1991年，是日本一所国立科研型大学。该大学只提供研究生教育，涉及信息科学，生物科学和材料科学三大领域。截至2023年10月，在读硕士350人，博士107人。据日本经济、贸易和工业部的大学评选结果，NAIST综合得分在日本全国最高，平均每名员工获得的科研项目数量、科研经费、大学创业企业数量、专利实施收入等方面均名列日本全国第一。

NAIST的知识产权管理工作主要由知识产权部和产政学合作中心负责。2003年，该大学就成立了知识产权部。2004年，为了促进政府部门与企业间的合作，成立了产政学合作中心，以开展联合研发、委托研发、技术转移等工作，并主要通过技术许可和创办公司等形式充分开发、利用其创新成果。

为了有效管理科技成果的知识产权，NAIST建立了知识产权集中式管理与运用系统，它由电子知识产权管理系统、内部规章制度和一系列基础设施构成。其中，知识产权部作为知识产权工作的核心部门，主要负责管理知识产权的内外部合同，以及知识产权的披露、管理、维持、利用等相关活动。

产政学合作中心主要负责推动与企业、政府等外部机构的合作，以促进前沿基础研究成果的转化和应用。该中心的一大宗旨是提高研究人员的产业意识，关注研究成果的产业应用价值，促进经济社会发展。中心目前设主管1名，并主要包括商业创新部、TLO部（技术转移部）及合作研究司三大部门。其中，商业创新部负责新兴产业发展、知识产权管理及创新教育，TLO部负责NAIST知识产权的调研、评估、获取与技术转移工作，合作研究司负责知识产权事务性工作的支撑和管理，并支持产政学合作活动。

产政学合作中心的主管由教授TAKAGI Hiroshi担任。商业创新部包括3名协调人（coordinator），均为研究管理员。TLO部包括2名协调人，合作研究司包括1名主任和3名员工。该大学产政学合作中心还拥有一支14人的顾问团队，主要由教授、讲师、专利代理师、律师等构成，还聘有来自英国、德国、新加坡、瑞士等包含学术、企业背景的外部专家。NAIST知识产权管理的组织结构如图3-11所示。

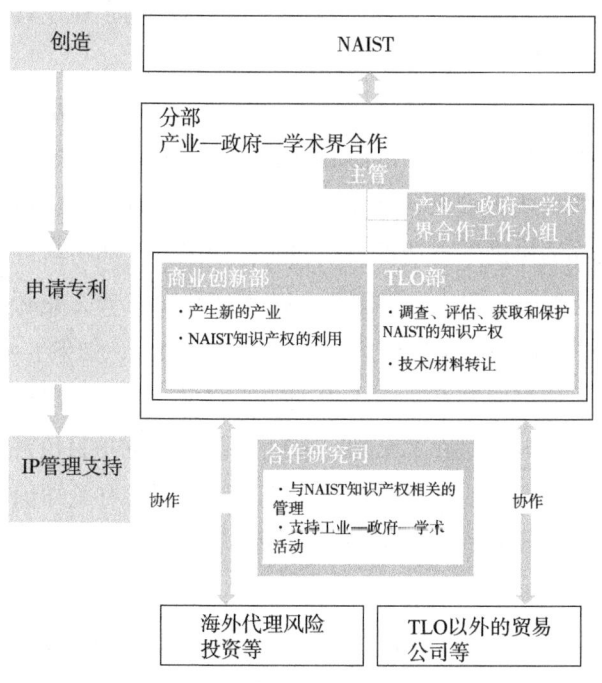

图3-11　NAIST知识产权管理组织结构

NAIST知识产权管理的一大特色是学校主要领导亲自负责知识产权工作。在学校层面，NAIST设有知识产权委员会，委员会主席由学校校长担任，成员包括由校长指派的委员会执行主任、知识产权部主任、研究生院院长，以及其他校长指定成员。知识产权委员会的功能主要是基于各项管理制度，审议知识产权部做出的有关 NAIST 介入职务发明专利权申请的各项决策，并监督对发明人提出反对意见的批复决议等。

NAIST 通过不断转化其科技成果，逐渐形成了一个高效的知识创造循环，即从知识的创造、专利的取得、成果的商业化到下一轮知识的再创造。NAIST 的科技成果转化收入为学院的发展提供了源源不断的研究资金支持，同时也为研究人员提供了充分的薪酬激励，大学将发明的创造与应用纳入绩效考核，并从成果转化收入中提取部分用于奖励科研人员。

NAIST 的知识产权管理制度主要由以下几个部分构成：① 科研成果管理，主要涉及研发过程中成果的处理、包括知识产权、实验材料等有形资产等；② 职务发明管理，主要涉及职务发明的报告、奖励和保密制度；③ 实验材料管理；④ 许可交易的管理，包括技术转移、与企业或其他机构合作研发成果的知识产权协议等。

对于科研人员完成任务过程中形成的研发成果，科研人员应向知识产权部报告，并提交其知识产权价值的评估信息，确认报告是否应作为知识产权加以保护。如果认为成果具有知识产权价值，则以自发、独立、匿名的方式在知识产权部的协助下申请保护。同时，知识产权部在项目负责人的授权下，对该发明是否属于职务发明创造，以及对 NAIST 官方是否介入后续的申请活动作出评估。评估结果经由负责人反馈给发明人，如果 NAIST 官方决定介入，则发明人应当向项目负责人提交转让协议，并向知识产权部提供专利申请相关材料。发明人也可以在得到通知后 20 天内向项目负责人提出反对意见，该负责人经知识产权委员会审议后应通知发明人有关知识产权的申请权归属的决定。如果 NAIST 官方不介入后续申请，则默认该发明创造的专利申请权被退回发明人。

对于 NAIST 获取了职务发明专利等其他知识产权的情形，则必须给予发明人一定补偿（compensation），补偿分为三个部分，各部分的标准为：① 专利申请补偿，每个专利申请补偿 6 000 日元；② 许可补偿，相当于专利许可收益的 40% 的补偿额度；③ 转让补偿，相当于专利转让收益的 40% 的补偿额度。如果有两个或更多的发明人，在非特别约定的情况下默认各发明人的贡献相当，补偿应当在各发明人之间平均分配。

由于实现了知识产权的集中管理，NAIST对于其拥有的知识产权的许可遵循两个原则：一是有偿使用原则，除个别不打算产业化的专利外，NAIST对外许可使用其专利都要收费。二是打包许可原则，为了有效促进科研成果的产业化，NAIST提供一系列知识产权的打包集成许可，并包括技术秘密（know-how）等资料。对于由NAIST和公司或其他组织共有的知识产权，由于NAIST不参与商业交易，共有知识产权的公司或组织使用共有知识产权的，NAIST将与其签订协议，以合理的价格许可使用。

NAIST秉持"为地方企业等机构培育新技术的种子"的宗旨，积极参与公司等组织尤其是与中小企业的合作项目，促进区域经济发展，带动地方就业增长。其主要活动形式有：① 开展科技咨询；② 参与地方信息、观点交流活动；③ 积极参访企业等其他机构；④ 与地方政府、研究机构、关西经济联合会等经济组织建立合作；⑤ 举办论坛、会议、展会等，展示项目成果；⑥ 通过中间人与产业部门及其他领域的伙伴合作。

NAIST坚持以对教育和研究有益为原则，还开展了许多与企业间的联合研发活动。对于联合研发任务，NAIST与企业分担直接经费支出，但是相关实验设备归NAIST所有。企业在支付直接成本的基础上，对于每名派遣到NAIST的研究人员还要额外支付42万日元。对于联合研发成果的专利权，其通常由学院和企业共享，但是对于学院或企业特有的发明，仍然归单方所有。对于共有专利，如果企业承担了所有的经费开支，包括申请费，则企业享有独占协商权，即企业可以在申请过程中选择独占或者非独占该专利，但是独占的年限只有三年，三年之后NAIST才可以将该专利许可给其他单位使用。对于选择独占的，企业还应当与NAIST签订许可协议，并支付全部或部分独占许可费；对于非独占许可，企业无需支付许可使用费，但是NAIST有权将该发明独立许可给第三方使用，同时，专利申请等费用由双方根据各自专利比重共同承担。NAIST还接受企业的委托研发。委托研发的费用由委托方全权承担。委托研发成果的专利权一般归NAIST所有，企业享有独占协商权，可以选择三年独占该专利或非独占，但无论是否独占，企业都应当向NAIST支付许可实施费。

NAIST还建立了自身的创新网络（NAIST Innovation Network，NIN），以支持学生和研究人员将发明创造产品化和商业化。NIN的运作主要由学生志愿者组织，通过举办研讨会等形式促进信息沟通，主要内容有：① 创新工作室活动，通过邀请企业家、有过创业经历的个人、技术领域的专家做讲座，提供技术创业所需的技能培训；② 通过邮件名录促进信息交流，NIN 会给参与者们发送邮件，传播最新的技术、商业信息，参与者名录中主要是日本与外国的专家顾问，包括技术创业家、普通创业者和研究人员。同时，NIN 还开放参与者名录申请，只需要提供姓名、背景、参与理由，即可共享 NIN 的交流信息。

3.4 小结

　　本章梳理了主要国家科研机构和高校知识产权管理的组织机构、人员队伍、管理制度、管理过程、收益分配政策等，得到如下经验和启示。

　　一是科研机构和高校应建立集技术转移、知识产权管理和种子期投资于一体的专业化内部机构。欧洲科研机构和高校一般建立了独资公司管理知识产权与技术转移，美国科研机构和高校建立了内部技术转移办公室或技术许可办公室管理知识产权与技术转移，日本通过内部技术转移办公室和外部投资公司管理知识产权。主要国家科研机构和高校集中管理知识产权和技术转移，涵盖发明披露评估、专利申请质量管理、知识产权组合管理、知识产权布局、技术许可、种子期投资评估、衍生公司管理等事务。集中管理知识产权的优势是便于执行统一的政策和标准，便于监督和控制知识产权管理整个流程。国外科研机构和高校知识产权管理部门普遍具有投资职能，多数建立了衍生公司，不参与公司的具体管理。此外，国外科研机构和高校还普遍建立了与企业的合作网络。这种有组织的科技成果转化和知识产权运营模式不仅能解决技术转移中的信息与风险不对称问题、早期技术创业难的问题，也能让发明人安心科研，支撑重大突破，降低不必要的发明人创业风险。

　　二是应建立合理的知识产权权属制度调动科研机构、高校和个人知识产权转移转化的积极性。美国《拜杜法案》通过明确知识产权权属促进知识产权管理和转移转化的重要里程碑式制度，对许多国家产生了重要影响，国外科研机构和高校职务发明大多属于发明人权利，但都要求将职务发明让渡给科研机构和高校。国外科研机构下属研究所一般不是独立的法人单位，研究人员完成的发明创造属于职务发明创造，政府资助和企业合同研究形成的知识产权都属于科研机构，但知识产权被视为各研究所的资产，除非经评估认为不能商业化的发明，高校科研机构才不要求保留知识产权权利。对于企业委托的合同项目形成的知识产权，这些科研机构和高校也拥有所有权，但授予企业免费的普通许可使用权，而且企业也还要承担知识产权保护和对发明人补偿的相关费用。这种权属安排不仅有利于保障委托企业的利益，而且也有利于科研机构支撑产业的发展。

三是应建立高水平专业化技术转移人才队伍。主要国家科研机构和高校知识产权管理机构都建立有一支由具有科技背景、企业背景和知识产权背景的专家组成的技术转移人才团队。国外科研机构和大学的技术转移人员大多是复合型人才，拥有本领域的技术背景，又拥有知识产权、投资、管理等方面的学位。每个机构人员一般都超过20人，且经历丰富，实务能力强，相当部分人获得了国际技术转移经理人资格、专利代理师或法律资格，而且收入与技术转移成绩紧密挂钩。技术转移经理深入科研机构和高校研究开发第一线，发掘可转移的有价值技术，并进行价值评估、市场分析、许可谈判和投资等。技术转移、知识产权管理和种子投资三部分人才队伍既相互合作又相互约束，能够防止低质量和不能转移转化的知识产权的产生，保障了知识产权转移转化的成功。

四是应建立合理的收益分配政策。职务发明人收益分配一般为许可或投资收益的30%～50%。主要国家科研机构和高校的发明人获得收益不是一种奖励，而是一种法律和政策规定的权利。多数科研机构和高校职务发明人获得的收益一般为扣除收益成本后的1/3，不能太高。如美国58所科研机构和大学职务发明人获得收益是扣除成本的20%～50%，大多数为扣除一般成本后的33%左右，没有超过50%，并且，美国相关政策职务发明人获得的技术转移收益每年上限为15万美元。东京大学在扣除保护权利和其他必需的费用之后，由产学合作总部按照大学的内部条例进行分配，其中30%归大学所有，30%归发明人所在的研究所或实验室，40%属于对发明人的补偿。

五是专利申请应面向许可实施。由于科研机构和高校知识产权管理机构要负担技术转移职工的工资福利和知识产权申请维持的成本，所以其技术转移经理人技术转移的积极性比较高，不可能申请无法商业化的专利，这种合理的知识产权管理与技术转移、种子投资结合的管理组织、人才队伍和机制使得知识产权申请、布局和维持具有较强的针对性，因此也大大提高了知识产权的质量和转移转化率，也大幅度降低了知识产权申请量和资金浪费。马普学会每年申请专利 50 项左右；弗朗霍夫学会每年只申请 600 多件专利；斯坦福大学每年专利申请量仅为 800 件左右；东京大学大约为 700 件，但其有效专利许可率一般在 50%，加上作价出资创办衍生企业专利许可与实施率高达 70% ～ 90%。

第四章 科研机构知识产权管理理论基础

科研机构知识产权管理承担着促进科研机构高水平创造和有效运用知识产权的重要使命。科研机构知识产权管理具有知识产权管理的一般规律和特征，应体现科研机构公益性的特征，但又具有与企业知识产权管理不同的特殊性。加强科研机构知识产权管理，必须深入研究科研机构知识产权管理的基本理论，必须明确科研机构知识产权管理的特殊内涵、职能定位和管理原则，必须建立目标导向的知识产权管理规范和监测评价体系。

4.1 科研机构知识产权管理理论

知识产权是一种私权，这种私权是未经权利人许可对任何制造、销售、许诺销售、进口行为的禁止权。但是，社会发展的基本原则之一是公平，这种私权不应违反社会的公平原则，知识产权制度必须保持知识产权私权与社会公共利益的平衡。为了使知识产权权利人和社会公共利益之间保持平衡，知识产权制度又设计了许多原则以保障这种平衡。科研机构一般是指公共科研机构，其使命应当是为了实现社会公共利益。科研机构生产的产品有公共品属性，如果公共领域的科技成果没有知识产权保护，至少一半的基于大学专利的新产品不会被开发出来（Young, Hewitt-Dundas, Roper, 2008）。所以，许多国家制定了本国的"拜杜法案"，将财政资助项目形成的知识产权授予承担单位。在这种制度安排下，科研机构和高校拥有知识产权有可能使其成为利益团体，并与企业进行竞争，因此必须进一步坚持利益平衡原则以保持公共科研机构知识产权的利益平衡。

1. 知识产权保护宽度与保护期限原则

任何知识产权均有保护的宽度和长度，宽度是指保护的范围，长度是指保护的期限。知识产权保护宽度尤其是专利保护宽度主要是指专利在某一技术领域所占权利的范围大小。对于发明和实用新型专利来说，专利宽度实际上就是其独立权利要求所圈定的范围。我国专利法规定，专利的权利要求应当清楚和简要。按照权利要求撰写的一般原则，权利要求应当记载发明的必要技术特征，这种必要技术特征是共有技术特征和区别技术特征的综合，如果独立权利要求记载了不必要的附加技术特征，导致专利保护范围过小，则不利于保护权利人的利益，如果保护范围过大则侵占了社会公众利益。专利权人侵占公共利益的情形主要有两种，一是独立权利要求少记载了必要技术特征，除了难以达到发明目的和效果外，会扩大专利的保护范围而使权利人侵占公有技术领域；二是独立权利要求的必要技术特征数量不变，但技术特征更上位或抽象，这种上位也会扩大专利的保护范围。所以，专利法对两种情形进行了限制性规定，第一种情况不能授予专利权或者允许通过无效宣告途径予以救济，以维护公共利益，对于第二种情形，则规定权利要求必须在"简要"的同时要"清楚"。

知识产权不同于有形财产权的一个重要特点是，知识产权有保护期限的限制，虽然不同类型知识产权的保护期限不同，但必须给予知识产权一定的保护期限，限制知识产权权利人的权利。知识产权到期或者权利人提前放弃权利后，知识产权则进入公有领域，任何人均可以使用该知识产权而不视为侵权，有利于知识产权的扩散，有利于社会福利的增加。目前，有很多学者研究了专利的最优保护期限问题，其中最著名的是诺德豪斯（Nordhaus）1962年的研究，他通过权利人和社会利益之间的平衡计算出专利的最优保护期限为17年。现在的知识产权制度采用"一刀切"的方式规定知识产权的保护期限，如发明专利保护20年，实用新型和外观设计专利为15年，著作权保护期为著作权人终身加其死后50年，商标权保护期为10年并可续展，植物新品种权保护期为15～20年，集成电路布图设计专有权保护期为10年。但是，从既能激励发明创造又能维护社会利益平衡的角度看，不同的知识产权应当需要不同的保护期限，例如，医药类专利权可能需要更长的保护期才能使权利人收回投入的巨大成本，电子技术类专利由于技术更新较快，长的保护期限反而无助于激励创新。

2. 知识产权强制许可原则

知识产权强制许可也是一种促进知识产权私权和保障社会公共利益的重要原则。根据我国专利法规定，发明和实用新型专利强制许可主要分为五类情况：① 未充分实施强制许可：专利权人自专利权被授予之日起满三年，且自提出专利申请之日起满四年，无正当理由未实施或者未充分实施其专利的；② 垄断行为强制许可：专利权人行使专利权的行为被依法认定为垄断行为，为消除或者减少该行为对竞争产生的不利影响的；③ 非常情况强制许可：紧急状态、非常情况、公共利益的目的给予实施发明专利或者实用新型专利的强制许可；④ 公益目的药品强制许可：公共健康目的，对取得专利权的药品制造并将其出口到符合中华人民共和国参加的有关国际条约规定的国家或者地区的强制许可；⑤ 交叉强制许可：一项取得专利权的发明或者实用新型比前已经取得专利权的发明或者实用新型具有显著经济意义的重大技术进步，其实施又有赖于前一发明或者实用新型的实施的，国务院专利行政部门根据后一专利权人的申请，可以给予实施前一发明或者实用新型的强制许可，根据前一专利权人的申请，也可以给予实施后一发明或者实用新型的强制许可。

《集成电路布图设计保护条例》第25条也规定了强制许可原则。"在国家出现紧急状态或者非常情况时，或者为了公共利益的目的，或者经人民法院、不正当竞争行为监督检查部门依法认定布图设计权利人有不正当竞争行为而需要给予补救时，国务院知识产权行政部门可以给予使用其布图设计的非自愿许可。"

3. 知识产权权利用尽原则

知识产权的权利用尽也称权利穷竭和首次销售原则，是指知识产权权利人将含有知识产权的产品首次合法置于流通渠道以后，权利人的一些或全部排他性权利因此而用尽。《专利法》规定：专利权人制造、进口或者经专利权人许可而制造、进口的专利产品或者依照专利方法直接获得的产品售出后，使用、许诺销售、销售或者进口该产品的，不视为侵犯专利权。

由于我国在创新能力方面与发达国家还有一定差距，为了有利于从国外进口我国目前尚不能制造或者制造能力不足的专利药品等专利产品，有利于保障我国社会公共利益，促进技术进步，我国还允许"平行进口"，也就是当专利权人制造或者经专利权人许可而制造的专利产品或者依照专利方法直接获得的产品是在国外售出时，允许进口到我国。

4. 反知识产权滥用原则

垄断是知识产权的基本属性之一，知识产权垄断实际上包括合法垄断和滥用两部分，合法垄断是指知识产权权利符合法律规定而产生的垄断，超出法律规定，如专利权超过三性规定产生的垄断属于专利权利滥用，商标权超过商标法规定的权利属于商标权利滥用。2007年，我国颁布了《中华人民共和国反垄断法》（以下简称《反垄断法》），其中第55条规定"经营者滥用知识产权，排除、限制竞争的行为，适用本法"。2006年颁布的《〈国家中长期科学和技术发展规划纲要（2006—2020年）〉若干配套政策》有所体现，"要注意防止滥用知识产权制约创新"。2012年，原国家工商行政管理总局牵头起草的《关于知识产权领域反垄断执法的指南》开始征求意见。2014年1月1日，我国正式施行《国家标准涉及专利的管理规定（暂行）》，涉及包括滥用市场地位的情形、许可中违背交易人意愿的附加交易条件、搭售行为等。2015年4月7日，为实施《反垄断法》，规制知识产权滥用，原国家工商行政管理总局发布了《关于禁止滥用知识产权排除、限制竞争行为的规定》。2023年8月1日，我国正式施行《禁止滥用知识产权排除、限制竞争行为规定》。2015年12月31日，国务院反垄断委员会发布了《关于滥用知识产权的反垄断指南（征求意见稿）》并于2020年10月30日正式公布了《关于滥用知识产权的反垄断指南》。

5. 知识产权例外原则

为了维护公共利益，《专利法》规定了五种使用专利权而不视为侵权的行为：有下列情形之一的，不视为侵犯专利权：① 专利产品或者依照专利方法直接获得的产品，由专利权人或者经其许可的单位、个人售出后，使用、许诺销售、销售、进口该产品的；② 在专利申请日前已经制造相同产品、使用相同方法或者已经作好制造、使用的必要准备，并且仅在原有范围内继续制造、使用的；③ 临时通过中国领陆、领水、领空的外国运输工具，依照其所属国同中国签订的协议或者共同参加的国际条约，或者依照互惠原则，为运输工具自身需要而在其装置和设备中使用有关专利的；④ 专为科学研究和实验而使用有关专利的；⑤ 为提供行政审批所需要的信息，制造、使用、进口专利药品或者专利医疗器械的，以及专门为其制造、进口专利药品或者专利医疗器械的。

《著作权法》也规定了合理使用他人作品的情形，即该法第24条规定，在下列情况下使用作品，可以不经著作权人许可，不向其支付报酬，但应当指明作者姓名或者名称、作品名称，并且不得影响该作品的正常使用，也不得不合理地损害著作权人的合法权益：① 为个人学习、研究或者欣赏，使用他人已经发表的作品；② 为介绍、评论某一作品或者说明某一问题，在作品中适当引用他人已经发表的作品；③ 为报道新闻，在报纸、期刊、广播电台、电视台等媒体中不可避免地再现或者引用已经发表的作品；④ 报纸、期刊、广播电台、电视台等媒体刊登或者播放其他报纸、期刊、广播电台、电视台等媒体已经发表的关于政治、经济、宗教问题的时事性文章，但著作权人声明不许刊登、播放的除外；⑤ 报纸、期刊、广播电台、电视台等媒体刊登或者播放在公众集会上发表的讲话，但作者声明不许刊登、播放的除外；⑥ 为学校课堂教学或者科学研究，翻译、改编、汇编、播放或者少量复制已经发表的作品，供教学或者科研人员使用，但不得出版发行；⑦ 国家机关为执行公务在合理范围内使用已经发表的作品；⑧ 图书馆、档案馆、纪念馆、博物馆、美术馆、文化馆等为陈列或者保存版本的需要，复制本馆收藏的作品；⑨ 免费表演已经发表的作品，该表演未向公众收取费用，也未向表演者支付报酬，且不以营利为目的；⑩ 对设置或者陈列在公共场所的艺术作品进行临摹、绘画、摄影、录像；⑪ 将中国公民、法人或者非法人组织已经发表的以国家通用语言文字创作的作品翻译成少数民族语言文字作品在国内出版发行；⑫ 以阅读障碍者能够感知的无障碍方式向其提供已经发表的作品；⑬ 法律、行政法规规定的其他情形。

《集成电路布图设计保护条例》第23条规定，下列行为可以不经布图设计权利人许可，不向其支付报酬：① 为个人目的或者单纯为评价、分析、研究、教学等目的而复制受保护的布图设计的；② 在依据前项评价、分析受保护的布图设计的基础上，创作出具有独创性的布图设计的；③ 对自己独立创作的与他人相同的布图设计进行复制或者将其投入商业利用的。

6.知识产权救济原则

为了维护公共利益，知识产权法律设立了救济原则。知识产权救济原则主要是包括知识产权异议或撤销、知识产权复审、知识产权无效宣告、知识产权诉讼等。

如《商标法》第33条规定，对初步审定公告的商标，自公告之日起三个月内，在先权利人、利害关系人认为违反本法规定的，或者任何人认为违反本法规定的，可以向商标局提出异议。《集成电路布图设计保护条例》第20条规定"布图设计获准登记后，国务院知识产权行政部门发现该登记不符合本条例规定的，应当予以撤销，通知布图设计权利人，并予以公告。"

《专利法》第45条规定了专利无效程序"自国务院专利行政部门公告授予专利权之日起，任何单位或者个人认为该专利权的授予不符合本法有关规定的，可以请求国务院专利行政部门宣告该专利权无效"。《商标法》第44条规定，已经注册的商标，违反本法规定的，或者是以欺骗手段或者其他不正当手段取得注册的，由商标局宣告该注册商标无效；其他单位或者个人可以请求商标评审委员会宣告该注册商标无效。《中华人民共和国植物新品种保护条例》（以下简称《植物新品种保护条例》）第37条规定，"自审批机关公告授予品种权之日起，植物新品种复审委员会可以依据职权或者依据任何单位或者个人的书面请求"，对不符合本条例有关规定的植物新品种，"宣告品种权无效"或"更名"。

4.2 科研机构知识产权管理概念

知识产权首先是一种智力成果或商业标识，更是一种依法取得的民事权利。根据世界知识产权组织对知识产权的分类和《民法典》，结合我国实际，科研机构知识产权可分为三类，一类是创造类知识产权，主要包括专利权、植物新品种权、著作权、科学发现权以及民间文学、民间文艺的专有权和表演艺术、语音、广播的表演权。标示类知识产权则包括商标权、地理标记专有权。还有一类是与反不正当竞争有关的权利，如商业秘密专有权。科研机构知识产权类型如图4-1所示。从不同的角度看，科研机构知识产权管理的类型也不同。

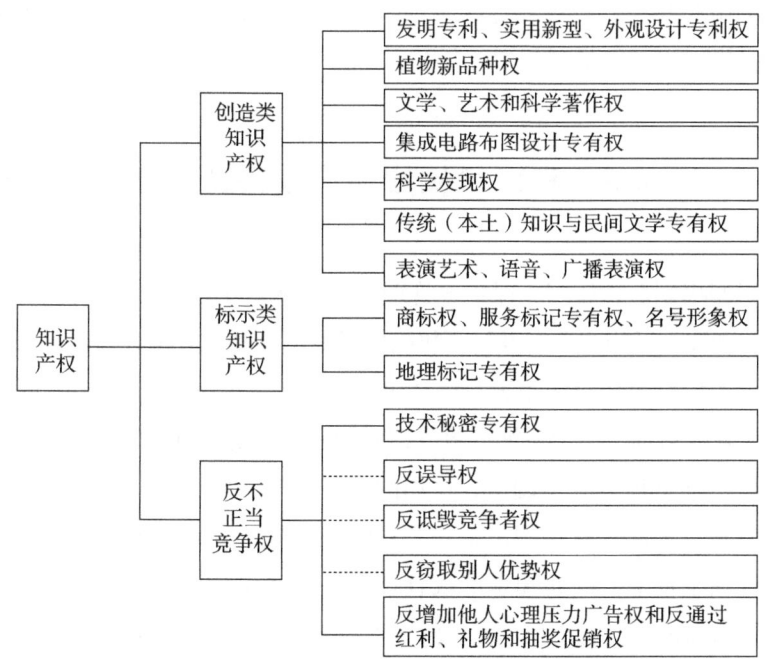

图 4-1 科研机构知识产权分类

知识产权管理是一种围绕加强知识产权创造、利用和保护而开展的系统性、策略性活动，其重点不仅是以权利为核心的权利义务关系，也是知识产权资源的配置和有效利用。知识产权管理不仅是指知识产权的取得、保护和利用等日常工作，更为重要的是对以知识产权创造与运用为核心的社会关系的调控和运营。

本书认为，科研机构知识产权管理可以分为广义和狭义两种概念。广义的科研机构知识产权管理是指在特定的环境下，为达成知识产权创造、运用和保护活动的最佳目标，对科研机构所支配的知识产权进行有效计划、组织、领导和控制，以促进知识产权体系高效率运行的一种综合性活动。广义概念体现了科研机构知识产权管理的基本职能。

而狭义知识产权管理则是指科研机构为提高知识产权创造、运用和保护能力，通过制定战略规划、政策措施，建立组织机构与配备人员，开展关系协调与控制冲突等，为优化知识产权资源配置而进行的包括知识产权检索分析、必要知识产权引进、知识产权研发、知识产权申请授权与维持、知识产权转化实施和知识产权维权保护等的综合性、系统性活动。狭义概念则体现了科研机构知识产权管理的主要任务。

4.3　科研机构知识产权管理功能

知识产权创造、运用、保护、管理、服务是相互独立又衔接的五个环节，知识产权创造和运用主要涉及科研机构的研发活动和审查确权活动，保护主要涉及知识产权行政和司法保护及社会化多元保护，服务主要是知识产权信息、商用化、人才培训、法律咨询等服务，而管理主要是科研机构的自我管理。知识产权保护和管理贯穿于创造、运用的两个环节，服务对知识产权创造、保护、运用和管理起支撑作用，知识产权管理则融入知识产权创造、运用、保护、服务四个环节，因此知识产权管理在整体知识产权工作中处于较为核心的地位。从知识产权管理角度看，知识产权的创造、运用、保护、服务离不开对知识产权的有效管理、科学管理。科研机构知识产权管理的功能主要表现在激励创造、促进运用、强化保护、资源配置各方面，最终体现在提高科技创新的效率上。党的十九大报告要求，强化知识产权创造、保护和运用，就要求知识产权管理必须融入知识产权创造、保护和运用之中。知识产权管理关系图如图4-2所示。

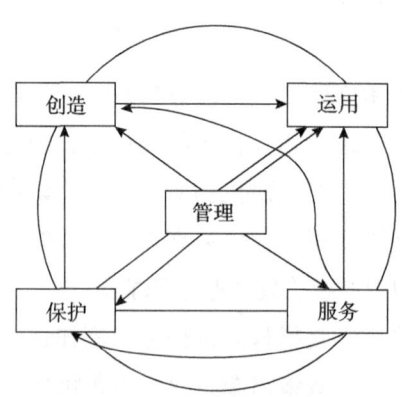

图4-2　知识产权管理关系图

1.激励创造功能

知识产权创造是知识产权管理的重要起点,知识产权创造主要包括知识产权研发创造、知识产权权利获取和知识产权保护范围拓展等三个方面。知识产权的创造实际上就是发明创造和权利创造的过程。知识产权研发创造是指以创造知识产权为目标的研究开发活动。知识产权权利获取是指国家知识产权机关针对特定智力成果和经营性标记授予权利人在特定时期、地域内专有权或者独占权的过程,并且还包括国外知识产权权利的获取。知识产权管理激励创造的功能主要表现在激励科研机构依靠知识产权捕捉技术机会,选择正确的研究开发方向和研发路线,开展知识产权战略布局,形成具有知识产权的创新成果。为发挥激励知识产权创造功能,科研机构知识产权管理应以知识产权战略规划、知识产权政策制定与实施为手段,充分运用知识产权法律制度,全面实施科研项目知识产权全过程管理,创造出更多的创新成果和高质量高效益的国内外有效保护的知识产权。

知识产权管理可以调动科研机构知识产权创造的积极性,创造出更多和更高质量的知识产权,从而有利于提高科研机构的自主创新能力。通过知识产权管理,科研机构可建立合理的知识产权奖励与利益分配制度,从而调动知识产权创造者——科研人员的积极性。通过对研发及生产、采购、销售、人才培养等环节知识产权工作的有效管理,可以进一步整合和发挥科研机构或中人、财、物、信息等资源优势,促进高水平知识产权的产出。尤其是对于能力弱的科研机构,通过有效的知识产权管理,可以查找差距和不足,有针对性地增强自主创新能力。

有效的知识产权管理能产生激励科研机构创新的"倒逼"机制。在知识产权管理过程中,可以发现同行的优势和自身的劣势,从而明确创新努力的目标和方向。由于他人知识产权的存在,为避免知识产权侵权所带来的法律风险和经济损失,科研机构将"被迫"进行原始创新、集成创新和改进创新。他人的后续创新行为也会对科研机构形成潜在压力,从而推动其创造更多的知识产权和更高质量的知识产权,从而有利于科研机构形成一个鼓励创造的良性循环机制。

2.促进运用功能

近年来,随着我国知识产权事业的快速发展,知识产权更多地融入经济社会发展的主战场，科研机构、高校、企业和政府都越来越重视知识产权的运用。知识产权运用是科研机构知识产权创造和保护的目的，也是科研机构知识产权管理的目标，科研机构知识产权管理水平的高低直接影响着其知识产权运用能力的高低。

知识产权管理促进运用功能表现在科研机构能依靠知识产权创造新的产品和许可市场，从而创造新的价值。科研机构知识产权运用主要包括利用知识产权制度强化科技创新管理和提高竞争力的知识产权制度运用及知识产权转化为生产力的商业化运用两个方面。知识产权商业化运用又包括知识产权转移扩散、知识产权创业和知识产权产业化三个方面。商业化是科研机构知识产权管理的最终目的，构建专利池或专利组合和制定自主知识产权技术标准是有效运用知识产权制度提升科研机构自主创新能力和竞争力的有效途径，也是实现商业化的重要手段。知识产权管理促进知识产权运用的关键是通过将自主知识产权尤其是专利纳入技术标准和专利池、专利组合中对产业产生影响力并实现商业化。

知识产权商业化运用的基础是必须拥有一批有效的知识产权。有效的知识产权是知识产权创造的最重要部分，更是知识产权运用的前提。而有效知识产权的基础是知识产权的质量和维持策略。知识产权运用还包括面向市场需求集成知识产权，开发有竞争力的知识产权产品，尤其是与技术标准结合的必要专利组合覆盖的标准产品，这是知识产权运用的有效形式。

企业是知识产权商业化运用的主体。知识产权运用是企业经营管理活动中的重要环节，在经营管理中具有重要地位。科研机构知识产权运用主要包括知识产权的自我实施和对外的转让许可实施，还包括知识产权价值评估、知识产权许可合同签订、知识产权许可收益分配等。通过科研机构知识产权管理，不仅能够提高企业经济效益，也能提高科研机构自身的经济效益。

3. 强化保护功能

知识产权保护是国家司法机关和行政机关根据法律规定对知识产权权利人的合法权利进行的保护，主要包括知识产权司法保护和行政执法保护两个方面。知识产权制度将智力成果设为财产权加以保护，赋予权利人一定期限内的排他权，是整个知识产权制度的核心，也是知识产权战略实施的基础。整体而言，知识产权管理可以降低科研机构的知识产权风险，提升科技创新的效率，维持科研上的领先地位，也可以为被许可企业建立有效的防御网络。

科研机构知识产权管理在加强保护方面的功能主要体现在三个方面。一是科研机构通过制定入职离职、合同签订、项目研究、交流学习等内部管理措施保护知识产权，明确权利归属和利益分配。二是科研机构利用知识产权司法与行政途径，通过积极应对指控诉讼或主动发起诉讼保护知识产权。三是科研机构通过主动调查、监测侵权，主动取证、发出警告、自行协调解决等措施保护知识产权。

通过知识产权管理强化知识产权保护，科研机构一要建立完善的知识产权保护制度和政策，制定和完善入职离职、合同签订、项目研究、交流学习等方面关于权利归属、利益分配、保密等的规定，掌握知识产权合同签订技能，保护自身知识产权权益；二要掌握知识产权行政司法保护的技能，敢于利用司法和行政途径保护知识产权；三要增强自我保护能力。科研机构要主动积极加强对本领域国内外知识产权的监测，发现侵权行为或迹象时要及时调查取证，必要时要发出警告函，主动保护自主知识产权。

4. 资源配置功能

知识产权管理的一项重要功能就是能够实现知识产权资源的优化配置。实现知识产权资源的优化配置最终达到资源的有效利用，从而实现经济和社会效益的最大化。

科研机构的资源主要是信息资源、人才资源和物质资源。加强知识产权管理有利于科研机构充分利用知识产权资源来实现其发展目标。在研究立项阶段，科研机构通过有效的知识产权管理能充分利用知识产权信息资源和知识产权人才资源，不仅可避免项目重复立项，避免重复研究，而且可提高科技创新的针对性，提高科技创新投入的科学性，有利于在战略高度布局有价值的知识产权。在研究开发阶段，能充分运用知识产权信息资源和人才资源，强化源头保护，不仅可以避免重复研究，可少走弯路，而且也可掌握同行或竞争对手的创新情况；不仅可以避免同质竞争，而且可以开拓新的技术路线，创造高质量、高价值的知识产权及其组合。在知识产权转移转化阶段，受知识产权保护的科技创新成果内容通过各种载体向社会公布，成为新的知识产权信息，增加了社会有用知识的总量，可通过利用投资等资源实现知识产权价值，为社会合理利用产生新的价值。

5. 高效服务功能

知识产权服务主要包括知识产权代理服务、知识产权法律服务、知识产权咨询服务、知识产权信息服务、知识产权人才培训服务、知识产权商用化服务等，知识产权管理就是要高效利用好各种知识产权服务。

赋予科研机构知识产权管理的高效服务功能就是要使科研机构充分利用各种知识产权服务机构开展高效知识产权服务，使知识产权服务贯穿科技创新的全过程。强调高效服务功能，必须要使科研机构在人力、财力、物力资源等资源有限的情况下，充分发挥现有各种知识产权服务机构的作用，提高投入产出效率，从而创造出更多更有价值的科技创新成果和知识产权，形成竞争优势，以实现预期的发展目标。因此，知识产权管理要高效利用好知识产权咨询服务，掌握知识产权法律和政策动向，要高效利用好知识产权信息资源，提升科技创新效率，要高效利用好知识产权代理服务，提升知识产权质量和价值。要高效利用好知识产权商用化服务，提高知识产权转化运用的效率；要高效利用好法律服务，防范和降低知识产权风险，要高效利用好知识产权培训服务，不断提升知识产权管理人才队伍素质和能力。

4.4 科研机构知识产权管理分类

管理分为三级，一级是监督工人工作，管理重点是组织效率、过程适应性和知识技能的竞争力；在中间管理层次，管理重点则包括组织绩效、产品或工艺创新和变化的适应；最高层次的管理则包括将科研机构与市场机会和竞争结合、资本与战略、外部世界适应和组织设计与变革。知识产权管理系统主要包括知识产权组合管理、知识产权检索、培训材料、客户管理（Wang，Cheung，2011），如图4-3所示。知识产权管理工具主要包括检索工具、管理工具和评估工具。

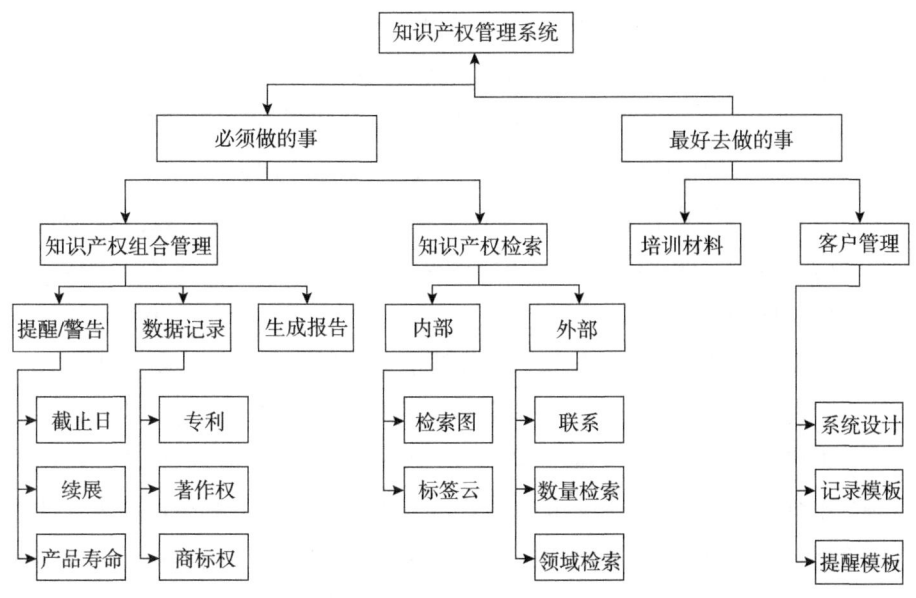

图 4-3　知识产权管理系统

由于知识产权涉及不同的类型，根据知识产权的分类，科研机构知识产权管理大致可从四个方面进行分类。① 从管理的主体上看，科研机构知识产权管理可分为国家科研机构的知识产权管理、行业科研机构的知识产权管理和地方科研机构的知识产权管理。② 从管理知识产权的对象（客体）出发，科研机构知识产权管理可分为专利管理、商标管理、著作权管理和其他知识产权管理。③ 从管理的阶段出发，科研机构知识产权管理可分为知识产权的申请管理、知识产权的运用管理、知识产权的维持管理等。④ 从管理涉及的政府职能看，科研机构知识产权管理包括知识产权创造管理、知识产权资产管理、知识产权人力资源管理、知识产权合同管理等。

科研机构知识产权管理包括以下要素：① 管理主体。知识产权的管理必须要有一定的主体来进行。科研机构知识产权管理主体是具有法人地位的科研机构。② 管理制度。制度是科研机构进行知识产权管理的依据，制度的好坏直接关系到知识产权管理的成效，主要包括知识产权法律法规，科研机构知识产权管理的制度政策等。③ 管理方式。科研机构对知识产权进行管理，要采用一定的方式、方法。方式、方法的好坏是知识产权管理工作成功与否的关键，是能否提高科研机构创新能力和竞争力的重要因素。④ 管理目标。

知识产权管理的目标是指科研机构对知识产权管理所预期的目标，它一般可以分为近期、中期和远期目标。但是，其最终的目标只有一个，那就是提高科研机构的创新能力和竞争力。⑤ 管理措施。科研机构知识产权管理的措施是指科研机构对知识产权采取的组织、计划、控制等手段。

科研机构知识产权管理职责或任务主要包括：① 知识产权战略与规划制定管理，目的是明确科研机构知识产权发展的思路，主要任务是制定科研机构的中长期知识产权战略或规划。通过战略规划管理厘清科研机构知识产权发展的现状与问题，提出知识产权发展的重点任务和工作。② 知识产权组织体系建设管理，主要包括建立科研机构的知识产权管理机构，明确各知识产权管理机构的职能和主要岗位的职责，明确科研机构知识产权管理机构之间的合作机制，明确各管理机构知识产权管理的流程。③ 知识产权人才队伍建设管理，主要是根据科研机构知识产权发展战略或规划的要求，有组织地开展面向管理人员或科研人员的知识产权培训和教育，让科研人员明白知识产权的重要性，掌握知识产权的基础知识，了解知识产权申请保护要注意的重点，尤其是专利申请技术交底书的准备和在知识产权转移转化中的作用发挥。重点是要建立知识产权管理、技术转移管理和种子投资等各个组成机构的专职知识产权管理人才团队，根据岗位职责明确人员素质和技能要求并开展培训。④ 知识产权检索与分析管理，主要是面向科研项目管理需要撰写知识产权检索分析报告，明确知识产权现状和研发的重点，有目的地开展知识产权战略布局，为知识产权转移转化奠定基础。⑤ 知识产权创造获取与维持管理，主要包括发明创造披露评估、知识产权申请文件撰写、知识产权权利获取、知识产权权利维持等。⑥ 知识产权组合管理，包括各类知识产权的组合管理，既包括申请方式的组合，也包括权利的组合，形成知识产权组合效应。主要是面向技术标准和产品的专利池或专利组合构建，基于技术标准的专利布局，通过知识产权形成产业控制力。⑦ 知识产权转移转化管理，主要是科研机构对知识产权自行实施、转让和许可以及技术服务等方式的管理。涉及合作谈判、合同签订、许可方式、收益分配等。⑧ 知识产权保护管理，主要包括科研机构自身保护知识产权或者通过行政司法途径以及社会化多元保护机制保护自主知识产权的管理活动。⑨ 知识产权激励管理，是指为激励知识产权创造运用，制定有效的知识产权政策，激励职务发明人和单位的管理活动，重点是知识产权收益分配的政策制定。这几个方面共同构成科研机构知识产权管理的整体。科研机构知识产权管理职能如图4-4所示。

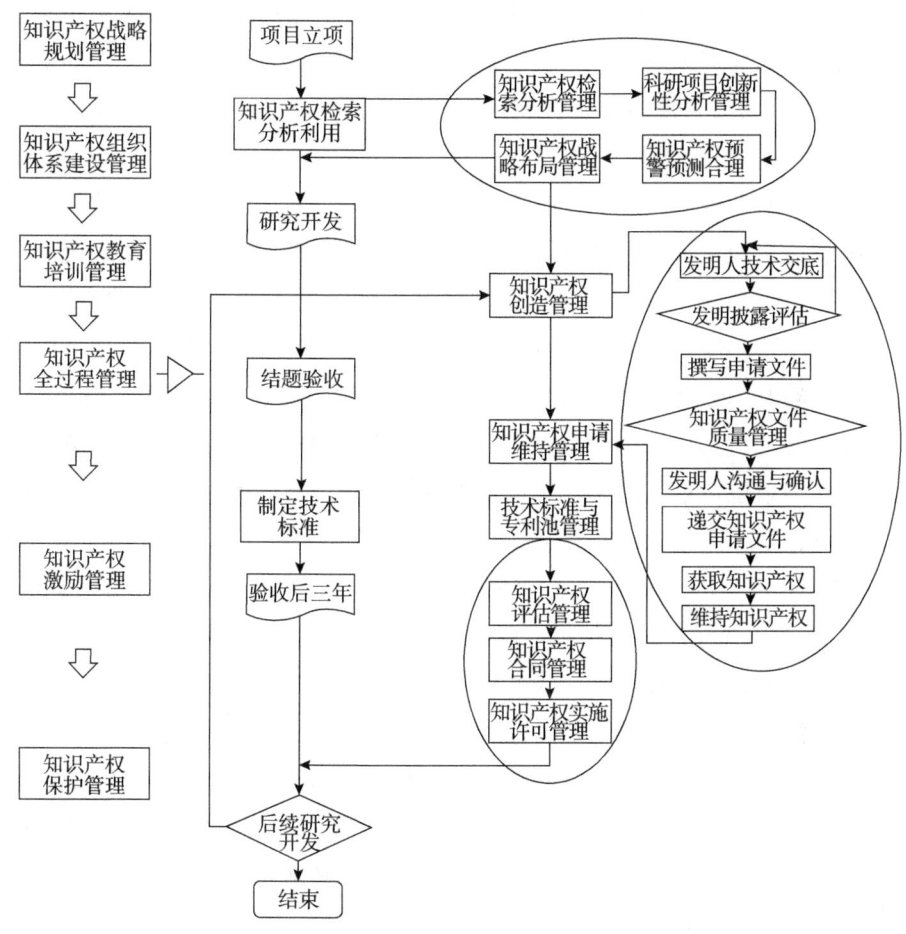

图 4-4 科研机构知识产权管理职能

4.5 科研机构知识产权管理原则

科研机构具有不同于营利性机构的公益性特征，科研机构知识产权管理也应当体现出公益性的特点。要体现科研机构知识产权管理的公益性，首先应当坚持知识产权制度的基本原则，如权利用尽原则、禁止反悔原则、强制许可原则、遗传资源披露原则等，来保障知识产权私有权利与公共利益的平衡。为体现公益性，科研机构知识产权管理外还应当坚持以下原则：

1. 职务知识产权原则

科研机构的知识产权一般是职务知识产权，《专利法》等法律对职务知识产权的权属和实施进行了明确规定。为了保障科研机构和发明人的知识产权权利，《专利法》提出单位优先的原则。为了保障科研机构的知识产权权利，《专利法》第6条第1款规定："执行本单位的任务或者主要是利用本单位的物质技术条件所完成的发明创造为职务发明创造。职务发明创造申请专利的权利属于该单位，申请被批准后，该单位为专利权人。"《中华人民共和国专利法实施细则》（以下简称《专利法实施细则》）❶规定的职务发明包括：① 在本职工作中作出的发明创造；② 履行本单位交付的本职工作之外的任务所作出的发明创造；③ 退休、调离原单位后或者劳动、人事关系终止后1年内作出的，与其在原单位承担的本职工作或者原单位分配的任务有关的发明创造。本单位包括临时工作单位。本单位的物质技术条件是指本单位的资金、设备、零部件、原材料或者不对外公开的技术资料等。

第四次修正的《专利法》加强权属激励，促进职务发明的转化运用。《专利法》第6条第1款增加了"该单位可以依法处置其职务发明创造申请专利的权利和专利权，促进相关发明创造的实施和运用"，依法处置就是指依照《专利法》和相关法尤其是《促进科技成果转化法》的规定，单位可以自主决定专利申请权和专利权的转让、许可和作价出资，但财政资金形成的知识产权还应当遵守国有资产管理法规的规定，可以通过公开透明的方式如协议定价、拍卖、挂牌等方式确定价格，协议定价必须公示专利申请权和专利权的名称和拟交易的价格，且不能低于15个工作日，不能出现争议。

为了促进合同约定发明创造尤其是共有专利权的实施。新《专利法》还规定了非主要利用单位的物质技术条件遵从约定的原则和共有专利权人可单独实施的原则。《专利法》规定，利用单位的物质技术条件完成的发明创造，有约定的从其约定。专利申请权或者专利权的共有人对权利的行使有约定的，从其约定。没有约定的，共有人可以单独实施或者以普通许可方式许可他人实施该专利，但获益后应合理地在共有人之间分配。申请人在专利申请被授予专利权后即为专利权人，专利权可以由两个以上的权利人共同共有或

---

❶ 本书中《专利法实施细则》特指2023年修订的《中华人民共和国专利法实施细则》。

按份额共有。

但是，我国目前的知识产权法律法规只是原则上作出了职务知识产权优先、遵循合同约定和共有专利权人可单独实施专利的规定，实际上还不是很具体。尤其是很多高校科研机构与企业申请科研项目时往往在合同中约定知识产权共有，但没有明确知识产权出现下次的责任是共同共有还是按份共有、一方放弃其他共有人是否有优先承受权、一方转让其他共有方是否有优先受让权等事项，导致一些高校科研机构的科研人员的创新成果由于知识产权共有而无法获得应得的收益。《专利法》第6条第1款规定"该单位可以依法处置其职务发明创造申请专利的权利和专利权，促进相关发明创造的实施和运用"，一些学者认为单位可以对其职务发明这类事项的权利和专利权放弃、下放职务发明人个人，这种解释是错误的，没有正确解释"依法处置"，"依法"不仅依照《专利法》，也要依照《促进科技成果转化法》和国有资产管理法规等。

2. 知识产权转化实施原则

政府财政资金支持科研机构进行研究开发的主要目的在于公共科研活动具有公益性特征，科研机构投入研究开发经费和研发人员从事科技创新活动的根本目的是支撑经济社会发展，知识产权是科技创新成果的产出形式和重要保障，而不是科技创新的目的。创造知识产权的目的是应用，是要能产生实际的经济价值和社会价值，解决国家高水平科技自立自强和现代产业自主可控问题等需要知识产权高水平创造和有效转化实施。因此，科研机构知识产权管理必须面向经济社会发展需要，面向实际的经济应用。不能产生价值的知识产权，不能获得应用的知识产权不仅会造成科技创新活动的浪费，也会产生不必要的垄断，从而扭曲创新市场。国内外众多科研机构知识产权管理的经验已经证明，除了其他知识产权外，专利等技术类知识产权的管理应当面向转移转化。因此，美国在20世纪80年代制定了《拜杜法案》，将联邦政府资助、合同或者拨款形成的知识产权授予大学、小企业和非营利组织，并规定大学应当与教授和技术职工签订协议，教授和技术职工必须转让发明给大学，由大学的专利管理机构负责科技成果保护和实施。美国还相继颁布了《技术创新法案》《联邦技术转移法》《国家技术转移和促进法案》《发明家保护法案》《技术转移与商业化法》以及行政法规来促进技术转移。

为了促进科研机构知识产权的转移转化，我国2000年发布了《关于加强与科技有关的知识产权保护和管理工作的若干意见》，该意见第一次提出，"除以保证重大国家利益、国家安全和社会公共利益为目的，并由科技计划项目主管部门与承担单位在合同中明确约定外，执行国家科技计划项目所形成科技成果的知识产权，可以由承担单位所有。执行国家科技计划项目所产生的发明权、发现权及其他科技成果权等精神权利，属于对项目单独或者共同作出创造性贡献的科技人员"，改变了过去国家科技计划项目形成的知识产权归承担单位持有的规定。为了进一步明确国家计划项目知识产权的归属，从根本上激励知识产权转移转化，科学技术部（以下简称科技部）2002年发布的《关于国家科研计划项目研究成果知识产权管理的若干规定》取消了"合同期约定外"的要求，提出"科研项目研究成果及其形成的知识产权，除涉及国家安全、国家利益和重大社会公共利益的以外，国家授予科研项目承担单位"，将知识产权权属全部授予承担单位。2003年，科技部还发布了《关于加强国家科技计划知识产权管理工作的规定》，对项目的知识产权权属问题作出进一步规定，"确保国家科技计划项目成果的知识产权权属清晰"。最为重要的是，2007年第一次修订的《科技进步法》第20条规定，"利用财政性资金设立的科学技术基金项目或者科学技术计划项目所形成的发明专利权、计算机软件著作权、集成电路布图设计专有权和植物新品种权，除涉及国家安全、国家利益和重大社会公共利益的外，授权项目承担者依法取得"。但是该法律规定的知识产权类型不全，因此2021年第二次修订的《科技进步法》第32条规定，"利用财政性资金设立的科学技术计划项目所形成的科技成果，在不损害国家安全、国家利益和重大社会公共利益的前提下，授权项目承担者依法取得相关知识产权，项目承担者可以依法自行投资实施转化、向他人转让、联合他人共同实施转化、许可他人使用或者作价投资等。"

与美国《拜杜法案》相比，我国有关知识产权法规政策在促进国家计划项目知识产权的规定上还存在一些不足。一是《科技进步法》规定的知识产权是相关知识产权，并没有指明是哪些类型的知识产权，尤其是对于新出现的数据知识产权等知识产权，由于《民法典》只是规定其他知识产权类型，数据知识产权是否属于还存在一些争议，因此《科技进步法》规定的相关知识产权是否包括数据知识产权还存在一定程度的不明确。二是利用财政性资金设立的科学技术基金项目或者科学技术计划项目并不能涵盖全部的财政支持项目。而美国则涵盖联邦政府拨款、资助、合同或合作方式的项目。我国科研机构和高校等自立的项目不在此列，国家用预算形式拨款由科研机构和高校从事科研活动形成的知识产权不在此列。三是项目承担者都可以获得知识产权，不完全符合公共财政的基本原则。而美国规定只有小企业、大学和非营利组织才可以获得知识产权所有权，大企业、营利性大学与科研机构不能获得知识产权所有权。只是到了里根总统时期，才将范围扩大到大企业。四是《科技进步法》第32条规定不全面。美国《拜杜法案》第2条规定，大学必须与教授和技术职工签订协议，教授和技术职工必须披露和转让发明给大学。但我国缺乏相应的法律和政策规定，一些地方将财政资金形成的科技成果和知识产权的所有权下放给科技成果完成人。五是国家介入权不足。美国《拜杜法案》规定，大学等有责任在发明人书面披露后两个月内向联邦机构披露新发明；披露后两年内必须决定是否保留发明的权利，否则权利归联邦机构。而且要求大学等的雇员必须书面同意保护政府利益的相关发明。大学等必须在专利申请说明书中注明政府支持和发明的政府权利，而我国2024年1月14日发布的《建立财政资助科研项目形成专利的声明制度实施方案》要求专利申请受理后要进行声明财政资助科研项目信息，未进行声明的专利不得作为项目结项验收的成果。六是对知识产权的转化实施规定不具体。美国《拜杜法案》规定较为详细，如果大学等选择保留申请专利的权利，必须以美国名义向政府提供非排他、非可转让、非可撤销和付费在全球实施的确定许可。大学等必须定期向联邦政府提交专利运用的报告。任何获得排他权制造产品的企业必须在美国制造该产品，除非提供合理和非成功或者经济不合理的理由。在专利市场化的过程中，应给予小企业优待，小企业应有将发明应用的相应资源和能力，但也可以向支持研究的大企业进行许可。我国2015年颁布的《促进科技成果转化法》也规定了包括专利运用在内的科技成果报告制度。2021年第二次修订的《科技进步法》也规定了科技成果和知识产权应支持国内中小企业的规定。七是对产业发展支持不足。美国规定，除了专利管理机构，大学等不能将所有权转让给第三方，只能以许可方式许可企业使用，从而使其他企业也可以获得许可，坚持了公共大学和非营利组织的公益属性。

3. 知识产权普通许可原则

科研机构公益性表现在为全社会提供科学知识和技术成果的责任和使命上。体现科研机构知识产权公益性的一个原则是知识产权的免费或优惠许可原则。由于公共科研机构的经费大部分来自于纳税人，公共科研机构不应当再从知识产权转移转化中获得收益而应当将科技成果转化收益回馈社会。无论是财政性项目形成的还是自立项目形成的知识产权，科研机构如果通过转移转化获得收益则并不天然符合公益性的要求。因此，获得政府资助的公共科研机构应当免费或优惠向社会提供知识，包括知识产权。

但科研机构的公益性并不意味着科研机构不能获得知识产权收益。因为知识产权运用是拉动知识产权高水平创造、提升科研创新积极性的重要目的。公共科研活动虽不能像企业等营利机构那样以利润最大化为目的，但科研机构知识产权管理可以在坚持公益性的同时，实现自身的知识产权实施转化利益，这就要求科研机构要在自身利益和社会公共利益之间寻求恰当的平衡。如果通过知识产权转移转化获得收益有利于激励科研创新活动，有利于调动发明人的积极性，科研机构的知识产权转移转化活动就应当得到鼓励。世界主要国家科研机构和高校知识产权管理的经验也证明，知识产权转移转化是推动科研机构创新的重要推动力，是激励职务发明人创新积极性的重要途径。限制知识产权转移转化，就不会有高水平的知识产权创造，也不会有高水平的科技创新活动。

由于科研机构的公益性，科研机构一般不应当以自行实施、转让知识产权所有权的方式进行知识产权的转移转化。尤其是对于应用类和开发类公益性科研机构来说，它们承担着为产业发展提供技术尤其是产业共性技术、甚至关键核心技术的重任，如果允许自行实施知识产权或者采取转让方式实施知识产权，就会使得获得知识产权所有权的企业控制技术，从而影响整个产业的发展。国外科研机构一般要控制知识产权所有权，即使企业委托研发项目形成的知识产权，企业也只能获得普通许可权。美国《拜杜法案》要求承担联邦资助项目的大学非营利机构和企业形成的知识产权要进行转移许可，而且不能以转让方式向第三方转移，企业只有提出明确理由的才能获得独占许可权。中共中央、国务院2015年7月10日印发的《关于深化体制机制改革加快实施创新驱动发展战略的若干意见》（中发〔2015〕8号），要求"逐步实现高等学校和科研院所与下属公司剥离,原则上高等学校、科研院所不再新办企业,强化科技成果以许可方式对外扩散。"但我国相关法律法规尚没有此规定。

我国 2015 年修正《促进科技成果转化法》规定,利用财政性资金设立的科研机构、高等学校具有实用价值的职务科技成果未能适时实施转化的,科技成果完成人在不变更职务科技成果权属的前提下,可以根据与本单位的协议进行该项科技成果的转化,并享有协议规定的权益。曾列入立法计划的《职务发明条例草案(征求意见稿)》也规定,"国有企事业单位自职务发明获得知识产权之日起三年内,无正当理由既未自行实施或者作好实施的必要准备,也未转让和许可他人实施的,发明人在不变更职务发明权属的前提下,可以根据与单位的协议自行实施或者许可他人实施该知识产权,并按照协议享有相应的权益"。由于我国科研机构的公益性,发明人实施财政性科技成果的知识产权必须是非排他的普通许可权,而不能是所有权。

因此,从上述意义说,我国科研机构应当积极开展知识产权普通许可活动,而不是自行创办全资公司实施知识产权,虽然这种方式有利于知识产权转化而且能够获得较高的收益,但却是另一种形式的知识产权所有权转让,会对产业创新发展产生不利影响。即使没有在合理时间内实施知识产权也不应当将所有权转让给发明人,那样会导致财政性经费形成的知识产权变为私权,也会对产业创新发展产生不利影响,更可能会造成实际的国有资产流失。知识产权普通许可应当是市场决定的许可,但也可以是低价格的许可、优惠的许可甚至是免费的许可,也可以是可再转让的许可。通过免费或优惠方式许可知识产权不仅能使企业更容易获得科研机构的知识产权,也可以使科研机构对产业创新发展的支撑作用显著增强。

目前,我国知识产权法律和政策在知识产权许可上一直缺乏有效的促进措施。从科研机构的实际情况来看,我国科研机构拥有大量知识产权,而且大多数知识产权是有一定市场价值和创造性的知识产权,对国计民生起关键核心作用的独立的知识产权不可能很多,知识产权往往需要集成打包或者组合才能起到作用。将科研机构自身的知识产权尤其是专利进行集成组合,与他人的必要专利构成专利池或专利组合,向企业进行一站式许可不仅是促进知识产权转移转化的有效途径,也是科研机构的重要职责,但是我国科研机构和企业目前都缺乏这种知识产权综合集成的能力。

4. 知识产权有限放弃原则

知识产权本质上是一种财产权，垄断权是财产权衍生出来的权利。作为知识产权权利人，科研机构有禁止他人未经许可制造、销售包括许诺销售、进口等实施知识产权的权利。但是由于科研机构的历史使命和责任，科研机构知识产权管理不能像企业那样将知识产权作为牟取最大化利益的工具。科研机构的知识产权应当在保护知识产权私权的同时，考虑社会公共利益平衡，支撑经济社会发展。这就要求科研机构知识产权管理要以国家利益最大化为目标，在需要保留知识产权权利的时候要坚决保留，在需要放弃知识产权权利的时候要适时放弃。

保留和放弃知识产权权利不能随意而为，既不能不假思索地全部把知识产权维持，也不能由于疏忽将重要的知识产权权利放弃。保留和放弃知识产权权利一定要按照《促进科技成果转化法》等法律法规的要求经过公开充分的程序，要保留的知识产权应当是对国民经济发展、社会进步和国家安全具有重要意义的专利，尤其是对整个产业发展具有重要作用的基础性专利、核心技术专利、对技术标准实施形成重要影响的必要专利，进入专利池或专利组合的专利，要通过缴纳申请审查维持费或者年费等方式维持知识产权申请或知识产权有效。保留知识产权并不是不许可企业使用，科研机构拥有知识产权的所有权，但仍然应通过非排他许可方式许可企业使用，企业获得的是知识产权的使用权。

放弃知识产权所有权是指科研机构将知识产权的权利全部放弃而供全社会无偿使用。放弃知识产权要分三种情况，一是放弃技术进步不大或市场价值不大的知识产权，这种知识产权没有进一步垄断的必要，可以转让给企业，也可以通过不缴纳年费放弃权利。二是放弃一些实用性存在问题的知识产权，这种知识产权可能无法实施。三是放弃质量存在问题的知识产权，尤其是存在被无效宣告风险和被规避风险的专利。当然，科研机构也可以通过合同约定名义上放弃一些知识产权，将知识产权转让给国内企业使用，以应对跨国公司的知识产权打压，在企业使用完后再将知识产权转让回来。

放弃知识产权是知识产权处置的一种方式，虽然《专利法》第6条规定单位可以依法对其职务发明申请专利的权利和专利权进行处置，但必须依法，也就是说，虽然不用经过法定评估和审批备案，但必须以公开透明的方式确定放弃知识产权，如开会讨论，公示，报主管部门备案等。评估知识产权是否需要放弃，一要评估该知识产权技术的先进性、成熟性、权利的稳定性，以及自身价值的大小。如果专利技术的先进性、成熟性不足，或者专利技术已经进入衰退期，这样的知识产权应坚决放弃；如果由于文件撰写不当或存在较大的被无效宣告的可能性，容易造成权利不稳定的知识产权，也应放弃。如果专利写的保护范围过窄，很容易被他人规避设计，也应放弃。二要评估该知识产权对产业发展的重要性、支撑作用大小和控制力大小。如果对产业创新或社会发展是基础性、关键性或者核心的专利，则应坚决维持；如果知识产权对未来产业发展能够产生较大支撑作用或者能够产生较强的控制力要坚决维持。三是要评估该知识产权在技术标准和市场销售产品中的地位和作用。如果专利是技术标准或产品的必要专利，是市场中他人销售同类产品必然造成侵权的专利，则不能放弃。

5. 知识产权组合管理原则

知识产权组合原则是指知识产权申请人在申请知识产权保护时，选择不同类型知识产权保护方式，以最佳保护创新成果，使知识产权价值最大化。中共中央、国务院2021年印发的《知识产权强国建设纲要（2021—2035年）》就明确要求要形成知识产权组合效应。对于科研机构来说，知识产权组合分析原则主要是选择各类型知识产权保护方式的原则。

一般说来，科研机构知识产权组合管理应考虑三个主要因素：①科技成果的类型；②知识产权市场价值大小；③知识产权组合管理的成本。对于科研机构来说，新颖性、创造性和实用性以及不同创造性成果的类型是进行组合分析的关键。

首先，应考虑科技成果的"三性"。一是要考虑创造性成果的新颖性，只有有新颖性的成果才有必要进行知识产权保护，通过检索国内外文献，缺乏新颖性成果不应也不能取得知识产权权利。二是要考虑创造性的大小，如果创造性大则应进行知识产权保护；如果创造性较小，则没有必要进行保护，创造性较小的可直接公开，让创造性成果为社会所用。三是要考虑实用性，如果创造性成果能够在工业上制造和使用并能产生有益的效果的，首先应考虑申请技术类知识产权的保护，技术类知识产权包括专利权、集成电路布图设计专有权、计算机软件著作权和技术秘密专有权等，没有工业实用性但有理论价值的可以考虑发表论文取得著作权保护，从技术创新角度看著作权保护力度小，垄断性较弱，但有利于促进科技进步。

其次，应当考虑保护的成本大小。申请、维持、代理、年费等保护成本是知识产权保护必须付出的代价，也是一个沉重的负担，有必要申请专利保护的技术一定要申请专利保护，不必要申请专利保护的可以采取其他方式，例如，公开技术或采用技术诀窍进行保护。并不是所有的技术成果都要采取专利保护的方式，专利一般具有法律稳定性的特点，垄断性较强，技术秘密稳定性不强，但实施发明时离不开技术秘密，两者结合既能充分保护发明创造又能降低保护成本，所以，知识产权组合管理应当充分考虑专利权与技术秘密专有权的组合，技术秘密专有权既包括完成产品开发需要与专利技术结合使用的缄默技术，也包括能够嵌入专利技术方案而没有嵌入的技术诀窍。对于那些产品或方法发明中必不可少的、不适于公开技术内容或细节，专利保护效果不好的技术不应当申请专利，尽量用技术秘密方式进行保护。对于那些适合申请专利的属于专利整体技术方案而又可分离出来的技术，加入专利技术方案或是实例中使专利技术效果特别好，但不纳入发明之中不影响发明实际效果并能够实现发明目的的技术诀窍，也应尽量用技术秘密方式进行保护。

在知识产权组合中，根据学者（Ernst，2003）的研究，专利组合分析主要包括公司层面的专利组合分析、技术领域层面的专利组合分析、专利发明人的组合分析和专利、市场一体化组合分析四种分析方法，使用了专利要求数、发明人数、申请人数、被引数等经济学指标来测度专利组合。专利组合实际上是构成一个产品或者技术的必不可少的互补专利构成的集合，是产品或技术实施不侵权就无法实施的互补性专利构成的集合。专利组合管理实际上是专利申请组合管理、专利权组合管理和实施许可组合管理的统称。如果专利是技术标准的全部必要，则专利组合就是专利池。专利申请组合管理包括三个层次的含义，一是不同类型专利申请的组合，二是同一套技术体系中不同专利申请的组合，三是不同类型专利权利要求的组合。

（1）不同类型专利申请的组合。发明专利保护期长、经过实质审查，但费用较高，审查周期长，实用新型和外观设计专利授权快，但保护期短，法律稳定性不如发明专利。但是，对于科研机构来说，重大的原创性发明、改进发明、组合发明或用途发明应当申请发明专利保护，而只有技术含量稍低并有必要申请保护的技术才申请实用新型和外观设计专利。

（2）同一套技术体系中不同专利申请的组合。同一技术体系是指在市场能够销售的产品或实际生产制造过程中使用方法的技术构成的体系，一般情况下，应当申请一个涵盖整个体系的专利，这个专利保护的范围最宽，根据这个专利再申请可拆分为子技术系统的产品或方法的专利，产品或方法的专利必须是在市场独立销售或实际生产制造中不能再少或简化的部件或技术方案，全部专利申请和专利权构成了专利组合。此时，专利权利要求选择的关键在于凝练出能够实现发明目的，达到技术效果的必不可少的必要技术特征，必要技术特征既包括与现有技术共有的技术特征，也包括创新的区别技术特征，在专利独立权利要求中，必要技术特征数量的多少应以能否完成发明目的，实现发明效果为标准，如果发明目的或发明效果内容较多，独立权利要求必要技术特征过少，很可能不能实现发明目的和效果，如果独立权利要求必要技术特征过多，则专利保护范围过小，不利于权利保护。

（3）不同类型专利权利要求的组合。专利法要求专利权利要求应当"简要"，"清楚"，"简要"是指权利要求技术特征应当是必要的，而不可少的，更不是多余指定的。"简要"是指独立权利要求的必要技术特征应当概括，这种概括是主要技术特征的概括，而不是技术参数、指标等本身的列举，在不影响"清楚"的情况下，"简要"并不限制将技术特征向上位概念的靠拢，而上位概念的必要技术特征能使专利保护范围更宽。权利要求的组合一是独立权利要求的组合，二是独立权利要求与从属权利要求的组合。存在多项独立权利要求的专利一般是包括装置、方法和用途的专利，独立权利要求能从多方面保护专利的技术方案，但其写法必须以解决说明书所称的技术问题、实现发明目的、达到技术效果为标准，其本质上应当是一致的。独立权利要求与从属权利要求的组合必须在划定保护范围的同时将范围内的技术点进行充实，从属权利要求的写法和数量多少要以能够达到对抗他人的改进发明和组合发明为目标，并以得到说明书支持为标准。在独立权利要求与从属权利要求撰写中，应注意防范的一个问题是共有技术特征过多，共有技术特征过多也会使专利保护范围过小，不容易防止他人规避设计和侵权。还要防范多余指定不必要的技术特征，根据禁止反悔原则，多余指定会使专利保护范围较小，也不容易对抗他人的规避设计和侵权。但是在我国提升专利质量和加快专利申请审查速度政策的叠加下，一些经验不丰富、水平不高的审查员往往以缺乏创造性、独立权利要求不清楚为由发出第一次审查意见通知书，如果申请人不将从属权利要求技术特征补充到独立权利要求中，则第二次审查意见通知书极有可能被驳回，这就导致申请人或代理人不得不屈从审查员的意见，大幅压缩专利权保护范围，不能无法有效保护创新成果。通过实际考察，水平较高的专利代理事务所独立权利要求平均字数大约在 400～500 字，但一些水平较低的事务所代理案件独立权利要求的字数高达 700～800 字，一些案件超过 1 000 字。

4.6　科研机构知识产权管理标准

在我国科研机构知识产权管理能力普遍较低的情况下，为提高科研机构知识产权管理能力和水平，有必要制定科研机构知识产权管理标准。我国 2013 年 3 月 1 日起实施《企业知识产权管理规范》（GB/T 29490—2013），该规范是我国首部企业知识产权管理国家标准，其主旨是提高企业知识产权管理能力。该规范的制定以企业知识产权管理体系为标准化对象，旨在指导企业建立科学、系统、规范的知识产权管理体系，帮助企业全面落实知识产权战略，积极应对知识产权竞争态势，有效提高知识产权对企业经营发展的贡献水平。该规范包括 9 章，主要包括企业知识产权管理规范的范围、规范性引用文件、术语和定义、企业知识产权管理体系、管理职责、资源管理等内容。2013 年 11 月 27 日，国家认证认可监督管理委员会、国家知识产权局印发了《知识产权管理体系认证实施意见》。

2013 年，国家知识产权局提出《科研组织知识产权管理规范》编制任务，报国家标准化管理委员会批准，纳入国家标准化管理委员会编制项目计划（项目编号 20130420-T-424）。历经预研、立项、起草、初步征求意见等阶段后，形成征求意见稿。2015 年 7 月 3 日，《科研组织知识产权管理规范（征求意见稿）》向社会各界公开征求意见。2017 年 1 月 1 日，《科研组织知识产权管理规范》（GB/T 33250—2016）正式颁布实施。2019 年 5 月 15 日，中国科学院大连化学物理研究所知识产权管理体系顺利通过了现场审核，获得体系认证证书，成为国内第一家通过《科研组织知识产权管理规范》认证的科研单位。科研机构开展知识产权贯标工作提升了科研机构员工的知识产权保护意识和知识产权保护能力，促进了科研机构的知识产权创造和知识产权转化，贯标工作的动机对于发挥贯标作用具有积极的调节作用（刘海波，等，2024）。

《科研组织知识产权管理规范》主要包括以下内容。

第一部分是引言，主要介绍科研机构知识产权管理规范的主要方法、原则，主要包括过程方法、实施原则、影响因素。其中过程方法主要是计划、实施、检查和改进的 PDCA 方法。实施原则主要包括使命引领、领导负责、全员参与、全程管理。引言还强调了科研组织在国家创新体系中的重要地位，阐述了科研组织知识产权管理标准化对激发创新活力和创新能力的重大意义。

第二部分是正文，主要是对实施规范的要求。包括范围、引用、术语定义、管理体系、管理职责、资源管理、科研项目管理、过程管理、审核与改进。此部分包括以下主要内容。

（1）术语定义。定义了科研组织、知识产权、管理体系、知识产权方针、知识产权手册、科研项目、项目组、知识产权专员、科研机构、科研项目、发明创造、知识产权、背景知识产权、项目知识产权、职务发明、第三方、转让、许可等概念。

（2）管理体系。知识产权管理体系要用体系文件、程序文件、制度文件、外来文件、记录文件等表现所要求的管理过程和管理内容，体系文件应包括知识产权方针、知识产权手册和本规范要求形成文件的程序和记录。程序文件为规定管理程序的文件。制度文件为包括项目立项、验收和验收后主要阶段的科研机构知识产权管理制度。外来文件为来自科研机构外部和对知识产权管理产生影响的法律法规、政策文件、行政决定、司法判决等。知识产权管理文件是科研机构实施知识产权管理的依据，发布前应得到审核和批准；文件更新发布前，应重新审核、批准；文件中相关要求应明确、清楚；要保证文件记录的完整性；应按文件类别、秘密级别进行管理；文件应易于识别、取用和阅读；因特定目的需要保留的失效文件，应予以标记。

（3）管理职责。科研机构管理职责主要包括最高管理者（管理者代表）管理评审、管理机构、项目组、知识产权监督机构五个方面。最高管理者是科研机构知识产权管理的责任人，其职责包括批准、发布科研机构知识产权方针，确保符合相关法律法规和政策要求，与本单位使命和战略相适应，并得到全体人员的理解和执行；批准管理体系，并使管理体系在内部得到有效运行。

最高管理者可在最高管理层中指定一名代表，使其具有以下方面的职责和权限：确保知识产权管理体系的建立、实施；向最高管理层报告知识产权管理绩效和改进需求；确保全体人员（包括临时聘用人员、访问人员和研究生）对知识产权方针和目标的理解；落实知识产权管理体系运行和改进需要的各项资源的落实；确保知识产权内部与外部沟通的有效性。

管理评审是管理者代表定期对知识产权管理体系适应性和有效性的定期评审，评审输入应包括知识产权方针与目标、科研机构定位与战略规划计划、知识产权资源投入、知识产权风险评估信息、科技和知识产权发展态势等；评审输出应包括知识产权方针和目标改进建议、知识产权管理体系改进建议、资源需求与配置建议。

管理机构是科研机构专门的知识产权管理机构，应配备专业的专职或兼职知识产权工作人员，或委托专业的服务机构代为管理，使其具有以下方面的职责和权限：制定知识产权发展战略规划或计划，建立知识产权管理绩效评价体系，管理考核科研机构知识产权管理工作，负责知识产权日常管理工作。

项目组知识产权管理应包括课题组组长，项目知识产权联络员的职责。项目组组长是承担科研项目的知识产权管理责任人，经单位授权代表单位管理项目知识产权，应组织编制项目知识产权管理文件和对内报告文件、对外报告文件；在项目启动时，应组织参加人员接受知识产权培训，使其知晓知识产权要求；应确保与承担单位知识产权管理部门的顺畅沟通；应向单位最高管理层提交项目知识产权报告。项目组应设立知识产权联络员，协助项目组长管理项目知识产权，应组织开展知识产权检索分析；应与科研人员对接，及时挖掘知识产权申请；应与单位知识产权管理部门对接，及时披露可申请知识产权的发明创造；应与代理机构对接，协助科研人员和单位知识产权管理机构把控知识产权文件撰写质量；应与外部机构对接，协助知识产权管理部门等转移转化知识产权；应为项目提供知识产权咨询。

知识产权监督机构应由单位管理部门代表、科研人员代表、政府部门代表和企业代表组成。主要职责是评估科研机构知识产权管理的绩效，为科研机构重大知识产权管理决策提出建议。

（4）资源管理。资源主要包括人力资源、基础条件、财务资源和信息资源四类。在人力资源方面，科研机构应明确知识产权工作人员的任职条件，并采取适当措施，确保从事知识产权工作的人员满足相应的条件，知识产权工作人员包括知识产权管理人员、知识产权专员等。知识产权专员是经过培训和认定的具有知识产权管理基本知识和技能的专门管理人员。知识产权管理人员应有明确的知识产权管理岗位职责、任职条件和权利义务，应有必备的资源保障。应组织开展知识产权教育培训，培训要包括下述内容：组织科研人员按业务领域和岗位要求开展知识产权培训；组织对中、高层管理人员进行提升知识产权培训。知识产权教育与培训包括知识产权法律法规、知识产权申请审查复审无效实务、知识产权检索分析利用、知识产权管理与经营。对全体人员要通过劳动合同、劳务合同等方式进行管理，约定知识产权权属、保守秘密条款；明确职务发明创造完成人享有的权利和请求救济的途径；必要时，还应约定竞业禁止和补偿条款。对新入职员工加强知识产权管理，应包括：对新入职员工进行适当的知识产权背景调查，以避免侵犯他人的知识产权；对于研究开发、产品线等与知识产权关系密切的岗位，应要求新入职员工签署知识产权声明文件。对离职、退休、毕业的人员进行相应的知识产权事项提醒；涉及知识产权的人员，应签署知识产权协议，披露相关知识产权信息，必要时要签署保密协议。要编制形成文件的程序，明确全体人员知识产权创造、保护和运用的奖励和报酬事项；明确员工造成知识产权损失的责任承担。

基础条件主要包括知识产权管理体系运用的软硬件设备，如仪器设备、管理软件、数据库、计算机和网络设施等，以及工作场所。要编制形成文件的程序，明确软硬设备管理办法中涉及的知识产权事项，避免侵犯他人知识产权，保护本单位的知识产权。

在财务资源方面，应设立知识产权经常性预算费用，以确保知识产权管理体系的运行：用于知识产权申请、注册、登记、维持、检索、分析、评估、诉讼和培训等事项；用于知识产权管理机构运行；用于知识产权奖励报酬；有条件的科研机构可设立知识产权投资基金。

在信息资源方面，应编制形成文件的程序，建立信息收集渠道，及时获取所属领域、竞争对手的知识产权信息；对信息进行分类筛选和分析加工，并加以有效利用；在对外信息发布之前进行相应审批；有条件的可建立知识产权信息管理系统和信息数据库，并有效维护和及时更新。

（5）科研项目知识产权管理。主要包括科研项目立项、验收和转移转化三个阶段的知识产权管理。在科研项目立项前应进行必要的知识产权分析，包括知识产权检索分析、科研项目创新性分析，进行知识产权预警预测，提出知识产权战略布局建议，提出项目能否立项和调整优化的建议。在项目验收时，应进行必要的知识产权分析，包括知识产权检索分析、科研项目创新性分析、知识产权预警预测分析、知识产权战略布局分析、知识产权申请与权利获取分析、知识产权维持分析、技术标准与专利池分析、知识产权价值评估分析、知识产权合同分析、知识产权实施许可分析，评价知识产权产出，提出项目能否验收的建议。在项目验收后转移转化阶段，包括知识产权维持分析、技术标准与专利池分析、知识产权价值评估分析、知识产权合同分析、知识产权实施许可分析，提出知识产权转移转化绩效的建议。

（6）过程管理。主要包括获取、维护、运用、保护四个方面。获取知识产权，应编制形成文件的程序，根据科研项目知识产权目标，制定知识产权获取的工作计划，明确获取的方式和途径；在获取知识产权前进行必要的检索和分析；保持知识产权获取记录；保障职务发明创造研究开发人员的署名权和相关知识产权权利。

维护知识产权，应编制形成文件的程序，建立知识产权分类管理档案，进行日常维护；开展知识产权评估；进行知识产权权属变更；知识产权权利放弃；有条件的可对知识产权进行分级分类管理。

运用知识产权，包括实施、许可和转让，编制形成文件的程序，应促进和监控科研机构转让或许可的知识产权实施。一是知识产权评估，有条件的科研机构可评估知识产权对实施知识产权的企业产品销售的贡献；在知识产权许可和转让前，针对企业作为受让方分别设定调查内容，进行评估。二是知识产权投资融资，在投资融资活动前，应对相关知识产权开展尽职调查，进行价值和风险评估。三是标准化，参与标准化工作应满足下述要求：参与标准化组织前，了解标准化组织的知识产权政策，将包含专利和专利申请的技术方案向标准化组织提案时，应按照知识产权政策要求披露专利信息和许可条件，应遵守公平、合理且无歧视原则；牵头制定标准时，应组织制定标准工作组的知识产权政策和工作程序，遵守公平、合理且无歧视原则构建专利池或专利组合，建立专利池或专利组合管理机构，开展联合许可，并将许可收益在相关权利人之间分配。四是联盟及相关组织，参与或组建知识产权联盟及相关组织应满足下述要求：参与知识产权联盟或其他组织前，应了解其知识产权政策，评估参与利弊；组建知识产权联盟时，可围绕核心技术建立专利池或专利组合，开展专利合作，但应遵守公平、合理且无歧视的原则。

保护知识产权，包括风险管理、争议处理、合同管理和保密四个方面。风险管理应编制形成文件的程序，加强知识产权风险的识别、评测和防范：采取措施，避免或降低科研、办公等设备及软件侵犯他人知识产权的风险；定期监控可能涉及他人知识产权的状况，分析可能发生的纠纷及其损害程度，提出防范预案；有条件的科研机构可将知识产权纳入风险管理体系，对知识产权风险进行识别和评测，并采取相应风险控制措施。争议处理，应编制形成文件的程序，及时发现和监控知识产权被侵犯的情况，适时运用行政和司法途径保护知识产权；在处理知识产权纠纷时，评估诉讼、仲裁、和解等不同处理方式对科研机构的影响，选取适宜的争议解决方式。在知识产权合同管理中，应对合同中有关知识产权条款进行审查，并形成记录；知识产权委托外部业务应签订书面合同，对前景知识产权、项目知识产权权属、知识产权申请维持、复审无效与诉讼、知识产权保密、侵权调查与鉴定、违约责任等进行约定；在进行委托研发或合作研发时，应签订书面合同，约定前景知识产权、项目知识产权权属、知识产权许可及收益分配、后续改进知识产权的权属和使用、知识产权申请维持、复审无效诉讼、知识产权保密、侵权调查与鉴定、违约责任等；承担涉及国家重大专项等政府类科技项目时，应了解科技计划或项目有关的知识产权管理规定，并按照要求进行管理。在保密方面，应编制形成文件的程序，明确涉密人员，设定保密等级和接触权限；明确可能造成知识产权流失的设备，规定使用目的、人员和方式；明确涉密信息，规定保密等级、期限和传递、保存及销毁的要求；明确涉密区域，规定客户及参访人员活动范围等。

（7）审核与改进。应确保研发活动、软硬件设施符合知识产权有关要求；应确保知识产权管理体系的适应性；应持续改进知识产权管理体系，确保其有效性。内部审核应编制形成文件的程序，确保定期对知识产权管理体系进行内部审核，满足本规范的要求。应根据知识产权方针、目标与检查分析结果，制定落实和改进措施。

2017年1月1日，我国还发布了《高等学校知识产权管理规范》（GB/T 33251—2016），主要包括引言、术语和定义、文件管理、组织管理、资源管理、过程管理和检查与改进七大方面内容：

第一、第二和第七部分同《科研机构知识产权管理规范》类似。第三部分是文件管理，包括文件类型和文件控制。首先，明确知识产权相关文件是指知识产权组织管理相关文件、各类资源管理过程中的知识产权文件、知识产权过程管理相关文件以及知识产权相关的记录文件和外来文件。其次，规范了文件控制体系，包括发布前的审核和批准、文件内容表述的准确和完整、明确保管方式和期限、按文件类别和保密程度进行分级管理、特殊失效文件的处理五个要点。

第四部分是组织管理，从学校、院校与直属机构、项目组三个层面构建了高校知识产权管理组织架构。在学校层面，校长是高校知识产权工作的第一责任人。在校长下要成立有最高管理层参与的知识产权管理委员会，全面负责知识产权管理事务。包括短、中、长期目标的设定，监督审核相关政策规划的执行情况，建立绩效评价体系，提出重大事务决策议案等。此外，设立知识产权管理机构，配备专职工作人员，负责：①拟定、组织以及实施知识产权工作规划和相关政策文件。②提出知识产权绩效评价体系的方案和重大资产处置方案。③建立专利导航工作机制、知识产权资产清单和知识产权资产评价及统计分析体系。④负责知识产权日常管理，包括审查合同、指导培养知识产权专员、知识产权信息备案等。建立服务支撑机构，可以设在图书馆等负责信息服务的部门，为知识产权管理工作提供支撑服务。

在院系和直属机构层面，院长和直属机构负责人是知识产权管理工作的主要责任人，需要配备知识产权管理人员协助负责人承担本部门的知识产权管理工作职责。包括知识产权计划的拟定和组织实施，以及统计信息并报送备案等日常管理工作。

在各个项目组，由项目组长负责所承担科研项目的知识产权管理，包括确定目标并组织实施、管理项目知识产权信息、定期报告项目知识产权工作情况、组织项目组人员参加知识产权培训等。针对重大科研项目，还应配备知识产权专员，协助项目组长开展知识产权管理工作。

最后，根据管理需要，可以聘请有关专家作为学校的知识产权顾问，也可以聘请外部服务机构作为学校服务支撑机构，为知识产权事务提供决策咨询意见。

第五部分是资源管理，将资源分为人力资源、财务资源、基础设施、信息资源和资源保障五类。资源管理整体原则和《科研组织知识产权管理规范》相近。在人力资源的管理上强调重视在人事合同中明确知识产权内容，要组织开展培训工作，要建立激励和评价机制。在财务资源管理上要设立经常性预算费用。同时要从多方面加强基础设施和信息资源的知识产权管理。

第六部分是过程管理，从知识产权的获取、运用和保护三个方面展开。在知识产权的获取阶段，分为自然科学项目和社会科学项目。针对自然科学项目，在选题、立项、实施和结题阶段都要做好知识产权管理工作。要建立收集和分析的渠道，识别科研项目的知识产权需求，签署合同时要明确知识产权相关条款，重视对科研人员进行知识产权培训，建立规范的知识产权记录文件体系等。在人文社会科学项目中，特别强调创作过程中产生的职务作品的著作权管理。学校还应该规范校徽、校标的使用，加强规范教职工和学生发表的论文、学位论文和毕业设计的相关要求；在知识产权的运用阶段，要更好地发挥知识产权的价值。从法律、技术、市场维度对知识产权进行价值评估，建立分级管理机制。通过许可转让和作价投资等方式实现知识产权转移。其中，还强调要加强知识产权策划推广，基于分级清单，对有转化前景的知识产权进行市场评估。综合考虑投资主体、权利人利益及转化策略，积极主动地通过展示、推介、谈判等方式与潜在客户搭建合作关系，并且鼓励高校自己运用知识产权创业；在知识产权的保护阶段，主要强调合同意识和风险意识。对知识产权相关的合同条款要进行严格的审查，确保知识产权的权属、保密、许可、利益分配等条款的明晰性。最后，将风险管理贯穿于知识产权的全流程管理中，形成监控—发现—跟踪—调查—应对—监控的风险管理思路，规避知识产权风险，主动维护自身利益。

在企业知识产权管理规范国家标准的基础上，我国 2017 年发起，国际标准化组织起草制定并于 2020 年 11 月发布首个涉及创新和知识产权管理的国际标准《创新管理——知识产权管理指南》（ISO 56005）。这是一个涉及创新管理和知识产权管理的国际标准，由前言、引言、第 1 章"范围"、第 2 章"规范性引用文件"、第 3 章"术语和定义"、第 4 章"知识产权管理框架"、第 5 章"知识产权战略"、第 6 章"创新过程中的知识产权管理"，以及 6 个附录组成。2023 年 5 月，国家知识产权局办公室、工业和信息化部（以下简称工信部）办公厅发布了《关于组织开展创新管理知识产权国际标准实施试点》的通知，明确大力推广实施《创新管理——知识产权管理指南》（ISO 56005）。

近年来，我国相继颁布了企业、高校、科研机构等的知识产权管理规范，对于提升各类主体知识产权管理能力具有重要意义。但目前的知识产权管理国家标准仍属于较低要求，与知识产权管理的现代化和科学化还有差距。我国一些主体开展知识产权管理国家标准宣传贯彻认证后，并没有复核持续推进知识产权管理工作，知识产权管理规范国家标准的作用还有待进一步发挥。

4.7 科研机构知识产权综合评价

随着国家知识产权战略深入实施，越来越多的科研机构、高校和企业开始认识到知识产权管理对创新能力建设的重要性，加强了知识产权管理的考核，但一直缺乏一套公认的知识产权综合测度指标体系，尤其是面向科研机构知识产权管理的综合测度指标体系。葛仁良（2006）提出了包含投入、产出、运营、保护和效益五个模块的专利综合评价指标体系；郭利平（2007）构建了包括知识产权资源供给、知识产权环境、知识产权应用和知识产权贡献度在内的知识产权经济测度指标体系；有学者（Liu，Chin，2010）提出了包括知识产权申请注册、许可和商业化在内的知识产权管理绩效评价体系；深圳市政府还建立了一套包含创造能力、管理水平、保护力度、运用成果、环境建设五个方面指标的知识产权综合指数。为进行综合测度，王正志（2011）建立了一套包含四个一级指标和 80 个四级指标的中国知识产权指数指标体系。中国科学院创新发展研究中心（2010）编写的《2009 中国创新发展报告》从专利创造、运用、保护和管理四个方面建立了知识产权能力评价指标体系。国家知识产权局知识产权发展研究中心（2013）建立了一套包括创造、运用、保护、管理和环境的专利实力指标体系。

2024 年 1 月，国家知识产权强国建设工作部际联席会议办公室编制完成《知识产权强国建设发展报告（2023 年）》，从知识产权制度、保护、市场运行、公共服务、人文社会环境以及参与全球知识产权治理等六个方面选取 69 个指标，开展全国层面的知识产权强国建设发展的综合评价，并测算我国知识产权强国建设指数。2023 年评价结果显示，知识产权强国建设指数达到 120.0 分，比 2021 年基期值年均增长 9.6%。知识产权制度、保护、市场运行、公共服务、人文社会环境、参与全球知识产权治理等六项分项指数得分依次为 117.8 分、122.1 分、118.4 分、122.7 分、125.5 分、115.3 分，比上年分别增长 5.4 分、2.8 分、3.6 分、5.2 分、4.2 分、1.2 分。

宋河发（2013）建立了不同知识产权之间的当量关系和不同类型科研机构知识产权不同环节指标的权重，构建了包括知识产权创造、运用、保护和管理的能力指标体系。为了引导科研机构加强知识产权管理，本书从知识产权能力建设角度出发，构建了科研机构知识产权综合发展评价指标体系。

1. 知识产权能力分析

知识产权一般包括知识产权投入、知识产权研发、知识产权申请、知识产权授权、知识产权扩散转化、知识产权商业化、知识产权产品社会应用几个环节。但主要集中于创造、运用、保护和管理四个环节。

实际上，从知识产权创造运用过程、政府职能设置和便于推进科研机构知识产权管理角度看，知识产权创造、运用、保护和管理涵盖了科研机构知识产权工作或能力建设的全部方面，任何知识产权工作归根结底可以纳入这四个范畴。虽然知识产权保护涉及知识产权创造和运用的整个过程，而管理涉及创造、运用和保护的全部，但这四个方面构成一个有机整体，离开任何一个方面，知识产权工作体系就会不完整。知识产权监测指标体系应当而且只能从这四个方面进行构建，科研机构以至高校和企业知识产权综合或者能力监测指标体系是包括知识产权创造、运用、保护和管理四个方面能力的监测指标体系。

2. 科研机构知识产权当量关系

科研机构具有以下几个特点，研究成果具有公共产品的属性，服务对象为国家和全社会，研究工作具有非营利性，主要承接政府部署的科研任务以及企业委托的科研任务。根据从事科研工作的类型，科研机构主要分为基础类、应用类、开发类和软科学类等四大类型。但四类科研机构由于所从事科研工作的类型差异，在功能定位上也有很大的区别，知识产权产出类型各不相同。

基础研究是指以揭示规律，探明或建立理论为主要目的的科学研究，基础类科研机构的知识产权产出以著作权为主，表现为学术论文、学术著作、科学发现，而专利、商标等知识产权相对较少。应用研究是指为获得新知识而进行的创造性研究，主要针对某一特定目的或目标，是为了确定基础研究成果可能的用途，或是为达到预定的目标探索应采取的新方法（原理性）或新途径，应用研究类科研机构的知识产权综合评价对象主要是著作权和专利权，也会有一部分集成电路布图设计和植物新品种。开发指利用从基础研究、应用研究和实际经验所获得的现有知识，为产生新的产品、材料和装置，建立新的工艺、系统和服务，以及对已产生和建立的上述各项作实质性的改进而进行的系统性工作，开发类科研机构成果形式主要是专利权、技术秘密专有权，具有新产品基本特征的产品原型或具有新装置基本特征的原始样机等实用性、集成性较强的科技成果。软科学是自然科学与社会科学相互结合的交叉科学，针对决策和管理实践中提出的复杂性、系统性课题，为解决各类复杂社会问题提出可供选择的各种途径、方案、措施和对策，软科学类科研机构成果形式主要是著作权（包括论文、专著）、商标权，以及少量的专利权。

不同类型科研机构承担的任务不同，目标导向不同，产出的知识产权类型也不同，采用同一种知识产权能力评价方法尤其是权重对不同类型科研机构进行评价，显然有失公平。为促进公平，在整体意义上，应依据不同类型科研机构知识产权的产出特征，确定发明专利权、实用新型专利权、外观设计专利权、商标权、论文、科技专著、植物新品种权和集成电路布图设计专有权等不同类型知识产权的当量关系，为知识产权综合监测奠定基础。

首先通过专家打分法获得科研机构不同类型知识产权的当量关系。通过匿名方式征询相关专家意见，进行统计、处理、分析和归纳，并客观综合多数专家经验与主观判断，最后形成针对类型知识产权的当量关系描述。当然，针对某具体的知识产权，其价值和得分肯定是不同的，但从科研机构知识产权总体上看，如果知识产权数量达到一定规模，各类知识产权总量就具有可以相比较的特征，总体不仅会掩盖单个知识产权的差异，也使得同类科研机构不同类型知识产权之间具有可比性。例如，以基础类科研机构为例，知识产权当量关系计算公式如式（4-1）所示。

$$B_i = \frac{\sum_{i=1}^{n} B_{ij}}{\sum_{i=1}^{m}\sum_{j=1}^{n} B_{ij}} \tag{4-1}$$

其中，B_i 为基础类研究所第 i 类知识产权的当量，B_{ij} 为基础类研究所中第 j 个专家对第 i 类知识产权当量的打分。

本书选取中国科学院知识产权研究与培训中心和中国科学院创新发展研究中心主要成员为专家群体，这些专家长期从事知识产权和创新政策研究，对研究所知识产权情况较为熟悉。共发放问卷13份，回收13份，回收率为100%，每份问卷先由专家通过层次分析法（AHP）确定不同类型研究所知识产权的当量关系，然后通过对每份问卷上专家对各类科研机构各类知识产权的当量关系打分情况进行汇总，并运用加权评价方法，最终确定不同类型科研机构的各类知识产权的当量关系，如表4-1所示。

表4-1 各类科研机构知识产权当量关系

知识产权类型	基础类科研机构知识产权当量的打分	应用类科研机构知识产权当量的打分	开发类科研机构知识产权当量的打分	软科学类科研机构知识产权当量的打分	科研机构整体知识产权当量
发明专利权	12	23	24	8	16.75
实用新型专利权	6	15	19	4	11.00
外观设计专利权	3	10	13	2	7.00
商标权	4	6	11	10	7.75
SCI、SSCI、EI论文	36	16	9	33	23.50
科技专著与软件著作权	25	14	6	39	21.00
植物新品种权	7	8	6	2	5.75
集成电路布图设计专有权	7	8	12	2	7.25
合计	100	100	100	100	100.00

由结果可知，不同类型科研机构的知识产权类型不同，不同知识产权的重要性不同，例如基础类科研机构发明专利权的作用只有开发类科研机构的一半，其当量关系为12:24，而基础类科研机构论文的重要性要远远超过开发类科研机构，其当量关系为36:9。

3. 科研机构知识产权发展评价方法

（1）科研机构知识产权发展监测指标体系。

科研机构知识产权综合测度指标体系主要包括知识产权创造能力、知识产权运用能力、知识产权保护和知识产权管理四个子指标，如表4-2所示。

表4-2 科研机构知识产权发展评价指标体系

一级指标	二级指标	三级指标	代码
知识产权创造能力 C	知识产权研发创造	知识产权申请量	C_{11}
		单位研究开发经费产生的知识产权数量	C_{12}
	知识产权获得授权	知识产权授权量	C_{21}
		知识产权申请通过审查率（非驳回率）	C_{22}
	知识产权保护范围拓展	国际知识产权数量	C_{31}
		平均每件知识产权申请保护国家数量	C_{32}
知识产权运用能力 U	知识产权运用基础	有效知识产权数量	U_{11}
		有效知识产权数量占过去5年授权知识产权数量的比例	U_{12}
	知识产权制度运用	参与专利池数量	U_{21}
		自主专利占专利池数量比例	U_{22}
		制定国家和国际技术标准数量	U_{23}
		专利进入国家和国际技术标准数量占全部有效专利数量的比例	U_{24}
	知识产权商业化运用	知识产权许可实施数量	U_{31}
		单件实施许可知识产权产生的税后利润	U_{32}
知识产权保护能力 P	知识产权保护措施	制定知识产权保护政策措施（人员聘用、合作研究、外出学习、出国交流、出现风险、签订合同）	P_1
	知识产权司法与行政保护	通过行政与司法途径保护知识产权（应对指控、主动应诉、提起诉讼、获取收益）	P_2
	知识产权自我保护	主动保护自主知识产权（侵权监测、侵权调查、主动取证、提出警告、解决争议）	P_3

续表

一级指标	二级指标	三级指标	代码
知识产权管理能力 M	知识产权制度与战略	知识产权管理制度与战略（中长期发展规划或战略、5年规划、专项行动计划）	M_1
	知识产权组织机构与人员	知识产权组织机构与人员（知识产权管理机构，转移转化机构、投资机构或基金，企业网络；知识产权律师、代理师的人员团队，知识产权教育培训）	M_2
	知识产权管理	知识产权管理（知识产权管理系统、专门资金；知识产权创造、获权、维护、运用环节管理；知识产权检索分析、战略布局、专利池构建与技术标准开发、价值评估、实施许可管理）	M_3

① 知识产权创造。

实际上，知识产权创造不是单纯的研究开发活动，还包括权利形成，知识产权创造应包括知识产权研发创造、知识产权授权创造和知识产权保护范围拓展创造三个方面。知识产权研发创造主要是指研究开发活动创造知识产权。知识产权权利获取也是知识产权创造能力的重要方面，主要是经过知识产权行政许可部门审查、审批、注册、公告等行为确定的由行政许可的垄断权利活动。知识产权保护范围拓展反映了国外知识产权的布局和创造情况，数量越多表明创造的知识产权权利越多，覆盖范围越大，获取的垄断势力和可能的收益就会越大，但过大也会造成负担过重。所以，知识产权创造子指标包括知识产权研发创造、知识产权获得授权和知识产权保护范围拓展三个三级指标。研发创造指标主要由知识产权申请量和单位研究开发经费产生的知识产权数量两个指标构成。授权创造主要由知识产权授权量和知识产权申请通过审查率（非驳回率）两大指标构成。保护范围拓展主要由国际知识产权数量和单位国际知识产权申请保护国家数量两个指标构成。

② 知识产权运用。

知识产权运用主要包括利用知识产权制度提高竞争力的知识产权制度运用和知识产权转化为生产力的商业化运用两个方面。但两个方面的基础是科研机构必须拥有一批有效的知识产权。构建专利池或专利组合，制定自主知识产权的技术标准是运用知识产权制度提升竞争力的主要方面。知识产权商业化运用是知识产权运用的主要方面，而商业化运用主要目的是获得知识产权产生的税后利润，这是知识产权创造的主要目的，也是投资人投资知识产权的主要目的。所以，知识产权运用子指标包括知识产权运用基础、知识产权制度运用、知识产权商业化运用三个三级指标。知识产权运用基础主要由有效知识产权数量和有效知识产权数量占过去5年授权知识产权数量的比例两个指标构成。知识产权制度运用主要由参与专利池数量、自主专利占专利池数量比例、制定国家和国际技术标准数量、专利进入国家和国际技术标准数量占全部有效专利数量的比例四个指标构成。知识产权商业化运用主要由知识产权许可实施数量、单件实施许可知识产权产生的税后利润两个指标构成。

③ 知识产权保护。

知识产权司法和行政保护是一种正式保护，主要是科研机构通过行政与司法途径保护知识产权应对他人知识产权侵权或权属纠纷的指控，积极主动到庭参加诉讼，针对他人的知识产权侵权行为主动提起诉讼，最后通过应诉和诉讼能保护自己的利益和获得实际收益，将有可能造成的知识产权损失降低到最小。知识产权自我保护是科研机构主动保护自主知识产权的行为，包括对全球知识产权侵权情况的监测，自我调查和取证，确定侵权行为发生时采取警告措施，最后能够解决相应的问题，避免通过行政和司法途径的高资金成本和时间成本。由于科研机构无法影响知识产权司法和行政保护，其知识产权保护主要是自身的主动的保护。所以，知识产权保护子指标包括知识产权保护措施、知识产权司法与行政保护、知识产权自我保护三个三级指标。其中知识产权保护措施主要包括研究所是否在人员聘用、合作研究、外出学习、出国交流、出现风险和签订合同时采取有效的知识产权保护措施。知识产权司法与行政保护主要包括研究所是否通过应对指控、主动应诉、提起诉讼、获取收益等行政与司法途径对知识产权进行保护。知识产权自我保护主要指研究所是否能够通过侵权监测、侵权调查、主动取证、提出警告、解决争议等措施主动保护知识产权。

④ 知识产权管理。

知识产权管理主要包括科研机构知识产权战略与制度制定、知识产权组织机构建设和人员配置，开展知识产权管理三个方面，主要目的是提高知识产权工作的效率。其中知识产权制度与战略或规划能力主要包括研究所是否制定五年或中长期知识产权发展规划与战略；知识产权机构建设与人员配置主要包括研究所是否建立有知识产权管理机构，是否建立包含知识产权管理职能的转移转化与产业化机构以及是否建立有知识产权投资机构或基金，是否建立企业网络，人员配置包括是否建立有包含知识产权律师、代理师等的知识产权人员团队，是否开展知识产权教育培训。知识产权管理涉及是否建立知识产权管理数据库与资金等基础条件，是否涵盖知识产权创造、获权、维护、运用环节，是否开展科研项目知识产权全过程管理。科研项目知识产权全过程管理是指科研机构是否开展知识产权检索分析、战略布局、专利池构建与技术标准开发、价值评估、实施许可管理等活动。

（2）知识产权发展综合评价方法。

科研机构知识产权综合测度采用三步法，第一步是通过专家打分法，确定四级和三级指标权重。第二步是根据四级指标权重，计算三级指标，并根据三级指标权重计算二级指标指数。第三步是根据四个二级指标指数，计算一级指数科研机构知识产权综合指数。在计算知识产权综合指数时，需要对四级指标进行数据归一化整理，确保每个四级指标数值在 0～100 之间。以知识产权创造为例，知识产权创造指数 C 主要包括知识产权研发创造指数 C_1、知识产权获得授权指数 C_2 和知识产权保护范围拓展指数 C_3。

知识产权研发创造指数 C_1 计算方法为

$$C_1 = \frac{W_{11}}{W_{11}+W_{12}} C_{11} + \frac{W_{11}}{W_{11}+W_{12}} C_{12} \qquad (4-2)$$

其中，W_{11} 和 W_{12} 分别为知识产权申请量 C_{11} 和单位研究开发经费产生的知识产权数量 C_{12} 的权重。

知识产权确权指数 C_2 计算方法为

$$C_2 = \frac{W_{13}}{W_{13}+W_{14}} C_{21} + \frac{W_{13}}{W_{13}+W_{14}} C_{22} \qquad (4-3)$$

其中，W_{13} 和 W_{14} 分别为知识产权授权量 C_{21} 和知识产权申请通过审查率 C_{22} 的权重。

知识产权保护范围拓展指数 C_3 计算方法为

$$C_3 = \frac{W_{15}}{W_{15}+W_{16}} C_{31} + \frac{W_{15}}{W_{15}+W_{16}} C_{32} \qquad (4\text{-}4)$$

其中，W_{15} 和 W_{16} 分别为知识产权申请保护国家数 C_{31} 和单位知识产权申请保护国家数 C_{32} 的权重。因此，知识产权创造能力指数 C 的具体计算方法为

$$C = (W_{11}+W_{12}) \times C_1 + (W_{13}+W_{14}) \times C_2 + (W_{15}+W_{16}) \times C_3 \qquad (4\text{-}5)$$

其中，$C = W_{11}+W_{12}+W_{13}+W_{14}+W_{15}+W_{16}$。

① 知识产权综合指数。

知识产权创造是知识产权运用的前提，知识产权保护和知识产权管理力都会影响知识产权创造和运用。知识产权管理涉及知识产权创造、运用和保护三个方面，通过知识产权管理，有利于加强知识产权保护，促进知识产权创造和运用。在四个子指标中，某一方面指标较强不一定导致知识产权综合指数高，只有四个方面指数都较高，知识产权综合指数才会高，但任何一方面较弱都会导致知识产权综合指数低，四个方面指数都低，则知识产权综合指数必定低。因此，应将知识产权创造、运用、保护、管理指数进行指数相乘求得知识产权综合指数。本书提出的知识产权综合指数计算方法如下：

$$\text{IPR} = C^\alpha \times U^\beta \times P^\gamma \times M^\theta \qquad (4\text{-}6)$$

其中，α、β、γ、θ 分别为知识产权创造指数 C、知识产权运用指数 U、知识产权管理指数 M 和知识产权保护指数 P 对知识产权综合指数的贡献率，且 $\alpha+\beta+\gamma+\theta=1$。

② 知识产权综合指数权重与贡献率。

知识产权综合指数四级和三级指数权重采用专家打分法确定。权重和贡献率确定共发放问卷 13 份，回收 13 份，回收率为 100%。通过每份问卷中专家对各类研究所知识产权创造、知识产权运用、知识产权管理和知识产权保护对知识产权综合指数的贡献率打分情况进行汇总，并运用简单加权评价方法，最终得出不同科研机构的知识产权综合指数中二级指标的贡献率。通过对四级指标和三级指标权重打分情况进行汇总，并运用加权评价方法，最终得出不同类型知识产权三级和二级指标的权重。不同类型科研机构知识产权创造、知识产权运用、知识产权管理和知识产权保护对知识产权综合指数的贡献率也通过专家打分法确定。三级指标体系权重如表 4-3 所示。

根据专家打分汇总，二级指标中知识产权创造指数贡献率为 0.32，知识

产权运用指数贡献率为 0.27，知识产权保护指数贡献率为 0.20，知识产权管理指数贡献率为 0.21。所以，科研机构知识产权综合指数测度公式为

$$IPR = C^{0.32} \times U^{0.27} \times P^{0.20} \times M^{0.21} \quad (4\text{-}7)$$

第一步，按照测度指标体系获得各三级指标数据。根据有关统计年鉴和数据库得到数据。对于某些年份缺失的数据，采取两端平均或过去 2～3 年平均增长率弥补的办法弥补，由于数据可得性问题，有效知识产权数量采用当年和前 2～3 年授权数量之和代替。第二步，对于研究开发投入、许可费收入等与费用有关的数据进行平减，平减指数采用国家统计局公布的定基价格指数，以 1978 年为 100。第三步，设定各指标的最大最小标杆值。最大标杆值一是根据实际情况设定，二是参考指标序列中的最大数据并考虑未来五年的增长情况设定。在设定最大值后，指标序列值根据下述归一化公式计算：

$$X^*_1 = \frac{X_{ij}}{B_{i\max}}, \quad (i=2006, \cdots, 2012; j=1, \cdots, 16) \quad (4\text{-}8)$$

第四步，根据专家调查得到的三级指标权重，将归一化处理后的三级指标数值乘以相应权重，得到各二级指标数值，根据上述计算公式可得到一级指标指数。

表 4-3　各类科研机构知识产权综合评价三级指标体系权重

指标	基础类	应用类	开发类	软科学类	整体
知识产权申请量	17.40	16.47	20.21	19.92	18.50
单位研究开发经费产生的知识产权数量	25.45	12.38	10.85	9.58	14.56
知识产权授权量	16.34	17.78	13.33	16.94	16.10
知识产权申请通过审查率（非驳回撤回率）	14.71	11.51	17.36	9.580	13.29
国际知识产权数量	13.41	14.37	7.31	12.44	11.88
单位国际知识产权申请保护国家数量	12.68	11.83	19.58	10.88	13.74
有效知识产权数量	13.34	12.18	11.51	15.14	13.04
有效知识产权数量占过去 5 年授权知识产权数量的比例	13.41	11.10	10.91	13.99	12.35
参与专利池数量	12.16	11.1	11.15	13.38	11.95
自主专利占专利池数量比例	9.66	10.36	10.22	8.82	9.76
制定国家和国际技术标准数量	10.41	11.2	10.63	9.552	10.45

续表

指标	基础类	应用类	开发类	软科学类	整体
专利进入国家和国际技术标准数量占全部有效专利数量的比例	10.91	10.11	10.91	10.34	10.57
知识产权许可实施数量	10.29	11.1	11.03	9.734	10.54
单件知识产权许可收入有效知识产权对应的科技成果转化取得的利税	10.03	11.89	11.51	9.489	10.73
制定知识产权保护政策措施	36.52	30.77	28.16	38.27	33.43
通过行政与司法途径保护知识产权	32.17	34.82	37.54	32.17	34.18
主动保护自主知识产权	31.3	34.41	34.3	29.56	32.39
知识产权管理制度与战略	40.27	30.87	29.45	32.9	33.37
知识产权组织机构与人员	30.09	33.33	33.82	31.14	32.10
科研项目知识产权全过程管理	29.65	35.8	36.73	35.96	34.54

4.8 小结

本章研究了科研机构知识产权管理的基本理论，重点研究了科研机构知识产权管理的内涵特征、主要功能、主要分类和管理的基本原则，研究了科研机构知识产权管理标准和知识产权综合能力评价指标体系。

由于科研机构的公益性，科研机构应当努力促进知识产权的转移转化，但不应成为通过知识产权转移转化牟利的机构。因此，科研机构知识产权管理应体现职务知识产权原则、知识产权转化实施原则、知识产权普通许可原则、知识产权有限放弃原则和知识产权组合管理原则。

目前，国内外关于知识产权管理方法的研究还不系统不深入。科研机构以及高校对知识产权管理的认识仍很落后，长期以来知识产权管理组织体系不健全，缺乏基本知识产权管理职能，更缺乏高水平知识产权管理人才团队。加强知识产权管理能力建设，最重要的是要提高对知识产权管理重要性的认识，掌握科研机构知识产权管理的基本原则，推行科研机构科研项目的知识产权全过程管理制度，支撑提升科技创新的效率。

知识产权综合评价和管理标准化是提升科研机构知识产权管理能力的重

要途径。不同类型知识产权作用不同,不同类型科研机构知识产权的作用也不同,知识产权创造、运用、保护和管理的地位也不同,但不同类型知识产权之间存在一定的当量关系。科研机构知识产权综合评价要有利于科研机构知识产权能力建设,要有配套的政策措施。科研机构知识产权管理规范以及企业与高校知识产权管理规范等国家标准为科研机构知识产权管理标准化奠定了坚实基础,但关键在于这些标准的落实,关键在于知识产权管理要实现科学化、现代化。

第五章 知识产权战略规划管理

制定科学的科研机构知识产权战略规划是科研机构知识产权管理的重要任务，是加强科研机构知识产权管理不可或缺的环节。制定具有长远指导意义并具有可操作性的战略规划，有利于科研机构弄清知识产权发展的形势与环境，有利于发现自身知识产权发展的问题与不足，有利于明确科研机构知识产权管理的重点和任务，有利于采取有效的措施提升知识产权管理的水平。

5.1 知识产权战略规划管理概述

5.1.1 知识产权战略与管理

战略是一种决定全局或对全局具有决定性影响的谋划，战略包括五方面的含义：① 一国或多国运用政治、经济、心理和军事的力量最大支持采取和平和战争政策的科学与艺术；② 军事指挥官在优势环境下与敌人战斗的科学与艺术；③ 精心的计划或方法：聪明的计谋；④ 设计或利用计划或计谋或达成目标的艺术；⑤（如行为、新陈代谢或结构）为逐步成功起到或可能起到重要作用的调适。战略主要包括战略环境、战略思想、战略目标、战略任务和战略措施等要素或内容。开放和互联的战略将带给尝试新方法的人意想不到的利益（Palfrey，2012）。

战略管理是管理者为制定组织的战略而做的工作，战略管理涵盖所有的基本管理职能——计划、组织、领导和控制（Robbins, et al., 1997）。战略管理过程是一个包含六个步骤的过程，一是识别组织当前的使命，目标和战略；二是进行外部环境分析，包括机遇和威胁；三是组织内部分析，包括优势和劣势分析；四是制定战略，包括企业战略、竞争战略和职能战略，分别由组织的高层、中层和基层管理者负责；五是实施战略；六是评估结果（Robbins，et al.，1997）。

目前，知识产权战略已超越知识产权法律的矛与盾，是一个战略性资产，柔性和创造性是能够获利的知识产权长期战略的关键（Palfrey，2012）。从知识产权中获取价值具有商业上成功的必要性，知识产权管理的核心是建立知识产权价值（Shearer，2007）。知识产权管理不仅是管理专员的事情，更需要高层介入和决策的干预。将知识产权战略与企业战略结合在一起的有效做法是开发创造、保护与开发知识产权组合的新战略（Reitzig，2004）。

知识产权战略的目的在于建立并维持基于知识产权的持续竞争优势。知识产权战略在理论上应该贯穿整个"知识产权价值链"——即从研发部门无形资产的生产到专利和法律部门知识产权的保护，最终到律师、品牌专家和许可证专家对知识产权的应用（Palfrey，2012）。

知识产权战略是高级管理者用来管理和开发知识产权资源的策略，知识产权战略需要帮助回答这样的问题：如何利用知识产权来获得和保持竞争优势，知识产权如何影响组织结构等（Reitzig，2007）。知识产权战略是运用知识产权保护制度，为充分维护自己的合法权益，获得与保持竞争优势并遏制竞争对手，谋求最佳经济效益而进行的整体性筹划而采取的一系列的策略和手段。企业知识产权战略是企业基于对自身条件、竞争环境和发展趋势的分析而制定的综合运用知识产权的各种形式和保护手段，保证自身利益的总体方案和实施步骤（李立，2001）是指运用知识产权及其制度的特点去寻求市场竞争有利地位的战略（吴汉东，2008）。知识产权战略的内涵涉及知识产权法和商业战略两个领域，一般可将知识产权战略定义为"单独运用知识产权或者把知识产权同企业的其他资源进行整合，来实现的战略目标"（Pitkethly，2001）。

知识产权战略管理包括计划、组织、领导、控制四项基本的管理职能，战略性知识产权管理主要包括制定目标、评估人力资源、评估知识产权资源、评估知识产权实务、研究竞争环境、开发知识产权管理计划和实施计划等步骤，主要包括总体战略、专利战略、商业秘密专利、商标战略和著作权战略（Gollin，2008）。

知识产权战略包括知识产权的获取和产生、知识产权的保护、知识产权的应用与执行三个维度（Reitzig，2007）；应采用"产品市场措施"、"持续创新"以及"法律政策"保护其知识产权，知识产权战略实质上是市场战略、技术战略以及法律战略的组合（Narayanan，2000）。评价知识产权战略应包括定性和定量两大类指标，定性指标包括经营战略、技术战略、信息战略、国际战略和法律业务战略五个战略方向（斋藤优，1990）。知识产权战略有八个类型：定义知识产权商业模式、定位盈利性知识产权、创造和获取知识产权、知识产权实验、准备和处理知识产权、组合管理、诉讼、收益（Meade，2012）。专利战略管理一般包括以下步骤：① 现有专利周边设计；② 工业标准参与；③ 技术领域技术趋势研究与引用；④ 技术突破与破坏性技术；⑤ 技术路线图实践；⑥ 战略组合扫描与建立实践；⑦ 需求的再确认、合理化或者货币化。

因此，可以认为，科研机构知识产权战略是科研机构在相对较长时期内关于知识产权创造、保护、运用、管理和服务的领导、组织、计划、控制的总体性谋划，是通过运用知识产权获得竞争优势谋求最佳效益而采取的一系列的策略和行动的总和。

5.1.2 知识产权规划与管理

规划是筹谋策划的意思，是为达到某种目的，对规划对象未来发展状况的设想、谋划、部署或具体安排，是达成或实现某一目的的方法，常用于要做之前关于某事的思考和书面写出或画出的事情，具有详细时间和资源的表格或步骤列表，用于实现完成某事情的目标，是比较全面和长远的发展计划，具有长远性、全局性、战略性、方向性、概括性和鼓动性。规划是一种重要的公共政策，也是一种权威的价值分配方案，是一种含有目标、价值和策略的大型计划。规划本质上是一种管理方式。

规划研究起源于19世纪中期。欧曼定将规划理论划分为"七个流派"。规划设计的研究则出现在20世纪初。规划是一个过程，包括调查、分析和规划。规划过程是一个连续的涡流形过程，规划的每一段都有迭代与评估，每阶段之间也有迭代与评估，规划过程的每一阶段存在的连续的涡流形决策过程说明了规划的复杂性。以理性规划模型为基础形成了理性规划编制程序，主要有界定问题、确认备选方案、评估备选方案、方案实施、效果追踪五个阶段。规划制定过程一般包含六个步骤：一是识别组织当前的使命、目标和战略，二是进行外部环境分析，包括机遇和威胁；三是组织内部分析，包括优势和劣势分析；四是制定战略和任务；五是实施战略和任务；六是评估结果。

20世纪60年代，规划评估逐渐被学术界重视。规划评估大致可以分为三个阶段，一是以理性规划为基础的规划评估理论，核心是构建发展目标与所用资源之间最为合理的关系，二是规划评估理论出现了"合适的""退而求其次"等手段的阶段，三是交互规划评估阶段。四是出现民主的因素阶段。我国发展规划存在着偏重战略性规划，忽视操作性规划的现象。

因此，科研机构知识产权规划是科研机构在一定时期内为关于科技创新工作知识产权创造、保护、运用、管理和服务的筹谋策划，是为了达成科研机构知识产权战略目标所采取的一系列措施、方法的总和。

5.2 科研机构知识产权战略规划管理

科研机构知识产权战略是研究机构为提升自主创新能力，获取和保持竞争优势的总体性谋划，是一个具有全局性和长远性的谋划。一般的战略或规划包括形势与任务、总体思路、战略重点与重大任务、政策举措、规划实施等几个方面。知识产权战略和知识产权规划都是关于知识产权事业发展的谋划；一般包括知识产权的获取和产生、知识产权的保护、知识产权的应用与执行三个维度（Reitzig，2007）。一般包括国家和地方知识产权战略、五年知识产权发展规划、知识产权导航产业发展规划、知识产权产业集聚区发展规划等。科研机构知识产权战略也应当包括战略目标、战略定位、战略重点、战略措施、实施策略、战略步骤和战略评估组成。

5.2.1 知识产权战略环境分析

科研机构知识产权战略环境分析是战略或规划的形势与任务分析，主要是分析面临的国内国际的知识产权形势，分析科研机构知识产权面临的机遇、挑战和自身的优势劣势，提出实施知识产权战略规划的突出问题和重大需求，从而明确知识产权战略规划的重要性、必要性和紧迫性。制定科研机构知识产权战略，首先要弄清楚科研机构知识产权战略的环境状况，开展环境分析，主要包括内部的优势和劣势分析，外部的机遇与挑战分析。通常的环境分析采用SWOT分析法（也称道斯矩阵），即态势分析法。该方法是20世纪80年代初美国旧金山大学的管理学教授韦里克提出的，经常被用于战略制定、竞争对手分析等。主要包括分析科研机构的优势（Strength）、劣势（Weakness）、机遇（Opportunity）和威胁（Threats）。优劣势分析主要是着眼于科研机构自身的实力及其与竞争对手的比较，而机遇和威胁分析将注意力放在外部环境的变化及对科研机构的可能影响上（图5-1）。

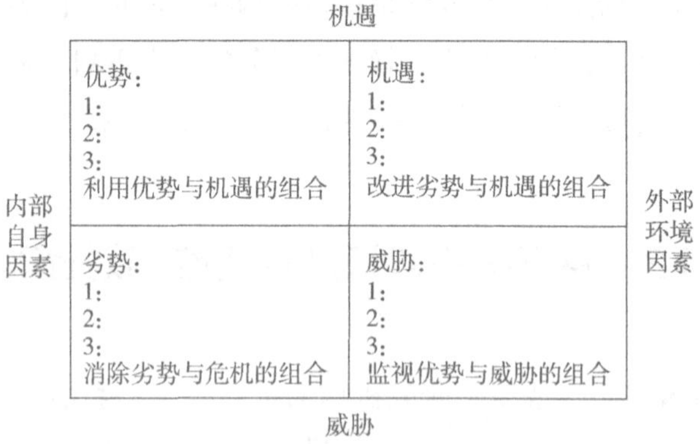

	机遇		
内部自身因素	优势： 1: 2: 3: 利用优势与机遇的组合	机遇： 1: 2: 3: 改进劣势与机遇的组合	外部环境因素
	劣势： 1: 2: 3: 消除劣势与危机的组合	威胁： 1: 2: 3: 监视优势与威胁的组合	
	威胁		

图5-1　知识产权战略环境分析

（1）优势分析主要从知识产权创造、运用、保护和管理等四个方面分析科研机构的优势，首先要进行知识产权尤其是专利检索，弄清同行或竞争对手是哪些机构及其知识产权情况。具体包括知识产权尤其是专利的数量和质量，知识产权组织体系与人才队伍建设，知识产权运用与效益，知识产权应对侵权能力，知识产权管理与科研项目管理结合等。由此可以分析出本科研机构知识产权管理工作在国际同类科研机构中的地位，分析出科研机构在某一技术领域的优势。

（2）劣势分析应主要从知识产权创造、运用、保护和管理等四个方面分析，通过分析国际同类科研机构的知识产权情况，分析本科研机构知识产权的地位，具体在哪些方面哪些技术领域存在劣势，并找出主要的几个劣势，如知识产权管理能力较弱，知识产权转移转化能力较弱，缺乏专业知识产权人才和团队等。

（3）机遇分析主要是找出对科研机构知识产权发展具有较大影响的机遇或机会。机遇一般是指世界科技发展、世界其他国家经济发展，以及本国或本单位的重大政策或战略。可以从科技革命和产业革命，国际金融危机或债务危机入手，分析本领域技术的可能发展趋势，分析未来市场的可能发展趋势，分析未来知识产权与创新政策的动向与趋势等，从而找出本科研机构的机遇。

（4）威胁分析主要从外部分析入手，应分析经济科技全球化背景下的全球创新要素流动和国际贸易不平衡等带来的威胁，如人才流失问题、反倾销调查问题、知识产权保护国际压力问题等。还应分析科技革命和产业革命的可能方向，国外主要科研机构的重大知识产权举措及其不利影响。除此之外，也要分析国家政策和市场可能会有的不利变化。

知识产权战略规划优势主要体现在采取的主要措施和取得的主要成效上，如《"十三五"国家知识产权保护和运用规划》五年评估报告总结了我国知识产权工作取得的成效。① 知识产权发展有效支撑全面建设小康社会目标实现。"十三五"时期是我国全面建设小康社会的攻坚期，社会主要矛盾已经转化为人民日益增长的美好生活需要和不平衡不充分的发展之间的矛盾。国家知识产权局和有关部门充分发挥知识产权保障激励和服务支撑作用，强化知识产权创造、保护和运用，将知识产权全面融入经济社会发展大局，着力开展高价值专利培育，建设知识产权运营体系，发展知识产权密集型产业。深入实施商标品牌战略，推动中国产品向中国品牌转变，扎实推进商标品牌富农和地理标志精准扶贫工作，在全国范围内推广地理标志，运用"宁德经验"和"淮安经验"，推广"商标富农和运用地理标志精准扶贫十大典型案例"，举办地理标志精准扶贫西部宣讲活动。为解决发展不平衡不充分问题，提升发展质量和效益，满足人民在经济、政治、文化、社会、生态等方面日益增长的需要提供了有力支撑。② 知识产权治理体系和治理能力现代化水平快速提升。"十三五"期间，国家知识产权局实现历史性重组，实现了专利、商标、地理标志等主要类型知识产权统一管理，将知识产权行政执法和行政管理纳入大市场监管体系，政府知识产权治理能力显著提升。完成了《民法典》《专利法》《商标法》《中华人民共和国反不正当竞争法》(以下简称《反不正当竞争法》)等修正,通过了《中华人民共和国电子商务法》等法律法规,实行严格的知识产权保护制度,构建知识产权大保护体系,为建设市场机制有效、微观主体有活力、宏观调控有度的经济体制提供了有效制度供给。我国强化知识产权财税政策改革,构建了比较完善的知识产权政策体系。国家知识产权局出台了一系列提升知识产权质量的政策措施,大幅度缩短了知识产权审查周期,强化知识产权运营体系建设,推进全国知识产权公共服务体系和信息化建设,加大"放管服"力度,不断降低企业知识产权费用负担。高价值专利审查周期压缩至17.3个月,商标注册平均审查周期压缩至4.5个月,2019年累计减免专利商标相关费用79.3亿元。知识产权治理体系和治理能力现代化水平快速提升,已成为国家治理体系和治理能力的重要组成部分。③知识产权有力推动国家创新驱动发展战略深入实施。过去五年,国家知识产权局深入实施国家创新驱动发展战略,贯彻创新、协调、绿色、开放、共享的新发展理念,与有关部门联合推动将知识产权管理融入知识产权创造、保护和运用的全过程,推行专利导航和高价值专利培育,知识产权引领科技创新作用显著增强,科技创新的效率和效益有效提升,一批前瞻性和原创性基础研究成果实现重大突破,关键共性技术、前沿引领技术等和颠覆性技术创新实现群体涌现。国家知识产权局大力推进知识产权优势企业和强企建设,企业知识产权创造和运用主体地位不断提升。我国中央财政资金大力支持建设全国"1+N"知识产权运营体系,涌现出以中国科学院"弘光专项"为代表的举国体制重大专项研发与知识产权转化、华东理工大学嵌入式技术转移与知识产权运营服务、厦门科易网技术与知识产权转移第三方支付方式、联想学院科技成果与知识产权创业投资、AVS技术与专利池运营、河南技术产权交易所知识产权产品线上竞价交易等有效知识产权运营模式,知识产权实施、转让许可、作价入股数量和收益快速增长。我国实施制造业知识产权行动计划,运用知识产权赋能产业优化升级,助推建设现代化产业体系,有力支撑了创新型国家和制造强国建设。④知识产权高质量发展已成为经济高质量发展的基本途径。经济高质量发展的核心是经济创新力和竞争力,知识产权高质量发展是经济高质量发展的基本途径。"十三五"以来,国家知识产权局和有关部门坚持质量第一、效益优先,联合印发高校、科研机构和央企知识产权高质量发展政策,各类创新主体知识产权质量和效益建设走上健康之路。国家知识产权坚持质量优先，量质并重，实施专利质量提升工程、商标品牌战略和地理标志运用促进工程，严查非正常申请和商标恶意注册行为，进一步优化调整地方知识产权资助奖励政策，知识产权实现量质齐升，知识产权供给侧结构性改革取得显著成效。国家知识产权局多措并举，制定发布了多项企事业单位知识产权管理标准和知识产权代理、导航、高价值专利培育等服务标准，深入开展知识产权贯标活动，近2万家企事业单位通过贯标认证，极大地提升了企业知识产权管理水平。一大批企业依靠知识产权获得竞争优势，华为、中兴通讯、大疆等企业掌握了国际技术标准的必要专利，开始在全球竞争中处于主导地位。知识产权极大地提高了企业科技创新效率，为转变经济发展方式、优化经济结构、转换增长动力提供了重要支撑。⑤知识产权"严、大、快、同"大保护格局基本形成。保护知识产权是产权保护制度最重要的内容，也是提高中国经济竞争力最大的激励。习近平总书记多次强调要加强知识产权保护，坚决依法惩处侵犯知识产权的行为。中共中央、国务院2016年发布《关于深化科技体制机制改革加快实施创新驱动发展战略的若干意见》，提出实行严格的知识产权保护制度；党的十九大明确要求"强化知识产权创造、保护和运用"；中共中央办公厅和国务院办公厅2019年印发《关于强化知识产权保护的意见》；2020年12月1日，中央政治局第二十五次集体学习专门学习和研究知识产权保护工作。《专利法》《商标法》《著作权法》均已建立起惩罚性赔偿制度，法定赔偿额上下限大幅度提高。最高人民法院建立了知识产权法庭，最高人民检察院建立了知识产权检察庭，全国建立了3个知识产权法院和20个知识产权法庭，知识产权实现了民事、行政和刑事审判"三审合一"。国家知识产权重组后，专利、商标、地理标记、品牌、标准、食品药品等行政执法实现了统一。国家知识产权局2016年专门出台《关于严格专利保护的若干意见》等政策，严格专利行政执法保护，我国已基本建立起知识产权大保护体系。⑥完善知识产权保护指标推动全国营商环境显著改善。国家知识产权局联合国家发展和改革委员会（以下简称国家发展改革委）制定了包括衡量企业全生命周期、城市投资吸引力、城市高质量发展水平三个维度的营商环境评价体系，其中重要的指标之一是知识产权指标，主要包括知识产权数量、授权数量、保护满意度等指标。国家发展改革委选取了4个直辖市、3个计划单列市、9个省会城市、5个地级市、1个县级市共22个城市开展了试评价，对地方政府产生了重要的推动作用。中共中央办公厅和国务院办公厅2019年印发《关于强化知识产权保护的意见》后，国家知识产权局专门制定了《实施〈关于强化知识产权保护的意见〉考核评价指标体系》，对地方落实该意见进行考核。我国知识产权严格保护取得显著成效，知识产权侵权赔偿额大幅度提高，我国已成为跨国侵权诉讼主要目的地国。国家知识产权局联合有关部门加强对电商平台知识产权侵权行为整治力度，主要电商平台知识产权环境大幅度改善。有关部门大力加强进出口领域知识产权监管，不断提升出口商品知识产权含量，外贸质量提升明显，知识产权使用费收入增长迅速。⑦加强版权司法行政保护提升版权产业经济社会贡献。"十三五"以来，中宣部、国家版权局、文化和旅游部不断加强国有文艺院团和文化服务单位知识产权保护机构建设，持续对大中型视频、文学、音乐网站进行版权重点监管，公布了一批重点影视作品预警名单和重点作品。国家版权局积极推进区域间执法协作联动，加强部门间执法协同配合，强化版权行政执法与刑事司法两法衔接，加强重大案件督查督办，开展信用监管和执法检查。国家版权局和公安部等部门连续开展打击网络侵权盗版"剑网"专项行动，对重点领域和重点产品进行专项治理，将打击出版物侵权盗版纳入"秋风行动"，组织开展印刷复制发行专项行动。同时，国家版权局努力打造精品版权，培育核心版权产业，命名了一批全国版权示范城市、创建城市和全国版权示范单位、示范园区（基地）称号，有力促进了版权产业的发展。2018年中国版权产业行业增加值达到6.6万亿元，占GDP的比重达到7.37%，比2016年提高0.4个百分点。2019年，我国数字经济增加值规模达到35.8万亿元，占GDP的比重达到36.2%。⑧优化知识产权区域布局推动区域经济社会协调发展。"十三五"期间，国家知识产权局十分重视区域知识产权协调发展，积极推进地方知识产权战略实施，通过中央财政支持13个知识产权强省试点省、37个知识产权强市试点市和一批知识产权强县建设。国家知识产权局启动和实施区域知识产权资源布局计划，推动地方建设区域知识产权资源系统，开展知识产权分析评议，培育和发展了一批示范知识产权服务机构。在全国主要地方布局建设了一批国家知识产权局培训基地，为地方培养了一大批知识产权行政管理人才、实务人才和高端引领人才。大力推进地方知识产权协调发展,制定了《关于知识产权促进京津冀一体化发展的若干意见》,为知识产权助推京津冀经济一体化发展发挥了作用。率先在广东中新知识城布局建设知识产权中心,开展知识产权保护和运用政策试验,形成了一批可复制和可推广的经验和做法。针对东北和中西部地区开展知识产权资源调查,制定了一系列促进地方经济发展的知识产权政策,为东北老工业基地振兴和中西部创新发展奠定了坚实基础。国家知识产权局还深入推进京津冀协同发展、长江经济带等区域知识产权执法协作机制,不断提升跨区域案件办理效率,为区域知识产权协调发展提供了有效保障。⑨强化知识产权人才队伍建设,推动知识产权文化繁荣。知识产权人才是知识产权事业发展的根本,我国十分重视知识产权人才的培养。"十三五"期间,我国已设立45个知识产权学院,每年培养毕业的知识产权博士生超过40人,硕士生约200人,本科生超过1 300人,一批知识产权学院开设知识产权第二学位或知识产权交叉硕士或博士学位。同济大学、中国科学院大学等高校积极建设知识产权交叉博士学位点,我国已初步建立了复合型知识产权人才教育模式。同时,针对知识产权检索分析、诉讼、运营等实践需要,国家知识产权局专门组织了知识产权运营阶梯型培训班,中国知识产权培训中心、中国知识产权研究会、中国科学院知识产权研究与培训中心等单位组织开展了大量有针对性的知识产权培训班。同时,中宣部联合复旦大学中国研究院举办"讲好中国故事"专家研修班,将中国知识产权保护的经验和成效等故事讲好。文化和旅游部近年来深入开展网络表演、网络音乐、网络动漫、网络游戏市场的执法规范整合行动,严查侵犯知识产权案件。国家知识产权局不断完善知识产权周和专利交易周组织模式,支持地方建设了一批知识产权博物馆、展示馆,制作首部知识产权专题纪录片《国之利器》,制作知识产权公益广告,编写知识产权中小学生读本,开展了系列知识产权师资培训,命名建设了一批知识产权示范学校,极大地提高了中小学生的发明热情和知识产权意识。⑩加强知识产权国际交流合作塑造知识产权国际新形象。"十三五"期间,我国深化与世界知识产权组织的合作,积极参与世界知识产权规则制定,推动我国知识产权国际申请的便利化,国际专利商标申请量快速增长。我国加强中美、东盟、中日韩、中欧和"一带一路"知识产权国际交流合作机制建设,推动知识产权国际合作交流常态化,知识产权成为国际交往和沟通的重要议题。中美签署《中美经济贸易协议》，批准或加入由我国牵头制定的《视听表演北京条约》的国家达 31 个。我国加强与美国、欧洲、日本、韩国等国家或地区专利商标局的合作，形成了紧密合作的专利审查和数据统计合作关系。国家知识产权局建设海外知识产权信息平台、成立国家级海外知识产权纠纷应对指导中心，支持企业进行知识产权海外布局，开展海外知识产权风险预警，有力支持了企业国际化发展。针对发展中国家知识产权部门或企业部门管理人员举办多批次知识产权培训，加强了我国与发展中国家的友好合作关系，知识产权已成为中国形象塑造的重要工具。

劣势分析是制定知识产权战略规划的重要内容和依据。例如，在对《"十三五"国家知识产权保护和运用规划》进行五年评估时分析了我国知识产权发展存在如下劣势。① 知识产权创造体制机制和政策存在不足。我国知识产权创造质量总体还不高，科研项目知识产权政策只注重考核战略目标和数量，而缺乏知识产权高质量创造、组合创造和可持续创造的政策。我国知识产权"大而不强，多而不优"的问题依然存在，知名品牌、精品版权依然偏少，产业核心技术和核心知识产权缺乏，直接制约了知识产权运用效果。知名品牌数量较少，多数专利质量存在问题，高价值专利数量少，标准必要专利更是缺乏。发明专利平均寿命仅有 6 年多，知识产权组合不足，尤其是重大科技成果不仅专利数量少，而且无法形成有效的专利组合，对主导产品保护不够。科技计划知识产权政策还不完善，主要强调知识产权数量，对知识产权质量重视不够。我国有相当一部分专利、商标申请来自高校科研机构，其中有相当数量的高校科研机构申请知识产权的目的主要是项目结题、申请项目、晋升职称或者提高声誉。这些都导致知识产权申请数量扩张，部分知识产权质量不高。② 知识产权运用模式和政策还不够完善。我国缺乏对企事业单位知识产权管理机构建设的专项支持政策。高校科研机构知识产权普遍缺乏内部专业化技术转移和知识产权运营机构，更缺乏相应的机制和人才团队。知识产权代理服务高端服务与低端服务并存，高端服务机构少，低端恶性竞争，加上企事业单位缺乏专业机构和人才团队，知识产权的代理质量受到较大影响。我国知识产权运用效益也尚未充分显现，有效转让许可、投资率低的局面还未得到根本改观，知识产权使用费进出口逆差不断扩大，很多知识产权运营机构缺乏有效的知识产权运营模式，知识产权运营公共服务平台定位还不清晰，一些公共服务平台还从事了市场经营。多数知识产权投资基金是政府主导的投资基金，缺乏市场化投资，对市场化投资引导不够。③各类创新主体知识产权管理能力仍然不强。虽然越来越多的企事业单位贯彻落实知识产权管理规范国家标准，有效促进了本单位的知识产权管理的规范化、制度化和程序化，但为贯标而贯标的现象较为普遍，没有从根本上认识到提高知识产权管理水平的重要性。有相当数量的高校科研机构申请知识产权的目的主要是为了项目结题、申请项目、晋升职称或者提高声誉，导致重大科技成果无法形成有效的可持续的高质量专利组合。同时，由于企事业单位普遍不重视专利与标准的结合，指定的技术标准大而空，专利申请质量不高，也不会基于标准培育必要专利和形成标准必要专利池，导致联盟产业控制力弱，赚取产业利润少。即使产生了一些重大原创科技成果，因为知识产权管理水平不高，导致我国无法对产业产生控制力和影响力。④知识产权保护还不能很好地适应创新驱动发展的要求。知识产权法律制度尚不能很好地适应发展需要，部分知识产权法律的制定、修订工作完成时间尚无法确定，少数工作进展较慢。我国没有商业秘密保护法，近年来虽然我国知识产权侵权赔偿额不断提高，但与创新主体的期望和国外的实践相比仍然极低。知识产权侵权审判没有建立惩罚性赔偿制度和陪审团侵权损害评估的证据规则。知识产权判决标准问题还没有解决，"三合一"审判推行中还存在较多困难，民事、刑事、行政审判思维不一致，知识产权纠纷案件管辖权问题有待解决。知识产权法院员额不足，技术调查官和陪审员制度不够完善。知识产权行政执法手段不足，受到限制较多，行政执法和司法执法衔接机制不完善，执法效果还不能满足经济社会发展的需要，网络侵权、小微产品反复侵权，新业态新领域、民生领域的知识产权保护需要加强。知识产权侵权易发多发，举证难、成本高、赔偿低、效果差的问题依然存在。⑤知识产权密集型产业和知识产权新经济发展不快。我国专利密集度采用产业五年的专利授权数量之和除以产业五年平均就业人数计算，还不能完全体现专利与产业的有机联系。国家统计局发布的知识产权经济统计体系，将研发投入强度直接计入 GDP 并不能体现专利的贡献。我国发布的企业知识产权信息公开仅仅公开的是知识产权的原始成本折损摊销和期初期末价值，不能真正体现知识产权的价值，也没有实现用公允价格反映企业知识产权成本费用和利润的目的。我国在知识产权密集型产业和知识产权经济发展的政策支持力度还不够，尤其是知识产权密集型产业相应的财政投入政策、密集型产品的研发费用加计扣除政策、财政资金对产业专利池和专利组合的支持政策、专利密集型产业低增值税税率政策、所得税优惠政策以及知识产权密集型产业试验区发展政策等较为缺乏。⑥军民融合知识产权转移转化效果还不显著。国防知识产权的权利应当属于国家，而现实情况中所有国防知识产权都归项目承担单位，造成法律和实践情况的不一致。由于国防知识产权所有权没有下放给承担单位，《国防专利条例》无法明确规定项目承担单位拥有自主决定转让许可和作价投资的权利，更无法明确规定下放科技成果（知识产权）所有权和长期使用权。国防知识产权缺乏国防专利定期解密机制，保密期限内国防科技成果出现技术更替导致国防专利失去保密价值，或者国防专利用于被退役的武器装备，导致多数解密专利应用价值较低。知识产权促进军民融合创新的条件保障也不足，缺乏相应的知识产权促进军民融合基础条件和数据标准。

5.2.2 知识产权战略选择

当前，从创新过程来看，科研机构主要的知识产权战略有以下几个战略。

（1）知识产权创造战略。知识产权创造主要表现为研究开发投入量和知识产权申请的数量与质量上。要加大知识产权创造的数量，必须加大研究开发投入，尤其是人均科技人员的研究开发投入。根据研究，发明专利申请量与上一年和上两年的研发投入呈高度相关性（Prod'homme，2013）。知识产权创造还表现在知识产权的质量和知识产权创造的效率上，知识产权质量尤其是专利质量首先表现为发明创造性的大小，常用发明专利数量占比体现。知识产权创造的效率主要体现在研究开发人员的效率上，研究开发人员的收入水平、研究开发管理水平都会影响知识产权创造的效率。

（2）知识产权申请战略。知识产权申请战略主要表现在将能申请知识产权保护的技术都申请保护，在相关技术领域大量布局专利等知识产权。知识产权申请战略不仅能够通过获取知识产权形成技术垄断，有利于保护自己的研发成果，也能够阻碍他人就同样的发明创造申请专利等对自己产生不利影响的行为。知识产权申请战略不一定是最优的战略，申请专利与否首先要对研究开发成果是否适于申请专利进行分析，分析其创造性和未来市场价值的大小，如果创造性大且市场价值大则应及时申请专利，创造性较小或者市场价值小则可直接向社会公开。在申请专利时还要分析是否可以保留技术诀窍，如果去掉技术诀窍之后仍能够实现发明目的达到发明效果，则应将技术诀窍作为专有技术秘密。知识产权申请战略还包括对知识产权文件质量的管理策略，知识产权申请战略要求必须有良好的制度和机制保障知识产权文件撰写的质量。

（3）知识产权运用战略。知识产权运用能力往往是科研机构最缺乏的能力。从科研机构的性质看，科研机构还应承担着将研发成果和知识产权转移转化的任务，因此科研机构必须高度重视知识产权运用战略。知识产权运用战略最重要的是要将知识产权转移到企业或者自己将知识产权转化实施。由自身性质决定，科研机构不能也不应成为企业的控制者和管理者，自行实施知识产权所创办的企业是衍生企业，在一定时间后也应将降低企业的控制权和管理权。除了体制机制和政策原因外，科研机构也要加大知识产权技术概念验证、工程化和中试的投入力度，要加强工程研究中心、中试基地、试验工厂等工程化条件的建设，提高技术的成熟度、集成度和配套性，积极通过自己的种子基金和吸引社会创投基金、风险投资创办衍生公司，支持自主知识产权的创业和商业化。

对于不同战略环境的组合，可以采取以下不同的战略措施（图5-2）。

（1）进攻型战略。进攻型战略也称为扩张型战略、发展型战略、成长型战略或增长型战略。从科研机构发展的角度来看，任何成功的科研机构都应当经历一定时间的发展型战略实施期。只有进攻型战略才能不断扩大科研机构的知识产权规模，使科研机构的知识产权实力不断增长。科研机构知识产权发展型战略的核心是研究开发和相关经费投入的持续稳定增长，只有持续稳定增长的研发经费才能保障知识产权创造数量的增长。只有持续稳定增长的科学事业费、科研基础条件建设费才能保障建立一支结构合理和具有较高素质的知识产权管理人才队伍。

（2）扭转型战略。对于外部机会大但内部存在劣势的科研机构，应当采取扭转型战略，转变发展战略方式，要利用外部机会克服自身的劣势。例如，1997年以前，我国许多科研机构普遍缺乏研究经费，科研人员流失严重，知识产权创造能力受到很大削弱。尤其是2000年我国专利代理机构改制后，大多数科研机构下属的专利代理机构转变为社会化服务机构，代理人离开科研机构，科研机构知识产权管理能力下降了很多。1998年在中国科学院的带领下，我国开始实施知识创新工程，科研机构的经费得到了有效保障，科研人员的激励问题也得到了较好解决。2000年我国加入世界贸易组织，国内外专利申请量呈爆炸式增长态势，但多数科研机构缺乏知识产权管理人才和团队，知识产权管理工作与实际科研工作需求存在巨大差距。采用扭转型战略，必须从抓抢机遇入手大力提升科研机构自身的知识产权管理能力。当前以人工智能、大数据、大模型、元宇宙、量子信息、6G通信、合成生物学等为核心的新科技革命及其引发的产业革命正在形成，我国提出到2035年要建设成为知识产权强国和到2050年建设成为世界科技创新强国的宏伟目标，这些都是科研机构知识产权发展的重大战略机遇，而我国许多科研机构知识产权体制机制改革仍比较落后，知识产权管理能力仍然不高。我国科研机构必须克服自身劣势，采取扭转型战略，努力适应新科技革命和国家战略需求的要求。

（3）防御型战略。防御型战略是科研机构为应对外部威胁，采取一些措施保护和维持现有知识产权工作状态的一种战略。防御型战略的目的是降低被他人攻击的风险，减弱任何已有的竞争性行动所产生的影响，增强自身的竞争优势，捍卫本单位最有价值的创新资源和创新能力不丧失。带来威胁的原因一是经济形势变化，如宏观经济不景气，缺乏有效的知识产权需求，科研机构不得不紧缩研发经费，不得不尽量少申请专利，而仅对特别重要的技术进行专利保护。二是国家政策变化，比如在1994年国家科技体制改革，"稳住一头，放开一片"的大背景下，大量科研人员下海经商。2000年专利代理机构改制，大多数专利代理人离开科研机构，科研机构知识产权工作不得不采取防御型战略。三是遇到强有力竞争对手的挑战，尤其是其他科研机构或高校、企业可能发起知识产权无效请求或侵权诉讼，尤其是针对转制的科研机构或科研机构的下属企业，科研机构自身知识产权数量不多，质量不高，应对措施失当。四是科研机构领导者缺乏对市场需求变化的敏感性，采取保守的知识产权发展思路。采取防御型战略不见得不能在一些技术领域采取进攻型战略，如组建核心知识产权管理团队，采取科研项目知识产权全过程管理，研发竞争对手的替代技术或竞争技术。

（4）多样化战略。对于具有内部优势且面临较大威胁的科研机构来说，应当采取多样化战略。多样化经营战略是指科研机构把知识产权管理的重点放在多个技术领域研发与知识产权许可上，或者提供与产业配套的多样化服务，比如既转移技术，进行知识产权许可，开展技术服务、技术咨询和技术入股，也积极开展知识产权作价出资入股，甚至创办衍生企业，还积极参与知识产权拍卖、集中管理等。

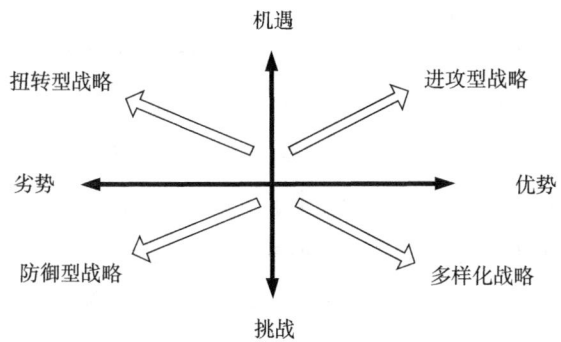

图 5-2 科研机构知识产权战略选择

从专利保护过程来看，科研机构知识产权战略主要有以下几个战略：

（1）核心专利战略。核心专利是指产品或服务及其核心部件或服务采用的技术所对应的专利，是技术实施绕不开的专利，是找不到替代方案的专利，也是不侵权就无法实施的专利。核心专利与必要专利、基本专利的概念并不相同。核心专利一般都应是必要专利，但必要专利不一定都是核心专利。基础专利一定是核心专利，但核心专利不一定是基础专利。必要专利是指专利产品制造销售或标准实施时必然会造成侵权的专利，基础专利是指比较接近基础科学和基础理论，在技术发展中处于早期或者被引用较多的专利。核心专利不是一个专利法意义上的概念，而是一个文献统计学意义上的概念。通常利用专利被引证次数、专利的同族专利成员数量以及诉讼数量、许可数量等来判断是否是核心专利。核心专利是实施专利战略的基础，一个科研机构拥有的核心专利越多，它的创新能力和未来市场竞争力也就越强。

（2）专利网战略。专利网战略是指围绕基本专利和核心专利构筑专利网，从而形成横向互补和纵向交叉局面的战略。针对他人基础专利或核心专利，大量申请改进专利，提供更新更好的产品或服务，主要竞争对手制造新产品或提供新服务在必须实施基本专利的时候就要实施改进专利。针对他人核心专利或基础专利，大量申请构成产品或服务必要的互补专利，将自主专利权利覆盖产品或服务的各个发明，使主要竞争对手实施核心专利制造产品或提供服务时必须实施互补专利。华为技术公司在起步阶段就较多采用了专利网战略，申请了大量基于国外路由器技术的改进专利和互补专利，形成了一定范围和优势的专利网，从而逐渐形成自己的专利优势，外国公司不但不能发起专利诉讼，而且还要开展合作。

（3）专利许可战略。专利许可不仅是科研机构的重要职责，也是科研机构获取市场利益和支持产业成效发展的重要手段。当前，国外许多科研机构如美国标准院、美国国立健康院、德国马普学会、德国弗朗霍夫学会等都积极实施专利许可战略，他们不仅组建了专业化的知识产权管理机构和队伍，还制定了一系列政策促进许可。一些跨国公司也加大了专利许可战略的力度，如飞利浦是一家知名的跨国企业，在生产制造高端电子电器和装备的同时，也在积极对外开展专利许可。据国家知识产权局备案的专利许可合同登记统计，荷兰皇家飞利浦电子股份有限公司2010年采用普通方式向我国24家企业颁发了共332张普通许可证。该公司在2016年牵头组建了4K高清蓝光互联网电视专利池联盟，中国有将近200家企业加入专利池并获得许可，2023年8月又宣布组建了8K高清蓝光数字音视频知识产权联盟。如高智发明主要是以知识产权许可而不是以生产制造生存的企业，大约每年从中国获取专利许可费高达40亿元人民币。德国弗朗霍夫协会通过专利许可获取了大量收益，尤其是以该学会信息技术研究所MP3相关音视频专利获得的许可收入占总收入的一半左右。专利许可战略涉及科研机构专利许可能力建设问题，只有拥有知识产权管理或技术许可人才的机构才能有效实施专利许可战略。专利许可战略还涉及包括专利许可的方式，如果是独占许可，被许可人的垄断能力强，但许可价格往往较高，普通许可价格较低，但容易造成恶性竞争；单项专利许可方式简单，简便易行，专利池许可有利于入池者免费实施他人专利，被许可人可以降低交易成本，但制度设计较为复杂。

（4）专利诉讼战略。专利诉讼是专利运用的重要内容，主要包括专利侵权诉讼、专利复审无效诉讼、专利纠纷诉讼等几个方面。专利诉讼战略是运用专利制度保护自身知识产权利益的策略。为保护自身权益、促进专利实施或者获得实际收益,科研机构主动跟踪和搜集国内外的专利侵权证据,及时向可能的侵权者提出侵权警告,向知识产权行政与司法机关提起诉讼请求,保护自身权益。科研机构按照法定程序向专利局复审和无效审理部提出复审请求,保护其重要专利的权利,或者发起无效宣告程序,针对可能影响科研机构未来市场的专利申请宣告无效,打破其威胁和影响,确保自己的技术和市场优势地位。专利诉讼也包括专利权属纠纷、专利合同纠纷等诉讼,科研机构通过主动发起诉讼保护属于本单位的知识产权权益。如中国科学院微电子研究所曾经使用 Fintech 技术专利起诉美国英特尔公司专利侵权,英特尔公司利用该公司在先专利反诉诉讼专利无效宣告,导致涉诉专利权利要求第 8 个以后被无效掉,双方在 2022 年 5 月达成和解,英特尔公司向微电子研究所支付专利许可费 2.725 亿元人民币。专利诉讼战略不一定是实际发生的诉讼活动,通常是一种威胁姿态。通过专利诉讼威胁,使得潜在侵权者等不能轻易侵权或者能顺利支付许可费。因此,科研机构应在其知识产权制度和战略规划中提出专利诉讼战略。我国的科研机构在专利诉讼战略方面做得还很不够,如一些企业侵犯科研机构的专利权,一些科研机构的科研人员将职务发明专利私自实施,一些科研机构毕业的学生将本属职务发明的知识产权带到其后来的工作单位并申请专利,等等,但这方面的诉讼案件很少。专利诉讼战略的核心是要有诉讼能力,诉讼能力的关键是要有高水平的知识产权管理人才,这些人才能监测国内外市场上的潜在侵权信息,能够找到合适的专利律师制定合理的策略进行诉讼,通过诉讼能获得实际收益。

(5)混合型专利战略。混合型专利战略是综合了进攻型、防御型和跟进型等多种模式的专利战略模式。事实上,各种战略模式之间是可以转换的,但改变的难易程度是不同的。比如,防御型专利战略向进攻型专利战略方向的改变要难于后者向前者的改变,这是因为,采取进攻型专利战略需要投入更多的资源(周勇涛,朱雪忠,文家春,2009)。

科研机构根据科研发展阶段和任务目标,一般会对知识产权战略模式做出选择。一般而言,科研机构是以创造高水平高质量知识产权,占领科学技术发展制高点为目标的,因此,一般都选取"进攻型"知识产权战略模式。然而,由于现代科学技术发展速度越来越快,周期越来越短,复杂性越来越高,一些科研机构由于经费限制或者其他原因,也会采取"跟踪型"战略,通过不断跟进现有技术，进行渐进式创新。大多数科研机构知识产权战略并不明显区分是"进攻型"或者是"防御型"战略，而往往采用兼具"进攻型""跟进型"和"防御型"特点的战略模式，即"混合型"战略模式。

5.2.3 知识产权战略规划总体思路

总体思路是科研机构知识产权战略规划的灵魂，主要是确定知识产权战略规划的指导思想、战略重点、基本原则、战略目标等重大问题，为知识产权战略任务和措施指明方向和提供指导。总体要求或总体思路一般包括指导思想、指导方针、基本原则、战略重点和总目标四方面。总体要求或总体思路统领整个战略规划，是战略规划的灵魂，需高度概括和明确战略规划的理论基础、战略主线、战略重点、原则方针和战略目标等重大问题。

1. 指导思想

我国近年发布的《知识产权强国建设纲要（2021—2035年）》《"十四五"国家知识产权保护和运用规划》等诸多战略和规划都提出了明确的知识产权指导思想。我国国家层面的知识产权战略和规划的指导思想为习近平新时代中国特色社会主义思想。习近平新时代中国特色社会主义思想与邓小平理论、"三个代表"重要思想、科学发展观是一脉相承的，是我国新时代思想理论创新伟大成果，是任何战略规划都不能偏离的理论基础。

在指导思想中，要全面深入贯彻党的决策部署精神，尤其是党的二十大精神，党的二十大报告提出"加强知识产权法治保障，形成支持全面创新的基础制度"。在指导思想中要坚持基本的发展战略。当前，我国基本发展战略是科教兴国战略、人才强国战略和创新驱动发展战略，尤其是创新驱动发展战略是知识产权战略和规划制定的重要基本战略。党的十八大提出"实施创新驱动发展战略"，第一次将创新驱动发展作为国家战略，特别提出"完善知识创新体系，实施国家科技重大专项，实施知识产权战略，把全社会智慧和力量凝聚到创新发展上来"。中共中央政治局2020年11月30日就加强我国知识产权保护工作举行第二十五次集体学习。习近平指出，要加强知识产权保护工作顶层设计。要研究制定"十四五"时期国家知识产权保护和运用规划。既严格保护知识产权，又确保公共利益和激励创新兼得。要加强关键领域自主知识产权创造和储备。2021年中共中央、国务院印发的《知识产强国建设纲要（2021—2035 年）》提出，创新是引领发展的第一动力，要实施知识产权强国战略。建设世界水平的知识产权强国，今后一段时期，无论国家还是地方，无论科研机构或是高校和企业都应当将创新驱动发展战略、知识产权强国作为知识产权战略规划的指导思想，充分体现保护知识产权就是保护创新，加强知识产权运用和严格保护的要求。

在地方知识产权发展规划中，笔者参与修改的《河南省知识产权强省建设试点省实施方案》（草拟稿）提出的指导思想是"贯彻落实党的十八大和十八届三中、四中、五中全会精神，按照'四个全面'战略布局和知识产权强国建设的总体要求，围绕国家粮食生产核心区、中原经济区、郑州航空港经济综合实验区三大国家战略规划，以深化知识产权体制机制改革为突破口，以知识产权运用和保护能力建设为主线，全面提升全省创新驱动发展能力和产业核心竞争力，引领产业结构优化升级与经济发展方式转变，促进'大众创业、万众创新'蓬勃发展，将河南建设成为知识产权强省，为加快中原崛起河南振兴富民强省提供强大支撑"。

2. 指导方针

指导方针是指导思想的核心，是用最简明的语言概括知识产权战略规划的一组对仗性文字。《国家中长期科学和技术发展规划纲要（2006—2020 年）》提出的"自主创新、重点跨越、支撑发展、引领未来"方针，《国家知识产权战略纲要（2008—2020 年）》提出的"激励创造、有效运用、依法保护、科学管理"方针，均为战略规划的任务实施提供了不能偏离的根本遵循原则。

3. 战略主线

战略主线是战略规划的核心和实现战略目标的主要路径，坚持主线不动摇才能保障战略规划不偏离总目标。偏离战略主线就有可能难以完成战略规划的任务，也难以实现战略总目标。一般的战略主线是能力建设，科研机构知识产权战略的主线应当是知识产权的创造、运用、保护和管理或者知识产权综合能力的建设，其中最重要的为知识产权创造和运用，知识产权保护要强调源头保护，要实现知识产权科学管理。如《河南知识产权强省建设试点省实施方案》提出"以知识产权运用和保护能力建设为主线"。笔者起草国家知识产权局 2019 年批准的《成都高新区国家知识产权新经济示范园区建设方案（2018—2020 年）》（草拟稿）提出的主线是"深化知识产权领域改革，强化知识产权创造、保护、运用，构建知识产权特色鲜明的现代化经济体系"。

4. 基本原则

基本原则是战略规划的基本要求和保障，也是战略任务完成和实施措施的基础。基本原则应当根据实际知识产权战略规划的要求确定，不同层级战略规划的原则也应不同。如《全国专利事业发展战略（2011—2020年）》提出了"立足国情与面向世界相结合""政府推动与市场调节相结合""权利保护与维护公共利益相结合""全面推进与分类实施相结合"四项基本原则。中共中央 国务院2021年9月印发的《知识产权强国建设纲要（2021—2035年）》的工作原则是"法治保障，严格保护；改革驱动，质量引领；聚焦重点，统筹协调；科学治理，合作共赢"。国务院于2021年12月印发的《"十四五"国家知识产权保护和运用规划》提出的基本原则是"质量优先、强化保护、开放合作、系统协同"。《成都高新区国家知识产权新经济示范园区建设方案（2018—2020年）（草拟稿）》提出的基本原则是"改革聚活力，生态增效益，联结知产融，赋能新经济"。

5. 战略目标

战略目标是对科研机构知识产权战略规划总体要达到状态的高度概括，指明了知识产权战略规划的方向和状态，一般包括总体或长期目标、中期目标和短期或近期目标。知识产权发展的总体目标是知识产权战略规划各种任务措施完成时的状态，短期目标是知识产权战略实施应达到的阶段性状态。知识产权战略规划也可以提出短期和中长期目标，一般短期战略或规划的短期目标的实现时间为5年，而中长期战略规划目标实现时间一般为10年到20年。确定知识产权战略规划的目标要注意确定定量目标和定性目标，没有定量目标的战略或规划很难考核，一些无法用数字定量确定的目标只能用定性目标，但定性目标应该是在某个时间点达到的静态状态。科研机构知识产权战略规划应采用定性和定量相结合的方式制定目标，但定性目标不应是动作性或过程性语言。

《国家中长期科学和技术发展规划纲要（2006—2020年）》提出的2020年科学技术发展的总体目标是"自主创新能力显著增强""进入创新型国家行列"。《国家知识产权战略纲要（2008—2020年）》，提出的总目标是到2020年，把我国建设成为知识产权创造、运用、保护和管理水平较高的国家。《知识产权强国建设纲要（2021—2035年）》提出的发展目标分两个阶段。一是到2025年，知识产权强国建设取得明显成效，知识产权保护更加严格，社会满意度达到并保持较高水平，知识产权市场价值进一步凸显，品牌竞争力大幅提升，专利密集型产业增加值占GDP的比重达到13%，版权产业增加值占GDP的比重达到7.5%，知识产权使用费年进出口总额达到3 500亿元，每万人口高价值发明专利拥有量达到12件（上述指标均为预期性指标）。二是到2035年，我国知识产权综合竞争力跻身世界前列，知识产权制度系统完备，知识产权促进创新创业蓬勃发展，全社会知识产权文化自觉基本形成，全方位、多层次参与知识产权全球治理的国际合作格局基本形成，中国特色、世界水平的知识产权强国基本建成。

因此，科研机构知识产权战略规划的总目标可以设定为在某一时间成为知识产权创造、运用、保护和管理能力强的科研机构，或者"知识产权强院""专利强所"等。2021年，国家知识产权局、中国科学院、中国工程院、中国科学技术协会印发的《科研组织知识产权高质量发展的指导意见》的总目标是"贯彻实施国家创新驱动发展战略和知识产权强国战略，全面加强知识产权保护和运用，支撑国家战略科技力量建设，更好地服务科技工作者，充分发挥知识产权激励科技创新、保障成果权益、支撑治理体系的制度性作用，推动科研组织高质量发展"。

6. 动力机制

科研机构知识产权战略规划在总体思路里也可以提出知识产权战略的重点和动力。总体思路里提出的重点与后面的重点工作是相应的，但应明确精练，应抓住要害。科研机构知识产权战略规划的动力来源主要是知识产权体制机制改革和知识产权文化建设。体制包括知识产权组织体系和知识产权制度与政策，机制主要指的是激励保障约束机制、政府引导机制、市场机制，以及决策、执行与监督机制等。对于科研机构来说，知识产权发展战略规划应当包括消除影响和阻碍知识产权发展的组织体系建设和相关政策方面的问题，以市场机制为基础建立起有效的知识产权发展体制和机制。知识产权文化建设主要是通过建设载体、加强宣传、评选先进等方式培育和弘扬知识产权文化氛围。在科研机构中，知识产权文化建设尤为重要，科研机构的知识产权文化应包括"尊重知识，崇尚创新，诚信守法，公平竞争"四个方面的内容。尊重知识指的是尊重科学规律，尊重他人的知识劳动成果，崇尚创新指的是要不断地创新，不断地创造出更多高水平和高质量的知识产权。诚信守法指的是要尊重事实，遵守法律，要实实在在搞科研，实实在在搞创造。公平竞争指的是不滥用知识产权，如不利用优势地位谋取知识产权许可高价、拒绝许可、搭售许可、许可回收及标准必要专利滥用等。

5.2.4 知识产权战略规划任务

战略任务措施是针对要解决的问题和需求而提出的对策，是战略规划最重要的部分，是实施规划或战略的关键环节，一般会包括重点任务和主要工作措施。知识产权战略规划的任务措施是根据战略重点实现战略规划目标的主要手段。知识产权战略规划一般会在重大任务中部署各种具体的计划或工程，计划和工程主要是明确要干什么，怎么干的问题，但计划是具体的计划，而工程可以是非实体的工程。一般说来，确定知识产权战略规划重点任务应按照知识产权创造、保护、运用、服务全链条，面向社会主义现代化强国建设重大需求，针对存在的知识产权突出问题制定。不仅要包括知识产权法律法规，还要包括知识产权政策和规则，不仅要涵盖知识产权从创造到运用的全链条，还要涵盖资金投入、基础条件、人才等要素。不仅要考虑我国的知识产权事业发展，还要兼顾国际协调。比如我国 2008 年通过的《国家知识产权战略纲要（2008—2020 年）》提出了国家知识产权的五个战略重点：一是完善知识产权制度，二是促进知识产权创造和运用，三是加强知识产权保护，四是防止知识产权滥用，五是培育知识产权文化。2007 年《中国科学院关于进一步加强知识产权工作的指导意见》主要提出四项重点工作。一是优化完善知识产权创造和应用的激励机制，主要包括改革知识产权创造的激励办法、落实知识产权收益分配政策、实行鼓励知识产权与标准制定结合的政策、优化研究所评估评价体系、设立全院专利金奖。二是建立"院级指导、所级操作"知识产权管理及支撑服务体系。主要包括设立中国科学院知识产权管理委员会、设立中国科学院知识产权办公室、健全研究所知识产权管理组织、建立重大项目与重要方向项目"知识产权专员"制度、组建中国科学院知识产权运营部。三是加强知识产权战略研究与规划工作。主要包括组织开展知识产权战略研究、研究制订知识产权战略规划、提升院知识产权管理的信息化水平。四是加强知识产权培训。主要包括全面开展科研和管理人员的知识产权培训、加强所局级领导干部的知识产权培训、保证知识产权培训工作的质量。

2021年的《知识产权强国建设纲要（2021—2035年）》提出了六项工作重点。一是建设面向社会主义现代化的知识产权制度，构建门类齐全、结构严密、内外协调的法律体系；构建职责统一、科学规范、服务优良的管理体制；构建公正合理、评估科学的政策体系；构建响应及时、保护合理的新兴领域和特定领域知识产权规则体系。二是建设支撑国际一流营商环境的知识产权保护体系，健全公正高效、管辖科学、权界清晰、系统完备的司法保护体制；健全便捷高效、严格公正、公平透明的行政保护体系；健全统一领导、衔接顺畅、快速高效的协同保护格局。三是建设激励创新发展的知识产权市场运行机制，完善以企业为主体、市场为导向的高质量创造机制；健全运行高效顺畅、价值充分实现的运行机制；建立规范有序、充满活力的市场化运营机制。四是建设便民利民的知识产权公共服务体系，加强覆盖全面、服务规范、智能高效的公共服务供给；加强公共服务标准化、规范化、网络化建设；建立数据标准、资源整合、利用高效的信息服务模式。五是建设促进知识产权高质量发展的人文社会环境，塑造尊重知识、崇尚创新、诚信守法、公平竞争的知识产权文化理念；构建内容新颖、形式多样、融合发展的知识产权文化传播矩阵；营造更加开放、更加积极、更有活力的知识产权人才发展环境。六是深度参与全球知识产权治理，积极参与知识产权全球治理体系改革和建设；构建多边和双边协调联动的国际合作网络。

笔者参与修改的《河南省知识产权强省建设试点省实施方案》（征求意见稿）提出了八大任务。一是构建知识产权驱动型创新生态体系。构建知识产权驱动型创新发展制度体系，构建知识产权驱动型创新发展支撑体系，构建知识产权驱动型创新发展激励体系，构建知识产权驱动型创新发展人才体系。二是深化改革，提升知识产权综合管理水平。深化体制机制改革、完善知识产权政策法规。三是强化战略布局，增强高价值高质量核心知识产权创造能力。培育高价值高质量核心专利、提升产业集聚区知识产权创造能力、助力小微企业知识产权创新。四是建设知识产权运营体系，着力提升知识产权转化运用能力。高标准建设中部知识产权运营中心、积极发展新型知识产权运营模式、大力发展知识产权商用化投融资。五是发展知识产权密集型产业，提高知识产权对经济发展的贡献度。着力培育专利密集型产业、大力培育商标密集型产业、大力培育版权密集型产业、大力培育现代农业知识产权密集型企业。六是开展试点示范引领，构建点线面知识产权强省建设新格局。布局建设知识产权强市群、深入推进知识产权强县（区）建设、着力培育知识产权强企、提升企业知识产权国际竞争力。七是严格知识产权保护，营造知识产权支撑创新发展良好环境。强化知识产权保护能力建设、深入推进知识产权维权援助、营造知识产权保护良好氛围。八是发展知识产权服务业，打造新型知识产权服务业品牌机构。建设知识产权服务园区、发展知识产权虚拟市场、培育知识产权品牌服务机构。

因此，科研机构知识产权战略规划应主要包括六个方面的内容。一是建立科研机构知识产权组织体系与机制流程建设。不同类型科研机构应建立不同的知识产权组织机构，都应建立职务发明披露评估机制、知识产权申请前质量评估机制、专利组合管理、种子投资评估机制、收益分配制度、转让许可与作价入股流程、衍生企业管理制度等。二是建立科研机构知识产权人才队伍。科研机构应建立专职知识产权管理人才队伍，涵盖技术、知识产权和投资三大领域，国家应加快推进以技术为背景的知识产权硕士专业学位和技术经理人硕士专业学位教育和培训体系，建立资格考试制度、教材体系、课程体系、师资体系。科研机构应加强复合型知识产权管理人才的常态化培训。三是建立科研机构科研项目知识产权管理制度。科研机构应加快《科研组织知识产权管理规范》国家标准的贯彻落实，重大科研项目和重要方向性项目应实行知识产权全过程管理，并建立课题组负责人与知识产权管理人员之间的相互支持和相互约束机制。四是构建科研机构知识产权运用模式。科研机构应建立有组织的和有使命任务导向的知识产权转移转化的有效模式，如新型举国体制科技成果创造与转化模式、内部专业化技术转移机构模式、第三方嵌入式服务模式、专利池运营模式、知识产权投融资模式等，而不能简单仅仅依靠中介机构转化或科研人员自己转化。五是制定科研机构知识产权管理支持政策。主要包括知识产权权属政策、知识产权创造运用激励政策、知识产权转移转化投融资政策、国有知识产权资产处置政策、知识产权创业引导资金政策、知识产权创业担保与保险政策、知识产权发展综合评价考核政策、提升知识产权质量和效益政策等。六是加强科研机构知识产权保护。知识产权保护包括自身主动保护和通过委托专业化服务机构保护两方面，因此要建立知识产权保密制度、建立知识产权保护流程、明确知识产权合同规范等。

为了支撑重点任务的实施，在重点任务中，必要时还要布局一批专项计划、专项工程或专项行动。如《"十四五"国家知识产权保护和运用规划》专门部署了 15 项工程：围绕"加强保护"部署了商业秘密保护、数据知识产权保护、知识产权保护机构建设、植物新品种保护体系建设、地理标志保护、一流专利商标审查机构建设共 6 个专项工程；围绕"提高转移转化效能"部署了专利导航、中小企业知识产权战略推进、商标品牌建设、版权创新发展、知识产权助力乡村振兴 5 个专项工程；围绕"构建服务体系"部署了知识产权公共服务信息化智能化建设工程；围绕"推进国际合作"部署了"一带一路"知识产权合作、对外贸易知识产权保护 2 个专项工程；围绕"人才和文化建设"，提出了知识产权普及教育工程。科研机构知识产权战略规划也应当制定相应的计划或工程。目前，我国科研机构知识产权战略规划最应当制定的计划或工程有：知识产权质量提升、高价值专利培育、重大科研项目专利导航、知识产权运用模式、标准必要专利培育与专利池建设、知识产权风险管理、知识产权人才培养、知识产权作价入股衍生企业管理等。

例如，南方某市专利导航十大装备制造业发展规划提出了重大任务"加强知识产权战略布局与核心专利培育"。一是提升知识产权战略布局能力。结合实施国家创新驱动发展战略的重大需求，面向某市装备制造业知识产权发展现状与长期需求，以提升产业创新驱动发展能力为目标，强化产业知识产权和技术标准前瞻布局，推动知识产权与技术标准实质性关联，构建一批能支撑产业发展和提升企业竞争力的专利池或专利组合，增强自主知识产权对技术标准的影响力和控制力，充分发挥知识产权对经济和社会发展方向的引领作用。全面实施"专利导航工程"，凝练和确定研究开发投入的重点技术领域，明确创新方法，提出产业专利战略布局方向。组织骨干龙头企业联合高校科研机构开展机器人、LED、光电等前沿装备制造领域的技术预见和预测活动，确定装备制造业技术研发和商业化的时间与可能性，明确产业共性技术和关键核心技术的知识产权战略布局方向，掌握技术关键突破口、创新方法与研究开发的重点。推动××装备制造优势领域实施"知识产权远航工程",面向"一带一路"倡议布局和全球市场,强化知识产权对外战略布局,提升知识产权对××装备制造业国际化的支撑和保护能力。二是掌握高质量核心知识产权。围绕××装备制造传统优势领域和优先发展领域,制定并实施"核心专利培育指南",加快基础通用、关键共性技术和重要产品的核心专利创造,同时注意规避知识产权风险。成立某市装备制造业协同创新中心,推动××装备制造龙头企业与国内外高等院校和科研院所开展协同创新,围绕自动控制装置等装备制造产业关键共性技术,强化研发能力与条件建设,创新联合研发模式,在主要技术领域创造一批创新水平高、权利稳定、市场竞争力强的高价值高质量专利和专利组合,形成一批具有国际领先水平和核心竞争力的自主知识产权产品。在陶瓷机械、纺织机械、家具装备、光电、机器人等领域充分依托自主知识产权,引导国内外企业牵头或积极参与重要装备制造业技术标准研究制定,使专利成为技术标准的必要专利,使标准成为包含必要专利的技术标准。以机器人、LED、陶瓷机械、纺织机械、家具装备、模具为主攻方向,完善设计、集成、服务等关键环节,强化技术攻关和质量建设,打造一批具有自主知识产权和特色优势、竞争力强、市场信誉好的国际知名品牌。三是推进重大项目知识产权分析评议管理。在××装备制造业优势领域,积极申报国家知识产权局"精品评议项目"、"评议制度机制建设项目"和"评议能力提升项目"三类项目,切实为××装备制造业政策制定、项目规划、管理决策和技术研发等提供参考依据。强化装备制造业重大科技经济活动的知识产权分析评议制度,针对产业规划、政府重大投资活动、重大技术项目引进活动开展知识产权分析评议,增强知识产权风险防控能力。建立国家级、省级科技计划项目和××市重大科技计划项目知识产权全过程管理制度,制定发布《重大科技项目知识产权全过程管理办法》和管理考核细则,明确重大科技项目全过程管理的环节、任务和考核要求。面向××高校、科研机构和企业开展科研项目知识产权全过程管理培训,培养一批面向科研项目开展知识产权全过程管理的人才队伍和机构。引导和鼓励装备制造领军企业开展科技项目知识产权全过程管理,推动企业制定品牌战略和品牌管理体系,围绕研究开发、生产制造、质量管理和市场营销全过程,掌握符合市场竞争需要的战略性知识产权及其组合,提升知识产权价值,提升企业创新发展能力和竞争力。

5.2.5 知识产权战略规划实施

科研机构知识产权战略规划的实施主要体现在保障措施和考核要求上。保障措施是保障科研机构知识产权战略规划实施所需要的相关组织和人、财、物等的对策措施。政府层面知识产权战略规划，政策措施主要包括财政、税收、金融、采购、人才、土地以及竞争、贸易等政策工具，科研机构层面的知识产权战略规划的政策措施主要包括经费投入政策、金融支持政策、人才保障政策等。

组织保障是推进知识产权战略规划实施的体制保障，包括知识产权组织体系建设和知识产权职责划分，组织体系建设一般是设立领导机构和日常办事机构，职责划分主要是对相关单位的职责进行明确。一些战略规划还要求建立组织协调机制，明确知识产权战略规划实施中的职责。例如，为保障知识产权工作的开展，中国科学院2007年夏季党组会《中国科学院关于进一步加强知识产权工作的指导意见》提出建立"院级指导、所级操作"的知识产权管理及支撑服务体系，设立中国科学院知识产权管理委员会，履行对全院知识产权工作宏观领导职能，由中国科学院党组副书记和副院长分别任主任，并设立中国科学院知识产权办公室，负责全院具体知识产权工作，健全研究所知识产权管理组织。

科研机构知识产权战略规划的经费投入主要是对知识产权活动给予经费投入的保障，科研机构应当建立专项知识产权经费支持知识产权管理。当然也可积极申请国家和地方知识产权相关资金的支持。目前适用于科研机构知识产权工作的经费投入主要有科技计划知识产权事务费列支政策、知识产权运营资助资金（如专利导航、高价值专利培育、专利许可）等。地方也建立了高价值知识产权创造、知识产权运用、专利与技术标准结合、科研机构知识产权管理能力建设等经费支持政策。

税收政策主要是科研机构在知识产权创造和运用中的税收优惠政策，如科研机构提供技术转让、技术开发、技术咨询等可以免征增值税。科研机构知识产权和技术转移合同数据与证书的印花税均降低到了万分之三；科研机构向企业转让知识产权企业可以对受让的知识产权摊销加计100%扣除。职务成果完成人在科技成果和知识产权转移转化中获得的现金收入可以按照50%

计入工资薪金总额，科研机构及获得股权奖励的职务成果完成人可以选择递延纳税、知识产权作价入股、股权投资按投资额70%列支成本的政策等。

金融政策主要是知识产权投融资政策，包括作价出资、质押贷款信托、融资租金、保险、证券化等政策。科研机构知识产权战略规划中的投融资政策主要是用金融手段支持科研机构知识产权转移转化的政策，如知识产权作价出资奖励政策、知识产权质押贷款风险补偿政策、知识产权融资租赁贴息政策、知识产权证券化贷款贴息和服务费补贴政策、知识产权保险投保费补贴政策等。

人才是科研机构知识产权战略规划实施的保障，需要什么样的人才和如何选拔使用人才通常是知识产权战略规划的重点。科研机构知识产权战略规划人才政策最重要的是开展知识产权人才培训，建设具有技术背景，懂知识产权法和管理，又能进行知识产权种子投资的知识产权管理人才团队，鼓励知识产权管理人员获得司法资格、专利代理师资格、技术经理人资格等。

考核奖惩是推进科研机构知识产权战略规划实施的必要手段。考核要对战略规划实施的目标实现、时间进度、科研机构的绩效进行评估，要制定明确的考核指标体系，通过考核找出问题和不足，以不断完善战略规划，并推进战略规划的顺利实施。奖惩首先要公开标准，要根据考核评估结果进行，要能够及时激励先进，惩戒后进。目前，我国一些科研机构制定了知识产权发展战略或规划，但缺乏必要的考核和奖惩办法。

时间进度控制主要是根据知识产权战略规划的总目标确定的重要时间节点安排，重要的时间节点应对应相应的阶段目标，战略规划要根据阶段目标核算工作量，安排合理的时间进度，并根据时间进度划分各科研机构的阶段任务。目前，我国已确定2035年为实现知识产权强国建设目标的时间点，很多国家和地方知识产权战略规划也都把2035年作为目标时间点，把2025年作为中间时间点。因此，科研机构知识产权战略规划也可以将2025年作为近期时间点，把2035年作为目标时间点并设置不同的时间进度。

此外一些规划还要有空间布局，如成都高新区作为我国第一个国家知识产权新经济示范园区，就在高新区的不同区域布局建设了不同的知识产权实体和园区。

5.3 知识产权战略规划评估

知识产权战略或规划实施需要经过评估，主要包括实施前评估和年度评估与实施结束评估。实施前评估主要是对知识产权战略或规划的合法性与合规性进行评估，防止出现违法或者违反上位政策的情况。年度评估与实施结束评估主要是评估知识产权战略规划实施的成效，从中发现问题，为下年度实施或者新的战略规划制定提出建议。

知识产权战略或规划评估报告结构一般包括评估说明、总体成效评估、目标指标评估、重点任务工程评估、问题分析和对策建议，其中评估说明包括评估背景和目的、评估报告主要内容、评估过程与方法。

评估流程一般包括以下步骤。第一，制订评估工作方案，成立评估课题组，明确评估目标、评估对象、评估范围、评估方法和评估流程。第二，根据战略或规划的内容和评估范围、评估方法，制订《评估材料清单》和评估指标体系。第三，收集和整理评估材料，对照战略或规划主要目标指标、重点任务、专项任务完成情况，召开部门和创新主体座谈会，开展实地调研，召开专家咨询会，挖掘知识产权的工作亮点。第四，对照党中央、国务院对知识产权工作要求和知识产权工作部署，找出影响和制约知识产权创造、运用、保护、管理、服务的关键问题，提出知识产权高质量发展和工作推进的政策建议，撰写评估报告初稿。第五，召开专家评审会，征求专家意见，修改完善并形成战略规划评估报告。

知识产权战略或规划评估方法一般综合采用调查问卷法、定量分析法、实地调研法、座谈访谈法等定量定性相结合的分析方法，突出知识产权战略或规划评估的广度和深度，评估全部知识产权工作并突出重点领域；评估知识产权战略和规划对知识产权工作的支撑引领作用，评估其对国民经济和社会发展的贡献和成效。

评估报告还要提出新阶段知识产权发展的思路，如《"十四五"国家知识产权保护运用规划》提出的思路是：一是坚持严格保护理念，制定知识产权严格保护制度规则；二是要坚持高质量发展，着力提升知识产权创造和运用能力；三是坚持实施大保护，着力强化知识产权司法和行政保护；四是坚持供给侧结构性改革，着力健全知识产权设施和政策体系；五是坚持转变观念，重点改革知识产权人才培养模式。为南方某省知识产权未来发展提出的思路是：以支持全面创新为目标强化知识产权法治保障、以高价值专利培育为抓手促进经济高质量发展、以完善模式为重点优化知识产权运用体系建设、以提高效率为导向推动知识产权服务体系完善、以能力建设为突破强化复合型知识产权人才培养、以协同合作为方向打造知识产权交流合作新高地。

5.4 小结

本章从知识产权战略管理的概念、原则、分类、功能出发，研究了科研机构知识产权管理的主要内容，提出了科研机构知识产权战略规划制定的思路。科研机构知识产权战略应当包括形势与环境分析、战略选择、重点任务、保障措施等内容。

"十四五"期间是我国跻身创新型国家前列的关键时期，也是建设知识产权强国和科技创新强国的重要起步期，必须加强统筹谋划，解决影响制约知识产权支持高水平科技自立自强、现代化产业体系建设、国家安全中的突出问题，必须深入推进科研机构知识产权能力建设，因此要制定科研机构知识产权战略规划。

制定知识产权战略规划不仅要包括知识产权战略规划的主要要素，更要制定具有可操作性的知识产权政策措施，并将知识产权战略规划落到实处。因此要加强知识产权战略规划方法论的研究，关注的重点是重点任务的分配、资源的配置和计划进度的设置；要加强知识产权政策工具的研究和制定，重点是财政投入政策、税收优惠政策、政府采购政策等；要加强知识产权战略规划实施方法的研究，如进度计划管理的计划评审法等。

第六章 科研机构知识产权组织管理

职能合理的知识产权组织管理体系是科研机构开展知识产权管理的基础条件，建立适应发展需要的知识产权管理人才队伍是科研机构知识产权管理的基本保障，培养高水平的知识产权管理能力是科研机构知识产权管理的根本要求。加强科研机构知识产权组织管理必须明确科研机构知识产权管理的组织机构设置和职能设置，必须明确知识产权管理人才队伍的规模和知识结构，必须明确知识产权管理能力水平和管理模式。

6.1 科研机构知识产权组织管理概述

组织是人们为了实现共同的目标而形成的一个协作系统。组织管理是通过建立组织结构，规定职务或职位，明确责权关系，以使组织中的成员协作配合、共同劳动，有效实现组织目标的过程。组织机构的设置取决于其功能定位。定位不仅决定着组织架构设置，也决定着组织各部分的关系，以及组织人员的配置和活动的开展。

科研机构知识产权组织是科研机构从事知识产权管理活动以实现其目标的一套机构和职能构成的系统。科研机构知识产权组织管理是科研机构为达成知识产权创造、运用、保护和服务活动的最佳目标，优化知识产权组织的部门构成、职责岗位、权利结构、沟通渠道以及成员观念、态度和行为的活动，是寻求知识产权高效率运行的一种综合性活动。

科研机构知识产权组织管理具有以下特征：① 它有一个明确的目标，即提升知识产权工作效率，提升知识产权创造运用能力。② 它必须有一定数量的下属机构或部门。③ 它必须有一批水平高、能力强、结构合理、团结协作的知识产权人才团队。④它必须有一个明晰的知识产权发展战略或规划，必须有一套确定的知识产权管理制度来引导和规范知识产权组织的发展。⑤必须有明确的职能，如知识产权管理、技术转移和知识产权投资等职能。

因此，科研机构知识产权组织管理主要包括四个方面内容。①根据科研机构组织特点、外部环境和目标需要划分工作部门，设计组织机构和结构，如专利部、许可部、投资部、行政部等。②确定实现科研机构组织目标所需要的知识产权管理职能，并按专业化分工的原则进行分类，按类别设立相应的部门或工作岗位，如知识产权管理、知识产权许可、知识产权投资、衍生企业管理。③规定科研机构组织结构中的各种职务或职位，明确各自的责任，并授予相应的权利，尤其是各类许可专员的权利。④制定规章制度，建立和健全横向和纵向组织结构中的各种关系。

科研机构知识产权组织管理的目标主要是：面向世界科技前沿，面向国家战略需求，面向经济主战场，面向人民生命健康，建立和优化知识产权组织机构设置及职能，提升知识产权管理效率和知识产权创造运用能力，支撑科研机构创新能力建设。

6.2 国外科研机构知识产权组织管理

6.2.1 国外科研机构知识产权管理组织机构

国外科研机构和高校知识产权管理的机构大致分为三类（宋河发，2013）。第一类是欧洲科研机构和高校下属设立的管理知识产权和技术转移的独资公司，主要有德国的马普学会嘉兴创新公司（Max Planck Innovation GmbH）、弗朗霍夫学会的德国专利中心，牛津大学的 ISIS 公司。马普学会嘉兴创新公司下设专利与许可部门、创业管理部门、合同与财务部门和行政管理部门，公司成立有董事会。德国弗朗霍夫学会德国专利中心已转为外部机构，专门设立了知识产权管理部门，而知识产权管理部门又包括专利战略律师组、专利处理律师组和许可处理律师组，这些小组人员分别深入到各类技术领域的研究所中。牛津大学 ISIS 创新公司成立之初的名称为

Oxford University Research and Development Ltd.，现在独立成为外部投资公司（Oxford University Innovation，OUI），分为三个部门。一是负责技术转移的部门，主要职责包括知识产权、专利、许可、衍生公司、种子资金、天使投资人网络。二是专题咨询服务部门。三是商业资讯部门，主要从事技术转移和创新管理。

第二类是美国的技术转移办公室或技术许可办公室。美国国立健康研究院技术转移办公室（NIH OTT）下设政策部和技术开发转移部，技术开发转移部下设癌症科、传染性疾病和医疗工程科、普通内科、监控实施科，以及技术转移服务中心。OTT 在下属研究机构均设立"技术发展协调员"。美国阿贡（Argonne）国家实验室与其经营管理单位芝加哥大学共同创建的 ARCH 开发中心，负责实验室发明成果的获取与管理，还成立专门支持新公司建立和发明成果开发利用的基金会和虚拟风险基金。目前，阿贡国家实验室的知识产权管理由科技伙伴关系和推广部负责，斯坦福大学技术许可办公室（OTL）下设许可合作与许可联络人部、产业合同办公室、协调部，以及财务、行政与信息系统等支撑部门。

第三类是日本的内部技术转移办公室和外部投资公司。东京大学目前的知识产权管理主要由产学合作总部 DUCR、东京大学技术转移机构 TOUDAI TLO 和东京大学优势资本株式会社 UTEC 三个机构负责。其中 DUCR 负责产学研合作管理，TOUDAI TLO 负责专利申请和技术转移，UTEC 负责支持风险投资、支持新创公司。1998 年 8 月，东京大学成立了校外技术转移公司先进技术孵化中心 CASTI，负责经营学校知识产权和个人拥有的专利，所有股东均为东京大学教师。2004 年又更名为东京大学技术转移有限公司 TOUDAl TLO，职能变为保护职务发明，为大学和企业之间提供技术经营合同服务。日本奈良先端科学院大学 2003 年成立了知识产权部，2004 年成立了产政学合作中心，知识产权部主要负责管理知识产权的内外部合同，以及知识产权的披露、管理、维持、利用等相关活动。政学合作中心主要负责推动与企业、政府等外部机构的合作，以促进大学的前沿基础研究成果的转化和应用。该中心包括创新事务部、TLO 部（技术转移部），以及产政学合作办公室三大部门，其中创新事务部负责新兴产业发展、知识产权管理及创新教育，TLO 部负责知识产权的调研、评估、获取与技术转移工作，产政学合作办公室负责知识产权事务性工作的支撑和管理,并支持产政学合作活动。中心拥有一支多达 40 人的庞大顾问团队。

6.2.2　国外科研机构知识产权组织管理模式

知识产权管理模式是指知识产权管理的基本方式。美国、欧洲、日本的科研机构和高校多采取知识产权管理职能、技术转移管理职能和投资职能合三为一的集中管理模式,一般设有专门的技术转移机构管理知识产权,负责发明披露评估、知识产权申请维持、技术转移、衍生企业管理等事务。

在集中管理模式下,美国、欧洲、日本的管理模式又有差别。欧洲多采取全资子公司的模式管理知识产权,德国马普学会和弗朗霍夫学会知识产权分别由嘉兴创新公司和德国专利中心管理。美国主要采取 OTT 或 OTL 管理模式,美国 NIH、阿贡国家实验室、斯坦福大学等大学或科研机构 20 世纪 90 年代以来抛弃了技术转移的第三方模式,转而采用 OTT 或者 OTL 模式,这种模式已成为当代美国科研机构和大学技术转移与知识产权管理的标准模式。美国阿贡实验室的 ARCH 开发中心成立有专门基金会和虚拟风险基金,牛津大学 ISIS 创新公司和后来的 OUI 下属的技术转移部门成立有专门的种子基金组。日本科研机构和高校基本上采取了美国的 OTT 加校外投资公司的混合模式。例如,东京大学分别成立了知识产权、技术转移和投资公司,技术转移机构 TOUDAI TLO 负责专利申请和技术转移,优势资本株式会社 UTEC 主要对东京大学的知识产权进行投资,其股东包括大学和数位教授,是一个独立的经营性企业。此外,这些国外科研机构和高校还建立了与企业的合作网络。

6.2.3　国外科研机构知识产权管理人员

主要国家科研机构和高校知识产权管理机构都建有一支由有科技背景专家、有企业背景专家和知识产权律师组成的人才团队。知识产权管理人员大多是复合型人才,拥有本领域的技术背景,又拥有知识产权、专利、经济管理或投资等方面的学位。每个机构人员一般超过 30 人,且经历丰富,实务能力强。知识产权管理人员深入科研机构和高校研究开发第一线,发掘可转移的有价值技术,并进行价值评估、市场分析和许可谈判等。

德国马普学会嘉兴创新公司下设运营总裁1名、物理化学技术部、生物医学部、Spin-off公司部、协议和财务部、专利部、行政组织部。有员工20余人，公司为独立运营的营利性法人单位，人员构成多为科学、商业和法律方面的复合型人才，分五种专业类型：第一是不同学科领域的科学家，第二是经济事务专家，第三是法律事务专家，第四是专利事务专家，第五是行政管理事务科员（包括秘书岗位）。1995年专利管理职能从马普学会转移到该公司，其中专利部的主要职能包括处理马普学会发明披露，联系专利律师，与专利律师一起完成正式文件，监视期限，核对专利收费票据，披露发明等。弗朗霍夫学会总部的专利与许可办公室统管知识产权管理工作，办公室下设转移、创新管理部和研发合同、许可和知识产权部，共13名员工，负责技术转移支持和咨询、专利管理和许可等工作。英国牛津大学科技创新公司（OUI），成立之初名为"Oxford University Research and Development Ltd."，随后改称"Isis Innovation"，2016年6月为凸显其与牛津大学的关系，改为"Oxford University Innovation"，是牛津大学100%控股的研究和技术商业化公司，该机构一共有9个部门，截至2022年，共有94名员工。其中许可和风险投资部门有47人，负责帮助希望知识产权商业化的研究人员与技术寻求者、投资者和其他外部方联络。咨询部门有8人，帮助牛津大学科研人员识别和管理咨询机会，帮助客户联系世界一流的牛津大学跨学科研究基础。美国NIH OTT共有职工31人，其中主任办公室有7人，多数是许可费协调员、市场协调员、项目分析专家。下属的投资组合管理部有19人，技术许可部本部2人，技术许可部下属的监控实施科11人，特许权管理科7人。美国斯坦福大学OTL设立执行委员会，执行董事（Karin Immergluck）。截至2022年，该机构从成立时的2人扩展到63人，下设许可办公室20人、HIT基金3人、知识产权管理办公室3人、产业合同办公室11人、业务发展和战略营销部7人、业务运行部10人、实习计划项目部6人。截至2022年，日本东京大学技术转移公司TOUTAI TLO共有员工30人，设总裁及首席执行官1人、董事3人，4人均为国际注册技术转移经理人（RTTP）。目前日本奈良先端科学院大学政学合作中心设立主任1名，由教授担任，下设创新事务部和TLO部，分别由3名研究员和2名研究员担任协调员。中心还拥有一支由14人组成的顾问团队，主要由教授、讲师、会计师、专利代理师、律师等构成。

6.3 国内科研机构知识产权组织管理

科研机构知识产权管理组织体系建设受到三方面因素的制约。首先，科研机构知识产权管理组织体系应服从于该科研机构知识产权管理的目标和战略。不同的战略和管理目标往往要求建立不同的组织结构，一旦科研机构决定采取某一种战略，就必须选择正确的组织体系来实施战略。

中国科学院有相当一部分院属单位建立了专门的知识产权办公室或知识产权运营公司来管理知识产权工作，如中国科学院计算技术研究所、大连化学物理研究所建立了专门的知识产权办公室；微电子研究所、大连化学物理研究所还建立了独立的知识产权运营公司。知识产权工作由科技成果转化部门管理的主要有植物研究所、生物物理研究所（科技处内设"成果转移转化办公室"）、计算技术研究所（技术发展中心内设技术转移办公室、知识产权办公室）。很多院属单位知识产权工作由科研管理部门管理，主要有数学与系统科学研究院、物理研究所、声学研究所、国家纳米科学中心、生态环境研究中心、大气物理研究所、过程工程研究所、软件研究所、微电子研究所、国家天文台、青藏高原研究所、信息工程研究所。还有一些院属单位知识产权工作由资产管理部门管理，主要有自动化研究所、理化技术研究所、动物研究所、心理研究所、微生物研究所、地理科学与资源研究所。

我国科研机构知识产权组织体系建设并不健全，大部分行业、地方研究机构甚至中国科学院院属单位没有设立专门的知识产权管理部门和专门的技术转移管理部门，更设立有种子期的投资资金。很多知识产权办公室还不是真正的国际上的技术转移机构或意义上知识产权管理机构。科研机构知识产权管理人员少，即使有知识产权管理人员但很多是"兼职"人员。根据《2022年中国专利调查报告》，我国高校和科研机构建立知识产权专职管理机构的比例分别仅为46.8%和29.1%，设立专业化知识产权转移转化机构的比例分别为50.5%和27.6%。

截至2023年，经过16年的培训，中国科学院已培养了一支由400多人组成的知识产权专员队伍如大连化学物理研究所、计算技术研究所、理化技术研究所、长春光学精密机械与物理研究所、宁波材料技术与工程研究所，专员数量超过 5 人，但仍有很多科研机构缺乏知识产权管理人员或者管理人员缺乏相关从业经验。2021 年我国科研机构知识产权专职、兼职管理人员数量为 1 或 2 人的比例最高，为 53.9% 和 45.4%；专兼职管理人员数量为 0 人的比例为 22.7% 和 26.1%，3 或 4 人专职或兼职的比例为 16.3%、11.6%。我国科研机构现行的知识产权管理机构设置主要有以下几种形式。

1. 两级法人管理机构

我国大部分科研机构都设有专门的知识产权管理部门。如中国科学院知识产权管理机构为两级法人管理机构，在院级层面，曾设立有知识产权管理委员会，履行对全院知识产权工作的宏观领导职能，主要包括贯彻国家知识产权战略；指导院属各单位知识产权工作；审议有关知识产权的战略、规划、制度、重大政策和措施；协调知识产权管理工作中的重大问题。下设中国科学院知识产权管理处，作为日常办事机构，挂靠计划财务局，之后下属科技促进发展局，2024 年下属发展规划局。中国科学院知识产权管理处的主要职能是，贯彻落实中国科学院知识产权管理委员会的工作部署；组织开展知识产权战略研究与规划制订；组织开展知识产权管理制度、负责院知识产权管理培训和宣传工作；负责对研究所知识产权管理工作进行检查与考核；协调知识产权转移转化活动中涉及的重大问题。同时，在科技政策与管理科学研究所（现科技战略咨询研究院）设立中国科学院知识产权研究与培训中心，主要负责全院知识产权研究和知识产权培训工作；在中国科学院文献情报中心设立中国科学院知识产权信息中心，主要负责知识产权信息搜集和检索分析工作；在中国科学院国科控股公司成立知识产权投资公司，主要负责知识产权运营转化；在中国科学院大学设立知识产权法律咨询服务平台，主要负责知识产权法律事务的咨询工作。2016 年，中国科学院依托计算技术研究所成立了中国科学院知识产权运营管理中心并于 2019 年交由中国科学院文献情报中心管理。2020 年随着中国科学院贯彻聚焦主责主业决策，上述中心名号均被取消，但各项知识产权工作通过专项继续实施，知识产权运营管理专项也被取消。当前中国科学院知识产权组织机构如图 6-1 所示。

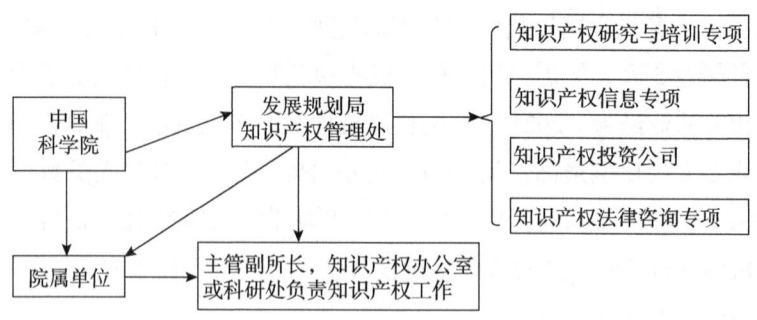

图6-1 中国科学院知识产权组织机构

中国农业科学院也是两级法人结构，院级设有办公室、科技管理局、人事局、财务局、发展建设局、国际合作局、科技成果转化局、重大任务局、直属机关党委、监督局等10个职能部门，下属有作物科学所、植物保护所、蔬菜花卉所、哈尔滨兽医所等34个直属研究所与9个共建研究所等单位。在科技成果转化局设立有知识产权处，负责全院知识产权管理。具体知识产权申请与维护由下属机构负责，知识产权运营需要由科技成果转化局管理。为促进知识产权运营中国农业科学院于2007年6月成立了农业知识产权中心，主要系统开展农业知识产权研究和指导工作。该中心是一个由国内外相关研究机构和专业人员组成，主要从事农业知识产权相关问题研究的学术机构，旨在通过调查研究、交流合作、教育培训，促进学科发展、提供决策支持、增进国际合作、加强人才培养、推动信息共享。其主要职能包括：① 开展基础理论、政策制度、方法工具、信息数据、案例素材等方面的调查研究；② 推进信息交流、人员互访、共同研究、协作网络构建等形式的交流合作；③ 致力于学科建设、讲座培训、研修考察、宣传普及等途径的教育培训。该中心设有顾问小组和学术委员会，下设制度研究组和数据挖掘实验室。其中制度研究组下设植物品种保护研究组、农业专利、商标、地理标志研究组和遗传资源、传统知识研究组；数据挖掘研究组下设农业知识产权数据库研究组、信息分析与数据挖掘研究组和数据共享与信息传播研究组。

2. 知识产权办公室

大多数科研机构设立的知识产权办公室属于科研管理处或技术发展处，一般有4～5人，能够承担起主要的知识产权管理工作。如中国科学院的计算技术研究所是中国科学院最早建立专业技术转移部门的研究所，也是中国科学院最早制定科技成果转移转化相关激励政策，通过职代会形式完成合规化，并已有效实施的科研机构。技术发展中心是该研究所为实现技术转移和孵化而设立的专门机构，技术发展中心始建于 2000 年，技术发展中心下设技术转移办公室、知识产权办公室（图 6-2）。技术转移办公室主要负责计算所在技术转移过程中执行层面的工作，兼有管理和拓展业务两方面的职能，负责包括融资与企业孵化、项目合作、技术许可与转让、分支机构的建设与管理、参控股公司管理和资本运作等科研成果产业化的各项工作。知识产权办公室主要负责专利分析与专利策略、知识产权管理、专利技术许可政策、标准策略与推进及与知识产权密切相关的合同审查和法律事务等工作，其职能贯穿科研选题立项—研发中期—形成科研成果—技术转移全过程。截至 2022 年，该研究所有专兼职知识产权管理人员 22 人，其中中国科学院知识产权专员 4 人。计算所孵化的龙芯中科公司在软件芯片自主可控测评中有关专利质量的得分非常高，得益于早期龙芯团队中中国科学院知识产权专员的科学管理。

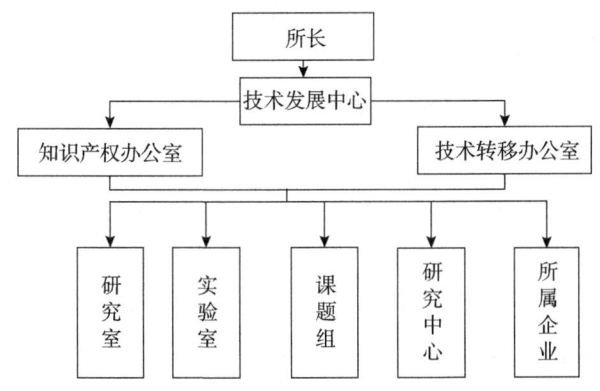

图 6-2　中国科学院计算技术研究所知识产权管理组织结构

中国科学院大连化学物理研究所 2006 年就成立了专门的知识产权办公室，2008 年成立了知识产权管理委员会，2017 年设立了知识产权与成果转化处，2023 年在科技发展部下设科技合作处，负责知识产权工作。科技合作处负责科技成果转移转化、知识产权与成果奖励和国际合作与科技外事。科技成果转移转化业务具体包括：调研科技成果和产业技术需求，引导研究所与政府、企业、科研机构间的科技合作，调研产业技术需求和研究所科技成果，组织实施与企业相关的项目。推进科技成果转化及产业化；跟踪管理研究所与企业合作的相关项目。推动科研成果转化及产业化,对重大项目的组织实施进行跟踪管理。制订院地合作工作规划,创新院地合作组织管理模式,争取院内和地方各类科技项目和资源支持;负责中国科学院科技服务网络计划(STS)项目和省市地方项目的管理,包括项目的组织、申报、执行协调和结题等事宜;协调研究所与地方政府、企业、科研院所的交流合作。知识产权与成果奖励具体包括:知识产权管理和科技奖励管理。负责知识产权的申请策划、制度制定、培训辅导、知识产权事务审议、调查及纠纷处理;各级科技奖励的组织策划、沟通协调,省部级政府科技奖励的申报及管理等。

该研究所践行重大项目知识产权全过程管理,将知识产权创造、保护、运用和管理融入其组织实施的"变革性清洁能源关键技术与示范"战略性先导科技专项(下称能源先导专项)科技创新及成果转化的全链条中,积极推进院所两级知识产权专员制度的建设和完善,全面实行知识产权标准化、规范化管理,打造了具有专利检索分析、咨询、培训、研究和专题数据库等多项功能的国家级知识产权公共服务平台,围绕能源先导专项撰写专利导航分析报告30余项,建立洁净能源、精细化工、氢能、储能、煤制乙醇技术的专利专题数据库5个。充分发挥知识产权专员作用,知识产权专员在立项之初协助项目负责人开展项目知识产权方案的规划和论证,在项目实施过程中根据项目进度,根据专利检索分析结果研判成果的创造性、分级、分层设计专利撰写文件,制定核心技术"专利群"战略,培育布局高价值专利和专利组合,并及时对潜在的知识产权风险提出规避举措和解决方案。2022年该研究所国内专利申请量达到1 623项,授权1 086项。该研究所2016年成立中国科学院洁净能源专利运营中心,2021年获得国家知识产权局批准建设国家清洁能源知识产权运营中心。截至2023年底已累计布局能源领域专利1万余件,海外专利布局超过1 000件。技术转移取得显著成效。煤制乙醇项目通过签订专利技术许可合同转让技术10套,其中2套落地海外;新一代大规模液流电池储能技术培育的高价值专利组合已在国内外应用于40余项示范项目,电解液全球市场占有率超80%,该专利成果成为2024年全国专利产业化十大典型案例之一。该研究所2022年入选26家国家级专利导航工程支撑服务机构之一,2023年"践行重大项目知识产权全过程管理,促进科技创新和成果转化"入选知识产权强国建设典型案例，2023年签订技术合同390项，合同金额超过10亿元，其中知识产权转让许可到账金额超过3亿元。目前该研究所拥有中国科学院知识产权专员34人，所级知识产权专员100多人，知识产权专员在重大科研项目、知识产权转化运用中发挥了重要作用。

3. 知识产权与技术转移办公室

中国科学院上海生命科学院（以下简称上海生科院）知识产权与技术转移中心于2007年4月正式成立，前身是"知识产权与产业化中心"是按照美国技术转移办公室模式建立起来的知识产权管理机构。该中心从专利申请开始介入，通过对发明的专利性和商业价值评估、培育以及专利申请的全过程管理，为科学家的发明获得高质量专利直至找市场、实现专利的许可转让。中心负责中间全部商业过程，包括鉴别、培养、保护、转化有价值的专利。他们采取的八步法管理即发明评估、专利价值培育、专利质量管理、技术熟化增值、全球范围精准化推介、协调受让方内部评估、交易估值定价、合同谈判与合同履行监督成为知识产权转化运用的典范。2010年，中国科学院国科控股、上海国盛集团等共同投资以上海生科院知识产权与技术转移中心为依托的院外企业——上海盛知华知识产权服务有限公司，上海生科院知识产权与技术转移中心主任任公司总经理。目前，该公司下设项目评估部、法务部、专利与合同部等专业部门，其中项目评估部又分为生物、机械、化学等组。现有人才团队23人，总经理1人，副总经理3人，分别为行政、技术许可与市场推广、业务发展、战略合作副总经理，其中21人拥有生命科学等领域博士学位，2人获得专利代理师资格，6人拥有海外留学经历。其主要经营模式是为委托单位提供专业化的全过程知识产权与技术转移管理服务（托管），包括从发明披露到成功转化的全过程。自成立以来，上海生科院已与国内外领先企业达成了多宗技术转移合作交易，合同金额已达上亿美元。2014年，由于国内科技成果转化工作主要是以科研人员为主转化，而非专业机构，因此产生了一些矛盾和问题，科研人员申请专利的目的并非全部是为了转化，有可能为了结题和考核等。上海生科院知识产权与技术转移中心的主要成员脱离上海生科院成立了盛知华公司，成功转移了多项科技成果和知识产权。该公司2021年将中国发明专利"增强激动型抗体活性的抗体重链恒定区序列"及其国际同族专利一个靶点的专利权以独占许可方式，授权上海一家生物技术公司实施，合同总金额约 3 亿元，外加销售额提成。2019 年，该公司曾将该中国专利的其他靶点以 8.28 亿元合同总金额外加销售额提成，独占许可给了苏州一家生物医药企业。上海生科院知识产权人才能力结构如图 6-3 所示。

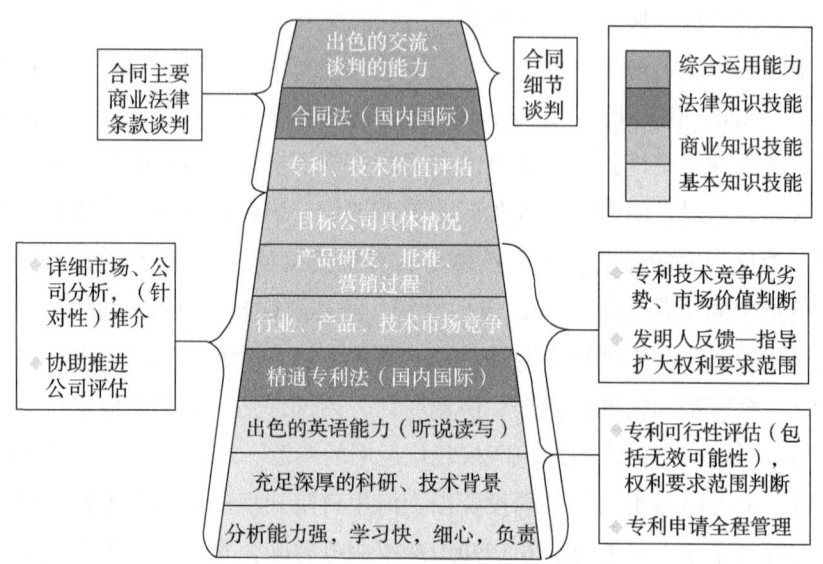

图 6-3　中国科学院上海生科院知识产权人才知识结构

4. 知识产权运营公司

中国科学院微电子研究所专门设立了科技合作处负责知识产权管理和转移转化工作，现有专职管理人员 7 人。研究所目前拥有中国科学院知识产权专员 3 人，所级知识产权专员 19 人。近年来，研究所深入实施"专利导向的研发"发展战略，实施重大项目知识产权全过程管理机制，积极推动关键核心技术研发与高质量专利创造融合发展，开展层次化专利创造和系统性专利布局，以高质量专利实现高水平科技成果转化。目前，研究所每年平均发表学术论文 300 多篇，每年申请和授权专利约 400 项，已累计申请专利超过 6 000 项，授权专利超过 3 100 项。研究所以知识产权为载体，建立健全知识产权转化运用激励制度，开展存量专利分级分类和盘点，推进专利开放许可，发起建立集成电路专利池，与知识产权运营机构合作等，培养了一支专业的知识产权人才队伍，积极推进科技成果向企业转移转化。目前研究所已向企业许可、转让专利累计达数千项，转化收益数亿元。研究所参与的基金管理公司所管理的基金规模超过20亿元,所孵化企业最近3年新获得各类投资约50次,投资金额超过40亿元,目前孵化企业中有超过30家估值过亿元,其中7家公司估值逾10亿元,2家公司并入市值超千亿的上市公司。研究所与江苏物联网研究发展中心、华进半导体封装先导技术研发中心有限公司(以下简称华进半导体)在2017年成立了控股公司北京中科微知识产权服务有限公司(以下简称中科微知公司),主要从事集成电路、智能传感、物联网等领域内的知识产权交易、收储、运营、投资及服务。中科微知和华进半导体都是该研究所成立的企业。中科微知公司围绕基于图像分析的条码扫描系统、基于自主芯片的工业无线通信系统等八大核心技术申请布局了43项发明专利,10项授权实用新型专利,2项软件著作权登记。中科微知公司与华进半导体展开全面知识产权合作,努力在集成电路特色工艺、半导体封装、测试领域培育布局高价值专利。目前,中科微知公司现持有多项由华进半导体研发的TSV及相关先进封装技术专利,并积极推动公益性"智能传感器专利池"建设。

根据一项调查,我国很多科研机构中既没有专门的职能部门管理知识产权,也没有在科研机构里面设立知识产权管理机构,而是由内部人员兼职管理知识产权。科研机构一般在科研处设立有知识产权管理岗位,或者指定科技处工作人员兼职或专职管理知识产权工作。一般情况下,这些知识产权管理人员负责知识产权的申请维持和技术转移工作,还要负责或参与整个科研机构科研项目的策划、组织、立项、结题等管理工作,甚至科技计划和统计、信息上报、国际国内学术交流等工作,知识产权工作只是其中的一部分。中国科学院、中国农业科学院和全国许多省级科学院的很多研究所等大多为这种情况。

6.4 科研机构知识产权组织管理职能

近年来,随着知识产权意识和管理能力的提高,我国许多科研机构在知识产权管理方面已经取得了显著进步,知识产权机构定位逐渐明确,职能不断完善。以中国科学院计算技术研究所为例,其知识产权管理机构定位主要是作好两方面的服务：一是为科研服务。通过努力改变科研人员的习惯，指导科研人员利用专利文献，在研究工作开始之前进行专利文献检索；转变科研人员传统思维，对研究工作要有明确的专利规划，对是否申请专利，申请什么样的专利提出明确的思路；在战略层面考虑全研究所的知识产权规划、布局，为研究所的学科发展方向提供建议。二是为产业化服务。做好重要技术、有商业前景技术的专利申请和转化工作，提高发明创造的质量。专利代理师撰写专利申请后交由发明人确认，再由知识产权办公室把关专利申请文件的质量。该研究所知识产权管理部门的主要职能包括：项目立项之前的专利文献检索分析、项目实施过程中的监控、专利价值评估与分级分类、优选高水平专利代理机构和专利代理师、对知识产权转移转化全程提供支持。

但国外科研机构和大学的知识产权组织管理职能一般有三个。一是面向技术转移的知识产权管理，主要包括发明披露评估、专利申请维持、与代理机构的沟通合作。二是技术转移管理，主要包括建立企业网络、建立知识产权许可人员与技术研究组的联系、开展知识产权许可。三是知识产权投资管理，主要是建立各类种子期投资基金，引导社会资本投入知识产权的实施。由此可以发现我国大部分科研机构知识产权管理机构功能单一，即使一些科研机构按照国外OTT模式建立的具有知识产权管理和技术转移职能的知识产权管理机构也仍然缺乏投资职能，许多知识产权管理职能附属于科研管理职能，知识产权管理职能很不完善，只是作为发明人和代理机构之间联系的桥梁，缺乏发明披露评估职能，缺乏知识产权组合职能，缺乏知识产权战略布局职能。

在科研机构知识产权战略规划框架指导下，科研机构知识产权管理机构的设立应充分考虑各种因素的影响，确定知识产权管理的基本职能，合理配置人财物等各种资源，以实现科研机构知识产权管理目标。根据对国外科研机构知识产权管理经验的研究，结合我国科研机构管理实践，本书认为，科研机构知识产权管理机构应主要采用职能制结构。知识产权组织多呈扁平化，内部层级不多，通常为二到三级，第一级可以为知识产权办公室或技术转移办公室或者技术转移公司，下面至少要设立知识产权申请维持管理、知识产权许可管理和知识产权投资管理三个部门，必要时还应包括知识产权法律事务管理和知识产权信息管理部门。知识产权管理职能至少要包括知识产权管理、技术许可管理、知识产权投资管理职能,必要的时候还要包括知识产权合同管理职能、知识产权信息化职能、企业网络管理职能、代理机构管理职能等。

知识产权申请维持管理部门主要处理知识产权发明披露、申请和维持事项,知识产权许可事务部主要负责知识产权转移活动,知识产权法律事务部主要负责知识产权各类合同和法律事务,知识产权投资管理部门主要负责知识产权风险投资、知识产权股权管理等。知识产权管理内部组织机构如图6-4所示。

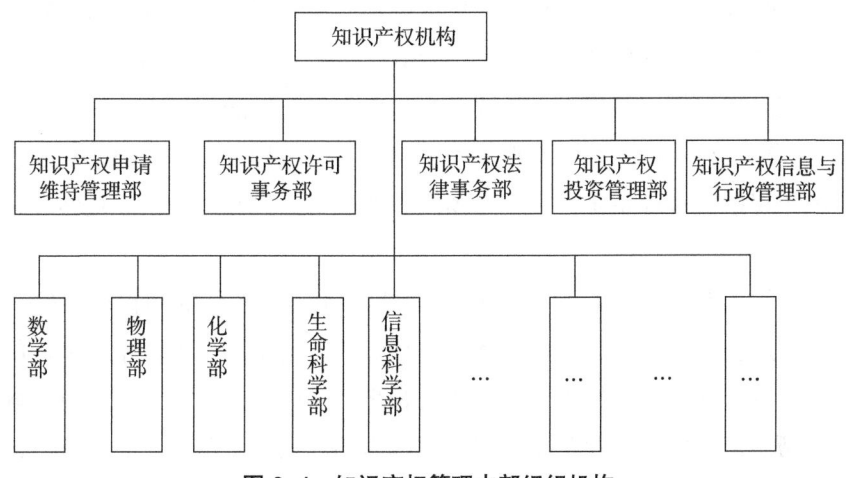

图6-4 知识产权管理内部组织机构

但是,国外高校科研机构内部技术转移办公室模式存在的一个最大问题是,技术转移办公室往往成为一个营利机构,与科研机构公益性质不一致,国外高校科研机构很少开展知识产权免费许可或优惠许可的情况,而且科研人员意见比较大,一些国外高校将内部技术转移办公室改为外部投资机构可能就是这个原因。我国的情况是,有内部知识产权管理机构的科研机构知识产权管理水平较高,为其服务的外部知识产权运营服务机构则往往处于弱势地位,知识产权代理费和技术转移中介服务费往往过低,时间长则很难形成高水平的知识产权管理、技术转移和种子投资有效的"三合一"高水平知识产权管理能力。同时有专门内部知识产权管理机构和控股知识产权运营机构的科研机构,运转相对较好些,但是往往由于控制权问题和利益分配问题,双方目标不一致,知识产权管理体系运转不够顺畅。因此需要进行深化高校科研机构知识产权组织体系改革，如内部技术转移办公室的年度绩效评估应考察科研人员、被许可企业以及社会的满意度，有知识产权内部管理机构的科研机构应与知识产权运营服务机构建立长期稳定的合作关系，不能简单以低成本高收益为考核指标，而应考虑以长期收益和支撑科研机构科技创新为目标。同时有专门内部知识产权管理机构和控股知识产权运营机构的科研机构，应理顺双方股权关系，最好由负责人兼任或派专人到知识产权运营公司任企业法人，解决好委托代理风险问题。

在知识产权组织机构中，知识产权办公室主任一般由科研机构主管领导担任，主管领导负责知识产权工作可以有利于将知识产权管理与科研管理紧密结合，提升科技创新的效率和产出效益，也有利于人财物各种资源的调拨和分配，为知识产权管理提供有效支撑。在主管领导的领导下，知识产权办公室负责整个科研机构知识产权工作，制定科研机构知识产权战略规划，建立知识产权信息管理系统，设立专项知识产权资金，开展知识产权转移转化活动等。

各知识产权管理部门都分别由较强能力和较高水平的知识产权管理人员组成，这些人员一般应具有专利代理师资格、技术转移师资格或者律师资格。而且各个部门的工作人员都要成为联络员，应分别深入不同学科领域外挖掘发明创造。他们要跟踪相关技术领域内的重点重大项目，主要参与以下工作：① 为发明创造披露和申请专利进行评估；② 实行科研项目知识产权全过程管理，在项目立项、验收时提供独立的知识产权检索分析报告，提供知识产权战略布局指导，提高科研项目的创新效率；③ 提出知识产权转移转化方案，签订知识产权转移转化合同；④ 建立知识产权投资基金，对知识产权转化进行投资，管理知识产权投资形成的股权；⑤ 处理知识产权申请、变更、合并、取消等相关事务，处理知识产权纠纷；⑥ 建立企业家网络，入网企业具有知识产权转移的优先选择权。

发明披露评估的流程：职务发明披露→发明评估→专利申请文件撰写。《关于提升高校专利质量促进转化运用的若干意见》《科研组织知识产权高质量发展指导意见》均提出"建立科研人员职务科技成果披露制度"。要求"从源头上加强对科技创新成果的知识产权管理与服务，逐步建立完善职务科技成果披露制度，规范披露人员范围、内容形式、审核流程等事项。科研人员应主动、及时向所属科研组织披露职务科技成果。涉密职务科技成果的披露要严格遵守保密有关规定。科研组织要规范对科研人员利用职务科技成果创办企业等行为的管理，指导科研人员做好职务科技成果披露工作。"实际上，职务发明披露评估并不是简单为了"提升知识产权风险防控能力，保障产业链供应链安全"，而主要是从组织机构上保障职务发明必须进行披露并得到有效评估，从源头上保护创新成果，尤其是识别出能转化和值得申请专利保护的技术。披露是职务发明人的义务，评估是知识产权和技术转移机构的职责。

德国马普学会创新公司披露的内容主要包括七个方面。一是发明人基本信息，包括姓名、所在单位、联系方式和签名。二是项目资助信息，包括资助单位、资助项目名称、项目负责人、资助经费额度。三是技术基本信息，包括题目、完成日期、解决的技术问题、采用的技术原理、技术优势和效果。四是保密情况，包括技术细节是否公开、是否发表过论文、是否会议展示或研讨过。五是现有技术情况，包括相关学术研究论文列表、专利检索的策略和重要的检索结果。六是商业化前景，包括应用方式、转化难点、主要竞争对手、可能的商业化合作伙伴。七是后续研究情况，包括是否继续研究以及资助信息。

职务发明披露是在上述披露信息的技术上进行评估，国家知识产权局专利管理司委托中国技术交易所2011年制定的"专利价值分析评价指标体系"技术价值度评估指标包括先进性、行业发展趋势、适用范围、配套技术依存度、可替代性，主要是专家打分的方法进行评估。技术先进性主要评估发明的先进性、成熟性和实用性等，从而识别出能转化的可申请专利的技术。技术先进性评估可以用国内外专利申请量占比表示，也可以用客观方法进行评估。

在技术先进性上，可以用A_C、A_O分别表示中国申请人在国内和国外某国的专利申请量与国内和外国某国公开的全部专利申请量的占比，则国际领先和领跑一般指具有绝对或相对优势的国内和国际专利；国内领先就是指有国内专利有绝对或相对优势但国际上无绝对或相对优势；国内空白和并跑是指有国内专利但没有国际专利，专利是替代性的竞争性专利；国内替代是指有同类技术，可能有较少的专利或者没有国外专利。

$$A_C = \frac{N_{IC}}{N_{TC}} \quad (6-1)$$

$$A_O = \frac{N_{IO}}{N_{TO}} \quad (6-2)$$

判断方法如下:

$A_C=1$, $A_O=0$, 国内空白, $AT_2=10$;

$A_C \geqslant 0.5$, $A_O \geqslant 0.5$, 国际领先, $AT_2=9$;

$A_C \geqslant 0.5$, $A_O \leqslant 0.5$, 国际领先, $AT_2=8$;

$A_C \geqslant 0.5$, $A_O=0$, 国内领先, $AT_2=7$;

$A_C \leqslant 0.5$, $A_O \leqslant 0.5$, 国际跟随, $AT_2=6$;

$A_C \leqslant 0.5$, $A_O=0$, 国内跟随, $AT_2=5$;

$A_C=0$, $A_O=0.5$, 国内落后, $AT_2=4$;

$N_{IC}=0$, $N_{TC}=0$, 国际落后, $AT_2=2$;

$N_{IC}=0$, $N_{TC} \neq 0$, 国际落后, $AT_2=1$。

成熟度可以采用《科学技术研究项目评价通则》(GB/T 22900—2009)进行评价,也可以专利申请人数量和专利申请数量构成的曲线表示。专利申请数量更能较好地反映产品的技术成熟度。专利产品技术成熟度可以用两种方法测度。

一是申请人和申请数量构成的二维矩阵的简单技术生命周期成熟度方法。找出检索出的专利产品全部专利中每一年专利的申请量和专利申请人数量,以每一年申请人数量为横轴,每一年专利申请量为纵轴做出散点图,同时每个点贴上"年份"标签,并按照"年份"顺序依次连接每一点。通过对生成曲线的分析来判断该技术现在所处的阶段并赋予产品技术成熟度。可以用专利申请人数量和专利申请数量乘积的开方的增长速度的导数表征成熟度,如果为正则为萌芽或成长期,其中处于0～5%之间为萌芽期,大于5%为成长期前期,处于5%～0%则为成长期后期,如果为0%则进入成熟期,如果处于0%～-5%则为成熟期后期,小于-5%则为衰退期。

二是S形曲线技术生命周期成熟度方法。用 a 代表某技术领域当年发明专利申请数或授权数,b 代表某技术领域当年实用新型专利申请数或授权数,c 代表某技术领域当年外观设计专利申请数或授权数,A 代表追溯五年的该技术领域发明专利申请累计数或授权累计数。计算该四个参数及其排列关系。

技术生长率 $v=a/A$；

技术成熟系数 $a=a/(a+b)$；

新技术特征系数 $N=\sqrt{v^2+a^2}$；

技术衰老系数 $\beta=\dfrac{a+b}{a+b+c}$。

每个参数都有上升、平稳和下降三种状态，四个参数三种状态有 81 种排列，但只有下表中的前 5 种有实质性意义能够判断出成熟度，可以明确知识产权运营的策略。

序号	A	v	N	β	生命周期	阶段	研发投入与创业投资	股权投资与并购	银行贷款
1	上升（慢）	平稳	上升	平稳	萌芽期	O—A	Y		Y
2	上升（快）	平稳	上升	平稳	成长期	Z—B	Y		Y
3	上升	下降	上升	平稳	成熟期	B—C 左	N	Y	Y
4	上升	下降	平稳	平稳	成熟期	B—C 中		Y	Y
5	平稳	下降	平稳	下降	成熟期	B—C 右		Y	Y
6	平稳	下降	下降	平稳	衰退期	C—D 左	N	N	N
7	平稳	下降	下降	下降	衰退期	C—D 右	N	N	N

实用性是指专利技术与同类或近似技术相比，该技术具有哪些优点和积极效果，具体包括解决长期以来没有解决的问题，是技术的综合集成；开发了新的市场，商业上取得成功，产品生产质量、成本、效率优势；产品应用能产生较好的社会效益，如就业、环保、节能减排等。

市场评价是科技成果披露评估的主要内容。国家知识产权局专利管理司委托中国技术交易所 2011 年制定的"专利价值分析评价指标体系"经济价值度评价指标包括市场应用、市场规模前景、市场占有率、竞争情况、政策适应性等。实际上市场评价主要包括两个方面。一是专利产品化。专利能否成为专利产品，包括产品能解决哪些问题，消费者能从该产品中获得什么好处？如先进、多功能耐用、价格优惠、质量高等；产品有哪些优缺点。与竞争对手的产品相比有哪些优缺点，消费者为什么会选择本产品。如技术先进、功能多样、价格优惠等。产品采取哪些保护措施。拥有哪些专利、技术秘密等知识产权，制定了哪些技术标准，评估有无知识产权风险。二是专利产业化。重要的是要评估专利产品进入市场的可能性、可能的市场份额、可能的价格等。要评估该项目获得投资的可能性大小和获得投资规模的大小。其中重要的是要评估专利产品的市场渗透率、成长率、替代率等。

专利质量评估的流程。因此专利申请前评估的流程是：专利申请文件撰写→专利质量评估→专利申请文件递交。我国《关于提升高校专利质量促进转化运用的若干意见》《科研组织知识产权高质量发展指导意见》均提出"建立专利申请前评估制度"。要求"制定职务科技成果专利申请前评估工作机制和流程，根据技术研发情况和技术竞争环境，明确产权归属、费用分担和收益分配方式，切实提升专利质量。对于经评估认为适宜申请专利且技术创新水平较高、市场前景较好的职务科技成果，及时对接知识产权管理和运营机构，重点做好专利布局规划和转化运用等工作。对于经评估认为适宜作为技术秘密进行保护的职务科技成果，做好相应的保护工作。专利申请评估后，科研组织决定不申请专利的职务科技成果，可与发明人订立书面合同，依照法定程序转让专利申请权或者专利权，允许发明人自行申请专利。对于因放弃申请专利而给科研组织带来损失的，相关责任人已履行勤勉尽责义务、未牟取非法利益的，可依法依规免除其放弃申请专利的决策责任。"

实际上，专利申请前评估主要是要对职务发明创造的权利归属、形成知识产权组合效应、放弃申请等作出评估，更重要的是要对专利代理机构撰写的专利文件质量进行评估，对可否构成专利组合进行评估，对能否形成标准必要专利进行评估和布局。专利质量是满足专利局法定专利授权条件，能经受专利局、法院的审查驳回或无效宣告，能使普通技术人员不用花费额外的创造性劳动实施发明。

主要评估的是专利申请被无效和可规避设计的可能性大小，国家知识产权局原专利管理司 2011 年委托中国技术交易所制定的"专利价值分析评价指标体系"法律价值度指标包括专利稳定性、实施可规避性、实施依赖性、专利侵权可判定性、有效期、多国申请、专利许可状态等。这种方法比较可行，但是该指标由主要专家打分评估，主观性大，客观性不足，而且综合加权法并不太符合实际，应按照从技术到法律到市场价值评估的顺序，达到一定门槛值才需要评估出分值而低于门槛值则分值为零，最后用指数连乘得出总价值度指数得分的方法（宋河发，2018）。在法律价值度中，最重要的是权利稳定性和不可规避性得分的评估。稳定性主要指专利被无效掉的可能性，首先要评估发明创造是否为不应授予专利的主题。我国专利法不授予专利权的事项包括：① 科学发现；② 智力活动的规则和方法；③ 疾病的诊断和治疗方法；④ 动物和植物品种（生产方法除外）；⑤ 用原子核变换方法获得的物质；⑥ 对平面印刷品的图案、色彩或者二者的结合作出的主要起标识作用的设计。其次要评估拟申请专利的新颖性、创造性和实用性。如果申请日前发表论文、参加展览、销售产品则不具有新颖性，如果产生技术启示则不具有创造性。同时对于同一主题授予的在后专利或两件专利之一，对于说明书不支持权利要求的申请也可以提起无效宣告。评估专利权利的不可规避性主要是评估专利技术方案技术特征组合规避侵权、绕开技术方案规避侵权的可能性大小，尤其是专利技术方案被改进、申请发明专利和方案被优选从而申请新专利可能性大小。

6.5 科研机构知识产权组织关系

在知识产权管理过程中，知识产权管理机构不仅应与研发部门紧密合作，还应与自然资源、知识产权保护部门和企业进行合作，而且它还应当是科研机构知识产权教育的中心，应有利于研发部门获得企业资助，有利于完善标准和提高收入，尤其是有利于增进大学与产业研究人员的联系，有利于保护自己的知识产权（Cheeptham，Chantawannakul，2001）。

一般情况下，科研机构不仅是知识产权管理机构的领导机构，也是知识产权管理机构科技成果的供应者，知识产权管理机构一般要介入科研项目立项到验收甚至到转化实施的整个过程，开展科研项目的知识产权全过程管理。企业也是科研机构知识产权管理机构的服务对象，具有知识产权的科技成果只有在企业得到转化实施，知识产权管理机构的工作才算基本完成。科研机构知识产权管理机构还要与外部知识产权服务机构合作，知识产权申请、审查、复审无效和诉讼是很专业的知识产权事务，知识产权管理工作不能替代此专业性的知识产权服务工作，知识产权管理机构主要任务是对发明创造进行披露评估、专利质量管理、技术转移管理、知识产权价值评估、种子投资和衍生企业管理，这都需要外部专业化知识产权服务机构提供专业的知识产权代理服务、价值评估服务和创投服务，两者不可混淆。此外，知识产权管理机构还要了解国际科学技术和知识产权的前沿动态，国际科技前沿动态不仅能为知识产权管理机构掌握最新成果提供依据，也能为知识产权管理机构制定知识产权战略规划提供参考依据。科研机构知识产权合作关系，如图 6-5 所示。

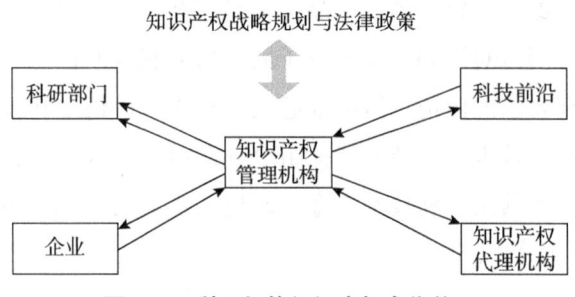

图 6-5　科研机构知识产权合作关系

知识产权管理机构是联系科研与市场的桥梁和纽带。如果没有知识产权管理机构，科研机构仍然可以通过与外部知识产权服务机构的合作保护知识产权。但缺乏知识产权管理机构，科研机构知识产权转移转化必然会存在着较大的交易成本。这种交易成本可以看作是一系列制度成本，包括信息成本、谈判成本、契约成本等。良性运转的知识产权管理机构能够有效整合各种资源，降低知识产权从科研领域向产业界转移的交易成本，促进知识产权的转化实施。

6.5.1　知识产权管理机构与产业界关系

1. 合作现状

科研机构与产业界的联系从来没有像今天这样密切。科研机构已经成为为企业和社会提供知识的重要来源。产学研合作不仅已成为科研机构将知识产权向产业界转移的重要途径，也成为科研机构获取科研经费的一个重要渠道。通过调查发现，我国产学研合作往往以科研机构和高校为主导，企业主导地位没有建立起来，还没有充分发挥企业市场需求对知识产权创造的主要引导作用，知识产权转移转化率不高。产学研合作计划多以政府主导为主，多数属于"拉郎配"，或者为争取国家科研经费而凑起来的合作关系，科研机构与企业建立长期稳定的产学研合作关系和开展实质性深入合作的还比较少，取得成功的则更少。

2. 合作方式

通过产学研合作促进知识产权转移转化是知识产权管理机构的一项重要职能。知识产权管理机构与产业联系的主要合作方式有五种。一是科研机构已经获得专利权或申请了专利等知识产权，对企业进行知识产权转让或许可，并收取转让许可收入。二是通过知识产权入股联合建立公司的方式转化知识产权，获取股权或股息收入。三是接受企业委托研究任务开展研发合作，根据合同约定确定研发成果形成知识产权的归属，由企业以拥有知识产权或者以独占或普通许可方式转化实施知识产权。四是接受国家科研任务，与企业、高校或其他科研机构一起组建研发团队，构建创新联盟，研发成果形成的知识产权由企业实施。五是科研机构加入企业参加的专利池或专利组合，并获得一部分专利池、专利组合的许可收益。

3. 合作问题与原因分析

（1）科研机构和企业的思维方式、价值取向的差异是造成产学研合作不能深入进行的重要原因。科研人员追求的是学术成就和科学共同体的认可，而企业追求的是实际应用和利润最大化，它们之间存在根本的分歧。所以，很多研究成果不能在现有生产条件下实施，或者实施的市场前景不好，这些成果企业都不会认可。

（2）科研机构的创新能力不足，科技成果供给不足，不能满足企业需求和市场需求。由于供给不足，企业对引进技术产生需求，并产生对引进技术的依赖。我国很多的科技成果是国家战略、规划、工程、计划的产物。但国家战略需求并不是市场需求，二者还存在较大的差距。

（3）企业创新能力弱。科研机构的成果多是在实验室条件下的，到转化成产品还有很长一段路要走，需要很多中间研发、工业化设计等步骤，研发成果不能直接转化成产品。我国企业的研发能力大多还比较弱，很多中小企业不具备将实验室成果发展到工业生产的水平，这也是很多很好的成果不能实现转化的重要原因之一。

（4）产学研合作机制存在问题。我国产学研合作无论在政策还是机制上都没有从根本上解决产学研合作中知识产权权利创造和利用问题。实际上，知识产权是产学研合作的最基本保障，也是影响各方研发投入积极性的激励因素。由于对知识产权、转化收益等合作成果的分享缺乏明确可操作的规定，加之对协议的履行缺乏有效的监管，知识产权权利分配和利益分配问题已经成为我国产学研合作效果不佳的重要原因之一。

6.5.2　知识产权管理机构与代理机构关系

1. 现状与问题

知识产权代理服务水平是影响科研机构知识产权管理水平的重要方面。知识产权管理机构与知识产权代理等服务机构主要是委托代理关系。研究人员要准备技术交底书，填写发明披露表，在提出申请知识产权要求后，知识产权管理部门要评估其申请或技术转移的可能性，并委托知识产权代理机构安排代理人撰写知识产权申请文件。代理人经与研究人员沟通交流，形成知识产权申请文件，再经知识产权管理部门审核同意后，向国家知识产权局专利局或商标局等部门递交申请。知识产权管理工作开展时间较长的科研机构一般都会与一个或几个固定的代理机构建立比较稳定的合作关系。通过长期合作，代理人对本技术领域有比较深入的了解，与研究人员的沟通也比较畅通。

根据国家知识产权局知识产权运用促进司编制的《专利代理行业发展状况（2020年）》，截至2020年年底，全国获得专利代理师资格证人数达到53 090人，执业专利代理师为23 193人，专利代理机构达到3 253家（不含港澳台）。我国专利代理机构2000年前后进行了市场化改制，国有机构目前只有中国国际贸易促进委员会专利商标事务所及下属企业中国专利代理（香港）有限公司、中国商标事务所等。中国科学院从1984年开始陆续培养了85名专利代理人才，建立了15个专利事务所。但1998年改制后这些专利代理人全部流向了社会，随着近年来中国科学院加强知识产权工作，到2022年为止全院具有专利代理师资格的知识产权研究与管理人员超过了20人。

通过调研发现，我国科研机构的专利质量普遍不高，主要有三个方面的原因。一是不代理。目前仍然有相当一部分科研机构采取内部知识产权管理人员撰写专利申请文件而不是委托外部知识产权服务机构服务的方式。一些科研机构拥有了获得专利代理资格或者是知识产权专员资格、知识产权师资格的人员，就不再委托外部代理机构撰写专利文件。二是代理质量差。由于很多科研机构专利申请的目的主要是为了考核验收，支付的代理费较低，如相当一批科研机构专利代理费只有 3 000～5 000 元左右，与 20 多年前标准差不多。加上现有很多代理机构竞争激烈，低价代理费竞标，很多资深代理人根本不亲自撰写专利，大多数专利文件由刚毕业的学生撰写，这必然影响专利代理的质量。三是很多科研机构知识产权管理人员缺乏评估专利质量的能力。知识产权管理人员能力不足，不能有效把关和提升专利申请质量。一些知名的大企业（如 IBM、华为等）和高校科研机构（如斯坦福大学、马普学会），即使有获得各种资格的知识产权管理人员他们也不亲自撰写专利文件，而主要是对知识产权服务机构撰写的专利文件、撰写的知识产权价值报告、知识产权尽职调查报告等进行管理，以保证知识产权服务的质量。

2. 知识产权代理师选择

选择好的知识产权代理师是保障专利申请质量和授权成功与否的重要因素。由于知识产权代理师水平不高或者代理师选择不当，给申请人造成巨大损失的情况屡见不鲜。如我国中药领域的专利申请 45% 是由非本专业的代理师代理的。特别是科研机构的很多成果具有很强的专业性和前瞻性，对代理师的相关专业知识要求较高，合适的代理师选择就显得至关重要。选择知识产权代理师，主要应从工作态度、服务质量等方面来考虑，当然也要考虑代理费用高低、撰写速度和从业经验。从业经验丰富，或者时间要求比较紧的项目，费用自然比较高，但最基本原则是要满足质量要求。

为了有效保障专利质量，华为技术公司就建立了专利代理师的考核指标体系，一般会根据代理师撰写案件的质量决定下年是否聘用该公司和该专利代理师提供服务。其发明专利申请代理费用标准也较高，一类案子一般超过 3 万元，但要求专利代理师撰写出高质量的文件，对于初步撰写完成的文件，如果因为发明创造本身存在问题而决定不申请专利的，仍支付一定标准的代理服务费，用于补偿代理师的劳动，但撰写质量差的专利代理师将很难再拿到华为技术公司的案子。日本东芝公司和中国移动通信集团有限公司为了提高专利质量，不仅委托高水平的代理公司撰写专利申请文件，还专门委托另外一家专利代理公司负责审核专利文件撰写的质量。北京交通大学在2022年专门拿出90万元经费招标专利代理机构对该大学的专利代理机构撰写的专利文件进行质量把关。

6.5.3 知识产权管理机构与政府部门关系

科研机构与政府部门的联系主要涉及两方面的内容。一是与知识产权主管相关部门的联系，主要是知识产权合作，寻求政府部门的支持。另一方面是与地方政府部门的联系，通过与地方政府部门沟通与合作，寻求知识产权顺利转化的途径，并通过有效的技术转移促进当地经济社会的发展。

科研机构虽然是公益性机构，但其知识产权保护是不会有比企业或者个人有更大的优势的。建立和维持与政府部门的良好关系，对科研机构知识产权管理和发展的重要性不言而喻。但与企业相比，特别是某些大型的跨国公司相比，我国许多科研机构缺乏"公关"意识，很少有科研机构主动与知识产权主管部门建立联系，主动向知识产权主管部门介绍自己的研发情况、专利申请、布局情况，主动向政府部门了解国家知识产权战略、法律法规方面的动态的也较少，寻求知识产权主管部门支持指导，培训科研与管理人员，利用行政手段保护自身知识产权的较少，大多数科研机构与政府主管部门的联系主要是为了取得资助。

与政府合作规模和社会影响较大的是中国科学院。为落实中国科学院2007年夏季党组会议的精神，2008年中国科学院与国家知识产权局签署了知识产权合作协定书，2010年又进行了全面修改。国家知识产权局和中国科学院在知识产权数据库和科学数据库上实行相互开放，国家知识产权局支持中国科学院的知识产权研究和培训工作，并取得了较大成绩。2017年，中国科学院与国家知识产权局签订第三轮知识产权合作协议，主要内容涵盖：① 知识产权信息资源利用，包括共享科学和专利文献信息资源与数据、加强知识产权信息分析研究与合作、加强重大科研项目/领域知识产权战略分析研究三个方面。② 建设知识产权人才队伍，包括进一步共享培训资源、加强人才交流与合作两方面。③ 推进科研成果知识产权的管理、保护和转化。共同开展知识产权管理运营及法律事务方面的合作与交流，就国际科技合作和科技成果转化中的知识产权问题、国际知识产权法律信息等方面共同开展研究，重点关注的问题包括但不限于战略性技术领域、重大科研项目的专利布局、专利池组建、专利国际保护、国际科技合作、科技成果转化及主要国家和国际知识产权法律等方面。中国科学院于2016年建立了中国科学院知识产权运营管理中心，成立了包括国家知识产权局领导在内的理事会，统筹管理全院知识产权运营、人才培训、信息服务和法律咨询工作。但近年来，随着中国科学院知识产权管理委员会停止运行，中国科学院知识产权运营管理中心撤销，中国科学院与国家知识产权局的战略合作处于停滞状态。

经过多年探索与发展，中国科学院还与省市级政府形成了稳固的合作关系，对促进中国科学院科技成果转化，推动地方经济发展起到了重要作用。中国科学院设立专门的院地合作局（现改为科技促进发展局）研究区域经济社会发展的科技需求，制定院地合作规划与战略，统筹协调与国家创新体系各单元合作联合的有关工作，统筹协调中国科学院促进成果转化与产业化工作。目前，中国科学院下设12个分院，部分改制成为科技创新发展中心，新建深圳先进技术研究院等12家研究机构，新建厦门城环所育成中心等29家平台型技术转移机构，新建中国科学院北京、沈阳、长春、上海、合肥、广州、成都、兰州等8家国家技术转移中心作为中介型技术转移机构和甘肃白银产业园等8家科技创新园。原院地合作局设立了东北京津合作处、东部合作处、中南部合作处和西部合作处，分别负责合作区域的省、自治区、直辖市的院地合作工作，具体包括研究制定区域内院地合作规划与战略，负责联系合作区域内分院以及技术转移中心的工作，负责合作区域内院地合作重要项目的实施，负责合作区域内院层面合作活动的组织实施；以院地合作为平台，促进投资企业的社会化改革等。

6.6 知识产权管理机构人才队伍建设

目前，我国科研机构中专门从事知识产权工作的高水平人才仍很少，大多数没有形成人才团队，往往是科技管理人员一人多职，或者在科技处设立专职或兼职知识产权管理岗位。在我国科研机构知识产权管理人员中，既懂技术又懂知识产权，还懂管理和市场的复合型人才更是缺乏，即使知识产权管理人员很多，也缺乏专利代理师资格或律师资格，以及实际从业经历。现有高校知识产权人才培养体制和课程设置主要面向法学学科，对复合型人才的培养重视不够。我国高校科研机构和企业亟须的懂技术、懂知识产权法、懂管理的复合型知识产权人才培养严重不足。现有很多科研机构和地方知识产权培训大多仍停留在提升意识层面，而对知识产权能力的培养还不足。调查还发现，我国科研机构知识产权管理人员大多为行政管理人员出身，具有专业技术背景或专门知识产权资格的人员来管理知识产权的情况还不是很普遍。这种知识产权人才队伍建设状况不能适应科研项目知识产权全程管理的需要，也不能适应创新驱动发展战略实施的需要。

  以中国科学院为例，经过多年的培训，该院已初步建立起了一支知识产权人才队伍，但知识产权人才队伍整体上仍不能适应知识产权强国和世界科技创新强国建设的需要。通过调查，截至2023年，全院获得中国科学院知识产权专员资格的人员只有613人，仍然有超过30%的院属单位没有通过考试的知识产权专员，即使专员人数最多的大连化学物理研究所也只有34名通过考试的知识产权专员，与国外科研机构和高校30～70多人的知识产权管理人才队伍有较大差距。现有知识产权管理人员的知识产权管理能力仍不高，知识产权检索分析、发明披露评估、专利申请前评估、高价值专利布局、专利组合构建、专利池运用、知识产权诉讼和转移转化谈判能力尤其不足。获得资格的知识产权专员只是具备了一定的知识产权知识和能力，但大多数知识产权专员并没有进入课题组开展实际的知识产权分析工作。虽然中国科学院办公厅2022年6月6日印发的《中国科学院战略性先导科技专项管理办法》规定，"专项应按照《中国科学院院属单位知识产权管理办法》，实行知识产权专员制度，配备知识产权专员，协助专项负责人推进和落实知识产权管理的各项具体工作"，但由于缺乏涉及知识产权专员职业发展、薪酬待遇、工作职责等制度和政策，知识产权专员积极性发挥不够，已有200多名知识产权专员离开中国科学院或者离开知识产权工作岗位，知识产权与科研项目实际结合还不紧密。

  不同类型的研究机构应该建立符合自身特点的知识产权管理组织机构和

人才团队。科研机构知识产权人才配置主要包括以下几方面。一是人才队伍的教育背景。知识产权管理人员都应当具有本领域的科技知识背景，并应当了解相关的法律和条约（Cheeptham，Chantawannakul，2001）。二是要形成合理的能力结构。主要是知识产权管理、知识产权许可、知识产权投资、知识产权合同等人才队伍，规模20～30人。三是职业资格。科研机构知识产权申请维持和许可管理人员大部分获得专利代理师资格或有技术背景的律师资格甚至技术转移经理人资格，申请维持管理和许可管理人员应派驻到课题组，知识产权投资管理人员一般应具有工商管理硕士学位。

6.7 小结

本章研究了国外主要国家科研机构高校和我国科研机构知识产权管理的组织机构设置、管理模式和人才队伍建设。提升科研机构知识产权管理水平，首要的是要完善知识产权组织体系，设立相应的知识产权部门，培养知识产权管理人才团队，形成合理的能力结构。为此，本章提出了我国科研机构知识产权组织管理的思路。

一是支持设立技术转移办公室管理和运营知识产权。鼓励和支持具有条件的应用开发类和技术开发类科研机构设立内部技术转移机构，并将知识产权管理和技术转移机构全面融合，并支持增强知识产权投资职能，主要面向技术转移以市场化方式管理和运营知识产权。两级法人管理模式的科研机构，可以通过试点建设以专业片和区域技术转移机构集中管理知识产权申请和转化运用，统筹管理所属研究所的知识产权和技术转移活动，逐步形成类似OTL、OTT那样的专业化知识产权组织机构，集中管理机构要采取科研机构投入为引导，研究所和企业共同投资的多元化股份制企业。

二是加强知识产权管理机构与企业的联系。支持科研机构和高校建立面向企业的知识产权转移网络，进入网络的企业具有转让许可科研机构知识产权的优先权，具有获得科研机构投资基金支持的优先权。在一定的时间内可以独家评估是否需要许可和是否开始许可谈判，选择权一般三个月，如果在一定时期内与入网企业在友好诚信基础上没有达成许可协议，才可以将该知识产权许可给第三方。科研机构还要通过多种方式如俱乐部、论坛、展览会等加强与企业家的联系、交流和对接。

三是建立知识产权管理运营人才团队。目前，我国科研机构知识产权人才队伍建设应以引进知识产权人才和培养在职知识产权人员为主，偏重应用的科研机构应该设立专门的机构管理知识产权，应由一位主管领导分管，并至少设有 2～3 名具有一定专业技术背景和知识产权相关知识的人员从事知识产权管理与运营工作，协助主管领导落实知识产权管理任务，作好本科研机构的知识产权管理和成果转化工作。长期来看，应用开发或技术开发类国有科研机构、行业科研机构和地方科研机构，都应建立包括知识产权申请维持、知识产权许可、知识产权投资、知识产权合同等知识产权管理人才团队，规模 30 人左右。团队人才大多数应具有理工科教育背景，知识产权管理和许可人员大部分应获得专利代理师或律师资格，知识产权作价出资与衍生企业管理人员应具有工商管理硕士学位，知识产权专员或许可专员应常驻课题组。要防止知识产权管理机构仅成为管理机构而不与技术转移绩效挂钩，影响知识产权管理运营的积极性，也要防止知识产权机构成为单纯的营利机构反过来影响科研人员的积极性。而专利申请量比较小的偏重基础理论研究的科研机构，则根据情况设立至少 1 名知识产权管理人员，负责知识产权管理和运营，要建立与外部知识产权运营服务机构长期稳定的合作关系，要充分发挥其知识产权管理、技术转移和种子投资与管理衍生企业的作用。

第七章 科研机构知识产权培训管理

知识产权管理人才队伍是科研机构知识产权管理的根本要素。知识产权教育培训是科研机构培养知识产权管理人才的重要途径，是知识产权管理能力建设的重要环节。面向科研机构科技创新需要，建设高水平知识产权管理人才队伍，必须从知识产权管理能力建设出发，建立知识产权培训课程体系、教材体系和考试考核制度。

7.1 知识产权人才培养

科技是第一生产力、人才是第一资源、创新是第一动力。党的二十大报告强调："教育、科技、人才是全面建设社会主义现代化国家的基础性、战略性支撑。"近年来，我国不断加大知识产权人才培养力度，出台了一系列重要政策。2015年《中华人民共和国职业分类大典》在"经济和金融专业人员"类下首次增加了"知识产权专业人员"小类，下设"专利代理专业人员""专利审查专业人员""专利管理专业人员""专利信息分析专业人员"4个相关职业。2019年6月人力资源和社会保障部印发《关于深化经济专业人员职称制度改革的指导意见》，明确将知识产权作为经济系列的一个独立专业，并将知识产权专业的职称名称直接以助理知识产权师、知识产权师、高级知识产权师、正高级知识产权师命名。2022年1月，国家知识产权局印发了《知识产权人才"十四五"规划》，提出到2025年知识产权人才数量超过100万人的目标。2022年9月，国务院学位委员会和教育部印发了新版《研究生教育学科专业目录（2022年）》，特别增设了"知识产权"等一批专业学位类别。

我国知识产权人才学历教育体系发展迅速。教育部支持高校自主设立知识产权相关学科。2019年12月，中国知识产权研究会成立高校专业委员会，专门设立了知识产权学科建设研究中心。2020年5月，国务院学位办公室批准大连理工大学、重庆理工大学等高校设立知识产权交叉硕士点。同济大学、中国科学院大学等高校正在申报知识产权交叉博士学位点。2022年1月，教育部高度重视知识产权人才培养工作。截至2023年年底，全国有近百所高校设立了知识产权学院等专门的教育研究机构，有117所高校开设了四年制的知识产权本科专业。

全国知识产权培训深入开展。各地知识产权部门等举办了多样化的知识产权培训班。各地知识产权、技术市场等行业协会和服务机构也举办了很多知识产权专利提升培训班。截至2023年，中国知识产权培训中心累计培训量超过180万人次。中国科学院知识产权研究与培训中心共举办培训班17年，培训超16 000人次，培养中国科学院知识产权专员613人。

但是我国知识产权人才培养以法学为主，交叉型、复合型人才培养严重不足。2023年，中国专利调查数据显示，被调查企业专利权人中有55.2%反映缺少高端专业人才是制约专利产业化的最大困难和障碍，52.3%的企业认为需要加大知识产权高端专业人才培养与引进方面的政策支持。

7.2 知识产权培训机构

我国科研机构建立专门知识产权培训机构的还不多，主要有中国科学院知识产权研究与培训中心、上海科学院上海知识产权培训中心，国家知识产权局中国知识产权培训中心也开展了大量涉及科研机构的知识产权培训活动。

1. 中国科学院知识产权研究与培训中心

中国科学院知识产权研究与培训中心正式成立于2009年，挂靠中国科学院科技政策与管理科学研究所，下设知识产权法律研究部、知识产权战略管理研究部和知识产权培训部三个部门。中国科学院知识产权研究与培训中心的主要任务和职责包括：开展知识产权法律制度、战略、管理与政策研究，开展知识产权相关理论、方法和实证研究；开展中国科学院知识产权重大任务研究，支撑相关知识产权决策；开展知识产权国内外学术交流；开展中国科学院各层次知识产权培训，组织全院知识产权专员考试；建设知识产权研究与培训系统和平台，支撑院知识产权网研究培训内容建设；承担国家及其他单位委托的知识产权研究与培训任务。

中国科学院知识产权研究与培训中心自成立以来，按照"面上普及与重点提高相结合"的原则，积极开展知识产权培训工作，为中国科学院培养了一大批知识产权人才，有力地支撑和促进了全院的知识产权工作。中心面向中国科学院院属单位的实际需求，组织知识产权课程与教材开发，针对不同层次和不同对象设计知识产权培训课程，形成了相对固定和独具特色的知识产权培训课程体系，完成了《知识产权法律法规概论》《科研机构知识产权管理》《知识产权运营》《专利申请与保护实务》《专利情报导航》等教材撰写并投入培训班使用。截至 2023 年年底，该中心共完成了面向知识产权分管所级领导、管理骨干和知识产权专员等包括集中普及、专题提高和院所联合培训班 150 余期，共培训 16 000 余人次，其中院内集中培训 73 次，培训超 5 500 人次；组织知识产权专员执业资格考试 16 次，选拔了 613 名中国科学院知识产权专员，奠定了全院知识产权管理的人才基础，初步形成了一支具有扎实知识产权知识基础和较强实务能力的知识产权人才队伍，为中国科学院落实"率先行动计划"，开展重大项目和重要方向性项目知识产权全过程管理奠定了坚实的人才基础。

2. 中国知识产权培训中心

中国知识产权培训中心是 1992 年成立、2016 年获批的知识产权专业人才国家级教育培训机构，隶属于国家知识产权局，是世界知识产权组织知识产权国际培训合作伙伴，是人力资源和社会保障部国家级专业技术人员继续教育基地。主要承担全国高层次知识产权专业人才的培训任务，为从事知识产权工作的在职人员提供系统、规范、有效的知识产权专业培训，并利用多样的培训方式向全社会普及知识产权知识。

中国知识产权培训中心国内面授常规培训项目主要包括知识产权行政管理部门培训、企事业单位知识产权培训、领导干部知识产权培训、司法机关知识产权培训项目、知识产权相关问题研讨、教育系统知识产权培训、研究生培养、西部地区知识产权培训等。该中心组织编写了《中国知识产权教程》，该教程包括《知识产权法律基础》《知识产权诉讼》《知识产权国际保护》《数字技术的知识产权保护》《专利管理》《专利文献与信息》《专利代理实务》《反不正当竞争法原理》《企业知识产权管理》等知识产权培训系列教材。该中心曾委托中国科学院开发了面向科研机构的知识产权培训大纲和主要课程。该中心建立了一支300余人的专家队伍，2002年开始建设中国知识产权远程教育平台，有1个总平台、14个子平台、144个分平台。该中心每年举办各类培训班近100期，累计培训量超过180万人次。该中心每年还承办多期面向科研机构的知识产权培训班，初步形成了独具特色的面向科研创新的知识产权培训体系。

7.3 知识产权资格考试

1. 知识产权师技术资格考试

知识产权师是由人力资源和社会保障部统一负责举办的技术资格考试，是对知识产权技术资格的认定，分初级、中级和高级，不同的级别对工作经验的要求不同，达到相应级别的报名要求即可报名参加考试。2020年，我国经济学系列增设知识产权师的职称考试，首次将知识产权师划归经济学类。我国知识产权师资格考试由国家知识产权局委托中国知识产权研究会组织。

知识产权师的报名条件是：凡遵守《中华人民共和国宪法》和法律，具有良好的道德品行和业务素质，符合初级、中级、高级经济专业技术资格考试报名条件的经济专业人员，均可报名参加相应级别的考试。①凡从事经济专业工作，具备国家教育部门认可的高中（含高中、中专、职高、技校，下同）以上学历，均可报名参加初级经济专业技术资格考试。②具备下列条件之一者，可以报名参加中级经济专业技术资格考试：a.高中毕业并取得初级经济专业技术资格，从事相关专业工作满10年；b.具备大学专科学历，从事相关专业工作满6年；c.具备大学本科学历或学士学位，从事相关专业工作满4年；d.具备第二学士学位或研究生班毕业，从事相关专业工作满2年；e.具备硕士学位，从事相关专业工作满1年；f.具备博士学位。③具备下列条件之一者，可以报名参加高级经济专业技术资格考试：a.具备大学专科学历，取得中级经济专业技术资格后，从事与经济师职责相关工作满 10 年；b. 具备硕士学位，或第二学士学位或研究生班毕业，或大学本科学历或学士学位，取得中级经济专业技术资格后，从事与经济师职责相关工作满 5 年；c. 具备博士学位，取得中级经济专业技术资格后，从事与经济师职责相关工作满 2 年。取得会计、统计、审计中级专业技术资格，符合以上学历、年限条件的，可以报名参加高级经济专业技术资格考试。④取得导游资格、拍卖师、房地产经纪人协理、银行业专业人员初级职业资格，可对应初级经济专业技术资格；取得房地产估价师、咨询工程师（投资）、土地登记代理人、房地产经纪人、银行业专业人员中级职业资格，可对应中级经济专业技术资格；取得资产评估师、税务师职业资格等相关职业资格，可根据《经济专业人员职称评价基本标准条件》规定的学历、年限条件对应初级或中级经济专业技术资格，并可作为报名参加高一级经济专业技术资格考试的条件。

知识产权师考试内容主要包括：

（1）知识产权专业知识和实务初级与中级考试大纲考试目的一样，即测查应试人员是否理解和掌握习近平新时代中国特色社会主义经济思想的核心要义、精神实质、丰富内涵、实践要求，是否理解知识产权专业理论原理，掌握专业工作方法和专业技术，了解专业相关法律、规范（规定），以及是否具有运用上述知识从事知识产权专业实务工作，科学、合理地创造、运用、保护、管理、服务知识产权的能力。但初级与中级考试大纲在考试内容与要求上有所不同，初级与中级分别要求掌握知识产权基础，专利申请、授权与确权，专利保护，专利运用，商标申请、审查与注册，商标使用，注册商标专用权的保护，著作权，地理标志，商业秘密以及集成电路布图设计、植物新品种及遗传资源等十一个方面的基础和更深一步内容。

（2）经济专业技术资格考试高级经济实务（知识产权）考试大纲中的考试目的为：测查应试人员是否理解和掌握习近平新时代中国特色社会主义经济思想的核心要义、精神实质、丰富内涵、实践要求，是否理解知识产权专业理论原理，掌握专业工作方法和专业技术，了解专业相关法律、规范（规定），以及是否具有运用上述知识从事知识产权专业实务工作，科学、合理地创造、运用、保护、管理、服务知识产权的能力。考试内容与要求则是要求掌握知识产权基础，专利申请、授权与确权，专利保护，专利运用，商标申请、审查与注册，商标使用，注册商标专用权的保护，著作权，地理标志，商业秘密以及集成电路布图设计，植物新品种及遗传资源等十一个方面区别于初级和中级更深一步的内容，考试涉及了专业知识与实务，题型设置多样，考核点复合程度较高。应试人员作答试题需要综合、灵活地应用习近平经济思想、有关专业理论和政策法规，合理、深入地进行判断、分析或评价。

知识产权师考试科目是：初级、中级经济专业技术资格考试均设《经济基础知识》和《知识产权专业知识和实务》两个科目，题型均为客观题。《经济基础知识》为公共科目，《知识产权专业知识和实务》为专业科目。高级经济专业技术资格考试设《高级经济实务》一个科目，题型为主观题，按知识产权等专业命制试卷。三个级别的经济专业技术资格考试均采用电子化考试方式，应试人员作答试题需要通过计算机操作来完成。

知识产权师职称级别是：经济专业人员职称设初级、中级、高级，初级职称只设助理级，高级职称分设副高级和正高级。为进一步体现专业属性，知识产权专业的职称名称直接以专业命名，为助理知识产权师、知识产权师、高级知识产权师和正高级知识产权师。需要通过考试并且符合相应的学历、工作经验等条件才能被授予对应的职称，知识产权职称评审需在此基础上对水平的高低进行评价，并授予不同级别的职称。

2. 专利代理师职业资格考试

专利代理师资格考试是职业资格考试，《专利代理条例》第 11 条规定，进行专利代理业务应当以取得专利代理师资格证为前提，即只有取得了专利代理师资格证，才有机会独立开展专利代理业务。

符合以下条件的中国公民，可以报名参加考试：① 具有完全民事行为能力；② 取得国家承认的理工科大专以上学历，并获得毕业证书或者学位证书。香港特别行政区、澳门特别行政区永久性居民中的中国公民和台湾地区居民可以报名参加考试。

《专利代理师资格考试大纲》共包括三部分，第一部分为专利法律知识，内容包括专利制度概论、授予专利权的实质条件、对专利申请文件要求、申请获得专利权的程序及手续、专利申请的复审与专利权的无效宣告、专利权的实施与保护、专利合作条约及其他与专利相关的国际条约及专利文献与专利分类。第二部分为相关法律知识,内容包括相关基本法律法规、相关知识产权法律法规以及相关国际条约及国外专利、商标制度。第三部分为专利代理实务,内容包括专利申请文件的撰写以及其他专利代理实务。

专利代理师资格考试实行全国统一命题,命题范围以《专利代理师资格考试大纲》为准,考试分为三门科目:《专利法律知识》《相关法律知识》《专利代理实务》。

专利代理师资格考试通过即取得相应资格,并无级别之分。专利代理师资格考试主要目的在于考查应试者是否具有从事专利代理工作所需的专业知识。

3. 中国科学院知识产权专员资格考试

中国科学院知识产权专员资格考试由中国科学院发展规划局委托中国科学院科技战略咨询研究院组织。2009 年,为规范管理中国科学院知识产权专员资格考试工作,中国科学院制定发布了《中国科学院知识产权专员执业资格考试暂行管理办法》。该办法共有 12 条,其规定,中国科学院知识产权办公室(现知识产权管理处)负责考试管理工作,中国科学院知识产权研究与培训中心负责组织实施。执业资格考试采取统一命题、统一考试办法,每年举行一次。命题范围以当年发布的《中国科学院知识产权专员执业资格考试大纲》为准。考试主要包括以下四个科目:①《知识产权法律法规与政策》;②《专利申请、审查、复审、无效与诉讼》;③《知识产权检索利用与知识产权分析报告撰写》;④《知识产权战略、管理与经营》。其中前两科闭卷笔试,后两科开卷笔试。每科考试时间为 150 分钟。

该办法规定,考试报名人员原则上限于中国科学院直属机构正式聘用人员且有普通高等院校本科及以上学历。参与考试出题、审题和组织管理的人员不得参加考试。考生拥有国家知识产权局颁发的《专利代理师资格证书》可以免考《知识产权法律法规与政策》《专利申请、审查、复审、无效与诉讼》两科。单科考试成绩 3 年内有效。通过规定的 4 科考试者,由中国科学院知识产权管理处颁发"中国科学院知识产权专员执业资格证书"。

4. 国际技术转移经理人资格培训

国外主要国家高校科研机构技术转移办公室有相当部分人员获得了技术转移经理人资格,如美国大学技术转移经理人协会技术运作与组织许可技能培训课程目标是培养注册技术转移经理人(RTTP)、许可经理人资格

(CLP)。主要课程包括发明披露，知识产权入门，管理知识产权，非许可协议，发明报告，许可解剖，公司财务、许可费组合管理与分配，数据库使用，技术转移基础，发明评估，市场研究，寻找潜在伙伴，许可收益分享，谈判基础，转移和创新工具的协议。

目前，我国各地技术市场协会已经开展了多年的技术经理人和技术经纪人的培训，培养了一大批技术经理人和技术经纪人，但是由于培训系统性不够，时间短，在业内认可度不够高。为此，从2021年开始，中国知识产权管理研究会及其依托科技部国家科技评估中心成立技术经理人职业能力建设专业委员会，建立了专家指导队伍。在中国科学技术协会的支持下，中国知识产权管理研究会正在研究编制技术经理人教材。目前，中国知识产权管理研究会已起草了技术经理人初级、中级和高级培训课程，均包括知识水平与实践技能两部分。初级课程主要包括科技成果转化政策与法规概述、技术市场与技术交易、科技成果转化服务要素——机构与人才、科技成果转化方式与流程、初级知识产权保护与运营、技术经理人及团队职业素养与要求、初级科技成果评估实务、初级科技金融支持成果转化实务。中级课程包括科技成果转化政策运用实务、科技成果转化服务体系建设、知识产权保护与运营、科技成果转化与项目管理、创业孵化与科技成果产业化、国际技术转移概述、中级科技成果评估实务、技术转移策划及技术交易实务、市场调查与供需信息分析、中级科技金融支持成果转化实务。高级课程包括科技成果转化政策运用技能、国有无形资产管理制度和相关政策、经济金融基础知识、财会税务基础知识、国际技术转移实务、高级知识产权保护与运营、高级科技成果转化与项目管理、科技成果转化全流程服务与实践、科技金融支持成果转化实务、初创企业与衍生公司管理实务、高级科技成果评估实务、科技成果产业化发展前沿、新型研发机构运营与实践、知识产权运营实践系列——专利撰写与申请实务、成果转化对接资本市场专题研讨（技术入股、技术并购、股权激励等）、产学研深度融合的创新实践。

5. 联想学院特训CEO培训

2008年1月，中国科学院与联想控股共建成立了中国科学院联想学院。中国科学院联想学院最核心的"联想之星"创业CEO特训班由联想控股主导。创业CEO特训班的目标定位于通过企业家培训课程，将寻找产业技术源头、培养有技术背景的 CEO 以及风险基金三者相结合。联想学院确定了联想之星"创业培训+天使投资"的战略模式，专门设立了天使投资基金，联想之星划分为两个业务板块：免费创业培训和天使投资（弘毅和君联）。主要模式是"技术+商业计划书+投资+创业辅导"。联想之星联合联想创投和国科创投共同投资了中航星途、国盾量子、中科纳新等 600 多个中国科学院院属单位的科技成果，其中相当一部分上市成功。其早期培训课程主要包括以下六个模块。

（1）技术转移、科技成果转化。主要包括：① 助力科技创新，促进成果转化；② 商业计划书写作与团队构建；③ 中外技术转移、成果转化对比与政策解读；④ 德国弗劳恩霍夫应用研究促进基金会案例分享；⑤ 高校技术转移体系与模式案例；⑥ 科技成果转化和产业化的实践体会；⑦ 高新技术转化过程中的若干问题解析；⑧ 企业参观访问。

（2）从知识创新到技术创新。主要包括：① 科研机构科技成果转移转化及规模生产实践案例；② 加速区域创新驱动的实践与思考；③ 引领企业发展的小创新、大集成；④ 研发项目管理；⑤ 技术创新过程与方法；⑥ 科技创新与创业团队建设；⑦ 从发明到技术创新；⑧ 企业参观访问。

（3）知识产权管理。主要包括：① 知识产权法律问题；② 科技成果转移转化；③ 中国科学院知识产权管理、运营与思考；④ 知识产权管理及运营转化；⑤ 知识产权与技术转移；⑥ 企业知识产权管理；⑦ 研究所技术转移实践与知识产权管理；⑧ 企业参观访问。

（4）技术价值评估与转化、技术联盟。主要包括：① 高新技术企业知识产权资本化；② 技术评估基本方法与技术转移案例；③ 加强产学研合作，促进地方产业升级；④ 资本市场中高新技术及科技型企业的价值创造；⑤ 创业估值；⑥ 创新型技术孵化转化与实效产业化；⑦ 研究所参观访问；⑧ 讨论会。

（5）创业与风投。主要包括：① 研发与产品创新管理；② 创业企业融资；③ 科技创新、创业企业和创业板；④ 颠覆性创新和创新管理；⑤ 产业集群的机理、培育与发展；⑥ 科技创业与政策体系；⑦ 创新、创业"系统性优化"的体会与思考；⑧ 参观访问佛山产业技术创新与育成中心。

（6）国外技术转移经验与结业汇报。主要包括：① 美国大学技术转移成果转化经验；②技术转移模式的团队合作；③商业计划书与团队构建汇报；④汇报与考核。

7.4 科研机构知识产权培训考试内容

目前，我国涉及科研机构知识产权管理人员的资格考试大纲主要包括两部分，即知识产权法规政策以及专利检索、申请、审查与复审无效。由于科研机构的特殊性，科研机构知识产权工作包括知识产权分析利用、知识产权管理与运营。因此，2008年中国科学院制定了《中国科学院知识产权专员考试大纲》，并于2020年进行了全面修订。该大纲主要包括四门课程。

7.4.1 知识产权法律法规与政策

考试要求：掌握知识产权基本理论知识；掌握我国知识产权法律制度；掌握专利权法律制度、著作权法律制度、商标权法律制度；熟悉商业秘密的法律保护及反不正当竞争法；了解其他知识产权的法律保护；掌握知识产权国际保护，概念、基本原则，了解知识产权国际组织，了解主要知识产权国际条约，熟悉专利合作条约申请；熟悉科技立法中的知识产权规则；了解知识产权公共政策；熟悉中国科学院知识产权管理政策。

考试内容：

一、知识产权基本理论知识

1. 知识产权的概念，知识产权的私权本质，知识产权的基本特征。

2. 知识产权的保护对象，知识产权的主体，知识产权的客体。

3. 知识产权的分类、性质和特点。

4. 知识产权法的概念、体系及其地位。

5. 知识产权制度的作用，知识产权制度的历史和发展趋势。

二、我国知识产权法律制度

1. 我国知识产权法律体系

我国知识产权法律的制定进程，我国知识产权法律的修订与完善，我国知识产权法律制度的主要特点。

2. 我国知识产权保护体系

司法保护与行政保护双轨制，我国知识产权司法保护体系，我国知识产权行政保护体系，知识产权法院的建立。

三、专利权法律制度

1. 专利制度概述

专利制度的基本概念，专利制度的基本特征，专利制度的历史与发展，中国专利制度的建立。

2. 专利权的客体

发明，实用新型，外观设计，不授予专利保护的客体。

3. 专利权的主体及其归属

发明人或设计人，发明人或设计人的工作单位，受让人，外国人，职务发明与非职务发明，合作完成的发明创造的权利归属。

4. 授予专利的条件

新颖性，创造性，实用性，不得与他人在先取得的合法权利相冲突，形式条件，不得违反国家法律、社会公德和妨害公共利益。

5. 专利的申请、审批、复审和无效

专利的申请，专利的审查和批准，专利申请的复审，专利权的无效宣告。

6. 专利权的内容

专利权的效力，独占实施权，实施许可权，转让权，专利权的共有，专利权人的义务，专利权的期限和终止。

7. 专利权的限制

强制许可，不视为侵犯专利权的行为。

8. 专利权的保护

专利权的保护范围，侵犯专利权的行为，侵犯专利权的法律责任。

四、著作权法律制度

1. 著作权法概述

著作权的概念，著作权制度的历史和发展，我国著作权制度的历史。

2. 著作权的客体

作品的概念，作品的类型，不受著作权保护的对象。

3. 著作权的内容

发表权、署名权、修改权、保护作品完整权、复制权、发行权、出租权、展览权、表演权、放映权、广播权、信息网络传播权、摄制权、改编权、翻译权、汇编权、其他权利。

4. 著作权的主体

作者，继受人，外国人和无国籍人，合作作品的著作权人，职务作品的著作权人，汇编作品的著作权人，原件所有权转移的作品著作权归属，作者身份不明的作品著作权归属。

5. 邻接权

邻接权的概念，出版者的权利，表演者的权利，录制者的权利，播放者的权利。

6. 著作权的限制

合理使用，法定许可使用，著作权的保护期限。

7. 著作权侵权行为

直接侵权，间接侵权，承担民事责任的著作权侵权行为，承担综合法律责任的著作权侵权行为。

8. 计算机软件著作权

软件著作权的客体和主体，软件著作权的内容，软件著作权的期限和限制，软件著作权登记，侵犯软件著作权行为及法律责任。

五、商标权法律制度

1. 商标法概述

商标的概念和特征，商标制度的历史和发展，商标的分类。

2. 商标权的取得

取得商标权的途径，商标注册的原则，商标注册的条件，商标注册程序。

3. 商标权的内容

专用权，许可权，转让权，续展权，标示权，禁止权。

4. 商标权的消灭

注册商标的注销，注册商标的撤销，注册商标无效制定。

5. 商标权的限制

商标的合理使用，合理使用的类型。

6. 商标侵权行为

商标侵权行为的概念，商标侵权行为的表现形式。

7. 驰名商标的保护

驰名商标的概念，驰名商标的认定，驰名商标的特殊保护措施。

六、商业秘密的法律保护与反不正当竞争法

1. 商业秘密的法律保护

商业秘密的概念，商业秘密的保护途径，侵犯商业秘密的行为，侵犯商业秘密的法律责任。

2. 反不正当竞争法

反不正当竞争法的适用范围，基本原则。

七、其他知识产权的法律保护

集成电路布图设计权、植物新品种权、地理标志权、企业名称及商号权、域名权的概念、基本内容和保护方式。发现权、发明权与科技成果完成人权益的保护。

八、知识产权的国际保护

1. 知识产权国际保护

知识产权国际保护的概念，基本原则。

2. 知识产权国际保护组织

世界知识产权组织，世界贸易组织。

3. 主要知识产权国际条约

伯尔尼公约，巴黎公约，马德里公约，建立世界知识产权组织公约，与贸易有关的知识产权协定。

4. 专利合作条约申请

国际申请的提出，国际检索，国际审查。

九、科技立法中的知识产权规则

1. 财政性科技项目的知识产权制度

科技成果的知识产权形态，权利归属的一般规定，例外情况，政府介入权，项目承担者的主要义务，美国拜杜法案，中国科技进步法。

2. 促进知识产权转移转化制度

促进科技成果转化法，科研机构转移转化义务，转移转化的国有资产管理知识产权资产评估制度。

3. 知识产权成果转化的报酬与奖励制度

知识产权成果转化报酬与奖励制度的发展，知识产权奖励的性质，知识产权奖励的主要类型，完成人报酬的法律保护。

十、知识产权公共政策

1. 知识产权公共政策及其体系

概念，分类，创造政策，运用政策，保护政策，管理政策。

2. 作为创新政策工具的知识产权政策

财政性投入政策，税收政策，投融资政策，政府采购政策，科技计划项目管理政策。

3. 作为贸易保护工具的知识产权政策

贸易保护与知识产权，反垄断与知识产权，技术进出口管制，技术标准与知识产权。

十一、中国科学院知识产权管理政策

1. 中国科学院知识产权管理机制

院所两级单位知识产权管理，知识产权管理工作重点，知识产权管理组织结构和工作内容。

2. 中国科学院知识产权管理政策

中国科学院新形势下科技成果转化指导意见，中国科学院促进科技成果转化专项行动，中国科学院院属单位知识产权管理办法。知识产权创造与权利归属，知识产权保护和运用，知识产权保密，涉外知识产权与国际合作，知识产权放弃与责任。

3. 知识产权保护与技术转移政策

知识产权资产管理政策，知识产权评估政策，兼职与离岗创业政策。

7.4.2 专利申请审查、复审、无效与诉讼

考试要求：掌握专利申请程序及手续；熟悉涉外专利申请；掌握说明书撰写、掌握权利要求书撰写；熟悉专利申请的初步审查；掌握发明专利申请的实质审查；熟悉审查意见通知书的答复；了解专利复审和无效；了解专利纠纷处理与诉讼。

考试内容：
一、专利申请程序及手续
1. 专利申请的手续

申请日的确定，申请日的作用。优先权的定义，优先权日，优先权的种类，优先权的效力。分案的情形，分案申请的申请人，分案申请的效果。

期限的种类，期限的计算，期限的延长，耽误期限的处分。费用的类别，费用的减缴，费用的缴纳期限、方式，专利费用的退款、暂存和查询。

专利审批流程，申请发明、实用新型和外观设计专利应提交的文件及形式，专利申请的受理，文件的递交和送达，委托和解除委托专利代理机构，指定联系人和代表人，优先权的请求，保密审查请求，生物材料样品保藏，不丧失新颖性宽限期声明，请求提前公开，请求延长期限，请求恢复权利。

2. 专利申请的审查

发明专利申请初步审查和实质审查，实用新型和外观设计专利申请的初步审查。

3. 专利权的授予

授权程序，专利证书，专利登记簿，专利权的终止，撤回专利申请声明，著录项目变更，请求恢复权利，请求中止，请求作出实用新型和外观设计专利权评价报告。

4. 电子申请的规定

电子申请用户、电子申请用户注册、电子申请的接收和受理、电子申请的特殊审查规定、电子发文。

二、涉外专利申请
1. 涉外专利申请概述

涉外专利申请的概念、法律依据和条件。中国人申请国外专利的途径，巴黎公约和PCT申请两种途径的优劣对比。

2. 专利合作条约申请

《专利合作条约》（PCT）的产生和发展，PCT内容简介，受理局，国际检索单位，国际初步审查单位，国际局，指定局和选定局。PCT体系的程序设计，我国加入和利用 PCT 的情况，PCT 申请国际阶段的程序，国际申请的提交，形式审查和国际申请日的确定。

PCT 国际申请进入国家阶段的期限、手续，PCT 申请进入国家阶段的实质审查原则。实质审查所依据的文本，原始提交的国际申请文件的法律效力，修改文本的审查，PCT 费用与缴纳。

三、专利申请文件的撰写

1. 说明书撰写

理解说明书的撰写要求：正确理解发明创造技术方案，确定能够获得专利权的申请主题，充分挖掘发明构思的各种实现方案。掌握说明书撰写的形式要求和实质要求，正确撰写说明书的各个部分，考虑说明书的内容对权利要求的支持，掌握附图的绘制要求，说明书附图是说明书的组成部分，了解撰写说明书摘要的基本要求。

2. 权利要求书撰写

对权利要求书的撰写要求，要求保护能够被授予专利权的主题，以说明书为依据，清楚、简要，满足单一性要求。独立权利要求应当从整体上反映发明或实用新型的技术方案，记载解决技术问题的必要技术特征，独立权利要求包括前序部分和特征部分，从属权利要求包括引用部分和限定部分，掌握对权利要求的其他形式要求。

3. 外观设计申请文件

使用外观设计产品的名称要求，外观设计图或照片的绘制要求，外观设计简要说明的撰写要求，外观设计专利申请应注意的问题。

4. 涉及计算机程序的专利申请文件

涉及计算机程序的发明专利申请文件的撰写，包含计算机程序的发明专利申请能被授予专利权的条件，权利要求书和说明书撰写的特殊要求。

5. 化学领域专利申请文件

化学领域专利申请文件的撰写，化学领域专利申请的特殊要求，不授予专利权的化学申请主题、化合物及组合物权利要求书和说明书的撰写。

6. 生物领域专利申请文件

生物领域专利申请文件的撰写，生物材料的保藏、生物专利申请文件形式上的特殊要求、实用性要求、权利要求书和说明书的撰写。

四、专利申请的初步审查

1. 发明专利申请的初步审查

理解发明专利申请初步审查的审查原则和审查程序，申请文件的形式审查，分案申请的核实、期限和费用。涉及生物材料的申请的核实以及保藏的恢复，涉及遗传资源的申请。委托专利代理机构，优先权，不丧失新颖性的公开。实质审查请求，提前公布声明，撤回专利申请声明，著录项目变更，专利申请权或专利权转移，明显实质性缺陷的审查。

2. 实用新型专利申请的初步审查

理解实用新型专利申请初步审查的审查原则和审查程序，委托专利代理机构，优先权，不丧失新颖性的公开，撤回专利申请声明，著录项目变更。专利法第五条和第二十五条的审查，专利法第二条第三款的审查。申请文件的审查，对修改申请文件的审查，单一性的审查，分案申请的审查，新颖性的审查，实用性的审查，对同样的发明创造的审查，保密审查，进入国家阶段的国际申请的审查。

3. 外观设计专利申请的初步审查

理解外观设计专利申请的初步审查的审查原则和审查程序，对使用外观设计产品名称的要求，对图片或照片的要求，对简要说明的要求，对成套产品的外观设计专利的审查。对外观设计保护客体的审查：外观设计必须以产品为载体，外观设计必须以产品的形状、图案为对象，外观设计必须富有美感，外观设计必须适合工业上应用，外观设计必须是一种新的设计。

五、发明专利申请的实质审查

理解实质审查程序及其基本原则，新颖性的概念、审查原则和基准，对优先权的审查，对同样发明创造的处理，创造性的概念、审查原则和基准，开拓性发明、组合发明、选择发明、转用发明、用途发明和变更要素发明的创造性判断，审查创造性时应注意的问题，实用性的概念和审查原则、审查基准，单一性的概念和审查原则，分案申请的审查，涉及计算机程序的发明专利申请的审查，化学领域发明专利申请的审查。

初步审查程序中审查意见的答复，发明、实用新型形式缺陷的补正，外观设计图或照片及简要说明的补正。实质审查程序中审查意见的答复，审查意见的理解分析，针对缺乏权利要求新颖性、创造性、保护范围不清楚、说明书公开不充分等实质性问题的答复，意见陈述书的撰写。

六、审查意见通知书的答复

理解审查意见通知书的答复方式，包括核实审查所针对的文本、判断审查意见通知书中的倾向性意见、分析对比文件、确定答复策略并撰写意见陈述书，常见典型问题的答复涉及新颖新、创造性、保护客体、说明书公开不充分、权利要求不清楚、权利要求得不到说明书支持、独立权利要求缺少必要技术特征、修改超范围、同样的发明创造和单一性。

七、专利复审和无效

1. 专利申请的复审

专利复审委员会的组成和任务，审查原则，合议审查，独任审查，回避制度，审查决定，更正及驳回请求，对专利局复审和无效审理部的决定不服的司法救济。复审程序的性质，复审请求的形式审查，复审请求的前置审查，复审请求的合议审查，复审决定，复审程序的中止，复审程序的终止，复审请求书，对复审通知书的答复。

2. 专利权的无效宣告

无效宣告程序的性质，无效宣告请求应当遵循的审查原则，无效宣告请求的形式审查，无效宣告请求的合议审查，无效宣告程序的中止，无效宣告请求审查决定，无效宣告程序中对于同样发明创造的处理，无效宣告程序的终止，口头审理，无效宣告程序中的证据，无效宣告请求书，针对无效宣告请求的意见陈述以及对专利文件的修改，宣告无效的效力。

八、专利纠纷处理与诉讼

1. 专利纠纷的种类

专利行政纠纷的种类（地方管理专利工作的部门做出行政决定、国家知识产权局和专利局复审和无效审理部做出的授权、确权行政决定）和特点。专利行政纠纷的解决途径：向法院起诉（法院受案范围、管辖法院）。

专利民事纠纷的种类（侵犯专利权纠纷、专利权归属纠纷、专利合同纠纷）及含义。专利民事纠纷的解决途径：自行协商、民间调解、请求管理专利工作的部门处理、向法院起诉（管辖法院）。

假冒他人专利罪，犯罪构成要件。

2. 专利行政诉讼

专利行政诉讼的特点，专利行政诉讼中的第三人，法院审理专利行政案件的原则。

3. 专利民事诉讼

职务发明创造与非职务发明创造，发明人或者设计人，职务发明人奖励与报酬的规定，共有专利权的法律特征。

侵犯专利权行为，间接侵权和共同侵权，不视为侵犯专利权的行为。发明和实用新型专利权保护范围的确定，对专利权利要求的解释，专利侵权的判定原则。外观设计专利保护范围的确定，外观设计专利侵权的判断原则，外观设计与在先权利相冲突。

不侵犯专利权抗辩，现有技术抗辩，请求确认不侵犯专利权，反诉专利权无效。

专利侵权诉讼的举证责任，方法专利侵权的举证责任倒置，专利侵权诉讼中的技术鉴定。

专利侵权诉讼中的临时措施：诉前停止有关行为、诉前财产保全、诉前证据保全。

侵犯专利权的法律责任（停止侵权、赔偿损失、消除影响），损失赔偿额的计算方法。

侵犯专利权的诉讼时效。实用新型、外观设计专利检索评价报告。假冒专利的行为。

7.4.3 知识产权检索利用与知识产权分析报告撰写

考试要求：熟悉专利文献的基本知识；了解各国专利文献；熟悉国际专利分类表；掌握专利信息检索基础；了解常用专利信息检索系统；熟悉专利信息检索实务；了解其他知识产权检索；掌握专利分析；掌握科研项目知识产权分析；熟悉专利导航分析；熟悉产业专利预警分析；熟悉重大经济科技项目知识产权分析评议。

考试内容：

一、专利文献基本知识

专利文献和专利信息的概念、特点、作用，专利单行本内容，专利文献种类及代码，专利编号体系，专利文献著录项目及代码，专利引文，同族专利。

二、主要国家专利文献

中国专利单行本种类，中国专利编号体系，中国专利文献著录项目。美国专利单行本种类，美国专利编号体系，美国专利文献著录项目。日本专利单行本种类，日本专利编号体系，日本专利文献著录项目。欧洲专利单行本种类，欧洲专利编号体系，欧洲专利文献著录项目。PCT国际申请专利单行本种类，PCT专利编号体系，PCT专利文献著录项目。

三、国际专利分类表

国际专利分类概述，国际专利分类表结构与内容，国际专利分类规则与使用，国际专利分类方法。

四、专利信息检索基础

专利信息检索的信息特征，专利信息检索系统，专利信息检索种类，专利信息检索策略，专利信息分析的基本方法。

五、常用专利信息检索系统

中国专利检索系统，国家知识产权局网站专利信息检索系统。美国专利商标局网站专利检索系统，美国专利商标局网站专利法律状态检索系统。日本专利局网站专利检索系统，日本专利局网站法律状态检索系统。欧洲专利局网站和专利检索系统。世界知识产权组织专利申请信息检索等。

六、专利信息检索实务

专利技术方案检索方法，其他专利检索方法。专利检索策略制定（关键词与分类号的组合运用），专利法律状态检索。专利检索质量管理。

七、其他知识产权检索

中国商标检索，中国计算机软件著作权检索，中国集成电路布图设计检索，中国植物新品种检索，世界知识产权组织其他知识产权检索。

八、专利分析

1. 专利基本分析：专利分类号，专利申请国别，专利申请人，专利发明人，专利申请日，专利授权日分析。

2. 专利技术分析：专利技术主题分析，专利技术生命周期分析，技术优势指数分析，技术依赖性分析，技术流向分析，核心专利分析（布拉福德定律、专利引用），专利布局分析，竞争与合作分析。

3. 专利法律状态分析：权利要求保护特征分析，专利预警分析，失效专利分析。

4. 熟悉常用的专利分析指标与含义，以及常用的专利分析工具。

九、科研项目知识产权分析

1. 科研项目知识产权分析内容

知识产权检索分析，科研项目创新性分析，知识产权预警预测分析，知识产权战略布局分析，知识产权申请获取分析，知识产权维持分析，技术标准与专利池分析，知识产权价值评估分析，知识产权合同分析，知识产权转移转化分析。

2. 科研项目知识产权分析报告撰写

立项科研项目知识产权分析报告结构，验收科研项目知识产权分析报告结构，验收后三年科研项目知识产权分析报告结构。

3. 科研项目知识产权分析评估与建议

科研项目知识产权分析评估，报告的结构、结论、建议、评估，分析报告结构是否合理。检索的时间跨度及范围是否合理，知识产权检索策略是否正确，分析方法与工具是否合适，图表内容与文中内容是否一致，项目分解是否科学。专利布局体系是否完善，价值评估是否符合实际，实施许可方式选择是否可行，结论与建议是否可用。科研项目知识产权分析结论，科研项目知识产权分析建议。

十、专利导航分析

专利检索，专利基本分析（权利人、申请日、IPC、地域、竞争力、研发力），专利导航研发投入，专利导航产品开发，专利导航股权投资，专利导航质押贷款。

十一、产业专利预警分析

产业技术分析，产业主导产品技术分解，项目或产品技术特征凝练，专利检索，专利技术分析，专利质量分析，专利风险分析，专利风险警度计算，专利风险规避举措。

十二、重大经济科技项目知识产权分析评议

知识产权技术分析评议，知识产权法律分析评议，知识产权市场分析评议，知识产权分析评议报告撰写。

7.4.4 知识产权战略、管理与经营

考试要求：了解科研机构知识产权管理基本概论；了解科研机构知识产权战略规划管理；了解科研机构知识产权组织管理；掌握科研项目知识产权全过程管理；熟悉科研机构知识产权质量与效益管理；熟悉科研机构技术标准的知识产权管理；了解职务知识产权的激励管理；掌握科研机构知识产权保护管理；了解科研机构知识产权风险管理；掌握知识产权运营管理；了解知识产权管理涉及的经济学知识。

考试内容：

一、科研机构知识产权管理概论

科研机构知识产权管理的概念、功能、分类、原则，科研机构知识产权管理标准化，科研机构知识产权综合评价。

二、科研机构知识产权战略规划管理

科研机构知识产权战略规划管理的概念、目标，知识产权战略环境分析，知识产权战略选择，知识产权战略规划总体思路，知识产权战略规划任务措施，知识产权战略规划的实施。

《知识产权强国建设纲要（2021—2035年）》《"十四五"国家知识产权保护和运用规划》《关于推动科研组织知识产权高质量发展的指导意见》。

国外主要国家知识产权战略规划。

三、科研机构知识产权组织管理

科研机构知识产权组织管理概念。国外科研机构知识产权管理组织机构，组织管理模式，管理人员。我国科研机构知识产权组织管理。知识产权管理机构与产业界关系，与代理机构关系，与政府部门关系。知识产权管理机构人才队伍建设。

四、科研项目知识产权全过程管理

1. 国内外科研项目知识产权管理

2. 科研项目知识产权全过程管理概述

科研项目知识产权全过程管理的概念、思路。

3. 科研项目知识产权全过程管理的主要任务和环节

立项阶段，结题验收阶段，验收后三年阶段的知识产权管理。科研组织

知识产权管理规范贯标。

4. 科研项目知识产权全过程管理的考核指标体系

科研项目知识产权全过程管理的考核原则，考核指标体系。

五、科研机构知识产权质量与效益管理

主要国家专利质量指标体系，专利质量研究，专利质量测度原则与指标体系。

科研机构专利质量问题分析：法律法规问题，政策导向问题，专利管理问题，专利代理问题，专利审查问题，转化激励问题。

专利质量与专利效益。

六、科研机构技术标准管理

技术标准，标准知识产权政策，标准专利披露政策，标准专利许可政策，专利池政策，许可收益与收益分配政策。

七、职务知识产权的激励管理

国外职务知识产权激励政策，知识产权激励法律法规，职务发明权属激励制度，知识产权激励政策，科研机构知识产权激励政策。

八、科研机构知识产权保护管理

知识产权权利自我保护，知识产权申请审查权利维护，知识产权行政司法权力维护。

九、科研机构知识产权风险管理

风险管理概论，知识产权管理的风险识别，知识产权管理风险分析，知识产权风险管理对策。

十、知识产权运营管理

1. 基础知识

知识产权运营的概念，主要形式，基本特征，作用和意义，与科技成果转移转化的关系。

2. 我国知识产权运营概述

我国知识产权运营的简要历程，发展方向。

3. 知识产权运营基本规律

数量规模规律，能人黏着规律，资金密集规律，产业特化规律，法律依存规律。

4.知识产权交易

知识产权转让,知识产权许可。

5.知识产权金融

知识产权保险,知识产权质押融资,知识产权证券化,知识产权运营基金。

6.知识产权评估

知识产权评估基本原则,专利价值评估模型。

7.知识产权运营典型案例

8.中国科学院知识产权运营要点

十一、知识产权管理涉及的经济学知识

经济学基础知识,经济学主要观点。

7.5　知识产权培训班

7.5.1　知识产权普及培训班

集中型知识产权培训班是普及型培训班,也称会议型培训班,将参加培训人员集中到一起,由培训专家面对面授课。科研机构集中型知识产权培训班的课程主要有三种类型。

1.知识产权分管领导课程(9门)

本系列课程旨在使研究所知识产权分管领导全面把握国际国内知识产权制度的发展趋势和热点问题,掌握国家知识产权战略的基本内容和要求,深入了解与知识产权相关的国内其他法律法规知识,了解我国知识产权获取、保护和管理中的核心环节和关键问题的实务操作,加深对知识产权制度的理解和认识,进一步扩展知识产权知识,提高知识产权战略管理和决策的能力和水平。

(1)知识产权法律制度与战略。主要涵盖专利权、商标权、著作权等知识产权重要原理原则、法律制度。中外主要国家知识产权战略与实施。

(2)知识产权与科技创新。主要涉及科技创新与知识产权、知识产权与技术标准、知识产权与创新型国家科技强国建设、知识产权与创新能力建设关系。

（3）中国科学院知识产权制度与管理。主要涉及中国科学院知识产权战略、规划与政策。

（4）科研项目知识产权全过程管理。主要涵盖科研项目知识产权管理的原理、方法、内容和操作步骤。

（5）知识产权保护。主要涉及知识产权行政调处、行政执法、边境保护、专项行动等行政保护内容，涉及复审无效与诉讼、知识产权侵权判定标准、相关案例等司法保护内容。

（6）知识产权转移转化。主要涉及知识产权转移转化的组织机构、制度与政策、发明披露评估与专利质量评估、知识产权转让许可与作价出资流程、合同与谈判、衍生公司管理等内容。

（7）科技合作与知识产权管理。主要涉及国际国内科技合作中的知识产权归属、知识产权收益分配等。

（8）国家科技计划中的知识产权管理。主要涉及国家财政项目管理中的知识产权问题，包括科技计划项目知识产权声明、知识产权质量要求、知识产权保护责任、知识产权转移运用责任及科技报告等。

（9）知识产权管理案例。主要为2～3个中国科学院优秀研究所和知名企业知识产权管理案例。

2. 知识产权管理骨干课程（13门）

本系列课程旨在使培训对象系统掌握知识产权法律法规基本知识，了解运用知识产权的实际技能，熟悉我国知识产权行政和司法保护的法律规定及程序，深入了解知识产权战略的基本内容，全面了解知识产权管理工作的性质和职责，提高运用知识产权的能力，具备从事知识产权管理工作的知识和能力。

（1）主要国家知识产权战略及其实施。主要涉及美国、欧洲、日本、韩国等国家或地区的国家知识产权战略，包括知识产权战略的制定、主要战略政策与措施、知识产权战略的实施，以及各国知识产权战略的发展趋势与重点。

（2）中国科学院知识产权战略、制度与管理。主要包括中国科学院知识产权战略、主要知识产权制度支持规定和知识产权状况。

（3）知识产权法律与政策。主要包括著作权、专利以及商标在内知识产权制度的产生与发展，以及著作权法、专利法及商标法的基本概念、基本原理和基本制度；重点涉及专利权、商标权和著作权等主要知识产权的获取方式、权利保护、侵权构成及责任承担形式，其他重点国家知识产权法律的基本情况。知识产权的创造、运用、保护和管理政策。

（4）知识产权行政与司法保护。主要涉及知识产权行政调处、行政执法、边境保护、专项行动等行政保护内容，涉及复审无效与诉讼、知识产权侵权判定标准、相关案例等司法保护内容。《保密协议》《合作协议》《专利转让协议》和《专利实施许可协议》等合同模板讲解。

（5）知识产权战略与科研项目知识产权全过程管理。主要涵盖科研项目知识产权管理的意义、原理、功能、方法、步骤等。

（6）专利信息检索与利用。主要涉及中外知识产权尤其是七国两组织专利的检索与分析，包括数据库、检索方法与检索式、分析的主要步骤和方法。

（7）知识产权代理实务。主要包括知识产权代理机构的特点和主要职能，知识产权管理人员与代理机构关系，知识产权质量控制，知识产权官费与代理费缴纳等。

（8）专利的申请、审查、复审与无效。主要涉及专利申请文件撰写、专利复审程序、无效程序等法律规定和实务。

（9）知识产权评估理论与经营。主要包括知识产权价值评估的主要内容、主要方法和评估案例。知识产权转移转化的组织机构、制度与政策、知识产权价值评估、合同与谈判、投融资等内容。

（10）技术标准与专利池构建。主要包括知识产权与技术标准的异同，专利与技术标准的实质性关联的判断方法与原则，以及相关案例。技术标准制定中专利池构建的现状和主要问题，国内外技术标准制定的成功经验，尤其是专利池模式与政策。

（11）知识产权分析报告撰写。主要包括知识产权分析报告的主要内容，知识产权分析的主要内容和指标、知识产权预测预警方法技术、知识产权侵权判定与技术标准制定和实施许可分析。

（12）外国科研机构知识产权管理的理论和实践。主要包括美国、德国、英国、日本等主要发达国家的科研机构及大学的知识产权管理的发展，知识产权管理的主要模式和经验，知识产权管理的重要环节等。

（13）中国科学院优秀研究所与国内外企业的知识产权管理案例与实务。主要为中国科学院优秀研究所和国内外知名企业及美国大学技术转移协会的知识产权管理案例。

3. 知识产权专员培训班课程（20 门）

本系列课程旨在使学员掌握知识产权战略、法律、管理及经营的基本知识，对相关概念、方法、专题有初步了解，对知识产权的管理与经营相关知识也有一定程度的掌握，初步具备从事知识产权专员工作的知识和技能，为知识产权专员的日常工作及进一步提高知识产权管理和服务能力打下基础。

（1）主要国家知识产权战略及其发展。主要涉及美国、欧洲、日本、韩国等国家或地区的国家知识产权战略，包括知识产权战略的制定、主要战略政策与措施、知识产权战略的实施，以及各国知识产权战略的发展趋势与重点。

（2）中国科学院知识产权战略、制度与管理。主要包括我院知识产权战略思路、主要知识产权制度规定和知识产权管理状况。

（3）知识产权法律与政策。主要包括著作权制度、专利制度以及商标法制度在内的知识产权制度产生与发展，以及著作权法、专利法及商标法的基本概念、基本原理和基本制度；重点涉及专利权、商标权和著作权等主要知识产权的获取方式、权利保护、侵权构成及责任承担形式，其他重点国家知识产权法律的基本情况。

（4）知识产权行政执法。主要包括行政执法的法律基础、管理体系、法律程序、执法手段，知识产权的海关保护，展会知识产权保护；重点涉及侵犯专利权、商标权和著作权行为的行政处罚程序，专利纠纷的行政调解程序与内容，以及行政执法中的证据制度等内容，知识产权行政执法与司法保护对接。

（5）知识产权司法保护。主要包括我国知识产权司法保护的现状、法律依据及知识产权诉讼的基本知识和原理，重点以专利行政诉讼、专利权属诉讼、专利侵权诉讼、专利合同诉讼为对象介绍知识产权案件中的重要司法文件、侵权判定方式、诉讼管辖制度、证据制度、时效制度，以及知识产权仲裁制度等实务内容。

（6）知识产权国际保护。主要包括世界知识产权组织、世界贸易组织、世界卫生组织、联合国教科文组织等国际组织中知识产权机制的产生、发展及运作，主要知识产权国际条约、多边和双边协议的基本状况、发展历程、主要内容、法律适用及国际纠纷解决机制，知识产权国际秩序的未来发展趋势，重点涉及世界知识产权组织及其所属知识产权国际公约、世界贸易组织及其所属知识产权协议。《保密协议》《合作协议》等合同模板讲解。

（7）专利信息检索与利用。主要涉及中外知识产权尤其是七国两组织专利的检索与分析，包括数据库、检索方法与检索式、分析的主要步骤和方法。

（8）专利申请审查。主要涉及专利说明书与权利要求书撰写、答复审查意见有关法律规定和实务。

（9）专利复审与无效。主要涉及专利复审程序和无效程序的法律规定和法律实务。

（10）知识产权评估理论与方法。主要包括知识产权价值评估的主要内容、主要方法和评估案例。

（11）知识产权运营与策略。主要涉及知识产权转移转化的组织机构、制度与政策、知识产权价值评估、合同与谈判、投融资等内容。

（12）知识产权投资与融资。主要涉及知识产权质押担保、风险投资、创业投资、天使投资、股权投资等知识产权投融资机制的基本类型、主要原理和基本内容，知识产权投融资的基本方法和主要路径，知识产权投融资中的实践与操作问题。

（13）知识产权合同与许可。主要涉及知识产权合同谈判、签订、履行、变更和终止的一般原理和基本概念，知识产权合同风险管理的流程与规范，知识产权合同纠纷的司法救济与处置，以及知识产权许可的基本类型、许可策略、知识产权许可与反垄断、知识产权许可中的风险控制等内容。《专利转让协议》和《专利实施许可协议》等合同模板讲解。

（14）知识产权与技术标准。主要包括知识产权与技术标准的异同，专利与技术标准的实质性关联的判断方法与原则，专利池构建的方法与许可政策，以及国内外相关专利池许可案例。

（15）科研项目知识产权全过程管理。主要涵盖科研项目知识产权管理的意义、原理、功能、方法、步骤等。

（16）科研项目知识产权分析报告撰写。主要包括知识产权分析报告的主要内容，知识产权分析的主要内容和指标、知识产权预测预警方法技术、知识产权侵权判定与技术标准制定、实施许可分析。

（17）知识产权管理标准化及管理规范。主要包括知识产权管理的基本原理、管理框架和管理工具，研究所知识产权管理的目标，研究所知识产权管理的功能定位，研究所知识产权管理组织模式，研究所知识产权管理内部组织模式，知识产权机构与产业界的联系，知识产权机构与知识产权代理部门的联系，知识产权机构与政府部门的联系。研究所知识产权管理文件的编制、知识产权管理流程的设计、知识产权管理的绩效考评规范。

（18）知识产权政策与科技管理。主要包括与知识产权相关的公共科技政策体系，国家财政项目中的知识产权管理，科研项目产出知识产权的转移激励、利益分配与产业化政策，职务知识产权的管理与运用等问题，以及面向自主创新的知识产权创造、运用、保护和管理等政策。

（19）外国科研机构知识产权管理的理论和实践。主要包括美国、德国、英国、日本等主要发达国家的公共科研机构及大学的知识产权管理的发展，知识产权管理的主要模式和经验，知识产权管理的重要环节等。

（20）中国科学院优秀研究所与国内外企业的知识产权管理案例与实务。主要为中国科学院优秀研究所和国内外知名企业及美国大学技术转移协会的知识产权管理案例。

7.5.2　知识产权高级培训班

高级培训班课程旨在使经过普及型培训的人员进一步掌握知识产权相关知识，进一步提高知识产权实际操作技术和技能，提高知识产权的实际工作能力，具备从事知识产权管理工作的较高知识水平和能力。

1. 专利信息检索与利用专题培训班

（1）专利信息检索技巧。主要涉及专利信息检索概述、专利信息检索基本途径、专利信息综合检索和检索案例分析。

（2）美国、日本、欧洲专利信息检索与利用。主要介绍美国、日本、欧洲的专利信息检索系统。

（3）中国专利在线分析系统。主要涉及系统概述、数据范围、系统功能和应用举例。

（4）专利信息检索系统 Thomson Data Analyzer 和 Thomson Innovation 介绍。主要涉及 Thomson Data Analyzer 概况、数据导入与数据管理、数据规范/数据结构化、数据分析、生成报告。Thomson Innovation 概览、利用 Thomson Innovation 加速专利信息获取和获取竞争情报信息。

（5）专利地图分析方法与应用。主要涉及专利地图在战略情报分析中的作用、专利统计图的生成与应用、专利引证图的生成与应用、利用生成专利文本聚类地图挖掘战略情报。

（6）专利信息分析在研究所专利战略制定中的应用。主要涉及培养情报思维、专利检索和分析中的相关问题、专利分析实务、专利情报在科研机构工作中的应用和专利战略的实施。

（7）专利预警分析。主要涉及技术标准中的专利预警分析、竞争对手专利预警分析、特定技术领域专利预警分析和专利预警分析服务解决方案。

（8）专利侵权分析与规避设计。主要涉及专利侵权判定、专利侵权分析和规避设计。

（9）我院科研项目知识产权分析报告撰写实例。主要涉及中国科学院科技先导专项知识产权态势分析报告和技术领域专利深度分析报告。

（10）专利分析与布局案例。主要为国内外优秀科研机构及企业的案例分析。

（11）交流研讨。由授课专家结合所讲内容，参照 MBA 案例教学方式组织交流研讨。

2. 知识产权保护专题培训班

（1）专利申请文件撰写技巧。主要涉及撰写申请文件的准备工作、权利要求书的撰写和实例分析、说明书及其摘要的撰写和实例分析。

（2）专利侵权分析与文件撰写。主要涉及权利要求的解释、专利权与侵权的关系、专利权的保护范围和侵权判定。

（3）答复意见书与专利复审请求书的撰写。主要涉及答复意见和复审请求的程序、规定、技巧等。

（4）专利无效宣告请求及答复、答辩。主要涉及无效宣告请求及答复、答辩的程序、规定、技巧等。

（5）专利纠纷防范与处理及侵权纠纷案例分析。主要涉及知识产权诉讼案件的特点、知识产权民事纠纷种类、审判管辖级别和地域、权利保护手段、解决专业技术问题的途径、专利侵权诉讼时效、损害赔偿计算方法、防止权利滥用、知识产权诉讼的策略与技巧。

（6）PCT申请技巧与实务。主要涉及受理阶段、国际检索阶段、国际初审阶段和国家阶段的技巧和实务。

（7）美国专利法改革及其启示。主要涉及美国发明法简介、主要条款及实施时间表、关于专利申请的重要条款、专利颁布后程序、美国专利申请的突出问题及对策、启示。

（8）知识产权合同的法律风险及防范。主要涉及知识产权开发、转让、许可、质押合同的基本原则、主体、订立、生效、无效、履行和解除。《保密协议》《合作协议》等合同模板讲解。

（9）技术秘密保护。主要涉及技术秘密的定义和特点、技术秘密保护的法律依据、技术秘密与专利保护的区别、技术秘密的许可与转让。

（10）知识产权纠纷案例。主要为国内外有借鉴意义的典型案例。

（11）交流研讨（由授课专家结合所讲内容，参照MBA案例教学方式组织交流研讨）。

3. 知识产权管理与转移转化专题培训班

（1）研究所知识产权战略与规划制定。主要涉及研究所知识产权战略与规划制定的功能、原理、方法、步骤等。

（2）研究所知识产权管理模型。主要涉及研究所知识产权管理的模式、体制、机制和机构。

（3）国外主要科研机构与高校的知识产权管理经验及启示。主要涉及马普学会、弗朗霍夫协会、牛津大学、美国国立卫生研究院、斯坦福大学、东京大学、韩国科技研究院等的知识产权管理及对我国的启示。

（4）如何与专利事务所和专利代理人打交道。主要涉及专利事务所和代理人的筛选、磨合和日常管理。

（5）科技合作中的知识产权管理。主要涉及科技合作的谈判、合同、合作模式、知识产权归属与使用。

（6）国外知识产权管理案例分析。主要为国外科研机构、高校及企业的知识产权管理案例分析。

（7）知识产权转移转化政策。主要涉及知识产权转移转化相关的法律、制度、支持政策、科技计划等。

（8）知识产权合同签订与风险规避。主要涉及知识产权开发、转让、许可、质押合同的基本原则、主体、订立、生效、无效、履行和解除。《专利转让协议》和《专利实施许可协议》等合同模板讲解。

（9）国外知识产权转移转化案例分析。主要为国外科研机构、高校及企业的知识转移转化案例分析。

（10）技术转移时资格案例分析。美国技术转移协会资格考试与能力要求介绍。

（11）知识产权技术许可、转让操作实务。主要涉及技术许可与转让的方式、合同、价值评估、价值实现等。

（12）交流研讨（由授课专家结合所讲内容，参照 MBA 案例教学方式组织交流研讨）。

7.5.3 知识产权在线培训班

在线培训主要是通过网络会议面向初级科研和管理人员的知识产权培训方式，主要培训知识产权基础知识。开展网络型培训必须建立培训的网络，网络能够播放视频。近年来，中国科学院在线培训包括两个部分。

一是中国科学院继续教育网的视频课件，主要包括知识产权法、知识产权检索分析、专利申请审查实务、科研项目知识产权全过程管理等课程。

（1）知识产权基础知识。主要包括知识产权概念、特征、主体、客体、保护途径、保护期限等基础知识产权知识，以及知识产权法律规定，中外主要国家知识产权法律制度的基本情况。

（2）专利信息检索与利用。主要包括中外专利的检索与分析的基础知识产权，包括数据库、检索方法与检索式、专利分析的主要步骤和方法。

（3）专利基础知识。主要包括专利的申请、审查、复审与无效基础知识，涉及专利申请文件撰写、专利复审程序、无效程序等内容。

（4）知识产权管理。主要包括知识产权管理的概念、管理原则、管理方式、管理职责等基础知识，涵盖战略规划、组织建设、教育培训、奖励激励、风险控制等内容。

二是专题在线培训班，如2023年在线高端知识产权培训班主要包括以下培训班：

（1）专利法第四次修正解读。介绍了我国专利法第四次修正的背景，包括我国专利的规模数量、国际的法律规则和国内的专利政策体系等对第四次修正产生很大影响。全面介绍了专利法第四次修正的全部内容，并重点对惩罚性赔偿制度、职务发明制度、开发许可制度、外观设计制度、药品特殊保护五方面内容进行了详细的讲解。

（2）《赋予科研人员职务科技成果所有权或长期使用权试点实施方案》试点成效分析。介绍了赋权的含义和特征，解读了赋权的实施方案，并对赋权的政策立法进行了梳理。包括试点范围得到扩展，产生典型赋权举措模式和相应的成效、对立法的相关影响。总结了赋权过程中的突出问题，提出试点过程中突出问题的解决办法，包括对现行法律法规进行调整。最后指出中国科学院院属单位赋权实施可能存在的问题和建议。

（3）知识产权归属与风险防范。按照知识产权的主要分类，分别介绍了技术秘密、专利权、著作权、商标权四类主要知识产权的权属取得与归属，以及风险防范的措施。针对中国科学院的特色，重点讲解了技术秘密和专利权的相关内容，并引用大量案例来加深学员的理解。内容极其丰富，逻辑非常清晰。

（4）TRIZ 理论与创新方法。介绍了 TRIZ 理论和创新方法的一些基础概念，重点讲解了 TRIZ 理论的三种技法：最终理想解、九屏幕法、资源分析法，并结合各种案例和课题问题来和学员互动，加深学员对 TRIZ 理论的理解，讲解了进化法则和矛盾问题求解方法。

7.6　知识产权培训问题分析

知识产权人才是科研机构做好知识产权管理工作最宝贵的资源。虽然我国开展了多种类型的知识产权培训，国家有专利代理师和国家知识产权师技术资格考试，中国科学院还建立了中国科学院知识产权专员资格考试制度，一些地方还建立了专利工程师职业资格，这些人才作用发挥如何？还存在哪些制约他们作用发挥的突出问题？吕旭宁（2022）以中国科学院97家院属单位的知识产权人员为研究对象，通过专家评议和问卷调查相结合的方法，分析国有科研机构知识产权人员素质能力的内容和结构，发现国有科研机构知识产权人员素质能力由通用能力、个人素养、职业素养、知识产权转移转化能力和知识产权专业能力5个维度构成，素质能力对知识产权人员工作绩效、工作满意度和职业发展满意度产生正向影响，影响科研机构知识产权管理人才发挥作用的突出问题集中在以下五个方面。

一是知识产权实际工作与科技创新的需求不适应。大多数的被访者认为科技创新对知识产权工作的需求很大或较大，但知识产权专员和骨干的工作重点却主要集中在知识产权流程与事务管理、知识产权培训奖励和制度建设方面，开展科研项目知识产权分析和知识产权合同谈判工作的比例相对较低。此外，知识产权专员从事实际工作的比例较低，还有相当一部分专员没有从事过实际工作，或者离开了中国科学院。

二是影响知识产权管理人才发挥作用的突出问题是机制、政策和时间问题。55%以上的中国科学院知识产权专员和骨干认为，"缺乏课题组与知识产权专员和管理骨干有机结合的机制""知识产权专员和管理骨干从事了较多的事务性工作，没有时间从事知识产权专项工作"和"院里没有相关支持知识产权专员和管理骨干发挥作用的具体政策"影响了他们的作用发挥。管理骨干还认为他们的能力还较弱，接受的培训不够。

三是有关知识产权政策的突出问题是缺乏激励手段和硬性规定。中国科学院知识产权专员和管理骨干普遍反映"缺乏专员的职业生涯规划""缺乏合理的薪酬体系""权责不统一""缺乏课题组对使用专员或骨干的硬性要求"是主要问题，比例均超过50%。尤其是知识产权专员对职业生涯规划和合理薪酬的呼声更高。薪酬体系和职业生涯规划是推动中国科学院知识产权人才队伍建设的重要动力，但目前中国科学院对于薪酬由谁支付、支付多少都没有统一和明确的规定，缺乏对知识产权专员和管理骨干的职业发展路线设计。缺乏聘用知识产权专员的硬性政策要求也影响了知识产权专员和管理骨干工作积极性的发挥。

四是影响课题组与知识产权专员或管理骨干结合的突出问题是激励、约束和保障机制不足。课题组与知识产权专员或骨干结合机制主要表现在"内在激励机制""监督约束机制""保障保护机制""动力压力机制"和"公平竞争机制"五个方面。大多数知识产权专员和管理骨干认为机制存在的问题主要有三个方面。一是监督约束机制不足，对科研项目课题组必须聘用知识产权专员的制度及专员参与项目情况缺乏监督和约束政策。二是内在激励机制不足，知识产权专员和管理骨干不能从参与相关的工作中获得充分的满足感和成就感。三是保障保护机制不足，知识产权专员和管理骨干的工作经费和薪酬待遇、职业发展缺乏保障。另外，还有三分之一的知识产权专员和管理骨干反映"动力压力机制"和"公平竞争机制"存在问题。

五是知识产权专员和管理骨干知识产权工作能力还普遍较弱。工作能力是影响知识产权专员和管理骨干作用发挥的一个重要因素。目前，有60%左右的知识产权专员和管理骨干认为他们的信息检索能力较强，但大多数认为他们的知识产权战略布局能力、专利技术分析能力、知识产权合同与谈判能力、侵权分析能力较弱，其中认为知识产权战略布局能力弱的超过70%。

由于知识产权管理工作的多样性和特殊性，中国科学院现有知识产权专员制度还存在一些不足和问题。一是部分院属单位缺乏知识产权专员人才队伍。随着中国科学院聚焦主责主业，重大科研项目任务不断增加，对知识产权专业人才的需求不断提高。但是仍有一部分院属单位缺乏知识产权管理机构，缺乏知识产权专员为主的知识产权管理人才队伍；一些院属单位重大项目的知识产权工作仍由兼职人员管理甚至没有人员管理。导致了一些院属单位知识产权总体质量不高，知识产权转化运用率较低，对高水平科技自立自强和现代产业自主可控支撑不够。二是缺乏对知识产权专员的工作考核指标体系。虽然中国科学院政策要求加强对知识产权专员工作绩效的评价考核和使用，但相当部分院属单位仍没有建立知识产权专员工作评价体系、考核制度和使用政策，知识产权专员作用还没有得到充分发挥。三是知识产权专员激励与保障体系不健全。虽然，国家知识产权局、中国科学院、中国工程院、中国科学技术协会《关于推动科研组织知识产权高质量发展的指导意见》规定"在重大科研项目中配备知识产权专员，健全知识产权专员晋升、流动机制""探索知识产权专员与知识产权师序列挂钩，将具有 5 年以上知识产权专员工作经历作为优先推荐参加高级知识产权师评审的条件"。但知识产权管理人员、科研人员参加考试并取得知识产权专员证书后，院属单位尚缺乏明确的激励制度与奖励措施，尤其是职称晋升、岗位发展和绩效激励政策一直没有出台，导致一些知识产权专员离开院属单位自谋发展。

7.7 小结

科研机构知识产权培训的目标是知识产权管理人员掌握知识产权知识和技能，核心是知识产权培训的课程和师资，这就要求科研机构知识产权教育培训必须面向实际需要，不断优化课程设计，优选师资队伍。本章介绍了科研机构知识产权培训机构、知识产权培训资格考试、知识产权培训课程，介绍了部分科研机构开展知识产权培训的经验。为促进科研机构知识产权培训工作的深化，本书提出如下建议。

一是要进一步完善知识产权培训模式。要完善知识产权培训的课程和教材，形成具有科研机构特色的知识产权培训课程体系和教材体系。要进一步推进普及型和集中型知识产权培训，增强实际操作和能力培训。要加大专题提高型培训的力度，面向知识产权管理人员进一步提升能力的需求，加强课程优化和设计，开发针对性课程。要改进知识产权培训方式方法，通过编写知识产权培训读本、网络课件和讲义，扩大培训的覆盖面和普及面。

二是应强化知识产权人才能力培训。在现有培训基础上，应重点加强实际操作能力培训，要开展知识产权管理人员高级培训，重点加强知识产权战略布局能力、专利技术分析能力、知识产权谈判与合同制定能力、知识产权侵权分析能力等培训。根据科技创新实际对知识产权工作的要求，对于已经通过知识产权相关考试的人员，要继续增加实践型、提高型、能力型培训。要加强重大科研项目知识产权风险管理和知识产权转化运用中的难点、堵点、焦点问题的培训。应加强知识产权学历教育和职业资格教育，支持科研机构和高校设立知识产权管理双学位和开展复合型硕博士学历教育，职业资格考试应进一步丰富培训内容。为加强知识产权培训工作，要积极推动科研机构在实践中培养人才，通过"干中学""互动中学"提升知识产权管理人才的能力。

三是完善知识产权管理人员政策。科研机构应制定相应政策明确知识产权管理人才的职责定位，应通过建立岗位说明书明确其责、权、利。应建立课题组和知识产权管理人员的双向选择与双向约束措施，课题组聘用知识产权管理人员应支付相应工作经费和合理报酬，课题组对工作成果不合格的知识产权工作人员可以采取一定的处罚措施。应建立知识产权管理人员能力认定标准，评价其实际工作能力和工作绩效，促进优胜劣汰。

四是加强知识产权培训评估管理。科研机构应及时对完成的各类知识产权培训班开展评估，评估知识产权培训的实际效果。应面向被培训人员开展调查，及时发现知识产权培训中存在的问题，及时弄清知识产权培训的需求，设计出满足需求的知识产权培训课程，引导培训师资队伍的建设。

五是加强知识产权人才评价激励。科研机构应建立健全知识产权专业人才评价体系和考核制度，年度考核和职称晋升应与其实际工作能力、获得知识产权专员或其他资格年限、工作质量数量、知识产权转化运用收益等挂钩。应对工作业绩突出的知识产权管理人才给予合理的奖励或报酬，并在绩效考核、岗位聘任或者职称评定中给予优先考虑或适当倾斜。应对获得国家科技奖或中国专利奖作出贡献的知识产权管理人才给予重奖。应将知识产权专员资格纳入职称晋升、岗位晋升等政策，允许科研机构知识产权管理人员考取知识产权师等职称资格。还应加强精神激励，不断培育良好的知识产权文化。

第八章 科研项目知识产权全过程管理

科研项目知识产权管理是科研机构知识产权管理的中心任务。我国近年来发布的知识产权高质量发展政策要求实行科研项目知识产权全过程管理。实施科研项目知识产权全过程管理，必须明确科研项目知识产权全过程管理的内涵特征、重要环节及其管理任务，必须建立相应评价考核指标体系并采取有效的政策措施。

8.1 国内外科研项目知识产权管理

科研机构进行知识产权管理的目的是促进学术界与产业界的紧密联系，知识产权管理主要包括知识产权创造、知识产权组合管理、知识产权评估、竞争性评价、战略决策五个方面的事务，并可以分为三个过程：知识产权创造过程（促进科研、提供外部资源支持）、知识产权保护过程（发明公开、可专利性检索、申请策略）、知识产权商业化过程（市场评估、技术转移）（Jain, Sharma, 2006）。科研机构知识产权管理工作分为知识产权教育与培训、明确知识产权归属、知识产权事务集中化管理、专业知识产权组合管理、避免侵犯他人知识产权、有效技术转移服务六个方面。澳大利亚昆士兰州政府（2010）提出的科研活动知识产权管理流程包括识别知识产权、明确知识产权归属、进行知识产权保护、防止侵犯他人知识产权及维权（Mcdonald, et al., 2004）。科研机构和科研项目知识产权管理由技术转移办公室（TTO）承担。TTO技术经理负责发明、项目、合同的评估，其工作既包括对新发明创造的可专利性评估，也包括专利的市场前景评估。TTO对内联系一线科研人员，为科学家提供知识产权咨询服务，并促成内部各单位之间的合作，对外负责联系专利代理、律师和外部专家，使他们参与到市场评估、专利维权等专业性较强的工作中来。在专利申请过程中，TTO 作为发明创造所有者的代表与专利代理机构合作；在获得授权后，负责侵权监测和专利续费管理。此外，在进行知识产权保护过程中，应根据专利的开发运用计划，分别采取国家申请、PCT 国际申请或欧盟专利申请等不同的专利保护战略。

英国苏塞克斯大学规定，当发现创造出知识产权的可能时，项目成员应填写知识产权披露表，并可以通过大学的研究与企业服务中心（RES）向知识产权经理寻求帮助。知识产权经理会安排与发明人讨论技术方案、哪些权利要求可行，用什么方式可以实现创新成果的最佳保护等，进行发明人技术交底和知识产权组合管理。接下来，大学企业工作机构研究该知识产权是否合乎规定及其可专利性，并决定是否进行开发利用。对于可以开发和利用的知识产权，其经营方式包括许可、转让给市场公司，或通过大学自身的机构进行商业化。

国外关于科研项目知识产权管理的研究不多，相关论述多散见于关于科研机构知识产权管理的研究中，且对具体操作层面的内容介绍较少。澳大利亚昆士兰州政府、欧盟、世界知识产权组织提出的知识产权管理都是一般性的管理框架，缺乏科研项目知识产权管理的具体运作管理。

8.2 科研项目知识产权管理

科研项目知识产权管理是科研机构运用项目管理的理论、方法和技术，对科研项目涉及的全部知识产权工作进行有效的计划、组织、指挥、协调、控制和评价，以实现科研项目预期目标的活动。科研项目知识产权管理不仅管理著作权、专利权、技术秘密专有权、商标权，还管理专利池、技术标准、转移转化、知识产权合同等相关活动。科研项目知识产权管理不仅是对知识产权权利获取的管理，也包含创造环节、运用环节的管理，也包括对知识产权管理环节的管理，以及管理的规范化、标准化。科研项目知识产权管理也是对科研项目的时间管理、成本管理、沟通管理、人力资本管理、风险管理和质量管理。

科研项目知识产权时间管理是指科研项目知识产权的时间进度管理，主要包括研发活动知识产权申请和布局的进度、知识产权检索的进度、项目知识产权分析报告撰写的进度、知识产权转移的进度、许可费支付的进度、知识产权培训的进度等管理。

科研项目知识产权成本管理主要是科研项目知识产权管理成本估算、知识产权管理预算编制和知识产权管理成本控制等。科研项目知识产权管理成本估算主要包括知识产权研发创造成本、知识产权申请与保护成本、知识产权管理人员成本、知识产权管理场地设备折旧成本等几个方面。成本估算要综合考虑科研项目知识产权管理和科研项目子项目知识产权管理的任务设置、子项目知识产权管理任务结构、知识产权管理进度计划、知识产权人员管理计划以及风险事件、环境和组织因素。科研项目知识产权管理预算是指将总的知识产权管理成本估算分配到各项知识产权管理活动和工作上，以确定项目知识产权管理各项工作和活动的成本定额，制定项目知识产权管理成本的控制标准，规定项目知识产权管理以外成本的划分与使用规则。

科研项目知识产权人力资源管理是指对科研项目知识产权管理人员的管理，一般要建立知识产权管理团队，负责科研项目的知识产权管理活动。一般的科研项目知识产权管理主要包括知识产权流程管理人员、知识产权许可人员、知识产权法务合同人员、知识产权投资人员，应包括人员职位说明与编制管理、人员薪酬管理、人员激励管理、人员职业生涯管理等内容。

科研项目知识产权沟通管理的目的是知识产权管理各方建立彼此相互了解的关系，能相互回应，并能经由沟通行为和过程相互接纳及达成共识。在科研项目知识产权管理过程中，知识产权流程管理与技术转移管理和投资管理的沟通极其重要，不能面向转移和应用的知识产权流程管理是低效的管理，缺乏投资职能的知识产权管理也是低效的知识产权管理。

科研项目知识产权风险管理一般是指科研项目由于知识产权问题存在无法顺利立项和验收的风险。由于知识产权检索不全，科研项目立项时被主管部门驳回，或者虽被立项但却是重复研究低水平研究。由于形成的知识产权不足，无法达到原定的目标，无法占领某一技术领域制高点，导致科研项目验收时不能通过专家评审。科研项目成果知识产权在转移到企业后，造成对他人知识产权的侵权，导致企业利益受损。

科研项目知识产权质量管理应主要包括以下过程。一是质量计划，确定适合于科研项目知识产权管理的质量标准或评价指标体系并决定如何满足这些标准。例如研究开发质量、专利质量、科技论文质量。二是质量保证，是用于有计划、系统的质量活动，确保科研项目中的所有知识产权管理过程必须满足科研项目关系人的期望。例如，保证"863"计划等重大项目专利数量的要求，发明专利质量高被引用率要求。三是质量控制，监控具体科研项目结果以确定其是否符合相关质量标准或评价指标体系，制定有效政策措施和方案，消除产生质量问题的原因。

8.3 科研项目知识产权全过程管理概述

2020年11月30日，中共中央政治局就加强我国知识产权保护工作举行第二十五次集体学习，专门研究学习知识产权保护和运用问题。2021年9月21日，中共中央 国务院印发《知识产权强国建设纲要（2021—2035年）》，提出要实施知识产权强国战略，并布局了八大战略任务和六项保障措施。2022年10月16日，党的二十大胜利召开，提出要"强化知识产权法治保障，形成支持全面创新的基础制度"。2021年10月28日，国务院印发作为国家二十项重点规划之一的《"十四五"国家知识产权保护和运用规划》，部署了五项重大任务、四项保障措施和十五个重点工程。

实际上我国很早就要求实行科研项目知识产权全过程管理。我国2006年发布的《国家中长期科学和技术发展规划纲要（2006—2020年）》就提出，"将知识产权管理纳入科技管理全过程，充分利用知识产权制度提高我国科技创新水平"。我国2008年发布的《国家知识产权战略纲要（2008—2020年）》明确提出，"建立重大科技项目的知识产权工作机制，以知识产权的获取和保护为重点开展全程跟踪服务"。这两个国家战略规划为实施科研项目知识产权全过程管理奠定了政策基础。2010年，科技部等四部门联合下发的《国家科技重大专项知识产权管理暂行规定》明确提出"组织和参与重大专项实施的部门和单位应将知识产权管理纳入重大专项实施全过程"，标志着知识产权全过程管理走上制度化轨道。

近年来，为贯彻落实党中央、国务院关于知识产权高质量发展的决策部署，教育部、国家知识产权局、科技部于 2020 年 2 月 3 日出台了《关于提升高等学校专利质量促进转化运用的若干意见》（教科技〔2020〕1 号），要求"建立健全重大项目知识产权管理流程。高校应将知识产权管理体现在项目的选题、立项、实施、结题、成果转移转化等各个环节。围绕科技创新 2030 重大项目、重点研发计划等国家重大科研项目，探索建立健全专利导航工作机制。在项目立项前，进行专利信息、文献情报分析，开展知识产权风险评估，确定研究技术路线，提高研发起点；项目实施过程中，跟踪项目研究领域工作动态，适时调整研究方向和技术路线，及时评估研究成果并形成知识产权；项目验收前，要以转化应用为导向，做好专利布局、技术秘密保护等工作，形成项目成果知识产权清单；项目结题后，加强专利运用实施，促进成果转移转化。鼓励高校围绕优势特色学科，强化战略性新兴产业和国家重大经济领域有关产业的知识产权布局，加强国际专利的申请。"

2021 年 3 月 31 日，国家知识产权局、中国科学院、中国工程院、中国科学技术协会出台《关于推动科研组织知识产权高质量发展的指导意见》（国知发运字〔2021〕7 号），要求"坚持知识产权保护导向，强化创新全过程知识产权管理"，要求加强知识产权统筹协调和制度建设、深入开展科研项目专利导航、建立专利申请前评估制度。中国科学院办公厅 2020 年 4 月 27 日印发的《中国科学院院属单位知识产权管理办法》第 30 条要求"院属单位要实行科研项目知识产权全过程管理，将知识产权管理贯穿于项目的选题立项、组织实施、结题验收、成果转化等各个环节，并为重大科研项目配备知识产权专员，提供服务支撑工作。知识产权专员原则上应获得院颁发的资格证书。对于工作业绩突出的知识产权专员，院属单位要给予合理的奖励或报酬，并在绩效考核、岗位聘任或职称评定中给予优先考虑或适当倾斜"。中国科学院办公厅 2022 年 6 月 6 日印发的《中国科学院战略性先导科技专项管理办法》第 45 条也要求"先导专项实行知识产权全过程管理制度。依托单位和专项负责人全面负责所承担专项的知识产权管理工作。各级任务实施单位应建立知识产权保护工作的长效机制"。

实际上，在较为早期的研究中，就已经有学者意识到了知识产权应贯穿到整个科研项目管理过程中。赵祖康（1997）提出，知识产权问题贯穿于科技活动的全过程，包括科研项目的立项、项目的研究过程、科技成果的管理、合同的签订等，都涉及保护和侵犯知识产权的问题，同时还建议将知识产权保护意见作为成果管理的重要内容。谭志松等（1999）从知识经济的角度探讨了高校知识产权的保护和运用的具体措施，较早地提出了在科研项目立项之时，就应考虑成果的产权效益和成果的可转化性，并应注重技术环节的关键资料、可用性资料的收集和保管，以防技术成果提前流失。陶遵丽、谷维龙等（2003）认为，应加强对科研项目管理实行全过程的保护，防止国有无形资产的流失，更好地发挥具有自主知识产权的科研成果的技术优势和市场竞争力。王涵（2008）初步研究了科研项目知识产权全过程管理的概念内涵和基本做法，认为科研项目知识产权全过程管理就是在项目启动、执行、控制，到收尾、创造科技成果成功并交付的过程中，把知识产权创造、管理、运用和保护紧密结合，并指出知识产权全过程管理的目的是用知识产权促进创新活动，提高创新活动的效率，保护创新活动的成果，同时应建立专门的跟踪机制，每两到三年对知识产权的实施情况进行一次汇报和评估，关注知识产权的产业化。然而，这些初步的研究并没有形成系统的理论，也没有在实践中得到很好的实施。

面对传统的科研单位知识产权管理模式中存在的问题，为深入实施《国家中长期科学和技术发展规划纲要（2006—2020年）》和《国家知识产权战略纲要（2008—2020年）》，中国科学院提出并开始实行科研项目知识产权全过程管理，实行院重大项目与重要方向项目知识产权专员制度，知识产权专员试行上岗培训与资质认证，在重大项目和重要方向性项目的立项、结题验收和结题后三年要提出独立的知识产权分析报告或知识产权转移转化报告，以提升科研创新的效率。在此背景下，中国科学院宁波材料技术与工程研究所、中国农业科学院等科研机构开展了科研项目知识产权全过程管理探索，极大地丰富了科研项目知识产权全过程管理理论与实践。

目前国内研究虽然提出了科研项目知识产权全过程管理的概念，但是却对其内涵、特征、范畴、模式、机制等缺乏深入研究，尤其是缺乏能指导实际工作的重大科研项目知识产权全过程管理的重要环节、重要任务、控制性指标和相关政策措施的研究。科研机构大多停留在"喊口号"阶段，只是提出要加强知识产权管理，但是对于如何在科研项目开展过程中进行知识产权管理却实践不多。国外虽然在实践中已经有很多做法，但并未形成体系性的理论，国外很多科研机构在科研项目知识产权管理方面也缺乏主动性，只是将科研项目中产生的创新成果予以保护和转移转化，而在知识产权引导科研活动上作用发挥并不够。

1. 科研项目知识产权全过程管理的概念

科研项目知识产权全过程管理就是运用项目管理与知识产权管理的理论、方法和技术，将知识产权管理融入科研项目的立项审批、项目实施、项目验收、成果转移转化的全过程，在科研和创新过程中充分发挥知识产权的引导、激励和保障作用，以知识产权促进科技创新和成果转化，提高科技创新活动的效率和效益。

2. 科研项目知识产权全过程管理内涵

（1）知识产权全过程管理是贯穿科研项目全过程的管理。

知识产权全过程管理要求将知识产权管理贯彻到科研项目管理的全过程中，而不只是成果验收的后期阶段，即在科研项目的立项审批、项目实施、项目验收、成果转化与推广等全部环节中对知识产权的创造、保护和运用进行统筹安排。知识产权全过程管理有利于更加充分地利用知识产权信息，更好地发挥知识产权的价值。同时，由于显著增加了知识产权管理对科技创新活动的介入广度和深度，实施知识产权全过程管理有利于提高科研项目中知识产权的创造、运用和保护水平。

（2）知识产权全过程管理是有效运用知识产权分析工具和方法的管理。

实施知识产权全过程管理，意味着知识产权不再只是创新活动的目标和结果，还是贯穿创新活动全过程的手段和方法，专利分析、技术功效矩阵构建、知识产权战略布局等知识产权分析方法与工具在科研项目的立项、实施、结题与推广的全过程中起重要作用。例如，知识产权全过程管理能够更加充分地利用知识产权信息尤其是专利文献中包含的丰富技术、经济、法律信息，提高项目立项的科学性，明确科研项目的研发投向，促进科研项目成果知识产权的转移转化。知识产权检索分析的结果将对立项阶段科研项目的预期目标、主要技术参数和指标、技术路线、所要解决的关键问题及解决途径、可能的创新点等产生重要影响。在成果转化时，知识产权的保护与运用战略也将在很大程度上影响科技成果转化和实施效果。

（3）知识产权全过程管理是知识产权的组合管理。

科研项目知识产权全过程管理采用知识产权组合管理的方式，通过不同类型和不同知识产权的有机组合对科研项目成果进行全方位的保护。知识产权组合管理可以更好地发挥各种知识产权之间的协同作用，以实现对科技创新过程和科技成果的最佳保护。知识产权的组合管理主要有两层含义。一是不同类型知识产权的组合，不同的知识产权类型从不同方面保护科技创新成果。例如著作权和专利权组合保护创新成果，软件著作权和专利权保护涉及计算机程序类的创新成果，专利权和技术秘密专有权组合保护可转移技术成果。二是同类型知识产权之间的组合。科研项目成果往往申请很多专利，面向技术标准，面向市场可独立销售的产品和服务，需要将不同专利申请人或专利权人的专利进行组合管理，构建专利池或专利组合。

（4）知识产权全过程管理是以运用为导向的管理。

在科研项目知识产权全过程管理中，更关注知识产权运用，而知识产权的创造和保护只是基础。知识产权全过程管理要求以运用为导向，反过来推动知识产权的创造和保护，使知识产权的创造和保护更具针对性，更具目的性。以运用为导向一方面体现在对研发投向的选择上，即选择那些具有产业化前景的技术重点投入研发资源；另一方面还体现在对知识产权的选择上，只将具有市场前景的研发成果申请专利等技术类知识产权保护，而将缺乏市场前景的技术作为技术秘密保护或者作为学术论文公开发表。以运用为导向，将有利于推动目前低效的知识产权管理模式的改革创新，有利于推动科研机构科研活动与产业需求的紧密结合，有利于节约有限的研发资源，提高研发资源的配置效率。

（5）知识产权全过程管理是全要素的管理。

科研项目知识产权全过程管理的要素可分为技术要素和非技术要素。技术要素是科技创新的核心要素。技术要素是指为获取科研成果和知识产权而进行的研发活动和科技成果创造需要的要素，如自己和他人的专利技术、专有技术等，还包括科学文献、专利文献、人员交流等包含的技术信息。非技术要素是贯穿于科研项目知识产权管理过程中的人员、场地、资金、组织和文化、战略、制度等，是科研项目知识产权管理中起保障和补充作用的不可或缺的要素。科研项目知识产权全过程管理是全要素的管理，是技术要素和非技术要素全面结合的管理，是技术要素和非技术要素发挥协同作用的管理。

（6）知识产权全过程管理是全周期的管理。

科研项目知识产权全过程管理是指伴随着科研项目从立项建议阶段到成果转化阶段的全过程，知识产权管理也要涵盖知识产权从创造到运用的全过程，科研项目什么时候开始提出立项建议，什么时候就应开展知识产权检索分析，科研项目即使验收完成，其成果的转化也必须进行知识产权分析和管理。

知识产权管理的周期与科研项目管理的周期是对应的、同步的。科研项目管理由科研创新动机开始，通过自主研究开发和引进必要的技术，掌握原始创新、集成创新和改进创新技术，然后将创新成果进行转移转化并取得收益。在科技创新过程中，必须有创新产权即股权和知识产权的保障。知识产权不但保护技术引进和自主研究开发，而且也保护创新成果的实施和收益。知识产权管理从获取知识产权动机开始，通过引进外部知识产权和进行研究开发形成知识产权，然后由知识产权创造转向知识产权转移转化，通过知识产权实施获取收益。在此过程中，知识产权保护不仅保护知识产权的引进，而且也保护知识产权的创造、运用和产业化，保障权利人能够取得实施收益。

（7）知识产权全过程管理是全员参与的管理。

知识产权全过程管理要求全员参与的依据是，人人都可能成为知识产权的创造者和发明披露者，人人都有可能成为知识产权的转移转化参与者和受益者。因而，科研机构有必要建立系统而完善的知识产权管理制度，保障知识产权全过程管理能够成为"大家"的事，而不只是"专员"的事。科研项目知识产权全过程管理需要科研机构领导层的大力支持，需要管理制度的充分保障，需要科研人员的积极参与，需要知识产权管理团队的共同努力。只有一两个人员的管理不是全过程管理，没有科研人员参与的管理不是全过程管理，缺乏领导支持的管理也不是全过程管理。

缺少知识产权管理人员团队有效服务支撑或者没有形成合理能力结构管理团队的知识产权管理，知识产权的质量必然不高，转移转化的成功率必然较低，难以实现全过程管理。缺少科研项目全体研究人员参与的知识产权管理难以获得高水平知识产权，转移转化的效率必然较低。缺少领导支持、制度保障的知识产权管理不可能将全过程管理的措施有效落实，将面临缺乏足够资源支持和动力机制的局面。

3. 科研项目知识产权全过程管理的特征

在深入实施创新驱动发展战略和国家知识产权战略的背景下，科研项目知识产权管理必须改变原有的分散、被动、低效的管理模式，通过实施科研项目知识产权全过程管理，变分散管理为集中管理，变被动管理为主动管理，变低效管理为高效管理。由于知识产权管理在科研项目管理中起到引导性、支撑性和服务性作用，因此科研项目知识产权全过程管理的特征包括主动性、战略性、专业性、动态性、过程性、协同性等。

（1）主动性。知识产权全过程管理是主动的管理，主动将知识产权管理的工具方法运用到科研项目的立项、结题和成果转化中去，推动科研项目提升创新性；主动引导科研创新的活动，将科研创新资源配置到最能产生高水平和高价值知识产权的方向上来；主动谋划知识产权的战略布局，抢占科技创新的制高点；主动面向转移转化和提升产业竞争力，引导知识产权高质量和高价值知识产权创造。

（2）战略性。知识产权是一种重要的无形资产，是科研机构和项目组宝贵的战略性资源（李文鹅，等，2008）。科研项目知识产权全过程管理的目的就是要创造和运用这种战略性资源。科研项目知识产权全过程管理要做好科研项目的知识产权战略规划和布局，规划未来技术路线、重要产品知识产权的发展。战略性还体现在对科研项目成果和知识产权转移转化的战略性安排上，使得科研项目管理的各个环节有机衔接，不断提升科技创新的效率。

（3）专业性。专业的事需要专业的人来完成。知识产权涉及管理、技术、经济、法律等多方面知识产权和能力，知识产权全过程管理需要各方面的专业化人才的共同协作。知识产权全过程管理绝不是一个人或少数几个人就可以轻松完成的任务。科研项目知识产权全过程管理至少需要知识产权流程管理、许可转移、投资、合同、法律等方面的专业人才及人才之间的密切协作。

（4）动态性。知识产权具有时间性特征，其法律状态是不断变化的，伴随着在先申请专利的陆续公开，科研项目原有内容和创新性可能会受到影响，有些不得不调整研发路线，有些会有转移实施的知识产权侵权风险。知识产权作为一种无形资产，随着科技进步的加快，也会不断贬值，维持成本不断上升，造成权利丧失，或者造成实施企业无法有效保护创新。此外，社会制度、经济、法律环境的变化可能给科研项目带来不确定性，尤其是产业政策的变化也会要求调整科研项目知识产权布局和维持的重点。因此，知识产权全过程管理必须具有动态性，不仅要适应科技革命和外部环境的变化，还要不断跟踪检索相关的知识产权，不断评估知识产权的价值和维持的必要性，及时调整知识产权创造的策略和战略性布局的重点。

（5）过程性。科研项目知识产权全过程管理是对科研项目实施过程中的知识产权创造、运用和保护活动的管理，具有过程管理的一般特征，必须加强对各环节、各时间点、各步骤的把握和监控。知识产权全过程管理要明确各主要环节及其主要任务，要明确各时间点的选择设置和不同时间节点任务的监控，要明确重要流程步骤的执行，还要从总体上评估科研项目知识产权全过程管理的时间效率和投入产出效率。

（6）协同性。科研项目知识产权全过程管理具有协同性的特征，知识产权全过程管理的协同性一是要求资源的协同性，需要充分调动科研机构和项目内外部资源，保证人员、设施、工作环境、信息、资金供给到位。二是要求各类主体的协同性。尤其是科研人员与知识产权管理人员之间、知识产权管理人员和知识产权代理人员之间，以及知识产权管理人员与企业人员之间要充分协作配合，尤其是发明披露、知识产权质量和知识产权转移转化三个环节。三是要求知识产权的协同性。要明确不同知识产权的作用，并能使各类知识产权有机组合，并能产生协同效果。

8.4 科研项目知识产权全过程管理主要环节与任务

科研项目管理的关键节点主要有立项和结题验收阶段。一般情况下，在结题后三年还要考察科研项目成果实施状况。科研项目知识产权全过程管理也应把这三个环节作为主要的关键节点。三个环节科研项目管理的任务不同，知识产权全过程管理的任务也不同。三个环节科研项目知识产权全过程管理的主要流程和任务如表 8-1 和图 8-1 所示。

表 8-1　科研项目知识产权全过程管理的流程与任务

环节	1	2	3	4	5	6	7	8	9	10
立项	知识产权检索管理	项目创新性管理	知识产权预警预测管理	知识产权战略布局管理	—	—	—	—	—	—
结题	知识产权检索管理	项目创新性管理	知识产权预警预测管理	知识产权战略布局管理	知识产权申请获取管理	知识产权维持管理	技术标准与专利池管理	知识产权价值评估管理	知识产权合同管理	知识产权转移转化管理
结题三年	—	—	—	—	—	知识产权维持管理	技术标准与专利池管理	知识产权价值评估管理	知识产权合同管理	知识产权转移转化管理

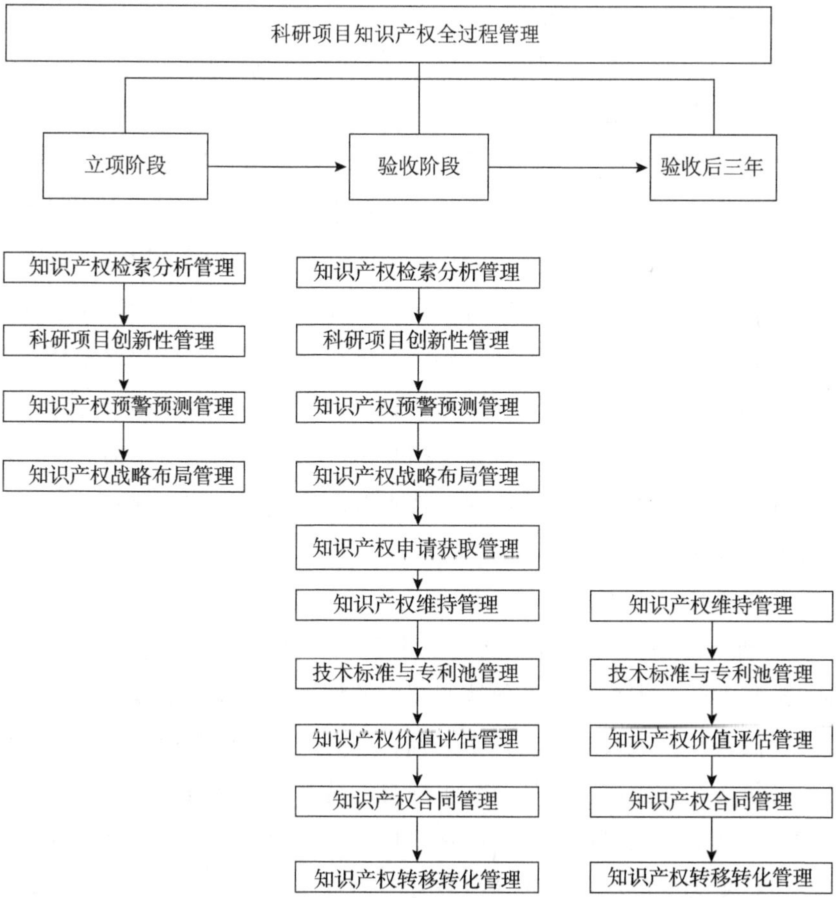

图 8-1　科研项目知识产权全过程管理的任务

8.4.1 立项阶段的知识产权管理

立项前和立项审批（可行性论证）统称为立项阶段。在前期的项目建议阶段（立项前），科研机构应充分发挥知识产权在科研工作中的引导、支撑和服务作用，做好知识产权检索分析和预测预警工作，提交独立的知识产权分析报告，及时为科研项目负责人提供决策参考。

对于具体的科研项目而言，立项阶段的科研项目知识产权全过程管理任务是提供独立知识产权分析报告，为立项项目的可行性、创新性和研发方向设计提供参考，为知识产权权利获取进行战略性的布局设计，为转化运用预先部署。主要包括知识产权检索管理、项目创新性管理、知识产权预警预测管理以及知识产权战略布局管理。

1. 知识产权检索分析管理

知识产权检索分析管理的目的是充分利用专利等知识产权文献中包含的丰富技术、法律、市场信息，其本质是知识产权信息的分析利用。科研项目知识产权管理人员可以根据项目的实际需要决定自行检索或委托外部专业机构或联合其他部门进行检索。在检索工作中，检索目的不同，使用的数据库资源不同，依据的检索要素不同，采用的检索策略不同，均会导致不同的检索结果和结论。因而，有必要对检索工作加以规范，保障检索质量。知识产权检索管理的基本流程应包括：第一，核实检索需求，分解检索目标。第二，进行初步检索、IPC检索、同义词检索和组合检索，并记录检索过程。第三，进行知识产权分析，分析要包括知识产权基本信息、生命周期、技术功效矩阵、技术优势、技术依赖性、技术宽度、专利影响、核心专利、法律状态等九个方面。

2. 科研项目创新性管理

具有创新性是科研项目立项的基本要求，然而，伴随着科学技术进步和项目的复杂化与大型化，如何按照项目的特点和规律，实现对项目创新性的管理也成为科研项目知识产权全过程管理必须解决的重要问题。科研项目创新性分析应当按照科研项目及其子项目的技术主题进行，并对各子项目按照完整、简要的要求提炼出相应的技术特征。在评价科研项目创新性的过程中，应将检索到的最接近科研项目及其子项目凝练出的技术特征与最接近的专利文献的独立权利要求的技术特征进行一一比对,从而确定科研项目是否是创新性项目,能否产生专利等知识产权。分析科研项目的创新性,还可以测度创新的自主性,尤其是在产品中自有知识产权的自主性和在交叉专利中自有专利的自主性。

3. 知识产权预测预警管理

知识产权预测预警管理是知识产权全过程管理的重要内容。预测是对涉及科研项目的相关知识产权未来的数量、结构和发展态势等的预测判断,把握科研项目知识产权未来潜力和发展态势。预警是对科研项目可能的知识产权风险进行识别和评价,对科研项目与知识产权有关的风险进行预先警告、防范和控制。因此,要使用各种工具和方式判断知识产权风险等级,不断进行知识产权跟踪检索。

4. 知识产权战略布局管理

知识产权战略布局管理是运用技术功效矩阵等分析工具方法,判断科研项目所处的技术生命周期的阶段,对科研项目可能产生的知识产权进行挖掘和布局的活动,是从根本上实现和优化科研项目创新目标,提高科研项目创新性,创造更多知识产权的重要措施。运用知识产权分析工具方法,引导科研项目选择原始创新、改进创新或集成创新等创新方式,形成原创、组合、转用发明等不同类型的专利知识产权,从而引导优化科研方向和资源投入。

8.4.2 结题验收阶段的知识产权管理

结题验收环节是科研项目知识产权全过程管理任务最多的环节。该环节知识产权全过程管理的主要任务是形成独立的知识产权分析报告,总结科研项目知识产权创造运用情况,提出知识产权转移转化的方案,为科研项目能否结题验收提供参考意见。结题验收阶段知识产权全过程管理的主要任务除了应包括上述知识产权检索分析管理、科研项目创新性管理、知识产权预测预警管理以及知识产权战略布局管理外,还应包括知识产权申请与权利获取管理、知识产权维持管理、技术标准与专利池管理、知识产权价值评估管理、知识产权合同管理、知识产权转移转化管理,共有十大任务。

1. 知识产权检索分析管理

验收阶段与立项阶段的知识产权检索分析管理所使用的工具方法相同,

但检索分析还应当包括以下内容。一是要检索该科研项目的知识产权，要把该科研项目涉及的全部知识产权进行分类和检索，并调整完善立项时的检索逻辑。不然会有疏漏，造成检索不全和分析偏差。二是分析本单位和该项目知识产权在该领域中的地位和影响，识别出有价值和核心的专利。

2. 科研项目创新性管理

验收阶段与立项阶段的科研项目创新性管理任务基本相同。在立项时科研项目分析基础上，根据检索出的知识产权，找到最接近的知识产权，评估自有知识产权，对科研项目形成了多少创新成果和知识产权、有无核心专利等重大成果知识产权、创新自主性大小进行总结，从而分析该科研项目的创新性。

3. 知识产权预测预警管理

验收阶段与立项阶段的科研项目知识产权预测预警管理不同的是，立项阶段的预测管理主要是对科研项目相关领域知识产权的未来发展做出预测，而验收阶段的预测管理主要是在结合自有知识产权的基础上对现有知识产权的未来发展做出预测。立项阶段的知识产权预警管理主要是为科研项目研发资源投入的方向提出建议，而验收阶段的知识产权预警管理主要是为知识产权的转移转化可能造成的知识产权侵权、不可实施等风险提出建议。

4. 知识产权战略布局管理

验收阶段与立项阶段的科研项目知识产权战略布局管理也不同。立项阶段的知识产权战略布局主要为对项目未来的知识产权创造和布局重点提出建议，而验收阶段的知识产权战略布局主要是检验该科研项目知识产权战略布局完成的情况，是否达到了立项阶段的目标和预定的目标、指标和参数，该科研项目投入的资源是否出现浪费，研发方向是否偏离，创新方式是否正确等。

5. 知识产权申请与权利获取管理

知识产权申请与获取管理介于立项和验收阶段之间，但可以放在验收阶段进行考查。知识产权申请与权利获取管理不仅包括对知识产权申请的管理，还包括发明创造管理、权利或取得管理和在国外布局知识产权管理。知识产权申请管理主要是通过知识产权管理引导科研项目的研发活动，引导科研人员采用有效的解决技术问题的方法，指导科研人员准备技术交底书等资料，对发明披露进行评估，对知识产权代理机构知识产权文件质量把关控制。知识产权权利获取管理的重点是分析知识产权的授权前景和授权费用缴纳，有的时候可以放弃获取知识产权。还包括国外知识产权申请获取的管理，但是要考虑预算约束，要在预算许可的情况下选择最有可能实施的国家或地区进行保护。

6. 知识产权维持管理

知识产权维持管理是科研项目立项和结题验收环节之间以及验收后的一项经常性工作，是拥有科研项目知识产权的基本手段，也是进行知识产权转移转化管理的基本前提。知识产权维持管理的基础是要有一批高质量的有效知识产权，因此首先要对知识产权进行分类分级管理，区分出有价值的专利和无价值的专利，分级分类可以为科研机构保留最有价值的知识产权，放弃无价值的知识产权。然后决定是否缴纳知识产权年费，只有价值较大的知识产权才缴纳年费进行维持，价值较小的在不改变权属的情况下可以采用非排他方式许可企业并由企业缴纳年费，无价值的则直接放弃权利，进入公知领域。

7. 技术标准与专利池管理

技术标准与专利池管理是对科研项目专利与技术标准结合和专利池或专利组合进行的管理。在符合法律规定的情况下，将技术标准与自有专利结合，使自有专利成为标准必要专利，或成为某个专利组合中的专利，从而对产业产生影响力，支撑产业创新发展。构建或参加专利池或专利组合，能为企业实施科研项目知识产权提供"一站式"许可，从而提升知识产权转移转化的效率。在构建专利池或组合时，可能还要与相关机构合作，必要时要引进知识产权。

8. 知识产权价值评估管理

科学、合理的知识产权价值评估是科研项目知识产权转移转化和进行投资的基础，也是双方达成交易的重要依据。知识产权价值评估不仅要评估技术的先进性、成熟性和配套性，也要评估市场化的可能性和获利性，还要评估知识产权的法律状态。知识产权价值评估管理的重点是知识产权价值评估方法的选择和不同知识产权价值评估参数的选择，但是知识产权交易价格成交的根本在于双方的谈判。

9. 知识产权合同管理

科研项目知识产权合同主要是知识产权实施许可合同，还有研究开发知识产权合同、知识产权保密合同、含有知识产权条款的劳动合同等。科研项目知识产权合同管理的主要任务是拟定和审核知识产权实施许可合同，寻找和将科研项目知识产权转让或许可给企业，从而获得转让许可收益。研发知识产权合同主要有委托研发知识产权合同、合作研发知识产权合同、联合共建实验室知识产权合同、国际专利申请合同等，知识产权合同管理的重点任务是拟定知识产权合同条款、审核知识产权合同，通过合同获取外部研发经费投入。还包括知识产权保密合同管理，与科研项目参与人员签订保密协议，在劳动合同中要避免职务发明创造非职务化、不主张自身权利等知识产权流失风险的管理。

10. 知识产权转移转化管理

结题验收环节的知识产权转移转化管理的主要任务之一是推动知识产权实施许可，科研机构可自行实施科研项目的知识产权，也可通过转让或许可由企业实施科研项目的知识产权。知识产权转移转化管理主要是编写科研项目知识产权实施的可行性研究或论证报告，选择实施许可的方式，监控知识产权实施许可合同的执行，监控选择实施许可收益，维护科研机构的知识产权利益，激励职务发明人的积极性。

8.4.3 验收后三年阶段的知识产权管理

结题验收后三年，科研项目知识产权全过程管理要提交独立的知识产权分析报告或实施许可报告，对科研项目知识产权的转移转化情况进行总结分析，主要包括以下五个方面的任务。

1. 知识产权维持管理

科研项目验收后三年的知识产权维持管理主要是不断对科研项目形成的知识产权进行评估，通过知识产权的分类分级管理决定知识产权是否维持，以及是否缴纳知识产权年费。一般情况下，评估级别高的知识产权要继续维持，评估中级的要继续考察，评估低级的可以放弃。继续考察的或放弃的知识产权可以在不改变知识产权权属的情况下以非排他许可方式交由企业维持，评估需要放弃的知识产权可以通过不缴纳年费放弃。

2. 技术标准与专利池管理

结题验收后三年阶段与验收阶段的技术标准与专利池管理基本相同，但要不断跟踪技术标准中涉及专利池或专利组合的他人必要专利的加入情况，不断与专利池或专利组合的各成员协调沟通，评估专利池或专利组合的市场价值大小，评估科研项目自有知识产权的权利份额。

3. 知识产权价值评估管理

结题验收后三年阶段的知识产权价值评估管理除了要评估科研项目知识产权技术的先进性、成熟性和配套性，评估市场化的可能性和获利性，以及知识产权的法律状态外，还要评估科研项目知识产权是否存在技术贬值问题，是否有替代技术出现问题，要及时调整知识产权价值评估的各种参数，完善科研项目知识产权的价值评估结果。

4. 知识产权合同管理

结题验收后三年阶段与验收阶段的科研项目的知识产权合同基本相同，主要是知识产权实施许可合同管理，以及知识产权保密合同、有知识产权条款的劳动合同等的履行。此阶段知识产权合同管理的主要任务是拟定和审核新的知识产权实施许可合同，将科研项目知识产权转让或许可给企业，从而获得转让许可收益。

5. 知识产权实施许可管理

验收后三年阶段的知识产权实施许可管理的主要任务仍然是推动知识产权的实施许可，科研机构自行实施科研项目知识产权和许可企业实施科研项目知识产权的，都要做好知识产权实施的可行性论证，充分把握可能影响知识产权顺利实现收益的各种问题。还要与企业一起选择知识产权实施许可的方式，监控知识产权实施许可合同的执行，监控选择实施许可收益，获取科研机构知识产权转移转化的收益。

8.5 科研项目知识产权全过程管理评估指标体系

由于科研项目知识产权全过程管理兼具过程管理与目标管理的双重属性，其评估指标体系的设计也应当包括目标评估和过程评估两个方面。其中，目标评估是依据工作目标的实现程度而进行的绩效性质的评估，其评估依据是项目目标的实现程度。而过程评估则强调对全程的全面把握和对关键节点的监控，选取过程中的重点环节进行评估，以保证过程的质量和效果。

8.5.1 科研项目知识产权全过程管理评估原则

科研项目知识产权全过程管理评估指标体系的设计应遵循以下原则：

一是目的性原则。评估是一种评价行为，目的性是其基本特征。评估指标体系应是对评价对象本质特征的客观描述，应为评价活动的目的服务。科研项目知识产权全过程管理的评估目标是对科研项目实施知识产权全过程管理的程度和实施效果的评价。

二是科学性原则。科学性是评估结果准确合理的基础。要求指标能反映评估对象的特征，涵义要准确清晰，指标体系中各指标之间不应有很强的相关性，不应出现过多的信息重叠。科研项目知识产权全过程管理的评估指标体系要从任务出发，设置不同环节的不同管理任务，要最大限度避免指标之间的重复性。

三是全面性原则。评估指标体系应围绕评估目的，充分考虑评估对象的特点，全面反映评估的规律，不能出现重大遗漏。科研项目知识产权全过程管理的评估指标体系要提出明确的管理任务，要涵盖管理的关键和重点内容，每项管理任务均要有明确的评估指标。

四是适用性原则。评估指标体系的设计应考虑现实的可行性，应适应评估活动对时间、成本的要求，适应评估人员对指标的理解和判断能力，适应信息资料的收集、计算和可测度。科研项目知识产权全过程管理的评估指标体系要充分考虑实际应用，具有可操作性，要能够计算出结果，要能够引导科研机构提升知识产权管理水平。

8.5.2 评估指标体系

科研项目知识产权全过程管理评估指标体系主要包括10个方面任务共36个三级指标，见表8-2。

表 8-2　科研机构知识产权全过程管理评估指标体系

序号	二级指标	三级指标	计算方法	最大值
1	知识产权检索分析管理	检索分析的国家和组织数量	$i/9$	9
		检索流程符合度	$i/4$	4（初步检索、IPC 检索、同义词检索、组合检索）
		分析内容占全部应分析内容的比例	$i/9$	9（基本信息、生命周期、技术功效矩阵、技术优势、技术依赖性、技术宽度、专利影响、核心专利、法律状态）
		知识产权检索分析报告字数	$i/4$ 万	4 万字
		平均项目周期内跟踪检索次数	$i/$ 年	4/年
2	科研项目创新性管理	是否将项目分解为子项目或子任务	$i/1$	1
		按照完整、简要要求提炼出技术特征子项目数占比	$i/$ 子项目数	项目子项目数
		具有创新性子项目数占比	$i/$ 子项目数	项目子项目数
3	知识产权预测预警管理	是否预测项目相关知识产权未来数量	$i/1$	1
		是否预测项目相关知识产权未来结构	$i/1$	1
		给出预警结论子项目数占比	$i/$ 子项目数	项目子项目数
4	知识产权战略布局管理	平均项目建议专利或实际申请布局的技术领域数	$i/$ 项目总技术领域数	项目总技术领域数
		平均项目建议专利或实际申请布局的数量	$i/$ 子项目数	项目子项目数
		开展战略性布局增加的专利申请数	$i/$ 创新性子项目数	创新性子项目数
5	知识产权申请获取管理	单位项目发明披露评估数	$i/1$	1
		平均说明书和附图页数	$i/22$	22
		平均权利要求数量	$i/22$	22
		单位研发资金产出知识产权数	$i/$ 序列最大值	序列最大值
		申请国内知识产权数量	$i/$ 序列最大值	序列最大值
		申请国际知识产权数量	$i/$ 序列最大值	序列最大值
		知识产权授权率	$i/$ 序列最大值	序列最大值
6	知识产权维持管理	分级分类专利数占全部专利申请量比	$i/1$	1
		有效专利授权与申请数与过去三年专利申请量之比	$i/1$	1
		授权后三年专利维持率	$i/1$	1

续表

序号	二级指标	三级指标	计算方法	最大值
7	技术标准与专利池管理	项目专利成为其必要专利的技术标准数	$i/$序列最大值	序列最大值
		专利池或专利组合中项目必要专利数	$i/$全部必要专利数	全部必要专利数
		项目必要专利在专利池或专利组合中的权益比例	$i/1$	1
8	知识产权价值评估管理	撰写的知识产权价值评估报告数	$i/$序列最大值	序列最大值
		知识产权价值评估报告总页数	$i/$序列最大值	序列最大值
		成交知识产权价格与评估价值浮动比例	$1-\|($成交-评估值$)/$评估值$\|$	0
9	知识产权合同管理	签订项目知识产权合同数量	$i/$序列最大值	序列最大值
		项目知识产权合同额	$i/$序列最大值	序列最大值
		平均知识产权合同到账额	$i/$序列最大值	序列最大值
10	知识产权转移转化管理	实施许可知识产权数占比	$i/$序列最大值	序列最大值
		单位知识产权转移转化收益	$i/$序列最大值	序列最大值
		职务发明人平均获得转移转化收益	$i/$序列最大值	序列最大值

1. 知识产权检索分析管理指标

知识产权检索分析管理的核心任务在于知识产权信息的挖掘与利用。检索的基本要求是必须保证检索的全面性，既要在专利数据库的选择上注重典型性，也要注重检索策略的优化。因而选择检索分析的国家和组织数量作为知识产权检索分析管理评估的重要指标，由于专利审查员检索的最低文献量来源为"七国两组织"（七国包括中国、日本、美国、英国、法国、德国、瑞士，两组织指世界知识产权组织和欧洲专利局），因而以 9 为最大值，检索的越多则数据覆盖越广，检索越全面。其次要评估检索与最佳流程的符合度，流程符合度越高，知识产权检索策略就越优化。报告选取"初步检索、IPC 检索、同义词检索、组合检索"为最优流程，是因为该检索策略结合了多检索途径，并兼顾检索词的语义选择和逻辑设计，是基于大量实践的总结。在检索出专利数据的基础上，应当充分挖掘其中蕴含的丰富的技术、法律、市场信息。高质量的知识产权分析应当涵盖主要的分析要点，即"基本信息、生命周期、技术功效矩阵、技术优势、技术依赖性、技术宽度、专利影响、核心专利、法律状态"九个方面，同时，为确保分析内容具体、相关，结合现有研究，知识产权检索分析报告的字数不应低于4万字。最后，由于专利公开的持续性和法律状态的动态性，应当对知识产权信息进行动态检索，以持续为科研项目成果的创新性提供参考。在平均项目周期内跟踪检索次数越多表明知识产权检索分析管理的努力程度越大，一般情况下，每三个月检索一次的频率较为适宜，因而以每年4次为最大值。

2. *科研项目创新性管理指标*

科研项目创新性管理应当按照子项目及其技术主题进行，并尽量以技术特征的形式描述科研项目及分解出的子项目的预期目标、主要技术参数指标、技术路线、所要解决的关键问题等。在提取技术特征的过程中，应当按照清楚、简要的要求对技术特征进行凝练。因而，对项目创新性管理的评估一要评估"是否将项目分解为子项目或子任务"，二要评估"按照完整、简要要求提炼出技术特征子项目数占比"，占比越高，提炼出技术特征的子项目数越多，项目创新性管理开展得就越好。三是在立项、结题验收阶段，都应当对具有创新性的子项目占全部划分子项目的比例进行评估，具有创新性子项目数占比越高，项目创新性管理水平越高，得分也越高。

3. *知识产权预测预警管理指标*

立项阶段的预测管理主要是对相关知识产权未来发展的预测，而验收阶段的预测管理是在自有知识产权的基础上对知识产权的未来发展的预测。因而两次评估均应当评估"是否预测项目相关知识产权未来数量"以及"是否预测项目相关知识产权未来结构"。通过预测，有助于把握技术领域的发展趋势，制定合理的知识产权创造、转化目标。立项阶段的知识产权预警管理主要是为科研项目研发资源投入的风险提出建议，而验收阶段的知识产权预警管理主要是为知识产权的转移转化可能造成的知识产权侵权、不可实施等风险提出建议。因而，在立项和验收阶段，给出预警结论的子项目占全部项目数的比例越高，表明知识产权预警管理开展得越好。

4. *知识产权战略布局管理指标*

知识产权布局管理是结合项目目标、面向科研项目做出的具有战略性知识产权布局安排。立项阶段的知识产权战略布局主要为项目未来的知识产权创造和布局重点提出建议,而验收阶段的知识产权战略布局主要是检验布局的完成情况,是否达到了立项目标和技术指标、参数。一般认为,平均每个项目布局的技术领域越多,则技术宽度越大,布局的全面性越好。同时,平均每个项目布局的专利数量越多,表明布局的效率越高,布局考虑越周密。因此,立项阶段的知识产权战略布局管理用"平均项目建议专利申请布局的技术领域数"和"平均项目建议专利申请布局的数量"两个指标来测度,结题验收阶段则以"实际"的平均专利申请涉及的技术领域数和专利申请数量测度。同时,考虑到有的科研项目可以布局的专利会很多,因而还需要考查通过知识产权战略布局增加的专利申请数,增量越大,则布局管理的效果越好。

5. 知识产权申请获取管理指标

知识产权申请获取管理的绩效一是反映在技术交底和发明披露的评估数量上,二是反映在知识产权权利获取的数量上,三是反映在知识产权创造的效率上,四是反映在知识产权的质量上。发明披露评估数占全部披露的比例越高,工作量越大,申请前的把关也可能越细致。创造的知识产权数量可以分别用申请国内和国外知识产权的数量来衡量,其中赋予国外知识产权较高的比重,可以激励目前比例很低的海外知识产权布局,扩大知识产权保护范围;创造的效率可以用单位研发资金产出知识产权数量衡量,单位产出越多,则知识产权创造的效率越高;知识产权的质量可以用平均说明书和附图页数、权利要求项数以及知识产权授权率来表征。现有研究表明,"平均说明书和附图页数""平均权利要求数量"都和专利申请文件的质量呈正相关,页数越多,表明技术内容很可能更复杂,且公开越充分;权利要求越多,则保护更为全面。经过专利局审查后授权的专利数所占比例越高,整体的创造性就越高,知识产权管理的效果越好。

6. 知识产权维持管理指标

知识产权维持管理主要是对知识产权是否维持和如何维持进行管理。知识产权维持管理的基础是对知识产权价值的判断,分级分类情况将有助于选择维持或放弃知识产权,分级分类的比例越高,说明知识产权维持管理越到位。因此,首先用知识产权的分级分类数量指标来表征知识产权维持管理。

其次，知识产权维持管理主要是有效知识产权的管理，有效的知识产权数量越多说明维持管理的能力越强，知识产权对产业发展和转移转化的支撑作用就越大，因而用"有效专利数与过去三年全部申请专利数之比"指标表征知识产权申请维持管理。但有效的专利数量越多，需要支出的年费也越多，所以该比例有一个最优值。

7. 技术标准与专利池管理指标

技术标准与专利池管理将技术标准与自有专利结合，使自有专利成为标准必要专利，或成为某个专利组合中的专利，有助于提升专利的影响力，支撑产业创新发展。该管理内容的核心任务是推动项目专利进入专利池，成为技术标准的必要专利。专利进入的标准数越多，进入标准的专利数越多，均表明技术标准与专利池管理的绩效越好。同时，考虑数量本身并不能代表价值大小，科研项目专利在专利池或专利组合中所占的权益比例也应纳入评估范围。该比例越高，技术标准与专利池管理的绩效越好。因此，选择"项目专利成为其必要专利的技术标准数""专利池或专利组合中项目必要专利数"和"项目必要专利在专利池或专利组合中的权益比例"三个指标进行表征。

8. 知识产权价值评估管理指标

知识产权价值评估管理的重点是知识产权价值评估方法的选择和不同知识产权价值评估参数的选择。开展评估数量所占比例越高，评估越详细，说明评估管理开展得越充分，因而用"撰写的知识产权价值评估报告数"和"评估报告总页数"来测度，两个指标均与价值评估管理的工作绩效呈正相关。另一方面，考虑到国有资产管理，为了促进转移转化，防止行政管理干扰正常市场行为，应当允许成交知识产权价格与评估价值有一定的浮动比例，但是浮动比例越小越好，越小说明评估越准确，价值评估管理质量越高，所以以"成交知识产权价格与评估价值浮动比例"作为评估指标。

9. 知识产权合同管理指标

科研项目知识产权合同管理主要是针对研发合同、转移转化合同的管理。其主要任务是拟定和审核知识产权实施许可合同，寻找企业并将科研项目知识产权转让或许可给企业，从而获得转让许可收益。因而，签订项目知识产权合同的数量越多，说明合同管理越好；签订的合同额越大，则知识产权合同谈判开展得越好，技术推广工作越到位；到账金额越多，则交易越成功，合同执行越到位。因而，对知识产权合同管理的评估采用"签订项目知识产权合同数量""项目知识产权合同额""平均知识产权合同到账额"三个指标进行表征。

10. 知识产权转移转化管理指标

知识产权转移转化管理是知识产权全过程管理的最后阶段，知识产权转移转化管理的主要任务是监控知识产权实施许可合同的执行，促进知识产权的实施，实现科研机构的知识产权价值。转移转化的知识产权数占全部知识产权数的比例越高，表明转移转化管理就越成功；平均获得的知识产权实施许可收益越多，表明转移转化管理绩效越高，引导了知识产权的高质量创造和高效益转化。因而，选取"实施许可知识产权数占比"和"单位知识产权转移转化收益"两个指标进行表征。同时，为了促进知识产权转移转化，提高转化成功率，应当在遵循利益平衡原则的同时，给予职务发明人必要的奖励，从而激励职务发明人参与转移转化的积极性，因而采用"职务发明人平均获得转移转化收益占比"作为重要指标之一。

8.5.3 计算方法

本书采用简单加总方法计算科研项目知识产权全过程管理的总体得分，测度公式如下：

$$f = \sum_{i=1}^{m} \alpha_i \sum_{j=1}^{n} \beta_{ij} x_{ij} \quad (8\text{-}1)$$

其中，f 为总体得分；X_{ij} 为某项管理，即三级指标得分；β_{ij} 为三级指标权重，$\sum_{1}^{n} \beta_j = 1$；α_i 为二级指标权重，$\sum_{i=1}^{m} \alpha_i = 1$，$m=10$。

本书采取的步骤是：第一步，按照科研项目实际获取二级指标数据，根据专家打分法判断各二级指标权重。

第二步，设定各指标的最大标杆值。最大标杆值采取某一指标序列中的最大数据并结合实际情况。实际情况一是有些数据具有两面性。二是要考虑未来的冗余度。在设定最大值后，指标序列中的值根据下述归一化公式计算：

$$X_i^* = \frac{X_{ij}}{B_{i\max}} \quad (i=1, \cdots, n; j=1, \cdots, 36) \quad (8\text{-}2)$$

其中，i 为第 i 个项目；j 为三级指标编号。

第三步，设一级指标均为等权重，各占 0.1，根据一级指标权重，将归一化处理后的一级指标数值乘以相应权重，得到总分。

8.6 小结

开展科研项目知识产权全过程管理是提高科技创新效率的重要途径。本章从国内外科研机构知识产权管理研究出发，提出了科研项目知识产权全过程管理的概念、特征、主要环节、主要任务，构建了科研项目知识产权全过程管理的主要控制性评价评估指标体系。

为推进科研机构知识产权全过程管理，需要采取有效的政策措施。一是在政策上要出台科技计划项目知识产权全过程管理办法，明确知识产权全过程管理的主要环节、主要任务和评估指标。要对重大科技专项和国家重大科技计划项目开展知识产权全过程管理情况进行评估。二是建立科技计划项目知识产权全过程管理专项资金，支持一批科研项目开展全过程管理，尤其是专利导航。允许各类科技计划知识产权事务费中增加知识产权全过程管理预算科目，重点支持知识产权分析报告撰写。三是开展科研项目知识产权全过程管理试点示范，总结经验，发现问题，不断完善知识产权全过程管理的方法和管理模式，通过试点示范引导更多的科研机构开展科研项目全过程管理。四是开展科研项目知识产权全过程管理培训，培养一批面向科研项目开展知识产权全过程管理的人才队伍和机构，重点培养科研项目知识产权分析报告撰写能力和发明披露评估能力。

科研机构也要建立重大科研项目和重要方向性项目等科研项目的知识产权全过程管理制度。科研项目承担单位和项目负责人应聘用内部知识产权管理人员或外部服务机构开展知识产权全过程管理，知识产权管理人员应服务于课题组开展科研项目知识产权全过程管理工作，自行或者聘用外部机构为科研项目提交独立的知识产权分析报告。课题组应支付工作经费和合理报酬，课题组可以对开展知识产权全过程情况进行评价，可以解聘服务不合格的内部管理人员或外部服务机构，聘用其他人员或机构，必要的时候可以采取一定的处罚措施,如不支付工作经费和报酬、收回相关经费等。工作经费应主要用于内部知识产权人员或者聘用外部服务机构撰写知识产权分析报告。工作津贴可以参照现有科研人员绩效管理政策向提供了独立知识产权分析报告、开展了知识产权全过程管理的内部知识产权管理人员支付合理的工作绩效。

第九章 科研项目知识产权分析

科研项目知识产权分析是科研项目知识产权全过程管理的核心，是科研机构知识产权管理的主要抓手。开展科研项目知识产权分析，不仅有利于厘清知识产权状况，避免重复立项和重复研究，而且能检验科技成果的创新性，促进科研项目高水平和高质量知识产权的创造，促进科研项目知识产权的转移转化，有利于引导科技创新活动，提高科技创新效率。

9.1 科研项目知识产权分析概念与分类

科研项目知识产权分析是对现有知识产权进行全面检索，分析现有知识产权的分布和特点，预测知识产权未来发展，结合科研项目研发目标和主要指标参数，分析科研项目创新性，分析知识产权战略布局，对科研项目能否立项提出建议，并分析知识产权申请、获取和维持、技术标准与专利池、知识产权价值、知识产权合同、知识产权转移转化，对科研项目能否结题验收提出建议，以及对已完成科研项目一定时间后知识产权转移转化情况进行分析并提出建议。

从知识产权类型角度，知识产权分析可分为专利分析、科技著作分析、专有技术分析等。其中专利分析包括发明、实用新型和外观设计专利分析三类，科技著作包括科技专著、科技论文分析两类，专有技术分析主要是技术秘密和技术诀窍分析。从科研项目知识产权全过程管理角度，知识产权分析分为科研项目立项知识产权分析、科研项目执行过程知识产权分析和科研项目结题验收知识产权分析，还包括立项后知识产权分析或转移转化分析，为科研机构能否承担新项目提供建议。实际上，科研机构知识产权分析应包含各种知识产权的分析，但重点是专利的分析。

9.2　科研项目知识产权分析原则

1. 有所侧重原则

不同类型知识产权的保护形式不同，其垄断性也不同，保护形式和垄断性不同决定了不同类型知识产权在知识产权分析中的作用不同。发明专利权和实用新型专利权是垄断性较强的知识产权，独立权利要求保护的是发明创造的整体技术方案，它以技术特征综合的方式保护发明创造的整体构思，而不是形式。科技论文、科技著作等自然科学文字作品和工程技术设计图的著作权保护的是科技作品的形式，是具有共享性的知识产权，垄断性较小。技术秘密专有权在他人没有合法获得时垄断性最强，但在他人通过合法途径得到同样或类似专有技术时垄断性大大降低，甚至不具有垄断性。商标权和外观设计专利权实际上保护的也是表达形式，商标权和外观设计专利权具有一定的垄断性，但垄断性不高。对于科研项目来说，商标权和外观设计专利权的影响较小。在所有类型知识产权中，发明和实用新型专利权的垄断性较强，发明和实用新型专利技术是公开的，同时它们又具有保密风险低的特点，所以，科研项目知识产权分析报告应把专利（主要是发明和实用新型）作为重点。

2. 全面检索原则

全面检索要求在世界范围内检索技术文献、技术使用状况等。其中最重要的是专利文献检索，尤其是"七国两组织"的专利文献。我国专利法第四次修正，新颖性是指"该发明或者实用新型不属于现有技术；也没有任何单位或者个人就同样的发明或者实用新型在申请日以前向国务院专利行政部门提出过申请，并记载在申请日以后公布的专利申请文件或者公告的专利文件中"；现有技术是指"申请日以前在国内外为公众所知的技术"。因此，新颖性是绝对的新颖性，是世界范围内的新颖性。

贯彻全面检索原则就要应用各种检索方法。针对科研项目的专利检索类型主要有：① 新颖性检索，对尚未申请专利的立项科研项目和已完成的科研项目，进行世界范围的专利检索和非专利文献检索，评价该技术的新颖性和创造性，并提供对比相关文献的全文。②法律状态检索。检索特定领域或主题的各国专利法律状态，得到专利有效、无效等信息，如专利是否处于申请状态，是否授权，是否有优先权，是否在审查阶段，是否进行过修改，是否经历过无效宣告等。③同族专利检索。检索同一主题的技术在哪些国家或地区申请了专利，以确定这一技术的区域保护范围，了解专利权人的市场动向，同时得到这一技术的区域分布的空白点，为研发和未来产品出口决策提供参考。④专利侵权检索。针对科研项目或其子项目的目标、主要技术指标参数分析现有最相关专利的独立权利要求，进行侵权判断，了解存在的侵权风险和面临的侵权危机，为研发项目调整和评价提供依据。针对已完成科研项目或其子项目的目标、主要技术指标参数分析现有最相关专利的独立权利要求，从侵权判断出发，避免落入现有专利保护范围或者提出改进专利，使科研项目具有创新性。

3. 动态跟踪原则

动态检索就是要根据科研项目的实际需要，对项目所属技术领域、主要机构的国内外专利进行动态检索，并提供检索出的相关专利的全文，实时掌握最新的专利信息，了解相关技术的发展动向，及时调整研发方向，使科技人员少走弯路，并充分利用现有专利技术进行研究开发。

在项目立项时，检索的专利往往是已公开的专利，而科技著作的印刷出版往往都需要一段时间。同时，由于世界主要国家都实行申请后经过一段时间才公开的专利制度，已经检索出的专利文献往往是18个月或一段时间以前的专利，这段时间的专利被称为"潜水艇专利"，一些专利很有可能成为科研项目专利申请的抵触申请，有可能影响科研项目专利申请的创造性。因此，科研项目在执行过程中应及时进行动态跟踪检索。

4. 定量定性分析结合原则

撰写知识产权分析报告是一项复杂的工作，是一项需要利用各种检索工具和分析方法进行创造性劳动的工作，需要定性分析和定量分析相结合。定性分析就是对研究对象进行"质"的方面的分析，就是运用归纳和演绎、分析与综合以及抽象与概括等方法，对获得的各种材料进行加工，从而能去粗取精、去伪存真、由此及彼、由表及里，从而认识事物本质、揭示内在规律。定性分析有两种不同的层次：一种是研究的结果本身就是定性的描述材料，没有数量化或者数量化水平较低；另一种是建立在严格的定量分析基础上的定性分析。就知识产权分析报告撰写来说，定性分析法主要包括客观描述法、历史研究法、专家访谈法。历史研究法主要包括观察法、关键事件分析法、访谈法等。对于知识产权分析报告撰写来说，客观描述法主要用于描述知识产权的客观事实，历史研究法主要用于描述知识产权技术的发展历史、重要技术节点，访谈法则用于提炼一些专家关于科研项目知识产权的观点。

定量分析法是指运用现代数学方法对有关的知识产权数据进行加工处理，据以建立能够反映有关变量之间规律性联系的各类模型的方法。对于知识产权分析报告撰写来说，可用的具体方法有多种，如对专利申请人、竞争对手、技术领域的统计，对现有专利等知识产权生命周期的分析，对现有专利等知识产权未来发展趋势的预测，对科研项目可能创新点的分析、未来市场的分析等。

5. 多角度分析原则

知识产权分析是一个系统工程，需要从各个角度来进行分析。对于专利来说，不仅要从过去来进行分析，还要预测未来的发展趋势；不仅要分析专利知识产权，还要分析科技著作等知识产权；不仅要分析知识产权对现在的影响，也要分析对项目未来的影响；不仅要分析项目国内知识产权分布情况，也要分析国外分布情况；不仅要分析科研项目方向正确与否与如何调整，还要分析科研项目可能形成产品销售的未来市场；不仅要进行现状分析，还要进行预测和预警。

9.3 科研项目知识产权分析报告结构与内容

1. 主体结构

知识产权分析报告的主体结构应包括以下几个部分：立项的科研项目包括题目、所属技术领域、知识产权检索分析、项目创新性分析、知识产权预测预警分析、知识产权战略布局分析，以及科研项目立项与调整建议。

结题验收项目知识产权分析报告的主体结构应包括题目、所属技术领域、知识产权检索分析、项目创新性分析、知识产权预测预警分析、知识产权战略布局分析、知识产权申请获取分析、知识产权维持分析、技术标准与专利池分析、知识产权价值评估分析、知识产权转移转化分析，以及能否结题验收的建议。

验收后三年项目的知识产权分析报告的主体结构应包括题目、知识产权维持分析、技术标准与专利池分析、知识产权价值评估分析、知识产权实施许可分析，以及相应的建议。

对于执行中科研项目的某些已完成子项目，如果需要知识产权分析报告的，其主体结构和结题科研项目知识产权分析报告的主体结构基本一致。

2. 内容要求

（1）题目。如"×××项目立项知识产权分析报告""×××项目结题验收知识产权分析报告""×××项目结题知识产权转移转化分析报告"。

（2）所属技术领域。技术领域应当按照国际专利分类表进行分类，并给出相应的关键词。

（3）知识产权检索分析。包括知识产权检索与分析两方面。知识产权检索又包括专利检索、科技著作检索、集成电路布图设计专有权检索、植物品种专有权检索等，其中主要的是专利检索、科技著作检索。知识产权分析包括现有知识产权权利人、技术领域等基本信息分析，也包括知识产权技术生命周期分析、知识产权法律稳定性分析等。

（4）知识产权预测预警分析。预测主要是预测知识产权未来发展趋势，包括数量、结构等。预警主要是根据检索出的知识产权，找到最接近的知识产权，分析科研项目能否立项和结题验收，对科研项目研发资源投入、转移转化可能造成的知识产权侵权、不可实施等提出预先警告。

（5）科研项目创新性分析。首先将科研项目分成子项目，然后分析科研项目及其子项目的预期目标、主要技术参数和指标、技术路线、所要解决的关键问题及解决途径、可能的创新点、具有的优点和积极效果，简要提炼出科研项目或其子项目的技术特征。根据检索出的最接近对比文件，分析科研项目能否形成创新成果，能否申请新的知识产权。

（6）知识产权战略布局分析。利用技术功效矩阵、TRIZ、技术预见等方法对科研项目知识产权的布局进行分析，为立项的科研项目知识产权创造和布局重点提出建议，检验结题验收项目知识产权战略布局完成的情况，检验科研项目是否达到了立项阶段的目标，是否完成了预定方案。

（7）知识产权申请获取分析。包括发明创造披露与评估分析，知识产权申请、授权分析和研发人员、研发资金和研发设施投入情况分析，以及研究开发效率分析等。

（8）知识产权维持分析。主要包括科研项目知识产权分级分类分析、知识产权有效情况分析、知识产权法律状态分析，提出知识产权维持和放弃的建议。

（9）技术标准与专利池分析。主要包括科研项目相关技术标准分析、技术标准与科研项目知识产权关联性分析、专利池与专利组合分析、专利池或专利组合权益分析。

（10）知识产权价值评估分析。主要包括科研项目知识产权技术价值分析、经济价值分析和法律分析，给出知识产权的价值和转让许可价格。

（11）知识产权转化运用分析。主要包括知识产权实施许可方式分析、知识产权实施许可收益分配方式分析、知识产权实施许可效果分析等。

（12）结论与建议。

根据上述分析，对科研项目和知识产权分析情况进行总结，并对科研项目立项和结题验收是否通过提出建议，对科研项目是否能够立项，是否需要调整研发路线和投入方向提出建议，对科研项目知识产权转移转化情况提出建议。

（13）附录。

附录主要包括知识产权检索数据库与检索方法、知识产权检索结果数据、知识产权预测预警数据与各种分析图表。

9.4 科研项目知识产权检索分析

9.4.1 知识产权检索

1. 专利检索

首先，要了解国际专利分类表，国际专利分类表是按技术应用分类的，共分八大部类。如"H"为部；"H01"为大类；"H01M"为小类；"H01M

8/00"为大组;"H01M 8/12"为小组。在所有情况下,在给出一个小组类名时,必须同时考虑它所从属的并受其限制的那个组的类名。

例如,已知:IPC 分类如下:

H03F 7/00　　参量放大器

H03F 7/02　　·用可变电感元件;用可变导磁率元件

H03F 7/04　　·用可变电容元件;用可变介电常数元件

H03F 7/06　　·用电子束管

H03F 7/04 是一个一点组;对其类名的理解,必须同时考虑其上位离它最近的大组类名;因此 H03F 7/04 应该理解为"用可变电容元件或可变介电常数元件的参量放大器"。

其次,在进行专利检索时,首先要检索中国的专利文献。常用的数据库是中国国家知识产权局专利检索及分析平台,该数据库可以进行简单检索和不太复杂的逻辑检索;第二个是中国知识产权网 www.cnipr.com,除了界面简单检索、按提供的分类检索外,还可以通过编写逻辑表达式进行检索。例如,要检索美国在中国 2021 年"化学药品原药"技术领域的专利数据,检索中国知识产权网数据库,可以用逻辑式"(C07C/SIC or C07D/SIC or C07F/SIC or C07G/SIC or C07H/SIC or C07J/SIC) and 2021/PA and 美国 %/AR",其中 SIC 代表国家专利分类号,PA 代表申请日,AR 代表申请人地址,% 代表截词。

然后,要检索美国、欧盟、日本和世界知识产权组织的专利数据库。美国专利商标局数据库的检索入口为专利检索 | 美国专利商标局(uspto.gov)。美国专利数据库也可以进行逻辑检索,分为基本检索和高级检索。

欧洲专利局检索系统入口为 http://ep.espacenet.com/advancedSearch?locale=en_EP,日本特许厅数据库 [日本特许厅(jpo.go.jp)] 检索入口为专利检索 / 实用新型检索 | 日本特许厅(jpo.go.jp),可通过在不同栏目填写不同内容进行检索。

PCT 专利反映了国际专利申请情况,世界知识产权组织 PCT 专利检索的网址是(WIPO – 检索国际和国家专利汇编),如用逻辑式"(AAD/CN AND PA/university)"可以检索来自中国大学的 PCT 专利申请,其中"AAD"代表申请人地址,"PA"代表申请人。

当然，也可以采用专利检索软件进行检索。如 ProQuest 公司（原名 UMI 公司）是全球顶尖的信息数据供应商之一。ProQuest Dialog 系统的前身是著名的 Dialog 国际联机系统，是世界上最大的国际联机检索系统，现隶属于美国的 ProQuest 公司，可同时对多个数据库进行专利全文检索，包括中、美、欧、日、俄、印等多个国家和德温特世界专利（Derwent WPI），德温特专利引证（Derwent Patent Citation），专利同族与法律状态数据库（Inpadoc）。常用的国内商用化专利检索软件有智慧芽（Patsnap）、合享智慧（incoPat）、索意互动（Patentics）、黑马（Himmpat）、大为（Innojoy）、东方灵盾（Lindenpat）、搜湃（Soopat）、佰腾（Baiten）、专利汇（Patenthub）、知嘟嘟（Iprdb）、六棱镜 [全球产业科技情报分析系统（PatNavi）(sixlens.com）] 等。

一般的专利申请新颖性检索流程可以分为两个步骤。

第一步，核实检索需求，分解检索目标。由于研究开发人员与知识产权管理人员可能存在一定差异，因而有必要在检索前核实检索需求，并分解检索目标。要核实技术人员提交的技术内容是否属于专利检索的对象，是否满足专利检索的要求。只有由检索人员与技术人员共同确定了检索范围，才能签订检索意见书。

第二步，进行初步检索、IPC 检索、同义词检索和组合检索，并记录检索过程。在科研项目的知识产权检索中，由于项目主题较为明确，为了尽可能全面地获取某一技术领域的专利文献，一般采用技术主题检索。专利技术主题检索包括以下流程：① 初步检索。在填写检索要素表之前，利用检索要素名称进行初步检索，找出若干篇相关专利文献，浏览其专利文献著录项目及文摘，提取出其 IPC 号和各检索要素的相关主题词或同义表达词，填入检索要素表。② 进行分类号检索。根据检索要素表中填入的 IPC 号，进行分类检索。③ 进行同义词检索。根据检索要素表中填入的各检索要素的同义词、近义词，进行同义主题词检索。④ 进行逻辑组合检索。将上述检索提问式进行逻辑组配，组成完整检索表达式，进行最终检索。⑤ 中止检索或调整检索要素/检索式。

例如，自动开合伞的检索要素和逻辑如表 9-1 所示。检索逻辑式为：（伞 and ((开 or 张) or (合 or 闭) or (开 or 收)) and 自动）and A45B25/14。

表 9-1　自动开合伞的检索要素和逻辑式

检索"自动开合伞"技术主题的专利参考文献				
检索要素	检索要素1	检索要素1	检索要素2	检索要素3
检索要素名称	伞	打开	闭合	自动
主题词	伞	开，张	合，闭，收	自动
IPC号	A45B 25/14(Devices for opening and for closing umbrellas)			

在检索的过程中，一是要注意选择多个专利数据库。应当根据所属技术领域的发展情况和各国专利数据库的特点选择合适的国外数据源，目前较为常用的是"七国两组织"的专利数据库，这也是审查员审查专利时要求检索的最低文献来源。二是要进行多种类型的专利检索。

在进行科研项目专利检索时，一定要注意对科研项目按技术进行分解，构建技术分解表。技术分解表不能简单按照机构系统构成进行分解，而是应参照国际专利分类表进行分解，便于以后进行科研项目的专利检索和科研项目创新性分析。

2. 著作权检索

著作权既包括科技著作和科技论文的著作权，也包括计算机软件著作权。检索国际科技论文常用 Web of Science（SCI、SSCI、A&HCI、CCR、IC）。

Web of Science 包括三大引文库（SCI、SSCI 和 A&HCI）和两个化学数据库（CCR、IC），以 ISI Web of Knowledge 作为检索平台。Science Citation Index Expanded（1994—）收录 9 200 多种科学技术期刊；Social Sciences Citation Index（1998—）收录 3 400 多种社会科学期刊。Arts & Humanities Citation Index（2002—）收录 1 800 多种艺术与人文类期刊。Current Chemical Reactions（CCR-EXPANDED）（1986—）收录一步或多步新合成方法。Index Chemicus（IC）（1993—）收录重要期刊报道的新颖有机化合物的结构和关键数据。

国内检索科学文献的方法也有多种，如中国科学院文献情报中心就提供了较多的网络数据库，计算机方面的如 ACM 数字图书馆。

计算机软件著作权检索工具是中国版权保护中心著作权计算机软件著作权登记公告系统[计算机软件著作权登记公告-中国版权保护中心

（ccopyright.com.cn）]。检索策略是简单逻辑检索，输入科研机构名称即可了解该单位的计算机软件登记情况。

3. 集成电路布图设计专有权

集成电路布图设计专有权的检索工具是中国国家知识产权局公告的集成电路布图设计专有权检索系统 [国家知识产权局 | 集成电路公告（cnipa.gov.cn）]。通过逐项分析可以了解哪些国家、哪些单位申请了中国集成电路布图设计专有权。

4. 植物新品种权检索

检索植物新品种权需要检索国家农业部公告的农业植物品种权和国家林业局公告的植物新品种。通过检索可以了解哪些国家、哪些申请人申请了哪些方面的植物新品种。

5. 商标权检索

大多数科研机构都有包含名称等的商标权，一些科研机构的下属企业还拥有产品服务的商标权，都有必要申请商标注册，这时需检索中国商标数据库，但也有必要检索国外商标数据库。

9.4.2　知识产权分析

根据检索得出的知识产权进行分析，知识产权分析主要包括知识产权基本分析、知识产权生命周期分析、技术功效矩阵分析、技术优势分析、技术依赖性分析、技术宽度分析、知识产权影响分析、核心知识产权分析、知识产权法律状态分析九个方面。

1. 专利基本分析

专利基本分析包括专利技术主题（关键词）、专利分类号、专利申请国别、专利申请人或专利权人、发明人或设计人、专利申请日或公开日、专利授权日和申请人或专利权人地址、法律状态等分析。通过对这些基本信息的统计分析，可以对科研项目所在技术领域知识产权发展情况、市场研发主体和国家或区域技术实力形成总体判断。

专利基本分析采用的工具主要是统计图表。将检索出的技术主题（关键词）、专利分类号、专利申请国别、专利申请人或专利权人、发明人或设计人、专利申请日或公开日、专利授权日和申请人或专利权人地址、法律状态等数据进行加总，画出统计图。这是比较简单的专利地图。

以裂殖壶菌制 DHA 技术为例，该技术主题主要集中于 A 和 C 两大部类，其 IPC 分类如表 9-2 所示。

表 9-2 裂殖壶菌制 DHA 技术 IPC 分类

国内分类	主要内容
A23L	不包含在 A21D 或 A23B 至 A23J 小类中的食品、食料或非酒精饮料；它们的制备或处理，例如烹调、营养品质的改进、物理处理
A61K	医用、牙科用或梳妆用的配制品
A23K	专门适用于动物的喂养饲料；其生产方法
A61P	化合物或药物制剂的特定治疗活性
C07C	无环或碳环化合物
C12P	发酵或使用酶的方法合成目标化合物或组合物或从外消旋混合物中分离旋光异构体
C12H	酒精饮料的巴氏灭菌、杀菌、保藏、纯化、澄清或陈酿；改变发酵溶液或酒精饮料的酒精含量的方法
A23C	乳制品，如奶、黄油、干酪；奶或干酪的代用品；其制备
C12R	与涉及微生物的 C12C 至 C12Q 小类相关的引得表
A23D	食用油或脂肪，例如人造奶油、松酥油脂、烹饪用油
A01K	畜牧业；养鸟业；养蜂业；养鱼业；捕鱼业；饲养或养殖其他类不包含的动物；动物的新品种
C11B	生产，例如通过压榨原材料或从废料中萃取，精制或保藏脂、脂肪物质例如羊毛脂、脂油或蜡；香精油；香料
C11C	从脂肪、油或蜡中获得的脂肪酸；蜡烛；脂肪、油或脂肪酸经化学改性而获得的脂、油或脂肪酸
C07D	杂环化合物
A01H	新植物或获得新植物的方法；通过组织培养技术的植物再生

利用六棱镜平台，设计逻辑检索表达式"AUTHORITY:（cn）AND（TACD:（裂殖壶菌 OR 裂壶藻 OR 裂壶菌）AND TACD:（DHA OR 不饱和脂肪酸））"进行检索（检索时间为 2024 年 4 月），共检索出国内专利申请 1 119 件，其中发明专利 1 110 件。专利分类数、申请人和专利维持年限如图 9-1～图 9-4 所示。

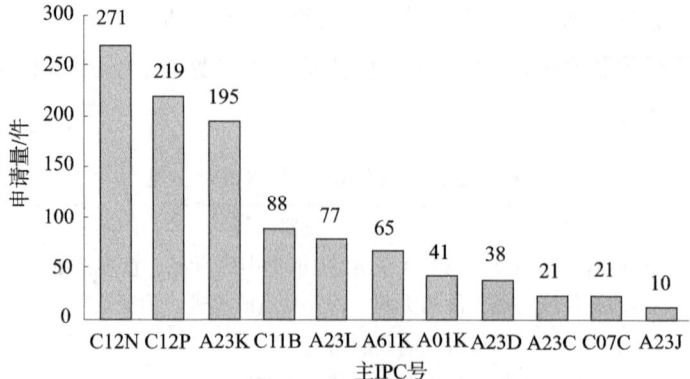

图 9-1 裂殖壶菌制 DHA 技术在华专利申请 IPC 分布

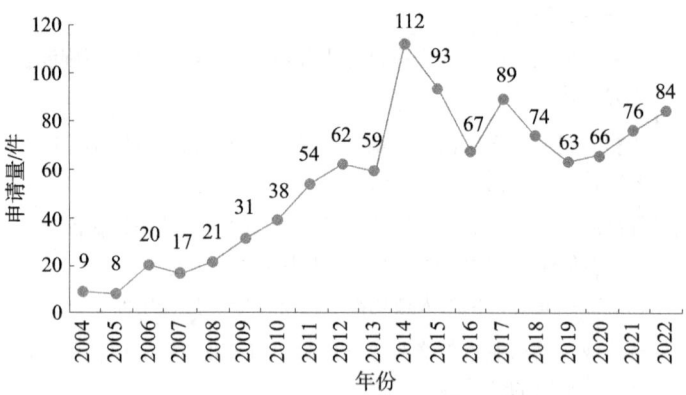

图 9-2 裂殖壶菌制 DHA 技术在华专利申请年度分布

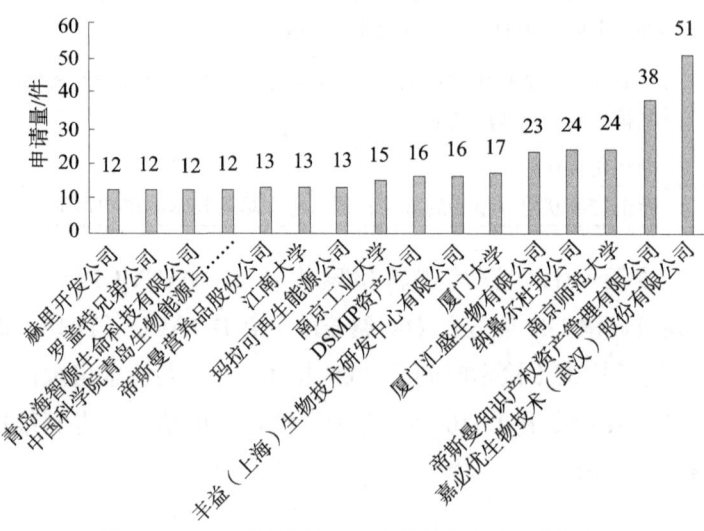

图 9-3 裂殖壶菌制 DHA 技术专利申请人申请量

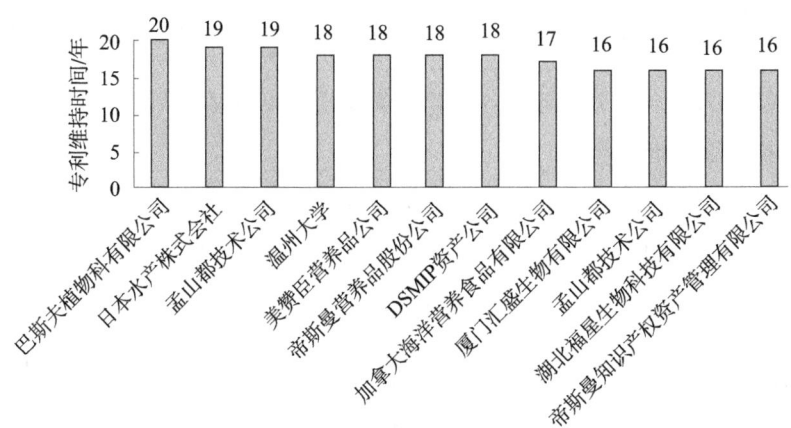

图 9-4 裂殖壶菌制 DHA 技术在华有效专利申请人专利维持时间

从数据统计可以看出，在我国申请裂殖壶菌制 DHA 技术三种专利最多的技术主题为 C12N，有 271 件，其次分别是 C12P、A23K 和 C11B，分别为 219 件、195 件和 88 件。国内外在华裂殖壶菌制 DHA 技术领域的专利申请量增长迅速，三种专利申请量从 2004 年的 9 件增加到 2022 年的 84 件。从申请人来看，前 16 名中有 9 家中国申请人，超过一半；国外申请人中帝斯曼知识产权资产管理有限公司申请公开的专利最多，有 38 件；纳幕尔杜邦公司、丰益（上海）生物技术研发中心有限公司、DSMIP 资产公司分别申请了 24 件、16 件和 16 件。从专利维持年限来看，国外的专利申请维持时间较长。

2. 专利生命周期分析

（1）专利技术生命周期。

技术的生命可以分为萌芽期、成长期、成熟期、衰退期、再发展期。用 a 代表某技术领域当年发明专利申请数或授权数，b 代表某技术领域当年实用新型专利申请数或授权数，c 代表某技术领域当年外观设计专利申请数或授权数。A 表示追溯过去五年的该技术领域发明专利申请累计数或授权累计数。以上 4 个参数单位均为件。N 为新技术特征系数。专利技术生命周期分析主要分析以下四个指标。

技术生长率 v，$v=a/A$。技术生长率呈下降趋势，说明技术生长变慢，趋于成熟。

技术成熟系数 α，$\alpha=a/(a+b)$。发明专利申请量所占比例逐渐下降，或实用新型增多，即 a 减小，说明技术逐渐趋于成熟。

新技术特征系数 N,$N=\sqrt{v^2+a^2}$。新技术特征系数越小说明技术越成熟。

新技术衰老系数 β,$\beta=\dfrac{a+b}{a+b+c}$。系数 β 变小说明技术不衰老,系数 β 变大说明技术变衰老。

例如,表 9-3 展示了检索出的 MicroLED 相关技术专利授权数据(检索时间为 2024 年 4 月),根据此表计算上述四个数据得到结果画出的专利技术生命周期曲线如图 9-5 所示。

表 9-3　MicroLED 技术专利检索数据　　　　　　　　单位:件

年份	专利数量			
	发明授权数 a	实用新型授权数 b	外观设计授权数 c	过去五年发明专利授权量累计数 A
2023	6 318	1 002	34	16 841
2022	4 546	1 065	14	10 941
2021	3 142	728	7	6 658
2020	1 826	542	5	3 688
2019	1 009	322	3	1 952
2018	418	164	0	1 013
2017	263	67	0	639

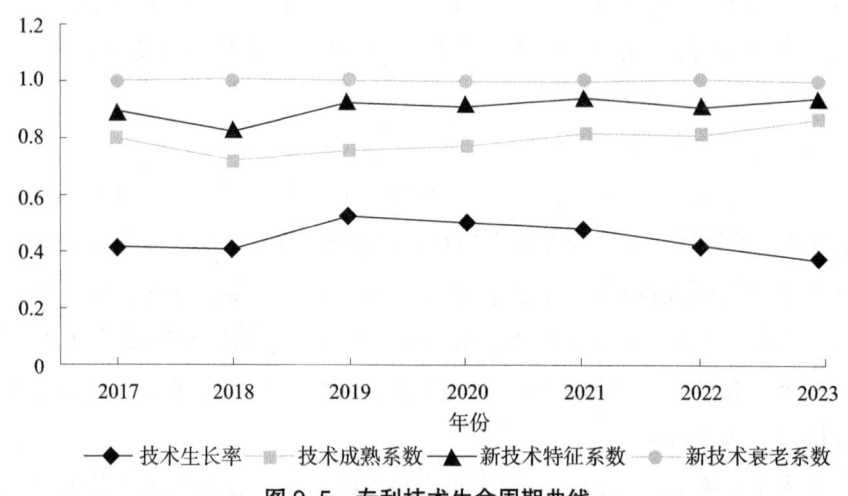

图 9-5　专利技术生命周期曲线

从图 9-5 可以看出,2017—2019 年,该技术呈快速生长趋势,但之后开始出现缓慢下降。新技术特征系数平稳增长。同时,技术成熟系数不断提高，而新技术衰老系数保持平稳，说明该技术不断发展，技术仍然很新，且技术发展的潜力较大，较为适合进行投资。

（2）专利平均年龄。

专利平均年龄用科研机构专利所引证专利之专利年龄的中位数 TCT 或者将各专利权年龄总和除以专利件数所得之值表示，用以评估科研机构科技创新的速度。TCT 较低，代表该技术较新且创新速度快。平均专利年龄越短，表示该科研机构在本项目技术上享有较长期的技术独占性优势。

（3）技术优势或专业化。

技术优势指数是指在一个特定系统中，某科研机构在某个技术领域的专利申请比重与该科研机构在全部专利申请中的比重之比。

技术独立性是指某科研机构引用自己专利的次数除以其总被引用次数（含自我引用次数和被别人引用次数）的比值。

（4）技术依赖性（Technology Dependency，TD）。

技术依赖性指标公式为：$H_p/(H_p+Q_p)$。其中 H_p 表示某技术领域国外和国内其他发明人发明专利授权量，Q_p 表示某科研机构在该技术领域国内外发明专利授权量。

技术依赖性指标是测算科研机构某技术领域发明创造能力的指标。比如某科研机构某一项技术发明专利授权量为 200 件，该技术领域发明专利授权总量为 1000 件，则技术依赖性为 80%。

（5）技术宽度（Technology Extent，TE）。

技术宽度指标公式为：IPCQ/IPCH。其中 IPCQ 表示科研机构在某技术领域授权专利涉及的国际专利分类号数量，IPCH 表示该技术领域授权专利涉及的国际专利分类号数量。

技术宽度是测算科研机构专利控制能力的重要指标，用于竞争者或同行间的比较。TE 的值越大，该科研机构专利所涉及的国际专利分类号数量越多，说明该科研机构参与研究的技术领域越多。其技术宽度越大，专利控制力越强，而核心领域控制能力可能会越弱。

（6）专利影响。

专利影响主要用国家分部数、即时影响指数、同族专利数、技术重心指数四个指标反映。

国家分布指标用某科研机构在某一技术领域授权专利或某一专利涉及的国家数（Country Number，CN）表示，用来研究一个科研机构的专利申请模式。由于费用问题，一个科研机构只会将那些有重要经济价值的发明创造在国外申请专利。与行业内平均 CN 值相比，该科研机构 CN 值越大，其专利涉及的国家越多，说明其期望获得保护的市场越大，该科研机构在相关技术领域获得经济效益的可能性越大。

即时影响指数用某科研机构前五年专利的当年被引用次数除以某领域中所有专利前五年专利的当年被引用次数的平均值表示。如果实际被引用次数与平均值相等，当前影响指数即为 1；指数大于 1，说明该技术有较大影响；小于 1，则说明影响较小。

同族专利数用某科研机构在不同国家或地区申请、公布的具有共同优先权的一组专利数量表示。

技术重心指数用科研机构在某技术领域的专利申请量除以其全部申请量表示，用于判断某科研机构的研发重点。

（7）专利地图。

汤森路透公司（现属于科睿维安公司）利用开发的 AUREKA 软件作出的专利地图较好地显示了一个科研机构专利布局的重点。在专利地图中，"山顶"代表专利文献最密集的研究主题，山顶之间的距离代表研究主题之间的相关度，不同颜色代表专利文献的密集程度。图 9-6 显示了相对于 1990—2000 年和 2001—2008 年环境遥感美国专利技术变化趋势。

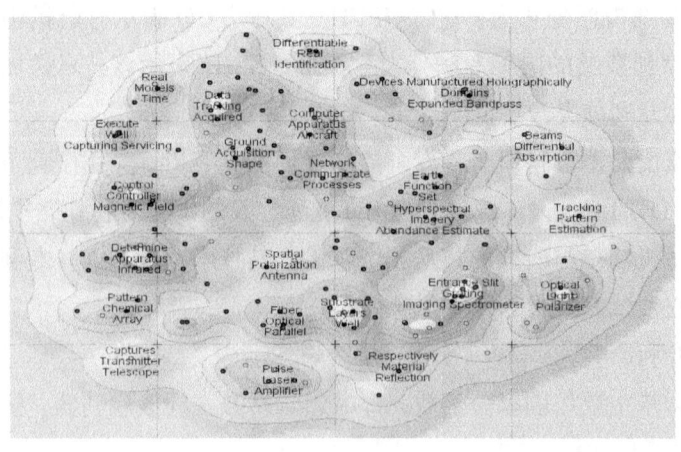

图 9-6　相对于 1990—2000 年的 2001—2008 年环境遥感美国专利技术变化趋势

（8）核心专利。

核心专利分析常用布拉福德定律分析。布拉福德定律也称文献分散定律，由英国文献学家布拉福德（S.C.Bradford）1934年首先提出。它是定量描述科学论文在相关期刊中集中和分散规律的方法。"如果将科学期刊按其刊载某个学科领域的论文数量以递减顺序排列起来，就可以在所有这些期刊中区分出载文量最多的'核心'区和包含着与核心区同等数量论文的随后几个区，这时核心区和后继各区中所含的期刊数成 $1:a:a^2$ 的关系（$a>1$）"。该定律可应用于专利分析，用于选择和评价核心专利技术，将采集的专利数据分为核心技术类区、一般性分类区和相关分类区三个区，核心技术类区专利一般为核心专利。

专利引用常用来分析行业间的技术联系和特定技术领域的相关性，也是分析专利价值大小或者专利是否为核心专利的重要方法。一项专利被引用越多，该专利价值越大，越有可能成为核心专利。一个科研机构专利被引用越多，该科研机构的创新能力就越强。

通过分析引用可以了解专利技术的发展趋势，但要从大量的专利中找出核心专利并不太容易。实际上，核心专利一般应从产业技术和产品发展两方面分析，是覆盖产业技术产品或产品核心部件的专利，是产业技术发展无法规避、找不到替代技术方案或者不得不侵权才能实施的专利，这样的专利往往被引量较多。汤森路透公司利用自己开发的 AUREKA 软件能够作出动态的专利引用图，并从中找出被引量较大的核心专利，由此可以画出技术路线图，如图 9-7 所示。

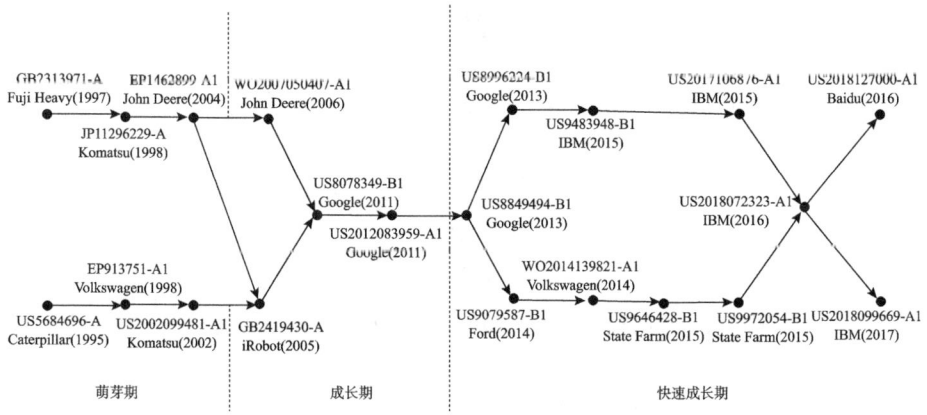

图 9-7　以核心专利表征的技术路线图

（9）专利优先权。

专利优先权分析是分析某一科研机构专利战略的一个重要内容，也是分析核心专利与外围改进专利的主要方法之一。优先权分为国外优先权和国内优先权两种，发明和实用新型专利的优先权期限是首次申请的申请日起12个月，外观设计专利申请的优先权期限是首次申请的申请日起6个月。国内优先权可以是一种专利战略。一个企业利用优先权制度可以将一个发明构思申请为专利，在12个月内如果完成发明创造，达到充分公开要求，则可以将原来的申请撤回，以同样的发明创造再申请专利并享受原来的申请日即优先权日。优先权数量也可以反映一个科研机构在多个国家专利布局的情况。

（10）专利法律状态。

专利的法律状态主要有申请、公开、授权、专利权无效（撤回、驳回、放弃权利终止、无效）等。权利终止包括未缴纳年费、有效期届满。分析法律状态能了解现有专利的基本情况，不仅可以少走弯路，而且可以在他人用专利进行技术打压时做到有的放矢。对科研项目研发战略而言，还可以了解一些合作伙伴或跨国公司的战略意图。图9-8所示为截至2016年的全国陶瓷用品加工机床及专用设备的法律状态分析，可以看到未缴、撤回、放弃、驳回的比例很高。

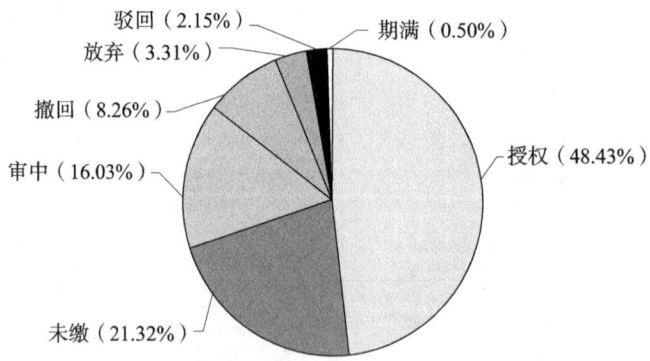

图9-8　全国陶瓷用品加工机床及专用设备的法律状态分析

9.5 科研项目创新性分析

9.5.1 科研项目分析

1. 科研项目分析内容

科研项目分析主要包括五个方面的内容。

一是科研项目研究目标分析。科研项目的研究目标包含一定的信息，例如国家科技支撑计划课题申报书第二项为课题的目标与任务，要重点分析"项目确定的课题目标与任务需求"，分析"课题目标与任务解决的主要技术难点和问题"。分析科研项目预期目标要从整体上勾画出科研项目可能或已经达到的目标，并分解出不同的预期目标。

二是科研项目主要技术指标分析。主要是对科研项目任务申报书提出的主要技术指标进行分析。例如，国家科技支撑计划课题申报书要求第四项是任务分解与评估指标，技术指标主要包括两方面内容：① 课题研究内容、技术路线和创新点。② 主要技术指标（如形成的知识产权、技术标准、新技术、新产品、新装置、论文专著等数量、指标及其水平，与国内外同类技术或产品的竞争分析，满足项目所依托的重大工程建设或重大装备研制的需求情况等）。分析科研项目技术指标和参数要尽量与预期目标和分解出的目标一致，不同的目标有不同的技术指标和参数，如果有些指标和数据表达还不很清晰，还要进行适当的预测。

三是科研项目技术路线分析。科研项目申请人根据国内外现有技术、知识产权和技术标准现状及预期分析，结合课题申请单位及主要参与单位研究基础，如已有的研究开发经历、科技成果、科研条件与研究开发队伍现状等确定科研项目的技术路线。技术路线可能是达到上述目标和指标的产品的制造过程，也有可能是达到上述目标和指标的产品的工艺方法。分析技术路线要从总体上描绘出实现预期目标的技术流程或步骤，还要针对要解决的不同的技术问题与不同的预期目标，分析出不同的技术路线，要提炼出完成科研项目目标或指标参数必不可少的关键步骤。

四是要解决的关键问题分析。分析科研项目的关键问题，主要是分析这些问题是否为能够实现预期目标的问题，是否为能产生创新成果的问题。分解出的关键问题要与分解出的预期目标和预期指标、参数相一致，要与预期的创新成果相一致。

五是预期的创新成果分析。科研项目计划申报书中均有对项目最终成果或创新成果的分析。分析可能的创新成果重点要结合科研项目要解决的关键问题和要达到的预期目标，分析出不同的技术问题，不同的技术解决手段，不同的优点和效果。

2. 科研项目分析方法

科研项目分析方法的步骤包括：第一，将科研项目进行分解。按照"要解决的技术问题、采用的技术手段和具有的技术效果"三要素将科研项目分解为独立的子项目，不能分解的就作为一个项目。第二，将科研项目及其每个子项目采用的技术指标、技术手段提炼为技术方案，技术方案要满足"以基本相同的手段，实现基本相同的功能，达到基本相同的效果"三要素的要求。第三，根据"清楚"和"简要"的原则，按照专利技术特征的写法将科研项目及其每个子项目的技术方案用技术特征的方式写出来。

科研项目分解与技术分解和产品分解是基本相同的，都应当根据专利分类表进行分解，而不是根据自身的项目任务或技术系统构成进行分解，科研项目的分解主要是为了便于以后的专利检索和侵权比对分析。

9.5.2 专利侵权分析

根据专利法规定，专利的保护范围是由权利要求确定的，说明书和附图可以用于解释权利要求，所以，专利保护范围是由已经过说明书正确解释的权利要求的内容决定的。

专利法规定，专利的独立权利要求应当从整体上反映发明或实用新型的技术方案，记载解决技术问题的必要技术特征，而从属权利要求应当用附加的技术特征，对引用的权利要求作进一步的限定。独立权利要求的作用是限定专利权的保护范围，防止各种变相的侵权，而从属权利要求既可以防止他人取得选择发明，又可以在以后的审查和无效程序中留有必要的退路。

在侵权判断时，依据的是专利独立权利要求中记载的全部必要技术特征,而不是区别技术特征本身。权利要求的范围由两个因素决定:一是技术方案中技术特征的数量,技术特征数量越多则专利保护范围越小;二是技术特征的抽象程度,技术特征越上位则专利的保护范围越宽。必要技术特征是否必要和完整应当考察说明书的发明任务或发明目的。因此,权利要求的解释就显得非常重要。

权利要求解释主要用三种方法。一是"中心限定"原则,在理解和解释权利要求的范围时,以权利要求所陈述的基本内核为中心,向外作适当的扩大解释。二是"周边限定"原则,它要求在理解和解释权利要求时,只能严格地按照权利要求书的字面含义来进行,任何扩大解释都是不允许的。三是折衷原则,也称"主题内容限定原则"。我国司法实践中通常采用折衷原则。

2013年9月4日,北京市高级人民法院颁布的《北京市高级人民法院专利侵权判定指南》规定,在进行发明、实用新型专利权的侵权判定时,判定被诉侵权技术方案是否落入专利权的保护范围,应当审查权利人主张的权利要求所记载的全部技术特征,并以权利要求中记载的全部技术特征与被诉侵权技术方案所对应的全部技术特征逐一进行比较。被诉侵权技术方案包含与权利要求记载的全部技术特征相同或者等同的技术特征的,应当认定其落入专利权保护范围;被诉侵权技术方案的技术特征与权利要求记载的全部技术特征相比,缺少权利要求记载的一个或多个技术特征,或者有一个或一个以上技术特征不相同也不等同的,应当认定其没有落入专利权保护范围。不应以专利产品与被诉侵权技术方案直接进行比对,但专利产品可以用以帮助理解有关技术特征与技术方案。权利人、被诉侵权人均有专利权时,一般不能将双方专利产品或者双方专利的权利要求进行比对。对产品发明或者实用新型进行专利侵权判定比对,一般不考虑被诉侵权技术方案与专利技术是否为相同技术领域。一般情况下坚持"逐一权项"(Element by Element)方法:①将专利权利要求中构成技术方案的全部必要技术特征分解成各个组成部分,并列出数量与名称,按顺序列出;②把侵权物或侵权方法的全部必要技术特征找出来,列出数量及其名称,顺序列出;③对比两者是否内容一致。

2014年7月,国家知识产权局颁布的《专利侵权判定和假冒专利行为认定指南（试行）》提出权利要求解释的原则包括：① 折衷原则。确定发明、实用新型专利权的保护范围时，应当以其权利要求的内容为准，说明书和附图可以用于解释权利要求的内容。所谓"权利要求的内容"，是指权利要求记载的技术内容，而不仅仅是权利要求的文字或措辞的字面含义。确定权利要求记载的技术内容，应当根据权利要求概括的技术方案、说明书及附图、发明或实用新型解决的技术问题、专利对现有技术的贡献等因素合理确定，不能将专利权的保护范围扩大到本领域技术人员在阅读说明书及附图后需要经过创造性劳动才能联想到的内容。② 整体原则。确定发明、实用新型专利权的保护范围时，应当将权利要求中记载的全部技术特征所表达的技术内容作为一个整体加以考虑，记载在前序部分或引用部分的技术特征与记载在特征部分的技术特征，在确定专利权的保护范围时起同等重要的作用。③ 公平原则。解释权利要求时，不仅要充分考虑专利对现有技术所做的贡献，合理界定专利权利要求限定的范围，保护权利人的利益，还要充分考虑公众的利益，不能把不应纳入保护的内容解释到权利要求的范围当中。

该指南还提出了侵权判定的方法：对于发明和实用新型专利，先要对专利权利要求和被控侵权技术方案进行技术特征划分，应当采用"技术特征逐一比对"的方式，然后将相应的技术特征进行特征对比，之后判断被控侵权技术方案对于专利权利要求是否构成相同侵权，如不构成相同侵权的情况下，还需进一步判定被控侵权技术方案对于专利权利要求是否构成等同侵权。在此过程中，还要考虑被控侵权人的抗辩理由，如现有技术抗辩是否成立。对于外观设计专利，首先，判断被控侵权产品与外观设计专利产品是否属于相同或者相近种类产品；其次，确定涉案专利保护范围及被控侵权产品的外观设计，必要时通过对设计空间的分析，确定对外观设计整体视觉效果更有影响的设计内容，通过整体观察、综合判断，判断二者形态（形状、图案、色彩）是否构成相同或者近似。如果二者属于相同或相近种类产品，并且在形态（形状、图案、色彩）上构成相同或近似，则二者属于相同或近似的外观设计，被控侵权产品落入专利权的保护范围，侵权成立。判断外观设计专利是否侵权时应以该类产品一般消费者的视角进行判断。以专利CN201610949606.9为例进行侵权对比分析，如表9-4所示。

表 9-4　专利 CN201610949606.9 侵权对比分析

本专利的权利要求的技术特征		本检索主题的技术特征	对比分析结果
权利要求1	1. 一种确定原油分子组成的方法，其特征在于，包括以下步骤： (1) 选取若干种不同来源的原油，构建原油列表； (2) 对于所述原油列表，分析确定列表中每个原油的详细分子组成，构建原油分子组成数据库； (3) 对于所述原油列表，确定列表中每个原油的宏观性质，构建原油宏观性质数据库； (4) 将前述步骤中所构建的原油分子组成数据库与原油宏观性质数据库结合，形成索引数据库，每个原油指定一个索引编号，数据内容包括该原油的详细分子组成与宏观性质数据；	1. 建立典型样品数据库（数据包含分子组成、宏观物性等）	等同
	(5) 针对一个上述数据库中不包含的新原油，测定其部分宏观性质，所测定宏观性质种类是步骤 (3) 中所构建的原油宏观性质数据库中性质种类的子集；	2. 采集待检测的油品数据（通过光谱、质谱、核磁分析得到）	相同
	(6) 将步骤 (5) 中所测量的新原油的部分宏观性质，与原油数据库中的原油宏观性质数据进行比对检索，找出原油宏观性质数据库中与新原油宏观性质最接近的原油；	3. 将待检测的油品数据与样品数据库的数据进行比对，匹配最接近的样品数据，确定待检测油品的分子种类	相同
	(7) 将步骤 (6) 中检索出的原油的分子数据按照加权求和方法进行组合，形成一套新的原油分子数据，用于代表新原油		可能包含该技术特征
	(8) 将步骤 (7) 中所形成的新的原油分子数据进行调整，微调每个分子的浓度，从而获得新原油的分子组成	4. 建立优化模型，微调分子含量数据，使得依据调整后分子组成计算的油品物性数据与待检测油品的物性数据的变差最小	等同

在司法实践中判定专利侵权，要坚持两个原则：① 全面覆盖原则。即全部技术特征覆盖原则或字面侵权原则，如果被控侵权物（产品或方法）的技术特征包含了专利权利要求中记载的全部必要技术特征，被控侵权物的技

特征等于或多于专利独立权利要求的必要技术特征，则落入专利权的保护范围。如果专利必要技术特征使用的是上位概念，而被控侵权物的技术特征是上位概念下的具体概念，被控侵权物（产品或方法）对在先专利技术而言是改进的技术方案，并且获得了专利权，则属于从属专利，未经在先专利权人许可，实施从属专利也覆盖了在先专利权的保护范围。② 等同原则。被控侵权物（产品或方法）中有一个或者一个以上技术特征经与专利独立权利要求保护的技术特征相比，从字面上看不相同，但经过分析可以认定两者是相等同的技术特征。等同特征是指与所记载的技术特征以基本相同的手段，实现基本相同的功能，达到基本相同的效果，并且本领域的普通技术人员无须经过创造性劳动就能够联想到的特征。"功能－手段－效果"三者一致、"普通技术人员无须经过创造性劳动就能够联想到"是使用等同原则的两个重要条件。已知的常用技术要素的简单替换、产品部件位置的简单移动、技术特征的分解或者合并、方法步骤顺序的简单变化都属于等同替换。

因此，判断科研项目是否对在先专利造成侵权的判断方式是：① 科研项目的技术特征与在先专利的必要技术特征完全相同，侵权成立；② 科研项目的技术特征多于专利的必要技术特征，侵权成立（从属侵权）；③ 科研项目技术特征中缺少专利独立权利要求中必要技术特征的附加技术特征，侵权仍成立；④ 科研项目技术特征中缺少专利独立权利要求中一个或以上必要技术特征的不侵权，即使带来一定的功能缺失或者技术效果变劣也不构成侵权；⑤ 科研项目技术特征中与在先专利必要技术特征相比，至少有一项必要技术特征不相同，不构成侵权。⑥ 科研项目的技术特征与专利的必要技术特征不同部分属于等同手段替换，侵权成立。

9.5.3 创新成果分析

在对检索出的知识产权分析和专利侵权判定完成后，就可以找到现有技术的不足，从而可以找出科研项目可能的创新成果。科研项目创新性分析既包括专利侵权判定后的科研项目创新性分析，也包括基于公开的技术信息判断后的科研项目创新性分析。

判断立项科研项目是否产生创新成果和是否可以申请专利，主要应当看科研项目的总体技术方案或分解出的各组成部分与在先专利全部必要技术特征比较是否相同或等同。首先按照金字塔体系方式分解科研项目，使每一个子项目都能形成一个完整的技术方案，尤其需要进一步明确每一个子项目所要解决的问题、将要使用的技术手段、将要达到的技术效果。然后按照每一个子项目所处的技术主题或技术领域检索出最接近的现有专利，并一一列举对比（宋河发，2006）。

科研项目创新成果和专利申请分析包括以下几种情况：① 科研项目或子项目分解出的技术特征与专利的必要技术特征完全相同，则难以产生创新成果，也不能申请专利；② 科研项目或子项目的技术特征多于专利的必要技术特征，则能产生创新成果，而且能够申请从属专利；③ 科研项目或子项目中缺少专利独立权利要求中必要技术特征的附加技术特征，而这些附加技术特征对解决专利技术问题无关或者不起主要作用，则难以产生创新成果，也不能申请专利；④ 科研项目技术特征中缺少专利独立权利要求中一个或一个以上必要技术特征，即使带来一定的功能缺失或者技术效果变劣也可以产生创新成果，可以申请专利，如果明显变劣则不能产生创新成果，不能申请专利；⑤ 缺少专利独立权利要求中一个或一个以上必要技术特征的，则能产生创新成果，并能申请专利；⑥ 至少有一项必要技术特征不相同，则能产生创新成果并能申请专利；⑦ 科研项目或子项目的技术特征与专利的必要技术特征不同部分属于等同手段替换，则不能产生创新成果，也不能申请专利。

如果最接近的现有技术不是专利而是科技文献，判断方法基本相同，只是要将科技文献的技术提炼为技术特征。① 科研项目或子项目分解出的技术特征与现有科技文献提炼出的必要技术特征完全相同，则难以产生创新成果，也不能申请专利；② 科研项目或子项目的技术特征多于现有科技文献提炼出的全部必要技术特征，则能产生创新成果，而且能够申请从属专利；③ 科研项目或子项目中缺少现有科技文献提炼出的全部必要技术特征的附加技术特征，而这些附加技术特征对解决专利技术问题无关或者不起主要作用，则难以产生创新成果，也不能申请专利；④ 科研项目技术特征中缺少现有科技文献提炼出的全部必要技术特征中一个或一个以上必要技术特征，即使带来一定的功能缺失或者技术效果变劣也可以产生创新成果，可以申请专利，如果明显变劣则不能产生创新成果，不能申请专利；⑤ 科研项目缺少现有科技文献提炼出全部必要技术特征中一个或一个以上必要技术特征的，则能产生创新成果,并能申请专利;⑥科研项目或子项目的技术特征与现有科技文献提炼出的全部必要技术特征至少有一项必要技术特征不相同,则能产生创新成果并能申请专利;⑦科研项目或子项目的技术特征与现有科技文献提炼出的全部必要技术特征不同部分属于等同手段替换,则不能产生创新成果,也不能申请专利。

源德盛塑胶电子(深圳)有限公司(以下简称源德盛公司)是专利号为ZL201420522729.0、名称为"一种一体式自拍装置"实用新型专利的专利权人。该专利的申请日为2014年9月11日,授权公告日为2015年1月21日,专利年费缴至2019年4月9日。该专利权利要求为:

  1. 一种一体式自拍装置,包括伸缩杆及用于夹持拍摄设备的夹持装置,所述夹持装置包括载物台及设于载物台上方的可拉伸夹紧机构,其特征在于:所述夹持装置一体式转动连接于所述伸缩杆的顶端。

  2. 根据权利要求1所述的自拍装置,其特征在于:所述载物台上设有一缺口,所述夹紧机构设有一与所述缺口位置相对应的折弯部,所述伸缩杆折叠后可容置于所述缺口及折弯部。

源德盛公司在全国范围内就其享有的专利权提起大量侵权诉讼,其中大部分被诉侵权人为终端销售者,且该类销售者多表现为以个体工商户为经营主体的零售商。国家知识产权局2015年2月11日作出的实用新型专利权评价报告显示,该专利权利要求1不符合授予专利权条件,权利要求2~13未发现存在不符合授予专利权条件的缺陷。

该公司发现中山市品创塑胶制品有限公司(以下简称品创公司)侵权而后向法院起诉,广州知识产权法院2018年12月12日作出前案495号民事判决,法院认为源德盛公司提交的(2017)深证字第106526及106363号公证书证明品创公司制造、销售、许诺销售的被诉侵权产品侵害涉案专利权,判令品创公司停止制造、销售、许诺销售侵害涉案专利的产品,销毁库存侵权产品及制造专用模具,赔偿源德盛公司经济损失及合理费用共计300 000元。广州知识产权法院于2019年12月3日作出的(2019)粤73知民初996号民事判决,维持原判,判决适用《专利法》第65条规定,酌定品创公司赔偿源德盛公司经济损失及合理开支合计100万元。

广州知识产权法院拆封868号公证书中的公证封存物。经比对,被诉侵权产品1是一种一体式自拍装置,包括伸缩杆及用于夹持拍摄设备的夹持装置,夹持装置包括载物台及设于载物台上方的可拉伸夹紧机构,夹持装置一体式转动连接于所述伸缩杆的顶端。载物台上设有一缺口,夹紧机构设有一与所述缺口位置相对应的折弯部,伸缩杆折叠后可容置于所述缺口及折弯部。被诉侵权产品2是一种一体式自拍装置,包括伸缩杆及用于夹持拍摄设备的夹持装置,夹持装置包括载物台及设于载物台上方的可拉伸夹紧机构,夹持装置一体式转动连接于所述伸缩杆的顶端。载物台上设有一缺口,夹紧机构设有一与所述缺口位置相对应的折弯部,伸缩杆折叠后可容置于所述缺口及折弯部。上述两款产品的主要区别为:① 正常使用状态下,被诉侵权产品1的夹持装置朝外翻折收拢,被诉侵权产品2的夹持装置朝内翻折收拢。② 由于翻折方式的不同,在正常使用状态下,被诉侵权产品一载物台缺口及对应折弯部朝后设置;被诉侵权产品二载物台缺口及对应折弯部朝前设置。③ 被诉侵权产品1的夹持装置上的可拉伸夹紧机构有2根支撑臂,被诉侵权产品2的夹持装置上的可拉伸夹紧机构有1根支撑臂。拆封37317号公证书中的五箱公证封存物,共装有500支自拍杆:在品名规格为"OPPO自拍杆粉色"和"OPPO自拍杆蓝色"箱中有400个外观结构相同的自拍杆,其对应涉案专利权利要求2的技术特征与被诉侵权产品1相同,但款式不同(被诉侵权产品3);在品名规格为"SS120方形自拍杆石墨黑"箱中有100支自拍杆,对应涉案专利权利要求2的技术特征与被诉侵权产品2相同,但款式不同(被诉侵权产品4)。

源德盛公司主张以涉案专利权利要求2确定涉案专利的保护范围。经比对,被诉侵权产品1、3的夹持装置朝外翻折收拢,被诉侵权产品2、4的夹持装置朝内翻折收拢,双方当事人均确认四款被诉侵权产品的技术特征与涉案专利权利要求1、2所记载的全部技术特征相同,原审法院予以确认。故四款被诉侵权产品的技术方案均落入涉案专利权利要求2的保护范围,构成侵权。

品创公司不服,向最高人民法院提出上诉,最高人民法院2020年7月24日作出判决[(2020)最高法知民终357号]维持原判,裁决一审案件受理费30 800元由源德盛公司负担10 800元,由品创公司、刘涛共同负担

20 000 元；财产保全费 5 000 元，由品创公司、刘涛共同负担；二审案件受理费 13 800 元，由品创公司负担。

9.6　科研项目知识产权预测预警分析

9.6.1　知识产权预测分析

1. 知识产权数量预测

数量趋势预测的方法有很多种，比较常用的有一元回归法、多元回归方法、灰色系统方法、专利地图预测方法等。一元回归法的误差较大，如果能够找到影响专利申请量的主要因素如研发投入、科技人员等，从过去的专利申请数据建立各种因素与专利申请量的多元关系式，则可以建立多元回归预测方程，可以预测未来几年的专利申请量。

灰色系统法则主要用于对不完全和不确定信息的预测。以灰色系统法为例，某一技术领域或技术主题的专利申请量是由一系列并不完全和不确定的信息产生的，由于系统信息的随机性和模糊性，创新系统是灰色的。利用六棱镜平台，设计逻辑检索表达式"APP:（中国科学院化学研究所）AND TA:（纳米）"对中国科学院化学研究所纳米技术 2015—2022 年的专利申请量进行检索（检索时间为 2024 年 4 月），采用 GM（1，1）模型，可以预测未来四年的专利申请量。响应函数为 $X(K+1) = (-1\,491.08)\,E(-0.042\,800\,595 \times k) + 1\,530.08$，平均相对误差 0.1。预测结果如表 9-5 所示。

表 9-5　中国科学院化学研究所纳米技术专利申请量灰色系统预测　　（单位：件）

年份	2015	2016	2017	2018	2019	2020	2021	2022	2023	2024	2025	2026
预测申请量	39	62	60	57	55	53	50	48	46	44	43	41

专利地图工具也可以进行预测，一般是进行直观判断预测。如利用汤姆逊公司的 AUREKA 软件对过去一段时间的专利地图进行分析，如果发现某些技术领域专利申请量增长很快，这预示着这些技术领域在不远的未来也仍然是研究开发和投资的重点。如图 9-9 所示的酸剂专利申请量在过去几年增长速度较快，预测未来几年，该领域专利申请量也将增长较快。

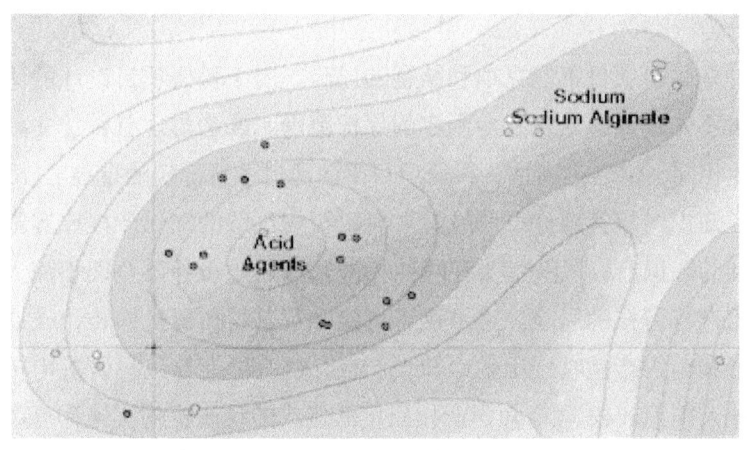

图 9-9 汤森路透 AUREKA 专利地图

2. 知识产权结构预测

专利结构预测可以用马尔科夫转移矩阵模型预测。某一技术主题的专利申请量在构成某一产品技术领域中全部专利申请量所占的比率，称为该技术主题专利占有率。当然也可预测某一科研机构专利申请量的占有率。马尔科夫模型认为：一个系统的某些因素在转移中，第 n 次结果只受第 $n-1$ 次的结果影响，只与当前所处状态有关，与其他无关。该模型引入状态转移这个概念，是指客观事物由一种状态转移到另一种状态的概率。马尔科夫分析法的基本模型为

$$X(k+1)=X(k) \times P \qquad (9-1)$$

式中：$X(k)$ 为趋势分析与预测对象在 $t=k$ 时刻的状态向量，P 为一步转移概率矩阵，$X(k+1)$ 为趋势分析与预测对象在 $t=k+1$ 时刻的状态向量。

该模型只适用于具有马尔科夫性的时间序列，并且各时刻的状态转移概率保持稳定。由于实际的客观事物很难长期保持同一状态的转移概率，故此法一般适用于短期的趋势分析与预测。在较长时间后，马尔科夫过程逐渐处于稳定状态，且与初始状态无关。进行专利分析，就要求解得到对象的稳态概率，并以此作出判断。

9.6.2 知识产权预警分析

知识产权预警的目的是防范知识产权风险。科研机构面临的主要知识产

权风险分为三类。

一种是科研项目不能立项和结题的风险。由于科研项目设计的研究开发技术方案不先进，落入现有专利权的保护范围，或者与现有科技文献公开的内容相比相同，缺乏创新性，科研项目无法通过主管部门的批准。

二是知识产权实施许可的风险。科研机构创造的知识产权在实施许可过程中遇到的知识产权风险主要有两种。① 由于检索分析不全面不深入造成对他人知识产权侵权的风险。这不仅有可能导致获得科研机构转让或许可的企业在生产和销售产品时侵犯他人知识产权，也有可能导致科研机构转让许可时侵犯他人知识产权。② 知识产权质量低造成的科研机构实施许可风险和企业获得许可后产品生产销售的市场风险。专利保护范围过窄虽然很容易获得授权，但保护范围小，发明创造水平低或者专利文件撰写质量差会导致易被无效。

三是由于知识产权交叉引起的侵权风险。知识产权尤其是专利存在纵向依赖和横向依赖的关系，在先和在后专利会存在交叉许可问题，一个产品和服务中也会存在他人拥有必要专利的专利组合问题。由于存在知识产权依赖问题，科研机构在转让许可知识产权过程可能会造成对他人知识产权的侵权，企业制造、销售包含科研机构知识产权的产品或提供服务时也可能会造成对他人知识产权的侵权。

进行知识产权预警分析，主要是及时全面地进行知识产权检索和分析，及时对科研项目的技术研发路线提出调整建议，及时为科研机构转移转化知识产权提供知识产权交叉和组合分析。

开展知识产权风险分析应探索建立科研项目知识产权风险指数或警度指数模型。第一，提炼出科研项目的关键词，并找出其主题词或同一词。第二，建立科研项目关键词的同义语库，并建立关键词与同义语的映射关系。第三，将科研项目关键词放入专利数据库、科学文献数据库以及产品数据库中检索，检索摘要或者全文。第四，根据关键词的重合度给出警度指数，并进行排序。第五，根据警度指数的高低，选择最相关文件进行研究比对。第六，对科研项目立项、结题验收、转让许可、企业生产销售提出建议。

9.7 科研项目知识产权战略布局分析

9.7.1 基于技术功效矩阵方法的专利战略布局分析

专利技术功效矩阵常用图表示，横向列出专利文献中所要达到的功效种类，纵向表示专利文献中采用的技术手段种类，而在中央交叉点列出各专利编号或数量。将某一技术领域的专利分别按照"技术""功效"所作的分类，一一填入合适的空格内，即成为有专利空白区、稀疏区、密集区的矩阵。技术功效矩阵的主要作用是：由矩阵表中各区域的密度分布，可看出技术密集区、技术禁区、未开发区和可能的创新区，分别找出这些区域所在位置，可进行不同方式的创新。对于禁区，可进一步分析判断是否有回避设计的可能，或考虑同权利人交叉许可。此外，还可找出本身技术（或设计）所在位置，查看科研项目是否有同行或竞争对手已取得专利，此可作为初步侵权判断的依据。最后，可根据表中侵权风险的技术区域、可能的创新区域、研发饱和区域等，拟定下一步的研发策略。

专利功效矩阵分析法主要是采用功效矩阵的原理，一般将技术分为处理（treatment）、效果（effect）、材料（material）、加工（process）、产品（product）、结构（structure）六个方面，并对每一个方面进行一定的延伸，这需要对专利文献进行二次加工；或者将专利数据按照材料（material）、特性（personnality）、动力（energy）、结构（structure）、时间（time）五个方面进行分类，从技术分类入手，兼顾研究对象，解释研究技术领域的专利特征。

图 9-10 展示了以陶瓷机械技术主题为例，横向为功效，纵向为技术领域，绘制的技术功效矩阵图，可以发现其中存在不少技术空白点，这些空白点也是可能的创新点。由此图分析，在我国申请的陶瓷机械技术相关专利主要集中在五个区域：①通过成型造型，提高效率，提高质量，经济性好；②通过磨刮切割方式，提高效率，提高质量；③通过制备布料方式，提高质量，提升效率，经济性好；④通过抛光设备，提高质量，提高效率。

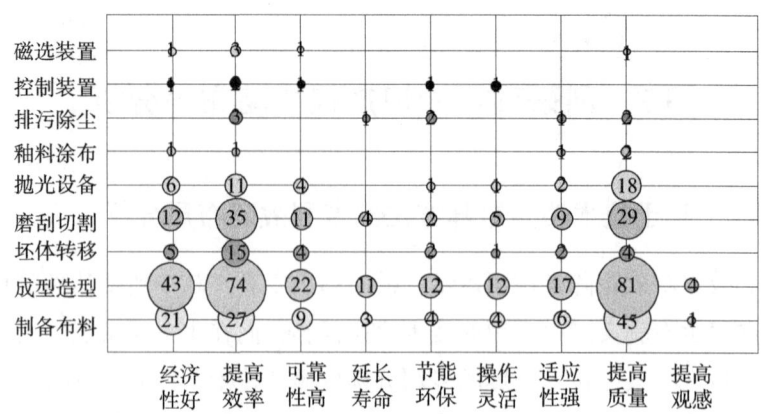

图 9-10　陶瓷机械技术专利技术功效矩阵（单位：件）

技术功效矩阵布局专利的策略应当考虑四个因素。一是技术功效矩阵区域分布，主要分为密集区、系数区、空白区。二是目的用途，用于科技创新性的应当检索全部已公开的专利和论文，用于经营的应检索出有效的专利。三是自身创新能力，创新能力弱的应当主要向专利空白或稀疏的区域布局专利，创新能力强的应当在专利密集的区域进行研发和布局专利。四是技术发展，如果技术发展已经成熟，即使是空白区域也要谨慎布局专利。由上述技术功效矩阵可以得出此专利战略布局的策略是：① 在上述专利密集的五个区域，科研项目立项时可能会遇到一些现有知识产权的风险。在此五个区域要进行原始创新较难。为了提升自主创新能力，在此五个领域占有一席之地，也有必要继续进行研究开发投入。但创新的方式主要是改进创新、申请改进专利。② 在专利少的区域如磁选装置、控制装置、排污除尘装置、釉料涂布技术领域则可以进行原始创新，申请原创专利。但这些领域也会有较大的风险，这些领域专利少有可能说明这些技术已日趋成熟，不再成为创新的热点，或者说创新的余地较小。要区分是否属于创新的空白点或是否属于创新成熟的区域，应当结合具体技术发展和过去几年专利的增长情况进行综合判断。③ 通过将技术功效与技术手段进行一一组合，将功效作为技术改进的目标，从而发现技术问题，由技术问题寻找解决方案，从而申请新的专利。④ 善于结合现有专利的问题进行集成创新，申请组合发明专利，但一定要注意产生协同效果。例如，LED 专利布局策略和创新方式如表 9-6 所示。

表 9-6　LED 专利布局策略和创新方式

专利布局 产业装备	原始专利	组合专利	改进专利 （改进创新）	改进专利 （协同创新）
光电产业				
染料敏化电池	√			√
有机（聚合物）电池	√			√
硅晶太阳能		√	√	
染料敏化电极	√			√
导电浆料	√			√
有机染料	√			√
LED/oled 显示器		√	√	√
背光源		√	√	√
驱动电路		√	√	√
显示过滤装置			√	√
光学构件			√	√
丝网印刷		√		√
清洗制绒		√	√	√
包封设备		√	√	√
元件转移设备		√	√	√

9.7.2　基于 TRIZ 方法的专利战略布局分析

TRIZ 是苏联发明家根里奇·阿奇舒勒 1946 年通过对 250 万件世界高水平发明专利的分析研究提出的发明问题解决理论。TRIZ 理论认为，技术产品的进化遵循一定的客观规律和模式，所有技术的创造与升级都是向最强大的功能发展的。所有产品向最先进的功能进化时，都沿 S 形曲线发展。TRIZ 理论指出，在解决问题之初，首先抛开各种客观限制条件，通过理想化来定义问题的最终理想解，以明确理想解所在的方向和位置，保证在问题解决过程中沿着此目标前进并获得最终理想解。

TRIZ 方法包括四个步骤。

（1）分析矛盾。矛盾有三类：① 物理矛盾，即系统同时具有矛盾或相反要求的状态。② 技术矛盾，即当技术系统某个特性或参数得到改善时，常常会引起另外的特性或参数劣化。③ 管理矛盾，即子系统之间产生的相互影响。

（2）解决矛盾。将矛盾双方分离，分别构成不同的技术系统，以系统与系统之间的联系代替内部联系，通过将内部矛盾外部化，化解矛盾。矛盾分离包括空间分离、时间分离、条件分离和整体与局部相分离四个原则。TRIZ 方法使用 39 个通用工程参数进行具体问题的矛盾表达，根据所确定的工程参数，包括欲"改善的参数"和欲"恶化的参数"，查找阿奇舒勒矛盾矩阵所提出的 40 个发明原理，根据推荐的发明原理逐个应用到具体问题上，探讨每个原理在具体问题上如何应用和实现，从而解决技术矛盾。分析结果如表 9-7～表 9-10 所示。

表 9-7 矛盾分离方法表

分离原理	解释
空间分离	将矛盾双方在不同的空间进行分离，降低解决问题的难度。在某一空间出现一方时，当系统矛盾双方空间分离是可能的
时间分离	将矛盾双方在不同的时间进行分离，降低解决问题的难度。在某一时间出现一方时，当系统矛盾双方时间分离是可能的
条件分离	将矛盾双方在不同的条件下进行分离，降低解决问题的难度。在某一条件下出现一方时，当系统矛盾双方条件分离是可能的
整体局部分离	将矛盾双方在不同的层次进行分离，降低解决问题的难度。在系统层次出现一方时，当系统矛盾双方整体与局部分离是可能的

表 9-8 欲改善参数和欲恶化参数表

序号	参数	序号	参数	序号	参数
1	运动物体的质量	14	强度	27	可靠性
2	静止物体的质量	15	运动物体作用时间	28	测试精度
3	运动物体的长度	16	静止物体作用时间	29	制造精度
4	静止物体的长度	17	温度	30	外来有害因素
5	运动物体的面积	18	光照度	31	内部有害因素
6	静止物体的面积	19	运动物体的能量	32	制造力
7	运动物体的体积	20	静止物体的能量	33	易用性
8	静止物体的体积	21	功率	34	可修复性
9	速度	22	能量损失	35	适应性
10	静力	23	物质损失	36	装置复杂性
11	应力或压力	24	信息损失	37	控制复杂性
12	形状	25	时间损失	38	自动化程度
13	结构的稳定性	26	物质或事物的数量	39	生产量/生产率

（3）使用物－场分析解决复杂技术矛盾。运用物－场模型找到技术矛盾的类型，从而确定解决复杂技术矛盾的方法。

（4）应用 ARIZ 即发明问题解决算法解决复杂物理矛盾。ARIZ 是 TRIZ 理论中的一个分析问题、解决问题的方法，其目标是解决问题的物理矛盾。

该算法主要是一个对初始问题进行一系列变形及再定义等的逻辑过程，实现对问题的逐步深入分析和转化，最终解决问题。步骤包括：① 分析问题；② 分析问题模型；③ 陈述最终理想解和物理矛盾；④ 动用物－场资源；⑤ 应用知识库；⑥ 转换和替代问题；⑦ 分析解决物理矛盾的方法；⑧ 利用解法概念；⑨ 分析问题解决的过程。

表9-9 40个发明原理表

序号	名称	序号	名称
1	分割	21	紧急行动
2	分离	22	变有害为有益
3	局部质量	23	反馈
4	不对称	24	中介物
5	合并	25	自服务
6	多用性	26	复制
7	嵌套	27	廉价替代品
8	质量补偿	28	机械系统替代
9	预加反作用力	29	气动与液压结构
10	预操作	30	柔性壳体或薄膜
11	预补偿	31	多孔材料
12	等势性	32	改变颜色
13	反向	33	同质性
14	曲面化	34	抛弃与修复
15	动态化	35	物理/化学状态变化
16	未达到或超过的作用	36	相变
17	维数变化	37	热膨胀
18	振动	38	加速氧化
19	周期性作用	39	惰性环境
20	有效作用的连续性	40	复合材料

表9-10 阿奇舒勒矛盾矩阵表（局部）

欲改善参数	欲恶化参数				
	26 物质或事物的数量	27 可靠性	28 测试精度	29 制造精度	30 外来有害因素
19 运动物体的能量	32, 2, 16, 18	19, 21, 11, 27,	3, 1, 32		1, 35, 6, 27
20 静止物体的能量	3, 35, 31	10, 36, 23			10, 2, 22, 37
21 功率	4, 34, 19	19, 24, 26, 31	32, 15, 2	32, 2	19, 22, 31, 2

续表

欲改善参数	欲恶化参数				
	26 物质或事物的数量	27 可靠性	28 测试精度	29 制造精度	30 外来有害因素
22 能量损失	7，18，25	11，10，35	32		21，22，35，2
23 物质损失	6，3，10，24	10，29，39，35	16，34，31，28	35，10，24，31	33，22，30，40
24 信息损失	24，28，35	10，28，23			22，10，1
25 时间损失	35，38，18，16	10，30，4	24，34，28，32	24，26，28，18	35，18，34
26 物质或事物的数量	41，42，43，44，45，46	18，3，28，40	13，2，28	33，30	35，33，29，31
27 可靠性	21，28，40，3	41，42，43，44，45，46	32，3，11，23	11，32，1	27，35，2，40
28 测试精度	2，6，32	5，11，1，23	41，42，43，44，45，46		28，24，22，26
29 制造精度	32，30	11，32，1		41，42，43，44，45，46	26，28，10，26
30 外来有害因素	35，33，29，31	27，24，2，40	28，33，23，26	26，28，10，18	41，42，43，44，45，46
31 内部有害因素	3，24，39，1	24，2，40，39	3，33，23，26	4，17，34，26	
32 可制造性	35，23，1，24		1，35，12，18		24，2
33 易用性	12，35	17，27，8，40	25，13，2，34	1，32，35，23	2，25，28，39
34 可修复性	2，28，10，25	11，10，1，16	10，2，13	25，10	35，10，2，16
35 适应性	3，35，15	35，13，8，24	35，5，1，10		35，11，32，31
36 装置复杂性	13，3，27，10	13，35，1	2，26，10，24	26，24，32	22，19，29，40
37 控制复杂性	3，27，29，18	27，40，28，8	26，24，32，28		22，19，29，28
38 自动化程度	35，13	11，27，32	28，26，10，34	28，26，18，23	2，33

9.7.3 基于技术预见方法的专利战略布局分析

利用技术预见进行专利布局分析主要是利用技术预见的情景分析方法提出不同的情景，并结合现有专利的数量和发展趋势，研究竞争技术的未来发展方向。利用技术预见方法的专利战略布局主要包括以下三个步骤（Daim，et al.，2006）。

第一，提出问题。例如，电子消费产品未来光存储技术是什么？估计什么时候将有技术替代 DVD 并出现预想的技术？

第二，专利检索。检索 1976—2003 年美国专利，发现红外光、红光、蓝光和粒子束四种技术。但有两种技术很特别。SONY 拥有短于红光并能与 HDTV 兼容的蓝光技术，IBM 拥有离子激光技术可能用于开发 HD-ROM。蓝光技术专利数量超过红光技术专利数量，离子技术专利过去五年发展很快，如图 9-11 所示。

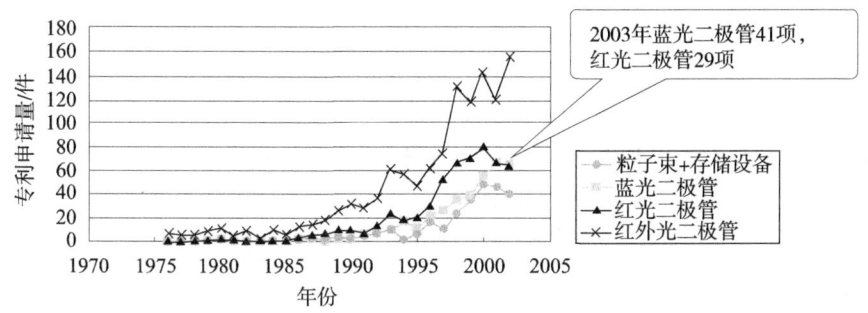

图 9-11　存储技术美国专利申请

运用 Fisher-pry 模型 [$Z=\ln(L-Y)/Y$, L 为增长上限]，基于专利数量的最小二乘回归拟合的结果如图 9-12 所示。

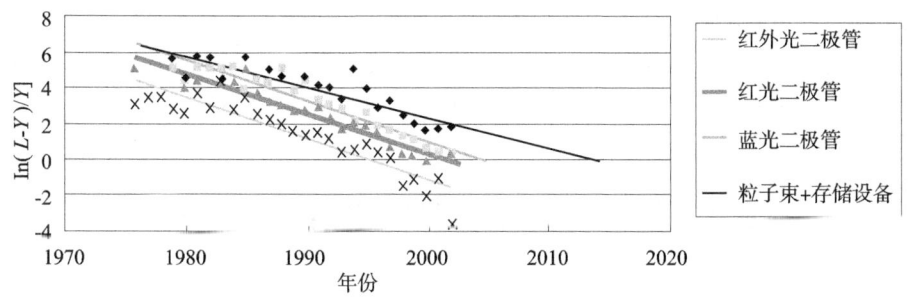

图 9-12　存储技术美国专利申请最小二乘回归

第三，通过运用模型预测。随着存储数据量的持续改进，预测 2006 2007 年，蓝光技术将替代红光技术；2015 年，离子技术应用将打破传统技术存储数量和容量的天花板代替蓝光技术。如图 9-13 所示。

根据表 9-11 所示的情景分析，分出乐观、中观、悲观三种情景下的初始产量、市场容量、竞争系数和增长率，再运用物种竞争模型（Lotka-Volterra

竞争模型）进行模拟，结果显示蓝光技术替代红光技术时间为 2007 年，预测离子激光技术替代蓝光技术的时间为 2015 年。

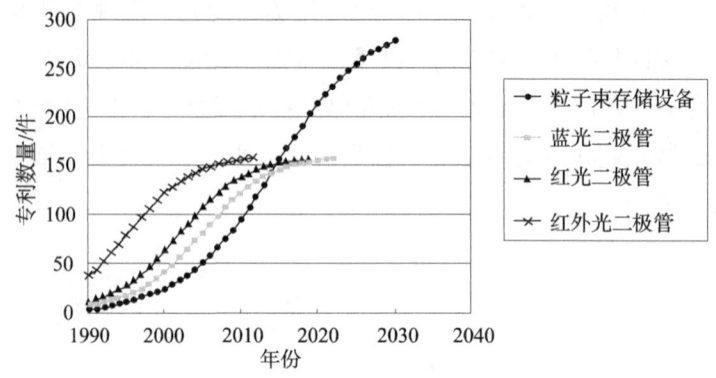

图 9-13　Fisher-pry 模型专利数量预测

表 9-11　光存储技术情景分析

初始条件	情景类型		
	乐观	中观	悲观
产生年份	蓝光 2003，粒子束 2003	蓝光 2003，粒子束 2005	蓝光 2003，粒子束 2007
初始产量	红光 2 376 万，蓝光 96 万，粒子束 5 万	红光 2 376 万，蓝光 48 万，粒子束 3.5 万	红光 2 376 万，蓝光 9.6 万，粒子束 2 万
市场容量	7 000 万	3 000 万	2 500 万
竞争系数	市场容量除以初始人口		
增长率	红光 0.35，蓝光 1.16，粒子束 1.16	红光 0.3，蓝光 0.9，粒子束 0.6	红光 0.25，蓝光 0.6，粒子束 0.4

9.8　科研项目知识产权申请获取分析

知识产权创造不仅仅是知识产权权利获取，还包括研究开发的发明创造和知识产权保护范围的拓展创造。知识产权权利获取是知识产权创造的重要方面，主要是经过知识产权行政部门审查、审批、注册、公告等行为确定的由行政许可授予垄断权利的活动。知识产权研发创造主要是指研究开发活动创造能够获取知识产权的有创造性技术的活动。知识产权保护范围拓展创造反映了在国外知识产权的布局和创造情况，数量越多表明创造的知识产权权利越多,覆盖范围越大,获取的垄断势力和可能的收益就会越大。因此,知识产权创造分析不仅要分析科研项目获取权利的活动,也要分析研究开发活动的发明创造和知识产权保护范围的拓展创造。

9.8.1 知识产权研发创造分析

知识产权研发创造分析主要是分析科研项目研究开发活动创造知识产权的情况,重点要分析知识产权申请量、不同类型知识产权的申请数量结构及单位研究开发经费产生的知识产权数量。科研项目知识产权申请量反映了其研究开发活动的成果,知识产权申请数量多少和增长速度快慢反映了科研项目研究开发活动的活力和水平。单位研究开发经费产生的知识产权数量反映了科研项目知识产权创造的效率。当然,由于不同技术领域的差异,这两个指标还不能完全反映出研发创造的效率。但相同类型的科研机构如技术开发类科研机构,或者同一技术领域如电子类科研机构的科研项目仍然是可以比较的。

知识产权研究开发创造通常采用技术预见的方法,开发关键核心技术。也可以采用技术路线图的方法预测技术发展趋势。美国摩托罗拉公司1984年首次使用技术路线图(Technology Roadmap,TRM),作为一种规划工具,通过设计和开发工程师与营销人员之间的沟通,更好地定位自己和产品在市场上的位置,以预测未来产品中所需的技术。技术路线图是一种战略工具,许多不同的组织可以使用它将科学技术与业务和产品规划相结合,作为实现一组预期目标的手段。技术路线图包括理论和趋势的陈述,模型的制定,科学之间和科学内部联系的识别,不连续性和知识空白的识别,以及调查和实验的解释。技术路线图通常由三个主要层次组成:① 顶层,包括趋势、总体目标和市场需求等因素;② 中间层,由基于顶层元素开发的产品和服务组成;③ 底层,涉及内部、外部资源和技术。技术路线图可以用代表性专利来表征,如图9-14所示为自动驾驶技术路线图。

未来技术是研发的重点,未来技术有以下几个特征:① 专利申请数量小但增长率高;② 处于技术生命周期早期阶段;③ 专利分类号较短;④ 专利被引数量较大;⑤ 科学关联度较高。因此可以用以下指标表征或者识别:① 专利申请数量与增长率组合;② 技术生命周期早期阶段;③ 专利分类号位数;④ 专利被引数量;⑤ 科学关联度。

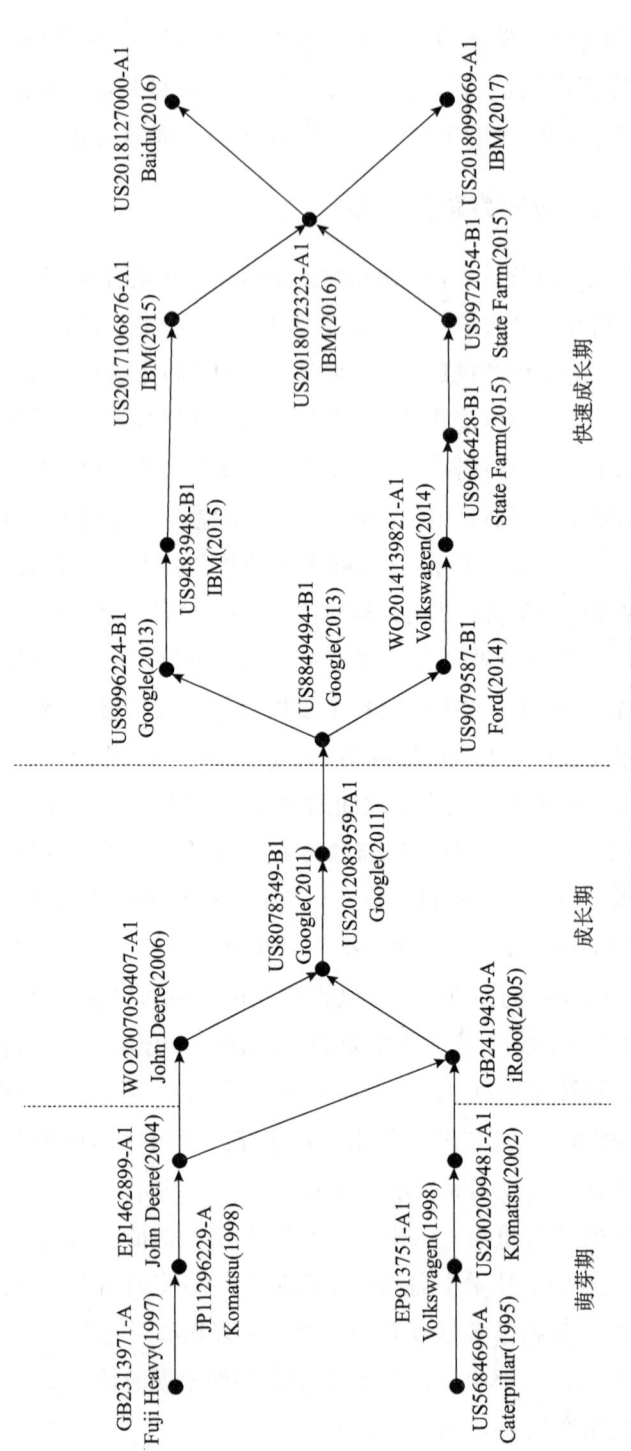

图 9-14 自动驾驶技术路线图

未来产业由前沿技术驱动，当前处于孕育萌发阶段或产业化初期，是具有显著战略性、引领性、颠覆性和不确定性的前瞻性新兴产业。2024年，工信部等七部门发布《关于推动未来产业创新发展的实施意见》（工信部联科〔2024〕12号），提出未来产业主要包括未来制造、未来信息、未来材料、未来能源、未来空间和未来健康六大方向。

9.8.2 知识产权申请分析

对于科研机构创造出的知识产权，一般由发明人提出技术交底书，还要披露发明创造的主要评估内容，主要评估内容如表9-12所示。

表9-12 发明披露内容

序号	内容
1	发明人基本信息（姓名、隶属、联系方式、签名）
2	项目资助信息（资助单位、项目题目、项目负责人、资助费用）
3	技术基本信息（题目、日期、解决的技术问题、技术原理、优势与效果）
4	保密情况（细节有无公开：是否发表论文、会议展示与研讨）
5	现有技术情况（相关研究论文列表、专利检索策略与重要检索结果）
6	商业化前景（应用方式、转化难点、竞争对手与可能的商业化伙伴）
7	后续研究情况（是否继续，以及资助信息）

知识产权管理人员也应对披露表的内容进行初步评估，但这是远远不够的。在知识产权申请阶段，发明人可以在知识产权管理人员的指导下分析发明的技术价值和经济价值，分析需不需要申请知识产权保护，申请哪类知识产权保护。只有两个方面的得分都较高的情况下才有必要申请专利等知识产权保护，得分居前列的可以申请国际知识产权保护，得分低的可以选择不申请保护或者可交由发明人自行保护，得分处于中间水平的需要发明人补充实验，进一步完善技术方案。

分析科研机构知识产权是否需要申请专利保护可以采取国家知识产权局开发的专利价值度评估指标体系。该体系主要包括专利技术价值度（TVD）、经济价值度（EVD）、法律价值度（LVD）三个方面的14个指标。其中技术价值度指标包括先进性、行业发展趋势、适用范围、配套技术依存度、技术寿命周期、可替代性、成熟度7个方面的指标，其中前5个为基本指标，如表9-13所示。

表 9-13　专利技术价值度评分表

二级指标	指标定义	技术价值度 分值					专家打分	专家意见
		10 分	8 分	6 分	4 分	2 分		
先进性	专利技术在当前进行评估的时间点上与本领域的其他技术相比是否处于领先地位	非常先进	先进	一般	落后	非常落后		
行业发展趋势	专利技术所在的技术领域目前的发展方向	朝阳		成熟		夕阳		
适用范围	专利技术可以应用的范围	广泛	较宽	一般	较窄	受很大约束		
配套技术依存度	专利技术是否可以独立应用到产品，还是经过组合才能用，即是否依赖于其他技术才可实施	独立应用	依赖个别几项技术	依赖较少其他技术	比较依赖其他技术	非常依赖其他技术		
技术寿命周期	专利技术在应用领域中的生命周期	10 年以上	7～10 年	5～7 年	2～5 年	2 年以内		
可替代性	在当前时间点，是否存在解决相同或类似问题的替代技术方案	不存在替代技术		存在替代技术，但本技术占优势		存在替代技术，且比本技术有优势		
成熟度	专利技术在评估时所处的发展阶段	10 分 产业级	9 分 系统级	8 分 产品级	7 分 环境级　6 分 正样级	5 分 初样级　4 分 仿真级	3 分 功能级　2 分 方案级　1 分 报告级		

经济价值度包括市场应用、市场规模前景、市场占有率、竞争情况、专利已实现收益、政策适应性、市场准入 7 个指标，其中前 3 个为基本指标，如表 9-14 所示。

表 9-14　专利经济价值度评分表

二级指标	指标定义	经济价值度 分值					专家打分	专家意见
		10分	8分	6分	4分	2分		
市场应用	专利技术目前是否已经在市场上投入使用，如果还没有投入市场，则将来在市场上应用的前景	已应用		未应用，易于应用		未应用，难于应用		
市场规模前景	专利技术经过充分的市场推广后，在未来其对应专利产品或工艺总共有可能实现的销售收益	很大（100亿元以上）	较大（10亿~100亿元）	中等（1亿~10亿元）	较小（1千万~1亿元）	很小（1千万元以下）		
市场占有率	专利技术经过充分的市场推广后可能在市场上占有的份额	很大	较大	一般	较小	很小		
竞争情况	市场上是否存在与目标专利技术的持有人形成竞争关系的竞争对手存在，以及竞争对手的规模	几乎没有	竞争对手较弱	竞争对手一般	竞争对手较强	竞争对手很强		
专利已实现收益	专利已通过许可、实施、转让等方式获得了收益的情况	很高	较高	一般	较低	很低		
政策适应性	国家与地方政策对应用一项专利技术的相关规定，包括专利技术是否是政策所鼓励和扶持的技术，是否有各种优惠政策	政策鼓励		无明确要求		与政策导向不一致		
市场准入	专利技术的实施是否需要经过有关部门的审批和认证	具有关键性资质/认证		具有一般性资质/认证		无资质/认证		

在评估分析是否要申请专利时，首先要建立专家组，专家组不仅要包括技术专家，也要包括经济专家尤其是具有技术投资经验的专家，还要包括知

识产权专家。然后，由专家对每项要申请专利的技术的技术价值度和经济价值度进行打分，每个指标设置 0～10 分。最后，将两个子指数乘以权重就可以得到该专利的价值度指数，权重可以为等权重。其公式为

$$PVD = \alpha LVD + \beta TVD + \gamma EVD \quad (\alpha + \beta = 100\%) \quad (9\text{-}2)$$

其中 PVD、LVD、TVD、EVD 分别为专利价值度、法律价值度、技术价值度、经济价值度。

9.8.3 知识产权权利获取分析

知识产权权利获取是知识产权的授权创造，应主要分析科研项目知识产权的授权状况和知识产权申请通过审查率（非驳回撤回率）。分析科研项目的知识产权授权状况，不仅要分析授权量，还要分析科研项目知识产权的驳回情况、视为撤回的情况和文件修改的情况，从中发现知识产权质量问题尤其是专利代理质量问题，提出提升质量的措施。要分析知识产权的其他法律状态，如优先权、缴费情况，提出知识产权创造的问题与思路，还要分析知识产权的复审情况，从复审案件中总结专利等知识产权申请存在的突出问题。

知识产权权利获取还包括同一技术方案不同类型知识产权的授权获取，如软件技术既可以用软件著作权进行保护，也可以同时通过专利进行保护；植物品种可以申请植物新品种保护，其生产方法和所用设备则可通过专利进行保护。知识产权权利获取也包括同一技术方案多角度的知识产权保护。如专利申请可以通过不断挖掘技术方案，设计不同的独立权利要求进行多角度的保护，如可以同时用产品、方法和用途权利要求保护一个专利申请。例如，申请号为 CN 02107134 的专利公开了一种 EVD 盘、EVD 盘记录机和方法、以及 EVD 盘播放机和方法，有 3 个独立权利要求。

9.8.4 知识产权保护范围拓展分析

知识产权保护范围拓展创造主要是分析国外知识产权申请状况。一要分析国外各类知识产权的申请情况，分析通过何种途径进入国外或地区知识产权局，如巴黎公约或专利合作条约；二是要分析科研项目知识产权申请保护国家的数量，数量越多，创造的权利保护范围越大。

例如，中国科学院 2012 年申请的国外专利仅有 489 件，到 2021 年时申

请国外专利达到 1 027 件。整体上看，中国科学院申请国外专利的比例保持平稳，2012 年中国科学院国外专利申请量占全部专利申请量的比例为 4.64%，2013 年这一比例下降至 3.19%，2016 年这一比例降至 2.85%，之后又慢慢提升，2021 年这一比例为 4.58%，如图 9-15 所示。从申请国外专利的单位看，中国科学院深圳先进技术研究院、中国科学院微电子研究所、中国科学院上海药物研究所、中国科学院大连化学物理研究所、中国科学院自动化研究所名列前茅。

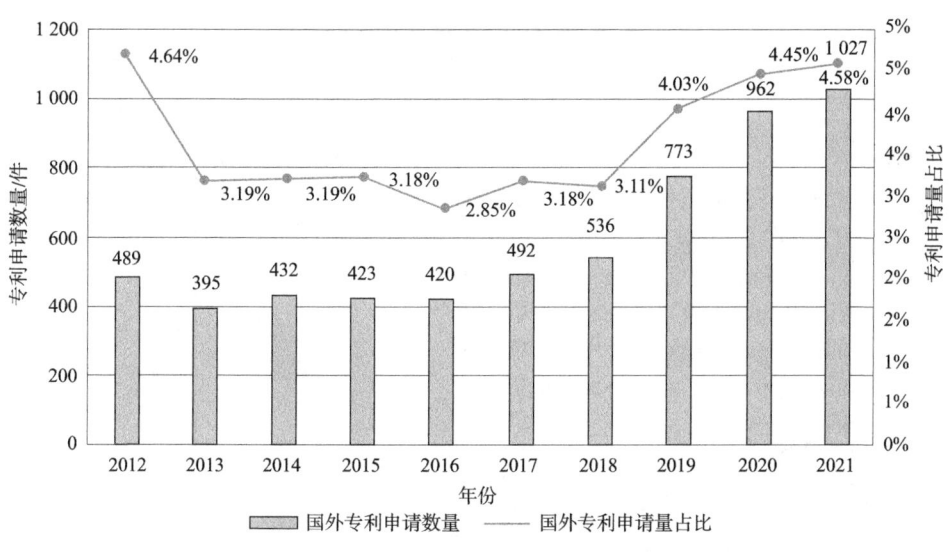

图 9-15　中国科学院国外专利申请情况

9.9　科研项目知识产权维持分析

　　是否维持知识产权要基于对知识产权价值的评估分析。科研项目知识产权评估分析除了评估分析技术创新性和成熟性及技术的市场化可能性外，还要评估分析法律上的稳定性。在知识产权维持的不同阶段，要分析的内容也不同。

　　授权后的专利虽然在申请阶段已经经过技术和经济价值度的评估分析，但随着技术的发展，新的技术不断出现，这些专利的价值可能会逐步降低，因此还需要及时地对授权的专利进行技术和经济价值度的评估。与此同时，还要评估分析这些专利法律上的价值度。只有技术价值、经济价值和法律价值都比较高的专利才值得去维持，专利价值度得分较低的可以放弃，专利价值度得分居于中间的要密切关注技术的变化，必要时再做评估分析。

国家知识产权局专利价值度评价指标体系的法律价值度包括稳定性、可规避性、依赖性、专利侵权可判定性、有效期、多国申请、专利许可状况7个指标，其中前4个为基本指标，如表9-15所示。

表 9-15　专利技术法律价值度评分表

二级指标	指标定义	法律价值度 分值					专家打分	专家意见
		10分	8分	6分	4分	2分		
稳定性	一项被授权的专利在行使权利的过程中被无效的可能性	非常稳定	比较稳定	稳定	不太稳定	很不稳定		
可规避性	一项专利是否容易被他人进行规避设计，从而在不侵犯该项专利的专利权的情况下仍然能够达到与本专利相类似的技术效果，即权利要求的保护范围是否合适	很难规避		较难规避		可以规避		
依赖性	一项专利的实施是否依赖于现有授权专利的许可，以及本专利是否作为后续申请专利的基础	无		不好判断		是		
专利侵权可判定性	基于一项专利的权利要求，是否容易发现和判断侵权行为的发生，是否容易取证，进而行使诉讼的权利	非常易于判定	比较易于判定	难以确定	比较难于判定	非常难于判定		
有效期	基于一项授权的专利从当前算起还有多长时间的保护期	16年以上	12~15年	8~11年	4~7年	3年以内		
多国申请	本专利是否在除本国之外的其他国家提交过申请	四国以上国家专利		1~3国专利		仅本国专利		
专利许可状况	本专利权人是否将本专利许可他人使用或者经历侵权诉讼	有许可				无许可		

在评估分析是否要维持专利时，也要建立专家组，专家组不仅要包括技术专家，要包括经济专家尤其是具有技术投资经验的专家，还要包括知识产权和

法律专家。然后，由专家对每个要申请专利的技术的技术价值度、经济价值度和法律价值度进行打分，每个指标设置 0～10 分。最后，将 3 个子指数乘以权重就可以得到该专利的价值度指数。其公式为

$$PVD = 0.4\,LVD + 0.4\,TVD + 0.2\,EVD \quad (9\text{-}3)$$

上述公式存在一定的不足，即使某一价值度很低但其他价值度很高，总的价值度也较高，并不符合实际。因此本书提出，先评价技术价值度，如果高于一定的门槛值（如 80 分），则考虑继续评价法律价值度，如果法律价值度高于一定的门槛值（如 80 分）则考虑评估经济价值度，只有经济价值度也高于一定的门槛值（如 80 分）则才有必要计算最后的总的价值度，凡低于门槛值的则应当为 0 分。而且 3 个价值度应当是质数连乘关系（宋河发，2023）。见式（9-4）～式（9-7）。

$$TVD = \begin{cases} TVD, & TVD \geqslant TVD_0 \\ 0, & TVD < TVD_0 \end{cases} \quad (9\text{-}4)$$

$$LVD = \begin{cases} LVD, & TVD \geqslant TVD_0 \\ 0, & TVD < TVD_0 \end{cases} \quad (9\text{-}5)$$

$$EVD = \begin{cases} LVD, & LVD \geqslant LVD_0 \\ 0, & LVD < LVD_0 \end{cases} \quad (9\text{-}6)$$

$$V = TVD^{0.35} \times LVD^{0.3} \times EVD^{0.35} \quad (9\text{-}7)$$

知识产权维持分析还要从总体上分析科研项目所属领域的知识产权有效状况和法律状态。

根据六棱镜检索数据（检索时间 2024 年 4 月），2017—2021 年中国科学院有效专利维持时间仅有 5.1 年，失效专利维持时间仅有 3.4 年，未缴费比例占 6.8%，撤回占 11.2%，放弃占 0.2%，驳回占 33.3%，避重授权占 1%。中国农业科学院有效专利维持时间只有 5.2 年，失效专利维持时间只有 3.2 年，未缴费比例占 16.8%，撤回占 3.6%，放弃占 0.1%，驳回占 17.7%，避重授权占 0.2%。钢铁研究总院的有效专利维持时间只有 4.9 年，失效专利维持时间只有 2.9 年，未缴费比例占 1.3%，撤回占 4.2%，驳回占 8.9%。

9.10　科研项目知识产权价值评估分析

价格是价值的反映，知识产权价值评估是知识产权转让、许可价格或入股作价的前提，科研项目知识产权价值评估分析主要是经济价值的评估分析。评估分析科研项目知识产权的价值，要分析科研项目市场价值与许可实施的可能性，很多学者都较早地开展了对知识产权价值评估的研究（Damodaran，1994；Razgaitis，2002），根据拉兹盖茨（Razgaitis）的评估方法，知识产权价值评估必须考虑技术和权利两个因素。主要的评估原则是：① 工业标准；② 收益分成率（一般25%）；③ 排序；④ 折现率；⑤ 先进方法 [如蒙特卡洛法（Monte Carlo），实物期权定价（Real options pricing）等]；⑥ 拍卖（Hanel，2006）。

戈登·史密斯和罗素·帕尔详细研究和介绍了知识产权价值评估的方法和参数取舍。罗伯特·赖利等分析了商业交易和知识产权的价值评估、经济损失和转移定价分析等问题。评估分析知识产权价格除了评估价值度外，最主要的应考虑以下因素：① 经济环境，知识产权所处商业周期、相关行业和经济部门的概况、预期通胀情况与其产品或服务的需求等。这实际上是科研项目实施的前提条件。② 营利性，所有与知识产权相关的服务产生的收入，包括产品销售和提供服务的收入。需要对市场需求、份额、成长性等进行研究。③ 竞争性，要考虑知识产权许可实施的地域、时间，新的竞争性更强的知识产权产生的可能性，需要对技术生命周期、先进性、实用性、技术风险等进行分析。④ 资本投资的变化，要考虑知识产权运作需要的工厂、财产、设备等投资以及银行借款，需要考虑工艺流程设计和设备选型。⑤ 人力资本投资，要考虑员工的数量、素质和工作制度。

评估分析知识产权价值常用的有三种方法，一是成本法，二是市场法，三是收益现值法。收益现值法是一种比较常用的方法。采用收益现值法对知识产权技术进行评估分析时，将资本和技术在经济寿命期内产生的年净收益和期末资产余值按一定的折现率折成现值，该现值即为在此收益率下资本和

技术的总价值，总价值乘以技术超额利润分成率即为知识产权技术的价值。其计算公式为

$$V = \theta \left[\sum_{i=1}^{n} \frac{p_i}{(1+r)^i} \right] \tag{9-8}$$

$$V = \theta \left\{ \sum_{i=1}^{n} \left[\frac{-\mathrm{IN}}{(1+r)^0} + \frac{p_i}{(1+r)^i} \right] + \frac{F_n}{(1+r)^n} \right\} \tag{9-9}$$

式中：V 为知识产权技术的价值；θ 为知识产权技术超额利润分成率；F_n 为期末资产残值；p_i 为第 i 年知识产权技术和资本产生的纯利润；p_i = 销售收入 − 经营成本 − 管理费 − 财务费用 − 固定资产折旧费 − 无形资产摊销费 − 销售费用 − 增值税 − 所得税 − 公积金 − 公益金；r 为资金折现率；n 为项目计算期。

实施一项或几项新的专利技术往往需要一定年限的建设期，在建设期，需要新增固定资产，需要流动资金借款，有些建设期还不止一年。计算知识产权技术的价值，还要计算建设期的固定资产和流动资金的投入。

由于知识产权必须与其他有形资产有机结合才能创造实际价值，在知识产权价值评估过程中，知识产权尤其是专利技术带来的超额利润一般无法单独测算，通常采用从专利技术运作后企业的总净利润分成的办法进行分析测算。根据国际上通行的 LSLP 原则，企业获利由资金、组织、劳动和技术这四个要素综合形成，获利比重一般各为 1/4。而实际上联合国工业发展组织对印度等发展中国家引进专利技术的价格进行分析后，认为专利技术的利润分成率的取值一般为 16% ~ 33% 较为合理。超额利润提成率的多少取决于专利资产交易众多具体因素，例如，产品对该项专利技术的依赖程度、市场上对该项专利技术的需求程度、对使用该项专利技术的限制等。要考虑最好的情况、最差的情况和最可能的情况。

技术价格评估公式通常如下：

$$y = \theta \sum_{i=1}^{n} \left[-x + \frac{p_i}{(1+r)^i} \right] \tag{9-10}$$

其中，y 为技术价格，也为技术入股总额；θ 为技术分成率；p_i 为每年的纯利润；r 为折现率。

假定利润都是由资本和技术贡献的，则 p_i 是由于技术和资本投资所得，因此 $p_i=\alpha x+\beta y$，其中 α 为固定资产折旧系数，β 为技术资产摊销系数，因此有

$$y=\theta\sum_{i=1}^{n}\left[-x+\frac{\alpha x+\beta y}{(1+r)^i}\right] \quad (9\text{-}11)$$

$$\theta=\frac{y}{\sum_{i=1}^{n}\left[-x+\frac{\alpha x+\beta y}{(1+r)^i}\right]}=\frac{1}{\sum_{i=1}^{n}\left[-\frac{x}{y}+\frac{\alpha\frac{x}{y}+\beta}{(1+r)^i}\right]} \quad (9\text{-}12)$$

可得出结论：在 α，β，n，r 都确定的情况下，只要知道固定资产投资额和利润，就可以求出 θ（宋河发，王维佳，2023）。

例如，某人发明一项节能专利技术产品，专利权人以让渡全部使用权的形式折价入股创办企业。对当地及附近地区一些用户抽样调查表明，由于该节能产品比常规产品节能 3/4，且使用寿命延长 2 倍以上，若产品投放市场时配合一定的宣传，并辅之以良好的促销策略，投产第一年销售量可达 8 万件，第二年及以后年份销售量将达到 10 万件。由于该产品价格比常规产品价格高出 3～4 倍仍具有绝对优势，因此价格可以定为 100 元/件。

采用该专利技术的企业固定资产投资需增加 300 万元，需要购买包含该专利技术外购无形资产 100 万元。如果该企业每年的经营成本（车间材料费、能动费、工人工资、管理费）为 500 万元，达产期 480 万元，银行借款 200 万元。请计算该专利技术的价值。（单位万元，保留两位小数）。

第一，确定各种参数和计算数据。专利技术的分成率一般为 16%～33%，银行折现率为 10%～12%，企业管理费占销售收入的 3%～5%，借款利息率 7%～10%，固定资产折旧一般采取直线法折旧，固定资产残值为原值的 5%～10%，无形资产采用直线法摊销，但促进技术引进，无形资产可以按照 200% 加计摊销（摊销年限一般不应低于 10 年），销售费用一般占 0.5%～1%，增值税=（销项-进项）×（6%～17%），企业所得税为 25%，第 4 年能够获得高新技

术企业认定，所得税税率降为 15%，项目计算期一般 6～12 年。法定公积金取当年税后利润的 5%～10%，法定公益金取 10%。

设项目计算期 6 年，假定全部达产的年销售收入为 1 000 万元，如果第一年达产率为 80%，则当年的销售收入为 800 万元，达产 80% 的第一年原材料和动力能源的消耗也为 80%，但车间的管理费不变，企业管理费一般为销售收入的 5%。取银行利息率 5%，贷款额为 200 万元，计算期内等额还本付息，则每年需还 33.34 万元。固定资产残值取原值的 10%，则每年固定资产摊销费用为 45 万元，残值为 30 万元。无形资产摊销期如果按 6 年，则每年加计摊销费用 33.4 万元。销售费用率为 1% 左右，主要是销售业务费用支出。增值税率及三项附加按简易办法取销售收入的 6.33%，企业所得税率为 25%，第 4 年及以后降为 15%，法定公积金率为 5%，法定公益金率为 10%。

第二，计算逐年成本。主要是计算项目计算期内每年的收入、成本、税收和利润情况。未分配利润即纯利润。如表 9-16 所示。

表 9-16　逐年成本计算表　　　　　　　（单位：万元）

		计算方法	1	2	3	4	5	6
一	总收入	1+2	800	1 000	1 000	1 000	1 000	1 030
	1. 销售收入		800	1 000	1 000	1 000	1 000	1 000
	2. 其他收入							30
二	总成本	3+4+5+6+7+8+9	650.38	743.38	741.706	740.039	738.372	736.705
	3. 经营成本		420	500	500	500	500	500
	其中变动成本		320	400	400	400	400	400
	固定成本		100	100	100	100	100	100
	4. 管理费用		50	50	50	50	50	50
	5. 财务费用		43.34	41.68	40.006	38.339	36.672	35.005
	本金		33.34	33.34	33.34	33.34	33.34	33.34
	利息		10	8.34	6.666	4.999	3.332	1.665
	6. 固定资产折旧费		45	45	45	45	45	45
	7. 无形资产摊销费	加计	33.4	33.4	33.4	33.4	33.4	33.4
	8. 销售费用		8	10	10	10	10	10

续表

		计算方法	1	2	3	4	5	6
	9.增值税计附加	6.33%	50.64	63.3	63.3	63.3	63.3	63.3
三	税前利润	（一）-（二）	149.62	256.62	258.294	259.961	261.628	293.295

第三，计算现金流量。主要是计算计算期内每年的现金流入和现金流出情况，通过计算净现金流量来计算净现值。假定银行折现率为10%，建设期的净流量为固定资产和流动资金投入，生产期的净现金流量为纯利润，如表9-17所示。

表9-17 现金流量表

		建设期	第1年	第2年	第3年	第4年	第5年	第6年
一	现金流入/万元		800.00	1 000.00	1 000.00	1 000.00	1 000.00	1 030.00
二	现金流出/万元	400.00	650.38	743.38	741.71	740.04	738.37	736.71
三	净现金流量/万元	-400.00	95.38	163.60	164.66	187.82	189.03	211.91
四	折现系数		0.10	0.10	0.10	0.00	0.10	0.10
五	净现值/万元	-400.00	86.71	135.20	123.71	128.28	117.37	119.62

由于参数较多和公式计算复杂，参数的些微变化就可能带来知识产权评估分析结果产生较大的差异。虽然知识产权转让许可双方可能会对知识产权价值的评估结果不满意，但这毕竟是知识产权交易的一个基本依据。因此，在评估分析专利价值价格时要仔细研究各个参数的含义和数值的选择，要多听取各方面的意见，尤其是要听取转让许可知识产权的企业的意见。

第四，计算专利技术的价值。取该专利技术分成率为25%，根据上述公式，可以计算出该专利技术价格为

V=25%×（-400+86.71+135.20+123.71+128.28+117.37+119.62）

=77.72（万元）

9.11　科研项目技术标准与知识产权关联分析

技术标准是为了在一定的范围内获得最佳秩序，经协商一致制定并由公认机构批准，共同使用和重复使用的一种规范性文件。技术标准要推广使用，而专利具有垄断性，专利加入使技术标准具有垄断性，也使专利具有价值。

根据官网统计，国际标准化组织（ISO）管理的标准2023年有25 111项，截至2024年4月，国际电工委员会（IEC）管理的标准有11 657项，而国际电信联盟（ITU-T）管理的标准有4 000多项。技术标准与知识产权的关联主要包括技术标准与专利权、著作权、商标权以及集成电路布图设计专有权和技术秘密专有权的关联，农业技术标准还包括与植物新品种品种权的关联（宋河发，2009）。

目前，有相当一部分科研机构对专利和技术标准的结合重视不够，一些科研机构对专利支持技术标准的作用认识不深，一些专利不能成为技术标准的必要专利；也不重视专利申请的体系构建，技术标准实施无法得到专利的全面垄断。还有一些科研机构知识产权管理处于散乱状态，专利申请不符合未来自主技术标准的发展要求，甚至成为负担专利。根据中国科学院知识产权统计，全院2012年进入标准中的专利只有7项，2013年只有9项，而两年的专利申请均超过10 000件，制定技术标准超过40件，含有必要专利的技术标准占技术标准数量的比例不到10%。专利没有与技术标准结合的结果是专利对产业创新发展没有发挥有效的支撑和保护作用，对产业国际化缺乏控制力和影响力。

在分析技术标准和专利的关系时要把握两种关联关系。一种是实质性关联，另一种是非实质性关联。如果技术标准方案或者分解出的具有独立实施可能性的技术方案的实施造成对科研项目专利的侵权，则专利成为技术标准的必要专利，技术标准为包含科研项目必要专利的技术标准，这种关联关系为实质性关联，否则为非实质性关联。

根据技术标准构建专利池或专利组合是对产业发展具有控制力的重要途

径。在分析科研项目技术标准时，要重点分析技术标准下的专利池或专利组合构建情况或构建方案，要重点分析技术标准管理机构制定的各项知识产权政策的合理性和可行性，要重点分析科研项目知识产权在技术标准专利池或专利组合中的地位和作用亦即权益大小。一方面，我国科研机构构建的专利池和专利组合不多；另一方面，我国很多科研机构进行知识产权分析时往往缺乏专利池和专利组合分析。

9.12 科研项目知识产权转移转化分析

9.12.1 知识产权项目可行性分析

要进行科研项目知识产权转移转化分析最好撰写商业计划书或项目可行性研究报告，要重点分析技术发展、市场销售、设备选型、工艺流程设计、人力资本配置，要科学计算成本与收入，要充分考虑项目风险，要提出项目投资总额、回收期、项目盈利平衡点、项目净现值等数据。

编写商业计划书的目的主要是使知识产权项目获得投融资。不同目的的商业计划书的结构并不相同，比如融资项目的商业计划书可能偏重于项目基础、团队能力和融资计划介绍，公司未来发展的商业计划书可能偏重于项目优势、投资需求和未来的盈利分析。不同行业的商业计划书结构也可能不同，比如高新技术和知识产权投资的商业计划书偏重于项目产品市场分析、投资需求和未来的盈利分析，传统行业的商业计划书则偏重于产品竞争优势、市场分析和盈利能力。商业计划书通常包括以下九个部分：①项目介绍；②产品与服务；③市场分析；④生产组织；⑤管理组织；⑥投融资分析；⑦营销策略；⑧团队能力；⑨财务分析（宋河发，2023）。

编写项目可行性研究报告的目的是项目投资或审批。项目可行性研究报告应主要包括以下五个部分：①投资必要性。主要论证科技发展及国家战略与政策，论证项目投资与立项的必要性。②技术的可行性。主要论证项目技术的先进性、成熟性、自主性等，通过技术方案和产品方案的比较筛选，论证本项目产品的技术优势，论证技术方案的合理性。③财务可行性。主要论证项目投资的财务可行性，通过分析项目投资的规模和融资方式，论证成本效益、净现值、盈亏平衡点、投资回收期等论证项目的盈利能力、股东收益和抗风险能力等。④组织可行性。论证项目合理的生产工艺流程和设备选型、班组设置与人员配置，制定合理的项目实施进度计划，提出保证项目顺利执行的措施。⑤经济社会可行性。主要论证项目在解决产业关键核心技术、产业自主可控、创新创业，以及保护环境、资源节约综合利用、扩大就业等方面的作用和优势。

9.12.2 知识产权转移转化方式分析

知识产权实施方式主要包括自行实施和转移实施。自行实施是科研机构投入资金创办企业将知识产权转化的活动；转移实施有两种，一种是知识产权权利转让实施，另一种是知识产权许可实施。知识产权许可主要有五种方式：普通许可、独占许可、再转让许可、分许可、交叉许可。专利许可多为普通许可方式。根据对国家知识产权局登记的专利许可合同的统计分析，我国专利许可合同多为普通许可，其次为独占许可等其他许可方式。

根据《中国科学院高价值发明专利统计简报》，截至 2022 年 9 月底，中国科学院院属机构共 286 家，其中拥有有效发明专利的院属机构共 141 家，拥有高价值发明专利的院属机构 136 家，总共拥有高价值发明专利 33 008 件，占全国高价值发明专利总量的 2.4%。其中，中国科学院微电子研究所以 1 954 件位居榜首，其有效发明专利中 79.2% 都是高价值专利，位列第一；中国科学院计算技术研究所、中国科学院半导体研究所、中国科学院上海微系统与信息技术研究所的高价值发明专利比例也都超过了 60%。中国科学院高价值专利集中在 C 部（化学、冶金）、G 部（物理）和 H 部（电学），三个技术领域高价值发明专利数量占中国科学院高价值发明专利总量的 81.6%。中国科学院发生过专利权转让的高价值发明专利数量为 709 件，转让率为 2.1%，发生过许可的高价值发明专利数量为 483 件，许可率为 1.5%。其中中国科学院分子细胞科学卓越创新中心、中国科学院分子植物科学卓越创新中心、中国科学院西北生态环境资源研究院高价值专利转让率都非常高，超过了 50%。

科研机构自行实施知识产权创办企业实际上是在与企业竞争，由于科研机构的公益性，科研机构知识产权实施的合理途径应当主要是许可。但是，从数据来看，我国科研机构实施许可知识产权的有效方式是自行实施和作价入股。因此，在分析知识产权许可时，还应当重点分析自行实施和作价入股两种方式。

在进行知识产权许可分析时，要从许可对象、许可方式、许可费用等方面进行综合分析。许可对象分析主要是接收技术方的选择，要重点分析被许可方的经济实力和投资能力。一些企业虽有意愿，但缺乏投资能力；一些企业投资能力较强，但对本领域技术不了解或者管理水平较低。最有效的途径是建立企业网络，入网企业可以优先接触科研项目的技术和知识产权，并拥有优先选择权。

转让许可费用的高低可以根据知识产权的实际价值，而知识产权评估价值是一个很重要的参考依据，知识产权转让许可价格应以评估为基础由双方协商而定。知识产权许可费支付方式有一次总付、入门费加提成和销售提成三种，一次总付对受让人来说风险较大，销售提成对许可人来说风险较大，因此入门费加提成的方式就成为常用的方式。也有将知识产权作价入股占有一定比例的股份的情况，但往往在知识产权实施的前几年很难拿到收益，对方增资时也会造成知识产权股份下降，除权还存在必须缴纳个人所得税等问题，因此，最好的方式是企业先支付知识产权入门费用。

9.13 知识产权分析报告评估

在撰写完知识产权分析报告后，应及时开展分析情况评估，分析报告是否存在不足并及时改进。主要评估内容为：① 分析报告能否清楚达到设计的目的和意图；② 检索采集的时间跨度及范围是否合理；③ 检索策略是否正确；④ 数据库选择是否有代表性；⑤ 数据质量及其影响因素考虑是否全面；⑥ 知识产权分析的方法与工具运用是否合适；⑦ 图标是否规范，图表内容与文中内容是否吻合，图表之间数据是否一致；⑧ 知识产权分析内容是否全面；⑨ 知识产权分析结论是否明确；⑩ 分析结论是否正确可用。

9.14 小结

本章研究了科研项目知识产权分析报告撰写的主要内容。科研项目知识产权分析报告撰写应当按照科研项目立项、结题验收和结题验收后三年三个环节对知识产权全过程管理的要求完成知识产权全过程管理的任务。为推进科研项目知识产权全过程管理，提高知识产权分析报告撰写的水平和质量，科研机构应建立专家组，对重大项目和重要方向性项目知识产权分析报告进行评审。评审的主要内容应包括以下几方面。

一是知识产权分析报告是否涵盖了立项、结题验收和验收后三年三个环节知识产权全过程管理要求的主要任务。

二是知识产权分析报告是否有利于科研项目设定的目标和指标的实现。主要是评估通过知识产权分析报告，科研项目能否立项，科研方向是否更加明确，是否产生了重大创新成果和知识产权，验收项目能否结题和科技项目预期经济社会效益能否实现。

三是采用的检索分析工具和方法是否恰当。主要评估知识产权检索分析使用的各种工具、方法是否准确恰当，画出的各种图表是否规范。

四是得出的结论是否科学合理。主要评估知识产权分析结论是否准确和明确，是否具有明确的指导意义。

第十章　知识产权质量与效益管理

知识产权质量高低决定着科研机构知识产权的价值实现和实际的转移转化效益，也是科技创新水平的重要标志。我国科研机构知识产权数量庞大但转化率极低的根本原因在于知识产权存在质量问题。解决知识产权质量问题，必须研究知识产权质量的内涵、构成和影响因素，必须构建知识产权质量监测指标体系，必须建立从有质量知识产权中识别有效益知识产权的方法。

10.1　专利质量讨论

2011年，我国国内发明专利申请量已居世界第一位，PCT专利申请量2019年居世界第一位，国内居民实用新型专利和外观设计专利申请量、国内商标申请与注册量已连续多年居世界第一位。但不容忽视的是，我国还不是真正的知识产权强国，我国知识产权对经济社会发展的支撑作用还没有完全显现出来，专利质量还存在不少问题。我国2013年发布了《关于进一步提升专利申请质量的若干意见》，要求优化有利于提升专利申请质量的政策导向，建立有利于提升专利申请质量的监管机制，加强有利于提升专利申请质量的能力建设等措施，为我国专利质量建设指明了方向。从2019年起，国家知识产权局印发《推动知识产权高质量发展年度工作指引》十分强调培育高价值专利，要严厉打击非正常专利申请。

《国家中长期科学技术发展规划纲要（2006—2020年）》《国家知识产权战略纲要（2008—2020年）》发布后，我国又相继发布了一系列知识产权发展规划和政策。这些战略规划和政策极大地改善了我国知识产权创造运用的政策环境，知识产权保护状况已得到显著改善。截至 2022 年年底，我国高价值有效发明专利平均维持年限仅有 8.3 年，科研机构和高校的专利实施率不高，其根本问题在于专利质量不高。近些年来，一些外国学者不断发表报告批评我国的知识产权政策和专利（Prod'homme，2013）。美国国际贸易委员会（2010）发布的《中国知识产权侵权、自主创新政策及其对美国经济的影响》报告，不仅对中国自主创新政策进行了批评，也对中国的专利质量提出了批评。汤森路透和《知识资产管理》（IAM）杂志 2011 年对 650 个企业内部专利律师和私人执业律师特别是担任高级职务的个人之间的调查结果显示，在全球五大专利局专利质量（专利质量指发明专利质量，下同）排名中，欧洲专利局的专利质量排在第一位，日本特许厅排在第二位，第三和第四名是美国专利商标局与韩国知识产权局，中国国家知识产权局排名第五，认为中国专利审查质量非常好或优秀的只有 23% 和 13%。经济合作与发展组织（2012）主要采用专利引用来测度专利质量，根据 2011 年的排名，中国 2000—2010 年专利质量指数低于世界平均水平，而且处于 25 个国家中倒数第二的位置。有学者（Scellato, et at., 2009）从专利范围与法律确定性、充分公开发明内容和高的创造性，以及时间性、成本效率、与可专利性规定的一致性设计了针对企业的调查问卷，对欧洲、日本、美国、韩国、中国五个国家或地区的专利局的专利审查质量进行了评分，认为在 3～4 分的分别为 77%、68%、44%、39%、33%，对实质审查满意度分别为 84%、60%、46%、45%、32%，中国最低。彭博社（Bloomberg）技术经济论坛 2018 年发表了一篇题为《中国申请的专利比任何国家都多——大多数都是毫无价值的》的文章，指出中国 91% 的 5 年设计专利所有者不再支付费用，一半以上实用新型专利同时失效。文章作者认为中国热衷于创造专利，而忽略了保护和运用，导致专利的总体价值较低。欧洲经济研究中心（ZEW）2019 年发布的 *Measuring China's Patent Quality*: *Development and Validation of ISR Indices* 认为，在只考虑国外引用的情况下，中国 PCT 专利质量只有非中国国家的三分之一。根据世界知识产权组织 2023 年的指标，我国的专利申请量 2022 年占了全球的 46.8%，实用新型专利占了 98%，商标占了 48%，外观设计专利占了 53.8%，植物新品种占了 47.8%，但专利质量不高，我国专利授权量占授权量、驳回量和撤回占放弃量的比例均超过 50%，其中驳回的占 37.4%，中国专利家族只有 2.8 个，商标申请的驳回量超过 20%。

10.2 主要国家和地区专利质量指标体系

近年来，知识产权质量不仅受到学术界的广泛关注，而且也成为一些国家专利商标局的政策重点。

1. 美国

从 20 世纪 80 年代，美国就开始关注专利质量问题。2003 年，美国联邦贸易委员会发布有关专利质量的报告。2003 年，美国国家科学院也开始研究专利质量问题，反思低质量专利带来的危害，呼吁更多关注专利保护宽度作为政策杠杆的重要作用而不是创造性（Scotchmer，2004）。

美国一直通过提高专利质量保持知识产权的全球领先地位。2002 年，美国专利商标局制定了《21 世纪战略计划》，提出了 50 项行动，其重点是提高专利商标局知识产权审查质量等工作。美国专利商标局发布的《2010—2015 战略计划》提出的目标包括改进专利审查质量和优化商标质量两个目标。

美国专利商标局所指的专利质量指的是审查质量，2009 年之前采取的专利质量指标体系包括第一次审查意见通知（以下简称一通）前的未决时间、分类的准确度、审查通过率（合规性审核）、申请的积压、首次通过（first office allowance）、过程审核、会晤与简易诉讼、继续审查要求（RCES）、最终驳回率、审查员绩效、加班费和远程办公、新审查员的聘用和保留等指标。主要采取两个指标：一是最终的驳回与通过合规率（即审查员关于专利权利要求决定总体正确率），二是过程合规率。

2009 年 12 月，美国专利商标局公布了经过研究的专利质量计划，并征求全社会各方面的意见。共收到法律事务所、企业、协会、知识产权组织、政府机构和个人等 71 个团体的反馈和意见。2010 年 3 月，该局专利质量工作组完成了初步报告，提出专利质量是根据时间流程增进专利局授权的权利要求合法可能性的行动，以及减少专利局对有效权利要求不正当拒绝可能性的行动，这些行动是提高效率和降低未决申请的。专利质量不包括技术和发明的专利资格的法律决定，也不涉及发明对经济和创新的贡献，仅涉及检索、审查、申请、管理效率和教育培训。

2011年4月,美国专利商标局在咨询了专利公众监督委员会(PPAC)后提出了包括6个指标的专利审查质量综合指标体系,根据现状、专利局统计数据、博客、专利公众咨询委员会外展项目、客户调查、国外专利局的实际、美国专利商标局的研究和其他研究与公众意见,建立了包括专利审查程序的供讨论的指标体系。主要包括申请最终处理错误率、审查处理过程评议错误率、全部申请处理评议、质量指数评议评分、客户调查数据和审查员调查数据。这些指标还识别了问题的来源。美国专利商标局还为此在2010年4月和5月分别组织了两次公众圆桌意见征求会。

2011年财年开始,美国专利商标局基于上述6个指标公布了现在采用的7个指标的最终专利质量指标体系:① 申请最终处理行动质量;② 审查过程行动质量;③ 对申请人和执业者关于专利处理质量看法的外部调查;④ 审查员初始检索的质量;⑤ 基于最佳实践价值的一通符合度;⑥ 美国专利商标局全球数据精简性和诉讼鲁棒性的程度;⑦ 通过内部调查审查员关于专利诉讼质量的看法。如表10-1所示。

表10-1 美国专利商标局专利质量指标体系

指标	指标含义	权重
最终处理通过率	申请最终处理正确度	20%
过程中通过率	诉讼过程中基于价值的专利局行动的正确度	15%
一通检索评估	检索符合专利局最佳实践的程度	10%
全部一通价值评估	基于价值的申请一通对最佳实践的符合度	10%
质量指数评估报告	申请诉讼质量相关事件的统计	20%
外部质量调查	申请人和执业者关于专利局人事和审查问题的看法	15%
内部质量调查	审查员关于内外部互动和有关问题的看法	10%

美国专利商标局专利质量指标体系相关指标如下。

(1)最终处理错误率。该指标是指抽样评估的专利申请中有明显错误的比例,主要是审查员关于权利要求可专利性的最终决定。通过审查的专利的明显错误是指理性地监督专利审查员在不允许通过时允许权利要求通过审查的行为。这包括两个方面的错误,一是通过错误,二是最终驳回错误。前者是指在发出通过审查通知和授权前发现全部权利要求都不具有可专利性的问题，后者是指在驳回、异议等程序中没有明显错误并对申请人基于申请价值提起诉讼的能力有显著负面影响的问题。这些指标从美国专利商标局专利质量保障办公室抽样获取。

（2）处理过程评议错误率。该指标通过审查过程中采取行动是否正确的程度进行表征。这是2010年开始采取的一个新指标，用被评议申请中低效申请的比例表示。低效是指对申请人基于申请价值提起诉讼的能力有显著负面影响的明显错误。这从专利实践者回馈中获得。这些指标包括但不局限于：美国专利商标局作出驳回的正确性，导致正确的申请被驳回的错误，审查员完整以及清楚回应申请人先前答复情况，任何限制性要求的正确性，检索的质量，以及对格式问题处理的正确性。这些指标从美国专利商标局专利质量保障办公室的抽样中获取。

（3）一通检索评估。该指标是指美国专利商标局发出一通前检索符合最佳实践的程度，该指标通过抽样从美国专利商标局专利质量保障办公室和对审查员的评分得到。

（4）全部申请处理评议评分。该指标是指在审查过程中采取行动符合最佳实践的程度（如申请是否明确，说明书少于30页，支持权利要求的例子，10个或以下的权利要求，要求一通会晤），通过随机抽样完成。第一个方法是评议正在审查的申请，也可对处理完毕的申请进行抽样。第二个方法是详细的法庭研究，研究审查过程是由于美国专利商标局处理或是由于申请人的行动导致了延期。最佳实践包括但不限于法律要求、专利处理程序指南（MPEP guidelines）和简易诉讼，每个因素根据其影响赋予不同的权重，如权利要求缺陷的权重要大于摘要的撰写缺陷的权重。这些指标从美国专利商标局专利质量保障办公室抽样中获取。

（5）质量指数评议评分。该指标是指专利申请上诉程序中哪些行动揭示了表明质量问题的趋势的程度。美国专利商标局专利申请定位与监测机构（USPTO PALM）将在中间处理中采取该指标，通过诸如最终驳回的再公开，第二次非最终行动，以及提交请求继续审查RCES申请指标统计分析未决期内上诉的质量指数。USPTO PALM系统记录和跟踪每一个诉讼案件中事件的类型，并赋予每个事件一个代码。最终驳回再公开采用再公开最终驳回数除以最终驳回数表示，一般低于3%。第二次非最终行动用第二次非最终行动除以第一次行动的数量，一般超过5%。RCE用第二次非最终行动总数除以提交申请的总数，一般超过10%。最终的质量指数报告计算公式为：QIR = $5 \times F$（再公开最终驳回）+ F（第二次非最终驳回行动）+ F（RCE申请）。

（6）客户调查数据。这主要通过对申请人和从业者呈现的趋势和对质量关心程度调查得到。用一通驳回质量、最终驳回质量的1～10分打分获得。

（7）审查员调查数据。专利质量保障委员会开展专利审查问题调查，由审查员回答关于专利整体审查过程的看法，并随机抽样得到得分。主要涉及审查监督、审查工具、培训计划如会晤的培训几个方面。

美国专利商标局专利综合质量指数公式为：(当年得分 - 基准年得分) / (目标年得分 - 基准年得分) $\times 100$。

近年来，美国专利商标局采取了一系列措施提高专利质量，如个体技术中心对已授权或未授权专利的评估，审查员培训，客户小组质量调查，审查员学习8个月，审查员证书考试与初审审查员的再证书考试等，还通过审查继续、审查有代表性的权利要求、授权后评估、授权前任何第三方现有技术抗辩、加强商业方法专利审查等提高专利质量。美国专利商标局采取了新的专利质量测度程序，它由专利商标局专利公众咨询委员会起草。公众所提出的措施主要有：通过诉讼程序，设立对应欧洲专利局操作的标杆，充实有最终驳回错误措施的测度措施，监测监督绩效，征求代理人诉讼反馈，对美国专利商标局清楚和完整方面工作的中间评议，检索质量分析，监测申请中请求继续审查的数量。此外，美国专利商标局牵头建立的专利审查高速公路（PPH）以及质量改进保障项目（improved quality assurance program）都对提高专利质量起到了积极作用。

2015年年初，美国参众两院就改进美国的专利系统，抑制无限制的滥诉，分别提交了一份法案。众议院的提案被称为《专利改革创新法案》（*Patent Reform Innovation Act*），着眼于改善专利诉讼程序本身。参议院的提案被称为《专利强化法案》（*Strong Patents Act*），着眼于提高授权专利的质量。

2016年3月起，美国专利商标局停止使用质量综合评分，改用以产品指标、过程指标和感知指标为主体的质量指标体系。其中产品指标包括关于产品的正确性和清晰度的度量。美国专利商标局通过专利质量保证办公室审查的数据来制定这些指标。对于产品指标，办公室开始在"法定遵从性"框架下评估行动的正确性。符合法定要求的专利局上诉包括所有适用的驳回（该诉讼不得遗漏适用的驳回）并且每个主张的驳回都是正确的，因为驳回的决定是基于充分的证据来支持不可专利性的结论。法定合规性的计算方法如下：某一特定法规的法定合规性=（总审查-表明不合规的审查）/总审查，其中表明不合规的审查=确定对某一法规的遗漏拒绝的审查+确定对该法规的不当拒绝的审查。过程指标协助该局跟踪内部程序的效率和一致性。对于该指标，重点是分析重新起诉和重新处理局内的行动，以及改进决策的一致性。为此，该局正在评估某些类型的交易，以确定趋势和审查员的行为，这些趋势和行为表明了最佳做法或潜在的质量问题。该局不是为具体的交易设定目标，而是对趋势和行为进行根本原因分析，以便找出已确定的最佳做法或酌情纠正问题。有时审查员希望重新提起诉讼或发出第二次非最终驳回，例如根据新的法院判决导致的法律变化对驳回进行调整。通过对特定趋势和行为的根本原因进行分析，该局允许在适当情况下重新开业和重新工作，同时提供培训，以确保审查员拥有必要的技能和资源，以尽可能提高效率。感知指标包括内部和外部利益相关者调查，以收集该局可用于根本原因分析和验证其他指标的信息。对于感知指标，该局将继续进行内部和外部感知调查，自2006年以来每半年进行一次。外部调查针对3 000名频繁申请专利的客户，内部调查在随机选择的750名专利审查员中进行。调查结果将用于验证其他质量度量标准。

2023年6月7日，美国专利商标局发布了《2022—2026年战略计划》，该计划旨在促进美国国家创新、发展包容性资本主义并提升全球竞争力、优化专利质量和流程。该计划共有五个目标：一是提升美国包容性创新力和国际竞争力；二是促进高价值知识产权的有效形成；三是保护知识产权使其免受新的持续性威胁；四是使创新为公众带来积极效应；五是优化机构运营以提升员工和客户体验。其中目标二又包括五个方面的内容：①专利授权和维护：提升审查人员的专业性；利用人工智能和自动化技术；优化机构间反馈回路；加强专利申请准备、培训和单位间合作；健全关键技术快速审查程序。②商标注册和品牌保护：利用人工智能和自动化技术；使用非律师人员处理非核心问题；加强审查人员培训。③缩短专利申请周期：根据预计工作量调整审查资源；完善专利审查流程；提供更多程序选项。④提高商标审查效率：根据预计工作量调整审查资源；完善商标审查流程。⑤提升专利和商标申请效率：提供更多用于知识产权申请及维护的信息和在线工具；采用知识产权管理最佳方案；改进审判和上诉程序；使用通俗易懂的工作语言。

2. 欧洲

欧洲专利局2005年确定了其质量使命，发布了《欧洲专利局专利质量使命》，确立了专利质量使命的四个原则：一是法律确定，提供能及时授权的唯一流程，保证所授予的权利及其技术共享相匹配；二是服务，通过专业人员之间的知识共享，了解欧洲社会的需求与价值，以及以此为基础的可操作性和稳定性；三是公开，愿意透明及时公布观察情况与事实；四是持续改进，致力于提高完整性、一致性、透明性、公平性和及时性。

2012年1月13日，欧洲专利局成立经济与科学咨询委员会，由来自美国、亚洲和欧洲企业、科研机构和高校等机构的30多名专家组成，专门探究与专利相关的经济社会问题，尤其是创新和经济增长。2012年5月7日，该局经济与科学咨询委员会召开第一次会议，讨论研究专利质量。9月27日在比利时列文召开了第三次专家会议，研究专利质量的解决方案。经济科学咨询委员会最终认为高质量的专利应当具有几个条件，满足专利局法定可专利性条件，是授权专利，能经受专利局或法院的无效程序，能使普通技术人员不用花费额外的创造性劳动实施发明（Helmers，2012）。

2014年，欧洲专利局建立的包括检索、审查、异议、复审等专利审批程序的"质量管理系统"获得国际质量标准ISO 9001的认证。新的管理系统包括用户调查结果、内部审计和运作质量控制，加强了对不合格产品的辨别、纠错和管理，对审批程序进行全过程监督并设定了合理的流程优先顺序。

2019年6月，欧洲专利局发布了首个战略计划（SP2023）。该计划的第三个目标完全侧重于更有效地提供更高质量的服务和产品。SP2023计划将解决从申请和专利授予过程到反对和公布的所有方面的质量问题。2021年，欧洲专利局宣布将所有搜索产品的目标设定为6个月。改变从前EPO直接申请需要搜索6个月，成为成员国进行的搜索需要9个月，PCT首次提交ISA工作需要9个月的复杂规定，提高了专利的时效性。2022年9月，发布新的《专利质量宪章》，强调了其以用户为中心的质量方针，提出质量源于设计、通过支持实现质量、通过共同的价值观实现质量、通过指标和学习提高质量以及通过对话提高质量五个观点积极促进所有利益相关者的高质量所有权。2022年还成立了Ombuds办公室，它提供非正式和保密的服务，解决与欧洲专利局打交道的困难，通过对话使停滞的程序回到正轨。它独立于正式程序，不处理与上诉委员会有关的事项。从案例中吸取的经验教训有助于欧洲专利局进一步发展其综合管理系统，以不断改善服务的一致性和可预测性。欧洲专利局《2023年战略计划》提出了五个目标：①建立一个参与型、知识型与协作型的组织。②简化IT系统并提高现代化水平。欧洲专利局继续实施数字化转型，发布先进的工具和平台。③提供高质量的产品和服务。根据SP2023，欧洲专利局完成了《专利质量宪章》。2022年，欧洲专利局对运营部门进行了全面重组，利用数字化转型实现其互联。④建立具有全球影响力的欧洲专利制度和网络。2022年，黑山成为第39个欧洲专利组织成员国，向摩尔多瓦共和国发出了加入欧洲专利局的邀请。⑤确保长期可持续性发展。欧洲专利局继续努力塑造一个可持续的未来，在实施SP2023方面取得良好进展。欧洲专利局实现了在2022年100%通过ISO认证的目标，将质量管理体系扩展到欧洲专利局的所有领域，并获得了职业健康和安全管理以及信息安全管理方面的认证。

3. 日本

日本特许厅认为，一件高质量专利确保所要求发明的范围就该申请的内容来说是清楚的且合适的，具有法律稳定性，通过充分现有技术检索与合适的审查获得授权。

日本特许厅主要从三个方面提升审查质量。一是特许厅内部采取质量控制措施；二是申请人或代理人配合专利局改进说明书和权利要求书或者进行高质量的修改；三是通过公众参与改进专利审查质量。

2007年4月，日本特许厅在行政事务部下建立了质量管理办公室，建立了跨部门的质量管理委员会，通过这两个机构维持质量管理系统的运行。2010年4月，日本特许厅又建立了质量管理部。日本特许厅主要通过两个途径维持和提高专利审查质量：①每个专利申请的审查质量控制。对于每个技术单元，特许厅通过了统一的审查决定标准，审查员根据审查指南对每个案子进行正确审查,这项工作主要通过审查员之间相互咨询和负责人通过检查实现。近年来审查员之间的咨询数量增长很快,2010年达到6 500项。②交叉部门质量管理。日本特许厅内部第三方机构开展对审查结果评议,收集用户意见,统计分析相关信息。这些分析结果用于有关部门制定专利审查过程质量措施,并反馈到每个技术单元,以支持各技术单元控制质量。内部评议检查审结的案子和PCT案子,主要检查案子是否符合法律和指南,检查做出的审查决定是否有效,申请人或指定专利局是否可得到或者可使用国际检索报告与国际初审报告。2010年,日本特许厅共对288个案子和240个PCT案子进行了评议。

日本特许厅也加强了对无效程序的质量控制。2005年开始发布审查员上诉前(before appeal)再考虑报告,并雇佣了有经验的前审判员和学者作为上诉审判的法律咨询者。上诉前再考虑的全部案子于2008年开始公开。日本特许厅还建立了会晤机制。

2007年12月,为了促进创新,日本建立了创新和知识产权政策委员会,主要做了三个方面的工作。一是实现可持续的全球专利体系;二是减少专利体系的不确定性;三是发展促进创新的基础条件。

日本特许厅要求进行现有技术检索,日本制定的PCT国家检索和初审指南包括了提升质量的措施,要求国际检索部门和国际初审部门(包括日本特许厅)建立专利质量管理系统,监视和测度本系统与PCT系统的兼容性。

日本特许厅于2014财年制定并公布了"健全、广泛、有价值的权利建立"的质量政策。基于这一方针,日本特许厅在所有审查部门建立了质量管理体系,使专利、外观设计和商标审查能够按照质量方针进行。产业结构局辖下的知识产权委员会于2014年8月成立考试质量管理小组委员会,通过核实和评估初级专利办公室的推行制度和状况,就改善初级专利办公室的质量管理提出建议。日本特许厅将委员会的客观评价和改进建议纳入其质量工作,旨在实现世界领先的质量管理。

2014年3月,日本特许厅发布了"专利审查质量政策",进一步提升专利审查质量。日本特许厅设定了几项提升专利质量的基本原则。一是对鲁棒的、保护范围宽的和有价值的申请授予专利权;二是适应较宽范围的需求和期待;三是与相关人和团体合作致力于改进专利质量;四是为全球专利质量改进做出贡献；五是持续改进运行模式；六是提升员工的知识和能力。

2014年8月，日本特许厅第一次发布《专利审查质量管理手册》，后在2015年、2016年和2022年进行了3次修订。在2022年最新修订的手册中，明确要持续提供世界上最快和最高质量的专利审查。在高质量专利审查方面，最重要的是授予满足三大标准的专利：第一，强大的专利，保证之后不会无效。第二，广泛的专利，其覆盖范围与发明及其公开的技术水平相匹配。第三，在充分了解所申请的技术的基础上在世界范围内被认可的有价值的专利，对日语文献和外语文献进行必要和充分的现有技术检索，并对专利要求做出准确的判断。

4. 韩国

2016年，韩国知识产权局设立审查评审保证部（EQAD）和审查局董事部，根据特定的指导方针对审查进行复核。EQAD提供统计数据协助每个审查员进行质量控制。通过审查复核来管理审查质量。同时，韩国还建立了审查质量办公室主任（EQAO）职位，主要任务是：制订专利质量管理综合计划；规划、诊断和分析审查质量并提出改进的方向；进行公平和有目的的审查评估，改进审查质量，增强客户信任；根据审查评估结果，通过分享典型和缺陷案子来培训审查员；指导开展专利质量客户调查并分析其意义。

在副局长的直接监督下，韩国主要通过审查质量办公室评估人员开展审查评估来保证专利审查质量，该办公室有员工19人，包括12个专利和实用新型评估员，其中3人负责机械、金属和建筑领域，3人负责化学和生物技术领域，3人负责电学和电子领域，3人负责信息和通信领域，另有4个评估员负责商标和外观设计的评估工作。大多数评估员都有审查员或高级审查员等工作经历。

一般是以半年为基准，EQAO首先对已完成审查的案子进行抽样，抽样是随机的，一般是抽取每个审查员的3个专利或实用新型案子，每个商标或外观设计审查员的20个案子，韩国知识产权局2011年专利和实用新型的抽样比例是2.6%，商标与设计比例是2.3%，PCT比例是6.7%。然后根据审查评估指南进行评估，给出优秀、良好、鼓励、正常和缺陷几个级别，并用记分卡打分，这些分析和打分至少需要3个评估员的一致同意。2011年，专利和实用新型的审查错误率是0.9%，商标与设计审查错误率是0.8%。一旦确定了级别，就会撰写审查评估报告并将评估结果反馈给负责的审查员。为防止争议，审查员可以向由 3 名审查员组成的争议委员会提交要求进一步评估的意见。

除此之外，每个审查部门的负责人也要评估审查的案子，也是以半年为基准，对已完成审查的案子进行抽样，根据审查评估指南进行评估，并将评估结果反馈给负责的审查员。EQAO 做出的审查评估结果要与绩效评估结合，这会影响每个审查员的绩效收入及对表现优秀的部门和人员的奖励。

计算公式为：综合指数 =100+ 成绩率（A）+ 成绩率（B）– 成绩率（C）+ 成绩率（D）+ 成绩率（E）

韩国也有自己的审查质量指数。该指数包括五个要素，即专利审查评估的平均得分、客户调查得分、针对驳回决定提出上诉的撤销发回重审率、与申请相比权利要求减少率、接受驳回理由的比率。通过测算，2011 年韩国审查质量指数为 101.12，超过设定的 100 的目标。如表 10-2 所示。

表 10-2　韩国知识产权局专利审查质量指标体系

指标	权重	得分	成绩率（achievement rate）
专利审查评估平均分（A）	55	99.63	0.06
客户调查得分（B）	15	71.43	0.08
针对驳回决定提出上诉的撤销发回重审率（C）	10	28.30	1.11
与申请相比权利要求减少率（D）	10	13.82	−0.69
接受驳回理由的比率（E）	10	24.43	2.78
总计	100	—	101.12

为保障系统管理审查质量，EQAO 建立了审查质量预警系统，提供了审查质量变化预警的基准和每个阶段的措施。在审查阶段，每月随机抽样 1%～2% 的在审专利，并评估其缺陷性，如果超过上一月的平均值的一定水平，就给出警报。韩国还成立了联合咨询委员会，旨在提高专利质量。通过该机构，审查员可增加与学者、研究人员、行业专家和专利律师沟通交流的渠道，以更好地收集各方对于如何修改专利政策以提高整体专利质量的意见。

韩国知识产权局 2023 年 6 月 8 日发布《2022—2023 年知识产权政策》，

将通过沟通和内部革新，形成知识产权管理的坚实基础。该局加强内部沟通和革新，引入集中审查制度和电话专线应答制度，建立审查指数体系，帮助工作人员专注于专利审查和裁决等本职工作，提高了知识产权管理服务水平。同时，为支持半导体领域发展，韩国知识产权局搭建了世界首个由组织、人员和制度构成的专利审查一揽子支持体系。未来要提高该局的内部能力。在二次电池和生物等战略性技术领域引入专利审查一揽子支持体系，扩充审查员队伍，开展优先审查。实施基于人工智能（AI）的专利管理革新，正式推动AI在专利审查和裁决等全过程的运用，建立全球顶尖的AI专利审查和裁决系统。

韩国2022年发布了《基于人工智能的专利行政改革实施计划（2023—2027）》。一是构建AI技术在整个专利行政中的应用基础。重点任务包括：专利领域大型人工智能模型开发、人工智能翻译升级、人工智能数据/服务管理体系构建等。二是运用AI技术为高质量审查提供支持。重点任务包括：人工智能专利检索、人工智能商标/外观设计检索、审查支持工具开发等。三是在形式审查和审判中引入AI技术。重点任务包括：基于人工智能的审判方式自动化、基于人工智能审判判决书检索、基于人工智能的申请注册形式审查自动化等。开发形式审查自动化系统，以检查提交给韩国知识产权局的各类文件是否存在程序上的缺陷。四是扩大AI技术在用户咨询和专利数据利用中的应用。重点任务包括：电子申请升级、构建以用户为中心的综合咨询服务体系、基于人工智能的专利数据生成和应用等。

韩国知识产权局2022年8月18日发布《知识产权综合计划》，2023年将半导体领域退休的民间专业研究人员投入专利审查中。2024年，将该计划扩展至电池、第五代通信（5G）、第六代通信（6G）、氢能、尖端机器人、生命工程（生物）、航空航天等尖端战略产业领域，提高审查的专业性和速度，防止技术流失海外；优先审查半导体等尖端技术专利，大幅缩短审查时间（平均审查处理时间由现有的12.7个月缩短至2.5个月），通过快速审查支持韩国企业抢占尖端技术领域专利和市场；到2027年，构建以高性能、强大的人工智能为基础（处理能力是现有100倍）的智能审查系统，提高相似专利和商标检索准确度，实现审查方式自动化，支持审查业务。

5. 中国

中国国家知识产权局确立的审查质量理念是，以社会经济发展需求为导向，提供程序公正、标准一致、结果正确、时间可期的审查服务，授予专利申请与技术贡献相匹配的专利权。高质量的专利包括如下要素：一是申请经过必要的审查步骤，并将审查过程清晰完整地记录；二是授权专利的权利要求范围合理，即发明人的技术贡献与授权专利的权利要求的保护范围相匹配，权利要求具有较高的稳定性；三是公众可以从授权专利公布的内容清晰地知道该权利要求保护的内容。

1994年，原中国专利局审查业务管理部正式成立，同时建立了审查指南与质量检查处，全面负责局级质量管理。1995年，国家知识产权局首次明确了及时发现问题、解决问题、统一审查标准的指导思想，提出了将质量检查与质量评价结合进行管理的理念。同时成立了局质检组，形成了局、部、处三级质量管理模式，建立了一套科学、合理、具有中国特色的全流程审查质量管理体系。2004年，国家知识产权局在全局范围内遴选了一批专利审查质量管理专家，首次组建了一支直接对国家知识产权局主管副局长负责的专职局级质量检查组。2005年10月，审查业务管理部质量控制处正式成立，全面负责专利审查质量管理工作，从此，中国专利审查质量管理驶入了科学化和规范化的轨道。

2007年，国家知识产权局建立了一套包括受理、初审、实审、复审等8个流程的专利质量审查指标体系，该指标体系包括时间性、正确性、一致性、安全性、舒适性和经济性六个方面的指标。

国家知识产权局专利局发布的《发明专利申请实质审查质量检查标准》确定了中国的专利审查质量主要指标，包括：未进行必要检索比率；驳回不符合听证原则比率；XYER文献漏检率，A类文献认定错误率；文本错误率；审查意见错误率；审查意见缺陷率；授权严重错误率；授权缺陷率；驳回错误率；驳回缺陷率；审查意见不明确性比率；驳回决定不确定性比率；不符合程序节约原则；案卷不完整；电子文档不完整；XYER文献无效；事务处理错误。《复审请求审查质量检查标准》《无效请求审查质量检查标准》将文档完整性、审查文本、审查意见、审查决定、程序正当性、事务处理等内容作为质量标准，并按照《专利法》及其实施细则的法律条款详细设置了考察指标。

2010年，中国发明专利申请审结能力跃居世界第三，审查周期有效控制在 24 个月左右，与美国专利商标局相当，显著优于日本特许厅和欧洲专利局；实用新型和外观设计专利申请的审查周期从"十五"末期的 11 个月和 8 个月大幅缩短至 4.3 个月和 3.0 个月；复审请求审理和无效请求审理的平均结案周期分别缩短到 8.4 个月和 7.6 个月。专利授权率从 73% 下降至 59%，授权后的无效比例从 0.27% 下降至 0.08%。2008—2010 年连续 3 年开展的社会调查显示，专利审查质量的社会满意度从 77.3 提高至 81.1，公众信心指数从 72.9 提高至 83.3。

国家知识产权战略实施以来，我国专利申请数量持续快速增长，为建设创新型国家提供了有力支撑。但专利申请质量也暴露出一些亟待解决的问题。国家知识产权局从加快建设创新型国家的大局出发，充分认识到提升专利申请质量的重要性和紧迫性，积极采取切实有效的措施，狠抓专利申请质量提升工作。2013 年，国家知识产权局发布了《关于进一步提升专利申请质量的若干意见》，首先，该意见提出了充分认识提升专利申请质量的重要性和紧迫性问题。其次，提出了优化有利于提升专利申请质量的政策导向，主要包括优化区域专利评价工作导向、完善专利一般资助政策，推行专利专项资助政策，突出专利奖励政策的质量导向，推动专利申请质量指标纳入相关政策。再次，提出了建立有利于提升专利申请质量的监管机制，主要包括强化对非正常专利申请的查处、严肃处理套取专利资助和奖励资金行为、进一步规范专利代理行为、探索建立专利申请质量监测和反馈机制，提出加强有利于提升专利申请质量的能力建设的措施，包括提升专利信息利用和专利挖掘设计能力、提高专利申请质量的内部管理能力、增强专利代理服务能力、营造注重专利申请质量的良好环境。最后，该意见还提出了组织保障措施。

2016 年 7 月，中央巡视组巡视国家知识产权局，专门巡视质量。国家知识产权局更加重视专利质量尤其是审查质量建设。国务院 2017 年 3 月印发的《"十三五"国家知识产权保护和运用规划》专设专利质量提升工程，要求提升发明创造和专利申请质量，提升专利审查质量，提升专利代理质量。深化专利代理领域"放管服"改革，提高行业管理水平，提升专利运用和保护水平。2018 年国家知识产权局根据开发的非正常专利申请识别软件开始识别非正常专利申请。2021 年 3 月 13 日，国家知识产权局发布《关于规范申请专利行为的办法》(国家知识产权局公告第 411 号)，明确了九种非正常申请专利行为。对于非正常专利申请,国家知识产权局要求地方督促申请撤回,如果发现有非正常申请行为,将会对代理机构、发明人、申请人等进行处罚。

10.3 专利质量研究综述

现有专利质量研究主要集中在三个方面。

一是专利质量的概念。专利质量是被授权的专利满足法定授权条件的程度,即满足可专利主题、新颖性、创造性、实用性、可实现性以及信息的披露程度(Scotchmer,2004);是专利如何符合法律规定,包括可专利主题、新颖性、非显而易见性和说明书撰写恰当与可实施(Graf,2007);是指专利的一组关于专利独占属性满足要求的程度(黄微,2008);是授权专利满足或超过法定授权标准的程度,最重要的是满足专利的新颖性、非显而易见性以及清晰充分的表述(Wagner,2009);是达到或超过专利性法定要求,并具有最终能经济化或者转化为促进社会、环境进步的合理前景(European Chamber,2012);是专利法律上符合基本的法定可专利性要求(Scellato, et al.,2009);是专利局以透明方式授予的专利符合可专利性条件的程度。由于高质量的专利可以让企业免受竞争对手的侵权,因此专利质量的分析可以帮助企业做出是否制造和销售产品的决定,换句话来说,高质量的专利是可以进行有效商业化的专利(Trappey, et al.,2012)。

专利质量水平与获取专利权的需求呈负相关关系。专利质量主要是技术的质量或技术的经济价值,高质量专利是指能经受法庭程序,经过有效性审理和可技术转移的专利(Merges,1988);有质量的专利是指法律上能可靠实施的专利,即能应对有效性挑战,并且可以作为技术转移工具的有效专利(Thomas,2002),高质量专利就是有效的专利,其法律确定性难以推翻(Merges,1999)。

专利质量是专利的评估质量,是专利局根据专利能产生可持续财产权利并与技术质量维度一致的程度进行评估,是由专利发明产生的技术经济质量和可实施权利的专利稳定性产生的法律质量(Burke, Reitzig,2007)。专利质量从使用者角度,应包括成本、权利易于管理等因素。对于专利局来说，专利质量应是平衡各维度的最优过程。各维度包括：一是向客户提供的产品绩效，二是成本，三是服务的时间（Scellato, et al., 2009）。高质量专利是确实新的而不是已广泛应用但为专利申请的发明，而且必须是普通技术人员充分了解、能使用专利文件实施该发明，专利在有效性和权利要求宽度上应当较稳定（Hall, Harhoff, 2004）。专利质量通过技术价值来衡量时，高价值专利产出的股价效应最为明显（Hirschey, Richardson, 2004）；专利的质量反映的是非权利人在不侵权的情况下可以触及的受保护技术的边界，专利的创造性越高，保护的范围也随之变大，专利质量也就更高（Philipp, 2006）。专利质量是一件专利技术水平高，撰写较好，能够经得起审查、无效和诉讼程序的具有较大市场价值的情况，其本质是一件专利满足专利"三性"即新颖性、创造性和实用性及说明书充分公开要求的程度；机构专利质量是指一个机构的专利总体上满足专利新颖性、创造性和实用性及说明书充分公开要求程度及其产生的经济价值；对单项技术来说，专利质量必须同时满足技术质量和法定质量，两者缺一不可；对机构来说，除测度技术质量和法定质量外，还要测度专利实际产生的价值，专利质量是指专利技术质量、法定质量和经济质量的总和（宋河发，穆荣平，陈芳，2010）。

二是专利质量的构成。专利质量一般包括专利的技术质量和法律质量。专利质量一般有两个维度：由专利基础发明产生的技术经济质量和可作为实施财产的专利可靠性产生的法律质量（Burke, Reitzig, 2007）。影响专利质量有四个关键因素，包括非常熟练的审查员，完整一致的程序，全面的文献检索，严格控制和不断完善。专利质量指标体系包括三方面的指标：① 专利申请人因素，包括说明书及附图的模式、权利要求（独立权利要求）数量、权利要求与说明书的关联度、对现有技术的引用数；② 专利审查因素，包括因各种原因的驳回情况、驳回决定与说明书的关系、复审委决定批准情况、申请人提供的现有技术数量；③ 专利内在属性，包括复审中效力维持情况、诉讼中效力维持情况、事后权利转移情况、被印证情况（Wagner, 2009）。专利评价质量指标体系主要指标包括专利数量、专利相对产出（某技术领域专利数在产业中的比例）、同族专利数、专利成长率（某段时间获得的专利数除以上一阶段专利数）、引证指数（被引次数）、即时影响指数（前五年专利当年被引次数除以系统中所有前五年专利当年被引次数平均值）、技术强度（专利数量乘以当前影响指数）、相对专利产出率（某技术领域专利申请数除以全部竞争者专利申请数）、技术重心指数（某技术领域专利申请数除以全部申请数）、科学关联度（引证科学文献的数量）、技术生命周期（专利数乘以科学关联度）（CHI，2004）。引文索引（Citations Index，CI）、非专利参考（Non-Patent References，NPR）和技术周期时间（Technology Cycle Time，TCT）等指标可以衡量专利质量（Hirschey，Richardson，2004）。专利质量评价指标体系包括专利法律质量、经济质量和技术质量三个方面。专利法律质量包括可执行性，总相关程度，新颖性，权利范围大小，在先技术的有效性，现有技术的有效性、异议驳回程度、防御诉讼的程度；经济质量包括前向引证价值贡献、后向引证价值贡献、潜在许可价值、潜在交叉许可价值、许可费分成、专利联盟中的地位、内部许可可能性、主要经济化指标；技术质量则包括技术先进性、技术复杂性、技术替代性、技术关键性和关键性技术因素。专利质量指标分为申请专利指标、专利审查质量指标、授权专利质量指标三类，申请专利指标包括申请率、职务申请率、专利族大小、发明人数量、申请人数量、权利要求数量、说明书页数、技术分类数量、引文数量，专利审查质量指标包括驳回率、视撤率、授权率、检索报告 XY 文献、检出率、复审撤回率、无效比率，授权专利质量指标包括被引数量、N 年专利维持率、存活率、存活专利比率（刘洋，2011）。

三是专利质量测度指标体系。一些学者用简单指标研究和测度专利质量，如专利维持率（Schankerman，1986），专利引用（Henderson，1998），相对引用指数得分，授权率和授权量（黄庆，等，2004），专利周期、专利授权率（魏雪君，2006），专利维持量和维持费用（高山行，郭华涛，2002），包括引用指数、非专利文献、技术生命周期的科学价值（Hirschey，Richardson，2004）。最适合的专利质量评价方法是测度专利符合法律规定的可专利主题、实用性、新颖性、非显而易见性、充分公开和可实施的要求的程度，也可以从确定性，即无效和法庭确定的权利要求范围方面评价，应该包括专利成本、时间长短、授权管理容易与否等指标（Scellato, et al., 2009）。很多学者则用综合方法研究和测度专利质量。专利质量指标包括专利授权率、有效专利率、美国专利份额、专利被引证率（Ernst，2003）；包括对现有专利参考文献引用数量、对非专利文献引用数量、申请指定国家数量、申请人数量、发明人数量、引用前五年重要专利数量、引用5～10年重要专利数量、加速申请要求、是否为PCT申请（Merges，1999）；包括综合技术实力、专利数量、当前影响指数、科学联系、技术生命周期等（Hicks，et al.，2001）；包括有效专利数量、生效专利平均存活期、专利放弃比例、专利单向引证率及累积引证率、专利衰退率、公司有效专利季度净收入变化、替代旧专利所需新专利数量、公司技术分布情况、专利维持率等指标，主要包括专利单向引证率和积累引证率（董涛，2008）；包括专利相对位置、披露的技术优势、专利的Herfindahl–Hirschman指数、专利引用数（Chen，Chang，2010）；包括当前影响指数、专利被引用量等指标（李春燕，石荣，2008）。万小丽（2013）还从包含了被引次数、权利要求数量、引用专利文献数量和专利族大小的专利质量指数（Lanjouw，Schankeman，2004），包含权利要求数、被引次数和引用专利文献的专利质量指标体系（Mariani，Romaneli，2007），包含被引次数、技术覆盖指数和专利族大小的专利质量指标体系（Hall，Thoma，Torrisi，2007），以及包含被引次数、权利要求数量和专利族指标体系（Schettino，et al.，2008）出发，构建了包括被引次数、权利要求数量和发明人数量的专利质量指数指标体系并进行了实际测度。美国宾夕法尼亚大学建立的专利质量指数矩阵分为申请、授权和授权后三个阶段。申请阶段数据包括说明书和附图大小、权利要求/独立权利要求数量、说明书和权利要求书相关性大小、内部现有技术引用。授权阶段数据包括新事物驳回、《专利法》第112条驳回、基于现有技术的驳回，驳回与说明书关联性大小，专利上诉与争议处理委员会（Board of Patent Appeals and Interferences，BPAI）作出授权的通过率，专利权人提供的现有技术数量。授权后阶段数据包括后续引用（Trailing Citations）。OECD（2005）采用专利引用指标来测度专利质量，主要指标包括专利局技术领域范围、权利要求数、前向引用、后向引用及其非专利文献NPL比例、专利族大小、进取指数、授权滞后、总体指数（技术分类中专利引用情况）。

最新的研究中，有学者认为专利质量最重要的指标是新颖性和创造性，但传统的用于评估新颖性和创造性的质量指标（如转发引用计数或反对意见）有一定的滞后性。针对这个问题，其将专利视为权利要求的组合，并将特定引用视为处理给定权利要求而不是整个专利，通过被引用的种类和次数进行评估。孙玉涛和栾倩（2016）提出"三阶段－两维度"专利质量测度模型，从技术质量和经济质量两个方面衡量专利在不同阶段的质量。有学者认为专利质量是一种潜在的结构，无法直接衡量，提出使用一组显式变量对其进行评估，并构建细化专利质量指标，建立了测量模型来描述潜在结构和显性变量之间的关系。杨登才和李国正（2021）从数量类型、价值类型和质量类型三个方面细化选取质量评价指标，通过熵权法赋权，构建归一化矩阵，对23所高校的专利质量进行评估。有学者测试了通常用作专利质量衡量标准的流行授权后结果的一致性，包括事后结果变量、二进制质量指标、语义专利匹配等，得出结论：专利质量是一个复杂的、多维的概念。在实际运用中，对于不同指标的复合要十分慎重，如果不小心，一般不相关变量的组合可能比单独采用的变量提供的信息少得多。此外，寻求提高专利质量的政策必须考虑到其复杂性。对于一组技术，在一个维度上显著提高质量的策略可能会降低通过另一个维度对另一组技术进行测量的质量。栾春娟和邓思铭（2023）基于成本收益理论，选择专利寿命与专利数量二维指标相结合，构建了专利质量的测度与动态监测的指标模型。专利质量指数是一个百分比数值，以预期寿命为20年的发明专利为例，假如专利质量指数为0.50，则其含义为"不少于50%的专利其寿命不低于10年"。

相当一部分研究集中于审查质量。有学者从异议程序选择优先权日与国家、申请日、公开日、发明人数量、权利人数量、IPC分类数、专利引用、非专利引用、权利要求数、异议人及异议申请日、异议结果等指标研究了欧洲专利体系的质量。有学者开发了比较美、欧、日三个专利局审查质量的方法，该方法包括两层分析框架，即法律标准（LS）和操作设计（OD），包括先发明制、审查过程中检索报告、是否允许审查请求、授权后异议、宽限期、发明18个月公开后隐藏申请、部分继续审查或增加申请、每个审查员资源配置和每个审查员工作量。与现有研究视角不同，金泽俭等（2012）设计了包括创新能力、撰写质量以及审查质量三个方面的指标，以中国无效发明专利为研究对象，通过考察国内外专利领域分布和创新水平、职务/非职务发明指数、权利要求数及说明书页数、专利代理机构、检索资源、检索能力和法律适用等指标研究了专利质量。

从现有文献研究和主要国家专利审查质量指数和措施来看，专利质量的概念和指标体系多种多样，其监测非常复杂。当前，多数国家的专利法规定，授予专利权的发明和实用新型应当首先具备新颖性、创造性和实用性，同时还规定，为申请发明或实用新型专利而提交的说明书应当对发明或者实用新型作出清楚、完整的说明，以所属技术领域的技术人员不用花费创造性劳动就能够实现为准。显然，只有符合"三性"（新颖性、创造性和实用性）要求和充分公开要求的发明创造才能被授予专利权，判断专利质量高低应主要从发明创造满足"三性"和充分公开要求的程度来考虑。

从知识产权全链条来看，专利必须经过研究开发到申请再到审查、授权和运用的整个过程，部分专利还可能要经过复审、无效或诉讼才能最终确定，大多数专利都要经过代理机构代理。但代理和审查的基础是发明创造本身，专利"三性"是专利质量的根本。专利质量本质是一件专利满足专利"三性"即新颖性、创造性和实用性及说明书充分公开要求的程度，是一件专利技术水平高，撰写好，能够经得起审查、无效和诉讼程序的具有较大市场价值的程度。

专利"三性"贯穿于专利从产生到灭失的全过程，专利还要通过文件撰写和审查程序甚至复审无效和诉讼程序才能最终确定。因此，专利质量必须包括四个方面的质量：①发明创造质量或者技术质量，主要是指创造出的申请专利的技术是否有新颖性、是否有创造性、是否有实用性。虽然"三性"是专利审查和复审无效等程序规定的概念，但实际上，一项专利技术是否具有可专利性，必须对其是否新颖、是否创新和是否有实用价值作出判断，而这正好符合专利的"三性"标准。在"三性"标准中，专利的实用性一般都比较容易判断，只要不是永动机之类的申请，大多数专利申请都具有实用性。代理人和审查员也相对容易拒绝没有新颖性的专利申请，而创造性的判断较为复杂，是影响专利质量的重点。创造性最为重要，直接决定着专利的技术质量和实施可能性。②申请文件的撰写质量，主要是申请人或代理人在专利申请中是否正确地撰写高质量的专利文件。③审查的质量，主要是审查员审查的专利文件是否有较高的质量。④经济质量，专利经济质量是专利技术质量和法定质量的综合反映。专利质量是这四方面质量的集中反映，缺乏任何一方面都会影响一件专利的质量，缺乏某一方面的质量，专利质量构成就会不完整。

1. 发明创造质量

专利的技术质量也可以称为专利的客观质量，这是由发明创造本身所决定的，也可以说是由专利技术进步性的大小或者创造性的大小决定的。专利质量首先是申请专利可能性大小，而现有很多研究却对专利性研究不足。专利首先应当有新颖性。在具有新颖性和实用性的前提下，创造性大小就成为专利有质量的基本前提，缺乏创造性或创造性较小，专利文件就无法写得很好或者即使写得好，专利也很难得到授权，难以具有较大的价值。一些"垃圾专利""问题专利"的产生很大程度上反映的是专利申请创造性不足的问题。我国专利法规定，"创造性"是指与现有技术相比，该发明具有突出的实质性特点和显著的进步，该实用新型具有实质性特点和进步。实际上，一件专利独立权利要求中区别技术特征数量越多，创造点越多，发明高度就越高，则专利创造性就越大。判断专利是否具有创造性要以本技术领域的技术人员意想不到为标准，也可从发明解决了人们一直渴望解决但最终未能获得成功的难题、发明克服了技术偏见、发明取得了预料不到的技术效果、发明在经济上获得成功等方面考虑。但由于专利"三性"很难用客观指标表示和进行比较，有学者（Van Potelsberghe，2011）在对欧洲专利局专利体系质量进行评价时提出用四个指标测度，一是可专利主题，二是新颖性定义，三是创造性定义，四是费用结构。一项发明创造的"三性"往往通过审查程序来进行判断，所以用审查程序的驳回率能较好地反映专利的发明创造质量。另外，专利创造性大小也与研发投入强度呈正相关关系，一般而言，单位投入强度越大的专利创造性可能就越高。所以，专利的技术质量也可以用单位专利申请的研发投入费用和人员表征，一般而言，单位专利研发费用和人员投入越高，专利的技术质量就越高，但是由于非市场因素的存在，一些国家和地区的发明创造成果并不一定全部都申请专利，很容易导致该指标偏高。

2. 文件撰写质量

专利文件撰写质量实际上是申请人和代理人共同努力的结果。专利文件撰写好坏与专利能否获得充分保护具有密不可分的关系。撰写质量包括几个方面：① 专利说明书的撰写质量。各国专利法均要求说明书要充分公开，这就要求进行充分的检索，进行有效的对比，找准现有技术存在的问题、使用的技术手段和达到的技术效果。通常，最能反映说明书充分公开的是实施例的多少和实施例的详细程度。但充分公开并不等于要求必须将一些技术诀窍公开，不必要地公开技术诀窍则降低了说明书撰写的质量。②独立权利要求书的撰写质量。影响权利要求书质量的因素如下：(a) 专利独立权利要求的数量。数量越多越能从不同角度如产品和方法角度进行充分保护。(b) 从属权利要求数量。数量越多则越能对抗他人申请同样、类似或改进的专利，与独立权利要求共同构成完整的权利保护体系。(c) 独立权利要求中区别技术特征的数量。在专利技术创造性确定的情况下，撰写的独立权利要求中区别技术特征数量越多一般会导致专利保护范围越小。在符合清楚的要求下，专利独立权利要求撰写得越上位或者越概括，则专利的保护范围就越宽，如果写得过于具体或加进了非必要技术特征，则专利权利范围就会变小。但也不能说越上位越好，独立权利要求技术特征过于上位会导致不清楚，会无法有效对抗他人的无效宣告请求，专利质量同样会受到影响。只有权利要求技术特征概括得比较恰到好处的才算专利质量比较高。③说明书对专利权利要求书的支持程度。如果说明书公开的必要技术特征没有记载在权利要求书中，或者权利要求书记载了说明书中没有公开的内容，则专利的法律稳定性不足，有可能被宣告无效，被要求修改权利要求的权利范围，而有时很难通过修改来弥补说明书不支持权利要求书带来的损失。

3. 审查质量

专利文件不仅是技术文件也是法律文件，专利的技术质量和法定质量缺一不可，专利质量是代理人和审查员通过发挥主观能动性和进行对抗确定的符合法律要求的质量，反映在最终专利文件的质量上。代理质量和审查质量又是相互对立和相互影响的，只有两者都高，法律确定的专利质量或专利的法定质量才高。如果任何一方面的质量较差，即使另一方面的质量高，最终的专利质量也可能较差。

专利审查质量不是专利局本身审查规则的质量，而是经过审查程序检验或者保障的专利质量，主要用检索的质量、实审质量来反映，检索质量主要通过检索的文献量多少和准确性反映，实审质量主要用做出授权决定或驳回决定的正确性来反映。审查质量也应通过救济程序来验证。专利救济程序是反映审查质量的重要过程，专利复审无效程序主要用于保障公众和申请人的利益得到合法保护。专利救济主要是通过复审无效和诉讼程序保障专利权的正确授予。由于复审无效反映的实际上是审查程序对专利质量的判断,所以应将专利复审和无效维持专利权有效率放到审查质量中。

4. 经济质量

专利经济质量是专利技术质量和法定质量的综合反映,是综合表征专利质量的间接指标,专利质量高一般价值大,价值高的专利质量一般较高。为激励科研机构专利转移转化积极性,专利质量测度也有必要增加专利实际价值指标。专利实际经济价值可用转让或许可费收入、自行实施所获得的利润,或入股实施获得的分红及股息收入等表征。一个科研机构专利质量总体高则其专利实际经济价值一定会大,专利实际价值小则其专利质量一定不高。专利经济质量的前提是要有一批有效的专利,有效专利实际上也是专利技术质量和法定质量的综合反映。

10.4 专利质量测度原则与指标体系

10.4.1 专利质量测度原则

总体看来,专利质量测度坚持几个基本原则。

1. 专利质量概念的核心是专利授权条件

专利质量是指专利满足法律规定的可专利性条件的程度,说明书充分公开,能使本领域普通技术人员能不用花费创造性劳动实施专利,不存在保护范围争议,权利要求范围恰当,而且说明书要支持权利要求书。专利的法定授权条件是专利质量概念的核心,一切专利质量测度体系构建必须坚持这一基本原则,专利必须满足新颖性、创造性和实用性的要求。

2. 专利质量主要包括技术、审查和经济三个方面的质量

从本意来看,专利质量并不单纯是专利的审查质量,更不是专利工作质量或者各国专利体系的质量,虽然高质量的专利工作质量和专利体系质量有利于促进专利审查质量的提高,但专利质量有其特别的内涵。专利质量有三个方面的含义。一是发明创造的质量,或者技术质量,这是专利质量的基础。二是法律确定的质量,法律确定的质量既包括审查质量,也包括文件撰

写的质量，而审查质量是关键。三是经济质量，从理论上分析，低质量的专利的经济价值一般不大，专利经济价值高其专利质量一般也高，高质量的专利一般也具有高的经济价值，虽然这种经济价值可能是没有显现的价值。经济质量是专利质量最终的综合体现，因为对于一个科研机构来说，申请专利的目的最终是要应用和产生经济价值，仅仅具有防御作用的专利并不占大多数，而且防御的目的也是获取经济价值。

3. 专利质量指标体系应符合不同的测度目的

对于权利人来说，权利要求范围越宽，技术经济价值则可能越大，越有利于提高专利质量，而对于科研机构来说，专利质量则与专利有效性、权利要求范围解释得清楚和可测性相关。科研机构、高校和企业关注的重点是发明创造质量本身，专利局关注的重点是审查质量，政府部门关注的更多是专利质量对经济发展的支撑作用，强调经济质量。因此，专利质量不存在唯一的或者最优的测度指标体系，专利质量测度指标体系应服务于实际测度的需要，应随目的不同、测度对象不同、测度用途不同而不同。

4. 专利质量指标体系必须兼顾理论性与可行性

现有一些研究提出的专利质量测度指标体系只是理论上可行，因为存在数据可获得性问题，很难计算，很难进行实际比较和得出结论。一些研究提出的专利质量指标体系能够计算，但指标太少，导致理论上不完善，一些指标体系还使用了大量的间接指标，而最相关的指标如专利"三性"、说明书充分公开和权利要求恰当撰写则很少涉及。一些机构发布的指标体系多数是调查指标，很难进行比较研究。专利质量指标体系必须兼顾理论的可行性和实际操作的可行性，只有理论上完善和实际能测度的指标体系才是好的指标体系。

10.4.2 专利质量指标体系

1. 单项专利质量测度指标体系

根据上述分析，单项专利质量主要包括专利权稳定性和不可规避性两个方面。专利权稳定性主要是专利权被无效的可能性大小，专利不可规避性是指专利权不会被优先、改进、绕开的可能性大小。这两个方面主要通过主观进行判断，但也可以采取客观方法。本书以石油钻井连续管技术进行权利稳定性和不可规避性主客观打分并进行比较，如图 10-1 所示。客观指标是通过构建专利独立权利要求区别技术特征字数占独立权利要求全部字数的比例与全部权利要求数量构成的象限，可以识别出高质量和低质量专利。如果区别技术特征字数占比小和专利权利要求数量多则是高质量高价值专利；如果区别技术特征字数占比适中而专利要求数量多则是高质量专利；如果区别技术特征字数占比小且专利要求数量少则是可被改进发明的专利；如果区别技术特征字数占比大而专利要求数量少则是可规避设计专利与低质量低价值的专利。如图 10-2 所示。

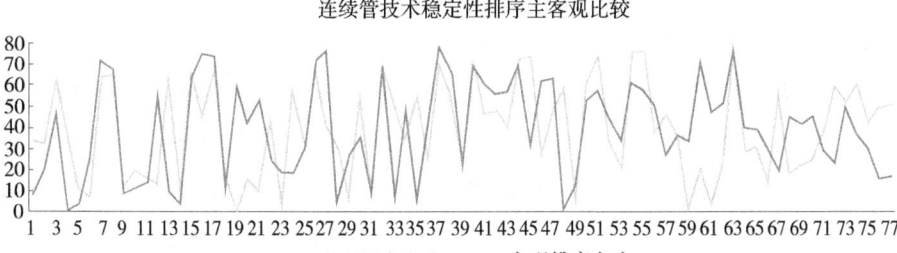

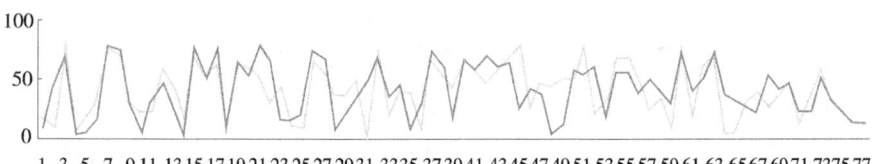

图 10-1　石油钻井连续管技术权利稳定性和不可规避性主客观打分比较

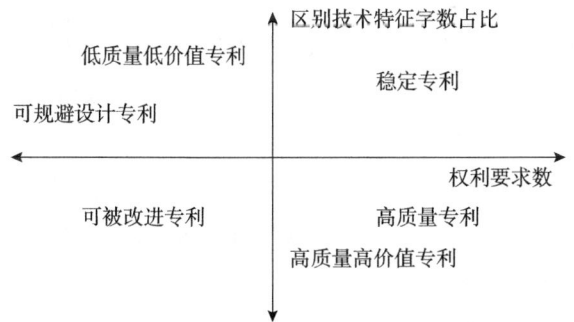

图 10-2　专利区别技术特征字数和权利要求数量组合关系

同时，单项专利质量测度指标体系主要包括四个一级指标。

（1）发明创造质量指标。发明创造质量指标包括是否授权，是否因新颖性、创造性问题进行修改等指标。授权专利一般是符合专利法定授权条件的专利，如果一项专利因为新颖性和创造性问题进行修改而修改不符合要求被驳回的，则质量肯定不高。

（2）文件撰写质量。法定质量包括文件撰写质量和审查质量，文件撰写质量指标主要包括代理费、说明书和附图页数、权利要求数三个指标。代理费越高，代理人付出的努力就会越多，撰写的文件质量就会相对较高，代理费低则撰写质量很难提高。说明书和附图页数、独立权利要求数越多，专利申请公开越充分，保护体系设计得越完整，专利的质量也越高。

（3）审查质量。审查质量指标则包括专利局发出实质审查意见通知书的次数，与申请相比独立权利要求增加字数与权利要求减少数。在同等条件下，专利局发出实质审查意见通知书说明专利申请存在实质性问题，次数越多表明修改多次仍不符合要求，则专利的质量越低。与申请相比权利要求减少数反映了专利文件撰写的水平，减少得越多，表明撰写的质量越低。同时，独立权利要求字数多少则反映了审查质量高低，如果独立权利要求字数超过一定的字数则保护范围很小，也是低质量专利。据对北京、河南、辽宁、浙江、江苏、湖北部分代理案件超过1万件的69家专利代理机构统计，平均每个专利的独立权利要求字数为958.31字，超过平均字数的代理事务所有35家，超过1 000字的有31家。北京某知名知识产权代理有限公司独立权利要求字数平均最少，只有444.74字，而北京某代理事务所4件专利独立权利要求字数平均竟高达2 495字。

（4）经济质量。经济质量主要包括该专利是否为有效专利、是否已经转移转化和转移转化实际取得的经济收入。专利有效虽然不能表明该专利必然有经济效益，但专利有经济效益的前提是该专利一定是有效专利。自行实施、转让或许可他人实施、以及入股实施是科研机构实施其专利的主要途径，专利实施获得的经济收益主要是增加值，但不好计算，一般用税后利润和税收（增值税和所得税）表示。

单项专利质量测度指标体系如表10-3所示。设单项专利质量为Q_p，发明创造质量为Q_{in}，文件撰写质量为Q_{do}，审查质量为Q_{ex}，经济质量为Q_{ec}，则单项专利质量测度公式如下：

$$Q_p = (Q_{in}^{0.4} \times Q_{do}^{0.3} \times Q_{ex}^{0.3})^{0.6} \times Q_{ec}^{0.4} \qquad (10\text{-}1)$$

表 10-3　单项专利质量测度指标体系

一级指标	二级指标	权重	分值标准 最大值	分值标准 最小值
发明创造质量	授权状态	0.5	100（授权）	0（驳回、撤回）
	因新颖性修改	0.2	100（无）	0（驳回）
	因创造性修改	0.3	100（无）	0（驳回）
文件撰写质量	代理费用	0.2	100（2万元及以上）	0
	说明书和附图页数	0.2	100（22页及以上）	0
	权利要求项数	0.3	100（22项及以上）	0
审查质量	专利局发出实质审查意见通知书的次数	0.4	100（1次及以下）	0（驳回）
	与申请相比权利要求减少数	0.3	100（无）	0（驳回）
	与申请相比独立权利要求增加字数	0.3	100（平均授权专利字数上下20%）	0（超过1000字）
经济质量	是否有效	0.3	100（是）	0
	是否转移转化	0.3	100（是）	0
	转移转化实际收益	0.4	100（10万元及以上）	0

2. 机构专利质量测度指标体系

科研机构专利质量综合测度指标体系包括四个一级指标，如表10-4所示。

表 10-4　科研机构专利质量测度指标体系

一级指标	二级指标	三级指标	三级指标权重	标杆值
发明创造质量	创新水平	单位科研经费申请专利数量	0.2	中间值
		单位科研人员申请专利数量	0.2	中间值
	满足授权条件程度	非驳回和撤回数量占申请量比例	015	100%
		发明专利申请量占三种专利申请量的比例	0.15	100%
	国际布局	国际专利申请量占专利申请量的比例	0.3	20%

续表

一级指标	二级指标	三级指标	三级指标权重	标杆值
文件撰写质量	代理水平	专利代理率	0.2	100%
		平均每件专利代理费（申请与答复审查意见）	0.2	2万元
	文件质量	专利授权文件平均说明书和附图页数	0.3	22
		专利授权文件平均权利要求数量	0.3	22
审查质量	实审程序质量	专利局发出通知书的数量与当年申请量比例	0.4	100%
	复审程序质量	复审发回重审量占复审请求量的比例	0.3	100%
	无效程序质量	无效程序专利维持有效比例	0.3	100%
经济质量	经济质量基础	专利平均存活年限	0.4	10
	实际经济收益	转移转化专利数量占有效专利数量的比例	0.3	50%
		单位转移转化专利产生实际经济收益	0.3	80万元

（1）发明创造质量。发明创造质量指标包括创新水平、授权条件满足程度和国际布局三个二级指标。①创新水平主要用单位专利申请量占用的研究开发经费和科研人员数进行表征，单位专利申请研发经费和研发人员越多，专利投入强度越大，表明专利质量可能越高，但不申请或少申请专利并不表明专利质量就高。②发明创造质量高低还表现在满足专利授权条件的程度上，用非驳回和非撤回案件数占作出决定专利案件数的比例和发明专利申请量占三种专利申请量的比例两个三级指标测度。从专利申请到专利授权是一个复杂的过程，显然在专利申请量一定的情况下，驳回和撤回的案件越多说明专利质量总体越低。在三类专利中只有发明专利是经过实质审查、创新程度较高的专利，而且由于发明专利申请是基本上完成研发活动的创新成果，因此选取发明专利申请量占三种专利申请量的比例为衡量科研机构专利质量的指标之一。③国际布局指标主要用国际专利申请量占总申请量的比例表示，国际专利申请量越多表明发明创造质量越高。

（2）文件撰写质量。文件撰写质量主要反映在科研机构是否聘请专业化的代理机构撰写专利申请文件以及专利说明书与权利要求书的撰写质量上。科研机构专利申请是否代理和平均每件专利代理费用是影响专利质量的重要因素，代理率高的科研机构总体质量较高，专利代理费用高的专利质量相对也较高。高质量的专利必须要充分公开，能使得普通技术人员通过学习说明书而不用花费创造性劳动再现发明，因此用说明书和附图的页数表征说明书撰写质量。权利要求书撰写的质量体现在恰当界定专利保护范围，并有效对抗他人的改进发明上，因此用平均权利要求的数量指标表征权利要求书撰写的质量。但数量越大并不表明撰写质量越高，过多的说明书和权利要求会造成审查负担，导致审查质量下降，标杆值可以根据国际平均水平设定。

（3）审查质量。审查质量是保障专利质量的关键。审查质量包括初审和实审两个程序的质量，由于初审驳回率几乎为零，所以本书不考虑初审的审查质量。而实审质量主要用专利局发出的审查意见通知书的多少反映。一般情况下，审查员都要发出一通，而发出四通（第四次审查意见通知书）的数量较少，发出三通（第三次审查意见通知书）仍不能答复意见的则可能被驳回，所以用专利局发出通知书的数量与当年申请量的比例能较好地表征专利审查程序的专利质量，但这个指标是个负向指标，比例越低专利申请质量应越高。同时，实质审查质量高低还要通过复审、无效程序检验，实质审查质量指标还应包括复审发回重审量占复审请求量的比例，以及无效程序专利维持有效的比例。

（4）经济质量。一个科研机构专利质量总体较高则其专利实际经济价值一定较大，专利经济价值较小则其专利质量一定不高。对于一个科研机构来说，专利经济质量必须拥有一批有效的专利。因此专利经济质量基础用发明专利存活年限表征。专利的存活年限越长，专利的总体经济价值有可能越大。同时，专利的经济质量还表现在专利自行实施、转让、许可和入股的数量，以及单位专利产生的实际经济收益上。科研机构专利经济质量用转移转化专利数占全部有效专利数量的比例和单位转移转化专利产生实际经济收益两个指标表征。如表10-4所示。

假设某科研机构有 n 个专利样本，样本平均发明创造质量为 Q_{in}，文件撰写质量为 Q_{do}，审查质量为 Q_{ex}，经济质量为 Q_{ec}，则该科研机构专利质量 Q_{po} 的测度公式如下：

$$Q_{po}=(Q_{in}^{0.4} \times Q_{do}^{0.3} \times Q_{ex}^{0.3})^{0.6} \times Q_{ec}^{0.4} \qquad (10\text{-}2)$$

宋河发、穆荣平等（2014）按上述评价指标体系对在中国公开的国内外发明专利的质量进行了测度，根据上述公式，中国居民发明专利创造、撰写和经济质量都较低，而专利审查质量处于中下游水平，但仍较为落后。英国、美国为领先国家，意大利、日本、法国为高水平国家，德国、韩国为较高水平国家，我国相对落后。

10.5 科研机构专利质量问题分析

10.5.1 法律法规问题

专利质量首先要求专利应当有新颖性、创造性和实用性。审查员相对容易拒绝丧失新颖性的专利。创造性是专利技术质量的核心。"普通技术人员""意想不到"或者"显而易见"是创造性的核心。一个专利是否具有创造性，创造性高度如何，关键是要看他所要解决的技术问题是否存在，所用的技术手段是否可行，所得出的技术效果是否真实。但目前我国《专利审查指南（2010）》和有关案例关于"技术问题"并没有特别明确的规定，只是规定如果存在现有技术启示使得申请人有动机去解决技术问题的，有可能导致不具有创造性，没有关于技术效果的明确规定，只要发明人将认为的优点写出来，只要不割裂在先技术和不至于产生误导即可。申请人所称的技术问题，所宣称的技术效果不一定准确。由于缺乏判断标准和判断方法，代理人、审查员和法官在"三性"判断时只能根据经验和主观判断确定专利创造性。

权利要求要求确定的是技术方案的保护范围，欧洲要求"清楚、简洁"（clear and concise），美国要求"清楚"和"准确"（clarity and precision），中国要求"完整、简要"，并应得到说明书的支持。这些应当是撰写权利要求和判断创造性的核心，但什么是"完整""简要"没有明确的标准，现有的专利法规和审查指南没有具体的规定或说明，只能靠代理师和审查员的经验和主观把握。

此外，专利法所称的实用性与实际应用是两回事，专利申请人所称的优点和积极效果不一定是真正的优点和积极效果，而我国有关法规关于实用性的规定很少，只要不是永动机之类违反科学规律的发明创造都符合专利法实用性的规定。

10.5.2 政策导向问题

近年来，我国科研机构知识产权申请授权的数量急剧增长。但数量并不能反映我国科研机构的创新能力在快速提升，我国科研机构（以及高校）存在重专利数量轻质量、重专利申请轻转移转化的特点。其主要原因在于我国知识产权政策出现不足。一是国家科技计划等由财政资助的项目中往往要求承担方产生一定数量的专利等知识产权成果作为验收指标，部分科研人员为完成项目要求，通过拆分技术申请专利，将原理性技术申请专利，将发明高度不高的技术申请专利。二是我国多数研究机构和高校评价指标体系无不赋予专利申请量较大的权重。专利数量仍是科研教学人员职称晋升、晋级、评聘的主要条件，也是测度科研机构和高校创新实力的重要指标。因此仍然出现了很多科研人员为求专利数量而不顾质量的情况。三是科研机构的科研工作较多偏重于基础和理论研究，虽然一些成果申请了专利，但这些成果由于缺乏具体的参数、指标、方法步骤等，可能无法实施，造成专利质量不高。

10.5.3 专利管理问题

高校科研机构知识产权管理是一项专业性较强的工作，没有专门的机构和专业人员很难有高质量的知识产权管理。我国很多高校、科研机构没有专门的知识产权管理部门，由单位科技处等代为管理的较多。由于科技处工作繁多，知识产权管理得不到高度重视，往往局限在成果管理层面，缺乏对知识产权申请、保护和利用各项工作有机结合的统筹管理，没有开展重要科研项目知识产权全过程管理。根据对科研机构的管理制度所做的调研，绝大多数科研机构的知识产权制度本身存在问题，如制度建设滞后、修订不及时、偏重知识产权的申请和授权等，多数还停留在专利统计、奖励申报和评审等行政性事务性工作上，而对知识产权实施运用的管理水平较低，相当一部分科研机构只查授权数量不顾质量的奖励政策扭曲了知识产权的本来目标，部分科研机构将专利申请数量作为科研人员职称晋升和研究生毕业的条件之一，导致我国科研机构专利质量普遍较低，从整体上影响了我国科研机构的创新能力建设和国际影响力的提升。

10.5.4　专利代理问题

专利文件质量包括专利文件撰写质量和专利审查质量。当前，一个很重要的影响专利质量的问题是专利代理问题。① 由于市场竞争不充分，加上专利代理行业的竞争日趋激烈，一部分专利申请目的主要是考核验收而非竞争需要，就会对专利代理的质量要求降低，因此出现很多被驳回或者撤回的专利，就会出现很多独立权利要求字数较多的专利。② 恶性竞争导致专利代理费标准不断下降，代理费的降低必然导致专利申请文件的质量不高，影响专利的质量。近年来，许多高校科研机构对专利代理服务实行招标制度，这必然会导致低价者中标。到目前为止，即使中央提出高质量发展要求，国家知识产权有关部门严厉打击非正常专利申请，但一些高校科研机构发明专利代理费仍只有 3 000 多元甚至更低。2023 年，中山市某代理机构将专利代理服务转包给广州某知识产权服务公司，专利文件撰写服务费只有 1 000 元，该服务公司又转包给滁州某公司撰写专利文件，约定服务费只有 580 元。2023 年温州某公司与芜湖某公司约定实用新型专利文件撰写费每件只有 240 元，每件普通发明专利撰写费只有 560 元。③ 一些代理师能力不高，一些代理师通过考试后就开始撰写案例，经验十分缺乏，必然导致专利质量不高。曾有一个代理师撰写了 1 170 多个案子，一个也没有授权。

10.5.5　专利审查问题

影响专利审查质量的主要问题如下：① 专利检索的手段，尤其是能检索到相关文献和对比文献的自动化系统。现有检索系统采取的检索方法仍然较复杂，由于查全率与查准率是一对矛盾，为了不遗漏重要的可能相关的对比文献，检索出的文献数量比较多，审查员需要阅读大量的专利文献。② 审查能力限制。审查员虽然是某个领域的专家，但不是科学家和工程师，由于专利技术都是最新的技术而且呈不断细分和综合发展趋势，审查员不可能对所有技术都能充分把握好。审查员尤其是审查协作中心和保护中心的审查员培训只有三个月，必然导致很多专利申请被驳回或以非正常申请要求撤回。根据 2021 年 WIPO 指标，我国 2020 年发明专利做出授权决定的只占三分之一。我国有三分之二的发明专利申请是无效的或者浪费的。2023 年的指标显示，我国 2022 年被驳回和撤回的专利占比仍超过 50%。近年来，国家知识产权局要求缩短审查周期和提高专利质量，审查员能力所限也必然导致专利独立权利要求字数不断增长，保护范围越来越窄，从而产生了很多低质量授权专利。③ 审查的程序。公众在现有技术提供中的参与和授权后的异议程序有利于提高专利的审查质量。而我国 1992 年专利法第一次修改时将授权前的异议程序改为授权后的行政撤销程序，第二次专利法修改后又取消了行政撤销程序。

审查考核指标体系和收费标准也会影响审查质量。当前，我国审查员工作考核是按照审查专利的件数确定的，如果一项专利说明书很长，权利要求很多，就会出现每个权利要求所用审查时间不足而影响审查质量的问题，也可能会引起不必要的纠纷。

10.5.6 转化激励问题

我国《专利法》《促进科技成果转化法》《职务发明条例》等规定了为促进职务科技成果转化、职务专利、职务发明转移转化支付给职务发明人的奖励或报酬的最低标准，但与发达国家科研机构和高校技术转移收益分配政策相比，我国这种规定很粗放。法律规定还留出了一个极为灵活的空间，没有设定职务发明人收益分配的上限，因此一些地方为了加强对职务发明人的激励，将科技成果转化报酬比例提高到了 70% 甚至 100%，这反过来又影响了单位转化职务成果的积极性。为了促进科技成果转化和防止国有资产流失，我国还创造了中小高技术企业给予职务成果发明人奖励股权和期权的政策及中关村国家自主创新示范区的分红权政策，以及将不低于 50% 的科技成果作为出资所获得的股份或出资比例用于奖励完成和转化作出重要贡献人员的政策，但分红权、奖励股权并不是应然的权利，不是一种可明确预期的权利，实质仍是一种奖励。而且单位和科研人员获得这些股权时可以递延缴纳所得税，但关于先交税还是先奖励没有明确的规定，科技成果作价出资税负远远高于转让许可税负（宋河发，2018）。由于专利转移转化激励政策存在许多不足，其结果是很多专利创造没有面向运用，专利质量就不可能很高。

10.6　专利质量与专利价值

《辞海》解释，价值是凝结在商品中的一般的、无差别的人类劳动。英国 INTERBRAND 公司最早提出专利价值，认为专利权价值是非常重要的一个要素（李春晓，霍晓霞，高红，2006）。专利的价值可以分为使用价值、交换价值，使用价值比如增强企业竞争优势的作用。在一项技术当中可能同时存在多项专利，通过对这些专利进行布局或者组合，可以产生特定的保护作用，这种保护作用也被认为是专利的价值（朱春玲，马捷，张放量，2018）。专利的交换价值也就是经济价值，专利价值通常以对价来体现（李琰，曹凤霞，王玲玲，2016），可以表现为具体的价格。影响专利价值的因素包括技术因素和应用因素；技术因素包含技术生命周期、技术发展水平等，应用因素包含技术应用范围、技术成熟度等（张古鹏，陈向东，2012）。专利价值主要从以下几个方面体现：技术价值、法律价值、市场价值、战略价值及经济价值（朱欣昱，2014）。专利的商业价值包括两个部分：一是专利权本身产生的商业价值，二是专利文献记载的发明技术方案的应用所产生的商业价值（马天旗，2018）。

各国关注和提升专利质量的目的不仅仅是提升专利审查的效率，其主要目的是提升专利的实际价值，即专利实施获得经济收益的能力。价值主要表现为经济效益，专利效益是技术研发成果的商业化（Mueller，1962）；是指促进技术披露和进步（Barzel，1968；Loury，1979；Dasgupta and Stiglitz，1980）；是指某些领域的技术认可（Scotchmer，Green，1990），是指鼓励经济增长、刺激 R&D 投入和给创新者带来财富；是指激励有用的发明、对技术的垄断（Arrow，1962；Nordhaus，1962；Scherer，1972）等；是指实施专利战略所取得的全部收益（薛韬，2001）。但根本上，专利效益是专利通过许可和转化能获得实际的经济收益。

实际上，专利质量与专利价值是相关但不同的概念。不少学者认为专利价值与专利质量可以画等号，即专利价值越高，则专利质量越高（De Saint-Georges, De La Potterie, 2013）。但是专利质量和专利价值不一样（周延鹏，2009）。专利有质量但不一定能实现专利价值。专利质量是一件专利符合专利法定授权条件的程度，符合法定授权条件的专利是有质量的专利。专利价值是专利可以实际获得的利益。专利价值是一个综合性概念，专利价值不仅包括经济价值，也包括技术价值，当然还包括社会价值、科学价值、法律价值，但主要的还是经济价值、技术价值和法律价值。有质量的专利一般是技术比较好的专利，也是专利文本质量高的专利，专利质量是专利价值实现的基础。专利经济价值主要是实施专利的实际效益，但质量并不必然能实现价值。

专利价值关键因素主要是技术问题的关键程度、专利技术质量、专利技术可行性等，是市场结构、市场前景规模、专利权利的稳定程度等（李琰，曹凤霞，王玲玲，2016）。北京合享智慧科技有限公司构建了以技术稳定性、技术先进性和保护范围3个维度为主要参数，涵盖专利技术稳定性、技术先进性、保护范围等的指标体系。保定大为公司构建了技术价值、法律价值、战略价值、市场价值和经济价值5个维度30个定量指标的专利价值评价指标体系。重庆科学技术研究院公开了一种技术先进性评估体系及技术先进性评估方法（专利申请号CN201110365114.2），构建了以技术性能、经济效益、社会效益为基础的技术先进性评价指标体系，设置一级指标3个，二级指标8个，三级指标20个。该院还公开了一种技术价值评估方法及基于模糊评价理论和物场分析下的技术经济寿命评估模型（专利申请号CN201110365883.2），制定出技术价值评估指标体系的定量分析模型，确定评估技术的经济寿命。国家知识产权局开发的专利价值度评价指标体系包括三个方面的价值度，除了技术价值度和经济价值度外，还有一个是法律价值度。但实际上，法律是对专利经济和技术价值的保障，专利并不存在法律价值度的问题，专利法律上的特点不是价值度的问题。因此现有研究关于专利价值影响因素主要分成四类：① 技术因素，主要包括技术先进性、成熟度、技术应用实施难度、技术生命周期阶段、技术可替代性、配套技术依存度。②法律因素，包括专利法律状态、权利要求数量、专利家族数、专利权稳定性、专利类型、专利权可规避性、专利侵权可判定性。③市场因素，主要包括市场规模和结构、市场前景、竞争对手情况等。④管理因素，主要包括管理团队、科研人员与投资方合作等（宋河发，房海娅，2023）。

当前，最根本的问题是要从专利中识别出有质量的专利，要从有质量的专利中识别出能实施的专利，能实施的专利就是有价值的专利。如图5-1所示。可以通过建立专利质量测度指标体系来筛选有质量的专利，而合理的专利质量指标体系应当以专利符合法定授权条件的程度来构建，但这需要大量的专家知识，对于大量专利来说实现的难度较大。建立的专利质量指标体系必须简化，必须能够测度比较，而且要尽量符合专利质量的定义。

专利价值尤其是经济价值可以是自行实施或入股实施后产生的经济效益，也可以是转让和许可他人实施产生的经济效益。专利价值实现最根本的是专利要能实施，并取得实际的经济收入。表征专利价值的可以是最终的实施收入，也可以是专利转让或许可的收入。但有价值的专利往往是还未实施但具有潜在实施收益的专利。判断专利潜在实施取得的经济价值，不仅要判断专利本身的质量，还要判断专利实施的可能性大小和专利实施时对他人专利的依赖程度，以及专利实施后可能的市场状况。

因此，识别有价值的专利，必须找到以下几个最重要的参数。①专利实施的可能性大小或者获得投资的可能性大小。主要包括专利在技术上是否先进和成熟，质量高的专利不见得是技术先进的专利，也不见得是技术成熟的专利。技术先进又成熟的专利一般是实施可能性较高的专利。判断专利是否先进和成熟，主要应从专利独立权利要求中区别技术特征和说明书中的优点与积极效果的描述来考察。②专利实施对他人专利的依赖程度。去除低质量专利，可主要分为专利对他人专利无依赖的单独实施、专利需要他人专利的交叉许可实施、处于专利池或专利组合中的专利的相互许可实施三种。第一种独立性为100%，第二种独立性低于100%，第三种专利池实施效益的比例甚至该专利获得许可收益的独立性大小主要依赖于其在专利池中的比例。③专利实施后可能的市场状况。市场状况判断主要包括投资规模、市场渗透率、市场成长率、市场替代率。计算市场盈利应包括五个必要的指标：应用专利技术后单件产品的新增利润、技术超额分成率、风险报酬率、项目计算期和投资额。

在市场状况判断四个指标中，由于大量的创新是改进创新，应用专利技术后，产品要么通过提高售价提升利润，要么通过降低成本提升利润，所以可用利润率表征专利技术带来的主要价值实现能力。同时，一项专利产品生产出来后，它不必然就能够顺利进入市场，进入市场受制于很多因素，其中最重要的是宏观经济形势、资金、设备、土地等要素的可获得性，以及市场开拓能力等。市场规模受制于要素投入规模的大小和市场开拓能力。项目计算期是指在专利生命周期内企业利用专利获取利益的周期。技术超额分成率是指技术及知识产权对企业利润的贡献份额，技术先进、成熟、适用，知识产权质量高、布局好、能够形成组合、是必要专利，则风险报酬率低，反之则必然较高，这些都会反映到除了无风险报酬率之外的项目风险报酬率上。项目计算期是在知识产权保护期限内产品和技术的生命周期，是指能获得超过行业平均利润的垄断利润的年限。投资额是自行实施或合作实施（包括作价出资）专利技术所需要的固定资产投资和流动资产投资的最低投资额。

10.7 高价值专利

"高价值专利"这一词语是2007年出现在我国相关学术文章中的。2014年，江苏省在全省知识产权局局长会议中对该省的知识产权工作进行了规划和部署，并提到"以提升专利价值为重点，实施高价值专利培育计划"，这是高价值专利这一概念在官方文件中第一次出现，次年，江苏省出台了《江苏省高价值专利培育计划组织实施方案（试行）》，在全省范围内组织实施。2016年，国家知识产权局局长申长雨在全国知识产权局局长会议上的工作报告中提出，推动知识产权事业的发展，需要提高全社会创新创造积极性，促进产出技术含量高、市场效益好的高价值专利。高价值专利可能是可以经历司法程序考验的高质量专利，也可能是可以降低主导产品风险的专利，还可能是可以保障企业某种垄断或防御地位的专利。高价值专利或专利组合主要是集中于战略性新兴产业和特色优势产业中的，具有前瞻性的特点，并具有一定市场价值，能够带动产业发展。高价值专利应该具备"有益性"和"有用性"。高价值专利应该满足具有一定创新难度和创新价值、具有较高技术含量、专利权利稳定、专利文件水平高且文献披露度高、市场应用前景良好等条件（胡海容，王志恒，2018）。

但是上述研究均是从经济学角度提出专利价值或高价值专利的，与专利的价值或者价格相差较远，而且市场因素很难预测或者计算。因此，本书认为高价值专利指的是经济价值高的专利，高价值专利有四个特征。一是高质量，即专利文本质量高，专利权稳定，也不会被规避设计。通常情况下，专利独立权利要求要具有新颖性和创造性，不会因为各种原因被无效掉。专利权利要求数量较充分，能够有效阻挡他人的改进发明，不会由于他人改进技术和改进专利而导致自主性降低。二是低风险，即专利本身不会侵犯他人知识产权，专利实施也不会受到其他知识产权的制约，权利人或被许可人可以自由实施。三是必要。专利一定是产品生产制造、销售等必须使用或不侵权就无法制造销售的专利，或者一定是技术标准实施必须使用的专利。四是高于平均价。专利在企业生产制造销售中获取以工业增加值和利润为主要表征的收益较平均水平高，或者在专利转让许可中获得转让许可费较平均水平高，或者是在侵权诉讼中获得的经济赔偿额较平均水平高。

高价值专利既可以是现在价值高的专利，也可以是潜在价值高的专利。没有高经济价值或者潜在高经济价值的专利不是高价值专利。因此，不能把高价值专利等同于高质量专利、核心专利、标准必要专利。高质量专利、核心专利、标准必要专利并不必然是高价值专利。高质量专利是高价值专利的基础和前提，质量低的专利不可能成为高价值专利。核心专利、标准必要专利具有成为高价值专利的较大可能性。由于受各种因素的影响，这些专利不一定能取得高于平均水平的经济价值。即使高质量专利价值能够实现，也不一定成为高价值专利。

高价值专利主要通过三种途径实现。第一种是在企业生产制造销售中获取以工业增加值和利润为主要表征性收益较平均水平高；第二种是在专利转让许可或作价入股中获得转让许可费或者股权收益较平均水平高；第三种是在侵权诉讼中获得的经济赔偿额较平均水平高。识别高价值专利的价值应主要测度该专利在产品全部必要专利中的积极作用大小，即对产品或服务利润贡献的大小。在产品利润中，第一步，要区分资本、人力、技术和管理四类不同要素的贡献。这也是确定技术许可费率的基础，一般用该技术的收益除以总收益计算专利和非专利技术的许可费率。第二步，识别产品的全部必要专利，结合产品技术标准和制造工艺，剔除非必要专利和问题专利。第三步，对必要专利和有质量的专利的积极作用的大小两两比较。主要比较：① 专利是否是产品或其核心部件的必要专利；② 核心专利在产品形成价值过程中作用的大小。这可以通过专利在产品必要专利技术功效矩阵中的价值得分来实现。第四步，计算专利平均价值得分，将高于平均得分的核心专利作为高价值专利。

培育高价值专利有以下六步。

第一步是开展高水平发明创造。高水平发明创造，必须有充分的研发经费投入，有相应的人才团队和基础设施，必须充分利用技术预见开展关键核心技术研发。

第二步是高质量撰写专利文件。① 要防止专利申请被驳回或者专利权被无效。我国专利申请被驳回的主要原因在于专利申请缺乏新颖性和创造性。所以一定要按照《专利法》及其实施细则的规定，排除不授予专利权的情形，排除专利由于新颖性、创造性、实用性缺乏导致的被无效情形，以及重复授权、说明书不支持权利要求书的修改导致的被无效情形。② 要防止专利申请或专利权被规避设计。专利可规避设计主要包括：(a) 独立权利要求有多余技术特征，导致保护范围较小和容易被侵权。(b) 从属权利要求较少，被他人基于独立权利要求申请不同技术方案的专利申请，从而导致本专利自主性大幅度下降。(c) 对专利技术方案进行优选。(d) 不同要素和配比出现新组合。尤其是在化工和医药领域，很多要素和配比不一定是基于实验得出的。

第三步是开展专利战略布局。充分利用技术功效矩阵方法、技术生命周期方法、TRIZ、技术路线图方法、情景分析方法等找到现有专利申请的空白领域或者可能创新的空间，而有目的有意识地布局原创专利、组合专利和改进专利。

第四步是优选高价值专利。2011年，国家知识产权局专利管理司委托中国技术交易所制定了"专利价值度评价指标体系"。该体系主要包括专利技术价值度（TVD）、经济价值度（EVD）、法律价值度（LVD）三个方面的14个指标，通过加权综合法得出分值，从而决定哪些专利申请和专利权是高价值的。但该方法还不够科学，没有考虑评价的顺序性和门槛性，应当首先评价技术价值，只有技术价值得分超过一定门槛之后才有必要评价法律价值，只有法律价值得分超过一定门槛之后才有必要评价经济价值。只有经济价值得分超过一定门槛之后才有必要评价总的价值得分，而且只有当各个分值都高时总分才高，任何一个分值低则总分值就较低。

第五步是科学评估专利技术价格。现在的知识产权价值评估多是根据客户的要求倒推评估的，所以失去了意义。使用收益现值法评估专利价值，必须考虑知识产权的风险报酬率，知识产权风险报酬率主要与其技术先进性成熟度有关，与专利质量相关，技术越好、质量越高，风险报酬率越低，评估出的专利价格就越高，如果专利质量较低，则评估的专利价格较低，如果低于一定的门槛值，则专利价格应当为零。利用成本法评估专利的价格，应充分考虑专利的各种成本费用和其对企业利税的贡献。这是从专利资产增加值角度核算其价格的。利用市场法评估专利价格时也要考虑专利质量，可以从专利所属行业专利许可费率的上限和下限以及专利质量评价得分计算专利许可费率及其价格。

第六步是培育标准必要专利。针对技术标准布局标准必要专利，或者积极参与技术标准制定修订，推动将自主专利技术纳入技术标准方案，从而对产业产生影响力和控制力。

此外，我国应制定高质量知识产权创造政策。要制定科研项目知识产权高质量创造政策、专利组合创造政策和可持续创造政策。要推动各类科技创新项目立项与验收政策的重点转向专利检索分析、知识产权全过程管理、专利质量管理、专利实施许可收益等指标。推动科研机构创新能力评价政策重点转向发明专利占比、授权率、被引用率、权利要求项数、维持率和实施率等指标，要推动人才评价和职称晋升政策的重点转向发明专利数、专利稳定性、专利被引用率、专利实施等指标，必须要充分发挥同行专家的作用。要推动将《科研组织知识产权管理规范》达标情况作为科研机构科研管理的重要内容。

10.8 小结

本章首先研究了主要国家专利质量指标体系和提升专利质量的政策措施，然后研究了科研机构专利质量测度的原则，从单项专利和科研机构专利总体提出了专利质量测度指标体系，之后分析了我国科研机构存在专利质量问题的原因，还提出了从有质量专利中识别有价值专利的方法。本书提出以下提升科研机构专利质量的政策措施。

一是提高发明创造质量。有必要对《专利法》专利创造性部分的"技术问题"和"技术效果"进行明确规定。"技术问题"和"技术效果"必须是客观而且能够证明的，而非申请人自我宣称的，是与现有技术发展状况相一致的，是与发明目的和技术效果相一致的技术问题。应对权利要求"清楚、简要"的要求进行详细规定，制定手册或指南，指导代理人和申请人撰写高质量的专利申请文件，并提供丰富的案例。应要求申请人对专利申请的实用性进行客观描述，并提供真实声明。要在请求书中增加实施可能性、实施需要技术、实施存在问题等著录事项，应规定审查员有权要求申请人提供实验数据或实物模型和说明理由，以证明实用性。

二是提高代理质量。强化专利代理师的考录，强化学习、实践经历和实际技能的专业考核，增加外语交流水平考核。推进公开公平的竞争考试，取消一切降低考试标准可获得专利代理师资格的政策。建立代理师业务实践制度，尤其是强化法院诉讼和专利局审查实践，并作为报考的必要条件。建立代理师质量信誉档案制度并向全社会公开，加强执业责任考核与惩戒。建立终身学习培训制度、专业技术分类制度和职称晋升制度，强化对代理师的内在激励。建立商标、版权、植物品种代理机构考核制度。要加强对代理机构和代理师的服务，防止代理行业过度市场化倾向，切实保护代理师的合法权益。最重要的是要加快专利代理的市场化改革，将国有代理机构、国防专利代理机构转制为民营机构。

三是提高审查质量。应规定专利申请人和审查员必须将检索报告写入专利文件现有技术之中，并将检索报告向全社会公开。开发基于人工智能的专利检索系统和自动化分析功能，开发具有同义词库和语义分析功能的检索系统。加强审查员业务培训，扩大审查员到科研机构和高校学习了解科学技术最新进展的规模。建立最佳检索、审查、复审案例库，建立内部与外部审查质量抽样制度，完善客户满意度调查体系，并将审查质量与审查绩效挂钩。除保留部分公务员序列的审查员审查高技术知识产权和控制知识产权审查质量外，可以探索推动现有主要审查体系逐步转向独立预决算的经营实体。

四是以运用促进专利质量提升。推进高校科研机构知识产权管理方式改革，运用财政资金通过资助、母基金入股、担保等方式大力支持高校科研机构设立技术转移办公室，建立以技术经理人为核心的专业人才队伍，以知识产权运用推动知识产权管理和质量提高。大力发展以专利池和专利组合为对象的技术转移机构和产业知识产权运营中心，提高我国以企业为主体，高校和科研机构合作的产业知识产权运营能力。

五是改革知识产权费用政策。要坚持知识产权收费是为了覆盖审查成本的原则，改变为给企业减负而降低收费标准或不提升收费标准的落后做法，通过核算审查成本稳步提高知识产权收费标准，真正发挥市场机制对提升知识产权审查质量和创造质量的作用。优化费用结构，要适当降低复审无效阶段费用占总费用的比重。鼓励和支持地方政府将专利资助政策重点转向支持符合产业发展导向的授权专利、国际专利和可转化专利，资金使用范围要转向资助专利分析、产业化、投融资、运营、标准化、知识产权优势示范企业培育等，资助的对象向中小企业倾斜。科研机构知识产权资助奖励的重点要转向专利集中管理、构成专利池、专利组合、推进专利运营等方面。

六是建立知识产权质量控制体系。高校科研机构应建立内部专利质量监测指标体系，定期开展监测，及时调整政策。高校科研机构可以通过建立专利质量专家组或者另外委托中介服务机构等方式评估专利质量。科研机构还要建立专利事务所和专利代理师质量信誉档案，重点考核专利申请文件质量、权利要求保护范围科学性和市场价值分析合理性等。

第十一章 知识产权转移转化管理

创造知识产权的目的最终体现在运用上,知识产权转移转化是将知识产权尤其是专利转化为商品获得经济收益的过程。我国知识产权和科技成果转化率一直较低,主要原因在于我国制定的很多法律法规和政策未能充分把握知识产权与科技成果转化的规律。必须完善知识产权与科技成果转移转化的相关法律,必须引导各类转移转化机构创新商业模式,必须建立有效促进知识产权与科技成果转移转化的政策体系。

11.1 知识产权转移转化的内涵外延

转移和转化是两个不同的概念。转移是将一个机构的技术与知识产权向其他机构转移的过程。转化是指技术与知识产权转变为商品的活动。知识产权转化是知识产权转化为现实生产力的活动,包括知识产权的产品化和产业化,而知识产权转移不一定是转化为生产力的活动。知识产权转移包括转让和许可,转让是技术和知识产权同时发生转移的行为,而许可是技术发生转移而知识产权没有转移的行为,是知识产权使用权的转移。知识产权许可又包括独占许可、普通许可、交叉许可、分许可等形式。专利法意义上的实施包括制造、使用、销售(包括许诺销售)、进口等,与通常认为的专利实施并不完全相同,专利转化包括专利产品制造和销售,专利转移包括专利使用,但转移转化不包括进口活动。知识产权转移转化也主要是通过使用之前技术,制造和销售知识产权产品,将技术和知识产权变成商品获取经济收益的活动。对于科研机构来说,知识产权转移转化是科研机构自行制造销售知识产权产品获取经济收益,将技术与知识产权入股获取股份收益,将知识产权转让许可给他人制造和销售知识产权产品获得转让或许可收益，以及从事技术与知识产权服务获取收益的活动。

11.2 知识产权转移转化现状

目前，我国科研机构知识产权转移转化工作已取得一定成效。根据《中国技术市场报告2022》，我国2021年知识产权类技术合同总成交额达到3.73万亿元（表11-1），其中，高校院所全年技术转让合同项数为34 317项，成交额为3 246.6亿元。其中，专利申请权转让86.5亿元，占2.7%；专利权转让524.3亿元，占16.1%；技术秘密转让1 438.7亿元，占44.3%；专利实施许可转让958.4亿元，占29.5%。

表11-1 知识产权类技术合同构成

	构成	合同数/项	成交额/亿元	平均价格/（万元/项）
知识产权	集成电路布图设计专有权	61 594	1 952.3	316.962 7
	技术秘密	102 099	6 339.1	620.877 8
	计算机软件著作权	61 594	1 952.3	316.962 7
	设计著作权	3 581	214	597.598 4
	生物、医药新品种	4 732	224.5	474.429 4
	植物新品种	2 081	52.6	252.763 1
	发明专利	27 988	3 061.9	1 094.005
	实用新型专利	15 292	2 351.5	1 537.732
	外观设计专利	646	26.9	416.408 7
	合计	670 506	37 294.3	556.211 3

11.3 科技成果与知识产权转移转化法律政策

11.3.1 科技成果与知识产权转移转化法律

2015年8月29日，第十二届全国人民代表大会常务委员会第十六次会议审议通过了修正的《促进科技成果转化法》，该法第16条明确规定，科技成果持有者可以采用自行投资实施转化，向他人转让该科技成果、向他人许可该科技成果，作价入股、合作共同实施转化等方式实现成果转化。"其中作价投资是将科技成果及其知识产权作价并占有股权方式。其他协商确定的方式如技术服务、技术咨询、委托研发、共同开发等，都是成果转化的重要方式。该法修正的主要内容是放权让利。该法规定，国家设立的研究开发机构、高等院校对其持有的科技成果，可以自主决定转让、许可或者作价投资，而且取得的收入留归本单位，不用上交。这极大地促进了高校科研机构科技成果转化与知识产权运用的积极性。

我国2022年修订后实施的《科技进步法》有两大转变：一是将创新驱动发展战略上升为法律规定；二是将国家创新体系建设调整为制度主线，充分强调对人的尊重，健全科技基础制度，推动科技治理体系和治理能力现代化，还明确了国家实验室运行的基本机制。在科技成果与知识产权转移转化方面，该法第30条明确规定，"国家加强科技成果中试、工程化和产业化开发及应用，加快科技成果转化为现实生产力。利用财政性资金设立的科学技术研究开发机构和高等学校，应当积极促进科技成果转化，加强技术转移机构和人才队伍建设，建立和完善促进科技成果转化制度。"第32条规定，"利用财政性资金设立的科学技术计划项目所形成的科技成果，在不损害国家安全、国家利益和重大社会公共利益的前提下，授权项目承担者依法取得相关知识产权，项目承担者可以依法自行投资实施转化、向他人转让、联合他人共同实施转化、许可他人使用或者作价投资等。"第91条规定，"对境内自然人、法人和非法人组织的科技创新产品、服务，在功能、质量等指标能够满足政府采购需求的条件下，政府采购应当购买；首次投放市场的，政府采购应当率先购买，不得以商业业绩为由予以限制。"有人认为该法第32条就是中国的"拜杜法案"，这是不全面也不准确的。美国1980年通过的《拜杜法案》第1条规定，"联邦政府资助，或以合同、合作方式支持公共大学、小企业和非营利组织产生的发明，其所有权归承包者所有。"但还有第2条规定，"承包者有责任以书面形式与教授和技术职工签订协议，要求其披露发明和转让发明给大学等。"实际上是将教授和技术职工的知识产权上收到单位，而我国缺乏这一条规定。同时，《拜杜法案》还规定，承包者如果要权利则必须申请国内和国外知识产权保护，必须以许可方式对外转移，而且要支持国内中小企业的发展。而我国的《科技进步法》和相应的法律政策并没有这些规定。

2020年10月17日，第十三届全国人民代表大会常务委员会第二十二次会议通过第四次修正的《专利法》，该法在八个方面进行了修正。第一，为了促进成果转化和资产运用强化权属激励，单位可以依法处置其职务发明申请专利的权利和专利权。财政性资金设立的高校、科研机构，国有企业承担国家科技计划项目，他们可以依法处置承担或自立科技计划项目形成科技成果的知识产权，如专利申请权和专利权，不需要法定评估和审批备案。处置就是可以自主决定专利申请权和专利权的转让、许可和作价出资。但需要注意的是，处置并不包括放弃知识产权和向个人下放知识产权。依法处置不仅仅要"依"《专利法》，也要"依"《促进科技成果转化法》和国有资产管理法规。有人认为处置包括"放弃"知识产权和将权利下放给职务科技成果完成人个人，这是不对的。职务发明的单位放弃知识产权必然会导致放弃知识产权的所有权，造成国有资产流失。虽然我国法律没有规定财政性资金形成科技成果知识产权是否包括所有权，但向职务科技成果完成人或职务发明人个人下放知识产权，也会造成现行法律政策规定的国有资产流失。因此，为了防止国有资产流失，职务科技成果作价入股形成的国有股权转让、无偿划转或者对外投资等管理事项，不需报财政部审批或者备案，但授权中央级研究开发机构、高等院校的主管部门办理国有资产产权登记事项。第二，实行惩罚性赔偿制度，加大侵权惩罚力度。对故意侵犯专利权、情节严重的行为，人民法院可根据权利人受损失、侵权人获得非法获利，或者专利许可费的合理倍数，给予5倍以下的赔偿额。法定赔偿额也由原来的1万元到100万元提高至3万元到500万元。第三，强化药品专利保护。建立药品专利连接制度，在申报药品批号过程中要披露相关专利，同时多给予医药专利5年的补偿期，药品专利保护最高可达25年。第四，完善宽限期规定。增加在国家出现紧急状态或非常情况时为公共利益目的的首次公开。第五，增设开放许可规定。高校科研机构和企业可以公布专利性开放许可条件和许可费标准，无需再签订许可协议等，简化了许可流程。第六，增设外观设计专利优先权，延长保护期至15年，同时对局部外观设计也进行了保护。第七，增加了诚实信用原则和反知识产权滥用的规定。明知是低质量专利非要申请，明知缺乏证据而恶意发起侵权诉讼都属于违反诚实信用原则的行为。在专利许可中搭售、回售、许可费率过高等行为可能导致知识产权滥用。第八，明确了政府公共信息服务和促进运用的职能。我国2023年还完成了《专利法实施细则》的修改。

11.3.2　科技成果与知识产权转移转化政策

科技成果转化和知识产权运用最重要的规定体现在政策中。第一，是技术转移和知识产权高质量发展政策。2020年以来，教育部、科技部、国资委、中国科学院等部门在国家知识产权局的协调和推动下相继发布了三个重要政策。一是《关于提升高等学校专利质量促进转化运用的若干意见》，二是《关于推进中央企业知识产权工作高质量发展的指导意见》，三是《关于推动科研组织知识产权高质量发展的指导意见》。第一个文件作为教育部2020年1号文发布，充分体现了教育部对提高高校专利质量和专利转化运用工作的高度重视。这三个政策有五个要点。① 逐步建立由发明人完成的发明创造的职务科技成果披露与评估制度。科研人员不能自行寻找代理机构和申请专利，必须向本单位科技成果转化管理部门披露，单位无论是自己还是组织外部专家都要对披露的科技成果进行评估，以确定该科技成果的每一项发明创造是否能转化，是否值得申请知识产权保护。如果能转化，则由外部知识产权代理机构撰写专利等知识产权文件，并形成专利组合。不能转化的则作为技术秘密进行保护或通过其他知识产权途径进行保护。② 建立专利申请前评估制度。在专利代理机构撰写专利文件后，科技成果转化管理部门要在专利申请前进行评估，评估专利文件质量，包括说明书公开充分程度、权利要求稳定性与不可规避性、权利要求体系设计的合理性。③ 建立健全重大科技投资项目的知识产权管理流程。特别是重大科研项目要实行知识产权全过程管理，配备知识产权专员制度，这也是《中国科学院院属单位知识产权管理办法》《中国科学院战略性先导科技专项管理办法》要求的基本制度。④ 明确产权归属和费用分担。如果部分高校科研机构将专利权部分或全部知识产权下放给个人，个人则应担负单位已经支付的相关费用。⑤ 鼓励有条件的高校、科研机构和企业建立科技成果转化和知识产权运营为一体的专业化内部机构，配备专业化人才队伍，这项工作非常重要。2020年5月20日，教育部、科技部发布了《关于进一步推进高等学校专业化技术转移机构建设发展的实施意见》，在重点任务中提出建立技术转移机构，在不增加本校编制的前提下，可以通过设立技术转移办公室、中心等内设机构，或者联合地方企业设立从事技术开发、技术转移、中试熟化的独立机构，以及设立全资拥有的技术转移公司、知识产权管理公司等方式，建立技术转移机构。教育部、科技部于2021年10月公布了第一批20个高校专业化国家技术转移机构建设试点名单。2022年3月份公布了第二批名单。这些政策实施后已开始取得明显成效。

第二，是知识产权运用政策。知识产权运用政策是我国科技成果转化的重要政策。2016年12月1日，国家知识产权局印发《关于开展国家知识产权强市创建市评定工作的通知》，开展知识产权强市创建市评定工作。到2022年年底，全国知识产权运营试点城市数量达到37个，中央投入财政支持资金100多亿元支持重点城市建设知识产权运营体系。2021年3月19日，财政部办公厅和国家知识产权局办公室发布了《关于实施专利转化专项计划助力中小企业创新发展的通知》，自2021年上半年起启动，首先选择了8个省份，2022年又确定了8个省份，2023年又确定了4个省份，全国共确定了20个省份，对每个入选省份资助1亿元专项资金实施专利转化专项计划，助力中小企业长期发展。2022年5月11日，国家知识产权局办公室印发了《专利开放许可试点工作方案》的通知，5月22日发布了专利开放许可试点合同模板，2022年10月14日发布了《专利开放许可使用费的估算指引（试行）》。自此，全国高校科研机构和企业开始实行专利开放许可制度。2023年10月10日，国务院常务会议审议通过了《专利转化运用专项行动方案（2023—2025年）》，要求推动专利转化运用，充分挖掘专利价值，大力发展经营性产业。这是推动高质量发展的战略任务，主要从提升专利成果质量和加强政策激励两方面发力。更注重从现实需求中凝练科研问题并攻关，建立健全有利于专利成果转化运用的制度安排和激励政策，着力打通专利转化应用的关键堵点，进一步优化市场服务，培育良好生态，加速创新成果向现实生产力转化。该方案发布后，国家知识产权局、教育部、科技部、工信部、农业农村部、国家卫生健康委、国务院国资委、中国科学院印发了《高校和科研机构存量专利盘活工作方案》（国知发运字〔2024〕5号），一是全面盘点，构建高校和科研机构存量专利基础库；二是市场评价，丰富完善专利转化资源库；三是分类施策，推动高价值专利落地转化；四是精准对接，以市场需求为导向做优专利增量。国家知识产权局已争取中央财政资金约45亿元支持行动方案的落实。

11.3.3 科技成果与知识产权转移转化成效

我国科技成果转化和知识产权运用成效显著。1995—2022年，全国技术市场成交额大幅增长，尤其自2016年以来，全国技术市场成交额呈爆发式增长。2022年全国技术市场成交额达到4.78万亿元，超过了全国研发投入总量，充分证明了我国技术成果具有巨大价值，科技成果转移转化取得了突出成绩。

从知识产权数据来看，我国知识产权运营效果很不错。2022年，全国各地转让许可质押等运营次数高达50.7万次，其中37个知识产权运营服务体系建设重点城市专利运营次数占全国运营次数总比例高达44.8%。16个专利转化专项计划奖补省份，知识产权运营数占全国的84%。全国专利商标质押融资金额高达4 868.8亿元，惠及了企业2.6万家，其中70.5%为中小微企业。截至2022年年底，全国知识产权保险累计为超过2.8万家企业提供4.6万件专利、商标、地理标志及集成电路布图设计共超过1 100亿元的风险保障。全国共在沪深两市发行了91单知识产权证券化产品，募集资金高达210亿元。全国布局建设3 400家商标品牌指导站，服务企业超过40万次，160件列入国家知识产权局地理标志运用，促进重点联系指导名录的产品及其关联产业总产值达到6 800亿元，带动从业人员就业超过1 900万人。

然而，从知识产权运营角度看，我国科技成果转移转化的效果还不尽如人意。2018—2022年，虽然统计的企业专利产业化率达到49%，但由于产业化统计口径问题，实际企业专利成为专利产品，或者企业产品能对企业自主专利产生侵权的比例可能不到10%，因为我国标准必要专利极少。统计的高校科研机构产业化率也极低，尤其是2022年高校仅为3.5%，科研机构仅为14.3%。全国高校科研机构有效专利的许可率和转让率也不高，2022年高校科研机构有效专利许可率不超过10%，全国转让率只有5.1%左右。

11.4 知识产权转移转化服务体系

服务机构是促进知识产权转移转化不可或缺的重要环节。服务机构是处于政府、大学、科研机构、企业之外并居于这些组织之间的联系互动机构。在以知识产权创造和运用为主线的国家创新体系中，服务机构的职能是联系各创新机构和创新要素，使各类创新机构和创新要素建立互动关系，为创新活动提供支撑，具有创造良好创新环境、促进创新扩散、降低创新风险、加速科技成果转化和知识产权运用等的重要作用。

当前，我国服务机构组织主要包括三大类：第一类是以学会、协会、研究会等为主的科技社团和非科技社团组织，它们不以营利为目的，主要是行业管理组织，具有共同体的自组织性质；第二类是以律师事务所，会计、审计与知识产权事务所，创投公司等为主的为创新服务的服务机构，具有高度的专业化，并具有营利性；第三类是以科技园、生产力促进中心、工程研究中心、技术市场、人才市场、条件市场、中试基地、孵化器、示范基地等为主的创新基础条件平台等设施类服务机构等，主要提供综合性科技服务。当前，我国与知识产权转移转化有关的服务机构主要包括专利展示交易中心、技术交易所、技术转移中心、专利产业化基地、科技园、科技孵化器，以及企业技术中心和工程（技术）研究中心等。

11.4.1 技术与知识产权交易机构

1. 技术交易所

我国技术交易所的功能定位于充分发挥技术市场有效配置科技资源的基础性作用，有效汇聚技术项目资源、投资人资源和中介服务资源，针对不同科技成果产业化的不同需求，以技术转让、技术许可、技术入股、联合开发、融资并购等多种方式，为技术交易参与各方提供低成本、高效率的专业化服务，推动科学技术转变为现实生产力和社会财富。

我国拥有中国技术交易所、上海技术交易所、上海联合交易所、湖北技术交易所、广州技术交易所、北部湾产权交易所、甘肃产权交易所、山西省技术产权交易中心等多家技术交易机构。但是，我国技术交易所主要采用的是中介模式，虽然可以解决技术交易的供需对接问题，但无法解决技术转移中的信息和由此引发的风险不对称问题。国际经验证明，不能解决技术交易中的信息不对称问题和风险不对称问题的简单中介模式在技术转移中是很难成功的。我国技术交易所交易的对象不是技术而是企业技术股权，还普遍存在机制不活、信息分析能力弱、交易手段少、业务模式单一、法律服务不足等问题。技术交易机构应当具有挖掘技术来源、征集技术需求、促进供需匹配、发现技术价值、撮合竞价的功能，但通过对一些交易所的调研，发现这种功能严重不足，普遍缺乏技术及知识产权价值评估、风险识别、合同签订与技术或资金担保功能。具有较好产业化前景的技术不用去交易所就可以转移，产业化前景不好的专利技术即使到了交易所也很难交易成功。虽然《建立和完善知识产权交易市场的指导意见》提出，政府采取多种形式促进知识产权交易等市场发展，但我国专业化的知识产权交易市场体系仍然不够健全。虽然技术交易所的功能定位设计很好，但是实际上目前的技术交易机构交易的客体主要是科技问题解决方案，不是知识产权的进场交易，缺乏前期和后期的深层次服务，更缺乏知识产权权利方面的服务和知识产权投资服务。由于专利技术交易的信息不对称和风险不对称，技术交易所无法使交易双方的信息达到对称、风险达到对称，加上不能提供专业化的服务，没有形成盈利的商业模式，所以知识产权转移转化的效率一直不高。

2. 技术转移中心

技术转移中心旨在加速技术的传播扩散，以先进技术改造提升传统产业，加快发展高新技术产业，促进产业优化升级和产业结构调整。技术转移中心是科研机构与高校技术、人才、信息等创新资源与产业、企业资金、生产等资源结合产生社会经济效益，推动产学研合作向纵深发展的重要举措。国家技术转移中心的主要任务是开展共性技术的开发和扩散、推动和完善企业技术中心建设、促进高校科技成果转化和技术转移。

2001年11月16日，国家经贸委、教育部在清华大学举行仪式，为首批认定的清华大学、上海交通大学、西安交通大学、华东理工大学、华中科技大学、四川大学6所高校的"国家技术转移中心"授牌。科技部还建立了国家技术转移中心东部中心、西南中心等机构。国家技术转移中心的主要任务是开展共性技术的开发和扩散、推动和完善企业技术中心建设、促进高校科技成果转化和技术转移。中国科学院北京国家技术转移中心是中国科学院原产业局与中关村科技园区管理委员会共建的从事技术转移与成果转化的高科技服务机构，立足中国科学院的科技与人才优势，注重资源整合，建设成为国家"技术诊断"中心、国家技术集成中心和中国科学院技术转移与成果扩散中心，探索新形势下产学研合作的新途径。截至2022年年底，科技部授牌的国家技术转移机构数量达到360家，主要包括技术市场、技术交易所、大学科技园以及行业协会等类型。

随着科技信息获取手段的便利化，我国技术转移中心的作用和地位受到挑战，其主要原因在于技术转移中心与技术源头、与产业和企业、与风险投资等投融资机构均结合不紧密。专利转移转化和产业化存在大量的信息与风险不对称问题，技术需求方不知道专利技术成熟与否，不知道技术产业化等可能性有多大，不知道专利技术的价值多大，科研人员也不知道市场和投资的情况，不知道未来市场的着力点在哪里。居于中间的技术转移中心如果与这两方割裂，其转移和产业化专利技术的效果可能不会很好。

3. 知识产权交易所

知识产权交易是将专利等知识产权通过挂牌、拍卖、撮合交易、竞价交易等现场方式进行转让和许可的活动。截至2024年，我国已建立了包括深交所科技成果与知识产权交易中心、北京知识产权交易中心（依托中国技术交易所）、上海知识产权交易中心、广州知识产权交易中心、天津滨海国际知识产权交易所、湖南知识产权交易中心、山东齐鲁知识产权交易中心、北方国家版权交易中心、成都知识产权交易中心、浙江知识产权交易中心、甘肃文化产权交易中心、贵州阳光产权交易所、江苏国际知识产权运营交易中心、山东金融资产交易中心、武汉知识产权交易所等在内的知识产权交易体系和服务业联盟。

2011年3月21日，天津市政府组建成立了天津滨海国际知识产权交易所。该交易所定位于国内首家专业化、市场化、国际化的公司制知识产权交易服务机构，在知识产权权利转让、知识产权相关权利的实施许可、使用许可、知识产权融资等常规交易品种和交易模式基础上，积极发展基于知识产权与金融结合的创新品种及模式，如知识产权挂牌转让、拍卖转让、动态报价转让；主要面向战略性新兴产业和文化创意产业发展，汇集联合国内外有影响的金融机构及中介服务机构，汇集可交易的知识产权项目及公司，开展全方位、高效率、专业化、国际化的知识产权投融资及交易服务。

由于专利转移转化存在严重的信息与风险不对称问题，我国目前的很多知识产权交易机构和产权交易所在降低专利信息和风险不对称方面做得还很不够。知识产权转化最好的方式是对它进行投资，知识产权投资是降低信息不对称和风险不对称的一个重要手段，无论是挂牌、拍卖或者是线上撮合线下交易都必须解决信息与风险不对称问题，只有解决了信息不对称问题才能有效降低风险不对称。

4. 知识产权运营平台

知识产权运营中心是国家知识产权局推动建设的知识产权运营公共服务平台。知识产权运营中心运用市场化方式深度挖掘高校科研机构的知识产权资源和企业需求，开展精准化知识产权供需匹配，培养专业化知识产权运营人才，组织开展质押融资"入园惠企"活动，借助质押融资、专利保险、转让许可、投融资、作价入股、证券化等工具开展"一站式"转化服务，促进产业知识产权发展。

2014年开始，国家知识产权局批复建设知识产权运营公共服务平台、国家知识产权运营公共服务平台军民融合（西安）试点平台和金融创新（横琴）试点平台，每个平台投入建设资金1亿元。到2020年共建设了16个全国性、区域性或产业性知识产权运营平台（表11-2）。全国各地尤其是16个知识产权强省建设试点省和37个知识产权强市建设试点市也都建立了产业知识产权运营中心。知识产权运营中心对全国专利导航产业创新发展、产业知识产权运营起到重要推动作用。

表11-2 16个全国性、区域性或产业性知识产权运营平台

平台名称	建设/批复时间	所在地区
国家知识产权运营公共服务平台	2014年	北京昌平
国家知识产权运营公共服务平台军民融合（西安）试点平台	2014年	陕西西安
国家知识产权运营公共服务平台金融创新（横琴）试点平台	2014年	广东珠海
中国（南方）知识产权运营中心	2017年12月	广东深圳
中国汽车产业知识产权投资运营中心	2017年12月	北京海淀

续表

平台名称	建设/批复时间	所在地区
国家知识产权运营公共服务平台国际运营（上海）试点平台	2018年4月	上海浦东
中国智能装备制造（仪器仪表）产业知识产权运营中心	2018年5月	宁夏吴忠
国家知识产权运营公共服务平台高校运营（武汉）试点平台	2018年6月	湖北武汉
国家知识产权运营公共服务平台交易运营（郑州）试点平台	2018年12月	河南郑州
稀土产业知识产权运营中心	2020年9月	江西南昌
电力新能源产业知识产权运营中心	2020年11月	广东广州
汽车知识产权运用促进中心	2020年11月	天津东丽
节能环保产业知识产权运营中心	2020年12月	湖北武汉
新材料产业知识产权运营中心	2020年12月	江苏南京
长春新区知识产权运营服务中心	2020年12月	吉林长春
山东知识产权运营中心	2020年12月	山东济南

2023年9月5日，国家知识产权局印发《关于认定全国知识产权运营服务平台体系功能性平台的通知》（国知发运函字〔2023〕156号），公布了12家功能性国家知识产权运营服务平台名单：国家知识产权运营（北京）交易服务平台、国家知识产权运营（上海）交易服务平台、国家知识产权运营（深圳）交易服务平台、全国知识产权质押信息平台、国家知识产权保险综合服务试点平台、国家知识产权运营（上海）国际服务平台、国家知识产权运营（武汉）高校服务平台、国家知识产权运营（陕西）先进技术转化平台、国家知识产权运营（长三角）先进技术转化平台、国家专利导航综合服务平台、国家专利密集型产品备案认定试点平台、全国知识管理标准化技术委员会标准推广应用综合服务平台。

5. 国家专利展示交易中心

2006年2月5日，国家知识产权局决定实施《全国专利技术展示交易平台计划》，以有效服务于我国专利技术转移、转化与实施。2007年12月6日，为落实《国家知识产权战略纲要（2008—2020年）》关于建立多层次知识产权交易体系的要求，国家发展改革委、科技部、财政部、国家工商总局、国家版权局、国家知识产权局联合发布了《建立和完善知识产权交易市场的指导意见》，该意见提出促进知识产权交易等市场发展、建立适应知识产权交易的多元化、多渠道投融资机制、加大创业投资对知识产权交易的支持力度、探索知识产权投融资新模式、鼓励不同形式的知识产权进场交易等政策措施。

专利展示交易中心是综合性、专业化的专利展示、交易平台，通过整合科研机构与高校的科技资源，汇集重点科技成果及企业需求信息，建立以产学研示范基地为基础的技术创新集成平台。专利展示交易中心集技术展示、技术咨询、技术交易、技术培训、技术服务为一体，是规范、权威的融资与专利交易支撑平台，服务从源头创新到商业化的整个创新过程。

2006年9月6日，国家知识产权局确定了首批18个"国家专利技术展示交易中心"，包括国家专利技术北京展示交易中心、国家专利技术天津展示交易中心、国家专利技术上海展示交易中心、国家专利技术重庆展示交易中心、国家专利技术吉林展示交易中心等。2008年5月15日，又确定山西省技术产权交易所、呼和浩特市知识产权服务中心、沈阳技术交易所、苏州工业园区知识产权服务中心、常州技术产权交易中心有限公司、嘉兴科技创业服务中心、福州技术市场、青岛技术产权交易所有限责任公司、威海经济技术开发区科技创新中心等14家单位为第二批"国家专利技术展示交易中心"。截至2016年6月，全国国家专利技术展示交易中心数量已经达到41家。近年来我国没有再命名新的专利技术展示交易中心。

11.4.2 孵化机构

1. 孵化器

科技企业孵化器是指以促进科技成果转化和产业化，培育科技型中小企业和高新技术人才为宗旨的科技创业服务机构，主要包括位于高新区内的高新技术创业服务中心和大学科技园等。其主要功能是为进入孵化器的企业提供研发、中试、生产、经营的场地和公共物业、办公设施，提供法律、政策、管理、财务、融资、市场推广和培训等公共服务。孵化器是知识产权技术转移转化的重要平台，是培育高新技术企业、创新创业团队和科技企业家的基地。

1987年6月，我国成立了首家科技企业孵化器——武汉东湖创业服务中心。截至2012年年底，我国科技企业孵化器达1 239家，孵化面积超过4 300万平方米，员工超过140万人，其中国家级孵化器435家，总孵化面积

2 099万平方米。2006年以来,我国出台了一系列促进专利产业化的科技孵化器发展政策。科技部发布的《科技企业孵化器(高新技术创业服务中心)认定和管理办法》规定国家高新技术创业服务中心的孵化企业"从事研究、开发、生产的项目或产品应属于科技部等部门颁布的《中国高新技术产品目录》范围";"国家高新技术创业服务中心自认定之日起,一定期限内免征营业税、所得税、房产税和城镇土地使用税"。财政部、国家税务总局制定的《关于科技企业孵化器有关税收政策问题的通知》也提出,"对符合条件的孵化器自用以及无偿或通过出租等方式提供给孵化企业使用的房产、土地,免征房产税和城镇土地使用税;对其向孵化企业出租场地、房屋以及提供孵化服务的收入,免征营业税";"对符合非营利组织条件的孵化器的收入,自2008年1月1日起按照税法及其有关规定享受企业所得税优惠政策"。

我国目前的科技企业孵化器与资本的结合仍然不紧密,一些科技孵化器主要是寻找项目,而中西部地区往往很难引进具有自主知识产权的项目。一些科技孵化器成为物业公司,法律、技术、融资服务能力严重不足。另外,我国对民营科技孵化器的支持严重不足,民营孵化器运作成本很高,风险很大,没有充分发挥出促进知识产权产业化的重要作用。

2. 概念验证中心

清华大学、北京航空航天大学、中国科学院等国内科研机构和高校成立的概念验证中心,为我国推动科技成果走向市场作了积极探索。根据杭州市科技局2022年印发的《杭州市概念验证中心建设工作指引(试行)》,概念验证中心是依托高等院校、科研院所、新型研发机构、医疗卫生机构和企业,为科技成果转化提供原理或技术可行性研究、原型制造、性能测试、市场竞争分析、二次开发、中试熟化等验证服务,加速创新链与产业链融合的新型载体。美国加州大学圣迭戈分校于2001年建立第一个高校概念验证中心冯·李比希中心,麻省理工学院在2002年跟进,随后有20多所知名高校建立了概念验证中心。

2018年西安交通大学依托国家技术转移中心成立全国高校首个"概念验证中心",该概念验证中心协同西安市碑林区环大学创新产业带联合发起"西安微光创业孵化基金",并发起第一支概念验证微种子基金,专注于生物及环保、新材料等领域的项目概念验证。北京市积极推动概念验证中心的建设，2019年10月，"中关村科学城—北京航空航天大学概念验证中心"正式挂牌成立，北京市首个概念验证中心落地，到目前为止已推动北京航空航天大学、清华大学、北京大学、中国科学院等多家高校院所建立了32个概念验证中心。2020年，科技部、教育部联合发文，要求高校技术转移机构逐步形成概念验证、科技金融、中试熟化等服务能力。2022年，科技部印发《"十四五"技术要素市场专项规划》文件指出，探索对科技成果概念验证、中试、产业化等不同阶段采取差异化的金融支持方式。江苏省科技厅发布的《江苏省概念验证中心建设工作指引（征求意见稿）》提出，3年内在江苏省打造20家以上概念验证中心。

清华工业研发研究院概念验证中心于2020年11月启动，建设周期为三年。作为中关村科学城概念验证支持计划首批成立的高校概念验证中心，该院概念验证中心每年由相关部门支持经费500万元，该院配套经费500万元。这些资金主要用于建设概念验证专家团队、开展重点项目的概念验证和评估、组织概念验证交流培训等工作。该院概念验证中心的建设由该院牵头、清华大学技术转移研究院共同承担，清华大学技术转移研究院负责概念验证项目科研团队的遴选、专利等科技成果的管理及科技成果转移的校内审批流程。

对于入选的项目，该院概念验证中心与科研团队签订合同，以横向项目的形式开展验证。项目经费采取阶段支持方式分两次拨付，验证周期为1年，验证结束后，组织专家评审验收，并设立科技创新企业项目推动成果转化。

截至2021年6月底，通过前期的遴选及开题评审，该院概念验证中心已开展4个概念验证项目，包括基于硅基光学微腔的芯片集成传感器、SOEC电解水制氢技术产品样机、肿瘤新抗原个性化TCR-T疗法验证和针对AAV载体药物的亲和填料技术开发。

3. 科技园

自从1951年世界上第一个高技术园区——斯坦福研究园诞生以来，全世界已建立了500多个高技术园区，特别是硅谷的成功，向世人展示了科技园区进行科技成果转化的独特模式。科技园是创新创业文化制度环境良好、创新要素集聚、基础设施完善、创新服务体系健全的特定地域及组织形式，具有以下特征：① 创新要素集聚。集聚一批大学、科研机构、创新型企业和职业化专业管理团队及企业家，风险资本充足，集聚全球创新人才能力强。② 基础设施完善。邻近大学和科研机构，工作、生活服务设施完善，信息网络环境良好。③ 创新服务体系健全。有完善的财会、法律、风投、技术转移等构成的中介服务体系。④ 创新创业能力强。组织知识和技术由大学、科研机构向企业和市场转移，加速孵化和衍生一大批创新型、高成长型高技术企业。⑤ 高技术产业竞争力强。主导产业明确，产业集群和创新集群发展良好、充满活力。⑥ 创新创业文化制度环境良好。有勇于冒险、支持创新、宽容失败的创新创业文化，协同创新效应明显。

科技园的核心任务是营造良好的创新氛围，推动知识产权转移转化，推进产业集群和创新集群，提升自主创新能力。在某一特定领域中，大量与产业联系密切的企业以及相关中介机构在科技园集聚，这种空间聚集可以大大减少交易成本，促进知识、人才交流。科研机构和大学是基础研究和前沿技术成果的源泉，通过科技园的孵化和推广应用，科研机构和高校不仅可获得一定的经济效益，而且可较快地将知识产权转化为现实生产力。

目前，在知识产权转移转化和产业化上，我国科技园高技术企业发展存在不足。一是仍然沿用技术引进模式，自主知识产权对园区发展支撑不足。二是仍存在"两张皮"问题。科技园高水平人才不足，与科研机构和高校科研人员结合不紧密，主动的"产学研"合作机制还未形成，知识产权技术的孵化和商业化功能较弱。三是多数科技园尤其是大学科技园只是低价办公租赁的物业公司，利用国家政策提供优惠办公租赁服务，但关于大学科技园等的税收优惠政策2012年没有再续延。四是科技园运营模式存在不足。教学科研人员通常是既当教授又办企业，许多科研机构和高校科技园或其他机构衍生出的企业规模不大，知识产权产业化的规模无法做大做强。

11.4.3 技术中心

创新基础设施是国家创新体系建设的重要组成部分，是保障和促进全社会创新活动、培养和凝聚高层次人才、建设创新型国家的必要物质技术基础，是国家基础设施建设的重要内容，是由研究实验体系、科技公共服务体系、产业技术开发体系、企业技术创新体系和创新服务体系等构成的国家创新支撑体系。就专利转移转化而言，涉及的创新基础设施主要是企业技术中心和工程研究中心、工程实验室。

企业技术中心是专利和科技成果研发和转化的重要创新基础设施。1993年，原国家经济贸易委员会、海关总署、税务总局等三部门启动支持企业技术中心建设，至此，我国企业技术中心建设在全国各地广泛开展。2007年，国家发展改革委、科技部、海关总署、财政部和税务总局联合制定发布了《国家认定企业技术中心管理办法》，规定了企业技术中心认定的条件和程序，建立了企业技术中心评价体系与方法，并提出了实施优惠政策、进行调整和撤销的条件与程序，各省（自治区、直辖市）政府也纷纷出台了相应的指导性文件，加大了对企业技术中心建设的指导。到2023年，国家认定企业技术中心达1 939家，省级企业技术中心超过万家。

企业技术中心是建制化从事研究开发和科技创新的创新基础设施，但我国企业技术中心普遍对前瞻技术研究不足，普遍面向近期需要的产品研究开发，持续创新能力需要加强。

11.4.4 工程研究中心

国家工程研究中心是国家发展改革委管理的属于技术创新与成果转化类的国家科技创新基地，面向国家重大战略任务和重点工程建设需求，开展关键技术攻关和试验研究、重大装备研制、重大科技成果的工程化实验验证，突破关键技术和核心装备制约。国家工程（技术）研究中心是科技部管理的，主要依托于行业科研机构、企业或高校建立，拥有国内一流的工程技术研究开发人才队伍和配套试验条件，主要从事技术熟化、集成、配套，并将工程化成果向相关行业辐射、转移与扩散的具有自我良性循环发展机制的科研开发实体。1989年，教育部印发《教育部工程研究中心建设与管理暂行办法》，开始布局大学工程研究中心建设。1992年，国家计委和科技部启动了国家工程（技术）研究中心建设计划。2007年，国家发展改革委颁布了《国家工程研究中心管理办法》，办法规定了国家工程中心的任务、责任、义务、申报条件、评价程序等，该办法提出申报工程中心的单位必须"具有一批有待工程化开发、拥有自主知识产权和良好市场前景、处于国内领先水平的重大科技成果，具有国内一流水平的研究开发和技术集成能力及相应的人才队伍"；"进入预备期的工程中心，可根据国家发展改革委的批复文件，提出创新能力建设项目，申请国家资金补助"；"对于已通过正式核定三年以上，且评价结果为优秀或良好的工程中心，围绕新的发展方向和目标，为提高持续创新能力，也可提出创新能力建设项目申请国家资金补助"。为落实《国家中长期科学和技术发展规划纲要》精神，国家发展改革委制定了《关于建设国家工程实验室的指导意见》和《国家工程实验室管理办法（试行）》。《关于建设国家工程实验室的指导意见》提出通过经费补助等形式有重点、有步骤地建设一批国家工程实验室，促进以企业为主体、市场为导向、产学研相结合的技术创新体系建设。《国家工程实验室管理办法（试行）》明确了国家工程实验室的任务、目标、建设原则，规定了其申报条件与审理办法等。

我国工程研究中心和工程实验室主要面向行业和技术领域建设，经过多年的发展取得了显著成绩，但一些工程研究中心已经成为依托单位的内部机构，不是独立法人，没有发挥行业共性技术服务的平台作用；一些具有独立法人资质的工程研究中心则已转化为经营实体，作为共性技术平台作用发挥也不够；一些工程研究中心的主要技术成果已经过时，赶不上科技的快速发展；一些工程研究中心管理落后。因此，2017 年 8 月 18 日，科技部、财政部、国家发展改革委三部门联合印发《国家科技创新基地优化整合方案》（国科发基〔2017〕250 号），要求对由国家发展改革委管理的国家工程研究中心和国家工程实验室，按整合重构后的国家工程研究中心功能定位，合理归并，符合条件的纳入国家工程研究中心序列进行管理。2021 年，国家发展改革委对国家工程研究中心（工程实验室）共组织了两批次优化整合工作，参加优化整合的国家工程研究中心（工程实验室）共计 349 家，公布纳入新序列管理的国家工程中心有 191 家。对纳入新序列管理的工程中心，国家发展改革委将严格管理考核，每三年开展一次评价，实现动态调整、优存劣汰。对暂未纳入新序列管理的工程中心，给予 2 年过渡期（2022—2023 年）。科技部建设的国家工程技术研究中心达到 346 个，包含分中心在内共 359 个。到 2020 年，教育部布局建设了 370 个大学工程研究中心，经过评估，有 6 个工程研究中心评估结果为优秀，40 个工程研究中心评估结果为良好；其余中心评估结果为限期整改或未通过。

11.4.5 知识产权基地与园区

专利产业化基地建设是国家知识产权局专利产业化工程的重要工作。1997年，原中国专利局制定发布了《促进专利技术产业化示范工程实施方案》，从1997到2002年分二期实施示范工程项目96项。2002年，国家知识产权局和财政部联合实施"国家专利产业化工程"试点工作，并首次批准成立了3个国家专利产业化试点基地。截至2010年，全国已经建立了15个国家级专利产业化试点基地，涵盖了中医药、新材料、新能源、生物技术、精密机械、微电子等高技术产业和战略性新兴产业，已初步形成国家与地方互动的多层次专利产业化基地工作体系。

2022年11月11日，为强化国家级专利导航服务基地在服务产业发展中的功能作用，加强国家专利导航综合服务平台对基地备案管理和绩效评价，国家知识产权局发布了《关于面向重点产业组织开展国家级专利导航服务基地建设工作的通知》（国知办发运字〔2022〕58号）。2022年12月29日，根据该通知要求，确定北京市知识产权保护中心等104个主体为国家级专利导航服务基地。专利导航服务基地一般经备案建设，开展产业规划类、企业类专利导航，重点产业专利导航数据库建设，有效运用专利导航成果差别化制定或调整产业和区域知识产权政策，对接区域或产业规划、知识产权评议、招商引资、招才引智等工作，推广运用专利导航成果；还要推进专利导航国家标准宣贯、人才队伍建设和帮扶指导等工作。很多省（自治区、直辖市）和地市级政府也建立相应的专利导航服务机构或基地，开展相应的专利导航工作。

2012年，国家知识产权局发布《国家知识产权服务业集聚发展试验区工作实施办法（试行）》，开始布局建设知识产权服务业集聚区，首批确定北京中关村科技园区、上海漕河泾新兴技术开发区、苏州高新区为国家知识产权服务业集聚发展区，共确定4批10个园区为国家知识产权服务业集聚发展示范区，3批6个园区为国家知识产权服务业集聚发展区。2023年12月8日，经过遴选和评审，国家知识产权局发布《国家知识产权局办公室关于确定国家知识产权服务业高质量集聚发展示范区试验区的通知》，从16家申报示范园区中确定北京中关村科技园区等10家为国家知识产权服务业高质量集聚发展示范区，从 20 家申报的试验园区中确定 15 家为国家知识产权服务业高质量集聚发展试验区。

11.4.6　知识产权试点示范

区域知识产权是知识产权工作的基础。为推动城市知识产权试点示范工作深入开展，国家知识产权局 2011 年制定了《国家知识产权试点和示范城市（城区）评定办法》（国知发管字〔2011〕160 号），并在 2014 年进行修改，出台了《国家知识产权试点、示范城市（城区）评定和管理办法》（国知发管字〔2014〕34 号）。自 2012 年国家知识产权局评选出首批国家知识产权示范城市以来，已评选出四批 64 个国家知识产权示范城市，其中副省级城市 15 个，地级市（区）53 个，县级市 9 个。2016 年 11 月 9 日，为促进城市知识产权示范，国家知识产权局印发《关于加快建设知识产权强市的指导意见》（国知发管字〔2016〕86 号）。国家知识产权局 2016 年 12 月 1 日印发《关于开展国家知识产权强市创建市评定工作的通知》，开展知识产权强市创建市评定工作。2017 年 6 月，正式批复广州、武汉、青岛、成都、厦门、南京、长沙、苏州、烟台、郑州、镇江共 11 个城市为首批知识产权强市创建市。2018 年 5 月，又批准北京市海淀区、上海市浦东新区、江苏省南京市、浙江省杭州市、湖北省武汉市、广东省广州市、海南省海口市、深圳市等 8 个城市（区）为知识产权强市创建市。2019 年 5 月 23 日，批准台州等 10 个城市（区）为知识产权强市创建市。2020 年 5 月 16 日，批准长春等 10 个城市（区）为知识产权强市创建市。2021 年 5 月 15 日，批准洛阳等 10 个城市（区）为知识产权强市创建市。目前知识产权运营试点城市数量达到 37 个，中央投入财政支持资金 100 多亿元支持重点城市建设知识产权运营体系。在此基础上，2022 年 8 月 11 日，国家知识产权局发布《关于确定国家知识产权强市建设试点示范城市的通知》，在原有建 68 个知识产权示范城市基础上，经地方申报推荐、材料审查、专家评审等程序，确定 38 个城市（城区）入选国家知识产权强市建设示范城市，72 个城市（城区）入选国家知识产权强市建设试点城市。

2009 年，国家知识产权局启动县域知识产权试点示范工作，后调整为国家知识产权强县工程。到 2018 年共有 135 个强县工程示范县（区）、386 个强县工程试点县（区），共计521个试点示范县（区），覆盖了全国大部分省（区、市）。此后，这项工作随着国家知识产权机构改革而暂停。为落实《知识产权强国建设纲要（2021—2035年）》精神，国家知识产权局办公室2021年12月23日发布《关于面向城市、县域、园区开展知识产权强国建设试点示范工作的通知》（国知办函运字〔2021〕1197号），在原有162个国家知识产权强县工程示范县基础上，2022年8月15日确定昆山市等48个县市为国家知识产权强县建设示范县和27个试点县。同时在原有66个国家知识产权示范园区基础上确定北京经济技术开发区等22个园区为国家级知识产权强国建设示范园区、天津滨海高新技术产业开发区等64个园区为国家级知识产权强国建设试点园区。

我国从2022年开始认定知识产权保护示范城市。2022年2月17日，国家知识产权局从64个城市中初选出20个城市，经过专家评审，确定10个城市为第一批国家知识产权保护示范区建设城市（地区），分别是天津市滨海新区、上海市浦东新区、江苏省南京市、江苏省苏州市、浙江省杭州市、浙江省宁波市、安徽省合肥市、广东省广州市、广东省深圳市、四川省成都市。

企业是知识产权创造运用的主体。我国从2009年开始开展知识产权优势和示范企业的申报与评定工作。为落实《知识产权强国建设纲要（2021—2035年）》，加快培育知识产权竞争力强的世界一流企业，国家知识产权局办公室2022年印发《关于面向企业开展2022年度知识产权强国建设示范工作的通知》（国知办函运字〔2022〕497号），经过审核，确定482家企业为新一批国家知识产权示范企业、2 512家企业为新一批国家知识产权优势企业，经过复核保留的875家企业为国家知识产权示范企业，3 400家企业为国家知识产权优势企业。2023年认定750家企业为国家知识产权示范企业，2 960家企业为国家知识产权优势企业。全国知识产权示范企业总量达到1 425家，优势企业达到6 360家。

11.4.7 投融资机构

金融支持是知识产权转移转化的必要条件，创业投资是知识产权产业化的催化剂和推动器。

第一是创业投资。① 由于以技术为主创业的科技型企业存在巨大的技术风险、法律风险、市场风险、经营风险等，以知识产权商业化为主的创业投资实际上非常不足。我国创业投资机构的发展水平总体较低，不仅数量少，投资额度小，而且投资手段有限，关键在于缺乏懂技术、懂市场、懂投资、懂知识产权的高水平国际化的复合型人才。我国风险投资的定位是有一定规模的中小企业，但出于安全性的考虑，很多商业银行和多数创投风投机构倾向于投资成熟期企业，而不愿投向种子期、初创期的科技创新型中小企业，尤其是创业期具有知识产权的企业。据有关调查统计，我国创业投资项目的失败概率达到60%，科技型企业三年内死亡率达到80%，科技型企业平均寿命不到6年，所以现在很多风投公司的投资方向在向后移，加上天使投资、种子投资很少，知识产权、技术孵化和产业化的投资十分不足。技术商业化的初期资金很大比例上来源于发明人个人或者投资者个人，严重制约了技术和知识产权商业化的健康发展。我国创投的退出机制难题一直没有很好解决，退出渠道非常复杂。据科技部统计，我国创投投入上市退出的只是一小部分。② 创新创业的融资和担保成本较高。据调查，大多数面向中小企业创新创业的知识产权质押贷款利率普遍在4%～5%，中关村银行的贷款利率高达7%，虽然政府有知识产权质押贷款贴息政策，但企业的实际负担仍比较高。企业知识产权质押贷款还需要缴纳评估费和担保费，评估费为贷款额的1%左右，即使政府补贴大多是还有3万～5万元需要企业自己支付。许多地方科技担保公司担保费的比例为银行贷款利率的一半，或者基准利率的一半，一般是担保额的15%，最高30%。高额利率、评估费和担保费加重了初创企业的资金成本负担。

第二是知识产权质押贷款。2022年我国专利商标质押贷款达到2 868.8亿元，也形成了多样化的地方特色知识产权质押贷款模式。这些模式主要分为三种：① 以市场为主导的模式，如"青岛模式""武汉模式""湘潭模式"；② 以政府为主导的模式，如"上海浦东模式""深圳科创海贷"；③ 以政府为引导的模式，如"北京模式"。但是知识产权质押贷款一般由银行委托中介服务机构评估知识产权价值，实践中质押贷款额平均维持在评估值的20%～40%。很多银行对中小企业知识产权质押放贷的利率一般要上浮30%左右。担保公司的担保业务收费主要有咨询费、评审费和担保费，咨询费、评审费一般为贷款担保额的 1%～3%。担保费则按照贷款担保额的利率和期限来计算，一般情况为贷款利率的 50%，并按实际贷款期限收取。知识产权质押贷款能否成功，最关键在于能否建立有效的增信机制和成本与风险分摊机制。因此，要建立准确的知识产权价格评估机制和模型。重点是客观评估知识产权质量、风险、技术，管理风险，这就要反映与知识产权质量和与技术标准融合的知识产权风险报酬率。要评估其获得投资的概率和投资额大小。要实行混合质押模式。银行等金融机构不能简单地根据评估机构的评估结果决定是否给予贷款，知识产权可以与企业固定资产、企业股权捆绑。要建立知识产权担保和保险机制及质押失败资产处置机制。地方政府要建立质押融资风险资金补偿池。

第三是知识产权保险。我国目前的科技保险主要是高新技术产品保险和营业保险，承保对象主要为与技术开发相关的资金损失、设备损耗和人员流失、伤病等。专利保险主要是专利侵权责任保险、专利执行保险、专利代理责任保险和专利申请保险。中国人保财产保险公司开发的专利保险包括专利执行保险、侵权专利权责任保险、专利代理师职业责任保险、境外展会专利纠纷法律费用保险、知识产权海外侵权责任保险、专利许可信用保险、专利质押融资保证保险。但除专利质押贷款、专利价值评估、专利诉讼开展专利保险探索外，专利技术商业化包括专利转让许可、专利技术投资、专利质押贷款、专利价值评估等环节缺乏专利保险政策的介入。

第四是知识产权融资租赁。国内知识产权融资租赁发展较好的是北京、广州和深圳，知识产权融资租赁发展中最大的问题是利息较高，融资租赁的利率为 12%～15%，甚至高于小额贷款利率 8%～10%，更高于银行贷款利率（4% 左右）。在知识产权风险租赁中，只有知识产权权利人、租赁公司、租赁公司合伙人等各方的利益得到充分保障的情况下，知识产权融资租赁才能开展下去，在政府不介入、不补贴的情况下，融资租赁费用显著高于其他融资方式，推进较为困难。若政府设立财政专项基金，补贴 8% 左右的融资租赁利息费用，企业以 4% 左右的利息获取融资，则可以降低融资成本。为促进知识产权融资租赁业务发展，要支持和鼓励从事知识产权融资租赁的公司建立知识产权机构和团队，加强知识产权质量、风险管理，允许具有金融牌照的知识产权运营机构、技术交易所、技术产权交易所试点开展知识产权融资租赁业务，要降低融资租赁的利率。地方政府知识产权运用风险资产担保池也可以加强对知识产权融资租赁失败项目进行损失补偿。

第五是知识产权证券化。截至 2021 年 12 月 31 日，全国知识产权证券共发行知识产权证券化产品 66 单，累计发行规模 182.49 亿元。平均每个项目的发行规模为 2.77 亿元，共 12 个城市参与发行，每个城市平均 15.2 亿元。票面利率最低 2.9%，最高 5.3%，如果取平均值，一年期知识产权证券化发行规模按 1 亿元、1.5 亿元、2 亿元、2.5 亿元计算融资费用，证券发行费用与票面利率共 4%，担保费率 1%，评估费率 1%，券商管理费和银行托管费用等其他机构服务费 0.4%。假设政府补贴超出银行贷款利息 4% 的全部费用，则需要补贴 135 万元～680 万元，因此很难持续。要持续推进知识产权证券化，必须提升知识产权基础资产的质量，降低各种融资成本和服务费用。

11.5 知识产权转移转化政策工具

目前，我国涉及知识产权转移转化和产业化的政府部门主要有国家知识产权局、科技部、国家发展改革委、工信部以及财政部。国家知识产权局的主要政策工具是国家知识产权局与财政部的专利产业化专项资金（规模约 2 亿元），国家知识产权局与财政部设立的知识产权运营专项资金、专利转移转化专项行动资金，以及国家知识产权局与商业银行联合设立的知识产权质押贷款补贴资金。科技部促进知识产权产业化的主要政策工具包括科技部与财政部的科技型中小企业创新基金（规模超过 100 亿元），以及科技成果重点推广计划、国家重点新产品计划、火炬计划特色产业基地、科技成果转化引导基金。国家发展改革委促进知识产权产业化的主要政策工具是中小企业创业风险投资引导基金、国家高技术产业化项目、国家重大产业技术开发项目、国家高技术产业技术升级和结构调整项目以及高技术产业项目和基地。工信部的主要政策工具是国家新型工业化产业示范基地和产业结构优化升级项目，国家市场监督管理总局的主要政策工具是技术标准基地。

在知识产权创业阶段，主要有科技型中小企业创业投资引导基金、科技部科技型中小企业技术创新基金、国家知识产权局与银行机构的知识产权质押贷款，还有科技部建立的科技成果转化引导基金。知识产权尤其是专利往往是没有经过市场检验的成果，存在较大的技术风险和市场风险，因此知识产权必须与资本结合才能产生创新回报。当前我国知识产权创新创业政策问题主要有三。① 技术风险无法有效降低。一个原因在于现在的很多中介机构缺乏降低信息不对称和风险不对称的功能，信息不对称必然导致风险不对称。另一个原因在于我国多层次的担保体系没有建立，商业银行和风投机构的风险无法有效降低。② 政府缺乏真正的创业管理职能。现有的政策工具都不是真正意义上的创业支持政策，多数是"锦上添花"的政策。科技部技术创新引导专项中的中小企业创新基金要求是过去三年成长性很好、信用等级很高的科技型中小企业，一些商业银行开展的知识产权质押贷款也要求过去三年具有良好的现金流和业绩。科技型中小企业创业投资引导基金主要支持创投公司和中小高新技术企业的发展，是对创新创业的间接支持，而且创投公司投资的也主要是已成立的高新技术企业。③ 政府职能发挥不够。支持已创立企业的科技型中小企业创新基金额度太低，根本不能满足创业阶段的需要，而且贷款贴息办理的手续很复杂。科技型中小企业创业投资引导基金享受税收优惠的注册资本门槛也较高。

在知识产权转移阶段，政策主要有科技部大学科技园计划、国家技术转移中心计划、国家技术创新引导工程。技术转移是创新过程中影响创新效率的主要环节，也是主要的瓶颈制约。为促进技术转移，我国制定了技术转移中心建设计划，建设了一批技术或产权交易所，设置了技术交易会、成果博览会等，带动了社会技术转移、科技成果转化企业的发展。但该环节还存在不少问题。① 技术转移机构增加了许多不必要的环节。由于我国高校、科研机构和企业是按照科学技术的计划体制分工的，长期以来，我国高校负责人才培养，科研机构负责技术开发，企业负责生产，所以大量的科技创新资源集中于高校和科研机构。再加上高校和科研机构在技术创新层次上与企业争抢资源，企业技术创新主体地位很难真正建立起来，企业还不是真正的技术创新主体，尤其是政府资源投入、创新决策与创新资源集聚的主体。这种线性的、分割的、竞争的布局是造成需要进行技术转移及问题的根本原因。② 技术转移效率不高，政策支持不足。根据国家创新体系理论，产学研合作是提升创新体系效率的重要手段，但这种合作是知识、技术、信息、资金和人才等创新要素的流动、学习和利用,是高校(原创知识)和科研机构(共性技术和公共技术)向企业的流动,是企业学习后可以开发出适应市场需要技术的活动。但是,我国相当一部分产学研合作深度不够。企业牵头各类科技计划也较少,企业即使参与科技计划项目也是处于弱势地位,高校和科研机构对企业创新的支撑严重不足。③ 社会技术转移中介机构缺乏有效管理。社会中介机构是促进知识和技术转移、扩散的重要渠道,但是我国政府支持的中介机构机制不活,能力不足,缺乏政府支持的社会中介机构也普遍能力不足。某些社会中介机构还存在服务能力低甚至欺骗行为,不仅无助于创新扩散,反而影响和阻碍了科技成果与知识产权的转移转化。

在知识产权工程化阶段,主要有科技部国家工程技术研究中心计划、国家发展改革委国家工程研究中心项目和工程实验室项目。为推动工程化,科技部设置了工程技术研究中心计划,国家发展改革委设置了工程研究中心和工程实验室项目,教育部设置了工程研究中心计划。工程化是创新投入转化为产出的重要瓶颈环节,工程化的最重要问题是对研究开发出的原型、样品进行验证、中试、放大试验和集成,从而验证试验能够在市场上商业化和产业化的产品与技术。但目前我国政府在工程化阶段职能设置存在一些问题。① 政府职能存在交叉重复。科技部工程技术研究中心计划、国家发展改革委工程研究中心和工程试验室项目、教育部工程研究中心计划实际上很大程度上是有重复的。② 工程化职能本身存在不足。依靠依托单位自负盈亏的模式很难使具有独立法人的工程(技术)研究中心生存。工程(技术)研究中心多建设在高校和科研机构,又与企业创新结合不紧密。③ 很多工程(技术)研究中心没有充分发挥原先设计的技术成果熟化、集成化和产业化以及为行业提供共性技术服务的作用,成为盈利单位。我国技术交易市场不发达或者知识产权市场没有建立起来的主要原因是专利与其他知识产权技术、自主专利与他人专利的集成能力弱。交易的仅仅是单项专利技术,而不是面向市场中可销售产品的集成了专利等一揽子知识产权产品技术。④ 概念验证能力弱。与国外很多高校科研机构技术转移办公室、技术许可办公室能够免费使用实验室进行原理、技术路线的验证和种子期投资不同,我国高校科研机构由于缺乏这样的专业化机构,概念验证机构外部化,因此影响科技成果和知识产权转移转化。虽然很多地方建立了概念验证中心,但由于缺乏免费使用高校科研机构实验室的政策、缺乏种子期投资资金，概念验证很难达到较高水平。

在知识产权产业化阶段，主要有国家知识产权局专利产业化计划，科技成果重点推广计划、国家重点新产品计划，国家发展改革委国家高技术项目（包括国家高技术产业化项目、国家重大技术装备研制和重大产业技术开发项目、国家产业技术创新能力建设项目、国家高技术产业技术升级和结构调整项目和其他国家高技术产业发展项目）；工信部火炬计划、中小企业专项、产业转型升级专项、重大科技成果转化专项、电子信息发展专项、高档数控机床与基础制造装备专项、物联网发展专项、核高基科技重大专项、人工智能平台、科技产业金融一体化项目等。创业不是创新的最终目的，创新和创业的最终目的是科技成果和知识产权的产业化、规模化，能够获得大规模的创新利润。知识产权产业化阶段最大的问题不仅是技术是否成熟的问题，更是资金、土地、劳动力、管理等要素组合的问题。我国关于知识产权产业化的政策存在以下几个问题。① 科技计划项目对管理创新的支持严重不足。我国历来重视科技计划和项目，对创新管理、企业管理、创新方法、知识产权管理运用重视不足。这也是我国很多企业技术先进但存在知识产权质量低、产品质量不高、风险高、利润率低等问题的重要原因。② 知识产权产业化资金支持方式存在不足。我国科技部成果产业化资金只是给很少量的无偿资助，或者通过火炬计划的贷款贴息方式引导商业银行给予贷款，国家发展改革委高技术产业化项目和基地主要是挂牌命名和资金支持。国家知识产权局是通过地方知识产权局对专利产业化项目进行资助的，一些不必要的中间环节必然影响专利产业化项目管理的效率。在产业化阶段再把有限的资金以无偿方式投向企业是完全没有必要的，这也与市场公平竞争原则不一致。企业在此阶段需要的是政府的普惠性税收优惠政策和金融政策的支持，政府支持的项目商业银行一般也都会给予贷款，但中小企业通过知识产权获得融资较为困难而且成本较高。③ 政府职能设置重复。工信部特色高技术产业化基地与国家发展改革委的高技术产业化项目有较大的重复，专利转化运用与科技成果转化也有重复，产业化不应是产业与投资部门和科技部门该管的事，而是市场的事。

自主创新的核心是自主知识产权的创造和运用，无论是科技成果产业化还是高技术产业化，无论是创新型企业还是高技术企业，其核心都是建立在专利等知识产权之上的，没有专利等知识产权的创造和运用，上述这些计划和项目就会成为无源之水、无本之木。整合专利产业化和其他产业化项目和基地，最关键的是要抓住专利等自主知识产权的创造、运用和产业化发展。

长期以来，我国实行的是政府主导的科技成果管理模式，从科研课题选题、申报、立项、登记，科研经费拨款到科技成果的鉴定、评价，科技成果的转让与推广应用，基本上都是由政府决定，这种管理模式在计划经济时代为我国科技发展做出了贡献，产生了诸如"两弹一星"等功勋卓著的科技成果。但是从实际操作情况看，传统的科技成果管理模式下的科技成果转化、实施和推广的效果并不理想。成果转化推广的考核制度往往流于形式，许多科研成果经过验收、评价后就被束之高阁，科技成果的市场价值无法体现。现行管理体制虽然要求项目承担单位负责科研成果的转化和推广，但是承担研究任务的高校、科研机构往往不具备科技成果和知识产权转化运用、推广能力，再加上很多因素的制约，科技成果转化的市场风险无人愿意承担，科技成果和知识产权转化运用及产业化仍然存在较多困难。

一般来讲，科技创新包括投入、产出、转化和应用四个主要环节。其中应用环节就包括知识产权产业化环节。这些环节完成才是一个完整的科技创新过程。发达国家知识产权的申请者和应用者主要是企业，技术、知识产权与企业的生产密切相关，实施渠道畅通，且研发经费的绝大部分来源于企业。但是在我国，这些环节相互割裂，科技立项以高校和科研机构为主，产生的知识产权等科技成果离市场较远，而且许多知识产权尤其是专利权是低质量的、孤立存在的。虽然国家在各级科技计划中已对科技成果的知识产权提出了要求，但还缺乏对知识产权质量、知识产权组合、可持续布局和运用转化效益的要求。由于多数企业尚未成为真正的技术创新主体，企业尚未真正依靠科技创新实现创新发展，所以我国的知识产权转移转化必然是效果效益不很显著。

总体来说，我国知识产权产业化的市场机制作用发挥还很不够，政府主导知识产权产业化的现象还十分明显，当然这也是由我国现阶段国情决定的。要从根本上解决科技与经济分割的问题，最重要的是从体制机制改革出发，建立高校、科研机构和企业科技成果和知识产权转移转化的专门机构，建立有效的转移转化模式，建立结构合理的技术转移人才团队，让专业的人干专业的事，而不是把科学家培养为企业家。还要改革科技成果管理方式，突出专利等知识产权的运用。国家除保留支持基础研究、共性技术研究外，其他的技术开发研究都应纳入市场化轨道，建立需求导向的科技成果创造和研究开发机制，要减少"五花八门"的基地、城市、先进命名和表彰奖励，要以专利等知识产权为主导整合各种产业化的政策工具。

11.6 转移转化问题分析

科技成果转化包括两个部分：第一是技术和知识产权转移，第二是技术和知识产权转化。从总体来看，我国知识产权转移转化取得了显著成绩。但从国家创新体系、创新要素流动的角度来看，我国科技成果转化和知识产权运用还存在一些问题。在技术转移过程中，存在的第一个问题是供需不对接。由于供需不对接，我国建立了技术交易所、技术市场、知识产权交易中心等。这些中介型机构旨在解决供需不对接问题，但却较难解决技术转移过程中存在的信息不对称问题和由此导致的风险不对称问题。

11.6.1 供需矛盾问题

目前，科研机构科技成果和知识产权不能有效转移转化，其根本的原因在于科技成果和知识产权转移转化存在严重的供给与需求矛盾。这是一个根本性的问题，也是一个客观存在的问题。主要原因在于：① 我国科研机构和高校的原始创新能力不足，科技成果和知识产权供给不能满足企业需求。由此企业对引进技术产生需求，并产生对引进技术的依赖。② 我国很多的科技成果和知识产权是国家战略、规划、工程、计划的产物。但国家战略需求与市场需求并不完全一致，二者还存在较大的差距。③ 企业创新能力较弱。事实证明，企业创新能力强，其对科技成果和知识产权的需求也越大，转化能力也越强。企业创新能力弱是导致科技成果和知识产权不能有效转化的主要原因之一。

11.6.2 市场失灵问题

市场失灵是制约科技成果转化和知识产权运用的基本问题，我国建立的很多技术交易所和技术市场，以及知识产权交易中心、运营中心虽然解决了供需对接问题，但却没有解决市场失灵问题。市场需求是科技成果转化和知识产权运用的根本动力，任何科技成果转化和知识产权运用都必须识别市场需求并符合有效需求。识别市场需求、发挥需求导向作用就是发挥市场对科技资源配置的决定性作用。有效需求只能来自市场、企业和用户。

第一，信息和风险不对称是制约科技成果转化和知识产权运用的客观问题。由于科技成果和知识产权存在大量的隐性知识特性和权利归属问题，科技成果转化和知识产权运用存在严重的信息不对称问题。信息不对称必然导致风险不对称。科技成果和知识产权权利人可能存在交付技术信息而不能获得相应收益的风险，被转化人可能存在交付资金而科技成果和知识产权难以实施的风险。科技成果和知识产权价值评估是解决信息不对称和风险不对称的重要方法，但我国目前的价值评估参数选择缺乏有效依据，评估随意性较大，评价结果可信度低。目前，我国的科技中介机构大多是简单的第三方模式。第三方科技中介机构游离于科研、市场和资本之外，不能有效解决科技成果转化和知识产权运用中的信息和风险不对称问题。

第二，创业难是制约科技成果转化和知识产权运用的瓶颈问题。科技成果在早期阶段转化最难，这个阶段也就是通称的"达尔文死谷"阶段，新创企业缺乏资金支持，社会风投、创投也不愿投资。实际上，初创企业的最大困难是缺乏资金，尤其是种子资金、天使投资。我国高校科研机构大都建立有投资资金，但缺乏与发明披露评估和专利申请前评估结合的种子资金投资。我国虽然建立了工程实验室、工程（技术）研究中心支持科技成果和知识产权的熟化、二次开发和集成，虽然设立了科技型中小企业创新基金与创业引导资金、科技成果转化引导基金，但这些政策大多属于事后的政策，基本上都是创业企业已经转化专利技术三年后才可以获得的支持。而且这些政策门槛过高，惠及面过窄。

第三，知识产权权属分散是制约科技成果转化和知识产权运用的突出问题。在开放式创新环境下，一个科研机构很难拥有科技成果与产品或服务的全部知识产权，知识产权往往分属不同的权利人，呈现纵向交叉和横向交叉局面。知识产权运用的往往是单项技术，科技成果转化往往面向市场可独立销售的产品或服务以至工程，知识产权转移转化必然涉及不同创新者拥有的不同知识产权尤其是专利的集成问题。在科技成果和知识产权转移过程中，尤其是企业从高校科研机构承接的科技成果往往还有他人的知识产权。高校科研机构或企业通过技术转移将科技成果转让给企业，可能转让知识产权申请权或专利权，但该技术由于有他人知识产权，这种技术转移将会造成被转让和许可的企业侵犯他人知识产权。上述这些问题仅依靠供需对接和建立技术市场是远远不够的。在科技创新速度越来越快、知识产权越来越分散的情况下，知识产权集成难以成为制约科技成果转化和知识产权运用的突出问题。要解决知识产权分散问题，必须建立有效的知识产权集中管理服务平台，而我国还没有真正的以专利池或专利组合为主要经营业务的知识产权集中管理服务机构。

第四，机构、团队和能力是促进科技成果和知识产权转移转化的决定条件。科技成果转化和知识产权运用涉及技术、法律、商业、管理等诸多领域，促进科技成果转化和知识产权运用必须靠专业化的技术转移机构、靠专业化的技术转移人才团队、靠专业化的技术转移能力。欧、美、日等许多国家和地区的高校、科研机构都建立了内部技术转移办公室、技术转移公司或者聘请保姆式嵌入式外部机构提供技术转移服务，往往拥有一支由有科技背景专家、有企业背景专家和知识产权律师组成的30人及以上的技术转移人才团队，大多既拥有本领域的技术背景，又拥有法律、专利、经济管理或投资等方面的学位。而我国尚缺少科技成果转化和知识产权运用的专业化组织机构、人才团队和转化能力。科技部、教育部2020年5月13日发布《关于进一步推进高等学校专业化技术转移机构建设发展的实施意见》，第一个重点任务就是"建立技术转移机构。高校专业化技术转移机构是为高校科技成果转移转化活动提供全链条、综合性服务的专业机构。在不增加本校编制的前提下，高校可设立技术转移办公室、技术转移中心等内设机构，或者联合地方、企业设立的从事技术开发、技术转移、中试熟化的独立机构，以及设立高校全资拥有的技术转移公司、知识产权管理公司等方式建立技术转移机构"。2020年10月公布了20个高等学校专业化国家技术转移机构建设试点名单，2022年3月公布了第二批机构名单，但缺乏种子投资和专业化技术转移人才团队的规定。2023年10月，国务院常务会议审议通过《专利转化运用专项行动方案（2023—2025年）》后，我国应当加大对高校、科研机构内部技术转移办公室、技术转移公司或者外部保姆式嵌入式技术转移服务机构的支持。

第五，职务发明人参与是促进专利技术转化的重要条件而非必要条件。科技成果转化和知识产权运用不是简单的技术转移过程，它包含转移前的高水平发明创造、高价值专利布局、专利组合布局，还包括转移后的价值评估、专利池建设、合同签订甚至谈判以及技术咨询技术服务、后续研究开发等工作，既离不开发明人的参与，也离不开专业技术转移团队的参与。科技成果和知识产权转移转化离不开发明人的参与，但不能完全依靠职务发明人。为激励职务发明人参与科技成果转化和知识产权运用过程，应当对职务发明人进行适当的激励，单位激励的力度要合适合理，因此要兼顾对技术转移机构和技术转移人才团队进行激励。国外科研机构和高校的发明人几乎不参与技术转移谈判，更不会占有科技成果和知识产权作价入股的企业的股权，职务发明人只能获得技术许可和作价入股规定比例的收益，职务发明人一般分得扣除成本后收益的1/3左右，超过50%的几乎没有，而专业化技术转移机构可以收取15%～30%的收益作为行政成本和知识产权申请保护的费用，因此其知识产权质量、许可率与作价入股率就较高。而我国的法律和政策主要是激励发明人，只有底限而没有上限，一些地方甚至将科技成果转化收益的100%奖励给个人。对技术转移机构和团队的激励缺乏法律和政策保障，因此我国科技成果转化和知识产权运用尚不是有组织的科技成果转化和知识产权运用，所以科技成果转化和知识产权运用必然不佳。

第六，合理知识产权归属是促进产学研合作效率的根本制度安排。产学研合作是科技成果转化和知识产权运用的重要途径，也是需求拉动的典型模式。合理的知识产权归属制度是激励产学研合作的基本制度安排。多年来，无论是创新联盟、技术联盟，还是高校、科研机构与企业互派科技人员，都没有从根本上解决产学研合作中合作研发与知识产权的合理归属问题。在我国产学研合作中，各创新主体的知识产权都一般归自己所有，没有他人免费使用的规定；科技计划仅规定成员应当允许他人免费使用其知识产权，但必然导致申请低质量知识产权和"搭便车"行为。在产学研合作中，知识产权归属约定优先，必然会导致一些高校、科研机构将知识产权归委托合作或研发合作的企业所有，就必然影响高校、科研机构公益性作用的发挥。国外高校、科研机构基本上对外技术转移都是通过普通许可方式进行，独占许可数量也较少，更没有知识产权权利转让。德国弗朗霍夫学会三分之一的研发资金来自于企业，研究所必须配套三分之一的研发投入，政府才能配套另外三分之一的研发资助，而且知识产权属于弗朗霍夫学会，企业只获得普通许可权。在没有约定情况下，我国《促进科技成果转化法》和相关政策与措施没有明确规定科研项目合作知识产权质量、权利瑕疵、申请、放弃、转让许可等具体事项，关于知识产权共有也没有规定是如何共有，共同共有很可能会导致高校、科研机构科技成果流失，低质量专利申请很有可能导致高校、科研机构无法获得相应的产学研合作收益，按份共有也没有解决申请知识产权质量和知识产权向股权穿透问题。为数不多的国内外专利池中没有解决根据成员依托标准必要专利的贡献获取相应收益的机制。然而，由于对知识产权、转化收益等合作成果的分享缺乏明确可操作的规定，加之对协议的履行缺乏有效的监管，知识产权权利和利益分配问题已经成为我国产学研合作效果不佳的突出问题。

11.6.3 其他问题

第一，科技成果转化和知识产权运用法律可操作性存在不足。许多条款的规定仍然是原则性和上位性的，没有有效解决科技成果转移转化中的知识产权质量问题、权利碎片化问题和知识产权产品化问题。法律强调权利义务平等，强调程序正义，强调规范限制，然而很多现行科技法律出现了大量"鼓励""支持""促进"等政策性规定。

第二，缺乏有效促进科技成果转化和知识产权运用的政策体系。① 科技成果转化和知识产权运用本身是纯粹的市场行为，财政性资金应当主要是科技成果转化和知识产权运用基础设施平台建设资金与财政性引导资金。在财政投入方面，我国对科技成果转化和知识产权运用较多地施行了奖励和补贴政策。但这种补贴方式可能会扭曲市场，使得好的更好、差的更差。我国财政资金支持科技成果转化和知识产权运用的政策应当支持高校科研机构和企业建立专业化的科技成果转移转化机构和专业团队建设，这是知识产权转化运用专项资金应当重点关注和支持的领域。②我国非常重视通过税收优惠支持产业的创新发展，尤其是软件和集成电路产业，但这些产业增值税率仍然较高，我国对战略性新兴产业、高技术产业没有实行如软件和集成电路产业增值税税负超过销售收入3%～6%即征即退的优惠政策。现行科研机构和大学技术转移额低于2 000万元不需要缴纳所得税规定的额度仍然较低，高于2 000万元需要缴纳一半企业所得税政策也与激励科技成果转化和知识产权运用额度越大应当优惠越多的目的相反。《中华人民共和国个人所得税法》规定"财产转让所得""特许权使用费所得"应缴纳个人所得税，而许可收入往往一次性发生，并不符合"工资薪金"的规定，造成了不少问题。自主研发型和外购型科技成果及其知识产权缺乏科学合理的价值核算办法和规定，无法反映自主创新的成果价值，不利于激励企业自主创新。目前，对职务科技成果完成人的发明奖励和报酬等费用还没有列入加计扣除范围，需进一步完善。③金融存在可操作性不足的问题，政府采购政策支持中小企业自主创新急需恢复。我国虽然出台了促进科技成果转化和知识产权运用急需的种子基金和风险投资支持政策、创业引导资金政策，但还存在很多落实问题。我国金融政策包括信贷政策和保险政策，但信贷政策偏重于风险厌恶型，急需发展资金的科技型中小企业很难得到支持，一些科技型银行的利率又过高。虽然2021年修订的《科技进步法》再次明确规定"对境内自然人、法人和非法人组织的科技创新产品、服务，在功能、质量等指标能够满足政府采购需求的条件下，政府采购应当购买；首次投放市场的，政府采购应当率先购买，不得以商业业绩为由予以限制"，但我国自2011年废弃政府采购和自主创新政策的三个文件后，政府采购科技创新产品政策一直处于停止状态。尽管一些地方将新产品计划改造为新技术新产品的政府采购政策，但缺乏上述相应的激励措施。我国放弃自主创新产品政府采购，也放弃了美国、加拿大、英国等国实行的针对中小企业自主创新产品的政府采购政策。这些政策如政府采购合同中低于10万元的合同、合同中的30%应给予中小企业，中小企业的报价可以高于平常价格的6%，应当恢复。④我国一直没有将科技成果、知识产权等服务列入政府采购支持科技创新的政策范围。

第三，国有资产管理制度影响专利技术转移转化。在国有资产管理上，

《促进科技成果转化法》尽管实行了放权让利，尽管对财政性资金形成的科技成果和知识产权的转让许可作价投资不再法定评估和审批备案，但仍有很多制度如无形资产制度、国有资产报告制度等存在不一致不配套问题，国有资产管理制度仍然在一定程度上影响甚至制约科技成果转化和知识产权运用。由于科技成果知识产权是无形资产，财政性资金设立的科技计划形成的科技成果知识产权必然属于国有资产，但我国知识产权质量总体较低，知识产权并不完全符合《企业会计准则第6号——无形资产》规定的条件，所以中关村国家自主创新示范区以及一些地方将财政性科技计划形成的科技成果知识产权单列管理，不受财政部2012年颁布的《企业会计制度》、2016年修改的《企业会计准则第6号——无形资产》和国有资产管理法规的限制。财政部2019年印发的《中央级事业单位国有资产管理办法》规定，授权中央级研究开发机构、高等院校的主管部门办理科技成果作价投资形成国有股权的转让、无偿划转或者对外投资等管理事项，不需报财政部审批或者备案；授权中央级研究开发机构、高等院校的主管部门办理科技成果作价投资成立企业的国有资产产权登记事项，不需报财政部办理登记。但很多高校科研机构主管部门小心谨慎，仍然要求企业进行评估。在科技成果作价入股形成的国有股权上，虽然进行了放权，但是在实际操作中，为了落实《关于深化体制机制改革加快实施创新驱动发展战略的若干意见》文件提出的"逐步实现高等学校和科研院所与下属公司剥离，原则上高等学校、科研院所不再新办企业，强化科技成果以许可方式对外扩散"，多数高校院所对科技成果作价入股创办企业不再批准，这与文件的精神并不符合。文件是为了让高校科研机构聚焦主责主业，科研人员不要成为企业的经营者而且自身也经营不好，许可主要是为了发挥高校科研机构的公益性作用。现在很多科研人员根据《促进科技成果转化法》第19条"国家设立的研究开发机构、高等院校所取得的职务科技成果，完成人和参加人在不变更职务科技成果权属的前提下，可以根据与本单位的协议进行该项科技成果的转化，并享有协议规定的权益。该单位对上述科技成果转化活动应当予以支持"的规定进行离岗或在岗创业，仍然没有解决科技成果和知识产权转移转化中的问题和风险，也可能导致效果不好。

第四，中央"强化科技成果以许可方式对外扩散"政策执行中出现偏差。高校职务科技成果所有权下放改革试点效果与预期存在差距。据西南交通大学上报的全面创新改革试验材料，该校到 2020 年年底拥有有效发明专利 5 300 件，但真正分割确权的专利只占 4.4%，到 2023 年年底只提高到 5.15%。一些地方高校不在改革试点范围内，却将高校科技成果所有权全部或部分下放给科研人员，存在违反相关法律、政策规定的问题。

第五，科技评价体系落后导致高校科技成果转化支撑作用发挥不够。由于科技计划项目指南、技术预见机制、专家评审制度存在不足，我国原创成果突破少，关键核心技术被"卡脖子"，制约了高水平科技自立自强的实现。现有评价体系仍以评价知识产权数量和收益为主，缺乏对知识产权质量、科技成果对经济社会发展贡献的评价。由于缺乏标准必要专利评估制度，高校很少拥有标准必要专利，高校科技成果知识产权未对产业产生应有的控制力，未对现代产业自主可控作出应有的贡献。

11.7 科技成果转化和知识产权运营模式

科技成果转化的前提是要产出高质量、高价值的知识产权。创造高质量、高价值的知识产权就要运用专利导航方法指导研发、新产品开发和专利布局，这对科技成果转化和知识产权运用非常重要。国家知识产权局于 2013 年 4 月发布《关于实施专利导航试点工程的通知》（国知发管字〔2013〕27 号），并推动全国知识产权导航运用协同单位、基地、项目工作。经过多年试点示范，专利导航工作已经深入人心，受到企业和高校、科研机构的普遍欢迎。在《"十四五"国家知识产权保护和运用规划》中，我国把专利导航工程作为 15 个重大工程之一。国家知识产权局发布了《专利导航指南》（GB/T 39551）国家标准，企业可以通过专利检索分析导航区域规划、产业规划、生产经营、研发活动、人才管理标准化及进行企业微导航。① 导航产业关键核心技术研发。使用技术功效矩阵，可以确定研发投入方向和专利战略布局策略。使用专利分类号检索方法可以确定可能存在空白的技术领域，甚至包括颠覆性创新和未来产业发展方向。也可以采用技术路线图的方法发现现有产业技术问题，指导专利布局策略。② 导航产业知识产权运营。可以运用专利技术生命周期方法评价专利技术先进度和成熟度，来评估知识产权是否可以运营，是否可以转让、许可。③导航产业知识产权产品开发。可以导航产品是否具备自主性、是否具备收益主导性、产品竞争力以及产品替代性如何等，可导航产品必要专利、专利技术实施，导航自主专利和自主商标占比，研究产品在市场中的替代率和成长性。④专利导航产业知识产权风险防范。可以识别产业中的竞争对手，并通过侵权比对的方法找到高风险专利。由此可以制定风险防范策略，如专利无效宣告、交叉许可、加入专利池或者转让许可等方式。⑤导航产业优化升级。可以导航产业如何基于国际、国家技术标准布局标准必要专利，以及如何通过推动技术标准的制订和修订推动产业优化升级，这些都是专利导航产业创新发展的基本方法。现在的很多导航分析报告是在进行基本分析后就提出对策建议，没有实现从现在到未来的跨越，所做的专利检索分析对于未来科技创新、产品开发和企业经营起不到真正的导航作用。

有了高质量的知识产权，还要建立高效率的科技成果转化和知识产权运营模式。我们目前采用较多的是中介机构转化模式和发明人转化模式，这些模式很难成为先进的有效模式。有效的模式一定要能够解决上述问题，本书提出如下几种有效模式。

第一种模式是新型举国体制下的重大科技成果创造和转化模式。面向国家战略需求，面向国民经济主战场，以实现国家战略和国家重大利益为根本目标，在国家重大科技计划项目组织实施过程中充分发挥大协作、联合攻关机制作用，集中力量，统一调配资源，协同攻关，开展使命导向的科研和科技成果转化。目前中国科学院牵头或参与的"天宫""蛟龙""嫦娥""天问""高分专项""天眼""墨子"等重大科技项目都通过新型举国体制取得圆满成功，产出重大成果并转化实施。中国科学院大连化学物理研究所的DMTO项目、微生物研究所的月桂二酸项目、金属研究所与西王特钢开展的百吨级无焊缝整体不锈钢环形锻件研制项目、自动化研究所创立的中科闻歌项目、微电子研究所的芯片技术项目也都取得了成功。中国科学院天津工程研究所研发了人工合成淀粉的成果，经过20多个步骤的催化，成功制造出人造淀粉。

第二种模式是技术转移与知识产权运营的内部机构模式。英国牛津大学于 1998 年就成立了 ISIS 创新公司，负责发明公开、专利申请和许可转化，每年申请专利大约 800 件，取得了显著收益。2021 年该公司独立，成为一家外部投资公司，2022 年只申请了 73 件专利。中国科学院上海生命科学研究院在 2009 年组建了上海生命科学院知识产权与技术转移中心，该中心采用了三个重要机制。一是用人自主权，聘用人员不按事业编制而是通过社会化招聘。他们从全球知名高校科研机构招聘硕士、博士，经过 3～5 年强化技术转移训练，成为技术转移高手。二是管理自主权，科研人员申请专利的权利上交，发明人的职务发明必须向该中心披露并由中心进行评估，评估后认为可以转化的技术，单位需要专利权的才申请专利，不能转化的就下放给职务发明人个人。三是财务自主权，该中心收取全部技术转移收入的 20%。他们采取的 8 步法管理成为国内经典的技术转移做法。发明人对发明创造进行技术交底，技术转移部门进行发明评估，认为需要完善的再由科研人员补充资料和实验。如果通过评估能够实现转化需要申请专利，则由外部代理机构完成专利文件，该中心检查评估专利文件质量。通过质量评估递交后，就对外进行专利许可，通过签订许可合同，实现收益分配，保障发明人的合理收益。他们还设立有投资基金引导外部资本对技术和专利进行投资。2009—2014 年上半年，该中心每年完成的知识产权转移转化收入 3.5 亿～4 亿元，占中国科学院全部知识产权转移转化收入的 50%。由于知识产权申请与结题验收、获得奖励、晋升职称等密切相关，这种做法遭到一些科研人员的反对，现在该机构已成为一个高水平的社会化服务机构。

第三种模式是嵌入式保姆式能力型外部服务机构模式。简单中介机构在技术转移中很难成功，但具有能力和相应机制的外部服务机构也可以成功。我国目前的技术转移服务机构都是简单的技术中介服务机构，即使培养了很多技术经纪人，也很难成功。如果外部服务机构能够承担高校科研机构包括企业的发明披露评估、专利申请质量评估、技术许可和早期投资等功能，这样的外部机构模式是可以成功的，这种机构应该是嵌入式、保姆式、能力型的外部服务机构。德国弗朗霍夫学会内部设立有专利许可办公室，下设有德国专利中心。该中心后来独立成为第三方机构，但其仍然为弗朗霍夫学会各个研究所提供发明披露评估、专利申请评估、早期投资等服务，并为其他高校科研机构的发明人提供服务，取得了很好的成绩。德国史态恩伯斯技术转移促进基金会是一个民办官助的全国性技术转移组织,在40多个国家拥有分公司,拥有6 000名技术专家和1 000个创新中心,其主要任务是为企业提供技术转移咨询服务,对技术进行孵化、验证、系统设计以及产品升级。一是开展绿色和清洁能源国际技术扫描探查,开展市场化和技术转移合作,二是量身定制制造业技术解决方案,三是开展技术合作生产可行性评估,四是开展培训和继续教育,专门成立私立大学史态恩伯斯大学和投资基金,培养技术转移经理人,技术经理人需要在创新中心和企业开展一年的实践,对于好的技术,史态恩伯斯基金对技术进行投资。

第四种模式是产业技术专利池运营模式。产业要实现更新升级优化和赋能,必然离不开技术的注入和知识产权保护。技术和知识产权是产业赋能的根本路径,有且仅有新技术及其知识产权才能赋能,只有新技术才能创造出新产品和高额利润,只有知识产权才能保障企业垄断性和高利润。因此,所述的数字赋能、金融赋能和人才赋能,最终都应通过新技术和知识产权赋能。在这方面,中国有很多伟大的原创发明,由于未掌握技术标准制定的主导权、专利质量较低,没有标准必要专利,导致产业丧失控制力,产业出现断代,无法持续优化升级。例如,我们原创发明的VCD被索尼和飞利浦等公司学会后开发了蓝光DVD,这些公司构建了蓝光DVD专利许可联盟,向中国企业收取了大量许可费。在此基础上,中国为摆脱受制于人的状况,开展了红光EVD的研究开发。虽然申请了2 000多项专利,制定了技术标准而且积极推动成为国际标准,但由于核心专利质量低被驳回,专利与标准均没有产生关联,EVD没有形成主导产业。而蓝光技术由于专利质量高,专利与技术标准融合,推动蓝光DVD产业升级。2016年菲利普公司等开发了与高清电视兼容的蓝光4K高清技术标准和产品,并开始对中国进行第二次专利实施许可费收取,国内已有195家企业不得不购买蓝光4K高清专利池的许可。2023年8月,欧洲又宣布成立第三代高清数字视频播放专利池即8K高清,我国的企业不得不继续向该标准的专利池缴纳许可费。运营DVD相关专利池的飞利浦公司等一般收取许可费的20%。然而,遗憾的是,国内目前还没有一家知识产权运营公司能够开展标准必要专利的专利池运营。我国有必要建立基于产业技术标准的专利池。

第五种模式是科技成果和知识产权创新创业投资模式。科技成果转化最终的方式是投资。2008年1月，中国科学院和联想控股共同成立了中国科学院联想学院。联想学院最核心的是联想之星创业CEO特训班，由联合控股主导和实施。中国科学院国科控股主要负责管理创业CEO特训班，目标定位于通过企业家培训课程，寻找产业技术源头，培养有技术背景的CEO，以及对技术进行风险投资和结合。联想学院确定了联想之星创业培训与天使投资的战略模式，并专门设立了天使投资基金。联想之星将其划分为两个业务模块：免费创业培训和天使投资，针对有创业想法的年轻人进行教育和培训。培训包括知识创新、技术创新、价值评估、撰写商业计划书、知识产权管理、谈判等，通过多阶段学习，学员成为掌握科技成果创业的人。在商业计划书编制过程中，联想控股的弘毅和君联资本进行辅导与指导，帮助完善商业计划书。等待商业计划书编写完成并成熟，弘毅和君联资本便可对该项目进行投资。

采用技术加商业计划书加投资加创业辅导的模式，联想控股每年大约能创办和投资50多个项目。通过联想学院，许多项目获得了外部投资。例如，2019年上半年旷视科技融资获得D轮7.5亿美元投资，卓胜微IPO获得8.5亿美元融资规模。因此，为了促进创新创业，高校、科研机构、企业以及地方政府等可以采取创业投资方式，引导社会上有创业项目和意愿的年轻人，对他们进行辅导和创业投资，实现创业目标。北京协同创新研究院建立了三元耦合机制的投资转化模式，该研究院有12个研究所，由专职科研人员进行研发。研究所面向全球知名高校科研机构，招聘硕士和博士到研究所进行实验。其中博士每个月可以资助1万元，硕士资助5 000元。研发成果成功在12个研究所对应的12个创新中心进行孵化，该12个创新中心同时对应12个投资基金和知识产权运营基金。北京协同创新研究院以科技成果和知识产权作价入股，形成一个个项目公司，最终科研人员能够占47%左右的股权。

第六种模式是院地、校地科技和知识产权合作模式。例如中国科学院共有12个分院，下属建立了60多个面向地方的创新研究院，如深圳先进技术研究院、青岛生物能源研究所、烟台海岸带研究所、厦门城市环境研究所等，面向地方需求研发科技成果和转化科技成果，均取得很好的效果。地处西北的中国科学院兰州化学物理研究所与中国科学院高能物理研究所联合研发了重离子治疗癌症技术，并在武威市投产实施。

第七种模式是创新联合体模式。如中国科学院建立了龙芯创新联合体。龙芯公司董事长胡伟武同时是中国科学院计算技术研究所的研究员和博士生导师，龙芯公司是计算技术研究所创办的全资企业。这种股权结构通过市场化机制促进了成果不断面向需求研发。龙芯公司2023年10月发布的CPU3600A与三年前的英特尔酷睿芯片性能相当。经过3～5年的研发，我国的自主CPU性能完全可以达到甚至超越英特尔CPU的水平。龙芯公司的专利布局比较合理，专利质量总体很好，主要得益于中国科学院计算技术研究所知识产权办公室拥有高水平的中国科学院知识产权专员团队和有效的知识产权转化运用流程与机制。当前，学术界和政策制定者比较重视技术转移，但却容易忽略将技术和知识产权转化为产品和服务；比较重视技术产品化，但却忽略了知识产权权利。技术能够进入产品，但知识产权尤其是专利权不一定能进入产品。只有产品或服务落入专利权保护范围，对专利产生侵权才能认为知识产权权利进入了产品，产品才能成为真正的知识产权产品，也才能成为具有竞争力的产品。在这方面许多企业既不懂也不重视，专利未成为标准必要专利或产品必要专利，知识产权对产业没有影响力和控制力，知识产权也没有对产业创新发展做出相应贡献。

第八种模式是知识产权金融模式。

（1）知识产权质押融资。知识产权质押融资业务在我国发展历史较早。我国1995年颁布的《中华人民共和国担保法》（以下简称《担保法》）明确规定知识产权可以作为质押客体。国家知识产权局从2006年开始推动银行参与知识产权质押融资试点。从2008年12月到2010年7月，我国先后确定了3批共16个城市作为知识产权质押融资试点城市。2016年又确定了11个单位为知识产权质押融资示范单位。国家知识产权局制定了一系列知识产权质押贷款支持政策，知识产权质押融资形成了市场主导、政府参与、政府主导三大类政策模式。各地积极探索，综合运用引导资金补贴、贷款贴息、保险担保费补贴、风险资金补偿、尽职免责等政策，积极发展直接质押、混合质押、许可权质押，形成了补贴、贷款贴息等业务模式，构建起包括政府、银行、保险公司、担保公司、评估机构在内的知识产权金融生态。2022年全国专利商标质押融资额达4 868.8亿元，质押项目达1.6万项。

（2）知识产权保险。知识产权保险产品于21世纪初引入我国。国家知识产权局自 2012 年起至今，通过在有条件的地方推动先行先试与实践探索等方式，先后推动 150 多个城市开展知识产权保险试点工作。2022 年，我国知识产权保险规模超过 1 100 亿元。为了克服知识产权保险机制本身存在的逆淘汰等问题，各地相继出台扶持政策，鼓励保险公司利用信用保证保险。青岛市、中山市等地开展了政府风险资金池介入的专利质押贷款保险探索。北京市制定和优化了专利诉讼保险政策，研究制定专利技术商业化保险政策，专利诉讼保险成为北京市服务业扩大开放十大典型案例之一。广州等地积极开发海外知识产权侵权保险产品，平安银行积极探索知识产权价值评估师责任保险。目前，我国知识产权保险已经覆盖了专利、商标、著作权、地理标志、集成电路布图设计、植物新品种以及商业秘密等几乎所有的知识产权类型，涵盖了知识产权申请、代理、诉讼、价值评估等各个环节。

（3）知识产权证券化。知识产权证券化是目前我国近年来发展较快的且最具中国特色的知识产权融资模式。美国 1997 年就开展知识产权证券化实践，但近年美、欧、日等知识产权证券化几乎全部停滞。我国政府积极作为，充分发挥市场的基础性作用，知识产权证券化在全球一枝独秀。武汉知识产权交易所较早开始探索知识产权证券化，形成了债股可转换的知识产权融资票据模式。2018 年 12 月我国首支知识产权证券化标准化产品"第一创业-文科租赁一期资产支持专项计划"在深圳证券交易所成功获批。截至 2023 年 9 月底，上海、深圳两个证券交易所共发行了 119 单知识产权证券化产品，融资金额达到 268 亿元。目前，我国知识产权证券化形成了包括许可模式、质押贷款模式、融资租赁模式和保理模式，而且独创出二次许可模式，并取得了巨大成功。

（4）知识产权信托、融资租赁、担保、评估等。以中国音乐著作权集体管理协会、中国文字著作权集体管理协会为代表的著作权信托业务发展已经较为成熟。以专利池为代表的专利权信托也开始起步，华为技术公司、中兴通讯、大唐电信、小米、欧派等公司加入了汽车物联网专利池。北京市设立专项资金研究和支持元宇宙专利池建设。2019 年安徽开展了基于知识产权收益权的融资型信托，共募集首期资金 2 000 万元。北京在 2000 年对四家中关村科技中小企业开展了知识产权贷款融资信托。北京、广州、上海等地方政府在知识产权融资租赁领域进行了一系列有益探索，不断助推知识产权融资租赁项目落地，知识产权融资租赁涵盖了专利权、著作权、电视转播权等知识产权客体，融资规模普遍在 1 亿元左右，期限 3 年左右。其中，北京市文化科技融资租赁股份有限公司累计实现文化企业知识产权融资租赁项目超过 350 个，投放金额超过 70 亿元。我国有很多担保公司、评估公司开展知识产权担保和评估业务，知识产权质押贷款、融资租赁、股权投资等基本都得到资金担保和评估服务支持，地方政府也对这些服务费进行了补贴支持。

第九种模式是知识产权产业发展模式。知识产权运用必须要发展成为知识产权产业和知识产权经济。国家知识产权局于 2015 年发布了《国际专利分类与国民经济行业分类对照表》，统计了专利密集型产业的就业、出口和经济贡献度；2016 年公布了知识产权（专利）密集型产业目录并于 2019 年进行了修改完善，包括基础信息产业、软件信息服务业、现代交通装备制造业、智能制造装备产业、生物医药产业、新型功能材料产业、高效节能环保产业和资源循环利用产业。国家知识产权局发布了全国国民经济行业大类、中类、小类专利密集度排前列的产业，与我国的高新技术产业、战略性新兴产业和中国制造 2025 产业密切相关、高度一致。根据统计，2021 年全国专利密集型产业增加值达到 14.3 万亿元，占 GDP 比重达到 12.44%。核心版权产业增加值达到 5.36 万亿元，占经费比重达到 7.41%，两者加起来将近 20%。2017 年 7 月，国务院批复了国家统计局《关于报请印发〈中国国民经济核算体系（2016）〉的请示》，将知识产权产品等纳入非金融资产的核算范围，修订了"资本形成总额"指标，包含了研究和开发、娱乐文学艺术品原件等知识产权产品，直接研发投入计入 GDP 作为专利贡献。

11.8 小结

总体来看，我国国家创新体系不断健全，创新成效不断显现，但我国科技成果和知识产权转移转化率低，还不能很好地适应中央提出的创新驱动发展战略、高质量发展和中国式现代化的要求。根本原因在于我国国家创新体系建设仍存在许多不足和问题，主要问题首先在于市场还未充分发挥基础性作用。高校、科研机构和企业的功能定位不够清楚，高校、科研机构甚至企业都搞基础研究，企业办研究院所和大学，高校科研机构办企业，存在同质化竞争，造成科技创新资源布局重复和投入浪费，效率下降。现在中央已经明确规定，高校科研机构要与所属企业剥离，原则上不再创办企业，而以许可方式对外转化科技成果，这是非常正确的。其次是我们过度推崇科技中介机构和发明人转化模式。而国内外实践已经证明，简单科技中介机构做技术转移很难成功，科技成果转化最好的方式是投资，职务发明人是技术转移的重要条件而非必要条件，科技成果转化和知识产权运用最终是要形成新技术知识产权产品和产业。为促进高校和科研机构科技成果和知识产权转移转化，本书提出如下建议。

一是完善科技成果转移转化和知识产权运用法律制度。要加强科技成果和知识产权转移转化有关法律的完善与协调，力求法律规定之间不交叉、不重复、不冲突。《促进科技成果转化法》要坚持市场决定原则，建立面向市场需求转化科技成果的模式，尤其是要建立以企业为主体的科技成果研发和转化模式。要规定政府、高校和科研机构以及国有企业在科技成果转化中的责任、义务。要提高法律的规范性，增加法律的规范、限制功能，增加程序性规定和处罚、补救措施。规定对欺骗科技成果行为实行惩罚性赔偿。要修改现有法律中的政策性内容。要进一步明确科技成果转化的程序和救济措施，保证法律的可操作性。

二是构建和完善促进科技成果和知识产权转移转化的政策体系。要系统设计促进科技成果和知识产权转移转化的政策。要加大科技成果和知识产权转移转化的资金支持力度，科技成果引导基金要将直接投入变为引导投入、贷款贴息、担保、母基金入股和后补助，要支持专利池运营企业、具有担保功能的中介机构等新型科技成果和知识产权转移转化中介服务机构的发展。要对专利密集型产业实行低增值税税率政策，对具有自主知识产权的自主创新产品实行政府采购政策和低消费税税率政策，允许职务发明人奖励报酬等，除了知识产权手续费外的所有知识产权费用纳入研发支出加计扣除范围，应对职务发明人科技成果和知识产权转移转化奖励收入不纳入工资薪金所得范围，一律实行20%个人所得税税率优惠政策。明确规定企业股权和个人奖励股权在股权收回、清算或转让时才需要缴纳企业所得税和个人所得税。应明确规定，个人获得奖励股权以及技术转让现金收入应单独建账，不列入工资薪金范围，而且税率均为20%。在条件可行时，我国应采取欧洲专利盒子政策，对企业科技成果知识产权作价入股的股权收入实行所得税抵免政策，如50%～80%，将科技成果知识产权入股企业所得税税率降低至5%～10%，加大对科技成果和知识产权的作价入股的激励力度，促进大众创业和万众创新。要通过政府引导资金、贷款贴息、保险、担保等方式支持种子资金和风险投资的发展。要加大金融政策对中小微企业的支持，尤其是提高贷款的便利性。要改造现有新产品计划，将对新产品采购作为自主创新产品政府采购政策的替代政策，并加大对绿色产品的采购。

三是推进知识产权转移转化组织机构、人才团队和能力建设。重点理工类大学和技术研发类科研机构，或转移转化收入超过一定数额的机构都应建立技术转移办公室或技术转移公司，并支持技术转移、知识产权管理和种子投资"三合一"机构、人员与职能、能力建设，支持在内部技术转移机构建立概念验证中心。要支持有条件的科技中介机构发展第三方支付和担保功能，提供不同阶段信息和风险保障手段。要支持组建市场化的知识产权管理公司，以重要科研机构、产业部门、教育部门等为依托单位，建立多元化投资的专业化知识产权管理公司，将分散的知识产权组合打包，以非独占、非排他、非可再转让许可的方式低价或免费许可给国内企业使用。要支持有条件的科技中介机构以技术标准制定和实施为依托，以专利池或专利组合为基本手段引导组建专利许可经营企业，开展"一站式许可"。要转变技术经纪人培养模式，重点开展具有技术评估、专利申请、合同谈判、投资融资功能的技术经理人资格考试和认证，加大技术转移能力建设。支持高校技术转移机构开展科技成果作价出资创办衍生企业。由高校专业化技术转移机构持有、管理高校科技成果、知识产权、作价出资创办的衍生企业的股权，高校负责人和职务科技成果完成人不能担任衍生企业的实际控制人、董事长、总经理等实际管理职位。技术转移机构在3～5年内逐渐减持高校和科研人员持有的股权并退出企业管理，通过股权转让或股息收益激励高校研发和科研人员。

四是应增强知识产权投资能力。国家科技成果转化引导资金要支持科研机构建立多元化专利和科技成果转移转化专项资金，专项资金要以转移转化收入为主、国家引导资金投入为辅建立，专项资金通过直接资助和入股等方式引导创投、风投、银行资金和民间资本支持转移转化。直接资助额度不宜超过转移转化收益的三分之一。专项资金主要投资于技术处于种子期并符合国家产业和技术政策的科技型中小企业创设，成功运转三年后政府引导资金可最高按同期银行贷款利率由其他投资人、股东或管理层收购退出。贷款贴息主要用于对转化科技成果和知识产权的科技型中小企业的政策性和商业性贷款的利息补贴，贴息比例以 2% ～ 3% 为宜。风险补偿应主要用于补偿未能成功转化的金融机构贷款的本金利息损失、担保公司的代偿贷款的本金利息损失，比例不宜超过损失的三分之二。后补助主要用于对成功向企业转化科技成果的高校科研机构按其实际转化收益给予一定的财政性后补助，比例不宜超过一半。

五是加大质押和保险政策对知识产权创业环节的支持。完善知识产权质押贷款模式，发展混合质押贷款模式。制定科技成果和知识产权转移转化的保险和再保险政策，要鼓励技术转移双方和中介机构都加入保险。科技成果转化引导资金要加大对保险业务的担保。要减免知识产权保险业务的增值税，将知识产权代理、诉讼、转移等保险费支出纳入加计扣除范围。要建立对保险公司的再保险业务。优化地方政府技术转化风险补偿基金使用模式，进一步精算补偿的比例。

六是推动建立合理的职务成果转化收益分配制度。要坚持遵循兼顾合同和各方利益平衡的原则，科技成果和知识产权转移转化收益分配或投资入股权益分配在遵循合同优先原则的同时要兼顾各方利益，单位在与科技人员签订劳动合同时必须告知科技成果和知识产权转移转化收益分配的方案，在落实收益分配政策时必须兼顾劳动合同，还要建立发明人、设计人获得收益权利的保障机制。为激励各方科技成果和知识产权转移转化的积极性，单位、职务发明人和所在部门按各三分之一比例分配扣除成本后的收入为宜。还要允许知识产权管理和技术转移机构收取一定比例收益，如 20%。从长远看，为从根本上激励发明人创造高质量的知识产权和促进知识产权转移转化，高校科研机构应建立职务知识产权按份共有制度，要通过试点根据职务发明人的实际贡献以及国内外实际确定职务发明的权利比例，以建立高校科研机构、职务发明人和企业的明确预期。

七是引导加强产学研合作中的知识产权管理工作。要明确产学研合作中背景知识产权和前景知识产权的规定，规定知识产权保护瑕疵担保、知识产权申请保护、知识产权转让许可作价入股、权利放弃等合作各方的权益。要明确规定产学研合作各方的责、权、利，明确知识产权共有和共享的方式，防止知识产权成为影响产学研合作成效的障碍。要改变目前我国产学研合作中知识产权应为其他成员免费使用的规定，要制定知识产权必须许可产学研合作中其他成员使用的规定，要制定产学研合作知识产权非独占、非可撤销、非可再转让、全球许可，鼓励低价许可或免费许可。要制定产学研中成员知识产权许可费计算方法，支持产学研合作权利人通过知识产权获得合理回报。要在相关产学研合作政策、司法解释、行政执法政策中明确产学研合作产生的知识产权不授予产学研合作成员许可的不予支持，不支付成员知识产权许可费的也不予支持。发挥高校科研机构公益性作用，企业委托科研项目形成的科技成果知识产权，企业只能获得普通许可权而不能受让知识产权和获得独占许可。

八是加强国有资产管理制度建设。应明确认识国有资产管理不是阻碍科技成果转化和知识产权运用的障碍，我国科技成果转化和知识产权运用效率较低主要原因在于缺乏高校科研机构内部专业化的技术转移机构和人才队伍。应准确理解科技成果形成的知识产权作为无形资产的合理性，不能因为高校科研机构知识产权质量不高或者转化实施率较低，就将财政资金形成的科技成果知识产权脱离国有资产管理法规的监管。要在相关法律法规中明确规定财政性科技成果知识产权的所有权、实施权，财政资金形成的科技成果及知识产权向单位或个人下放的是实施权，下放实施权既不违反国有资产管理法规也能促进科技成果转化和知识产权运用。应完善科技成果与知识产权类国有资产的入表和资产价格核算方法，应允许设立单列账户，允许与科技成果知识产权相关的研发支出等成本费用和知识产权对企业利税的贡献分割作为资产的价格。

九是完善科技成果评价制度。重大科研项目、科技成果专家评审，与国内外科学和技术预见、项目布局重点、专利分类检索结果相结合。重点加强重大科技专项、国家科技计划知识产权等政策对高质量知识产权、专利组合和标准必要专利的评价考核。科技成果披露评估，重点评估先进性、成熟度、实用性；专利申请前评估，重点评估专利权稳定性、不可规避性、权利要求体系设计。建立标准必要专利评估制度，推动培育标准必要专利，积极参与国内外专利池建设。要建立同行专家评价和客观指标评价结合的评价机制。要建立科技计划高质量知识产权创造、知识产权组合创造和可持续创造评价制度，将科研项目产出的发明专利申请量占比、高价值发明专利拥有量、是否有专业化技术转移机构管理、是否有发明披露评估与专利申请前评估制度、知识产权事务费是否由单位统筹使用作为主要的验收考核指标。新设立科技计划项目还要考核评价是否开展了知识产权检索分析、项目创新性管理、知识产权预测预警、知识产权战略布局，前期结题项目科技成果转化领域效益、专利产品数量、专利被引用量、培养硕博士数量等指标。要落实国家关于科技人才"科技创新质量、绩效、贡献为核心的评价导向"的要求，要建立承担国家科技任务情况，原创性引领性突破、产业关键核心技术攻关成果，高水平论文与专利，标准或产品必要专利数，专利实施率，科技成果四技合同到位金额等人才引进及职称评定等评价指标体系。

第十二章 技术标准与知识产权管理

随着高新技术的不断发展,技术标准和知识产权的结合已成为学界和产业界共同关注的热点问题。知识产权与技术标准管理,是影响和制约高水平科技自立自强和产业自主可控的重要手段。本章从技术标准的概念入手,分析标准知识产权政策、标准专利政策、专利池政策等政策的利弊,为科研机构技术标准与知识产权管理的结合提供借鉴。

12.1 技术标准

标准是在一致同意基础上建立的文件,它规定了活动或其结果的规则、指导原则或特征。标准化是指追求组成标准的产品、工艺或程序的一致性,以提高经济活动效率的过程(Tassey,2000)。专利密度与其加入的标准具有非常重要的关系,专利加入使技术标准具有垄断性,也使专利具有价值(Keiln,2002)。20 世纪 80 年代以来,随着科学技术的快速发展和知识产权保护力度的加强,许多标准化组织相继提出或修改了知识产权政策,这些政策主要包括专利信息披露政策、专利许可条件披露政策和专利许可政策。尤其是专利许可政策通常采用合理非歧视(Rational and non discrimination,RAND)或者免费(Fair free,FR)政策。在标准制定过程中,为避免专利权人在标准制定前有可能有意无意地将专利权纳入标准中,而在标准采用和广泛引用后再向竞争对手收取许可费从而压制竞争的行为(Skitol,2002),通常要求参加标准制定的专利权人从一开始就正式以 FR 或 RAND 原则同意许可(Hemphill,2005)。

目前,许多标准化组织如 ITU-T、ITU-R、ISO、IEC 采用的是普通的

RAND 原则，允许成员选择三种许可方式：一是授予免费许可，也可以选择要求回授和保留权利提供给第三方许可，第三方需遵守 RAND 原则按其要求许可其专利；二是选择回授条件的统一提供 RAND 许可；三是不愿意许可（Rudin，2007）。

  W3C 等要求的是免费许可方式，但实际这种方式很少被采用。收费的方式是最常见的方式，关于专利池专利许可方式主要有成员免费分享和相互支付许可费模式，向第三方被许可人的收益分配模式采用按专利池中专利贡献多少划分（美国最高法院规定）。有学者（Layne-Farrar，2008）认为，许可费的份额由必要专利的数量决定，但也有学者（Lemley，2007）认为应依据成员披露标准必要专利的先后顺序，按照"逐级递减"的专利许可费分配方法分配。采用必要专利或者必要权利要求是制定技术标准知识产权管理的基础。必要专利是指如果不使用就无法实施标准的专利（Burrone，2015），是指标准中如果不侵权就不可能设计出任何符合标准接口装置的专利，是标准实施必然造成侵权的专利，它的两个基本决定因素一是专利中技术方案的内在价值，二是专利权人要涉足标准创制，能够开辟影响标准内容到公司专利方向的战略产品空间（Baron，2018）。欧洲电信标准院（ESTI）认为必要专利的"必要"是指考虑了通常的技术实践和制定标准时的可用技术的状态，在技术基础上不可能不侵犯知识产权而从事符合标准或规范的制造、租赁或处置、维修、使用或者运转设备与方法的行为。中国《国家标准涉及专利的管理规定（暂行）（2010）》认为，必要专利是指实施标准时，无法通过采用另一个商业上可行的不侵权的实施方式来避免该专利的某一权利要求被侵犯的专利。中国移动多媒体广播（CMMB）标准认为"必要专利"是指根据授权或公布专利的所在国法律，被最终标准的符合部分不可避免地使用之专利。但一些标准认为用必要权利要求比较好。W3C 认为，必要权利要求是指任何专利或申请中的全部权利要求，它们在世界任何司法程序中处于有效申请时间一年内并在第一次工作稿公开之后，成员（许可人或许可人，相关人）拥有的，或者其中的成员有权不承担费用支付责任并许可给不相关第三方，将必然被标准建议的实施侵权。中国的一些技术标准也采用必要权利要求的概念，如中国先进数字音视频技术标准（AVS）也采用"必要权利要求"的概念，它是指根据授权或公布专利的所在国法律，被最终 AVS 标准的符合部分不可避免地侵权的该专利中的某一权利要求,且仅限于该权利要求。

专利是技术标准实现的技术支撑,技术标准与专利都属于技术范畴。欧洲电信标准化协会(European Telecommunications Standards Institute,ETSI)在《ETSI 知识产权指南》及《ETSI 专利政策》中定义标准必要专利(SEP)是指被技术标准包含且如果不使用该专利,将不可能实施标准的专利,避免侵权的唯一方法是获得专利权人的许可。

电气和电子工程师协会(Institute of Electrical and Electronics Engineers,IEEE)在《IEEE 标准编制过程中的专利事宜》中定义 SEP 为实施某项技术标准的条款(无论其是强制性的还是可选择性的)一定会使用到的专利权利要求,而且在该标准被批准之时,没有其他商业上和技术上可替代的方案存在。

美国先进电视制式委员会(Advanced Television Systems Committee,ATSC)认为标准必要专利是指实施标准时没有其他选择或可替代的不会被侵权的技术。国际电信联盟/国际电工委员会(Internationa lElectrotechnical Commission,IEC)/国际标准化组织从权利要求的层面对标准必要专利作出规定,指出在发明专利、实用新型专利等法定权利中所包含并指明的专利权利要求,它们对于执行技术标准是必不可少的。在中国知识产权研究会和中国标准化协会发布的《标准必要专利认定机构管理规范(征求意见稿)》中提出 SEP 是实施技术标准而必须要使用的专利,应考虑实施标准时通常可用的技术实践和技术水平,不应考虑替代实现的成本(即不考虑"商业必要性")。

12.2 标准知识产权政策

许多国家制定了关于标准必要专利的政策。欧盟委员会 2017 年 11 月公开关于标准必要专利诉讼和许可的指导性文件《欧盟方法》,希望就标准必要专利存在的问题提出改善建议,以推进欧盟标准必要专利制度框架的平稳发展。该方法实施以来,欧盟 SEP 许可制度取得了进步,但在 SEP 许可方面,利益相关者之间仍然存在重大分歧。在《知识产权行动计划》中,欧盟宣布将进一步提高 SEP 许可体制的透明度和可预测性,包括可能改革 SEP 许可体制。美国司法部2021年12月6日联合美国专利商标局、美国国家标准与技术研究所发布《关于受F/RAND承诺约束的标准必要专利许可谈判和补救措施的政策声明草案》。该草案旨在促进诚信许可谈判，并明确已同意按照公平、合理和非歧视性的条款（FRAND）授权基本技术许可的专利所有人可利用的补救措施。日本特许厅2018年6月发布《涉及标准必要专利的许可谈判指南》。该指南主要是用于帮助国际与日本国内有关各方能够公平合理地安排那些与SEP有关的技术转让工作。在许可谈判程序部分列出了包括专利权人提出要约、专利实施者接受要约、专利权人出价、专利实施者还价以及纠纷解决这五个步骤的谈判过程，同时确定了能够推进许可谈判顺利进行的七个关键因素。日本经济产业省于2022年3月31日发布《标准必要专利许可的善意谈判指南》，文中明确了专利权人和实施者的具体谈判义务，试图提高SEP许可谈判的透明度，为相关产业主体构建可预期的许可环境。韩国知识产权局2021年11月15日发布了修订后的《标准必要专利指南2.0》，该指南定义了SEP的概念，规范了SEP的流程，以及运用范围和注意事项等，更有利于SEP的推广和运用。

中国国家标准化管理委员会（中华人民共和国国家标准化管理局）是国务院授权的履行行政管理职能，统一管理全国标准化工作的主管机构。中国自2014年1月1日起施行《国家标准涉及专利的管理规定（暂行）》。2016年，最高人民法院发布《最高人民法院关于审理侵犯专利权纠纷案件应用法律若干问题的解释（二）》，北京市高级人民法院制定了《专利侵权判定指南（2017）》，首次对目前我国专利司法实践中标准必要专利、图形用户界面等热点问题作出规定。2021年，国务院印发《"十四五"国家知识产权保护和运用规划》，指出要促进技术、专利与标准协同发展，研究制定标准必要专利许可指南，引导创新主体将自主知识产权转化为技术标准。2021年10月，中国发布《国家标准化发展纲要》，明确提出完善SEP制度，加强制定过程中知识产权保护。2022年，国家市场监督管理总局等多个部委联合印发《贯彻实施〈国家标准化发展纲要〉行动计划》，要求完善标准必要专利制度，推动建立标准与知识产权联动工作机制。2023年8月1日，《禁止滥用知识产权排除、限制竞争行为规定》正式施行。

我国标准中知识产权政策主要体现在2014年正式实施的《国家标准涉

及专利的管理规定（暂行）》，其规定了国家标准制定和修订过程中专利问题的处置要求和程序，适用于国家标准的制修订工作，行业标准和地方标准的制修订可参照使用。该规则规定的主要内容包括专利信息的披露、有关部门专利信息披露、专利许可和专利处置程序四部分。尤其是专利许可，该规则规定，在进行专利许可时，许可方应填写专利许可声明表，许可方在填写专利许可声明表时，应在以下三种方式中进行选择：① 合理无歧视免费许可；② 合理无歧视许可；③ 不同意按照以上两种方式进行许可。选择的许可方式一经提交就不可撤销，直到该标准被废止或标准的相关部分由于修订导致被许可的专利不再是该标准的必要专利；只有后提交的许可声明对标准实施者而言更宽松、更优惠时，才可取代在先的许可声明。在专利权转移的情况下，该许可方已经对某一标准作出的许可对于专利权受让人依然有效。

一些标准化组织也规定了知识产权政策。2006 年《IT 领域标准起草组织知识产权政策模板》规定：① 参加专利池作为可选的默认许可义务之一；② 鼓励成员披露更多的信息，包括但不限于许可的具体条件和价格或许可原则；③ 防御性中止许可的权利；④ 除非出现防御性中止许可的情况，RAND 承诺人不得向法院申请禁令组织被许可人因实施标准而实施其必要专利；⑤ 专利池应采取"一站式"许可方式，并应坚持最大限度吸收包含必要权利要求专利的原则、诚实信用的原则、自愿参与的原则、非排他性原则、非歧视性管理的原则；⑥ 专利池提供的许可应坚持的公平非歧视原则、专利许可模式简单易行原则、有竞争力的许可费原则、保留专利池参加者在专利池之外对其所拥有知识产权独立授权权利的原则。

12.3 标准专利披露政策

首先，中国技术标准要求披露专利信息，并给出专利披露的表格和网上披露数据库。《国家标准涉及专利的处置规则》还规定了多种专利信息披露途径，包括网站、期刊。

中国技术标准的专利信息披露政策要求权利人和相关人披露专利信息。专业标准化技术委员会或归口单位应鼓励所有参与和没有参与标准制修订的单位或个人，在标准制修订过程中，尽早披露与标准有关的已知或可能专利；在披露专利信息时，应填写专利信息披露表，并将专利信息披露表与相关证明材料一起提交至所属的专业标准化技术委员会或归口单位。已授权专利的证明材料为专利证书复印件或扉页，已公开但尚未授权的专利申请的证明材料为专利申请公告，未公开的专利申请的证明材料为专利申请号和申请日期。

该规则还要求有关机构披露专利信息，强调有关部门在专利信息披露中的作用。国家标准化行政主管部门、专业标准化技术委员会或归口单位应通过国家标准化行政主管部门网站、专业标准化技术委员会网站或国家级期刊公布标准中涉及专利的信息。公布的相关信息应至少包括涉及专利的标准草案、已知悉专利的专利清单和专业标准化技术委员会或归口单位的联系方式。

该规则详细规定了在标准制定的不同阶段专利信息披露的要求。预研阶段，标准提案人应尽可能广泛地收集标准提案中涉及的专利信息。立项阶段，标准提案人应按要求披露提案人及其关联者持有的专利；专业标准化技术委员会或归口单位在向国家标准化行政主管部门上报国家标准项目建议书时，应同时报送专利信息披露表、专利清单和已获得的专利许可声明表；国家标准化行政主管部门在公示标准项目时，应同时公布涉及专利的国家标准项目建议书和专利清单。起草阶段，标准制定工作组的所有成员应按要求披露本人、成员所在单位及其关联者持有的专利；不属于标准制定工作组，但向正在制修订的标准提供技术贡献的所有单位或个人应按要求披露本单位或个人持有的与技术贡献有关的专利。征求意见阶段，涉及专利的国家标准在征求意见时，应按要求公布标准相关信息，并注明鼓励社会公众按要求披露所知晓的专利；专业标准化技术委员会的委员应在征求意见截止时间前，按要求披露本人、委员所在单位及其关联者持有的与标准征求意见稿内容有关的专利；征求意见过程中新收到的专利信息披露表、证明材料应按照要求处置；标准制定工作组提交的标准草案送审材料中应包括专利信息披露表和证明材料、专利清单。批准阶段，国家标准化行政主管部门应对专利信息披露表、证明材料、专利清单的完备性，以及处置程序的符合性进行审核；国家标准化行政主管部门应按要求公布标准中涉及专利的信息。

AVS 的知识产权披露政策包括两部分政策。

（1）知识产权信息披露政策。会员在提出标准有关提案时保留申请专利或公开披露有关信息的权利。但成为会员后，每个会员应该根据诚信原则就可能包含必要权利要求的该会员和其关联者的专利及公布的专利申请及时并持续地向工作组进行披露。披露义务并不是要求会员进行专利检索，会员不得故意对其参与 AVS 标准草案制定的人员隐瞒有关事实以规避本规定的披露义务。

会员必须披露以下最低限度的信息，对于已批准的专利及已公布的专利申请的披露，必须包含专利权人和/或申请人的身份以及专利号或专利申请号。对于会员或其关联者未负有对第三方的在先保密义务的未公布的专利申请的披露应当说明存在可能包含潜在必要权利要求的专利申请，并且由会员自行决定，可以标明相关的 AVS 标准草案的部分。在一项已被披露的未公布的专利申请得到公开时，会员必须对与已公布的专利申请相关的其他辨别信息进行披露。采取缺省许可义务的会员还必须在实际知晓的范围内披露该会员或其关联者的可能包含必要权利要求的未公开的专利申请。

（2）专利许可条件披露。中国要求在进行专利许可时要披露许可条件，在以下三种方式中进行选择：① 合理无歧视免费许可；② 合理无歧视许可；③ 不同意按照以上两种方式进行许可。同时，选择的许可方式一经提交就不可撤销，直到该标准被废止或标准的相关部分由于修订导致被许可的专利不再是该标准的必要专利；只有后提交的许可声明对标准实施者而言更宽松、更优惠时，才可取代在先的许可声明。在专利权转移的情况下，该许可方已经对某一标准做出的许可对于专利权受让人依然有效。

首先是仅用于制定标准的目的使用知识产权，"每个会员同意许可所有其他会员和工作组仅限于为了制订 AVS 标准草案的目的而使用该会员提交给工作组的任何提案中包含的该会员及其关联者的任何著作权、专利、商业秘密或其他非专利知识产权"。上述许可应当是非排他性的、不可转让的、不可撤销的、免费的和全球性的许可。其次是必要权利要求的许可。每个会员在提交任何提案时，应该作出相应披露，并且书面承诺，对于该会员及其关联者因为该特定提案得到最终 AVS 标准的采纳而获得的与该最终 AVS 标准有关的任何必要权利要求，该会员及其关联者将就该必要权利要求提供符合以下条件的许可：① 对于中国授予的专利中包含的必要权利要求，按 RAND RF 条款或通过 AVS 专利池进行许可；② 对于中国之外授予的专利中包含的必要权利要求，按 RAND RF 条款或 RAND 条款，或通过 AVS 专利池进行许可。

中国 AVS 标准知识产权披露政策要求披露如专利的有关信息和许可条件，但 AVS 知识产权政策并没有规定知识产权信息披露的途径，如网上数据库、披露表格等，而且没有明确划分必要权利要求的许可对象哪些是成员内部，哪些是标准化组织如专利池运营机构，哪些是第三方。

12.4 标准专利许可政策

专利许可政策是技术标准最重要的知识产权政策。该政策包括两方面。一是知识产权权利人向标准化组织或专利池的许可政策，二是专利权人或标准化组织向成员或第三方的许可政策。

1. 专利许可政策

中国《国家标准涉及专利的处置规则》关于专利许可的政策包括三种方式：① 合理无歧视免费许可；② 合理无歧视许可；③ 不同意按照以上两种方式进行许可。并且规定，在起草阶段，专业标准化技术委员会或归口单位应联系必要专利的专利权人，以便获取书面许可声明；专业标准化技术委员会或归口单位应将收到的专利许可声明表及时通知标准制定工作组。在征求意见阶段，新收到的专利许可声明表应按照上述三种许可方式要求处置；标准制定工作组提交的标准草案送审材料中应包括专利清单和必要专利的专利许可声明表。在标准批准之前，专业标准化技术委员会或归口单位如果发现了新的必要专利，应申请终止标准报批稿的批准程序，并对新涉及的专利进行处置，然后再行报批。

AVS 的专利许可政策包括三个方面：① 专题组采用竞争性提案时将优先考虑没有包含潜在的必要权利要求的提案和有关潜在必要权利要求但适用 RAND-RF 缺省许可义务的提案，将优先考虑承诺专利披露时提供更优惠许可条件的提案。② 在签署会员协议时，每个会员应对其及其关联者的必要权利要求确定缺省许可义务，除非会员选择了不同于其缺省许可义务的许可承诺。③ 参加专题组的会员可以选择的许可方式包括：按照合理且非歧视性的条款提供免费许可（RAND RF）、参加 AVS 专利池、按照合理且非歧视性的条款（RAND）许可。未参加专题组的成员可以选择的许可方式包括：按照 RAND RF 条款许可、参与 AVS 专利池、按照 RAND 条款许可、无许可义务（NO LICENSE）。

会员有权自行决定采用与其确定的缺省许可义务等同或更优惠的条款进行许可。最优惠义务为按照 RAND RF 条款许可或者参加 AVS 专利池，第二优惠义务为按照 RAND 条款许可，最不优惠义务为无许可义务。

根据 AVS 知识产权政策提供专利许可的所有承诺适用于所有会员及其关联者及第三方，许可是非排他性的、不可转让的、不可分许可的、全球性的许可，包括制造、委托仅以被许可人的名义制造、使用、进口、许诺销售、租赁、销售或以其他方式分发。

2. 专利不可获得许可政策

中国《国家标准涉及专利的处置规则》规定了专利不许可的政策。在起草阶段，如果专业标准化技术委员会或归口单位在规定的期限内未收到必要专利的专利权人签署的专利许可声明表，或必要专利的专利权人选择了不许可方式，则标准不应包含基于此项专利技术的条款。《国家标准涉及专利的处置规则》规定，在批准阶段，国家标准化行政主管部门应对专利清单和专利许可声明表的完备性及处置程序的符合性进行审核，对不符合报批要求的，应退回专业标准化技术委员会或归口单位，限时解决问题后再行报批。同时还规定，在标准批准之前，专业标准化技术委员会或归口单位如果发现了新的必要专利，应申请终止标准报批稿的批准程序，并对新涉及的专利进行处置，然后再行报批。

AVS 针对不可获得的许可和不同方式的许可规定，如果该被许可人没有在事实上承诺就自己的必要权利要求按照 RAND RF 条款，AVS 专利池或者 RAND 的条件向该会员或其关联者提供许可，会员及其关联者没有义务就其必要权利要求向被许可人提供许可。如果许可人选择按照 RAND RF 或者 AVS 专利池的条件对其必要权利要求提供许可，而被许可人仅仅愿意按照

RAND 的条件许可自己的必要权利要求，那么许可人有义务向被许可人提供其必要权利要求的许可，但是该义务可以通过按照 RAND 的条件提供许可而得到满足。

总体组应当就其已经知晓的该 AVS 标准草案中可能涉及的必要权利要求向第三方专利权人征集其许可意向。如果工作组无法就上述专利权利要求取得合理的许可承诺，工作组应当对该 AVS 标准草案进行相应修改。

12.5 专利池政策

专利池是专利必要权利要求的集合，也必然是必要专利的集合，是两个或多个权利人相互授权或向第三方授权的协议安排，是两个或两个以上的主体将技术集合起来相互或向第三方授权的安排。专利池是交叉授权标的的知识产权集合体，不论其是由专利权人直接授权还是通过其他媒介专门管理。专利池的主要目的是分享技术或专利权（Shapiro，2001）。专利组合能够使被许可人通过一个合同获得一批专利的许可（Burrone，2015），减少了交易成本并能实现规模经济，是一种最佳的解决方案。

在 AVS 标准制定过程中，共收到各种技术提案 200 多项，最终接受了 42 个提案。与上述 42 项提案相关的 AVS 视频部分相关专利申请和授权专利共有 60 余项，其中估计有 50 项可以经过技术评估作为必要专利进入 AVS 专利池。在这 50 项专利中，约 90% 为国内单位所有，其他为遵守 AVS 知识产权政策的来自其他国家的 AVS 工作组会员拥有。2004 年 9 月，AVS 工作会议制定并发布了《AVS 章程》《AVS 章程细则》《AVS 会员协定》《AVS 知识产权政策》《AVS 专利池管理原则》《AVS 许可纲要》等，成为 AVS 专利池各项政策的依据和行动指南。

AVS 专利池坚持以下原则：① 包容原则。以开放与包容的态度鼓励潜在核心专利持有者将他们的专利放入 AVS 专利池。② 诚实信用原则。AVS 标准成员要根据知识产权政策将与其提案相关的在中国的必要专利要求放入 AVS 专利池统一管理或根据 RAND 免费实施许可。③ 自愿原则。AVS 工作组鼓励但并不强求未参加 AVS 标准化过程的专利持有人将他们的必要专利放入 AVS 专利池。④ 非排他授权原则。用户获得 AVS 的专利授权可以有至少两个渠道，可以通过 AVS 专利授权实体进行，也可以单独和所有专利持有成员直接协商获得。

AVS 授权管理实体将聘请独立技术专家和独立法律（专利）专家审核提交的技术专利是否为可以放入 AVS 专利池的核心专利；在最初创建专利池的时候，AVS 授权管理实体将邀请潜在必要专利权人至少提交一个专利进行评估，在确认潜在必要专利权人之后，AVS 授权管理实体将就具体许可条款的协商进行协调；每个希望入池的专利必须单独提出申请。AVS 专利池只负责与 AVS 标准相关的专利授权。

AVS 工作组需要选择和委托单一授权管理实体来执行 AVS 专利池的管理。AVS 专利池管理委员会设主任一人，副主任一人，主任和副主任由全体委员会推选，委员每届任期两年，可以连任。AVS 专利池管理委员会由 19 位委员组成，其中 5 位委员是从国家相关部委邀请的技术和管理专家，6 位 AVS 用户委员来自采用 AVS 标准的企业，6 位专利许可人委员来自 AVS 专利池许可人。另外，2 位委员是 AVS 工作组的组长和 AVS 专利池管理执行机构的主任。

AVS 授权管理实体作为 AVS 专利池管理的执行机构，为在中国本土注册信誉可靠的非营利法人实体。可以获得的管理费用包括不高于 10% 的专利授权费。其责任是发现和寻求可能的被授权者和专利池成员，管理专利池成员的资格，为准备和修改专利池许可文件提供帮助，在专利池许可谈判、许可执行和许可管理方面为潜在专利池用户提供协助，按照专利池成员同意的协议，收取、汇报和分发专利费，专利池成员提供市场对专利授权项目运行情况的反馈，对专利池成员的专利实施和保护提供可能的帮助。

授权管理实体要对 AVS 的市场有彻底的了解，包括家电、计算机、广播、物理媒体（光盘等）、内容提供商等，要在与标准有关的专利许可方面有成功的市场推广能力，要建立专利授权费的收取和发放运作机制，要能够通过利用内部或外部的法律专家解决专利池运作和许可过程中出现的问题。

AVS 专利许可规定只对编解码器收费。AVS 标准的使用者对 AVS 编解码器或包含 AVS 编解码器的终端产品缴纳专利费。AVS 编解码器包括编解码芯片、编解码软件等体现 AVS 标准（即 AVS 视频、音频、系统、DRM，或以上标准的组合）所有特征的完整实现者。对上述编解码器的收费应当只有一次。内容提供商或运营商在应用符合 AVS 标准的技术将内容提供给用户的时候可不缴纳专利费。

AVS 许可采用打包许可或菜单许可的模式，被许可人可以选择采用所有标准涉及的必要专利，也可以选择部分专利。专利池管理机构可以提供视频、音频以及其他部分的标准许可菜单供被许可人选择，其相应的专利许可费为整体打包费的一定百分比，原则上不超过整体打包费的 80%。

AVS 许可实行年费封顶。专利池管理机构应考虑根据市场情况就许可费设立相应的封顶上限。包括整体打包许可的年封顶费以及上述单项菜单许可的封顶费。年封顶费原则上为每年一定数额。单项菜单许可的封顶费按总封顶费的相应比例计算。

另外，AVS 提供的许可可按照许可地域确定不同的收费标准。专利池运行的初始阶段专利许可将只在中国进行。原则上在中国为使用 AVS 标准的消费者编解码器提供的专利许可的费用标准为人民币 1 元 / 台，在中国之外其他国家和地区的许可标准，可由各方在公平、公正的原则下另行协商确定。用户可以通过专利池管理机构获得授权，用户也可以通过与专利持有人直接协商获得与 AVS 相关的个别授权。专利池管理机构对与工作组创建的 AVS 标准有关的必要专利要求的专利许可管理 AVS 专利池提供有关专利许可。所有将专利放入 AVS 专利池的专利权人，应与专利池管理机构签订代理协议，专利池管理机构作为其代理人与用户签订许可协议提供许可。专利池管理机构也可以直接取得专利权人的授权，然后以分许可的方式提供许可。

12.6　许可收益与收益分配政策

1. 专利池许可收益分配政策

目前，专利许可政策主要包括收费和免费两种方式。专利池许可方式主要有成员免费分享和相互支付许可费两种方式，但向第三方的许可则都采用收费方式，许可费的份额由必要专利的数量决定（Layne-Farrar，2008）。美国最高法院甚至规定，向第三方被许可人的收益分配采用按专利池中专利贡献多少划分。有一些学者认为,可以依据成员披露标准必要专利的先后顺序采用"逐级递减"的专利许可费分配方法(Lemley,2007),可以实行特定时间后不主张政策(NAAST),即技术提供者承诺在此前特定时间点之后不主张其专利权,但直到该特定时间点前可自由收取许可费,生产者由此可以得到补偿,技术提供者可很快并最终进入标准,将会消除法律上的大量不确定性(Rysman,Simcoe,2011)。

考察国内外主要标准化组织和重要技术标准的知识产权政策可以发现,技术标准专利许可政策大多是原则性规定。我国《国家标准涉及专利的处置规则》没有提出关于专利许可收益和分配的相关政策。AVS 提出的包括免费模式和收费模式尤其是专利池收费模式,要求中国授权的专利进行 RAND FR 或专利池许可,国外授权的专利可以增加 RAND 许可方式。经过独立评估确认为必要权利要求的第三方专利权人可以加入 AVS 专利池,参与打包许可与专利许可费的分配。AVS 专利池的管理采用"一站式"许可方式,其目的在于坚持最大程度地将所有包含必要权利要求的专利吸收在内,诚实信用、自愿参与、非排他性以及非歧视性的管理原则。AVS 专利池提供的专利许可及其管理遵循公平非歧视性原则、专利许可模式简易可行的原则、有竞争力的许可费用原则。由于 FR 政策会导致一些拥有大量专利的成员参加标准的积极性降低,专利许可收费政策缺乏合理性标准,RAND 原则实际操作存在困难,现有专利许可收益分配政策可操作性不足。

2.技术功效矩阵与技术标准

当前,很多技术标准实施中专利池或专利组合没有取得实质收益,或者收益较低的原因在于技术标准主要采取成员互免许可费的政策,这会导致必要专利多的成员积极性不高,也有可能让弱专利不被无效掉权利要求(Choi,2010),从而可以搭便车。实际上,影响技术标准专利许可政策实施效果的根本问题在于缺乏合理的专利许可收费分配政策或方法。由于缺乏技术标准专利池专利价值评估和收益分配方法,简单按照必要专利数量进行分配的做法不仅会挫伤拥有高专利质量成员的积极性,也会导致低质量专利加入技术标准,影响技术标准的制定和发展。

技术功效矩阵是进行专利分析的一种重要工具,是一种以达成的功效作为横轴，以技术手段作为纵轴，并在其中标明专利数量或专利编号的图或表。技术功效矩阵分析能较好地解析专利中较隐晦信息的内容和潜在的技术特征，掌握技术重点或空白点，规避技术雷区（陈颖，张晓林，2011）。构建技术功效矩阵的主要步骤包括：拟定技术与功效分类架构，专利文献解读分析，制作专利文献摘要分析表，数据归纳整理，画出技术功效矩阵（高佐良，2011）。张颖、张晓琳（2012）针对目前专利技术功效矩阵结构中技术点、功效点相关词汇界定模糊、词汇来源较为广泛，缺乏系统梳理和定义等问题，定义了一个三维矩阵构建词汇模型，并提出了一种基于特征度指标和矩阵构建词汇模型的矩阵结构生成方法。王丽（2013）等构建了一种标引功效矩阵自动化工具 Patent-TEM，通过词库构建、主题标引、功效矩阵、文本提取等步骤对专利文本进行挖掘和分析，自动生成专利功效矩阵图。

技术功效矩阵一般采取人工方法确定，技术架构通常采取阅读专利文献总体技术方案的方法确定，功效架构通常通过阅读专利文献的优点和积极效果部分确定。一般的技术可以分为处理、效果、材料、加工、产品、结构等6个方面，或者按照材料、特性、动力、结构、时间5个方面进行分类，并对每一个方面进行一定的延伸。如处理技术的延伸可以包括温度、速率、时间、频率、压力等技术，材料的延伸包括材料、成分、混合或化合物、添加物等技术，加工技术的延伸包括制造、系统、程序等技术，结构技术的延伸包括结构、形状、装置、成分、电路等技术。功效一般包括提高效益、降低成本、节约时间等。也有一些学者尝试采用自动化的方法确定技术和功效架构，如用国际专利分类号确定技术架构（Cheng，2012），用文本挖掘方法找出技术和功效的关键词（Jun，Park，Jang，2012），通过文本挖掘方法获取特征词，再半自动地构建技术和功效架构。

由于技术标准制定时往往没有足够的专利文献公开，面向技术标准专利许可政策的技术功效矩阵与普通的技术功效矩阵又有较大的差异。在确定技术分类架构时不仅要运用通常的技术架构分析方法，将自动化技术与专家分析方法相结合，还要根据技术标准本身的特点进行分析确定。首先，可以从现有专利文献的摘要或总体技术方案中根据关键词出现的频率确定主要的特征词，然后结合专家分析进行筛选，专家分析要结合技术标准进行。一个技术标准是一个技术系统，它包含一系列技术子系统，每个子系统涉及可以独立销售的产品或者独立使用的方法,这些子系统既相互独立,又共同构成一个系统。对于一个产品技术标准来说,技术架构则可按照重要性大小从核心部件、关键部件、重要部件、一般部件和其他部件进行划分,对于工艺类技术标准来说,则可以根据流程或主要功能进行划分。面向技术标准的技术架构不仅应包括各个子系统技术,还应包括总体的系统技术。

在确定功效架构时,首先,从现有检索出的专利文献的优点和有益效果部分计算关键词出现的频率,从而确定主要的特征词。也可以结合阿奇舒勒矩阵的40个发明原理确定主要的功效,如提高结构稳定性、降低物质损失、提高适应性、降低装置复杂性等。功效架构分析应当与专家分析相结合,专家分析必须结合技术标准进行。一个技术标准往往是解决现实问题的方案,或者是对落后技术标准的修订,它必然会在提高效益、提高效率、降低成本和提高互操作性方面具有一定的功能和效果。最后,画出结合技术标准的可用于专利许可收益分析的技术功效矩阵图。功效架构不仅包括主要的功效,还包括总体功效或全部功效。

3. 技术标准中必要专利与必要权利要求

在技术标准专利许可收益分配政策中,影响专利池构建和专利许可收费标准的首要问题是选择表征许可各方贡献大小的对象。而目前一些技术标准的专利许可收益分配的计算对象是必要专利数量,一些则是必要权利要求数量。

必要专利和必要权利要求是对立统一的概念。首先,二者是一致的。通常情况下,在分析专利侵权时会具体分析是否对某个权利要求构成侵权,而可能对其他一些权利要求不构成侵权,但对某专利之某一或某几个权利要求的侵权必然造成对该专利的侵权。所以,有必要权利要求的专利必然是必要专利。同时,对必要专利的侵权也必然是对其某一或某几项权利要求的侵权。如果一项专利是必要专利,它必然有至少一项必要权利要求。

其次,二者又是不同的。必要专利便于从数量上进行核对和分析,而必要权利要求识别比较复杂。当与技术标准关联的必要专利较多时,统计必要专利数量,构建专利池,分析各成员贡献,确定专利许可的收益分配政策,相对要简单一些,但必要权利要求与技术标准最相关。由于必要权利要求数量多,而且授权专利文件与专利申请文件的必要权利要求可能有变化,经过异议和无效程序的专利文件其权利要求的数量和顺序也可能会发生变化，计算必要权利要求的数量或分析其作用都是非常不容易的事情。

一般情况下，必要专利的总体对应的是技术标准的总体，而某一必要专利或必要权利要求对应的是技术标准的整体或一部分。随着高新技术的快速发展，一项技术标准往往涉及较多的必要专利，如果采用"必要权利要求"的概念必然对成员和标准化机构提出较高的要求，工作量大，实行难度较大。虽然必要专利的价值大小并不必然和其必要专利权利要求的数量成正相关，但必要权利要求数量多的专利体现更多的技术细节，更能防止他人的改进发明。因此，在制定技术标准专利许可收益分配政策时应当同时考虑必要专利和必要权利要求的数量，并找到有效的计算方法。

4. 专利许可 RAND 原则

目前，只有极少数标准化组织详细规定了 RAND 原则，很多技术标准知识产权政策将 RAND 原则同专利许可收益分配政策和专利池政策混在一起，导致政策不清晰。在专利池或专利组合内部，由于各方贡献并不相同，内部采用 RAND 免费许可政策实际上并不可行，对成员实行统一的免费许可政策有可能降低必要专利多成员的积极性，专利少或没有必要专利的成员就有可能存在搭便车行为。一些免费许可政策还有回授等要求，有可能违反竞争法的规定。但要计算各成员的贡献份额和制定收益分配政策必须明确 RAND 原则是基本原则。RAND 原则最重要的是公平合理，在制定专利许可受益分配政策时必须充分理解 RAND 原则关于公平和合理的含义与特征。

涉及收益分配的 RAND 原则的公平原则体现在以下两个方面。

（1）专利权人之间的利益平衡。由于加入标准组织的专利权人所拥有的必要专利或必要权利要求数量不同，必要专利的价值也不一样，简单地采用将全部专利或专利池免费向成员许可的方式并不合理，简单地按照必要专利数量进行许可收益分配的方式也不合理。考虑权利人之间的利益平衡应主要考察以下两个因素：一是必要专利及其必要权利要求数量的多少；二是必要专利对技术标准的贡献和作用大小。如果是覆盖技术标准整个系统或核心部件的专利，其价值相应就较大，覆盖用途或具体部件的专利，其价值可能就较小。

（2）专利权人与第三方之间的利益平衡。技术标准中的知识产权实际上是一个必要专利或包含必要权利要求的专利组成的专利池或专利组合，一揽子专利许可不仅包括对标准组织成员的许可，也包括对非成员第三方的许可。第三方主要是非标准组织成员的制造、销售、使用专利池或专利组合者，他们是技术标准的产品和服务的社会提供者。无论对成员采取的许可政策是什么，一般都不会对第三方采取免费许可政策。在 RAND 原则中，强调在成员和第三方之间平衡的关键是要合理确定专利池或专利组合对第三方进行许可的合理价格。价格过低，不利于对权利人与利益的保护，价格过高，第三方接受许可的积极性就较低，会造成标准产品和服务供给不足。当前，世界主要标准化组织由于专利池中的专利过多，许可费累加造成了许可价格过高，严重影响了知识产权权利人与第三方之间利益平衡。

涉及收益分配的 RAND 原则的合理原则体现在以下三个方面。

（1）专利池必要专利组合的合理。涉及技术标准的专利主要有交叉专利、互补专利、竞争专利、前瞻专利、落后专利五种。专利池要具有合理性，专利池的合理性首先来自于技术标准的合理性，技术标准设计首先是一个整体，然后可以分成可相互独立的组成部分，整体对应的是市场中可以销售的整个产品、系统或服务。而部分对应的是市场中可以独立销售的部件、子系统及部分服务。专利池的合理组合首先是要找到覆盖整个标准和各部分的最低必要专利量及必要权利要求量。面向一个在市场中可独立销售并不可再细分的标准产品或服务需要的必要专利一般是互补专利。其次是交叉专利加入组合。在构成最低数量必要专利的专利池中，如果部分必要专利是改进专利，该改进专利加入专利池必须得到在先专利的许可。专利池必要专利组合实际上是横向必要专利和相关纵向交叉专利的组合。最后是改进专利或前瞻性专利加入专利池。为了技术标准产品或服务的先进性，标准化组织往往并不禁止有关必要专利的后续改进专利和前瞻性专利进入专利池，这有利于技术标准的实施。

（2）专利许可价格的合理。确定专利池价格的主要方法包括重置成本法和收益现值法，也可以参考过去许可价格确定当前许可价格，或者根据侵权损失赔偿确定专利池许可价格。但专利池涉及专利较多，重置每一项专利的成本并不可能，而且不同企事业单位的创新效率不同，重置成本法用得不多。收益现值法是评估专利池价值和价格较好的方法，将整个标准或子标准（针对某一专利池或专利组合）对应的产品或服务作为项目可行性研究对象，预测其未来生命周期的净现值，可以确定该专利池的许可价格。

（3）专利许可费支付方式的合理。在确定专利池的价格后，如何确定专利池的许可费支付方式就是一个重要的问题。在技术标准实施过程中，虽然有必要专利或必要权利要求，但并不一定很容易制造出所谓的标准产品或提供相应的服务。由于技术转移与风险转移的密切相关性和复杂性，为有效促进专利池许可，必须在权利人与被许可方之间寻求平衡，这就需要确定合理的许可费支付方式，如入门费加提成的方式。但这种许可费支付方式的前提是要求有一个合理的收益分配政策，专利权人能通过专利池管理机构获得合理的收益。

5. 专利许可费率计算

标准必要专利许可费率计算是标准必要专利学术研究和司法实践的重点。由于无法找到可精确测量的工具衡量专利价值，专利权人在许可谈判、法院在审判中一直不能准确计算标准必要专利许可费率。有学者（Lemley，2002）较早关注标准必要专利许可费问题。研究标准必要专利许可费一般以FRAND原则为基础（王鑫，宋伟、罗泽胜，2016），该原则不仅是标准化组织的基本知识产权政策，同时也是司法、行政执法处理标准必要专利许可费率的核心原则。FRAND原则下的专利许可条款和许可费率，需要考虑效率因素、双方对合理许可的预期、标准实施者在推动标准广泛实施方面的作用等（European Commission，2017）。FRAND使用费率计算应考虑技术本身经济价值或该技术对于整个技术标准的重要程度等（Sidak，2013）。2014年7月，最高人民法院公布的《关于审理侵犯专利权纠纷案件应用法律若干问题的解释（二）》第24条明确提出，计算许可费率应考虑专利的创新程度及其在标准中的作用、标准所属的技术领域等因素。一些学者和司法判例根据FRAND原则提出了许可费率计算的方法和规则，如假想谈判法（Swanson，Baumol，2005），假想谈判中应考虑的15项因素方法（Georgia-Pacific Corp. v. U.S.，1970），还有有效组件定价规则和Shapley值法（Layne-Farrar，Padilla，Schmalensee，2007）。

由于FRAND原则是一项松散的承诺（Lerner，Strojwas，Tirole，

2007），该原则造成了许可费计算的一些困境。FARND 原则多在司法判例中采用，却在双方商业谈判时难以有效发挥其约束性。专利权人和标准实施者难以通过谈判达成一致，很难约束和指引标准必要专利权人与实施者达成均衡的许可费（肖延高，邹亚，唐苗，2018）。法院确定标准必要专利合理许可费时大体分两类：一类以商业谈判结果即可比照许可协议为参照物，确定涉案专利组合或相关专利的合理许可费；另一类通过分析技术贡献度探求具体涉案标准必要专利的技术价值（赵启杉，2017）。但不论是什么方法，这些研究和案例都只能对专利价值进行定性研究，不易定量计算（吴艳，李雪，2019）。

标准必要专利许可费计算主要有五类方法，即假设性协商法、专利池比较法、分摊原则、比例原则以及比较分析法（肖延高，2021）。此外，徐明华、陈锦其提出基于电路模型的许可费率计算方法（徐明华，陈锦其，2007）。由于许可费率形成的复杂性，任何一个单独的方法都存在问题，所以应当使用综合方法确定许可费率。2017 年无线星球诉华为案，英国 Bills 法官在计算许可费时则综合采用了专利池比较法、比较分析法、TOP-DOWN 法。一审和二审法院在华为诉 IDC 案中用比较分析法参照 IDC 与苹果公司的许可费率计算标准必要专利许可费率时，考虑了总量控制、反专利劫持和反专利许可使用费堆叠三个因素，在总量控制因素中，法院认为标准必要专利许可使用费不能超过标准必要专利使用者产品利润一定的比例，技术、资本、被许可人的经营劳动共同创造产品利润，专利权人仅有权收取与其专利比例相对应的利润部分（广东省高级人民法院，2013）。

但是，现有许可费计算方法仍存在较多的局限性，Shapley 值法建立在高度简化的假设之上，缺乏可操作性；英国比尔斯（Bills）法官在华为与无限星球专利许可费计算方法采取双方声明标准必要专利数的平均数作为标准必要专利数则显得过于简单化，也没有提出标准必要专利的认定方法；华为诉 IDC 案例为标准必要专利提供了专利技术贡献的计算思路但没有给出具体计算方法；现有研究较少使用综合分析或综合计算方法，现有综合分析法的各方法之间还缺乏序贯性。

本书遵循综合计算方法的思路，采取企业成本费用利润贡献分析、全部标准必要专利数占比分析和标准必要专利价值分析的综合方法计算标准必要专利许可费率，标准必要专利许可费率综合计算方法如公式（12-1）所示。

$$SEPL_r = PTC_p \times SEP_p \times TMV_p \qquad (12\text{-}1)$$

其中 $SEPL_r$ 为产品标准必要专利许可费率，PTC_p 为专利技术成本费用利润占比，SEP_p 为产品全部标准必要专利数与全部专利数量占比，TMV_p 为专利权人标准必要专利分值与全部必要专利分值占比。

首先，基于成本费用利润分析计算专利技术贡献占比。本书首先采用产品成本费用分析法，通过对技术、资本、管理和劳动力四要素的成本费用归类，计算技术要素在其与资本、管理和劳动力三要素中的占比。根据财政部2016年《企业会计准则第6号——无形资产》第9条规定，符合条件的企业内部研究开发项目开发阶段的支出可以确认为无形资产，但大多数技术类知识产权并不符合其规定的无形资产条件，开发阶段的支出也很难从研究开发经费中分离出来。该准则第13条规定，自行开发的无形资产，其成本包括自满足规定后至达到预定用途前所发生的支出总额，而且还规定，已经费用化的支出不能调整。该准则第12条还规定，无形资产应当按照成本进行初始计量，外购无形资产的成本，包括购买价款、相关税费以及直接归属于使该项资产达到预定用途所发生的其他支出。

一般说来，企业生产新技术及其知识产权产品，必须投入资本、技术、劳动力和管理要素，企业营业利润是各种要素经过组合产生的。企业成本费用通常包括车间成本、管理费用、财务费用、销售费用和税费几大部分，但技术资本在企业资本中投入份额最少（罗云，2018）。在四个要素中，如果技术是中性的而且没有进步，劳动力、资本和管理要素变化不大，成本转移到产品售价中不应发生大的变化，它们的贡献一般按照成本计算。但技术要素的贡献不仅仅是其自身获取成本能够反映的，技术要素的贡献会远远超过其自身获取成本，只计算其申请维持和代理等服务成本是远远不够的。

虽然该准则第13条规定自行开发的无形资产，其成本包括自满足规定后至达到预定用途前所发生的支出总额，但我国企业一般将研究开发费作为当期费用，将技术引进的无形资产摊销费用列入成本并享受加计扣除政策，如果将研发经费计入无形资产成本并摊销则会延长企业研发费用回收的时间，自行研发形成的知识产权的成本通常只有知识产权检索、申请、代理服务费和官费。根据对知识产权收费标准和市场调查，我国发明专利申请官费和检索费、代理费平均为 1 万元，发明专利第 4～6 年每年维持年费 1 200 元人民币，按此标准计算，2017 年我国全国工业企业专利权的价值只有 43.27 亿元。我国 2016 年企业和个人集成电路布图设计登记量达到 1788 件，按每件登记费 1 000 元，代理费 3 000 元计算，成本为 1 292 万元；2017 全国企业计算机软件著作权登记达到 56.79 万件，按申请费 250 元，代理费 1 500 元计算，成本为 7.10 亿元。在不考虑知识产权摊销的情况下，按上述数据计算，三类技术类知识产权的总成本只有 50.50 亿元，显然不符合我国规模以上工业企业科技创新的实际。由于该准则不允许将计入当期损益的开发费用作为知识产权成本进行调整，更不允许研究费用列入知识产权成本，限制了自主知识产权成本的真实反映，没有反映自主知识产权的真正价值，没有反映企业自主创新成果，限制了企业基础研究的积极性。

该准则第 12 条规定，无形资产应当按照成本进行初始计量。由于该准则不鼓励企业将研发费用列入知识产权成本费用，企业更乐于引进外部技术。根据上述计算，我国自行研发形成的发明专利权产生的费用只包括专利申请官费和检索费、代理费和年费，远远低于市场许可的价格。该准则的规定更有利于企业引进技术和知识产权，而不利于企业的自主创新。

对于工业企业来说，管理费用中与技术类知识产权相关的费用包括研究开发费、新产品开发费（包含研发人员工资福利）、技术改造费、技术引进费、技术引进消化费、仪器设备软件购置折旧（一般 5 年）费用等，这些费用往往是一次性的，一般计入当期损益，只有形成了知识产权的申请维持和代理服务费用才需要进行摊销。研究开发费用不计入产品成本，难免造成企业生产成本偏低、产品价格未能全部补偿研究开发成本、计入损益的巨额研究开发成本必然侵蚀企业利润（阳顺英，2009）。为反映企业自主创新成果，激励知识产权创造运用，可将研发费用归集起来待开发成功并投入使用时列作无形资产，或者先设置账户专门记录其相关支出。若研发活动已经取得成果并预期能够产生收益，再将相关支出全部资本化，因此应允许将已计入当期损益的开发经费调整计入知识产权的成本。为激励原创成果和重大突破，应允许将研究费用、研发人员工资福利、仪器设备软件购置折旧（一般 5 年）

费用调整计入技术类知识产权的成本。为激励知识产权交易运用，还应允许将技术引进费用和技术消化吸收费用计入知识产权的成本，以鼓励技术交流和知识产权转移运用。由于新产品开发费、技术改造费是形成知识产权后发生的费用，不应计入知识产权成本。由于研究开发费、技术引进费、技术引进消化费与形成知识产权的关系较为直接，而且每年都会发生这些费用，企业或产业每年都会申请稳定数量的知识产权和拥有稳定数量的有效知识产权，为降低会计核算的复杂性，可以将当年的研究开发费、技术引进费用、技术引进消化费作为知识产权的成本，而不用考虑研发投入等与形成知识产权的时间滞后效应。同时，还应当将研发人员的工资福利从劳动要素的成本中分离出来，将在管理费用中应计入技术要素成本的机器设备折旧费用从资本要素的固定资产折旧费用中分离出来。

从劳动力、资本、技术、管理四个要素来看，管理费用中包括与技术相关的研究开发费、技术引进费用、技术引进消化吸收费用，这些费用是能够形成专利权或购买专利权等技术类知识产权的。新产品开发费用、技术改造费用并不形成技术类知识产权，而是用于知识产权的应用。管理费用扣除研究开发费、技术引进费用、技术引进消化吸收费用、自研或外购技术类知识产权成本与无形资产摊销费用、机器设备软件折旧费用和资本相关费用后的部分，才是四要素中的管理要素的管理费用。

技术要素不仅包括自研或外购技术类知识产权成本与无形资产摊销费用，而且还应当包括研发费用、技术引进费用、技术引进消化费用、研发人员工资福利、机器设备软件折旧费用。实际上，国内外已开始考虑将研发经费作为知识产权的成本。联合国 2009 年发布新国民经济核算体系 SNA-2008，将研发经费支出直接计入 GDP 作为专利的贡献。国家统计局 2017 年参照 SNA-2008 印发了《中国国民经济核算体系（2016）》，将研究与开发等科技活动纳入知识产权资本形成总额。技术要素中的非专利技术主要是指技术秘密、软件著作权、集成电路布图设计专有权等其他技术类知识产权，但是技术秘密无法形成无形资产，很难在会计科目中核算，只能归入管理费用的研发费用中。商标、地理标记类知识产权不能作为技术要素，而是管理要素。

企业总投资中的资金主要用于固定资产投资和流动资金投资，固定资产投资主要包括生产设备和厂房投资，流动资金主要用于购买原材料、支付劳动力工资福利、进行研究开发、引进技术等投资，投资可以使用自有资金，也可以使用银行贷款。财务费用主要是银行贷款或外部借款的利息及手续费，加上扣除了机器设备软件折旧后的管理费用中的其他固定资产折旧费用、自有流动资金使用成本、土地使用权无形资产摊销，这些费用构成投资要素的费用。

劳动力成本是指扣除了科研人员的工资福利后的车间工人与车间管理人员工资福利，研发人员的工资福利应当计入技术要素的费用中。从会计科目看，四类要素与企业成本费用对照如表 12-1 所示。

表 12-1　资本、技术、劳动力、管理四类要素与企业成本费用对照

要素类型	成本费用类型
劳动力	车间工人与车间管理人员工资福利（扣除研发人员工资福利）
技术	研发费用、技术引进费用、技术引进消化费用、自研或外购技术类知识产权成本与无形资产摊销费用，研发人员工资福利，机器设备软件折旧费用
管理	扣除研发费用、技术消化费用、技术引进费用、研发人员工资福利、(固定资产折旧费用 - 机器设备软件折旧费用)、技术类知识产权事务费、新产品开发、技术改造费后的管理费用
资本	管理费用中扣除了机器设备软件折旧的固定资产折旧费用、财务费用、新增流动资金使用成本

计算某一企业应支付或收取的标准必要专利许可费率，不仅要查看该企业的财务数据，同时也要参考行业甚至全部企业的财务数据，还要区分不同功能和类型的技术类知识产权的贡献，只有如此才能从总体上计算出某企业某产品技术的专利技术利润贡献占比，从而确定标准必要专利许可费率的上限。由于企业会计科目与国家统计局公布的全国企业会计科目相同，全国企业的财务数据又是每个企业财务数据的汇总，更由于数据可获得性，因此可以把全国规模以上工业企业整体作为一个企业进行分析。表 12-2 所示为国家统计局公布的 2017 年全国规模以上工业企业主要财务数据。

表 12-2　全国规模以上工业企业 2017 年主要财务数据

项目	数据
主营业务收入 / 亿元	1 133 160.76
主营业务成本 / 亿元	956 119.97
销售费用 / 亿元	31 343.83
主营业务税金及附加 / 亿元	16 961.12
管理费用 / 亿元	46 717.81
新产品开发 / 亿元	13 497.837 12
研发费用 / 亿元	12 012.958 85
技术消化费用 / 亿元	118.54
技术改造费用 / 亿元	3 103.38
专利申请量 / 万件	32.062 6
拥有发明专利 / 万件	93.399
购买国内外技术费用 / 亿元	700.09
固定资产折旧 / 亿元	1 322.06
财务费用 / 亿元	12 832.93
利息支出 / 亿元	12 188.91
营业利润 / 亿元	73 252.33
利润总额 / 亿元	74 916.25
所得税 / 亿元	9 889.75
应缴增值税 / 亿元	33 979.04
实收资本 / 亿元	251 175.32
流动资产新增 / 亿元	33 228.13
固定资产合计 / 亿元	367 405.3
工业就业人口 / 万人	5 774.75
工业平均工资 / 万元	10.281 7
研发人员全时当量 / 万人年	273.6
购置机器设备和软件 / 亿元	5 834.4

数据来源：国家统计局统计数据，科技统计年鉴（2017）

由上述分析，将相关成本费用计入技术类知识产权成本后，技术类知识产权对产品纯利润（主营业务收入－销售费用－主营业务税金及附加－所得税－增值税）的贡献率达到15.981%，其中专利技术的贡献率达到15.975%。如表12-3所示。

表12-3　资本、技术、劳动力、管理四类要素对利润贡献

要素	金额/亿元	利润贡献/%
技术贡献	20 991.418 13	15.98
劳动力	52 885.965 76	40.26
资本	35 024.636 5	26.67
管理	22 446.934 03	17.09

但是上述分析并没有考虑知识产权对利润的贡献或溢价。根据国际上通行的LSLP（Licensor's Share on Licensee's Profit）原则，企业获利中资金、组织、劳动和技术这四个要素占获利比重一般各为1/4，技术贡献率一般为25%（理查德·瑞兹盖提斯，2008）。联合国工业发展组织曾对印度等发展中国家引进专利技术的价格进行了分析，认为技术的利润分成率的取值一般为16%～33%较为合理，标准必要专利的许可费总体上不应超过企业纯利润的1/3。无论是华为诉IDC案还是西电捷通诉Sony案，法院虽提及专利的贡献占比，但均未具体分析涉案专利对标准及产品的贡献度（李扬，刘影，2014）。日本苹果公司诉韩国三星公司（刘影，2017）、美国Innovatio案通过标准必要专利的产品利润分析来设定许可费的峰值，虽然可防止许可费累积，但法官认为前10%的专利价值达到全部专利价值的84%计算并不科学。上述四要素成本费用分析中并没有全面反映知识产权尤其是专利权的价值，尤其是专利对产品技术的溢价作用，由于会计利润是企业资产价值的很好表现，应利用企业未来盈利的能力来评估资产价值的方法（Penman，2007）。当涉案专利对产品的整体功能做出贡献，或所涉及的发明驱动了对最终产品的需求时，应以产品整体价格作为许可费率计算基础。实际上，管理、资本、技术和劳动力对企业利润的贡献不同，主要通过管理人员股份、资本股份、技术与知识产权股份和员工股份反映。股份是各个要素贡献的主要体现，虽然股权经常有变更，但股份大致是四个要素的实际贡献份额。虽

然技术尤其是专利技术以股份或出资比例表现,但其对利润的贡献是通过专利权垄断产生超额利润实现的。

第一,计算专利技术许可费率。假定 θ 是专利技术分成率,技术超额分成率也可以称为专利权纯利润的溢价率,专利技术总成本费用加上专利权溢出的纯利润占销售收入的比例 θ 应该等于 θ 对应的专利技术许可费率 δ,如公式 12-2 所示。

$$\frac{专利技术成本费用额 + \theta \times 纯利润}{销售收入} = \delta \quad (12\text{-}2)$$

通过多次试验查找技术分成率的经验法总图,可得到我国 2017 年规模以上工业企业专利技术分成率为 15.975%,对应的专利许可费率为 2.395%。由此可知,我国工业企业对应的标准必要专利许可费率上限可设为 2.395%。

第二,计算产品全部标准必要专利数与全部专利数量占比。在利用成本费用利润分析法计算专利技术贡献率后,应区分专利中的标准必要专利和非标准必要专利。虽然主要的标准化组织对标准必要专利认定没有统一的规范,但并非所有的专利都是标准必要专利。标准必要专利许可使用费的数额高低应当考虑专利权人拥有标准必要专利的多少,将标准必要专利排除在收取许可费专利之外是不合理的,同样要求标准实施者就非标准必要专利支付许可使用费也是不合理的。

现实中,确实存在声明的标准必要专利为非标准必要专利的情况,即使在几大国际标准组织也存在大量标准必要专利声明的"注水"行为。如在华为诉 IDC 案中,就存在 IDC 公司多项非"标准必要专利"被认定为标准必要专利的情况。IDC 网站所登载 IDC 关于英国高等法院判断标准必要专利的声明显示,诺基亚寻求法庭确认 IDC 在英国注册的 31 项 UMTS 专利并非该标准的必要专利。在国内,IDC 公司部分专利也被国家知识产权局专利局复审和无效审理部宣告无效,如第 03244389.7、03810259.5 和 02281994.0 号专利宣告无效决定。

虽然专利声明数据是识别所有潜在必要专利的最佳来源,但也有可能存在像华为诉 IDC 案中很多专利被无效掉的情况。声明的专利不一定不会被无效掉,专利申请不一定能获得授权,计算专利家族时可能存在多个国家数据重复计算导致最后统计的标准必要专利数量不准确、技术标准及其可独立实施部分对专利侵权的判定方法不同也会导致不侵权等情况，这些都会使声明的标准必要专利成为非标准必要专利。评估标准必要专利通常采取标准技术与专利侵权判定方法，也可采取标准虚拟产品与专利侵权判定的方法（刘影，2020）。本书认为评估标准必要专利通常采取标准技术与专利侵权判定方法，也可采取标准虚拟产品与专利侵权判定的方法。技术标准包含技术方案、技术参数和技术要求，判断是否是标准必要专利的方法如下：一是判断技术标准或其可独立实施部分的技术特征是否落入专利保护范围导致标准产品侵权，而不用构造一个虚拟产品，设置虚拟产品无法准确判断是否是标准必要专利（宋河发，2009）；二是实施技术标准必然得到的产品技术方案是否落入专利权保护范围；三是判断标准规定的技术参数和技术指标是否是必须实施专利才能实现的，如果是则应当为标准必要专利；四是专利权利要求是标准或其可独立实施部分实施的具体方案而无其他替代方案，如安全、环保，找不到替代方案之前也应当为标准必要专利。

虽然标准必要专利认定复杂，缺乏相应的认定标准，但标准化组织声明的专利一般为标准必要专利。表 12-4 是截至 2020 年 1 月 1 日德国专利数据库公司 IPlytics 统计的 5G 标准必要专利族的声明数量，为 21 571 件。声明的标准必要专利受多种因素影响，不一定是经过法律验证的标准必要专利，但是 IPlytics 使用技术世代（即 2G、3G、4G 和 5G）中的技术规范分类（Baron，Pohlmann，2018），同时，由于受欧洲《竞争法》等法规的约束，排除了更多的干扰，5G 标准必要专利族的数量统计应是相对准确的。❶ 根据 IPlytics 的数据，截至 2020 年 1 月 1 日，5G 通信所需的标准必要专利申请数量中，华为以 3 147 件位居第一，占 14.59%；三星有 2 795 项，占 12.96%；诺基亚、爱立信、高通分别占 9.96%、6.93%、5.99%。这些比例可作为标准必要专利许可费计算的主要依据。

---

❶ IPlytics Platform 的数据是基于提交给 ETSI IPR 数据库的声明以及在 3GPP 门户网站上提交的标准文稿进行检索和相互关联，IPlytics 使用技术世代（即 2G、3G、4G 和 5G）中的技术规范分类，这种方法允许精确定义专利声明是否与 2G、3G、4G 或 5G 相关，或者与多个标准的组合相关，最终仅识别 5G 相关信息。此外，专利数据与来自全球各国专利局的专利数据相关。IPlytics 邀请了一组专利和标准行业专家的专家小组讨论并验证了如何识别 5G 专利和标准贡献的方法，并以技术专长为这项研究提供了支持。

表 12-4　ETSI 声明的 5G 专利家族数

声明 ESP 公司	声明 SEP 数量 / 件	SEP 数量占比 /%
华为技术公司	3 147	14.59
三星	2 795	12.96
中兴通讯	2 561	11.87
LG	2 330	10.80
诺基亚	2 149	9.96
爱立信	1 494	6.93
高通	1 293	5.99
英特尔	870	4.03
其他	4 392	22.86

数据来源：IPlytics

在司法审判中，标准必要专利的认定也可能存在法官主观倾向性情况，而且很少考虑非侵权的后两种标准必要专利判断情形，但法院判决为标准必要专利的认定提供了一个重要参考。如美国联邦巡回上诉法院 2018 年对爱立信、三星、IDC 等公司标准必要专利诉讼中诉称的 71 件标准必要专利认定有效和侵权的只有 8 项，占比为 11.27%，而认定不侵权的专利高达 21 项。

认定出某一产品技术的全部标准必要专利后，需要计算全部必要专利在全部专利中比例 SEP_p，即标准必要专利占产品专利技术贡献占比。假定某一产品专利技术贡献占比为 2.3949%，该产品全部标准必要专利数在专利数量中的占比为 11.27%，则该产品全部标准必要专利数占全部专利数量比例 SEP_p 为 0.3981%。

第三，计算标准必要专利分值与全部必要专利分值占比。在标准必要专利许可中，拥有多数标准必要专利的公司往往是打包式许可，专利池或专利组合特有的"一站式"许可提高了标准必要专利许可的效率，但在许可分配收益时并没有考虑许可中单个专利的价值。在专利池中，往往是对标准具有关键核心特性的专利与另外只是辅助的很少被使用的专利，会收取相同的许可费（秦天雄，2015），现有多项标准必要专利侵权的司法判例也是如此，这显然是不合理的。在美国 Innovatio 案中，法院认为通信领域重要性在前 10% 的专利占该领域专利总体价值的 84%，体现了不同专利不同价值的原则，但这种计算方法并无可靠依据且缺乏可操作性。因此，有必要分析产品中每个标准必要专利的价值大小，只有在计算不同专利权人的标准必要专利价值得分占比 TMVP 之后，才能确定不同专利权人标准必要专利的许可费率。

无论是专利池或是专利组合，要确定必要专利的许可费，确定各成员和相关人的许可收益，不能单纯以专利池成员所拥有的专利数量的多少来计算许可费的多少。专利池比较法认为加入专利池具有免费实施专利池中其他专利的特权。但是，产品技术中每个专利权人所拥有的必要专利数及其在池中的位置和作用不同，应当通过评估其价值大小来计算许可费率。以 5G 通信行业 Massive MIMO 天线（大规模天线）技术为例，根据宋河发的方法，可将 Massive MIMO 技术构架分为高阶调制技术、空分复用技术、3D 波束赋形、有源天线技术（AAS）等，功效架构可分为提高无线传输流数、提升覆盖能力、抑制干扰能力、频谱利用效率提高等（宋河发，2015）。在设定各技术和功效矩阵的分值后，通过检索式：名称，摘要，权利要求书 += （（Massive MIMO OR Large Scale MIMO OR 3D-MIMO OR MU-MIMO OR 大规模天线技术 OR 阵列天线 OR 天线）AND（5G OR 5G 通信））AND 主分类号 =（H01Q21 OR H01Q23 OR H01Q1 OR H01Q15 OR H01Q3 OR H01Q19 OR H01P1 OR H01P5 OR H04B7 OR H04B17），检索出该技术 36 项专利，去除 12 项无效专利，由此来构建技术功效矩阵，如表 12-5 所示。该技术专利权人为 17 个，该技术专利池总分值为 2 238 分，平均每个专利权人分值 131.65 分，在总分值中的占比为 5.88%。专利池比较法认为加入专利池具有免费实施专利池中其他专利的特权（朱韵韵，2019），但同时也失去了向其他成员收取标准必要专利许可费的权利。在该专利池中，某通信股份有限公司有 2 项专利，其必要专利分值为 330 分，价值得分占比为 14.75%，则可以得到该企业可向专利池外第三方收取的标准必要专利许可费的比例，为总许可费的 14.75%，但实施标准应向专利池中其他专利权人支付标准必要专利许可费，比例为 75.88%。如果没有加入专利池，即使其拥有标准必要专利，该企业实施标准也有可能应向其他全部专利权人支付许可费，占总许可费比例为 85.25%。

表 12-5 Massive MIMO（大规模天线阵列）技术功效矩阵

技术架构	功效架构					
	全部功效 （10分）	提高无线 传输流数 （5分）	提升覆盖 能力 （6分）	抑制干扰 能力 （4分）	频谱利用 效率提高 （4分）	降低功耗 与成本 （3分）	其他 （2分）
技术系统 （10分）							
高阶调制技术 （4分）							
空分复用技术 （5分）		1			2		
3D 波束赋形 （5分）		2	3		2	3	
有源天线技术 （AAS） （6分）		1					
其他 （3分）			3	1	1	4	1

根据公式（12-1）和表 12-5 数据，假设某产品为专利技术成本费用利润贡献比 PTC_p 为 2.394 9%，产品全部标准必要专利数量占全部专利数量比 SEP_p 为 11.27%，某专利权人标准必要专利分值占全部必要专利分值比 TMV 为 14.75%，则该专利权人对于没有加入专利池的企业可收取的标准必要专利许可费的比例为 14.75%。而对加入专利池的其他专利权人可收取的标准必要专利许可费的比例为 5.88%，则其最终可收取的标准必要专利许可费率 $SEPL_r$ 应为销售收入的 0.039 81% 和 0.015 87%，其实施标准必要专利应向专利池中其他专利权人支付的许可费率为销售收入的 0.204 8%，如果没有加入专利池其应支付的最高许可费为销售收入的 0.230 1%。

12.7 标准必要专利与产业创新发展

1.MPEG 音频许可

MPEG 音频许可项目是 SISVEL 公司和 Audio MPEG 共同管理的许可项目。MPEG 音频专利覆盖编解码设备和工艺技术，是 MPEG 技术的主干和 MP3 播放器的必要专利，也是包含在数字电视卡与电视机、计算机声音设备、蜂窝电话、家庭影院、多媒体播放器、音响系统、卡式立体声音响、数字照相、导航系统、数字相框、DVD 播放机 MP3 中的必要专利。国际标准化组织将该技术采纳为国际标准 ISO/IEC 11172-3（MPEG-1 Audio）和 13818-3（MPEG-2 Audio）MPEG Audio 的 MPEG Audio layers 1、2 与 3（"MP3"）的强制部分。MPEG 音频拥有美国专利 18 项，SISVEL 拥有非排他许可的多个国家专利 213 项（次），其中中国专利 6 项。2016 年，获得许可的企业 1 269 家，其中中国大陆企业 177 家，中国香港企业 161 家，中国台湾企业 64 家。MPEG 音频的收费标准为：被许可产品 1～8 万件的每单声通道 0.3 美元，8～40 万件 0.2 美元，40～80 万件 0.18 美元，80～120 万件 0.16 美元，120～200 万件 0.14 美元，200 万件以上 0.1 美元。2017 年，中国共生产上述产品大约 5.8 万亿元，按低标准许可费标准计算，每年我国企业需要向 SISVEL 公司缴纳专利池许可费大约 25 亿元人民币，如果我国企业拥有 1 项标准必要专利，则平均每家企业不用缴纳许可费，而且可以获得 1.11 亿元许可费收入。

2. Avanci 许可

Avanci 于 2016 年在美国成立，是由爱立信、高通、中兴通讯等五大 IT 巨头联手推出的专为汽车和物联网制造商提供一站式解决方案的无线专利许可平台。Avanci 允许制造商一次性获得无线通信产品生产开发所需的技术许可。加入到 Avanci 中的专利涵盖了 2G（GSM、GPRS、EDGE）、3G（WCDMA、HSPA）和 4G（LTE，LTE-A）蜂窝标准的专利组合，约占全球标准必要专利的一半，涉及汽车、家用电器、医疗设备和电子仪表等多个领域专利权人 56 位，被许可企业为奔驰、宝马、奥迪等汽车制造企业。目前，2G、3G、4G 整部汽车应支付大概 30 美元的费用。

2023 年 8 月 16 日，爱尔兰联合 Avanci 宣布启动 5G 网联汽车计划（5G Connected Vehicle Program），将简化下一代网联汽车获取蜂窝技术的许可流程。该计划包括了含蜂窝车联网（C-V2X）在内的、对汽车实现网联功能至关重要的 2G、3G、4G 和 5G 标准必要专利（SEP）。该计划的启动是基于 Avanci 4G 汽车计划的巨大成功，截至 2024 年 6 月，全球已有 55 个多个汽车品牌企业的 1.6 亿辆网联汽车通过该计划获得许可。在 5G 领域，Avanci 将向汽车制造商提供单一集中许可的选择，一份协议将包括 50 多家机构的蜂窝技术专利，协助其在网联汽车中广泛应用 5G 技术。截至 2024 年 6 月，共有 65 家标准必要专利许可方和第一个指定被许可方：梅赛德斯奔驰。2023 年 9 月华为宣布加入 Avanci 5G 专利池。5G 专利池收费标准为 32 美元 / 辆。

Avanci 在全球已声明的 2G～5G（含 C-V2X）授权专利和有效专利中所占的份额达到了 80%～83%，创历史新高。Avanci 5G 计划收集了超过 80% 的 2G～5G 授权专利和有效专利；仅考虑美国和欧洲授权专利时，这一比例甚至更高，达到 83%。如果在未来 6 个月内加入该计划，将以每辆车 29 美元的折扣价获得所有成员的蜂窝 SEP。6 个月后，逾期加入者的许可使用费将增至每辆车 32 美元。

从以上两个案例可以发现，现代产业自主可控的途径是培育标准必要专利，产业赋能的途径是而且只能是技术和知识产权，因此，为解决"卡脖子"问题，实现产业自主可控，培育现代化产业体系，实现高水平科技自立自强，必须加强标准必要专利的布局。企业可以以自己的专利技术方案制定相应的技术标准，也可以瞄准国际国家技术标准等布局标准必要专利，在此基础上通过构建专利池实现专利权共享和一站式许可。这是高校科研机构知识产权对产业技术发展作出贡献的重要途径。但专利一定是高质量的专利，技术标准一定是基于各种技术论坛对各种技术方案讨论的结果，不能出现狭隘的技术民族主义和歧视。

以下以《高性能纤维产业专利池机制》为例介绍标准必要专利的政策文件。

高性能纤维产业专利池机制

第 1 章 总则

第 1 条 本政策文件规定了制订高性能纤维标准的整个过程及其所产生的标准文档相关的知识产权的管理规则。

第 2 条 通过签署协议，成员书面承诺该成员、关联者及其工作组成员同意并遵守本知识产权政策的条款。所有的成员都同意按照工作组的知识产权政策的有关规定，就标准涉及的专利向标准的使用者提供有关专利许可。为便利产业界对高性能纤维技术标准的采用，工作组支持建立高性能纤维标准专利池。

第3条 本知识产权政策文件将遵循以下原则就高性能纤维专利池的管理及其专利许可作出规定：（1）公平非歧视性原则；（2）专利许可模式简易可行原则；（3）有竞争力的许可费用原则。

第2章 定义

第4条 以下词语在本知识产权政策中定义为以下含义：

1."符合部分"仅指有关产品或服务中实施并符合最终标准的所有相关规范性要求的特定部分，这些规范性要求应当在最终标准中明确公开，并且其目的是使产品或服务能够实现该最终标准所定义的产品的效能。

2."专利"是指许可方或其关联者拥有的或者在无需向非关联第三方付费的情况下有权许可的，在任何国家授权的任何发明专利、实用新型专利、外观设计专利或公布的专利申请，或者授权的专利、实用新型、工业设计或公布的申请。

3."标准必要专利"是指根据授权或公布专利的所在国法律，被最终标准的符合部分不可避免地侵权的专利。

所谓"专利不可避免地侵权"，是指该侵权不可能在实施最终标准时通过采用另一个技术上可行的不侵权的实施方式予以避免。

4."规范性参考文件"是指并非由工作组制定而是通过引用包含在最终标准中，而且为了遵循包含该参考文件的最终标准就必须符合该引用内容的文档或标准。有助于理解、实施或以其他方式使用最终高性能纤维专利池标准的文档或标准，如果与其相符合并非为遵循最终标准所必须要求的，该文档或标准不属于规范性参考文件。

5."工作组"，是指牵头组织制定高性能纤维技术标准和构建基于高性能纤维技术标准专利池的单位。

6."专题组"，是指参与高性能纤维技术标准提案的研究和标准起草单位。

7."成员"是指参与高性能纤维技术标准研究、起草并拥有标准必要专利的单位，以及虽然不参加技术标准研究起草但拥有高性能纤维技术标准必要专利的单位。

第3章 组织机构

第5条 高性能纤维专利池管理委员会是专利池管理机构的决策机构，

设主任 1 人，副主任 1 人。主任和副主任由全体委员会推选。委员每届任期 2 年，可以连任。

高性能纤维专利池管理委员会由 19 位委员组成，其中 5 位委员是从国家相关部委邀请的技术和管理专家，6 位高性能纤维用户委员来自采用高性能纤维标准企业，6 位专利许可人委员来自高性能纤维专利池许可人。另外两位委员是高性能纤维工作组的组长和高性能纤维专利池管理执行机构的主任。

第 6 条　高性能纤维专利池成员通过签署协议共同选择和委托单一授权管理实体来执行高性能纤维技术标准的制定和专利池的管理。

高性能纤维专利池成员授权管理实体是高性能纤维专利池管理的执行机构，也是技术标准制定的工作组单位，接受高性能纤维专利池管理委员会的领导。该授权管理实体应该是在中国本土注册的和信誉可靠的非营利法人实体。

授权管理实体可以获得的管理费用包括不高于 10% 的专利许可费。

第 7 条　授权管理实体的责任：

1. 发现和寻求可能的被授权者和专利池成员。

2. 管理专利池成员的资格，包括选择 1 位专利池独立评估专家，做好专利池独立评估专家和专利池成员及潜在专利池成员的沟通协调工作等。

3. 为准备和修改专利池许可文件提供帮助。

4. 在专利池许可谈判、许可执行和许可管理方面为潜在专利池用户提供协助。

5. 按照专利池成员同意的协议，收取、汇报和分发专利许可费。

6. 对专利池成员提供市场对专利许可项目运行情况的反馈。

7. 对专利池成员的专利实施和保护提供可能的帮助。

第 8 条　授权管理实体的能力要求：

1. 了解高性能纤维产业特点。

2. 在标准有关的专利许可方面有成功的市场推广能力。

3. 建立专利授权费的收取和发放运作机制。

4. 能够通过利用内部或外部的法律专家解决专利池运作和许可过程中出现的问题。

5. 本专利池政策所说的管理实体是中国科学院知识产权运营管理中心。

第4章 标准与必要专利

第9条 工作组牵头制定高性能纤维行业技术标准,并依照此标准建立高性能纤维专利池。

1. 高性能纤维行业标准的制定,应当遵循以下步骤:

列出高性能纤维产业技术分类,借鉴国际技术标准确定的性能参数,根据我国高性能纤维产业发展需要,确定我国高性能纤维产业标准应达到的目标、功能、性能、参数,制定高性能纤维产业标准方案,标准应包括检测标准、设备标准、产品标准、工艺标准、应用标准。

2. 对高性能纤维产业技术标准进行分解,制作技术图谱,使每一项细分技术达到可独立实施即可。

3. 根据专利分类表建立标准可独立实施部分与IPC分类号对应关系,并用专利分类号进行全球技术检索。

4. 用专利侵权的判断方法对比检索出的专利和标准之间的关系,使专利成为标准必要专利。根据检索出的专利,判断专利的可规避性,可规避设计尽量避开他人专利,无法避开的专利则应作为标准必要专利。

5. 如果检索出的专利为自有专利或专利申请,则进一步判断专利的权利稳定性,如果专利稳定性高,则根据其技术特征设定或者修改高性能纤维标准可独立实施部分的参数和指标,使得技术标准每一项可独立实施部分落入最接近的1~2件自有专利保护范围之内,使自主专利成为标准必要专利。

6. 在标准可独立实施部分无相应必要专利的情况下,参考国际技术标准确定的性能参数,或者我国高性能纤维产业标准应达到的目标、功能、性能、参数,制定高性能纤维可独立实施部分的技术方案等,并进行研究开发,申请专利和其他知识产权。

7. 新专利形成后,再对技术标准进行修改完善,确定最终标准所包括的技术方案,从而形成具有先进性、自主性、国际化的技术标准。

第10条 各专利人均有权申请加入高性能纤维技术标准专利池。每个希望入池的专利必须单独提出申请。提案者的提案应该尽可能地清晰、独立。提案者应当对于所提出技术的独立性与客观性进行检索。如若提案者对于提案的技术进行虚假陈述,需要承担相应的法律责任。

第11条 在最初创建专利池的时候,高性能纤维专利池授权管理实体将邀请潜在必要专利权人至少提交一个专利进行评估。在确认潜在必要专利权人之后,高性能纤维专利池授权管理实体将就具体许可条款的协商进行协调。评估和入池的整个过程应当在 3 个月内完成。

第 12 条 根据协议,应当委托独立第三方专家评审委员会确定专利是否为标准必要专利。任何申请加入专利池的专利都必须经过专家评审委员会的必要性审查,符合必要专利要求的方可加入;此外,如果任何人提出请求主张某一现有专利池中专利不符合必要性要求的,专家评审委员会应该对该池中专利进行必要性审查。

第 13 条 专利池中的专利被相关国家有管辖权的法庭最终宣告为无效专利、不可执行专利的或者该专利保护期限到期的,应当立即从专利池中删除。

第 14 条 标准必要专利确定后,对标准必要专利的异议程序包括:

1. 被许可人发现专利池中存在已被无效公告的专利,应当立即通知授权管理组织。

2. 被许可人应当就池中专利向授权管理组织加以确认,否则在此协议生效后的 15 日后就视为被许可人认为池中专利都是必要专利。

如果在协议生效之前,被许可人就从第三方获得了某个专利的独占许可,该被许可人必须在协议生效 5 日之前告知许可组织该第三方。

第 15 条 任何人想要求从池中删除某一标准必要专利,必须满足:

1. 法院作出的终审判决确定的无效专利。
2. 此判决必须是法官权限范围内做出的。
3. 确定的无效专利已进行无效公告。

此时被许可人要么选择遵守原来的许可协议,要么申明终止原授权协议签订新的许可协议。

如果专利权人想要增加新的专利技术入池,只能通过标准制定组织的标准制定程序来实现。

第 5 章 标准提案

第 16 条 允许成员保留对其提案中的知识产权的权益有利于鼓励成员提出提案,进而有利于制定先进的技术标准。因此,任何提案中的知识产权都属于提交提案的全部成员所有。提出提案的专题组成员保留申请专利或公开披露有关信息的权利。

第17条 每个成员同意许可所有其他成员和工作组仅限于为了制订标准草案的目的而使用该成员提交给工作组的任何提案中包含的该成员及其关联者的任何著作权、专利、商业秘密或其他非专利知识产权。上述许可应当是非排他性的、不可转让的、不可撤销的、免费的和全球性的许可。

第18条 成员不应在知晓的情况下提出违反其对其他成员或其关联者或第三方保密义务的提案，或在提案中包括其他成员或其关联者或第三方的含有著作权或商业秘密的材料，除非事先得到其他成员或其关联者或第三方的书面同意。就本条款而言，成员是否知晓仅限于该成员的工作组成员和提案的作者是否实际知晓。

第19条 只有当规范性参考文件可以公开获得时，该内容才可以被包含在标准草案或最终标准中。为了本条目的，只有在以下情况下，规范性参考文件才被认为是可以公开获得的：

1. 任何人都可以通过可公开接触的渠道（付费或免费）获得其中文（或英文）的内容。

2. 除与有形规范性参考文件的复印和分发有关的限制之外，评估该规范性参考文件时无须受到其他的限制即可以获得该规范性参考文件。

3. 评估该规范性参考文件没有受到实施方面的限制可以获得该规范性参考文件。

4. 不必要求请求人证明某种资质，如是某一特定组织的成员，就可以获得该规范性参考文件。

如果符合某一规范性参考文件要求使用特定的测试套件，该测试套件也必须可以公开获得。

第6章 标准必要专利披露

第20条 成员必须披露以下最低限度的信息，在披露专利信息时，专题组和工作组成员应填写专利信息披露表，并将专利信息披露表与相关证明材料一起提交至所属的专业标准化技术委员会或归口单位。

1. 对于已批准的专利及已公布的专利申请的披露，必须包含：

（1）专利权人和/或申请人的身份。

（2）专利号或专利申请号、申请日，以及授权专利证书复印件或扉页。

(3)专利开放许可声明表。

2.对于成员或其关联者未负有对第三方的在先保密义务的未公布的专利申请的披露：

(1)应当说明存在可能包含潜在必要权利要求的专利申请,并且。

(2)由成员自行决定,可以标明相关的标准草案的部分。

本款规定不禁止基于自愿对未公布的尚未授权专利申请做出更广泛的披露。

在一项已被披露的未公布的专利申请得到公开时,成员必须对上文所述与已公布的专利申请相关的其他辨别信息进行披露。

第21条　每个专题组成员应该根据诚信原则,在其实际知晓的范围内,就可能包含必要权利要求的该成员和其关联者的专利和公布的专利申请及时并持续地向工作组进行披露。

第22条　成员应披露高性能纤维技术标准必要专利的许可条件,在以下三种方式中进行选择:(1)合理无歧视免费许可(RAND RF);(2)合理无歧视许可(RAND);(3)不同意按照以上两种方式进行许可(NO LICENSE)。选择的许可方式一经提交就不可撤销,直到该标准被废止或标准的相关部分由于修订导致被许可的专利不再是该标准的必要专利;只有后提交的许可声明对标准实施者而言更宽松、更优惠时,才可取代在先的许可声明。在专利权转移的情况下,该许可方已经对某一标准作出的许可对于专利权受让人依然有效。

第23条　工作组原则上不反对在最终标准中采纳专利技术。但是,在权衡是否在标准草案中采纳某一提案时,工作组可以考虑已经提交的对专利许可的披露条件。为利于最终标准的商业应用,工作组在权衡技术性能和实施成本实质性相同的竞争性提案时将采用以下规则:

1.在相关的专利许可披露中没有包含潜在的标准必要专利的提案,或者有关潜在的必要权利要求适用的缺省许可义务的提案一般通常应当得到优先考虑。

2.当每个提案都有专利许可披露时,专题组将优先考虑承诺提供更优惠许可条件的提案。

在适用上述规则时,工作组应当仅考虑专利许可披露声明中提供的信息。

第 24 条　为了方便工作组决定是否采纳一个特定的专题组提案，以及准备与高性能纤维标准草案相关的专利报告，每个成员在提交任何提案时，应该作出相应披露，并且作出书面承诺。对于该成员及其关联者的特定提案被该标准采纳而获得的该标准及后继标准的某些部分，必须是为了向前兼容采纳该特定提案的标准所必需的，而且仅限于该标准要求向前兼容的部分有关的任何必要专利及其必要权利要求。

第 25 条　缺省许可义务的专题组成员还必须在实际知晓的范围内披露该成员或其关联者的可能包含必要权利要求的未公开的专利申请。

专题组成员实际知晓应当仅限于工作组和专题组成员的实际知晓范围。解释和应用应当符合诚信原则，成员不得故意对参与高性能纤维标准草案制定的人员隐瞒有关事实以规避本章规定的披露义务。

第 7 章　标准必要专利许可政策

第 26 条　根据本知识产权政策提供专利许可的所有承诺应当适用于所有成员及其关联者，以及所有实施高性能纤维技术标准符合部分的第三方（以下合称"被许可人"），并且选择①合理无歧视免费许可（RAND RF）；②合理无歧视许可（RAND）；③不同意按照以上两种方式进行许可方式（NO LICENSE）就提供许可的成员及其关联者所拥有的必要权利要求向被许可人提供非排他性的、不可转让的、不可分许可的、全球性的书面许可，以制造、委托仅以被许可人的名义制造、使用、进口、许诺销售、租赁、销售或以其他方式分发高性能纤维技术标准符合部分。

第 27 条　如果被许可人没有在事实上承诺就自己的必要权利要求按照 FRAND 或者 RAND 的条件向该成员或其关联者提供许可，成员及其关联者（"许可人"）没有义务就其必要权利要求向被许可人提供许可。

如果许可人选择按照 RAND RF 对其必要权利要求提供许可，而被许可人仅仅愿意按照 RAND 的条件许可自己的必要权利要求，那么许可人有义务向被许可人提供其必要权利要求的许可，但是该义务可以通过按照 RAND 的条件提供许可而得到满足。

根据本协议提供的许可条款可以包括防御性中止许可的权利。

第 28 条　工作组在将标准草案提交标准化机构批准之前，应给予所有成员不少于 90 天的"审阅期",以便成员审阅有关知识产权方面的事项。

除成员已经根据本政策的规定承诺了许可义务的标准必要专利外,如果成员在"审阅期"期间或结束前披露一个或多个特定专利,成员可以就上述专利中包含的标准必要专利要求声明其许可义务为第 26 条规定的三个选项之一。如果成员在"审阅期"结束时没有做出声明,将适用成员及其关联者的缺省许可义务。

第 29 条　在向标准化机构提交标准草案以供批准之前,应当就其已经知晓的该标准草案中可能涉及的标准必要专利向第三方专利权人征集其许可意向。如果工作组无法就上述专利取得合理的许可承诺,应当要求第三方专利权人作出说明。如果仍然不能获得第三方专利权的许可,则应分析该技术标准的公益性,公益性大的技术标准应当根据"标准必要专利劫持与反劫持"原则实施许可但应当支付合理的使用费。公益性不足的技术标准工作组应当对该标准草案进行相应修改,标准不应包含基于此项专利技术的条款,或者采用替代技术方案。如果无法找到替代技术方案,则延缓高性能纤维技术标准发布。

第 30 条　在承担本知识产权政策下的许可义务之外,成员及其关联者有权按照其自行确定的条款,独立地向公众提供其必要标准专利的许可。

第 31 条　所有成员同意,除了同意按照本知识产权政策的明文规定提供许可外,任何成员或其关联者在本知识产权政策下没有以直接或暗示、禁止反言或其他方式向其他方或其关联者提供或同意提供任何知识产权的许可、豁免或其他权利。

第 32 条　成员同意,成员及其关联者现在没有将来也不会为规避本知识产权政策下的许可义务而转让或许可标准必要专利。成员或其关联者向第三方转让标准必要专利时,该转让应受到该成员及其关联者在本知识产权政策下已经承担的许可义务(如果有的话)的约束。

成员及其关联者可以选择遵守本条款的具体方式。在转让许可标准必要专利的协议中包含相应条款,规定该转让许可应受到已有许可协议和该成员及其关联者在标准机构、标准起草组织或类似组织中所承担的许可义务的约束。在签署成员协议时,每个成员应该对最终高性能纤维标准中采用的任何技术所涉及的该成员及其关联者的标准必要专利确定缺省许可义务。除非成员根据涉及提案中包括的标准必要专利或在"审阅期"的规定选择了不同于其缺省许可义务的许可承诺，该成员及其关联者应当按照其缺省许可义务对其标准必要专利提供许可。

第33条 成员可以从以下缺省许可义务中做出选择：

1. 如果在某一专题组制定某一高性能纤维标准草案期间成员参加了该专题组，而该高性能纤维标准草案其后成为最终高性能纤维标准，那么对于与该最终高性能纤维标准有关的任何标准必要专利，成员可以选择：

（1）按照合理且非歧视性的条款提供免费许可（"RAND RF"）。

（2）按照合理且非歧视性的条款（"RAND"）许可。

2. 如果在某一专题组制订某一高性能纤维标准草案期间成员并未参加该专题组，而该高性能纤维标准草案其后成为最终高性能纤维标准，那么对于与该特定的最终高性能纤维标准有关的任何标准必要专利，成员可以选择：

（1）按照RAND RF条款许可。

（2）按照RAND条款许可。

（3）无许可义务（"NO LICENSE"）。

第34条 成员有权自行决定采用与其确定的缺省许可义务等同或更优惠的条款，缺省许可义务和许可义务按照优惠程度从高到低的次序排列如下：

1. 最优惠：按照RAND RF条款许可。

2. 第二优惠：按照RAND条款许可。

3. 最不优惠：无许可义务。

第35条 该成员及其关联者的与加入高性能纤维标准的任何版本的高性能纤维标准草案有关的其提案之外的任何标准必要专利，如果该高性能纤维标准草案在该成员的工作组成员资格存续期间可供其审阅，条件是该成员或前成员应有权在该高性能纤维标准草案可供审阅之日起90天内作出声明，并且提供许可的承诺仅限于该高性能纤维标准草案，以及最终高性能纤维标准中为了向前兼容该高性能纤维标准草案所必需的部分。

第36条 每个成员在向工作组提交任何提案并作出相应披露和书面承诺时，该成员及其关联者的特定提案被该标准采纳而获得的该标准及后继标准的某些部分，是为了向前兼容采纳该特定提案的标准所必需的，而且也仅限于该标准要求向前兼容的部分有关的任何必要专利及其必要权利要求，该成员及其关联者应就该标准必要专利提供符合以下条件的许可：

1.对于中华人民共和国授予的专利中包含的必要权利要求，按 RAND 条款进行许可。

2.对于中华人民共和国之外授予的专利中包含的必要权利要求，按 RAND 条款进行许可。

第 37 条　如果工作组解散，成员同意在解散后必要权利要求提供许可，但仅限于该成员在解散之前有义务提供许可的最终高性能纤维标准；

1.与某一后继最终高性能纤维标准有关的标准必要专利，但仅限于与该最终高性能纤维标准以下部分有关的标准必要专利：（1）该部分是为了向前兼容在该成员的工作组成员资格存续期间被采纳的某一最终高性能纤维标准所必需的；（2）该成员就该在先采纳的最终高性能纤维标准对该标准必要专利已经承诺了许可义务。

2.撤销或终止成员资格的成员没有义务许可任何其他标准必要专利。对一个或更多的标准必要专利提供许可的成员仍然有权享有互惠性权利。

第 8 章　专利池构建原则

第 38 条　为便利产业界采用高性能纤维技术标准，工作组牵头建立高性能纤维专利池。经过独立评估确认为标准必要专利的专利权人可以加入高性能纤维专利池，进行相互专利许可，并可参与打包许可与专利许可费的分配。

第 39 条　高性能纤维专利池的管理应采用"一站式"的许可方式，其目的在于遵循以下原则，实现从一个渠道对加入专利池的必要权利要求进行许可的目标：（1）最大程度地将所有包含必要权利要求的专利吸收在内的原则；（2）诚实信用原则；（3）自愿参与原则；（4）非排他性原则；以及（5）非歧视性的管理原则。

参加标准起草制定，参加专利池构建的专利权人不应当拒绝专利池许可，尤其是内部相互许可和对第三方许可。

第 9 章　专利池收益分配政策

第 40 条　高性能纤维标准必要专利的专利池的价值计算应当采取收益现值法。在计算专利池价值过程中，应当采用从专利池全部专利运作后企业的总净利润分成的办法进行计算。

技术的利润分成率一般为25%，由于高性能纤维技术研发的复杂性，我国需求的紧迫性等因素，高性能纤维专利池技术的超额利润分成率可以较高，如30%～33%。

预测未来收益要预测收入和成本费用。收入预测要考虑高性能纤维专利池技术实施的经济环境、盈利性、竞争性和资本投资的变化，重点计算市场渗透率、市场成长率和市场占有率。在计算成本费用时考虑研发经费加计扣除、无形资产加计摊销、研发设备加速折旧、高新技术企业所得税率优惠等政策。

折现率由"基本收益率"和"风险报酬率"构成，基本收益率按过去五年国债平均利率计算，风险报酬率包括交易所在市场的风险溢价、与规模相关的风险溢价和专利池实施有关的特有风险溢价。

项目计算期不同于技术生命周期和法定合同周期，它是基于专利池技术应用超过行业平均利润获得超额利润的项目运行周期。

第41条 引入标准技术功效矩阵计算高性能纤维标准专利池中专利权人表决权大小、收益分配比例与金额。

1. 画出技术标准的技术功效矩阵。根据高性能纤维标准，分析确定的高性能纤维专利池的技术手段和功效。表12-6所示为聚丙烯腈碳纤维技术功效矩阵。

2. 设定高性能纤维技术标准专利池各技术和功效的分值。根据各技术手段和功效在技术标准中的地位、作用及其实现的难易程度，赋予高性能纤维专利池各技术和功效相应的分值。在技术手段中，赋予全部技术手段10分，单体聚合技术2分，纺丝原液制备技术1.5分，纺丝技术0.5分，凝固技术1分，预氧化技术1分，原丝制备技术1分，表面处理技术1分，碳纤维制备技术、石墨纤维制备技术、复合纤维制备技术、碳纤维/石墨纤维制备技术由于基本相同，各1分。在功效中，赋予全部功效10分，热力学性能好2分，可纺性高0.25分，提高效率0.25分，吸附性强0.5分，电学性能好2分，吸收电磁波0.25分，吸收音波0.25分，提高力学性能2分，提高品质1.5分，使用寿命长0.25分，经济性好0.25分，作用广泛0.25分，节能环保0.25分。

3. 对专利池必要专利进行评估和数据清洗。首先，建立高性能纤维标准涉及技术手段的国际专利分类号。其次，查看成员和相关人声明的专利国际专利分类号是否属于该标准技术涉及的国际专利分类号。如果不属于，则不是必要专利，如果是，则由评估专家委员会进一步分析该标准或其一部分涉

表 12-6 聚丙烯腈碳纤维技术功效矩阵

技术	全部功效 10	热力学性能好 2	可纺性高 0.25	提高效率 0.25	吸附性强 0.5	电学性能好 2	吸收电磁波 0.25	吸收音波 0.25	提高力学性能 2	提高品质 1.5	使用寿命长 0.25	经济性好 0.25	作用广泛 0.25	节能环保 0.25
全部技术手段 10														
单体聚合 2														
纺丝原液制备 1.5														
纺丝 0.5														
凝固 1														
预氧化 1														
原丝制备 1														
表面处理 1														
碳纤维制备 1														
石墨烯制备 1														
含石墨烯的复合纤维制备 1														
碳纤维/石墨纤维材料制备 1														

及的高性能纤维产品是否对该专利池中的专利造成侵权。确定侵权后再进一步确定侵犯的是哪些权利要求。如果一个专利的独立或从属权利要求必要技术特征覆盖了技术标准的全部主要技术要素，如果一项技术标准或技术标准可独立实施的部分指标、结构、步骤、参数、流程、规定等技术要素体现了一项专利独立权利要求或从属权利要求的全部必要技术特征，则该专利就是必要专利，该独立权利要求或从属权利要求就是必要权利要求。如果该标准没有对一些前瞻专利及其权利要求造成侵权，但前瞻专利对技术标准实施有较大作用，也可以列为必要专利和必要权利要求。必要权利要求的清洗则是指将成员或相关人声明的专利或权利要求进行去重，减少同族、具有优先权的专利和专利权利要求。

4. 将各成员及相关人必要专利及其必要权利要求数量放入高性能纤维标准专利池技术功效矩阵的相应位置。通过必要性分析和数据清洗，将高性能纤维标准的包含必要权利要求的必要专利及其必要权利要求放入技术功效矩阵相应的位置。

5. 计算必要专利的分值。根据必要专利权利要求从高到低的顺序赋值，赋予高性能纤维标准专利池中的必要专利的必要权利要求中的独立权利要求分值为10分，独立权利要求2个的每个6分，3个的每个5分，4个的每个4分。赋予必要专利的必要权利要求中的从属权利要求10个以内每个分值4分，第11个起到第20个每个3分，第21到第40个每个2分，第40个及以上每个得分1分。

6. 计算高性能纤维专利池和各成员必要专利分值。将各技术功效矩阵交叉点位置中各成员各必要专利的必要权利要求的加总得分乘以全部技术手段的分值，然后将该成员对应某一技术手段的上述得分加总并乘以该功效的分值，就可得到该成员某一技术手段的总分值，同样可以得到该成员某一功效的总分值。之后将各个技术手段和各个功效的总分值分别加总得到总的技术和功效分值。最后通过求总的技术和总的功效得分的几何平均数得到该成员必要专利的分值。

7. 确定各成员在高性能纤维专利池中表决权、专利许可收益分配比例与数额。将拥有高性能纤维必要专利的成员与相关人的必要专利分值除以专利池总分值，得到各成员在专利池中表决权大小及专利许可收益分配的比例。根据市场价值确定各成员在内部需要相互支付费用的额度和专利池向第三方许可的收益分配额。达到平均分值的成员既不用向其他成员支付许可费用，也不能获得成员内部支付的许可费用；低于平均分值的成员应当通过管理机构向专利池支付差额的许可费用部分，高于平均分值的成员可以从专利池中获得高出平均分值的费用。在向第三方获得许可收益后，各成员根据其在专利池收益分配的比例获得相应的许可收益。

第 10 章　争议解决机制

第 42 条　专利池成员内部涉及标准必要专利的认定、专利许可、许可收益分配等事项产生争议，应当书面提交管理机构先行磋商解决。如若一方不服从管理机构的处理，应当采取仲裁或者诉讼的方式解决纠纷。

第 43 条　专利池成员与第三方涉及专利许可、标准必要专利侵权等事项产生的争议，双方应当采取仲裁或者诉讼的方式解决纠纷。

被许可人不应因为默示许可而不支付合理的许可使用费，在协商未果的情况下，专利池管理机构或相关专利权人可以就不支付许可费或支付许可费用的高低申请仲裁或者提起诉讼。

第 11 章　其他

第 44 条　如果工作组需要以任何名称或标志作为商品商标、服务商标或商号（总称为"商标"），工作组应根据章程细则的规定行事。

如果工作组选择任何商标作为指明某一产品或服务与其他所有采用相同商标的产品或服务相兼容的标志，该商标的使用应当由工作组或其指定的实体按照合理和非歧视性的条款进行许可，许可方式应当保证产品或服务与最终标准相符合。

第 45 条　工作组拥有高性能纤维标准草案的著作权，但要受提出提案的成员和其他著作权所有者所享有的权利的约束。除非已事先得到工作组明确的书面许可，任何成员及其关联者均不得出版或发行标准草案或最终标准的全部或部分内容，或其他任何演绎作品。

第 46 条　由标准化机构批准颁布的最终标准著作权属于国家。其使用、修改和发行应遵守有关法律法规的规定。

第 47 条　成员就任一最终标准提出软件作为参考实施方案（即提出作为如何实施某一标准的范例的符合性实施方案）的全部或部分的，成员应当向用户提供一份免费的著作权许可，允许其在任何符合最终标准的实施方案中使用该软件。该成员没有默示提供任何其他著作权许可。工作组及其成员或其他任何实施者都没有义务在本知识产权政策下或者为了制造符合部分而使用上述软件。

第48条 对本知识产权政策的任何修改必须遵循工作组章程细则的有关规定。成员应当有至少30天时间以决定是否接受有关修改（"接受期间"），该期间自成员接到有关修改的书面通知之日起算（可以通过电子邮件通知）。如果在接受期间内，成员的授权代表没有书面确认接受修改后的知识产权政策，该成员将被视为自动撤出工作组。在接受期间结束之前撤出工作组，或者在接受期间结束时自动撤出的任何成员不受修改后的知识产权政策的约束。

12.8 小结

对比中外技术标准中的知识产权政策可以发现，我国一些技术标准知识产权政策对信息披露的规定尤其是必要专利和权利要求的信息以及许可方式的披露规定还存在不足。国外标准对于不能得到许可的专利要多次反复向权利人请求得到许可，实在不能得到许可，要求成员书面给出理由，最后仍然不能获得授权许可的则提交大会决定是否寻找替代方案，如果找不到替代方案则可以不予批准标准。而我国标准没有规定向权利人和相关人再三请求的过程；如果无法得到许可或者停止工作等待，或者对标准草案进行修改找不到替代解决方案怎么办，也没有规定。我国对标准必要专利许可的详细条件的规定也不很明确。专利池不是一种许可方式，与免费许可和收费许可方式不是并列关系。我国标准知识产权政策要求免费许可或低价许可，这会导致很多成员尤其是拥有大量必要专利的成员参加专利池的积极性不高，从而可能导致标准的必要专利难以获得许可等问题。另外，欧美重要技术标准的专利池都有独立的公司经营，而我国大多数技术标准没有构建专利池，有专利池管理的机构也多为非营利实体。

为促进我国高技术技术标准的竞争力提升，必须在一些政策上进行调整和完善，加强技术标准知识产权管理。

一是强化标准制修订和知识产权战略的协调。技术标准的制定必须充分利用现有自主知识产权，尽量让技术标准的整体或部分技术方案体现为专利的最佳技术方案，这是增强自主知识产权对产业影响力的重要方法。在标准制修订过程中，要加强对专利申请的战略布局管理，专利申请不建议急于获得专利权。为使技术标准与专利产生实质性关联，成为必要专利，建议多采取国内优先权的方式，技术标准研发初步成功后可以申请专利，待技术标准最终修改完成后再提交具有国内优先权的修改后的专利申请，从而使申请的专利成为技术标准的必要专利。

二是强化知识产权国际战略布局。我国技术标准专项必须高度重视专利的国际布局和保护。对于自主技术标准，要加强对美、欧、日的专利申请，必要的时候鼓励和支持一些高校科研机构和高校向国外申请专利。申请美国专利时尤其要注意最佳实施例的公开和保护。对于国际标准化组织的技术标准，要积极参与标准会议、论坛等活动，掌握其修改动向，针对其未来修改适时在有关国家和地区申请相关专利，从而将自主专利变成国际标准化组织技术标准的必要专利。

三是制定反知识产权滥用和强制许可政策。我国对知识产权滥用和强制许可提出了一些详细规定，但知识产权合理垄断和滥用之间的边界并不清楚。采用企业技术类知识产权成本费和技术对企业利税的分割计算技术类知识产权的增加值，并以此计算企业制定的标准必要专利许可费率政策是否涉嫌滥用是一个较好的尝试。要充分利用专利法关于强制许可的规定推动技术标准的实施。要明确充分实施的有关情形，有关行政部门是哪个部门，请求强制许可的程序，强制许可实施的许可费补偿和有关救济措施等。

四是 RAND 原则要考虑竞争性技术方案和入池专利之间的平衡。为促进公平竞争，技术标准组织应当允许竞争性专利权利人自行协商作为标准的一个成员和参与专利池许可费分配，协商未果的标准化组织则可采用许可条件最优惠的方案。

五是为降低部分专利权人将非必要专利和非必要权利要求声明为必要专利和必要权利要求，标准化专利政策应规定成员必须支付相应的专利是否为必要专利或必要权利要求的评估费用。同时，对故意将非必要专利谎称为必要专利的，还要根据数量多少和情节轻重，给予相应处罚。

第十三章 科技成果知识产权激励政策

合理的知识产权激励政策是促进科研机构和科研人员高水平创造知识产权和积极转移转化知识产权的重要手段。然而，目前我国与职务知识产权激励有关的法律和政策还存在权属不清、标准不一致等问题。为从根本上激励职务发明人和单位积极性，建立长期稳定的收益理性预期，必须建设合理的知识产权权属制度、制定兼顾职务发明人和单位利益的激励政策。

13.1 主要国家知识产权权属法律政策

知识产权权利归属是知识产权激励制度的核心内容。许多发达国家坚持发明人主义，即职务发明知识产权天然属于发明人，但由于单位最有条件将知识产权转化实施，这些国家要求发明人必须将发明让渡给单位，由单位成为知识产权权利人，并要求单位必须给予发明人合理的奖励。美国《专利法》规定任何专利都必须由发明人提出申请。美国《拜杜法案》规定，联邦政府资助，或以合同、合作方式支持大学、小企业和非营利组织产生的知识产权，其所有权归承担单位所有；承担单位有责任以书面形式与教授和技术职工签订协议，要求其披露发明和转让发明给大学、小企业和非营利组织等，大学等必须与发明人分享发明许可收益。

日本《专利法》规定，职务发明权利也属于发明人，单位仅享有免费实施权。2004年日本大学法人化改革后则将职务发明权利授予单位。日本《专利法》规定了职务发明的定义，属于单位业务范围，雇员由现在或过去职责产生的发明属于职务发明。单位如果要获得职务发明的专利权或者独占实施权，必须通过合同约定而且必须向雇员支付合理的报酬。

法国《工业产权法典》规定，发明人执行与其职责相关的单位发明任务合同，或从事单位明确赋予的研究开发任务而完成的发明是职务发明，单位拥有将职务发明申请和获得工业产权的权利。对于"利用了本单位物质技术条件"但既非本职工作要求，也不是履行单位在本职工作之外分配的任务完成的发明，单位有权利在发明报告给单位后4个月内要求获取该发明的专利所有权或者优先许可权，同时给雇员以"合理的"补偿（Baudras，2013）。英国《专利法》规定，发明人在日常工作中或日常工作之外单位特别分派的任务中完成的发明是职务发明，职务发明归单位所有。

另一些欧洲国家如德国、挪威、芬兰将雇员发明分为职务发明和自由发明。职务发明是发明人在雇佣期间完成单位任务或者主要根据经验、业务活动完成的发明。职务发明之外为自由发明。德国和日本一样采用了"权利归发明人，单位优先使用"的做法。德国《雇员发明法》规定，职务发明获得的知识产权权利并不直接属于单位，而是通过申报程序由单位进行选择。单位可以选择对该职务发明拥有无限权利，拥有知识产权。单位放弃拥有知识产权，职务发明则转化为自由发明，申请知识产权的权利属于发明人，单位也可以选择非独占的免费实施权或选择放弃相应权利。

巴西将发明分为职务发明、自由发明和共有发明三类。除非在合同中明确约定，否则"利用了本单位物质技术条件"的专利权由发明人和单位共同拥有，即分享权利（Baudras，2013）。比利时也将发明分为职务发明、自由发明和混合发明三类，对于"利用了本单位物质技术条件"的发明称为混合发明，但由于实行判例法，比利时并没有对混合发明的权利归属做出明确规定（Peberdy，Strowel，2013）。

13.2　知识产权权属激励

科学技术是第一生产力，创新是第一动力，人才是第一资源。对人才实施内在与长期的权属激励是激发人才科技创新动力和活力的根本所在。我国2010年发布的《国家中长期人才发展规划纲要（2010—2020年）》是第一部中长期人才发展规划，该规划明确提出要"制定职务技术成果条例，完善科技成果知识产权归属和利益分享机制，保护科技成果创造者的合法权益。明确职务发明人权益，提高主要发明人受益比例"。2021年，中共中央、国务院印发的《知识产权强国建设纲要（2021—2035年）》强调，"完善知识产权人才培养、评价激励、流动配置机制"。国务院印发的《"十四五"国家知识产权保护和运用规划》也要求"加强知识产权人才队伍建设"，"优化知识产权人才发展环境"。

我国坚持职务发明优先制度和约定制度。《专利法》第6条规定，执行本单位的任务或者主要是利用本单位的物质技术条件完成的发明创造属于职务发明创造，职务发明创造申请专利的权利属于单位，专利申请被批准后该单位为专利权人。虽然《专利法》还规定，单位与职务发明人有约定的从其约定，但是指非主要利用单位的物质技术条件完成的发明创造可以约定专利申请权和专利权。而且顺序较为靠后。将职务发明的权利归属单位，所有权归国家所有，不仅是社会主义性质要求的，而且也是符合创新规律的。因为只有单位才能整合各类创新资源，各种创新要素进行新的组合，实现科技成果转化和知识产权运用。

但是由于财政资金设立的科技计划形成的科技成果知识产权所有权归国家，由财政部和单位主管部门办理评估和审批备案，在一定程度上影响了科技成果转化和知识产权运用，我国对财政资金设立的科技计划形成的科技成果与知识产权进行了权利下放等改革。

一是科技成果知识产权向职务发明单位的下放。我国在1992年第一次《专利法》修改时就将职务发明单位对专利申请权和专利权的持有人改为专利申请权人和专利权人。第四次修正的《专利法》再次明确规定职务发明单位为专利申请权人和专利权人，第6条规定，职务发明创造申请专利的权利属于单位，专利申请被批准后单位为专利权人。我国2007年修订的《科技进步法》第20条规定，"利用财政性资金设立的科学技术基金项目或者科学技术计划项目所形成的发明专利权、计算机软件著作权、集成电路布图设计专有权和植物新品种权，除涉及国家安全、国家利益和重大社会公共利益的外，授权项目承担者依法取得。"2021年修订的《科技进步法》将原20条修改为第32条，"利用财政性资金设立的科学技术计划项目所形成的科技成果，在不损害国家安全、国家利益和重大社会公共利益的前提下，授权项目承担者依法取得相关知识产权，项目承担者可以依法自行投资实施转化、向他人转让、联合他人共同实施转化、许可他人使用或者作价投资等。"

二是科技成果与知识产权的实施权利向发明人的下放。由于财政性科技成果和知识产权属于国家，虽然单位为专利申请权人和专利权人，职务发明创造的单位在转化科技成果和运用知识产权时仍然要受到国有资产管理法规政策的管理。所以我国财政部、科技部、国家知识产权局三部门2014年开展了科技成果处置权、使用权、收益权"三权"改革，选取20家高校开展了试点。2015年8月29日，全国人大常委会审议通过了新修正的《促进科技成果转化法》，该法第16条明确规定，科技成果持有者可以采用自行投资实施转化、向他人转让、向他人许可、作价入股、合作共同实施转化等方式实现成果转化。2019年3月29日，财政部发布《关于修改〈事业单位国有资产管理暂行办法〉的决定》再次明确"国家设立的研究开发机构、高等院校对其持有的科技成果，可以自主决定转让、许可或者作价投资，不需报主管部门、财政部门审批或者备案，并通过协议定价、在技术交易市场挂牌交易、拍卖等方式确定价格"。自此以后，高校科研机构才真正开始自主决定支配科技成果和知识产权的转让许可和作价入股了。《专利法》（2020年修正）第6条专门增加"该单位可以依法处置其职务发明创造申请专利的权利和专利权，促进相关发明创造的实施和运用"。《科技进步法》（2021年修订）第32条规定知识产权下放给承担项目单位后，"项目承担者可以依法自行投资实施转化、向他人转让、联合他人共同实施转化、许可他人使用或者作价投资等"。这些法律政策出台后，高校科研机构有科技成果转化和知识产权运用的实施权利，不用评估和审批备案。虽然这些法律政策并没有明确规定高校科研机构是否拥有处置权、使用权、收益权或实施权，但财政性资金设立的高校、科研机构，国有企业承担国家科技计划项目，可以依法对承担或自立科技计划项目形成科技成果的知识产权，如专利申请权和专利权进行处置、使用和收益，不需要法定评估和审批备案。需要注意的是，相关法律规定的权能并不相同，科技法律的"自主决定转让许可作价入股"实际包括处置、使用和收益的权利，《专利法》规定的依法处置实际上还包括了"转让许可和作价入股"等处置、使用、收益的权利。由此可知，《专利法》所称的处置并不包括放弃知识产权和向个人下放知识产权。依法处置不仅仅要

"依"《专利法》，也要"依"《促进科技成果转化法》和国有资产管理法规。有人认为专利法所称的"处置"包括"放弃"专利权和将专利权或部分比例下放给职务科技成果完成人个人，这是不对的。职务发明的单位放弃知识产权必然会导致放弃专利权的所有权，造成真正的国有资产流失。虽然我国法律没有规定财政性资金形成科技成果知识产权是否包括所有权，但向职务科技成果完成人或职务发明人个人下放知识产权，也会造成现行法律政策规定的国有资产实际流失。处置就是可以自主决定专利申请权和专利权的转让、许可和作价出资。虽然知识产权不一定能够形成无形资产，但对知识产权的下放必然会导致知识产权转化实施形成的国有资产的流失。因此，为了防止国有资产流失，职务科技成果作价入股形成的国有股权转让、无偿划转或者对外投资等管理事项，虽然不需报财政部审批或者备案，但需要按照法律规定及财政部政策执行，由获得授权的中央级研究开发机构、高等院校的主管部门办理国有资产产权登记事项。但是科技成果和知识产权作价入股后形成的国有股权的转让、无偿划转和对外投资事项也需要由主管部门办理审批备案。

三是科技成果与知识产权的所有权向发明人的下放。在向职务发明人个人下放权利上，我国主要有两个做法。一是将本属于国家的科技成果与知识产权的所有权下放给个人。这种试点最早源于西南交通大学2016年1月4日出台的《西南交通大学专利管理规定》（简称"西南交大九条"），这个政策启动了"职务发明知识产权归属和利益分享制度改革"试验。此后，四川省出台《职务科技成果权属混合所有制改革试点实施方案》《关于支持我省高校院所职务发明知识产权归属和利益分享制度改革试点的十五条措施》，先后选择45家单位开展改革试点。2016年11月8日，中共中央办公厅、国务院办公厅印发《关于实行以增加知识价值为导向分配政策的若干意见》，要求"对于接受企业、其他社会组织委托的横向委托项目，允许项目承担单位和科研人员通过合同约定知识产权使用权和转化收益，探索赋予科研人员科技成果所有权或长期使用权"。中央全面深化改革委员会办公室在全国选择一批高校科研机构作为改革试点。2018年，国务院发布《关于优化科研管理提升科研绩效若干措施的通知》（国发〔2018〕25号），要求开展赋予科研人员职务科技成果所有权或长期使用权试点。2019年11月15日，北京市政府印发实施"科创30条",要求"推动《北京市促进科技成果转化条例》立法,允许赋予科技人员职务科技成果所有权或长期使用权"。2020年2月14日,习近平总书记主持召开中央全面深化改革委员会第十二次会议,审议通过《赋予科研人员职务科技成果所有权或长期使用权试点实施方案》。2020年5月9日,科技部等9部门印发了《赋予科研人员职务科技成果所有权或长期使用权试点实施方案》,选择了40家高校院所开展试点。

在此基础上,很多大学进行赋权改革探索,形成了先投后股、先用后转、先使用后付费、单列管理等模式。尤其是四川大学确立了"科学确权,早期分割,权益共享,责任共担"的确权模式。哈尔滨医科大学提出了专利授权满5年可奖励发明人专利权50%,满10年可奖励全部专利权的模式。上海交通大学对转化前按照成果转让现金收益分配比例选择部分赋权,转化中将职务成果所有权70%赋予科研人员,并将30%所有权转化为其对该科研人员或其创办企业的债权;对于其持股单位利用职务成果作价投资的将该成果所有权的60%赋予科研人员。复旦大学将重大职务成果所有权70%赋予完成人,剩下30%由复旦大学资产经营公司持有,再由资产经营公司和完成人以赋权成果作价入股,并按照各自所持股权比例进行收益分配;赋予完成人非重大职务成果长期使用权,由其以该成果长期使用权作价投资,形成股权由完成人持有,但复旦大学享有该成果转化所得收益的30%。中国科学技术大学采用"赋权+转让+约定收益"模式向科研人员赋权并享有约定收益。辽宁科技大学将赋权项目团队收益的分配比例从80%提高到90%。中关村实行了职务科技成果国有资产单列管理。

另外,还有单位将科技成果与知识产权形成的股权、期权、分红奖励给职务发明人。《促进科技成果转化法》第45条明确规定:科技成果完成单位未规定、也未与科技人员约定奖励和报酬的方式和数额的,国家设立的科研机构和高校,应按照下列标准对完成、转化职务科技成果做出重要贡献的人员给予奖励和报酬,科技成果作价投资"从该项科技成果形成的股份或者出资比例中提取不低于50%的比例"作为奖励和报酬,实际就是股权、期权激励;科技成果自行实施或者与他人合作实施"实施转化成功投产后连续三至五年,每年从实施该项科技成果的营业利润中提取不低于5%的比例"实际就是分红激励。《专利法》第15条规定,"被授予专利权的单位应当对职务发明创造的发明人或者设计人给予奖励；发明创造专利实施后，根据其推广应用的范围和取得的经济效益，对发明人或者设计人给予合理的报酬"。报酬实际就是分红激励。《专利法》第 15 条第 3 款专门增加用股权、期权、分红等方式对职务发明人进行权属激励的规定。《专利法实施细则》第 92 条规定，"被授予专利权的单位可以与发明人、设计人约定或者在其依法制定的规章制度中规定专利法第 15 条规定的奖励、报酬的方式和数额。鼓励被授予专利权的单位实行产权激励，采取股权、期权、分红等方式，使发明人或者设计人合理分享创新收益"。

《专利法》《促进科技成果转化法》是激励科技成果转化和知识产权运用最重要的两部法律。然而，由于立法体系的惯性，我国法律对职务发明人的权属激励还存在不足，《专利法》及其实施细则虽然解决了两部法律之间存在的冲突和奖励报酬范围与标准不一致问题，但仍然存在下放的权利是什么类型、权利不一致、权利边界不清晰、缺乏真正的实施权等问题，以及国有资产管理问题，也并没有真正解决科技成果转化效率不高这个突出问题。

知识产权激励制度主要是对单位职务发明权益的法律规定和对职务发明人知识产权的奖励和报酬规定。首先是激励和保障职务发明单位的权益。《专利法》第 6 条规定，执行本单位的任务或者主要是利用本单位的物质技术条件所完成的发明创造为职务发明创造。职务发明创造申请专利的权利属于该单位；申请被批准后，该单位为专利权人。《专利法实施细则》规定，职务发明创造是指：① 在本职工作中作出的发明创造；② 履行本单位交付的本职工作之外的任务所作出的发明创造；③ 退休、调离原单位后或者劳动、人事关系终止后 1 年内作出的，与其在原单位承担的本职工作或者原单位分配的任务有关的发明创造。此外，《专利法》还遵从非主要利用本单位的物质技术条件的约定原则，规定"利用本单位的物质技术条件所完成的发明创造，单位与发明人或者设计人订有合同，对申请专利的权利和专利权的归属作出约定的，从其约定"。从《专利法》规定的条款顺序可以看出，我国法律法规关于职务发明权属的规定要优先于双方约定权属的规定，即使是发明人为所谓的职务发明作出了贡献，但由于主要利用了单位的条件完成的发明创造也应当属于职务发明。对于"主要利用本单位的物质条件"但非单位交付任务完成的发明创造，一般应认为是非职务发明创造，对于单位的投入，应当采用合理方式加以补偿（高华，1999）。但问题的焦点在于，该"物质技术条件"并不总是可以获得的，很多发明得以产生的关键物质技术资料具有专属性，是属于单位的技术秘密。因而，职工对于完成发明创造的"主导地位"常常是不存在的。《专利法》规定，"执行本单位的任务或者主要是利用本单位的物质技术条件所完成的发明创造为职务发明创造……利用本单位的物质技术条件所完成的发明创造，单位与发明人或者设计人订有合同，对申请专利的权利和专利权的归属作出约定的，从其约定"。其区分了"主要利用"和"次要利用"，主要利用的为职务发明创造，次要利用的可按照"约定优先"处理。由于技术秘密的确定操作难度大，在法律上缺乏确切的定义，专利法不区分技术秘密与一般物质技术条件，不按照是否使用了单位的技术秘密区分职务发明创造。而"主要利用"则可以综合考虑物质技术条件的使用程度等从多方面加以考察。然而，这一规定同样未能从根本上解决难于定义的问题，对于什么样的利用才是"主要利用"，司法实践中存在着举证难和判断标准难以把握的问题，因此，很多学者都对这一做法提出了质疑（傅剑清，李艺虹，2006；李薇薇，2011）。

最高人民法院二审结了广州万孚生物技术股份有限公司（以下简称万孚公司）、杨斌、赖远强与被上诉人深圳市理邦精密仪器股份有限公司（以下简称理邦公司）、原审被告王继华关于申请号为201610201438.5名称为"血气分析仪及其血气生化测试卡"的发明专利申请权属纠纷案[（2019）最高法知民终799号]。理邦公司向广州知识产权法院提起诉讼，主张理邦公司原员工赖远强、杨斌离职后不满一年，即以万孚公司名义提起涉案专利申请；因该专利申请所涉发明创造与赖远强、杨斌在理邦公司的本职工作有关，故专利申请权应当归理邦公司所有。理邦公司请求确认涉案专利申请权属于理邦公司，王继华不是涉案专利申请的发明人。一审法院认为，涉案发明创造是赖远强、杨斌与理邦公司终止劳动关系后1年内作出的，且与其在理邦公司任职期间承担的本职工作相关，故涉案专利申请权属于理邦公司。万孚公司、杨斌、赖远强不服，向最高人民法院提起上诉，主张杨斌、赖远强不是涉案专利申请的发明人，涉案发明创造是案外人执行万孚公司的任务并主要利用万孚公司的物质技术条件完成的发明创造，涉案专利申请权属于万孚公司。最高人民法院于2020年11月23日判决驳回上诉，维持原判。

《专利法实施细则》所称的"有关的发明创造"在认定时要坚持利益平衡原则。《最高人民法院（2022）最高法知民终 1229 号民事判决书》中指出：判断发明创造与离职员工在原单位承担的本职工作或者被分配的任务是否"有关"，既要注意维护原单位对确属职务发明创造的科学技术成果享有的合法权利，鼓励和支持创新驱动发展，也要注意避免将《专利法实施细则》第 12 条第 1 款第 3 项规定的"有关的发明创造"作过于宽泛的解释，导致在没有法律明确规定或者竞业限制协议约定的情况下，不适当地限制研发人员的正常流动，或者限制研发人员在新的单位合法参与或开展新的技术研发活动。

我国相关法律制度坚持单位优先原则，职务发明优先于合同约定。职务发明优先原则会影响职务发明人转移转化职务知识产权的积极性。职务发明优先的原则必然涉及国有资产管理的问题，也会涉及财政性资金知识产权的所有权问题，因此涉及有效的财政性资金形成科技成果转化和知识产权运用问题。我国虽然通过各种政策给予发明人奖励报酬和赋权，但这些政策在实践中还存在一些问题。

13.3　国有资产管理与知识产权运用

（1）财政资金形成知识产权公益性。在 1471 年的威尼斯时期，专利权是当时的元老院给予发明人的特权。在英国伊丽莎白一世时期，专利权也是王室授予发明人的特权。由于王室代表国家，从这个意义上说，知识产权实际上从开始就是一种国家授予的垄断权利，具有国家属性，这种特权通过给予个人特权激励创造和引进新的发明和新的装置。随着英国工业革命和议会运动的发展，知识产权演变为一种国家确认的民事权利。后来，人们为了验证知识产权制度的合理性和促进知识产权制度改革，将洛克的劳动理论或自然权利理论、黑格尔的精神权利说、马克思的生产理论（Drahos，1996）或自由主义、自我表达主义（Resnik，2003）等理论等引入知识产权制度原理，论证知识产权是一种私权。尤其是洛克的自然权利理论认为，任何人对生命、自由、财产拥有天然的权利，政府存在的唯一理由是保护这种权利

（Locke，1980）。但每一种理论与方法只说明了某一方面的合理性，知识产权私权之说并非完全站得住脚。

实际上，承认知识产权民事权利的私权属性并不能完全否定知识产权的公益性或者公有性，尤其是全体国民缴纳的税收形成的财政资金支持科研项目形成的知识产权虽然是由作为民事主体的单位及发明人完成的，但这种知识产权体现了国家的意志和目的，是为了解决公共问题需要而形成的。同时，公共财政投入产生的知识产权只有赋予一定的公益性或共有属性才能使这种知识产权的创造和运用具有可持续性。

我国是社会主义国家，财政性资金投入的科研项目科技成果和知识产权，理应属于全民所有，即使将权利下放给单位和个人，也不能否定知识产权的公益性，不能否定国家所有的根本性质。此外，认为知识产权是一种天然的私权，还必然与社会主义国家知识产权具有公益性产生冲突。知识产权是促进社会利益的政策工具，而非发明人的自然权利，知识产权制度的任务是促进创新和技术的扩散，利益平衡指的是社会各方利益的平衡和产出的最大化。

（2）财政资金形成知识产权国家所有权。国有资产是国家或国家代表全体国民以各种形式投资及其收益、拨款、接受馈赠，凭借国家权力取得或者依据法律认定的各种财产或产权权益（李海波，孙桂芳，1998）。高校和科研机构国有资产是高校科研机构占有和使用的，以各种形式（国家拨款、社会捐赠等）取得，并能以货币计量的各种经济资源的总和（江文清，2004）。科技成果转化中涉及的无形资产主要是技术类无形资产，如专利技术、非专利技术等。虽然2005年修订的《中华人民共和国公司法》（以下简称《公司法》）删除了原法第4条第3款"公司中的国有资产所有权属于国家"的规定，2007年《中华人民共和国物权法》（以下简称《物权法》）第55条规定和2008年《企业国有资产法》关于国有企业专利权"持有"与"所有"已得以解决，但2007年制定的《物权法》第54条规定"国家举办的事业单位对其直接支配的不动产和动产，享有占有、使用以及依照法律和国务院的有关规定收益、处分的权利"，并没有放弃国家关于事业单位不动产和动产的所有权。

财政资金形成的科技成果及其知识产权的国有资产管理法规主要体现在《物权法》《科技进步法》《促进科技成果转化法》和《企业会计准则——无

形资产》《中央级事业单位国有资产处置暂行办法》等法规和政策中。财政部 2002 年通过的《企业会计制度第二章第四节——无形资产和其他资产》，明确规定了知识产权是一类无形资产。财政部 2006 年制定 2016 年修改后的《企业会计准则第 6 号——无形资产》也规定了无形资产的定义，并规定了无形资产确认和研究开发支出形成无形资产的条件、摊销期限和摊销方法。由于财政性资产形成的科技成果及其知识产权被确认为无形资产，它必然属于国有资产。财政部 2008 年发布的《中央级事业单位国有资产管理暂行办法》（财教〔2008〕13 号）规定"中央级事业单位国有资产，是指中央级事业单位占有、使用的，依法确认为国家所有，能以货币计量的各种经济资源的总称"，而且还规定国有资产处置范围包括"无形资产"：① 国家直接投资形成的无形资产，包括财政投入、财政补贴；② 国家优惠政策形成的无形资产，包括减免税收、减息贴息、税收返还等；③ 高校科研机构利用现有条件取得收入形成的无形资产；④ 高校科研机构经营的经济实体投资形成的无形资产；⑤ 社会捐赠形成的无形资产，还规定了无形资产处置必须经审批或备案、评估和保值增值。

实际上，财政资金形成的科技成果和知识产权所有权归国家是明确的。《科技进步法》（2007 修订）第 20 条规定，"利用财政性资金设立的科学技术基金项目或者科学技术计划项目所形成的发明专利权、计算机软件著作权、集成电路布图设计专有权和植物新品种权，除涉及国家安全、国家利益和重大社会公共利益的外，授权项目承担者依法取得"是将知识产权授予适格单位，但并没有下放知识产权的国家所有权。《促进科技成果转化法》规定"国家设立的研究开发机构、高等院校对其持有的科技成果，可以自主决定转让、许可或者作价投资，但应当通过协议定价、在技术交易市场挂牌交易、拍卖等方式确定价格"，更是明确了国家所有权属性。2019 年 3 月 29 日发布的《财政部关于修改〈事业单位国有资产管理暂行办法〉的决定》（财政部令第 100 号）规定"国家设立的研究开发机构、高等院校对其持有的科技成果，可以自主决定转让、许可或者作价投资，不需报主管部门、财政部门审批或者备案，并通过协议定价、在技术交易市场挂牌交易、拍卖等方式确定价格"。2019 年 9 月 23 日发布的《关于进一步加大授权力度 促进科技成果转化的通知》（财资〔2019〕57 号）规定，"中央级研究开发机构、高等院校对持有的科技成果,可以自主决定转让、许可或者作价投资,除涉及国家秘密、国家安全及关键核心技术外,不需报主管部门和财政部审批或者备案",则进一步重申了国家所有权属性。

我国是社会主义国家,不能简单照搬西方知识产权理论,不能简单认为知识产权是私权,或者认为知识产权与所有权不可分离,国家不应当具有所有权。实际上,确认承担财政投资科技项目形成的知识产权单位是知识产权申请人和知识产权权利人,但国家保留所有权并不影响单位行使知识产权权利,而且我国高校科研机构也是国家或地方财政支持设立的,本身就具有公益属性。

(3)财政资金形成知识产权是资源还是资产。财政部《企业会计准则——无形资产》第9条规定内部研究开发项目开发阶段的支出确认为无形资产的应当具备出售或使用的可行性、有使用或出售的意图、存在市场和具有有用性、配套资源支撑、成本可靠地计量五个条件。但实际上科技成果及其知识产权并不符合或者不完全符合上述五个条件的规定。

第一,我国大多数知识产权尤其是专利权使用和出售在技术上不具有可行性。根据中国专利调查数据,我国三类有效专利2019—2023年的产业化率从5.5%提高到12.1%又降至7.4%,2023年有效发明专利的发明专利许可率7.4%,转让率9.1%,我国仍有将近一半有效的专利没有应用和转移;高校的发明专利产业化率仅为3.9%,2021年仅为3%。由于是被调查单位自行填写调查表,如果将放弃和无效的专利计算在内,则比例更低。知识产权具有使用和出售的可行性更是难以确定。技术上的可行性是指技术具有先进性和成熟度,技术的先进反映在以下几个方面:① 拥有一项技术的全部专利,而他人在国内外没有申请过该技术的专利;② 在一项技术中,自主专利占绝对多数或相对多数;③ 一项技术有自主专利,但他人在国外有专利而在本国没有专利。技术成熟度反映在技术生命周期的不同阶段,起步期的技术适合风险投资,只有成长期后期或者成熟期的技术值得实施、投资或出售。由此可知,知识产权在技术上是否具有可行性较难判断。目前,我国获取知识产权的目的不是为了使用和出售,相当一部分是为了其他目的,如根据2018年国家知识产权战略纲要实施十年知识产权运用的调查问卷统计,我国376家高校科研机构申请专利的目的85.11%是完成科研项目合同要求,84.04%

是评职称、完成单位考核指标，76.86%是申请新项目，获得收益的占了72.34%，防御别人的占了42.82%。

第二，知识产权的支出无法可靠地计量。《企业会计准则——无形资产》规定，多数知识产权成本按照形成无形资产的知识产权权利申请维持费和服务费计量，一些知识产权成本还包括研究开发支出。实践中，企业一般会将研究开发支出分摊到相应的知识产权上，而高校科研机构一般不会包括研究开发支出，这就会造成一定的混乱，这种计量成本的方法存在较大的不确定性。财政部和国家知识产权局于2018年11月5日印发的《知识产权相关会计信息披露规定》（财会〔2018〕30号）适用于企业按照《企业会计准则第6号——无形资产》规定确认为无形资产的知识产权和企业拥有或控制的、预期会给企业带来经济利益的、但由于不满足《企业会计准则第6号——无形资产》确认条件而未确认为无形资产的知识产权的相关会计信息披露。具体披露的相关会计信息应主要包括账面原值、累计摊销、减值准备、账面价值，由于摊销、减值方法的不同，这些价值也会存在较大差异。由于这些关于支出的规定不科学，既无法反映知识产权的市场价值，也影响无形资产支出的准确确定，影响了知识产权的评估和保值增值。

第三，存在市场和有用性无法证明。证明知识产权是否存在市场是极其困难的。知识产权存在市场应用，关键是要看知识产权有无质量、风险问题，即使在质量和风险上没有问题，还应考虑知识产权如专利技术、专有技术是否具有先进性和成熟性，是否配套。只有知识产权尤其是专利技术具有先进性、具有在生命周期一定阶段的成熟性，并且配套技术可以获得才能实施、转让许可、作价投资，才能具有市场；只有把知识产权放在技术或产品中才能考察其是否存在市场，而知识产权本身无法准确判断其市场情景。知识产权有用性也是不确定的，根据《专利法》的规定，实用性是指还能够在工业上制造和使用并能产生积极效果。知识产权的有用性与实用性基本相同，我国很多专利都有实用性但却无法实际应用，有用性也是一种潜在的可能，与实际应用差距甚远。

第四，无形资产很难分离出来。职务科技成果知识产权虽然表现为专利权、商标权和著作权等知识产权，但这些知识产权与产品和服务是一体的，实际上不可能从企业中分离出来。知识产权只有与产品和服务结合在一起，才能实现知识产权的价值。

国外高校科研机构和企业大多具有专业知识产权机构管理和运营知识产权，知识产权收费标准很高，所以知识产权质量一般很高。而我国绝大多数单位没有专业管理机构，高校科研机构和企业普遍缺乏有效的转化机构和人才团队，缺乏有效的知识产权集中管理和许可机制，没有解决信息和风险不对称问题（宋河发、李振兴，2014）；知识产权费用标准长期没有提高，加上很多荣誉性激励政策的影响，知识产权的质量总体还不高，知识产权的风险还比较多。既然我国知识产权不符合这么多规定，就很难将知识产权和其他无形资产放在一起作为一种资产，知识产权应当是一种潜在的资产，或者说应当是一种资源。将知识产权纳入无形资产存在很多问题，将财政资金形成知识产权作为国有资产进行管理和保值增值也具有一定的不合理性。

同时，实行知识产权共有的"混合所有制"或者下放科技成果及知识产权的所有权并没有造成实际的损失，只是产生了造成国有资产流失的可能性。只有职务科技成果知识产权实施、转让许可或者知识产权形成的股权转让交易或清算才能认定是否造成了实际损失。我国高校科研机构知识产权自行实施率和转让许可率极低，即使对职务科技成果知识产权实行了"混合所有制"或者下放了所有权，但由于没有实施、没有转让许可、没有股权交易和清算，没有造成实际的金钱流失，所以就不能简单地说造成了国有资产流失。相反，如果职务发明人获得科技成果所有权或共有知识产权后取得一定比例的实际收益，单位和国家也可以按预定的比例取得实际收益，国有资产非但没有流失而且还有增值（宋河发，2018）。

（4）财政资金形成知识产权能否准确评估。国家设立的高校科研机构实际是国有资产的占有、使用和处置单位，他们担负着国有资产保值增值的责任。为实现保值增值，必须进行国有资产评估。根据中国资产评估协会印发的《知识产权资产评估指南》（中评协〔2015〕82号），涉及知识产权的国有资产评估主要包括为知识产权转让许可目的的评估、出资目的的评估、诉讼目的的评估、质押目的的评估和以财务报告为目的的评估。由此可知，虽然《促进科技成果转化法》和财政部各种政策规定财政性资金形成的国有知识产权等无形资产转让、许可、出资不需要评估，但并没有规定不需要以财务报告为目的的评估。而以财务报告为目的的评估是国有资产保值增值和防止国有资产流失的先决条件。这就造成法律和政策不同规定之间的矛盾和冲突，也增加了一些不必要的管理措施，如大多数高校科研机构为保值增值的目的不得不进行评估；也造成一些高校科研机构不按照规定评估，如一些高校科研机构将全部知识产权设定为统一的一个价格，一件专利1元或1万元进行登记和报告。

现行的知识产权资产评估方法主要采取收益现值法、成本法和市场法。三种方法适用的知识产权种类和条件并不相同。收益现值法较适用于知识产权实施，如专利技术和专利组合技术；成本法适用于研发成本较高且较好计算成本的知识产权，如软件著作权；而市场法则适用于大宗知识产权交易，如专利转让许可。但是无论是哪种方法，都无法实现准确的评估。准确评估实际是不可能实现的，其主要的问题在于知识产权价格评估没有考虑知识产权应用的场景和知识产权自身的价值度。在不同的情形下，知识产权评估的价格是不同的。转让与许可的价格不同，转让许可与投资的价格不同，转让许可范围大小的价格不同。但根本的一点是甲方是否接受知识产权的乙方出的对价。尤其是对于知识产权作价投资，获得投资的可能性和投资规模的大小直接影响知识产权的价格。此外，目前的知识产权资产价格评估基本分为两种情形，一种是根据客户要求的价格，补充撰写价格评估报告；另一种是评估机构自行进行评估，并撰写评估报告。前一种评估必然是不科学和不准确的，所以规定知识产权价格评估已不必要。后一种由于没有合作方的参与，评估的价格往往不被对方承认，现实中甲方评估的价格往往较高，实施的可行性较高，而购买方评估的价格往往较低，实施的可行性不高，很难达成一致。后一种由于评估机构不深入分析知识产权的质量、风险、实施条件和管理团队，也很难达到准确评估。实际上，无法准确评估知识产权价格的主要原因在于知识产权价格评估机构对知识产权质量、风险和获得投资的可能性评估的管理能力不足，知识产权现有的第三方评估机制也没有解决甲乙双方的信任问题（宋河发，2018），是非甲乙双方或甲乙丙三方同时参与的评估。

13.4 创新生态体系理论与科技成果转化和知识产权运用

科技成果转化和知识产权运用是将发明成果及其知识产权应用的过程，实际是技术创新的过程。熊彼特在《经济发展理论》中首次使用创新一词（Schumpeter，1911），并在 1939 年的《商业周期》（Schumpeter，1939）、1943 年的《资本主义、社会主义和民主》（Schumpeter，1943）中提出了创新的概念和理论。他认为，创新是发明的首次商业化，创新是企业家对于生产要素的新组合，企业家是创新、生产要素的新组合以及经济发展的主要组织者和推动者。随着科技和经济的快速发展，创新的内涵和外延不断发生变化（OECD，2012）。曼斯菲尔德将技术创新扩展到社会应用（Mansfield，1988）；弗里曼将创新扩展到技术、设计、生产、管理和市场活动（Freeman，1995）；厄特巴克更加强调创新是从新发明到商业上成功的产品或工艺的转变过程；经济合作发展组织则指出创新包括科学、技术、组织、金融和商业的一系列活动（Utterback，1996）。无论创新概念如何扩展，创新的本质仍然是发明的首次商业化和各种要素的新组合，技术创新是核心，组织、文化、管理创新等是技术创新的必要条件。

创新是一种复杂的价值创造过程，包括科学价值、技术价值、经济价值、社会价值和文化价值的创造（穆荣平，樊永刚，文皓，2017），但实现创新价值要求必须建立创新的生态体系。近年来，创新生态体系研究成为热点。创新生态体系最早出现在 1994 年美国克林顿政府的一份研究报告中，"今天的科学和技术事业更像是一个生态系统"。2004 年，美国总统科技顾问委员会和竞争力委员会在《构建国家创新生态系统、信息技术制造业和竞争力》和《维护国家创新生态系统：保持美国科技竞争力》报告中正式使用"创新生态系统"一词。创新生态系统是在创新系统中考虑生态元素，将技术创新与环境进行复合的系统，是一个有"生命"活力的创新系统（葛霆，周华东，2007）。它具有营养结构，即物质能量和信息的流动，也具有形态结构，即创新种群数量和创新种群的空间配置（刘友金，易秋平，2005）。任何一个企业或组织的创新生态系统，可以分为研究、开发和应用三个群落（朱迪·埃斯特林，2010）。创新生态体系可以帮助各主体实现风险共担，带来更多机遇，加速创新过程（Pittaway, et al., 2004）。创新生态体系强调创新要嵌入市场过程和市场机制的作用中（Papaioannou, Wield, Chataway, 2009），强调各创新主体之间作用机制的动态演化（李万，等，2014）。创新生态体系是将产业多个相关创新成果整合成一套协调一致密切相关和面向用户的解决方案（Adner, 2006），是成功的创新企业和新的产业，以及世界范围内的企业家和投资者，是核心创新企业与上下游企业结合自身优势的密切合作（Andersen, 2011），企业创新生态体系最关键的是建立以自身为联系互动核心的平台，构建包括上下游厂商、投资人、用户和竞争对手以及政府、高校和科研机构、个人在内的具有合理利益分享机制的网络化创新系统（宋河发，2013）。创新生态体系有六大影响因素，即创业企业、科研人员密度、创新氛围、资本获取、制度规范和监管环境（Oh, Phillips, 2016）。创新生态体系中的文化、制度、基础设施、IT技术、人才是重要的因素。世界科技强国的国家创新生态体系主要由三个方面构成：国家对科技的需求和战略、国家发展科技的供给能力和基础要素条件科技运营各个要素相关制度设计，制度设计包括知识产权保护程度（柳卸林，丁雪辰，王海兰，2018）。

科研人员的主要任务是科学技术研究，虽然掌握了科技成果和知识产权，但并不拥有资本、劳动力和管理要素，很难将各种要素进行有效组合来实施该科技成果和知识产权，无法完成创新的过程，尤其是科研人员管理创业团队具有较大的困难。即使科研人员通过研究开发完成了技术，形成了专利等知识产权，但很有可能技术还需要不断的集成和熟化，集成与熟化还需要大量的资金，而科研人员很难拥有或者顺利获取大量的资金支持。科研人员很有可能只掌握了科技成果中的一部分知识产权，自行实施、作价出资，或对外转让许可还有可能侵犯他人的知识产权，造成创新中止等风险或收益严重低于预期。即使是科研人员申请了专利，但现实中大部分科研人员由于不懂知识产权，撰写的专利往往质量不高。即使委托外部机构撰写，由于不懂知识产权也无法保障专利的质量。科研人员更不会开展高价值专利布局，形成基于技术标准的标准必要专利组合。不会高价值可持续性专利组合布局，必然导致重大科研项目产生的科技成果即使很好、也形成了知识产权，但无法实现新产品溢价、新产业赋能和新经济形成，难以构成创新的生态系统。所以，将科技成果所有权下放给科研人员并不是最优的制度安排。据西南交通大学上报的全面创新改革试验材料，该校到2020年年底有效发明专利真正分割确权的只占4.4%，到2023年年底只有5.15%。一些地方高校不在改革试点范围内，却将高校科技成果所有权全部或部分下放给科研人员，违反相关法律、政策规定。因此，美国早在1980年出台的《拜杜法案》正是基于创新的原理，不仅明确规定"联邦政府资助，或以合同、合作方式支持公共大学、小企业和非营利组织产生的发明，其所有权归承包者所有"，而且还规定"承包者有责任以书面形式与教授和技术职工签订协议，要求其披露发明和转让发明给大学等"。在此意义上，将财政资金形成的科技成果及其知识产权下放给单位是合理的，而将科技成果所有权或者长期使用权下放给完成人并不符合科技成果转化和知识产权运用的规律，不是有效的制度安排。

从创新生态体系来看，高校科研机构发明人的参与能够加速高校专利技术的商业化进程（Musico，2010），发明人个人的企业界网络、学术声誉以及营销能力决定了技术转让的潜力（张胜，等，2016），将具有非公益性的科研项目科技成果知识产权实行"混合所有制"或者下放所有权，可以增强科研人员在科技成果转化和知识产权运用中的谈判地位和对价。尤其是对于新的只有单项或为数不多知识产权的科技成果，如果不存在知识产权纠纷可能性，将科技成果和知识产权的所有权或长期使用权授予科研人员可能更好。另外，创新和创新生态体系理论虽然认为创新的主体是企业家，但并不能因此否定不具有公益性的科研人员拥有科技成果所有权的重要意义，科研人员拥有科技成果所有权，并不见得科研人员一定要独立创办企业，在没有知识产权风险的情况下完全可以将科技成果和知识产权转让或许可给他人实施，也可以将科技成果知识产权作价入股，而作为股东开展后续研发和技术服务，这既不影响科研人员本职工作，又能较好地对入股企业进行后续技术服务支持。

13.5 促进科技成果转化知识产权实施权制度

为破除制约科技成果转化和知识产权运用存在的体制机制障碍,财政部、科技部、国家知识产权局于 2014 年 9 月发布了《关于开展深化中央级事业单位科技成果使用、处置和收益管理改革试点的通知》,提出改革科技成果使用、处置管理制度,并选择 20 家单位进行试点。此后,中共中央、国务院 2015 年 3 月发布了《关于深化体制机制改革加快实施创新驱动发展战略的若干意见》❶,提出了"将科技成果的使用权、处置权和收益权,全部下放给符合条件的项目承担单位"的要求。中共中央办公厅、国务院办公厅还于 2015 年 9 月 24 日发布了《深化科技体制改革实施方案》❷,再次明确提出要下放科技成果的使用权、处置权、收益权。为此,《促进科技成果转化法》(2015 年修正)明确规定了科技成果的使用、处置、收益,国家设立的研究开发机构、高等院校对其持有的科技成果,可以自主决定转让、许可或者作价投资,所获得的收入全部留归本单位,并大幅提高了科研人员奖励和报酬的比例。

对于财政性科技成果的知识产权归属,很多国家都经历了由"收权政策"到"放权政策"的发展过程(乔永忠,等,2009),但将由政府资助的项目产生创新成果完全赋予大学所有的制度,在提高经济效率、促进技术快速商业化和鼓励创业以提高社会利益方面都并非最优选择(Kenney,Patton,2009)。在我国科研体制下,高校和科研机构承担着大量国家科研任务,拥有大量国家财政性资金支持完成的科技成果知识产权,为了避免由财政性资金支持完成的研发成果被闲置或被不合理使用情况的发生以及维护国家利益和社会公共利益,国家应保留介入权、非独占无偿使用权、推广应用和收益分配权(朱雪忠,乔永忠,2009)。

法律的"治乱功能"固然不能削弱,但其推动科技进步与发展的作用更应该加强(杨为国,杨明娟,2004)。为促进科技成果转化和知识产权实施,

---

❶ 本节以下简称《意见》。
❷ 本节以下简称《实施方案》。

日本、韩国、英国明文规定了专利的实施权，而且规定专利实施权可以出质，美国也很早就有了允许专利实施权入股的先例。但我国目前专利实施权转让制度的缺位显然不足以适应贸易的需要，与在市场经济体制下专利实施权流通性日益扩大的要求不相适应（杨明娟，2005）。我国现行法律对被许可人是否有权对其专利实施权进行转让并无规定，在法律上明确专利许可实施权可以转让存在合理性与必要性（漆苏，杨为国，2008）。一些学者虽使用了专利实施权的说法，但目前我国并没有在法律上确立专利实施权。现行《专利法》与《合同法》中虽规定了专利实施许可，但没有规定专利实施权，以及实施权转让、质押等。国内外现有关于科技成果知识产权实施权的研究还很不深入，对国外经验的借鉴也很不充分，在有关法律中对知识产权实施权的法律概念与法律属性研究不足。

同时，为促进科技成果转化和知识产权实施，还需要解决科技成果知识产权权属分散问题。由于规模较小的科研单位缺乏相应的资源与技术能力去支持技术转移机构的组织安排与有效投资，对不同实验室技术的有效整合更有利于技术对外许可（Macha-Stadler，Pérez-Castrillo，Veugelers，2007），相同主题的专利许可集中后更有利于专利的对外许可。专利池与专利组合通过对专利许可的集中打包、一站式许可，对专利的运用与建立技术标准都具有促进作用，在过去的一百多年里专利池对美国的行业形成过程与法律制定中都产生了重要影响。

财政资金支持形成的科技成果转化和知识产权实施是我国法律和政策的重要内容。国外对财政性资金支持完成的科技成果转化研究主要聚焦于《拜杜法案》及其实施上。将发明的权利授予承担单位是最重要的商业化的措施，实行统一的专利申请和许可程序，以及大学授予排他许可的能力也是技术转移成功的重要因素。《拜杜法案》对于科研机构刚开始的激励作用比长远的作用要大（Mowery，Ziedonis，2002）。专利法案的实施，以及支持技术转移的内部资源配置等共同刺激了专利申请增长活动（Link，Siegel，Van Fleet，2011）。国内研究主要聚焦在财政性科技计划项目形成的科技成果转化的知识产权权利归属和法律政策上。我国仍然存在一些制约科技成果转移转化的问题，如权利归属问题、信息不对称和风险不对称问题、知识产权碎片化问题（宋河发，2015）。

我国颁布科技成果"三权"改革相关政策后,一些学者研究了"三权"政策实施的效果和问题。从 20 家单位的试点情况看,"三权"改革试点政策受到单位、科研管理部门、科技成果转移转化的专业人员和科研人员的普遍肯定和欢迎,科技成果转化的动力明显增强,服务国家经济社会发展的意识明显增强(宗禾,2015)。但我国对"三权"的概念内涵、法律属性、行驶方式、救济措施研究还很少,也很不深入。

建立科技成果知识产权实施权制度具有重要意义。科技成果转化率低是长期困扰我国科技进步的一个突出问题,也是影响我国创新驱动发展、高质量发展和现代化建设的一个重要问题。为促进科技成果转化,我国出台了一系列"放权"和"让利"的政策。但我国科技成果知识产权的"放权"政策已经在《科技进步法》和《专利法》等法规中得到解决。《科技进步法》将财政性科技成果的相关知识产权所有权下放给了项目承担者,《专利法》也规定了职务发明的单位为专利权人,并规定了职务发明奖励报酬的具体比例,实际上已经不存在放权和让利的问题。只是因为财政部《中央级事业单位国有资产处置管理暂行办法》将财政性资金形成的科技成果规定为国有资产,需要"两报两批"和将收入上缴,制约了科技成果转化。但我国颁布的《促进科技成果转化法》和一系列政策主要是解决国有资产处置中的限制问题,而没有解决制约科技成果转化中所有权不清情况下许可实施的权利和知识产权分散化等突出问题。

产权制度是市场经济的基本制度,当前我国科技成果转化率低的主要问题在于我国很多法律规定和政策没有建立能有效解决制约科技成果转化问题的合理产权制度。建立农村土地所有权和承包权、经营权分离,国有企业所有权和经营权分离制度是我国农村和国有企业改革的重要成功经验。在我国科技成果转化中存在所有权、知识产权、国家介入权和"三权"等诸多权利,权利之间还存在一定的冲突。

①《意见》中提出的科技成果的使用权、处置权、收益权的法律属性与权利界定还不明确,缺乏相应的落实措施。而且"三权"本身也并非准确的法律概念。即使权利下放给承担单位,承担单位仍不能够有效行使,仍无法从根本上解决科技成果知识产权归属问题和权属分散问题。科技成果知识产权权属配置错位产生的市场失灵问题仍然存在。②科技成果"所有"和"持

有"规定不一致。《科技进步法》已经将承担国家科技计划和项目形成的知识产权下放给承担者，《专利法》《著作权法》《集成电路布图设计保护条例》等也明确规定了职务发明和职务作品，而职务发明和作品的知识产权归单位所有，但《促进科技成果转化法》规定的却是"持有"。③《意见》和《实施方案》规定的是三种权利，而《促进科技成果转化法》规定的是使用、处置、收益三种行为。④"三权"下放的对象不准确。《科技进步法》已经解决了财政性资金形成知识产权的权利归属问题，知识产权所有人拥有对知识产权的处置、使用和收益的权利，但由于国有资产管理规定的限制造成科技成果转化困难，又将"三权"下放给承担单位，这不仅是对《科技进步法》的不必要重复，而且也没有解决科技成果转化和知识产权运用的本质性问题，尤其是职务发明人的知识产权权利问题和知识产权权属分散问题。我国虽然大幅提升了对科研人员的奖励与报酬，但是科研人员并没有获得科技成果的实际知识产权权利。

因此，实施权制度的建立具有重要意义。① 科技成果知识产权实施权制度的建立有助于解决当前科技成果转化过程中一些法律概念冲突、权责不明带来的混乱局面，避开了所有权纷争问题。实施权的提出对于由财政性资金支持完成的科技成果在所有权不变的情况下，盘活科技成果资源、集中整合有着重要意义。② 通过实施权解决科技成果转化中的约束问题。主要是解决实施的障碍和低效率的问题，包括信息不对称（科技成果完成人对科技成果最了解）、研究单位自身技术转移办公室对科技成果处置权限问题、成果拥有方与投资人的风险不对称问题、权属分散带来的知识产权碎片化问题。③ 权属激励比政策激励更有效。仅奖励报酬保障效力不够。④ 可以简化与统一相关法律概念，解决相关权利法律概念不明、范围界定不清对科技成果转化和知识产权运用造成的障碍。实施权与实施行为相统一，作为一项独立的财产性权利，权利人或科技成果知识产权被许可人通过对科技成果实施权的转让、质押等行为可以有效分担科技成果转化和知识产权运用过程中的风险，有利于引入外界资本，促进科技成果转化和知识产权运用。⑤ 科技成果知识产权实施权制度可以将实施人的实施行为与权利义务绑定在一起。目前的法律和政策不断对科研单位科技成果进行放权让利，但科研单位并非一定是科技成果的实际实施者。科技成果的实施行为应当与实施权紧密相关，当实施权权利人怠于实施时实施权随之消灭，所有权人有权收回实施权。

国外一些国家知识产权实施权制度具有很好的借鉴意义。国外一些国家建立了专利实施权制度。韩国《专利法》规定了专利权（특허권，patent right）、独占实施权（전용실시권，exclusive license）、非独占实施权（통상실시권，non-exclusive license）。韩国《专利法》规定，专利权人可向他人授予独占实施权，被授予独占实施权的被许可人在许可合同允许的范围内，享有在商业或者工业上实施专利发明的独占权。未经专利权人的同意，独占实施权人不能对独占实施权设置质押或者授予非独占实施权。专利权及独占实施权登记后，对专利权或者独占实施权的授予、转移（继承或者其他概括继承除外）、变更、终止（混同除外）或者限制，对专利权或者独占实施权质押的设立、转移（继承或者其他概括继承除外）、变更、终止（混同除外）或者限制具有效力。非独占许可实施权在经专利权人（如非独占实施权由独占实施权人授予则应经专利权人和独占实施权人）同意后可以与相关业务一起转让。

日本《特许法》《实用新案法》中规定了具有明确权利范围界定的法定权利"实施权"（国家知识产权局条法司，2015）。专利实施权与专利权之间具有一定的独立性，依照日本《特许法》，实施权是一种允许在一定的范围里可以实施他人专利的继受取得的而又和原权利——专利权相分离的权利。因为专利权的本质在于它是实施专利的独占权，但是实施专利权却并不一定必然是专利权本人的行为，它可以通过专利实施权进行转移（胡爱科，2011）。在日本《特许法》中，专利实施权是一种法律规定的一定范围内实施他人专利的权利，实施权分为专用实施权、临时专用实施权和通常实施权、临时通常实施权。其中，专用实施权必须向专利特许厅登记，而通常实施权只要双方缔结合约即可生效，但是向专利特许厅登记后，可以对抗其后因专利让渡之新专利权人。专利权人可以许可专用实施权和通常实施权，专用实施权人在得到专利权人同意的情况下可以对他人许诺通常实施权。日本《特许法》规定，"专利权、专用实施权或以通常实施权为目的质权，可以设立、转让、变更、消失或处理，但需向特许厅登记"。日本专利实施权具有绝对权（对世权）、财产权、支配权的性质，同时此权利具有继受取得、受限制不自由的特征。实施权可以出让、转让、变更、继承、出质等。

从专利实施权的性质与特征来看，其作为财产性权利的可流转、可转让的性质大大地促进了知识产权的运用与流转，同时也在很大程度上避免了专利权的闲置与浪费。从本质属性来看，专利实施权具有使用价值和交换价值，在一些国家已成为交易的客体，日本和韩国实施权制度的确立具有重要意义。首先，权利的细分与明确可以规范市场行为，减少法律漏洞，增强市场参与者信心。权利的不明确在一定程度上会阻碍知识产权流转与转化。其次，技术的转化过程需要资金支持，尤其对于科技成果转化和知识产权运用。日本、韩国、英国等很多国家都已明文规定专利实施权（license）可以出质，美国也早就有了允许专利实施权入股的先例（杨明娟，2005）。市场资本是成果转化的重要因素，实施权的转让与质押增大了知识产权的流通性，当一个实施权利人无法有效实施专利时，经权利人同意后可将专利实施权再次转让，极大地增加了专利的市场活力，提高了专利实施效率。建立财政性科技成果知识产权实施权制度路径。我国对实施权法律概念的明确与规范有着强烈的现实需求，实施权资本化是其作为财产性权利发展的基本趋势。但我国目前实施权无法可依。法律制度的缺位对于市场经济实践发展会产生一定的消极作用。结合我国农村土地改革和国有企业改革中所有权与经营权的分离与国外专利实施权的经验，我国可以在科技成果知识产权使用权、处置权、收益权基础上，建立科技成果知识产权的实施权制度。科技成果知识产权实施权制度主要包括主体客体、权利类型、取得途径、行使方式与救济方式五个方面。

实施权的主体与客体。主体是在法律关系中享有权利和承担义务的人，财政性科技成果知识产权实施权的权利主体是科技成果实际实施者，实施者包括享有实施权的公民、法人及非法人单位、外国人（不具有中国国籍的自然人，外国企业和外国其他组织）。权利的客体为科技成果知识产权。

实施权的分类。科技成果知识产权实施权包括独占实施权和普通实施权。科技成果独占实施权人在合同约定范围内享有对财政性科技成果知识产权独占实施的权利并承担相应的义务，仅限于实施的业务一起转移、得到所有权人同意和继承及其他概括继承时，专用实施权可以转移。普通实施权人在设定行为规定的范围内享有对科技成果知识产权实施的权利并承担相应的义务。

实施权的设定、转移（继承或概括继承除外）、变更、消灭（混同或者专利权消灭的除外）、处分应向国家知识产权主管部门登记。

我国《专利法》中的"实施"，就产品专利而言，包括为生产经营目的制造、使用、销售、许诺销售、进口该专利产品的行为；而对于方法专利，实施专利则包括为生产经营目的而使用该方法或者销售、许诺销售、使用、进口依照该方法直接获得的产品。被许可人获得独占许可的实施并不拥有真正的权利（即使是独占许可），独占实施被许可人与排他实施被许可人在遭受到专利侵权的情况下作为利害关系人对侵权行为进行起诉，普通实施被许可人被侵权只能要求专利权人行使起诉权。独占实施、普通实施是否可被继承、承继、质押、作价入股、转让，现行《专利法》都没有规定。因此，《专利法》中的实施实际上是一种狭义实施权。

科技成果知识产权实施权是基于知识产权而设定的类似于他物权的财产性权利。此实施权为广义的实施权，分为独占实施权和普通实施权，实施权人享有科技成果知识产权的使用、处置（对独占性实施权的转让、技术作价入股、自行实施、质押、对职务发明人予以奖励报酬或股权）、收益（现金收益、股权/期权收益、所获声誉/商誉）的权利。独占实施权人在经所有权人同意的情况下可以设置普通实施权。获得科技成果知识产权所有权的单位可以自行实施，也可以对基于知识产权的实施权进行转让（独占实施权）、许可（普通实施权）、质押、作价入股，实施权可以继承、承继。

实施权取得方式。科技成果知识产权实施权基于科技成果知识产权的实施而产生，因此实施权的产生必须依赖于知识产权所有权。实施权分为获得知识产权许可拥有的实施权、单位懈怠实施的实施权、基于先用权的实施权和基于公益性联合许可需要的实施权。实施权取得方式如下。

第一种是指获得知识产权权利人独占许可、普通许可的被许可人获得独占实施权和普通实施权。独占实施权权利人经所有权人同意后可设立普通实施权。

第二种是指财政性科技成果所有权所在单位怠于实施科技成果、职务成果完成人或职务发明人取得的实施权。这种实施权是普通实施权，职务成果完成人或职务发明人获得普通实施权，并享有相应收益的权利。但知识产权所有权单位拥有自行实施的权利，也拥有向他人进行普通许可的权利，但向他人颁发独占实施许可必须征得获得普通实施权的职务成果完成人或职务发明人的同意。

由于怠于实施的期限依科技成果的不同领域而不同,所以很难在相关法规中予以明确,因此,应规定承担财政性任务的单位应在本单位的规章制度或与职工签订的合同中明确规定怠于实施的期限。同时,还要规定职务成果完成人或职务发明人在得到实施收益后应给予单位一定比例的收益或补偿。该比例应参照各自对于科技成果转化所做的贡献来确定,包括单位所提供的物质技术条件,科研人员贡献,后续实施过程中投入,实施时所进行的新研发、新投入。但对单位物质技术条件使用和收益分配有约定的,从其约定。

第三种是基于知识产权先用权取得的实施权。按照我国《专利法》(2008年修正)第69条第2款规定的"在专利申请日前已经制造相同产品、使用相同方法或者已经作好制造、使用的必要准备""不视为侵犯专利权",而且必须是"仅在原有范围内继续制造、使用"。大部分设立专利制度的国家规定了先用权制度,但各国先用权制度在先用权的获取上对于主体、行为、时间、地点要件上不尽相同。先用权制度的内容体现了法律的效率概念,实现了私人利益与公共利益之间的平衡(宁立志,2014),从促进科技传播与公共利益的角度考虑,法律可将先用权行使范围的限制适当放宽。如日本《专利法》规定,"已经实施或做好准备实施的业务目的的范围内"即在先实施单位在原计划实施业务的目的下,可以在原有规模上有所扩张、改进或增加设备。先用权人可拥有在全国范围内的普通实施权,有利于维护先用权人的正当权益与促进专利权的实施。对于已经投入大量资金、进行了长期研发的科研单位以及做好实施准备但计划将此技术作为专有技术或商业秘密的企业,应限制基于先用权的通常实施权的转让。先用权的转让仅限于随同企业全部或相关生产线一并转让且得到专利权人的同意或者继承的情况。

第四种是基于公益性集中管理知识产权需要的实施权。由于我国普遍存在重复研究和相似研究的问题,科技计划普遍缺乏项目执行中参加单位之间知识产权的相互授权制度安排,科研机构又普遍采取两级法人的现状,我国许多科技成果知识产权分散化,阻碍了转化实施。国际经验证明,面向技术标准的产品与服务的专利池或专利组合集中管理与联合许可是知识产权转化实施的有效模式,但是我国一直缺乏有效激励和保障知识产权集中管理和联合许可的制度和平台。目前,国内外技术标准管理组织往往需要获得专利权人的许可才能构建专利池，这种许可包括专利权人对标准化组织的许可和对成员与第三方的公平合理无歧视许可。根据我国实际，赋予公益性技术标准专利池或专利组合构建机构普通实施权，一方面可以避免财政性科技成果专利权归属不清的问题，另一方面可以将分散的专利权进行集中，并进行"一站式"许可，从而极大地提高专利实施效率和科技成果转化效率，增强知识产权对产业发展的支撑作用。具有实施权的集中管理和联合许可机构应建立有效的知识产权信息披露政策、许可政策和收益分配政策，应将专利池或专利组合中全部专利许可给成员或第三方，使成员和第三方获得普通实施权。该普通实施权不能禁止任何成员的单独许可。

第五种是获得强制许可的被许可人拥有普通实施权。《专利法》规定了强制许可的情形，并且规定强制许可的理由消除不再发生时，可以作出终止实施强制许可的决定。取得实施强制许可的单位或者个人不享有独占的实施权，并且无权允许他人实施。这种统一规定实际并不有利于专利的实施。尤其是对于未充分实施的专利，在支付合理使用费的前提下，规定强制许可被许可人无权允许他人实施，实际上阻碍了此类专利技术的转化。如果赋予未充分实施专利的强制许可被许可人以普通实施权，允许被许可人对实施权许可、质押、入股、继承、承继，将会对专利限制行为产生更大的压力，也将极大地提高专利的实施率。但这种实施权只能是普通实施权，只有在对专利权人支付了足够的合理使用费后才能对该实施权进行转让、质押、入股及承继继承。

第六种是国家介入权的实施权。财政性科技成果由国家财政资金资助完成。在承担国家重要技术、强制性标准、重大产业技术标准、公益性技术标准的推广时，相关组织机构与所有权单位协商未果的，可经由国家知识产权管理部门仲裁获得普通实施权；对国家利益或者公共利益具有重大意义的，国务院有关主管部门和省、自治区、直辖市人民政府报经国务院批准，可以决定在批准的范围内推广应用，允许指定单位实施，实施单位向所有权单位支付合理的费用，实施单位拥有普通实施权；《专利法》中规定可授予专利强制许可有关情形的国家可以获得实施权。

实施权行使方式。一是转让许可。在转让方式上，根据知识产权所有权所在研究单位获得的合理对价，对科技成果的实施权可以有期限转让，也可以永久性转让。所获的对价可以一次性付清也可以依协定定期支付。独占实施权权利人在经过所有权人同意后可对独占实施权进行普通实施权许可。经所有权单位同意后可以将实施权再次转让或向其他单位或个人授予普通实施权许可。实施权的普通许可可以转让但应得到科技成果所有权人（为独占实施权人设立时则需独占实施权人和所有权人）的同意。

二是质押。仅限在经所有权人同意的情况下，可设定以科技成果知识产权实施权为目的的质权。对以实施权为目的的质权的设定、转移（继承或概括继承的除外）、变更、消灭（混同或者担保权消灭的除外）、处分限制，应向国务院知识产权主管部门进行登记备案。对于质押的独占实施权，在实施单位正在实施且前景良好的情况下，应允许对此实施权的再质押。

三是入股。我国《公司法》（2018年修正）第27条规定，"股东可以用货币出资，也可以用实物、知识产权、土地使用权等可以用货币估价并可以依法转让的非货币财产作价出资；但是，法律、行政法规规定不得作为出资的财产除外"。知识产权独占实施权作为财产性权利，和知识产权的估值一样，同样可以用货币估价。目前，科研单位将知识产权作价入股是科技成果转化的有效方式，可以有效地提高科研单位参与科技成果转化的积极性，但国有资产管理要求保值增值问题制约了部分优秀科技成果作价入股实施转化。将独占实施权作价入股可避开国有资产管理问题。

四是继承、承继。科技成果知识产权独占性实施权和普通实施权应可以继承、承继。自然人的继承、法人的承继是一个非常普遍的专利权取得的有效的方式，实施权的继承和承继行为发生后，权利人应及时向知识产权管理部门进行登记。无人主张继承时，权利消灭。

实施权权利救济措施。为维护市场公平竞争，防止科技成果知识产权实施权人和知识产权所有权人合法权益受到侵害产生纠纷问题，我国《专利法》《合同法》等相关法律应明确规定知识产权实施权的救济措施。

对于独占实施权，独占实施权权利人发现有单位或个人对自身独占实施的权利有侵害或有侵害之可能时，可以单独或与专利权人共同向人民法院起诉侵权人，请求人民法院对其作出停止侵权或者预防侵权发生之裁定与要求赔偿之权利。独占实施权人可以请求人民法院裁定侵权人停止实施行为或实施前的准备行为，销毁构成侵权之产品，对权利人造成经济损失的应予以赔偿。以上所指对独占实施权权利有侵害指未经独占实施权人与知识产权所有权人许可，故意或非故意地对科技成果知识产权的实施行为。

在侵犯独占实施权的诉讼中，为了对侵权行为进行举证或计算所受的侵害时，法院依照当事人的申请有权命令当事人提供必要的文件，当文件持有人有正当理由提出拒绝时不在此限。对于正当理由的认定，法院可以要求文件持有人在保密的情况下出示该文件进行判断。侵权赔偿额的确定参照《专利法》及相关规定。

在侵犯独占实施权的诉讼中，如果该专利通过无效审判被认定无效的，独占实施权人不得向对方行使权力。依据以上规定的攻击或者抗辩的方法，如果被认为是以不正当推迟审理为目的而提出的，法院可以作出不予受理的决定。

专利权人未经独占实施权人同意，自行实施或许可行为对独占实施权人造成的侵权行为或违反设定独占实施权时所有权人与独占实施权人的合同约定条款时可按照《合同法》有关规定处理。为保护实施权人权益，专利权人不维持专利的行为应经实施权人的同意方可。

对于普通实施权，普通实施权人不能单独向人民法院提起诉讼，但如果普通实施权人在取得权利时与专利权人或独占实施权人在合同中就权利范围、时效或其他限制权利行使的条款有约定时，参照《合同法》有关规定维护自身权利。

专利权权利人的变更、专利文件的更改，应取得独占实施权人、通常实施权人、质权人的同意方可。

对于知识产权所有人，其权利也应得到保护。应规定对于专利权共有的，各共有人未经其他共有人同意，不得对专利权设定独占实施权或者对他人许可通常实施权。独占实施权人仅限在知识产权所有权人同意的情况下方可设定普通实施权与质权。普通实施权人仅限在知识产权所有权人同意（独占实施权设定的普通实施权需得到所有权人与独占实施权人的同意）的情况下方可设定质权，实施权的转让须经所有权人同意。

13.6 知识产权共有制度

科斯定理认为，产权明晰是最有效的制度安排，产权制度安排能够给予相关人明确的理性预期。知识产权共有是指两个以上单位或者个人合作对共同承担的科研项目、共同参与的企业经营标记、共同创作的作品等通过规定、约定对形成的知识产权的共同拥有行为。如《专利法》第8条规定，"两个以上单位或者个人合作完成的发明创造、一个单位或者个人接受其他单位或者个人委托所完成的发明创造，除另有协议的以外，申请专利的权利属于完成或者共同完成的单位或者个人；申请被批准后，申请的单位或者个人为专利权人"。《促进科技成果转化法》第40条对科技成果完成单位与其他单位合作进行科技成果转化合同未对该科技成果有关权益的归属作约定的，在合作转化中产生新的发明创造的，该新发明创造的权益归合作各方共有。

知识产权共有是指知识产权的共有。在中国，知识产权其实分为所有权和知识产权本身。我国《民法典》第240条规定："所有权人对自己的不动产或者动产，依法享有占有、使用、收益和处分的权利。"即所有权人对自己的知识产权享有占有、使用、收益和处分四项权能。但财政性资金支持科技计划项目形成科技成果的知识产权的所有权属于国家，权利人共有的只能是知识产权本身，权利人不能共有知识产权的所有权。知识产权共有是指知识产权人身权和财产权的共有。知识产权与物权不同，知识产权权利又包括财产权和人身权两种性质的权利。例如，著作权就有复制权、翻译权和表演权等13种财产权利，专利权中还包括制造权、销售权、许诺销售权、进口权等，商标权中包括专有权和禁止权等。知识产权共有权利也是多元的。在知识产权共有中，专利文件中发明人的署名权，著作权中的署名权、发表权、改编权、保护作品完整权都属于精神权利，是知识产权权利人可以共有的。知识产权的财产权更是可以共有的。

知识产权共有包括共同共有和按份共有。知识产权共有是权利的共同行使和财产利益的共有。由于知识产权客体具有无形性，共有知识产权的客体无法像有形物一样，可以让权利人在外观上感知到自己的份额，也无法像有形物一样进行有形分割。但知识产权共有可以行使权利和获取利益。如《专利法》规定，专利申请权或者专利权的共有人对权利的行使有约定的，从其约定；没有约定的，共有人可以单独实施或者以普通许可方式许可他人实施该专利，但共有人转让专利权或专利申请权的，应经共有人同意，其他共有人享有以同等条件优先购置权；共有人之一放弃专利权或专利申请权的，应由其他共有人承受，取得专利权后，放弃权利的一方可以免费实施该专利。

由于知识产权共有可以是财产权益的共有，因此知识产权可以按份共有。知识产权的财产利益是可以量化和交易的，也是可以为权利人感知的。即使知识产权有许多权利项，这些权利项也是可以按份共有的。共有人可以对知识产权进行按份共有，并且可以约定各自份额的大小。典型的知识产权按份共有是可分割合作作品。数位作者作品相结合，形成一个独立的新作品，如果其每位作者完成的部分具有一定独立性且清晰可辨，则可以对属于自己的独立的可分割部分单独行使著作权。一项科技成果中，每位专利权人可以按照自己在科技成果中的专利数量和价值享受相应的份额。即使在一项专利权中，共同专利权人都可以依法按照自己的权利份额行使权利和获取相应份额的收益。

但有学者对实行专利权共有提出了质疑，认为"由于共有人之间分歧不可避免，共有专利权在取得、实施、许可实施、转让、维持以及司法与行政保护等方面不同程度地存在着风险，因而并不是一种合理的专利权归属形式，更不宜作为一种主要的专利归属形式"（蒋逊明，朱雪忠，2006）。该观点的缺陷在于没有区分民法上"共同共有"和"按份共有"的差异。在"共同共有"的情况下，一方对共有专利权的转让必须得到全体共有人的同意，许可、实施必须将收益合理分配，而"按份共有"则无此要求，这解决了转让须经共有人同意但没有明确收益分配的问题。美国《专利法》（U.S.C. 262）规定，在没有作出相反约定的情况下，共有人的任何一方都有权单方决定专利的许可、实施。

《专利法实施细则》关于职务发明规定了三种情形：① 在本职工作中作出的发明创造；② 履行本单位交付的本职工作之外的任务所作出的发明创造；③退休、调离原单位后或者劳动、人事关系终止后 1 年内作出的，与其在原单位承担的本职工作或者原单位分配的任务有关的发明创造。在明确职务发明单位对知识产权归属的同时,如果能同时保障职务发明人的权属,则能够从制度安排上调动单位和职务发明人双方的积极性。换句话说,如果根据单位和发明人对职务知识产权或科技成果的贡献将知识产权权利在发明人和单位之间进行共有尤其是按份共有,或者将"在本职工作中完成的发明"和"履行单位在本职工作之外分配的任务所完成的发明"给予职务发明人一定份额的权利,不仅能将双方的积极性调动起来,有利于促进职务知识产权的转化实施,从而不会产生企业对职务发明奖励报酬有较多反对声音的问题,而且也能够解决目前很多奖励报酬政策不合法的问题。

实行"按份共有"的混合发明制。第一,可以兼顾单位与发明人的利益,从而规避"合同优先"还是"奖励优先"的争议,也避免了要么发明人优先或要么雇主优先的二分弊端,实现了双方的权利与利益的平衡。第二,由于兼顾双方利益,既可以充分激励发明人创新的积极性,也有利于发明人与单位共同促进发明创造转化实施。而混合发明作价入股时,双方也可以明确地共享股权收益,从而解决这一长期困扰职务发明和职务科技成果转化的难题。第三,可以极大改善发明人不敢利用单位物质技术资源或利用了单位物质技术条件却将职务发明私自转化的违法问题和国有资产流失问题。专利权共有人之间虽然可能存在分歧,但是只要双方就权益分配方案进行约定,那么实行个人与单位之间"混合发明"的专利权共有,与目前实行的个人之间或单位之间专利权共有并没有本质区别,也不必然影响专利的实施、许可和维持。相反,由于实现了发明人与单位之间的权益绑定,双方共同进行后续研发、实现专利技术转化的积极性和转化的可能性将大幅提高。

同时,也有一些人担心,如果将知识产权权利在发明人和单位之间按份共有,将会造成国有资产流失,亦即国有知识产权权利流失到发明人个人。从我国知识产权总体情况看,这种担心是没有必要的。根据国家知识产权局的统计数据,我国2022年发明专利的平均寿命只有7.2年,虽然高校和科研机构每年申请了大量专利,但实际转化实施的专利数量极少,大多数在申请日7年后的由于没有转化实施而放弃权利,这才是真正的无形资产流失。如果将知识产权权利按份分一部分给发明人能提高职务知识产权的转移转化率,且发明人可得到一定比例的权利和收益,但单位会得到更多的收益,这不仅不是无形资产流失,而且还是真正的无形资产保值增值。

法律最重要的原则是利益平衡，尤其是《专利法实施细则》对"退休、调离原单位后或者劳动、人事关系终止后1年内作出的，与其在原单位承担的本职工作或者原单位分配的任务有关的发明创造"。《最高人民法院（2022）最高法知民终1229号民事判决书》仅仅限于"没有法律明确规定或者竞业限制协议约定的情况"下应将职务发明归属原单位，尚没有对有关的发明创造作出规定和司法判例。

现有法律法规对属原单位发明创造的规定需要坚持利益平衡原则，尤其是应对"有关的发明创造"作出明确规定。"在原单位承担的本职工作或者原单位分配的任务有关的发明创造"可以分为属于商业秘密的技术、可以申请专利的技术和现有技术。如果原单位的发明属于现有技术，在后单位的发明创造利用了该技术，虽然与原单位有关，但将在后单位研发的技术归属于原单位的职务发明显然不合理。如果在后单位发明创造是在原单位技术基础上的改进发明、组合发明，这种发明与原单位有关的发明，如果原单位的发明已经申请专利公开，在后单位可以单独申请专利，但可以对在先专利请求强制许可，知识产权权利不仅不能归属原单位而且无须共有。如果原单位的发明处于保密阶段，在后单位的发明创造利用了该发明创造，则按照现有法律规定则与原单位有关，应属于原单位的发明创造，如果申请专利会还造成原单位技术秘密泄密，在后单位应承担侵犯原单位商业秘密专有权的责任，专利申请权和专利权应属于原单位。

在此种情形下，商业秘密价值大小不同，一些属于商业秘密的原单位发明创造能否申请专利，一些则不能够申请专利。将不符合专利申请条件但符合商业秘密条件基础上的在后发明创造归属原单位并不合理。即使是基于原单位属于商业秘密符合申请专利条件将发明创造归属原单位，也应当坚持利益平衡原则，既保护原单位的权益，也要保护员工的合理流动。如果有约定则完全可以对改进性、组合性利用产生发明创造实行知识产权的共有。即使在先单位技术与在后单位发明创造属于同一技术领域、解决技术问题基本相同、功能效果相同，但也要对两者的技术方案进行比对，判断两者的技术差距有多大。如果在后发明创造是基于在先技术全部技术特征的改进性、组合性发明创造则属于原单位，如果在后发明创造是基于在先的符合专利申请条件部分技术特征的改进性、组合性发明创造则不应属于原单位。如果在先单位与在后单位的发明人不同,而在后单位发明人对发明创造作出了实质性贡献,则应实行有关的发明创造的共有。

上海两级法院(2017)沪73民初15号、(2017)沪民终324号判决书是关于上海微创医疗器械(集团)有限公司和上海纽脉医疗科技有限公司等专利申请权权属纠纷案,基于涉案专利申请技术由原单位的离职人员与新单位的科研人员共同完成的发明创造,法院判决确认涉案专利申请权归原单位和新单位共有。法院认为,员工离职后作出的发明创造需要满足时间性和相关性两个条件,就应当被认定为原单位的职务发明,专利申请权归属于原单位所有。相关性判断不但需要考虑两者是否属于同一技术领域、解决技术问题是否相同、功能效果是否相同,也要求对两者的技术方案进行比对,判断两者的技术差距有多大,在技术方案上是否具有传承性等。在此,技术方案比对区别于专利侵权比对,不要求技术特征相同或者等同,也不要求争议发明创造的主要发明点在原单位的技术成果中已有体现。

在知识产权共有约定中要注意几个问题。① 约定共有知识产权纠纷事项。要约定防止发生知识产权纠纷问题,主要包括共有知识产权权属纠纷、共有知识产权转让合同纠纷等。由于部分共有人违背合作协议约定,未经其他共有人同意擅自知识产权申请权转让引发纠纷。由于部分共有人未经其他共有人同意,擅自将知识产权转让给第三人等引发权属纠纷。② 对知识产权瑕疵担保。负责知识产权申请获取的共有人要对作为合同标的的知识产权的权利瑕疵或者物的瑕疵进行担保。这些瑕疵如知识产权完全属于他人,存在其他共有人,知识产权已被质押或许可,知识产权质量低,知识产权被提出异议、现有技术抗辩或宣告无效,知识产权全部属于或包含开源代码等。③ 要有排他性合作条款。研发合作中要避免对方擅自将研发成果与第三方进行合作,应当明确限制期限。④ 明确论著发表条款。要避免科研项目科技成果因为与合作者发表论著、作会议报告、与外部合作研发、开展学术交流、技术展示、产品试销等丧失新颖性,应对丧失新颖性事项拟作出明确规定和进行事先审查。⑤ 规定保密条款。要防止存在保密范围约定不明确、涉密人员界定不清、保密期限的设定太随意等问题。

13.7　知识产权股权激励

为激励知识产权创造和运用，我国制定了许多政策激励知识产权创造和运用。《关于国有高新技术企业开展股权激励试点工作指导意见》提出，国有高新技术企业可以开展股权激励试点，股权激励的对象是对试点企业的发展作出突出贡献的科技人员和经营管理人员，试点企业股权激励方式包括奖励股权（份）、股权（份）出售、技术折股。试点企业根据实际情况选择采用上述股权激励方式，用于奖励股权（份）和以价格系数体现的奖励总额之和，不得超过试点企业近 3 年税后利润形成的净资产增值额的 35%，其中奖励股权（份）的数额不得超过奖励总额之和的一半；要根据试点企业的发展统筹安排留有余量，一般在 3 到 5 年内使用。采用技术折股方式时，可以评估作价入股，也可按该技术成果实施转化成功后为企业创造的新增税后利润折价入股，但折股总额应不超过近 3 年该项技术所创造的税后利润的 35%。具有突破意义的职务发明人激励政策是知识产权权益的激励，中关村国家自主创新示范区在职务发明激励的权利上进行了先行先试，虽然这种权利并不是法律上的权利概念。中关村国家自主创新示范区根据国务院《关于同意支持中关村科技园区建设国家自主创新示范区的批复》和北京市委、市政府《关于建设中关村国家自主创新示范区的若干意见》，在 2009 年制定了《中关村国家自主创新示范区股权激励改革试点单位试点工作指导意见》。该意见提出，"股权激励的范围是示范区内的北京市属高等院校、科研院所、院所转制企业以及国有高新技术企业，可以申请成为股权激励改革的试点单位"；"参加试点的高等院校和科研院所可以采取科技成果入股、科技成果收益分成以及其他激励方式；院所转制企业和国有高新技术企业可以采取科技成果入股、科技成果折股、股权奖励、股权出售、股份期权、分红权、科技成果收益分成以及其他激励方式。采取科技成果入股方式的，可以将不低于 20% 的科技成果作为出资所获得被投资企业的股权（股份）用于奖励有关人员"；"采取科技成果折股方式的，可以将科技成果评估作价折合为一定数量的本企业股权（份），或按该科技成果实施转化成功后为企业创造的新增税后利润折价为本企业股权（份）。折股总额应不超过近3年该项科技成果创造的税后利润的35%。采取股权奖励和股权出售方式的，可以按照一定的净资产增值额，以股权方式奖励有关人员，或按一定的价格系数将企业股权（份）出售给有关人员；用于奖励股权（份）和以价格系数体现的奖励总额之和，不得超过试点企业近3年税后利润形成的净资产增值额的35%。采取股份期权方式的，可以结合本单位的实际情况，完善股权激励业绩考核体系，设定经营难度系数，科学设置业绩指标和目标水平，切实将股权的授予、行使与激励对象业绩考核结果紧密挂钩，并根据业绩考核结果分档确定不同的股权行使比例，对有关人员实施股份期权激励。采取科技成果收益分成方式的，可以从转让该项职务科技成果所取得的净收入中，提取不低于20%的比例，或者连续3至5年从实施该科技成果新增留利中提取不低于5%的比例，对有关人员给予奖励。采取分红权激励的，可根据职务科技成果对企业净利润的贡献程度，从企业税后利润中提取一定比例对有关人员进行奖励"。

财政部、科技部2010年发布的《中关村国家自主创新示范区企业股权和分红激励实施办法》规定，"辖区内企业可以通过股权奖励、股权出售、股票期权、分红激励四种方式实行股权激励；股权奖励的激励对象，仅限于技术人员，企业用于股权奖励和股权出售的激励总额不得超过近3年税后利润形成的净资产增值额的35%，其中激励总额用于股权奖励的部分不得超过50%；股票期权行权的有效期不得超过5年；分红奖励有四种方式：① 本企业自行投资实施科技成果产业化的，自产业化项目开始盈利的年度起，在3至5年内，每年从当年投资项目净收益中，提取不低于5%但不高于30%用于激励。② 向本企业以外的单位或者个人转让科技成果所有权、使用权（含许可使用）的，从转让净收益中，提取不低于20%但不高于50%用于一次性激励。③ 以科技成果作为合作条件与其他单位或者个人共同实施转化的，自合作项目开始盈利的年度起，在3至5年内，每年从当年合作净收益中，提取不低于5%但不高于30%用于激励。④ 以科技成果作价入股其他企业的，自入股企业开始分配利润的年度起，在3至5年内，每年从当年投资收益中，提取不低于5%但不高于30%用于激励"。

国务院2011年批复国家发展改革委印发的《中关村国家自主创新示范区

发展规划纲要（2011—2010年）》在职务发明人权益上作出了突破，《纲要》提出，"对高等院校、科研院所、院所转制企业及国有高新技术企业的职务科技成果发明和转化中做出突出贡献的科技人员和管理人员，由实施科技成果产业化的企业按规定给予股权、分红等多种形式的激励"；"实施重大科技成果转化和产业化的政府股权投资引导和股权激励政策"。

2014年7月2日，国务院召开常务会议，决定在国家自主创新示范区和自主创新综合试验区选择部分中央级事业单位，开展为期一年的科技成果使用、处置和收益管理改革试点，允许试点单位采取转让、许可、作价入股等方式转移转化科技成果，所得收入全部留归单位自主分配，更多激励对科技成果创造做出重要贡献的机构和人员，进一步调动科技人员创新积极性。

虽然上述政策已失效或部分失效，但从上述知识产权激励政策的发展可以看出，我国对职务发明人和职务科技成果权利人逐渐由给予奖励报酬向给予权利转变。虽然奖励股权与期权、分红权还不是法律意义上的真正财产权，但毕竟是在向权利归属等基本制度安排上转变，是从政策上向职务发明人倾斜向制度上向职务发明人倾斜，体现了激励职务发明人积极性的趋势。

13.8　科研机构知识产权奖励报酬

职务发明人的奖励报酬制度包括知识产权创造的奖励和知识产权实施后的报酬规定。《专利法实施细则》第93条规定，"被授予专利权的单位未与发明人、设计人约定也未在其依法制定的规章制度中规定专利法第15条规定的奖励的方式和数额的，应当自公告授予专利权之日起3个月内发给发明人或者设计人奖金。一项发明专利的奖金最低不少于4 000元；一项实用新型专利或者外观设计专利的奖金最低不少于1 500元。由于发明人或者设计人的建议被其所属单位采纳而完成的发明创造，被授予专利权的单位应当从优发给奖金"。第94条规定，被授予专利权的单位未与发明人、设计人约定也未在其依法制定的规章制度中规定专利法第15条规定的报酬的方式和数额的，应当依照《促进科技成果转化法》的规定，给予发明人或者设计人合理的报酬。

从《专利法》及其实施细则和《促进科技成果转化法》修改、修订、修正过程可以发现，这两部法律进行了较大程度的协调，矛盾和冲突问题得到了较好解决，但关于奖励报酬的规定还不一致。《专利法》奖励指的是专利授权后的现金奖金，《促进科技成果转化法》奖励指的是科技成果转让许可获得的现金奖励给个人的部分，而《专利法》的报酬包括了《促进科技成果转化法》中的现金奖励。

为了激励知识产权创造运用，科研机构制定了知识产权创造运用激励政策。中国科学院2007年夏季党组会发布的《中国科学院关于进一步加强知识产权工作的指导意见》提出了"完善奖励激励机制"的要求："继续实行并完善知识产权激励政策，加大对植物新品种等知识产权的发明人和团队的激励力度，鼓励各类知识产权创造的科学策划和有机保护，同时加强对各院属单位主持和参与标准制修订工作的支持力度，提升标准与知识产权相结合的水平，促进高质量的知识产权、'专利组合''专利池'等的创造产出，进一步发挥科技对我国社会经济发展的支撑引领作用。"该意见提出的主要激励政策有两个方面。一是加大对植物新品种的激励力度。"继续实行院所两级匹配原则对职务发明人与团队予以奖励的制度，加大对植物新品种的激励力度：对每件植物新品种保护、国际登录的新品种（组合）和省级植物新品种审定院奖励1万元；对每件国家级植物新品种审定院奖励3万元。要求院属单位按不低于1:1匹配奖励。"二是加大对标准制修订工作的支持力度。"鼓励院属单位参与国内外技术标准活动，主持或参与制修订国际、国家或行业标准，满足国家科技、经济和产业战略的需求，加强科技对于我国社会经济发展的支撑作用。对于主导（第一起草单位）制修订并批准发布的每项国内技术标准（国家标准、行业标准）的团队奖励2万～3万元；对于主导（第一起草单位）制修订并批准发布的每项国际技术标准（ISO、IEC、ITU）的团队奖励3万～5万元；对于承担全国标准化技术委员会（TC）秘书处工作的挂靠单位每年资助运行补贴10万～15万元；对于承担全国标准化技术委员会分技术委员会（SC）秘书处工作的挂靠单位每年资助运行补贴5万～10万元。"此后，中国科学院院属单位对发明专利申请资助3 000元，中国科学院再资助3 000元。

为进一步优化知识产权激励政策，中国科学院2015年发布了《促进知识产权转化运用奖励办法（试行）》，该办法提出的激励政策有三个方面。一是鼓励院属单位开展知识产权转化运用工作，按单位知识产权转化运用当年度到账经费合计金额的 10% 给予奖励，原则上每个单位此项奖励总额不超过 150 万元。二是继续鼓励院属单位创造和保护知识产权，根据实际情况，保留对国外授权专利、软件著作权和植物新品种权的奖励。按下列标准执行，暂定 3 年：① 对获得授权的国外专利，每件奖励 5 000 元；② 对软件著作权登记，每件奖励 500 元；③ 对农业部、国家林业局公告授权的植物新品种，每件奖励 10 000 元。三是院属单位应按照法律规定，切实保障职务发明创造人以及为知识产权转化运用做出重要贡献人员的合法权益并给予奖励或报酬。

2016 年，随着中国科学院 2016 年印发《促进科技成果转移转化专项行动实施方案》（科发促字〔2016〕37 号），中国科学院取消了院级层面的专利资助。随着新《专利法》和实施细则的颁布，现在院属单位均按照新标准进行激励。即一项发明专利的奖金最低不少于 4 000 元；一项实用新型专利或者外观设计专利的奖金最低不少于 1 500 元；被授予专利权的单位未与发明人、设计人约定也未在其依法制定的规章制度中规定《专利法》第 15 条规定的报酬的方式和数额的，应当依照《促进科技成果转化法》的规定，给予发明人或者设计人合理的报酬。

《促进科技成果转化法》颁布后，许多地方规定了科技成果转化报酬的最高比例，如北京、山东、浙江等地最高是 70%，黑龙江最高是 95%，江苏最高是 99%，河南、深圳最高是 100%；一些高校科研机构也纷纷提高奖励报酬标准，中山大学获收益比例是 70%，院系是 10%，学校是 10%，委托的服务机构是 10%。北京理工大学按照 7:1:1:1 激励，科学家团队 70%，学校、学院和技术转移机构各留 10%；作价入股 "6211"，科学家团队 60% 奖励，学校 20%；中国科学院上海有机化学研究所对知识产权转让许可按照完成者、后续科研转化、转化实施者和研究所公共发展基金实行 6:0:1:3 或 5:3:1:1 比例分配。对作价入股实行作价金额完成者 60%、公共发展基金 40%（其中股权收益按净收入的 12.5%～25%）比例分配；或者完成人 50%、研究所 50%，股份中的 60% 中的 40% 为支持研发转化和发展基金，基金中 12.5%～25% 奖给转化实施者。

但是，《促进科技成果转化法》和《专利法》两部法律均没有规定奖励报酬的上限。实践和理论证明，重奖实际上未必有利于成果转化。原因有：一是会导致科研人员不专心研究。科研人员的本职工作是科研，高回报比例会引起部分科研人员不专心科研，转向从事转化工作。此外，调研发现，一些已出台高奖励报酬比例的省份，并没有显著提高成果转化率。美、日、欧等发达国家和地区主要大学和科研机构技术转移的收益分配政策显示，成果完成人、完成人所在大学院系、研究所或科研机构的收益应各占扣除成本后的 1/3 左右，几乎没有超过 50% 的。为防止科研人员不安心科研教学工作，美国法律和许多公立大学与非营利科研机构的政策还规定，科技成果完成人每年技术转移收益不能超过 15 万美元。二是会影响基础研究和产业关键核心技术研究开发。长期以来，我国基础研究投入比例偏低，产业关键核心技术受制于人，一些领域被"卡脖子"。经济平稳快速增长要求我国必须进一步加强基础研究，加强产业关键核心技术研发。大学的主要任务是培养创新人才和向社会提供知识，科研机构的主要任务是解决市场机制无法解决的具有公益性和正外部性的科技问题，提供原创性引领性创新成果等。获取科技成果转化收益实际只是我国绝大多数高校和科研机构的副产品。三是不利于高校科研机构的技术转移机构的建设。目前，美、日、欧国家和地区大多数应用型大学和科研机构都建立了内部技术转移办公室或技术转移公司，普遍具有技术转移、知识产权管理和投资基金三个功能，与科研活动划分出相应的边界。中国科学院上海生命科学研究院等的经验也证明，具有高水平人才团队的技术转移机构是促进高校科研机构科技成果转化的有效模式。只支持个人将不利于高校科研机构的技术转移机构的建设。四是不利于提高成果转化效率。将分散的科技成果专利集中起来构建专利池或专利组合进行"一站式"许可是促进科技成果转化和技术标准实施的重要途径。但我国政策提倡了多年，迄今为止没有建立起一家依靠专利池或专利组合为主营业务的企业。对人员过高的奖励比例是一种个体户、小作坊式管理模式，不利于以专利池或专利组合为主营业务企业的建立和发展，不利于现有生存困难的技术中介机构的转型。

《促进科技成果转化法》（2015 年修正）规定，对于完成和转化科技成果作出重要贡献的人员，其获得奖励和报酬的比例不低于 50%，自行或与他人合作实施的获得营业利润不低于 5% 比例的报酬。该规定极大地激发科技人员和转化人员的积极性，但由于上不封顶，一些地方将对科技成果完成人奖励报酬的比例提高到 70%、95%，甚至提高到 100%。实践证明，过高的奖励报酬比例不见得就能有效促进科技成果转化，反而会产生一些负面效果。美国 58 所大学发明人技术转移收益分配比例如表 13-1 所示。

表 13-1　美国 58 所大学技术转移发明人收益分配比例

发明人收益占净收入比例 /%	数量	净收入计算公式	发明人收益占净收入比例 /%	数量	净收入计算公式
20	1	净收入 = 总收入 - 成本	35	4	净收入 = 总收入 - 成本
25	2		36	1	
26.67	1		37.5	2	
30	4		40	6	
			42.5	1	
33.33	4		50	3	
33.33	3	净收入 =85%× 总收入 - 成本	50	1	净收入 =85%× 总收入

为解决上述问题，应进一步明确《促进科技成果转化法》奖励报酬比例和上限。一是规定作出重要贡献人员尤其是成果完成人奖励报酬的比例和上限额，如 70%。二是大力推进科技成果转化机构、人才团队与能力建设。理工类大学和科研机构都应建立内部技术转移机构或外部技术转移公司，具备技术转移、知识产权管理和投资功能。在明确大学和科研机构获得奖励报酬的权利和比例的同时，要明确技术转移机构获得奖励报酬的权利和比例。三是推动中介机构转型，支持以技术标准为依托，以专利池或专利组合为主营业务的企业建立和发展。技术转移机构可以获取收益的 15%～20%。四是允许职务发明人所在院系或研究所、实验室等获得 15% 左右的收益，支持有组织和使命导向的科研与成果转化。

此外，承担国家任务的企事业单位都要制定内部科技成果转化收益分配政策，制定兼顾合同和各方利益平衡的措施。在签订劳动合同时要告知科研人员成果收益分配政策，在进行收益分配时要考虑劳动合同关于待遇的规定。在遇到大金额的转化项目时，完成人收益分配比例应适当低一些，而小的项目比例则可以适当高一些。只有这样，才能在提高科技成果转化效率的基础上，同时对包括基础研究、共性关键技术的研发在内的重要科研起到更多的积极推动作用。

13.9 小结

本章研究了国外主要国家职务发明权属制度，研究了我国职务发明奖励报酬法律法规和政策的主要问题，针对"主要利用单位物质技术条件"作出的发明创造提出了职务发明知识产权的按份共有制度，并梳理了我国科研机构知识产权奖励报酬政策的特点和存在的问题。

一是在建设知识产权强国和科技强国的背景下，需要在科技成果及知识产权的权属制度上进行明确规定，财政性资金支持科技计划项目形成的科技成果与知识产权的实施权可以下放给承担单位，但所有权属于国家。应对奖励股权的法律属性进行明确规定，奖励股权实际是一种分红权和收益权，应当与单位的科技成果作价入股形成的股权一同形成和转让，如果转让应在内部转让。应坚持促进创新和促进员工流动的利益平衡原则对知识产权共有进行更加明确的规定。

二是总结财政性资金支持科技计划项目形成的科技成果所有权与长期使用权下放的成功经验和存在的不足，在推行职务科技成果赋权改革时，应通过劳动合同明确是否应将职务科技成果知识产权通过合理对价让渡给高校科研机构的专业化技术转移机构进行运营，以此加快科技成果转化高质量发展。在科研聚焦主责主业情况下，要通过明确规定合理的利益分配制度，防止职务科技成果完成人自行实施从而获得企业股权这种实际的国有资产流失行为，明确这种行为仍然属于奖励股权属性。

三是知识产权激励政策要坚持各方利益平衡原则。职务知识产权转移转化收益分配政策制定应充分兼顾单位、职务发明人和所在部门积极性，收益分配以扣除成本后收入各 1/3 比例分配为宜。此外，要允许知识产权和技术转移机构收取一定比例，如 10%～20% 的纯收益。

第十四章 知识产权保护管理

有效保护科研机构知识产权，维护知识产权权益是科研机构知识产权管理的主要工作。科研机构可以通过行政调处和诉讼保护自主知识产权，但更重要的是日常的自我保护。科研机构知识产权维权保护不仅要求科研机构要建立有效的知识产权保护机制，监视他人的侵权情况，监视职务知识产权的流失情况，还要在审查、复审、无效等程序中主动保护自主知识产权，主动通过行政和司法途径应对知识产权侵权及知识产权权属纠纷。

14.1 知识产权管理制度

目前，很多科研机构采取的是综合性知识产权管理制度保护知识产权。如中国科学院 2020 年发布的《中国科学院院属单位知识产权管理办法》（以下简称《办法》），代替了 2011 年和 1985 年发布的《中国科学院研究机构知识产权管理暂行办法》，共包括六章 38 条。主要从知识产权创造、知识产权保护、知识产权运用和知识产权管理等方面维护中国科学院院属单位的自主知识产权权益。

该办法规定的对象包括中国科学院院属研究机构及其工作人员和相关人员，研究机构是指院直属的研究所、学校、台、站、中心等从事科学技术研究的事业单位，工作人员是指研究机构的在职人员、聘用人员、客座研究人员、在读研究生及在站博士后以及进修、实习与代培人员等，相关人员是指退职、退休或者调动工作等离开研究机构后不满 1 年的或另有约定的人员。知识产权包括：① 申请专利的权利、专利申请权和专利权；② 著作权及与著作权有关的权利；③ 商标专用权；④ 植物新品种权；⑤ 集成电路布图设计专有权；⑥ 商业秘密（包括技术秘密）；⑦ 研究机构名称、徽章及网络域名等标记专有权。

《办法》中知识产权创造部分共有7条。第5条是知识产权质量：中国科学院在重大项目的立项、过程管理和验收等环节，要明确提出对知识产权的管理要求，加强对所形成知识产权的质量评估，推动项目产生更多高价值的知识产权。第6条是发明披露：院属单位要从源头上加强申请或登记前相关科技成果的披露管理以及知识产权的策划与管理，逐步建立完善科技成果披露制度和知识产权申请前评估制度。既要避免因丧失新颖性等无法获得保护，又要切实提升专利申请质量，积极培育标准必要专利，形成高价值专利或组合，支撑创新型产业发展。第7条是权利下放：除因涉及国家安全、国家利益和重大社会公共利益而在项目任务书或者合同中另有约定的以外，承担国家、院级项目获得的知识产权由承担任务的院属单位享有。第8条是职务发明：执行本单位的任务或者主要是利用本单位的物质技术条件所完成的发明创造是职务发明创造，依法取得的知识产权归所在院属单位。院属单位可根据国家有关规定赋予科研人员职务科技成果所有权或长期使用权；院属单位与科研人员进行职务科技成果所有权分割的，要按照权利义务对等原则，明确各自承担的专利费用与获得的收益分配，由科研人员个人承担的专利费用不得使用财政经费支付。第9条是权利归属：院属单位与国内外组织或个人开展科技合作、接受委托开发、提供技术咨询服务等科技活动，要签订科技合作或委托开发或技术咨询服务合同或协议，并在合同或协议中明确约定相关知识产权的归属。第10条是登记变更：院属单位变更或终止后，由继承其权利义务的法人单位继受取得原有知识产权，并依法履行登记变更手续。第11条是奖励报酬：依法取得知识产权后，职务发明人、设计人等完成人有在知识产权文件中署名和依法获得荣誉与奖励、报酬的权利。

在《办法》中知识产权运用部分，第12条是知识产权运营体系：中国科学院逐步建立"核心+网络"模式的知识产权运营工作体系，以中国科学院知识产权运营管理中心为核心，构建覆盖全院的知识产权运营服务网络；依托中国科学院控股有限公司，通过市场化机制补充并完善知识产权运营服务网络，协助院属单位开展知识产权转化与运用工作。第13条是知识产权运用：院属单位应采取许可、转让、作价投资、共同实施或自行实施等方式，大力推动知识产权运用和转化实施工作。院属单位获得授权 3 年以上无正当理由未转化实施的专利，由院主管部门指定相关机构开展评估与运营，扣除运营成本后，运营收益归知识产权所属院属单位。院属单位坚持自行运营的，需向院主管部门承诺在一定期限内完成运营并提出具体的工作方案及计划。第 14 条是资产评估：院属单位将知识产权许可、转让或者作价投资，由单位自主决定是否进行资产评估；也可通过协议定价、在技术交易市场挂牌交易、拍卖等方式确定价格。通过协议定价的，应在本单位公示知识产权名称和拟交易价格等相关信息，公示时间不少于 15 日，依法依规办理。第 15 条是向外转让：对于院属单位向国外机构、个人或国内的外资控股企业转让或许可知识产权，或者与其共同实施、作价投资知识产权的，应经本单位保密审核、报主管领导批准，并报国家有关部门审批，依法依规办理。第 16 条是国防专利：院属单位转让国防和保密知识产权，要依据《国防专利条例》等相关规定执行，进行保密审核，并报主管领导批准，依法依规办理。第 17 条是配合转化：知识产权的职务发明人、设计人等要配合本单位做好相关知识产权的转化运用，依据本单位知识产权管理办法或与本单位签订的协议享有相应的权益。该单位对上述活动要予以支持。第 18 条是奖励报酬：院属单位采取许可、转让、作价投资、共同实施或自行实施等方式转化运用知识产权获得收益时，要依照《促进科技成果转化法》等国家相关法律法规及院内相关规定对职务发明人、设计人，以及为转化运用做出重要贡献的科研、管理与支撑人员等，给予合理的奖励和报酬。院属单位要对上述人员获得奖励和报酬的方式、数额和时限做出规定，并符合国家相关法律和政策的规定。

在《办法》中知识产权管理部分，第 26 条是知识产权管理体系：中国科学院在院所两级知识产权管理工作体系的基础上，进一步加强院级知识产权管理职能。院级知识产权管理职能是贯彻落实国家知识产权战略部署，制定院知识产权战略规划与工作计划，指导院属单位开展知识产权创造、运用、保护和管理工作。院属单位知识产权管理职能是贯彻落实院知识产权战略部署，制订本单位知识产权战略规划、管理办法和工作计划，组织和推进本单位知识产权创造、保护、运用和管理工作，并向院提交年度报告。第 27 条是单位责任：院属单位要建立健全知识产权规章制度和管理工作体系，应有一名所级领导分管知识产权工作，设立或指定专门部门承担本单位的知识产权管理职能。第 28 条是知识产权考核奖励：院属单位要建立知识产权战略研究机制，将知识产权战略作为本单位科技创新规划的重要组成部分；制定有关考评体系和激励措施时，合理确定知识产权转化运用实际成效的权重，不得简单将专利申请量或授权量作为绩效考核、岗位聘任或职称评定等的考核指标；不再对专利申请给予资助奖励，逐步减少对专利授权的资助奖励。第 29 条是知识产权培训：中国科学院继续完善知识产权培训工作体系，进一步加强对院属单位知识产权工作分管领导、管理骨干、科技人员、知识产权专员等的知识产权培训，提高全院工作人员和相关人员的知识产权意识和能力。第 30 条是知识产权全过程管理：院属单位要实行科研项目知识产权全过程管理，将知识产权管理贯穿于项目的选题立项、组织实施、结题验收、成果转化等各个环节，并为重大科研项目配备知识产权专员，提供服务支撑工作。知识产权专员原则上应获得院颁发的资格证书。对于工作业绩突出的知识产权专员，院属单位要给予合理的奖励或报酬，并在绩效考核、岗位聘任或职称评定中给予优先考虑或适当倾斜。第 31 条是档案管理：院属单位要规范知识产权档案管理工作，在科研工作中及时建档归档。职务发明人、设计人及相关人员要将法律文件和相关技术资料及时上交。在院信息化建设总体框架下，院属单位要加强知识产权技术档案的信息化建设，提高知识产权管理的信息化水平。第 32 条是劳动合同：院属单位与工作人员、相关人员签订聘用合同、劳动合同或者有关协议时，要包括知识产权保护、竞业限制等相关条款，明确双方的权利义务及违约责任。院属单位派出参加学习、进修、合作研究的工作人员要做好技术档案、资料等的移交工作，未经书面许可不得将本单位的知识产权私自处置。在此期间工作获得的知识产权，其权利归属要由院属单位与接收组织通过合同约定。第 33 条是离职管理：工作人员在离职前，要将与研究工作有关的全部技术资料、实验材料、实验设备、样品、产品和有关技术秘密资料等交回所在院属单位。特殊岗位要签订离职保密协议，包含知识产权的相关条款。离职后，未经原院属单位书面许可，不得复制、发表、泄露、使用、许可或转让上述资料、材料和信息，不得利用其在原单位获得或掌握的知识产权或资料、材料和信息从事有损于原单位利益的活动。

《中国科学院战略性先导科技专项管理办法》第六章是知识产权与成果

管理。其中，第45条规定，先导专项实行知识产权全过程管理制度。依托单位和专项负责人全面负责所承担专项的知识产权管理工作。各级任务实施单位应建立知识产权保护工作的长效机制。专项应按照《中国科学院院属单位知识产权管理办法》，实行知识产权专员制度，配备知识产权专员，协助专项负责人推进和落实知识产权管理的各项具体工作。

第46条规定，专项实施方案应对国内外知识产权情况和前景进行分析评估，制定知识产权策略。任务书应对各级任务实施单位知识产权归属及权益分配作出明确约定，充分体现权属单位和科研人员的合法权益。

第47条规定，各级任务实施单位应做好专项知识产权保护工作，建立严格的技术秘密保护制度，加强对发表论文、出版专著、申请专利、申报奖励等管理。

第48条规定，专项应动态跟踪国内外相关领域研发进展与知识产权情况，适时调整研发策略，进行高价值专利挖掘与专利战略布局，提升知识产权质量。

第49条规定，专项应及时分析总结知识产权工作进展情况，结合年度工作报告，提交至院级科技专项信息管理服务平台。涉及国家秘密的专项成果，按国家及院有关保密规定进行管理。

第50条规定，各级任务实施单位应及时分析总结知识产权创造情况，形成知识产权清单，制定转移转化策略，积极推动科技成果转化和产业化，按照任务书及相关合同约定的知识产权归属及权益分配原则进行处理。鼓励专项将各类科技成果转化收益反哺后续科学研究。

第51条规定，与院外企事业单位开展技术合作，应明确约定知识产权归属及权益分配原则，切实保护我院合法权益。因未履行知识产权管理职责，造成知识产权流失或其他损失的，相关任务实施单位和相关任务负责人应承担相应的责任。

14.2 知识产权合同管理

通过签订知识产权合同保护科研机构知识产权，或者在合同中加入知识产权保护条款是科研机构重要的知识产权保护方式。包含知识产权条款的合同主要是指单位与科研人员签订的劳动合同和保密合同,知识产权合同主要是指在科研合作如委托研发、联合研发、共建实验室、涉外专利申请等过程中对本单位知识产权保护的合同。

1. 劳动合同

劳动合同是约定科研人员保护单位职务发明知识产权的必要手段,多数科研机构在与员工签订劳动合同时没有规定知识产权保护的内容。在签订劳动合同时,科研机构应当明确要求科研人员遵守专利法、著作权法、商标法及反不正当竞争法等知识产权法律规定,尊重单位的职务知识产权,禁止将职务知识产权私自作为非职务知识产权,禁止私自将职务发明知识产权进行转让和许可。还应当规定,如果违反合同约定,将职务知识产权私自申请为非职务知识产权的除了应将职务发明知识产权归还单位外,还应当承担相应的行政、经济责任,如果私自将职务发明知识产权进行转让和许可,除上缴所获收益外,还应给予相应的经济处罚,如果转让或许可的职务发明知识产权明显低于其应有价格的还应承担相应的国有资产流失责任。如果私自将本为商业秘密的科技成果申请专利导致公开,还应当追究发明人及相关人员的刑事责任。

2. 合作项目知识产权合同

与科研机构、大学或企业开展合作研究是科研机构科研活动的重要方式。在科研合作中涉及大量的知识产权问题,一般应通过知识产权合同进行规范和保护自身知识产权权益。但我国科研机构在科研合作中签订专项知识产权合同的较少,对知识产权的规定还存在不少问题。

合作项目的知识产权合同一般应主要包括序言、定义、组织管理机构、背景知识产权、单方知识产权、合作项目知识产权、研究项目协议、合作项目知识产权保护、商业秘密保护、相关方利益转让、合同修订、合同期限、违约责任等部分。序文应主要写明双方签订合同的目的,以及与本合同相关的备忘录的效力等。定义应主要包括发明、职务发明、知识产权、背景知识产权、前景知识产权、单方知识产权、项目、第三方、交叉许可、项目知识产权等的定义。组织机构应包括指导、领导和监督机构的职责,合作项目或共建实验室负责人及其职责、运作模式以及资金投入等。合作项目知识产合同应包括以下主要部分。

（1）背景知识产权规定。背景知识产权是指签订合同之前各方所拥有或者获得许可的知识产权，包括专利申请与专利权、商标专用权、软件著作权、集成电路布图设计专有权、植物新品种权、技术秘密专有权。合同一般应规定，每一方均对本方的背景知识产权拥有所有权及处置的权利，并应提前向对方披露背景知识产权信息，向外披露对方知识产权信息的应得到对方的书面同意。如果背景知识产权用于项目，则接收方只能将背景知识产权用于项目本身，未经披露方事先书面同意不得向任何第三方披露。为了履行项目，合同一般应规定，在合同或任何相关项目协议期限内，每一方都同意授予另一方其背景知识产权的非独占、费用足额缴清、免许可费和可撤销的有限许可。合作的企业一般还会要求获得科研机构背景知识产权并许可给其下属企业或关联企业。

需要注意的是，由于科研机构主要任务是科研，而科研活动中从事科研和教学活动而使用他人专利的行为不视为侵权，而且通过商业化使用对方背景知识产权的机会不多，任一方同意授予另一方对其背景知识产权的许可实际上不利于科研机构。

（2）单方项目知识产权规定。合同应规定双方各自的知识产权所有权和许可权。一般应规定，各方对其单方项目知识产权拥有所有权及处置的权利。为履行合作或项目协议，双方均应授予对方及其关联企业在世界范围内披露和使用其单方项目知识产权的非独占、不可撤销、费用足额缴清、免许可费的许可，任何一方对对方单方项目知识产权的任何其他披露和使用，均应当事先获得对方的书面同意。

同样需要注意的是，由于科研机构主要任务是科研，其商业化使用对方单方知识产权的机会不多，双方授予对方及其关联企业在世界范围内披露和使用其单方项目知识产权的非独占、不可撤销、费用足额缴清、免许可费的许可也不利于科研机构。

（3）项目知识产权规定。一般应规定合作项目知识产权的所有权与使用权，以及知识产权的转让、合作和商业化等内容。一般情况下，合作项目知识产权应当由合作双方共同拥有，但也可以根据双方的实际贡献确定按份共有。技术秘密等无法确定为专利等知识产权而只能通过合同保护的知识产权，任何一方不得向无保密义务的第三方披露。合作项目知识产权的改进或衍生知识产权，应当作为完成改进或衍生的一方或其关联企业的单方项目知识产权。

合同双方或任一方均应当及早识别合作项目的知识产权，并通过书面描述方式通知另一方。合同双方应对合作项目知识产权是否申请专利等知识产权保护作出决定。如果双方同意确定不申请专利等知识产权保护时，双方须通过签字书面确定或者通过电子邮件确认是否对合作项目知识产权规定披露限制及具体限制内容。对合作项目知识产权的任何非内部披露或使用，均应当取得另一方事先的书面同意。

合同应当规定，每一方均拥有为了商业目的在世界范围内披露和使用合作项目知识产权的非独占、不可撤销的许可，并有权利和义务分享合作项目知识产权事先规定比例的转让或许可费收入。有的情况下，合作企业会要求获得科研机构合作项目知识产权转让的许可，用于诉讼抗辩，或实施专利交叉许可。在此情况下，每一方均有权查看另一方的合作知识产权产生的转让或许可费收入的账簿和记录。一般情况下，合作企业还会要求获得合作知识产权向其关联企业转让或再许可的权利，以及关联企业再许可的权利。

需要指出的是，我国专利法规定，除约定以外，共有专利权的任何一方可以不经对方同意自行实施。由于科研机构与企业性质不同，确定项目知识产权所有按份共有的比例不仅要考虑双方的贡献，还应当考虑到未来的实施机会和相应的收益，以及企业向关联企业再许可的情况。

（4）项目协议。研究项目协议应主要包括合作项目地址、项目协议模板、项目内容等。项目内容应当包括总体目标、研发领域、预期知识产权类型说明、可交付成果清单、项目进度计划及工作资金来源与金额等。在项目进行过程中，如果需要修正预期的知识产权类型名称的，则双方同意应按照诚信原则考虑再命名并就再命名达成一致。任何一方可终止任何项目，但需要提前合理的期限，比如15天，采用书面方式通知对方，否则应当承担相应的责任，赔偿对方的损失。

（5）合作项目知识产权保护。主要包括知识产权申请选择与保护成本分担、国外申请保护、职务知识产权转让等内容。合同双方应当逐项决定是否完善合作项目的知识产权，决定由哪一方负责在国内外申请、登记或注册项目的知识产权。知识产权的保护成本主要包括申请、维持和起诉的费用以及聘请律师的费用，一般由双方共同承担，承担的比例可以根据其在知识产权中的比例分担，当然也可以由一方负担。一方负责知识产权保护的需要获得另一方的同意。

双方可以约定知识产权在某个国家保护成本分担的比例。甚至可以约定，如果一方不同意参加合作项目知识产权的国外保护，或者不同意分担知识产权保护的成本，另一方可自行进行合作项目知识产权的保护，负担全部费用，并享受知识产权的全部权利，在这种情况下，不同意分担的一方在该国家只能获得使用合作项目知识产权发明的免费、非排他的许可。

为使合作项目顺利进行，每一方均应承诺努力促使各方的员工对合作项目的改进的新知识产权及其申请、维持、实施给予协助。在合作项目知识产权公开之前，每一方均应当通过签订合同和通过商业秘密保护方式等保护合作项目的知识产权。双方还应当保证，其任何员工依据项目所创造的知识产权为职务知识产权，必要时各方应与其员工签订协议要求其员工转让职务发明知识产权。

需要注意的是，如果员工创造的知识产权属于非职务知识产权但与合作项目有关，科研机构无法要求其员工转让其非职务知识产权，通过劳动合同促使员工转让其非职务知识产权属于违反《合同法》的行为。因此，只能通过谈判获得非职务知识产权所有权或许可权，允许合作方及其关联企业使用此类知识产权，但必须支付合理的转让或许可费用。

（6）专有信息。专有信息是指与合同以及研究项目有关的以书面、口头、电子等方式表达的不对外扩散的有价值的文字、图形、数字、图像等信息。一般情况下，任何一方都应当在接收专有信息后一定时间内如5年，将所有专有信息保密，不向任何第三方披露。未经明确的书面同意，也不得使用这些专有信息。任何一方在首次接受另一方披露的专有信息时起，如果采用书面形式，要标注保密字样、等级和限制使用的范围，不采用书面形式的一般是从开始就应确认为专有信息。

3. 专利申请合同

目前，我国科研机构为了申请国外知识产权保护，或者将与国外机构合作项目的知识产权申请国外保护，一般会出让一定比例的知识产权份额，由国外机构负责外国专利的申请和保护，签订专利申请保护或商业化合同。这类合同一般包括序言、定义、发明管理、答复审查意见、成本支出、专利侵权、合同终止、争议处理等部分。此类合同应包括以下主要部分。

（1）序言。一般应写明合作各方及其地址，合作各方签订合同的目的以及合同生效的时间。一些合同会要求合作各方为共同发明人。一些合同会要求各方制定政策，要求每一方的员工将发明的全部权利和利益转让或授予给对方，并要求其员工协助专利申请的准备、诉讼、无效应对和维持。需要注意的是，一些只负责国外专利申请费用和手续的机构也往往会要求成为共同发明人甚至共同专利权人，而这是不符合有关国家法律规定的。在中国，对于员工的与发明相关的非职务知识产权，单位无权要求员工将其发明转让给单位或授予单位，而在美国科研机构联邦资助项目形成的知识产权等是可以转让的。另外，序文中还应写明本合同的目的，如保护各方知识产权，通过发明合作专利权利分配共享知识产权，共担风险，通过专利转移、许可、市场化等途径促进公共利益。

（2）定义。应主要包括发明、合作各方、许可收益、专利支出、专利权等。发明一般包括将获得知识产权的发现、研究成果、技术秘密、数据、设备、信息等。主导方主要指负责管理、保护和商业化发明的一方，一般是国外或境外机构。国内科研机构一般是合作方。许可收入包括许可费用、特许费、节点付款。净收入则指许可收入扣除成本后的部分。专利支出一般指专利检索、准备、申请、实质审查、应对无效宣告和维持专利权过程中发生的费用。

（3）发明管理。一般是由主导方管理发明，包括专利申请、实质审查和维持、商业化、许可谈判、商业化协议履行等。合同一般会要求合作方授权主导方对发明和专利权谈判与实施排他和非排他的许可。如果合同规定主导方和任何合作方不能向任何第三方转让其发明或知识产权，则对国内取得发明的科研机构是很大的限制。主导方如果停止履行责任，合作方可以成为主导方。主导方应当为了各方的利益管理专利权和商业化活动，主导方应及时以书面方式向合作方报告商业化活动，在合作方书面同意前，主导方不能发放任何缴清费用的专利权许可，许可费应包括律师费在内的相关成本。

（4）实质审查。合同一般会要求各方在履行合同期间及时公开任何与本发明有关的新发明、发现、改进发明、专有数据和技术秘密等，主导方应及时向合作方提供国外专利局关于专利申请、审查意见、法律意见等的复印件。合作方应协助主导方提供有关发明的材料，给出证明等。主导方有权自行决定专利的意见答复、维持和实施。如果发生的费用超过一定标准，应当通知合作方并获得合作方的同意。但如果只有国内科研机构完成了发明，则对国内科研机构是很大的限制。

（5）成本支出。合同一般应规定各方支付专利国外申请成本的比例，但也往往会按此比例分享专利许可的收益。主导方担负保存许可费收入分配记录的责任，在合同期及合同终止一定年限内，允许合作方或其代表审计和复印许可产品的销售记录，这些记录包括发票、销售分析报告、价目表、产品目录、财务报表、船运单等。

（6）侵权纠纷。任何一方应及时书面通知他方任何可能的专利侵权行为，主导方有权应对侵权，与合作方合作努力停止侵权行为。各方应承诺通过排他许可协议向被许可方提供授权以应对第三方侵权。无排他许可的应努力找到合适的方式应对侵权。主导方有权联系被控侵权第三方，通过起诉等合理措施说服其停止侵权行为，或者应对专利无效宣告的挑战。如果发起诉讼，又没有合作方或被许可方的参与，应当将诉讼获得的收益按比例在各参与方中分配。

（7）合同终止。如果主导方在一定时间没有将专利权许可出去，合作方在书面通知一定时间后可以终止合同。如果主导方在收到合作方书面通知后一定时间内没有支付相应份额的许可费，合作方可以书面方式通知其按默认时间交付许可费。除非专利已被许可，任何一方可以在一定时间后以书面方式终止合同，终止合同后每一方都有权许可其专利权。

（8）争议处理。如果发生争议，违反合同或者发生合同有效性问题，各方同意通过一定机构如国际商会的规则处理，如同意通过在某一国的仲裁机构仲裁争议，或者同意根据某国法律在某一国法院提起诉讼。

高校科研机构是我国知识产权创造与运用的重要主体，加强知识产权自我保护的首要工作是要建设知识产权制度。建设知识产权制度是科研机构维护自身知识产权的重要措施。科研机构知识产权制度应包括知识产权申请、维持、缴费、保护、收益分配和人员管理等内容。虽然一些科研机构通过综合性制度保护知识产权，一些科研机构通过统一管理保护知识产权，还有一些科研机构建立了专利分级分类制度和绩效考核制度,但相当一部分科研机构知识产权保护的制度措施仍然很简单,可操作性不足,落实也不够。

14.3 知识产权源头保护

知识产权源头保护主要是科研机构主动申请高质量高价值的知识产权,对知识产权进行组合保护、确保知识产权授权或不被无效等。

1. 专利高质量申请

根据《专利法》规定,发明专利申请的审查主要包括初步审查和实质审查,而实用新型和外观设计专利申请只有初步审查。初步审查主要审查以下内容:① 申请文件是否齐备且符合规定的格式;② 发明创造是否明显属于不授予专利权的范围;③ 外国人是否具备申请资格或委托代理机构;④ 是否明显违反单一性原则;⑤ 是否明显属于重复申请;⑥ 要求优先权时,先后申请主题是否明显不同。实质审查的内容主要包括:① 是否符合发明创造的定义;② 是否属于不授予专利权的范围;③ 是否具备新颖性、创造性和实用性;④ 是否符合禁止重复授权原则;⑤ 说明书是否公开充分;⑥ 权利要求书是否以说明书为依据,是否清楚、简要地表述了保护范围;⑦ 独立权利要求书是否从整体上反映了技术方案和技术特征;⑧ 是否具有单一性;⑨ 修改是否超范围;⑩ 分案是否符合要求。在实质审查中,不授予专利权的申请、说明书和权利要求书、创造性的审查是重点,也是科研机构在审查中维护自身权利的重点。

高校科研机构申请专利时,首先要明确专利保护的客体。《专利法》第5条规定,对违反国家法律、社会公德或者妨害公共利益的发明创造不授予专利权,第25条规定了不授予专利权的客体,如科学发现、智力活动的规则和方法、疾病的诊断和治疗方法、动物和植物品种、原子核变换方法和用该方法获得的物质。但是科学发现基础上的用途发明,既包含智力活动的规则和方法又包含技术特征,用于实施疾病诊断和治疗方法的仪器设备及物质材料,动植物品种生产方法,微生物与微生物方法,为实现核变换方法的各种设备、仪器和零部件都属于可授予专利权的客体。

高校科研机构在专利申请时，要清楚《专利审查指南》对说明书和权利要求书撰写的要求。说明书要清楚、完整，要达到所属技术领域的普通技术人员不用花费创造性劳动能够实现的标准。权利要求书要以说明书为依据，说明要求专利保护的范围，要说明发明或实用新型的技术特征，清楚和简要地表述请求保护的范围。在撰写权利要求书时需要特别注意三个问题。① 权利要求需得到说明书的支持。如果权利要求书是对说明书一个或多个实施方式的概括，则不应当超出说明书公开的范围；用上位概念概括的权利要求不能包含推测的内容，如果某一下位概念或选择方式不能解决发明或者实用新型要解决的技术问题，或者包含功能性限定技术特征的权利要求，如果本领域技术人员认为说明书中未提到其他方式，或功能性限定中的一种或几种方式并不能解决发明或实用新型要解决的技术问题并达到相同的技术效果，则权利要求书没有得到说明书的支持。需要注意的是，独立权利要求得到说明书支持并不意味着从属权利要求书也必然得到说明书的支持，权利要求书与说明书存在一致性表述并不意味着必然得到说明书的支持。② 必须清楚，每项权利要求的类型和范围都应当清楚，而且构成权利要求书的所有权利要求作为一个整体也应当清楚，即权利要求之间的引用关系应当清楚。③ 简要，每项权利要求应当简要，权利要求的数目和表述应当简要，而且构成权利要求书的所有权利要求作为一个整体也应当简要，相同内容的权利要求不必重复。

为保证专利申请的质量，科研机构在专利申请文件撰写和审查时要掌握创造性及其判断方法。创造性审查主要审查该申请同申请日以前已有的技术相比，发明是否具有突出的实质性特点和显著的技术进步，实用新型是否具有突出的实质性特点和显著的进步，必须以本领域普通技术人员意想不到作为标准。发明专利申请实质性特点的判断方式是：① 确定最接近的现有技术；② 确定发明的区别技术特征和实际解决的技术问题；③ 判断要求保护的发明对本领域技术人员来说是否是显而易见的。如果技术人员有动机解决现有技术中的技术问题，则为受到技术启示，发明专利申请则是显而易见的，不具有创造性。显著的进步判断包括：① 与现有技术相比具有更好的技术效果；② 提供了一种技术构思不同的技术方案；③ 代表某种技术发展趋势；④ 尽管在某些方面有负面效果，但其他方面有明显的积极效果。

高校科研机构要清楚专利申请修改的方式有哪几种，尤其是主动修改和被动修改。发明专利申请人在提出实质审查请求时和在收到进入实审阶段通知书起的3个月内都可以修改申请，但修改不得超出原说明书和权利要求书的范围。而实用新型和外观设计专利申请人可以在申请日起2个月内主动修改申请，但修改不得超出原说明书和权利要求书记载的范围，外观设计专利申请修改不得超出原图片或照片表示的范围，此为主动修改。发明专利申请人可以按照审查意见通知书的要求修改文件，此为被动修改。还有一种是国家知识产权局进行的修改，国家知识产权局专利局可以自行修改申请文件中的文字和符号等明显错误。

例如，中国科学院上海有机化学研究所（以下简称上海有机所）研发的DMF（N，N-二甲基甲酰胺，俗称"万能溶剂"）是一种重要的大宗化工产品，在多个领域和行业有着广泛的应用，仅我国产能已经超过100万吨/年，均以CO法生产，由于这一生产方式的催化剂甲醇钠分解会产生大量固体废物和高沸物，给周边环境造成一定压力；同时所用原料CO有剧毒，价格比CO_2和H_2更高。

CO_2气体以其较长的寿命年限（50～200年）及超高的排放量在全球范围的"温室效应"中扮演着十分重要的角色，已经成为全球温室气体削减与控制的重点。通过化学转化实现CO_2的资源化利用，是实现CO_2减排的一种重要途径和策略，是关系资源、能源和环境的重大课题，同时也是一个极具挑战性的科学问题。CO_2的高稳定性使其与有机分子反应形成新的C-O键时，通常需要高温、高压等苛刻的反应条件（如尿素的合成等）。

上海有机所丁奎岭团队基于在金属有机化学研究方面的优势，长期坚持在CO_2催化转化的领域前沿不断探索，经过近20年的努力，不仅实现了多项基础研究领域的突破，而且在产业化应用领域也在国际上首创了以CO_2为主要原料合成"万能溶剂"DMF的工业过程。

2001年起，中国科学院基础科学局就对丁奎岭团队给予了重点方向项目的前瞻部署。2016年，在"结构与功能导向的新物质创制"中国科学院战略性先导专项（B类）的持续、稳定、高强度资助下，团队坚持从基础研究着手，继续坚持CO_2催化转化这一世界难题的艰苦探索，在国际上首次发现了半冠醚骨架的锌或镁双核金属高效催化剂催化的CO_2与环氧化合物常压共聚合反应合成生物可降解聚碳酸酯材料；实现了以钳形金属钌络合物催化的环状碳酸酯的催化氢化，首次实现了从 CO_2、环氧乙烷和 H_2 转化为大宗化学品甲醇和乙二醇的反应新过程；发展了以 CO_2、H_2 和有机胺为原料合成甲酰胺类化合物的高效、高选择性催化新体系，创造了高达 194 万催化转换数的同类型反应世界纪录，有望改变 DMF（N,N-二甲基甲酰胺，俗称"万能溶剂"）以 CO 为原料的传统工业生产过程。这一成果获中国专利授权，并申请了国际专利，也获得了日本等国的专利授权。

在努力面向科技前沿开展具有挑战性的基础研究的同时，积极推动二氧化碳催化转化的产业化应用。团队将多年的基础研究成果积累形成的 CO_2 合成 DMF 等相关专利作为无形资产入股与企业合作，并在中国科学院前沿科学与教育局、科技促进发展局等部门的接力支持下，建成了资源化利用 CO_2 合成 DMF 千吨级中试装置，并实现了 1 200 小时以上连续稳定运行，2019 年 8 月 6 日该成果顺利通过了中国石油和化学工业联合会组织的科技成果鉴定，专家一致认为"该成果属国际首创，整体技术居国际领先水平"。研发团队进一步委托上海寰球工程有限公司完成了 10 万吨/年 CO_2 合成 DMF 工艺包的编制，为 CO_2 的资源化利用和 DMF 的工业生产开辟了一条全新的途径和完整的工业技术，在某些富氢行业或企业中，有望彻底改变目前工业上使用的由 CO 合成 DMF 的传统工艺。

科研团队坚持 CO_2 资源化利用研究的 20 年，得益于中国科学院持续经费支持的 20 年，在耐心和宽容的科研氛围中，激励科研团队勇于挑战，最终发现了一个 CO_2 转化新途径，并在此基础上完成了世界首套资源化利用 CO_2 合成 DMF 的成套技术、工艺和装备，已成为绿色低碳循环的解决方案之一。

2. 专利审查意见答复

在答复审查意见时，科研机构必须注意专利申请修改不能超出原说明书和权利要求书的范围。不允许的修改主要有三种情形。一是不允许的增加。主要包括七个方面。① 将某些不能从原说明书（包括附图）和/或权利要求书中直接明确认定的技术特征写入权利要求和/或说明书。② 为使公开的发明清楚或者使权利要求完整而补入不能从原说明书（包括附图）和/或权利要求书中直接地、毫无疑义地确定的信息。③ 增加的内容是通过测量附图得出的尺寸参数的技术特征。④ 引入原申请文件中未提及的附加组分，导致出现原申请没有的特殊效果。⑤ 补入了所属技术领域的技术人员不能直接从原始申请中导出的有益效果。⑥ 补入实验数据以说明发明的有益效果，和／或补入实施方式和实施例以说明在权利要求请求保护的范围内发明能够实施。⑦ 增补原说明书中未提及的附图，一般是不允许的。

二是不允许的改变。① 改变权利要求中的技术特征，超出了原权利要求书和说明书记载的范围。② 由不明确的内容改成明确具体的内容而引入原申请文件中没有的新内容。③ 将原申请文件中的几个分离的特征改变成一种新的组合，而原申请文件没有明确提及这些分离的特征彼此间的关联。④ 改变说明书中的某些特征，使得改变后反映的技术内容不同于原申请文件记载的内容，超出了原说明书和权利要求书记载的范围。

三是不允许的删除。① 从独立权利要求中删除在原申请中明确认定为发明的必要技术特征的那些技术特征，即删除在原说明书中始终作为发明的必要技术特征加以描述的那些技术特征；或者从权利要求中删除一个与说明书记载的技术方案有关的技术术语；或者从权利要求中删除在说明书中明确认定的关于具体应用范围的技术特征。② 从说明书中删除某些内容而导致修改后的说明书超出了原说明书和权利要求书记载的范围。③ 如果在原说明书和权利要求书中没有记载某特征的原数值范围的其他中间数值，而鉴于对比文件公开的内容影响发明的新颖性和创造性，或者鉴于当该特征取原数值范围的某部分时发明不可能实施，申请人采用具体"放弃"的方式，从上述原数值范围中排除该部分，使得要求保护的技术方案中的数值范围从整体上看来明显不包括该部分，这样的修改超出了原说明书和权利要求书记载的范围，因此除非申请人能够根据申请原始记载的内容证明该特征取被"放弃"的数值时，本发明不可能实施，或者该特征取经"放弃"后的数值时，本发明具有新颖性和创造性，否则这样的修改不能被允许。

目前，为了落实国家知识产权局压缩专利审查周期和提升专利质量的要求，审查员基本上都会对专利申请发出第一次审查意见通知书，往往会以发明专利创造性不足为由要求答复审查意见，如果申请人不压缩保护范围将从属权利要求技术特征提升到独立权利要求中，则会在发出第二次审查意见通知书时驳回专利申请。因此，申请人不得不按照审查员的要求修改，则导致独立权利要求字数增加，专利保护范围变窄，这实际上并不符合"保护知识产权就是保护创新"要求，也与专利创造性的判断标准还应从总体上判断的方法不一致。这就要求科研机构知识产权管理人员或专利代理师必须据理力争，尤其是很多审查员培训时间短，对专利创造性的理解和技术方案的理解很不到位，科研机构知识产权管理人员更应当尽力维护自身利益。

专利申请人可以在专利授权之前随时撤回其专利申请，撤回申请应当向专利局提出声明。在有些情况下，主动撤回也是一种保护科研机构自主知识产权的方式，对于那些原理性较强、已经提出申请的专利，如果没有研发出具体技术实施方式，创新性或实用性可能不足而又不想公开技术内容的，在没有公开之前可以撤回申请；如果在原理基础上研发出了具体的技术实施方式，也可以在公开前撤回该专利而申请新的专利；如果在一年之内，在后发明专利或实用新型专利，可以享受在先专利申请的本国优先权。但撤回声明的申请，如果专利局已作好印刷准备工作的，申请文件仍予公布。

如果专利局经审查没有发现驳回理由的，应作出授予专利权的决定，并通知申请人。申请人应当在收到通知之日起 2 个月内办理登记手续，按期办理登记手续的，专利局授予专利权，颁发专利证书，并予以公告。逾期未办理登记手续的，视为放弃取得专利权的权利，专利权自公告之日起生效。因此，科研机构必须注意要及时办理专利登记手续。据统计，我国专利权视为放弃的比例高达 2% 以上，很多是因为忘记缴费或超过缴费期限造成的。

在专利申请审查和申请文件修改过程中，科研机构还要特别注意专利申请是否存在技术启示问题和技术结合问题，否则有可能因创造性不足而被驳回。

3. 专利复审

《专利法》规定，专利申请人对专利局做出的驳回决定不服的，可以在收到驳回决定 3 个月内请求专利局复审，专利局在审理后作出维持或者撤销驳回决定，申请人对复审决定不服的，可以在 3 个月内向法院起诉。我国科研机构应能较好地利用复审程序维护自主知识产权。

例如，中国科学院电工研究所于 1991 年 2 月 27 日受理的申请号为 91101072、名称为"钕铁硼永磁和软磁混合磁极电机"的发明专利申请，原申请有 4 个权利要求。其中前两个权利要求为：

1.一种钕铁硼永磁和软磁混合磁极的交流同步电动机,为多对极闭合径向磁路,每对极中一块是瓦形钕铁硼永磁磁极,另一块是瓦形软磁磁极,永磁磁极极性相同和软磁磁极相互间隔,其特征在于:极对数P(2),瓦形钕铁硼永磁磁极的内外两曲面(即凸曲面和凹曲面)的曲率半径相等,瓦形钕铁硼永磁磁极的极弧系数和瓦形软磁磁极的极弧系数不等,软磁磁极和转子磁轭连成一体,在软磁磁极上配置鼠笼导体条,电机定子为三相绕组。

2.如权利要求1所述的钕铁硼永磁和软磁混合磁极的交流同步电动机,其特征是软磁磁极用硅钢片冲片叠装而成,或用纯铁或坡莫合金制成。

原中国专利局于1994年4月7日以该申请不符合中国《专利法》第22条第3款的规定为由予以驳回。驳回决定的主要理由是:与专利局审查意见通知书所列举的对比文件相比,尽管权利要求1增加了如其特征部分的一些限定,但本专业的普通技术人员根据实际情况及需要相应作出这样一些限定不是困难的,该申请不具有突出的实质性特点和显著的进步,不满足《专利法》关于创造性的要求。

申请人对上述驳回决定不服,于1994年7月4日向专利复审委员会提出复审请求,其主要理由是:①专利局认为从对比文件1"不难看出呈曲面形的永磁材料其内外两曲面的曲率半径是相等的",然而请求人发现对比文件1从文字到附图根本无此记载,因此以上述主观推断作为驳回理由是不尽恰当的;②本发明是在现有技术基础上提出的一种改进的新结构的电机,根据复审请求时新修改的权利要求书,本发明的永磁磁极和有鼠笼条的软磁磁极混合磁极电机解决了异步启动的同步电动机的自启动和提高效率等问题,获得了巨大的经济效益,具有创造性,不能接受驳回决定中几乎把本发明创造点都说成是惯用技术的观点。

专利复审委员会本案合议组认真研究了专利局作出的驳回决定及其依据的对比文件1~3和请求人提交的复审请求书及新修改的权利要求书,经审查,由于请求人于复审请求时提交的新修改的权利要求书未超出原说明书记载的范围(原权利要求1和权利要求2合并为新权利要求1，从属于新权利要求1的新权利要求2摘自原说明书相应内容)，因此本案合议组以请求人于1994年7月4日提交的新权利要求书和申请日提交的说明书及其附图文本作为本复审请求审理的基础，于1998年5月29日做出FS963号决定，撤销中国专利局于1994年4月7日作出的驳回决定，以请求人于1994年7月4日提交的权利要求书为依据，由原审查部门继续进行审批程序。

4. 专利无效

根据《专利法》第45、第46和第47条，《专利法实施细则》第64～71条的规定，任何人认为专利权的授予不符合法律规定的，在专利局公告授予专利权之日起任何时间可以向复审和无效审理部提出无效宣告请求。无效宣告请求的理由主要有四个。一是如果专利独立权利要求与专利说明书出现不一致或者相互矛盾的，权利要求书不能得到说明书的支持；二是如果从属权利要求中包含了本应记载在独立权利要求中的、解决发明技术问题必不可少的技术特征，独立权利要求中记载的技术方案已不完整，不符合"独立权利要求应当从整体上反映发明或者实用新型的技术方案，记载解决技术问题的必要技术特征"的规定；三是如果专利独立权利要求及其从属权利要求中缺少解决发明或实用新型技术问题的必要技术特征，该专利说明书或附图中公开了该必要技术特征，不符合"独立权利要求应当从整体上反映发明或者实用新型的技术方案，记载解决技术问题的必要技术特征"的规定；四是修改超出了原专利独立权利要求的保护范围。接到无效宣告请求后，复审和无效审理部可以选择无效审查的方式，可以依当事人的请求或依案情需要进行口头审理。在复审和无效审理部作出无效决定前，双方可以和解，无效请求人可以撤回请求，双方不和解的，复审和无效审理部作出维持专利权有效、宣告专利权无效、宣告部分专利权无效的决定。

例如，中科微知公司积极保护中国科学院微电子研究所的知识产权。2018年2月，微电子研究所向北京高级人民法院起诉美国英特尔公司、戴尔(中国)有限公司(以下简称戴尔)和北京京东世纪信息技术有限公司(以下简称京东)侵犯该研究所名为"半导体器件结构及其制作方法、及半导体鳍制作方法"(申请号为201110240931.5)的FinFET技术的专利权，要求英特尔停止侵权，赔偿至少 2 亿元人民币，并承担诉讼费用，同时申请法院下达禁令。2018 年 3 月，英特尔首次向中国国家知识产权局专利复审委员会对 FinFET 专利提出无效申请。2018 年 9 月和 2019 年 3 月，英特尔先后两次向美国专利商标局请求对该授权专利的美国同族专利 9070719 多方复审。国家知识产权局 2019 年 1 月 31 日作出维持该专利权利要求全部有效决定（第 38936 号），美国专利商标局分别于 2019 年 3 月和 9 月驳回英特尔的复审请求。

英特尔 2019 年 4 月向北京知识产权法院提起不服中国国家知识产权局无效宣告决定的行政司法诉讼。2019 年 10 月，微电子研究所又向北京知识产权法院提出两起诉讼，诉英特尔、戴尔、京东、联想等企业侵犯 CN102386226 专利权，并要求赔偿额中包括前期诉讼费用。2020 年 1 月，英特尔向中国国家知识产权局提出对 201110240931.5 号专利的第二次无效宣告请求。11 月，英特尔向美国专利商标局提出第二次再审请求，2020 年 12 月 4 日向中国国家知识产权局提出 201110240931.5 的第三次无效宣告，英特尔公司提交了 19 份证据，主张 201110240931.5 号专利权利要求 1～7 不具有创造性，其中权利要求 1 不具备创造性、权利要求 2～6 的附加技术特征被对比文件公开，权利要求 7 的附加技术特征被公开或者是公知常识。2021 年 1 月美国专利商标局驳回其复审请求，6 月上诉委员会驳回两次再审请求。7 月英特尔向中国国家知识产权局提起针对 CN102386226 专利的无效宣告请求。

2020 年 8 月 27 日，国家知识产权局发布第 46689 号无效宣告请求审查决定书，宣告 201110240931.5 号权利要求 8、10、14 无效，在权利要求 1～7、9、11～13 的基础上继续维持该专利有效。英特尔提交的证据 1 是微电子研究所于 2011 年 5 月 6 日申请，2012 年 11 月 7 日公开的 CN102768957A "鳍式场效应晶体管及其制造方法"发明专利，其权利要求 8、10、14 的全部技术特征都已被证据 1 公开，因此不具有新颖性。2021 年 9 月，国家知识产权局发布第 51731 号无效宣告请求审查决定，针对英特尔公司最新的 2020 年 12 月 4 日提起的无效宣告请求，决定维持 201110240931.5 号 FinFET 专利权。2022 年 7 月，微电子研究所和英特尔达成和解协议，英特尔向微电子研究所支付专利许可费 2.725 亿元人民币。

5. 行政复议

为保护专利权人或申请人的合法权益，国家知识产权局还建立了行政复议制度，申请人、权利人、利害关系人在得知具体行政行为之日起 60 天内可以提出行政复议，由于不可抗力或有正当理由的，期限在障碍消除后继续计算。行政复议的受案范围原则上仅限于具体行政行为而不包括抽象行政行为，包括专利局复审和无效审理部管辖以外的具体行政行为，以国家知识产权局名义作出的具体行政行为，也包括国家知识产权局不作为行为。例如，对专利申请不予受理不服的、对申请日的确定有争议的、对按密专利申请处理或者不按保密专利申请处理不服的、对专利申请视为撤回不服的、对视为放弃取得专利权的权利不服的、对专利权终止不服的、对权利丧失要求恢复而不予恢复不服的、对分案申请视为未提出不服的、对优先权请求视为未提出不服的、对不予减缓费用不服的、对中止程序不服的、对著录项目变更登记不服的、PCT 申请人根据《专利法实施细则》第 105 条终止其国际专利申请不服的、对撤销专利代理机构处罚决定不服的、对吊销专利代理师资格证书处罚决定不服的。但专利权人或实施强制许可的被许可人对实施强制许可使用费裁决不服的、布图设计权利人或非自愿许可取得人对非自愿许可报酬的裁决不服的、布图设计权利人或被控侵权人对布图设计专有权侵权纠纷处理决定不服的，不属于专利行政复议的受案范围。

提出行政复议不必使用专用表格，但要附有国家知识产权局作出的有关通知的复印件，复议申请应面交或寄交国家知识产权局法律事务处，提出行政复议申请不必缴纳费用。复议申请人在提出复议时可以一并提出赔偿请求，赔偿请求可以单独向国家知识产权局提出，应在确认违法后的两年内可以提出，在复议时没有提出的，可在提出诉讼时追加提出，不允许单独就赔偿问题起诉到法院，赔偿范围仅限于直接损失。行政复议案件的审限一般情况下为两个月，特殊情况下可以延长一个月，国家知识产权局可以做出撤销决定，可以要求履行决定，也可以变更决定和确认决定，如果复议申请人或者第三人不服复议决定时可以向国务院提出终局裁决，也可以向法院提起诉讼。

14.4 知识产权行政司法保护

知识产权案件主要包括知识产权刑事案件、知识产权行政案件和知识产权民事案件三类，而知识产权民事案件又主要包括知识产权权属纠纷、知识产权侵权纠纷、知识产权合同纠纷三大类知识产权纠纷案件。涉及科研机构的知识产权的行政调处和诉讼案件主要是知识产权权属纠纷案件、知识产权侵权案件和知识产权合同纠纷案件。由科研机构提起请求要求知识产权行政部门查处知识产权侵权行为，或者向法院提起诉讼请求查处知识产权侵权行为的案件很少。

最高人民法院审判委员会2001年6月19日通过、2013年2月25日第一次修正通过、2015年1月19日第二次修正通过《最高人民法院关于审理专利纠纷案件适用法律问题的若干规定》。司法解释（一）主要有九个方面的内容。一是人民法院受理的专利纠纷案件范围。包括专利申请权纠纷案件；专利权权属纠纷案件；专利权、专利申请权转让合同纠纷案件；侵犯专利权纠纷案件；假冒他人专利纠纷案件；发明专利申请公布后、专利权授予前使用费纠纷案件；职务发明创造发明人、设计人奖励、报酬纠纷案件；诉前申请停止侵权、财产保全案件；发明人、设计人资格纠纷案件；不服专利复审委员会维持驳回申请复审决定案件；不服专利复审委员会专利权无效宣告请求决定案件；不服国务院专利行政部门实施强制许可决定案件；不服国务院专利行政部门实施强制许可使用费裁决案件；不服国务院专利行政部门行政复议决定案件；不服管理专利工作的部门行政决定案件；其他专利纠纷案件等。二是管辖权。专利纠纷一审案件由各省、自治区、直辖市人民政府所在地的中级人民法院和最高人民法院指定的中级人民法院管辖。最高人民法院可以指定基层人民法院管辖第一审专利纠纷案件。因侵犯专利权行为提起的诉讼，由侵权行为地或者被告住所地人民法院管辖。侵权行为地包括：被诉侵犯发明、实用新型专利权的产品的制造、使用、许诺销售、销售、进口等行为的实施地；专利方法使用行为的实施地，依照该专利方法直接获得的产品的使用、许诺销售、销售、进口等行为的实施地；外观设计专利产品的制造、许诺销售、销售、进口等行为的实施地；假冒他人专利的行为实施地。上述侵权行为的侵权结果发生地。三是关于中止。侵犯实用新型、外观设计专利权纠纷案件的被告请求中止诉讼的，应当在答辩期内对原告的专利权提出宣告无效的请求；人民法院受理的侵犯发明专利权纠纷案件或者经专利复审委员会审查维持专利权的侵犯实用新型、外观设计专利权纠纷案件，被告在答辩期间内请求宣告该项专利权无效的，人民法院可以不中止诉讼。四是诉前禁令。法院决定中止诉讼，专利权人或者利害关系人请求责令被告停止有关行为或者采取其他制止侵权损害继续扩大的措施，并提供了担保，法院经审查符合有关法律规定的，可以在裁定中止诉讼的同时一并作出有关裁定。五是财产保全。法院对专利权进行财产保全，应当向国务院专利行政部门发出协助执行通知书，载明要求协助执行的事项，以及对专利权保全的期限，并附法院作出的裁定书。对专利权保全的期限一次不得超过6个月，自国务院专利行政部门收到协助执行通知书之日起计算。如果仍然需要继续采取保全措施的，法院应当在保全期限届满前向国务院专利行政部门另行送达继续保全的协助执行通知书。法院对出质的专利权可以采取财产保全措施，质权人的优先受偿权不受保全措施的影响；专利权人与被许可人已经签订的独占实施许可合同，不影响法院对该专利权进行财产保全。人民法院对已经进行保全的专利权，不得重复进行保全。六是保护在先权利。法院受理的侵犯专利权纠纷案件，涉及权利冲突的，应当保护在先依法享有权利的当事人的合法权益。在先取得的合法权利包括：商标权、著作权、企业名称权、肖像权、知名商品特有包装或者装潢使用权等。七是权利要求解释。专利权的保护范围应当以权利要求记载的全部技术特征所确定的范围为准，也包括与该技术特征相等同的特征所确定的范围。等同特征是指与所记载的技术特征以基本相同的手段，实现基本相同的功能，达到基本相同的效果，并且本领域普通技术人员在被诉侵权行为发生时无需经过创造性劳动就能够联想到的特征。八是诉讼时效。侵犯专利权的诉讼时效为3年，自专利权人或者利害关系人知道或者应当知道侵权行为之日起计算。权利人超过3年起诉的，如果侵权行为在起诉时仍在继续，在该项专利权有效期内，法院应当判决被告停止侵权行为，侵权损害赔偿数额应当自权利人向人民法院起诉之日起向前推算3年计算。九是侵权赔偿额计算。权利人因被侵权所受到的实际损失可以根据专利权人的专利产品因侵权所造成销售量减少的总数乘以每件专利产品的合理利润所得之积计算。权利人销售量减少的总数难以确定的,侵权产品在市场上销售的总数乘以每件专利产品的合理利润所得之积可以视为权利人因被侵权所受到的实际损失。侵权人因侵权所获得的利益可以根据该侵权产品在市场上销售的总数乘以每件侵权产品的合理利润所得之积计算。侵权人因侵权所获得的利益一般按照侵权人的营业利润计算,对于完全以侵权为业的侵权人,可以按照销售利润计算。权利人的损失或者侵权人获得的利益难以确定,有专利许可使用费可以参照的,法院可以根据专利权的类型、侵权行为的性质和情节、专利许可的性质、范围、时间等因素,参照该专利许可使用费的倍数合理确定赔偿数额;没有专利许可使用费可以参照或者专利许可使用费明显不合理的,人民法院可以根据专利权的类型、侵权行为的性质和情节等因素,依照《专利法》第65条第2款的规定确定赔偿数额。权利人主张其为制止侵权行为所支付合理开支的,法院可以在专利法第65条确定的赔偿数额之外另行计算。

最高人民法院审判委员会第1676次会议于2016年1月25日通过《最高人民法院关于审理侵犯专利权纠纷案件应用法律若干问题的解释(二)》。主要内容有九个方面。一是关于间接侵权的认定。(a)明知有关产品系专门用于实施专利的材料、设备、零部件、中间物等,未经专利权人许可,为生产经营目的将该产品提供给他人实施了侵犯专利权的行为,权利人主张该提供者的行为属于《中华人民共和国侵权责任法》(以下简称《侵权责任法》)第9条规定的帮助他人实施侵权行为的,法院应予支持。(b)明知有关产品、方法被授予专利权,未经专利权人许可,为生产经营目的积极诱导他人实施了侵犯专利权的行为,权利人主张该诱导者的行为属于《侵权责任法》第9条规定的教唆他人实施侵权行为的,法院应予支持。二是赔偿数额的举证规则完善。权利人因被侵权所受到的实际损失难以确定的,法院应当依照《专利法》第65条第1款的规定,要求权利人对侵权人因侵权所获得的利益进行举证;在权利人已经提供侵权人所获利益的初步证据,而与专利侵权行为相关的账簿、资料主要由侵权人掌握的情况下,法院可以责令侵权人提供该账簿、资料;侵权人无正当理由拒不提供或者提供虚假的账簿、资料的,法院可以根据权利人的主张和提供的证据认定侵权人因侵权所获得的利益。三是先行裁驳、另行起诉。权利人在专利侵权诉讼中主张的权利要求被专利复审委员会宣告无效的，审理侵犯专利权纠纷案件的人民法院可以裁定驳回权利人基于该无效权利要求的起诉。有证据证明宣告上述权利要求无效的决定被生效的行政判决撤销的，权利人可以另行起诉。四是增强权利要求确定性。在法院确定专利权的保护范围时，独立权利要求的前序部分、特征部分以及从属权利要求的引用部分、限定部分记载的技术特征均有限定作用。对于权利要求中以制备方法界定产品的技术特征，被诉侵权产品的制备方法与其不相同也不等同的，法院应当认定被诉侵权技术方案未落入专利权的保护范围。权利要求采用"至少""不超过"等用语对数值特征进行界定，且本领域普通技术人员阅读权利要求书、说明书及附图后认为专利技术方案特别强调该用语对技术特征的限定作用，权利人主张与其不相同的数值特征属于等同特征的，法院不予支持。五是封闭式组合物规定。被诉侵权技术方案在包含封闭式组合物权利要求全部技术特征的基础上增加其他技术特征的，法院应当认定被诉侵权技术方案未落入专利权的保护范围，但该增加的技术特征属于不可避免的常规数量杂质的除外。所称封闭式组合物权利要求，一般不包括中药组合物权利要求。六是善意使用排除。为生产经营目的使用、许诺销售或者销售不知道是未经专利权人许可而制造并售出的专利侵权产品，且举证证明该产品合法来源的，对于权利人请求停止上述使用、许诺销售、销售行为的主张，人民法院应予支持，但被诉侵权产品的使用者举证证明其已支付该产品的合理对价的除外。合法来源是指通过合法的销售渠道、通常的买卖合同等正常商业方式取得产品。对于合法来源，使用者、许诺销售者或者销售者应当提供符合交易习惯的相关证据。七是判令停止侵权与支付费用。被告构成对专利权的侵犯，权利人请求判令其停止侵权行为的，人民法院应予支持，但基于国家利益、公共利益的考量，人民法院可以不判令被告停止被诉行为，而判令其支付相应的合理费用。八是关于功能性特征。功能性特征，是指对于结构、组分、步骤、条件或其之间的关系等，通过其在发明创造中所起的功能或者效果进行限定的技术特征，但本领域普通技术人员仅通过阅读权利要求即可直接、明确地确定实现上述功能或者效果的具体实施方式的除外。与说明书及附图记载的实现所称功能或者效果不可缺少的技术特征相比，被诉侵权技术方案的相应技术特征是以基本相同的手段，实现相同的功能，达到相同的效果，且本领域普通技术人员在被诉侵权行为发生时无需经过创造性劳动就能够联想到的，人民法院应当认定该相应技术特征与功能性特征相同或者等同。九是标准必要专利。推荐性国家、行业或者地方标准明示所涉必要专利的信息，被诉侵权人以实施该标准无须专利权人许可为由抗辩不侵犯该专利权的，人民法院一般不予支持。推荐性国家、行业或者地方标准明示所涉必要专利的信息，专利权人、被诉侵权人协商该专利的实施许可条件时，专利权人故意违反其在标准制定中承诺的公平、合理、无歧视的许可义务，导致无法达成专利实施许可合同，且被诉侵权人在协商中无明显过错的，对于权利人请求停止标准实施行为的主张，人民法院一般不予支持。

科研机构如对专利局复审和无效审理部确权的案件不服的可以向北京知识产权法院提起知识产权诉讼。当事人对复审和无效审理部作出的专利复审或无效决定不服的，在3个月内可以向人民法院起诉，复审和无效审理部为被告，法院应当通知对方当事人为第三人。宣告无效的专利权视为自始即不存在，对已经执行的侵权判决、行政处理决定和已经履行的合同不具有追溯力，但专利权人恶意造成他人损失的，应当给予赔偿，如不返还使用费或者转让费，明显违反公平原则的，应当返还。

他人将属于科研机构的职务发明成果私自申请知识产权保护，科研机构可以根据《专利法》职务发明的规定提起诉讼，要求法院将知识产权判归科研机构。科研机构发现他人侵犯科研机构知识产权的，也可以向人民法院提起诉讼，要求对方停止侵权，要求赔偿损失，必要的时候也可以使用诉前禁令，以维护自身的知识产权合法权益。在知识产权转移过程中由于对方不履行合同义务，科研机构也可以提起诉讼，要求对方履行义务并支付相应的损失。

例如，我国LED产业起步于20世纪70年代，目前国内拥有LED企业近两万家，产业总值逾4 000亿元，出口额近千亿元。随着国内LED企业逐步发展壮大并走向国外市场，对海外巨头企业形成了威胁，以美国科锐公司（Gree, Inc.）为代表的海外企业纷纷通过对中国LED企业开展"337调查"并收取高昂的专利许可费用，从而极大地制约了国内企业的发展。中国企业所申请专利绝大多数集中在技术含量相对较低的产业链下游，不具备与海外企业抗衡的实力。

作为科技创新的国家队，中国科学院有责任积极维护国有知识产权权益，并协助中国企业应对涉外知识产权风险。经过检索，截至 2022 年年底，中国科学院拥有有效专利 6 万余件，每年维护成本 9 000 余万元，有近 40 个研究所涉及 LED 技术研究，共产生 LED 专利近千件，且多集中在 LED 中上游衬底、外延、芯片、封装领域，对国内企业以 LED 中下游应用专利为主的态势形成了强有力的补充。通过积极推进维权工作，不仅能够对海外企业起到震慑作用，为国内企业出海护航，同时能够有效盘活中国科学院院属单位存量专利，维护院属单位的知识产权权益。

2015 年初，深圳中科院知识产权投资有限公司（以下简称深圳知识产权公司）就开始组建了包括 LED 行业专家、律师及许可谈判专家在内的诉讼团队并积极对接各地科研院所，筛选能够对抗海外巨头企业的专利。经过充分研究，诉讼团队锁定了美国科锐公司及其中国子公司惠州科锐半导体照明有限公司（以下简称惠州科锐）作为主要目标，针对其全系列产品进行技术拆解，与中国科学院 LED 专利进行侵权对比分析，最终筛选出半导体所、上海硅酸盐所等研究所持有的 20 件诉讼备选专利，其中有 4 件已确认侵权事实。

在向美国科锐公司发送律师警告函无果后，深圳知识产权公司团队于 2017 年 1 月在深圳中级人民法院及广州知识产权法院以及 2017 年 9 月在北京知识产权法院发起针对美国科锐公司及其在华子公司惠州科锐共 4 轮诉讼，请求对被告签发永久禁售令及损害赔偿，要求立即停止在其官网上许诺销售侵权产品，被告惠州科锐公司立即停止制造侵权产品并销毁制造侵权产品的专用设备及模具，被告深圳市美中吉公司立即停止销售侵权产品，每起案件赔偿经济损失 100 万元。该诉讼基于中国科学院半导体研究所 2010 年 7 月和 2012 年 12 月向国家知识产权局提交的名为"一种氮化镓系发光二极管"和"高出光率倒装结构 LED 的制作方法"的两件发明专利申请，并分别于 2014 年 3 月和 2015 年 3 月获得授权。2016 年 5 月 7 日，与权利人签订了关于涉案两件专利的实施许可协议，授权期限从 2016 年 5 月 8 日起至 2020 年 12 月 30 日，深圳知识产权公司依授权书有权以自己的名义单独作为原告，对专利侵权行为（包括授权期限开始之前已经发生的侵权行为）提起诉讼追究侵权责任，并有权获得相应的经济赔偿。科锐公司则对实现侵权专利发起了无效诉讼。

2015 年 6 月 18 日，深圳知识产权公司与被告深圳美中吉电子有限公司签订销售合同，深圳知识产权公司订购 11 种品牌为"Cree"的货品，该合同所列货品型号、数量及价格与送货日期为 2015 年 6 月 16 日的送货单所记载货品型号、数量及价格一致。2018 年 6 月 8 日，国家知识产权局发布第 36185 号无效宣告请求审查决定书，维持名称为"高出光率倒装结构 LED 的制作方法"专利权有效。

在诉讼初期，深圳知识产权公司积极联系科锐公司，希望能够尽快与科锐公司达成专利许可协议，双方于 2018 年分别在北京、惠州、厦门进行了谈判，但由于双方的和解条件预期差距较大，最终未能达成和解。国家知识产权局决定维持 3 件专利有效，驳回了科锐公司的无效请求，但另有 1 件专利由于创造性缺陷被判定无效。

2019 年 12 月 16 日，深圳知识产权公司主张以涉案专利"高出光率倒装结构 LED 的制作方法"专利权利要求 1～6 的内容来确定其专利权的保护范围，权利要求 2、3、4、5 属于权利要求 1 的从属权利要求，权利要求 6 属于权利要求 5 的从属权利要求，判断被诉侵权技术方案是否落入权利要求 2～6 的保护范围，均需援引权利要求 1 的内容。诉讼庭审方面，科锐公司特意邀请了诺贝尔奖获得者中村修二团队成员作为技术专家多次出庭，从技术认定层面我方处于不利局面。

法院最后认定被诉侵权技术方案未落入深圳知识产权公司主张的涉案专利权的保护范围，科锐公司等侵权不成立。由于团队成员诉讼实战经验的欠缺，在证据采集的合规性方面出现了瑕疵，直接导致广州知识产权法院诉讼被裁定驳回，深圳市中级人民法院诉讼被迫撤回。与此同时，深圳知识产权运营公司及时引入了其所运营的 LED 专利池中的两件外部专利，为双方达成和解奠定了基础。中国科学院这种敢于维权诉讼的做法在国内外产生了巨大反响。❶

14.5 小结

本章研究了科研机构知识产权维权的方式，通过案例研究了科研机构

---

❶ 案例根据中国科学院 2020 年科技成果转移转化案例编辑而成。

自我维护的制度，研究了科研机构在审查、复审和无效程序中维护知识产权权益的做法和需要注意的问题，研究了科研机构知识产权行政司法保护的方式。科研机构知识产权保护的管理最主要的还是日常的源头保护。

第一，要完善各类知识产权规章制度。科研机构除了要制定知识产权申请、维持的基本政策外，还要制定人员聘用、合作研究、外出学习、出国交流、签订合同等方面政策，保护知识产权。科研机构要加强对本领域国内外知识产权的监测，发现侵权行为或迹象时要及时调查取证，必要时发出警告函。要积极利用知识产权行政和司法保护知识产权，积极应对他人对自主知识产权无效和侵权等挑战，发现侵权行为要及时提起诉讼。

第二，要建立知识产权管理人才团队。具有一定规模的科研机构要逐步建立涵盖知识产权流程管理、许可管理和合同谈判的人才队伍。知识产权管理人员除了要掌握管理知识和技能外，还要掌握知识产权知识和能力，大部分知识产权许可和合同等知识产权管理人员应具有律师资格。

第三，要提升知识产权保护能力。科研机构要重点增强知识产权维权保护的实际能力，尤其是专利文件撰写质量控制能力、答复专利审查意见能力、参与专利复审能力，应对无效宣告挑战的能力和专利诉讼的能力，要提升知识产权权利归属、侵权、合同纠纷监控和处理能力以及知识产权合同签订能力。

第十五章 知识产权风险管理

在知识产权创造、运用、保护、管理和服务全链条中的各个环节都存在知识产权风险。科研机构知识产权风险主要包括侵权他人知识产权风险和知识产权被无效的风险两种。加强知识产权风险管理对于科研机构知识产权管理极其重要。必须深入研究科研机构知识产权风险的现状和问题，明确相应的对策措施。

15.1 风险管理理论

1916年，法国著名的"经营管理之父"法约尔发表的《一般与工业管理》文献，奠定了企业管理中风险管理的初步理念。20世纪，美国成为风险管理理论和实践的引领者，风险管理逐渐从经验性的传统方法转向系统性的科学方法。第一次世界大战以后，美国开始研究风险的负担、消除和转移方法。并在企业中建立有关组织机构，对风险管理和研究。第二次世界大战以后，人类大量开发利用新技术、新材料和新能源，使社会经济得到全面发展，但同时也给社会带来了新的风险。这种威胁促使风险管理开始走向科学化（严复海等，2007）。❶

风险管理正式形成是在20世纪60年代。1953年8月3日，美国通用汽车公司的自动变速装置失火，造成5 000万美元的巨额损失，这场灾难震动了美国的企业界和学术界，成为风险管理科学发展的契机。一方面，美国各研究机构加强了对风险管理理论的研究，学术活动十分活跃；另一方面，美

---

❶ 严复海，党星，颜文虎.风险管理发展历程和趋势综述[J].管理现代化，2007，（2）：30-33.

国的大中企业纷纷设立风险管理部门及风险经理职务。至20世纪60年代，风险管理作为一门新的管理科学，首先在美国正式形成。20世纪70年代以后，风险管理在世界范围内得到传播。法国学者围绕经营管理中偶发风险的控制问题和资产保全问题，研究讨论经营管理型和保险管理型风险管理理论，并取得进展。德国经营学者提出风险管理的主要手段是：风险的限制、分散、补偿、分割、防止、阻断、抵消等，并根据企业的实际状况加以灵活运用。

《巴塞尔新资本协议》在资本约束的范围中加入市场风险和操作风险，提出了资本充足率、监管部门监督检查和市场纪律三大监管支柱，成为推动全面风险管理理论成熟的重要力量（张轶，周吉，2014）。全面风险管理理论认为，风险管理是一个动态的过程，应该运用系统的方法对风险进行控制，以减少工程项目实施过程中的不确定性。项目管理者必须树立风险意识，在各阶段、各个方面实施有效的风险控制，形成一个全过程、全风险、全方位、全部门的风险管理体系，搭建从风险识别、风险分析、风险应对到风险监控的管理循环。

在实际操作中，企业也逐渐将风险管理与战略规划相结合，以更好地应对风险挑战。包括采用风险度量模型（如VAR）进行风险评估，利用风险转移工具（如保险）进行风险分散，以及通过建设强大的信息系统来实现对风险的实时监控。金融领域常常使用衍生品工具，如期货、期权和互换等，来对冲潜在的金融市场波动，并有学者提出了针对企业风险管理的动态模型，帮助企业决定在何时使用何种风险管理工具（Fehle，Tsyplakov，2005）。此外，统计学和数学模型在风险度量和风险分析中扮演着关键的角色。通过历史模拟、蒙特卡罗模拟等方法，可以更准确地评估风险敞口，为决策提供科学依据。最新的趋势表明，人工智能和机器学习技术正在被引入风险管理领域，以更精确地预测潜在风险和制定更智能化的风险决策。这些技术可以分析大量数据，识别潜在风险因素，并提供实时反馈，有助于企业更迅速地应对风险事件。

总体而言，风险管理是一门综合性的管理学科，不断在理论和实践层面发展演进。各类组织越来越注重从全面、系统的角度来看待风险，以更加灵活和科学的方式来做出风险决策，从而更好地适应日益复杂和变化的外部环境。从传统的金融风险到更加复杂的战略、操作和技术风险，风险管理不断演变以满足在不断变化的环境中的需求。

15.2　知识产权风险识别

风险识别是风险管理的第一步也是最难的一步，这是由风险的特性决定的：风险是潜在的，具有不确定性。风险的潜在性使得其可能隐匿于业务活动中，而不确定性则增加了预测和量化的难度。风险识别的过程是连续的，需要不断适应动态的业务环境和外部条件。主要任务包括发现潜在风险并进行深入的分析，以全面理解其性质和潜在影响。风险识别的目的在于精确衡量风险，并选择适当的风险管理对策。发达国家都很重视知识产权风险管理。如韩国知识产权局（KIPO）2022年6月20日启动了支持韩国中小企业专利纠纷风险早期诊断支援项目，该项目涉及半导体、可回收电池、显示器、碳素材料、精密机械、疫苗，专利纠纷专家将提供与竞争公司可能发生纠纷的专利和产品信息，并提示应对方向。如果发现企业有专利纠纷风险，不仅会分析是否有专利侵权，还会提供判断专利无效可能性、开展专利回避设计等纠纷的事前应对战略。为提高企业自行诊断专利纠纷风险的能力，专家还将提供专利纠纷风险检查（监测）及诊断方法培训，并支援其使用民间专利信息检索服务。本书认为，知识产权风险管理是对知识产权研发创造、知识产权申请授权、知识产权转移转化、知识产权侵权诉讼等过程中出现的知识产权风险识别和防范的活动。下文将系统地分析科研创新中商业秘密风险管理的各个环节。

商业秘密是重要的知识产权，对企业和科研机构发展具有极为重要的作用。《民法典》将商业秘密作为知识产权的客体。2022年4月21日，最高人民法院发布了2021年中国法院10大知识产权案件和50件典型知识产权案例，其中"香兰素"侵害技术秘密案（最高人民法院（2020）最高法知民终1667号民事判决书）入选10大案件。香料"香兰素"技术秘密为乙醛酸法制备香兰素的工艺，包括缩合、中和、氧化、脱羧等反应过程，还包括愈创木酚、甲苯、氧化铜和乙醇的循环利用过程。技术秘密载体为：涉及 58 个非标设备的设备图 287 张、工艺管道及仪表流程图 25 张。自 2003 年起，嘉兴中华化工公司先后制定了文件控制程序、记录控制程序、食品安全、质量和环境管理手册、设备/设施管理程序等文件。2010 年 3 月 25 日，嘉兴中华化工公司制定并实施《档案与信息化管理安全保密制度》。2010 年 4 月起，嘉兴中华化工公司与员工陆续签订保密协议，对商业秘密的范围和员工的保密义务作了约定。傅某某以打算辞职为由拒绝签订保密协议（傅某某自 1991 年进入嘉兴中华化工公司工作，2008 年起担任香兰素车间副主任，主要负责香兰素生产设备维修维护工作）。2010 年 4 月，傅某某将香兰素技术秘密披露给王龙集团公司监事和王龙科技公司董事长王某某，并在辞职后立即进入王龙科技公司的香兰素车间工作，此后王龙科技公司从嘉兴中华化工公司挖走多名精通香兰素生产工艺的员工。随后，王龙科技公司在短时间内成为全球第三大香兰素制造商，其生产的香兰素产品销售地域遍及全球主要市场，占据了全球香兰素市场约 10% 的份额。2016 年 1 月 5 日，嘉兴中华化工公司向浙江省嘉兴市南湖区人民法院起诉王龙科技公司、王某某、傅某某侵害其商业秘密，指控以王某某为发明人、王龙科技公司为申请人的"一种香兰素的乙醛酸法生产工艺"发明专利申请侵害了嘉兴中华化工公司关于香兰素制造方法的商业秘密。2021 年 2 月，最高人民法院知识产权法庭判决认定王龙集团公司等侵犯涉案全部技术秘密，并根据权利人提供的经济损失相关数据，综合考虑涉案技术秘密商业价值巨大、侵权规模大、侵权时间长、拒不执行生效行为保全裁定性质恶劣等因素，改判王龙集团公司、喜孚狮王龙公司、傅某某、王龙科技公司及其法定代表人王某某连带赔偿权利人经济损失 1.59 亿元人民币。

《反不正当竞争法》第 9 条规定了商业秘密的定义：商业秘密是指不为公众所知悉、具有商业价值并经权利人采取相应保密措施的技术信息、经营信息等商业信息。因此，商业秘密具有秘密性、价值性、保密性。第 9 条还规定了侵犯商业秘密的行为：①以盗窃、贿赂、欺诈、胁迫、电子侵入或者其他不正当手段获取权利人的商业秘密；②披露、使用或者允许他人使用以前项手段获取的权利人的商业秘密；③ 违反保密义务或者违反权利人有关保守商业秘密的要求，披露、使用或者允许他人使用其所掌握的商业秘密；④ 教唆、引诱、帮助他人违反保密义务或者违反权利人有关保守商业秘密的要求，获取、披露、使用或者允许他人使用权利人的商业秘密。经营者以外的其他自然人、法人和非法人组织实施上述所列违法行为的，视为侵犯商业秘密。第三人明知或者应知商业秘密权利人的员工、前员工或者其他单位、个人实施本条第一款所列违法行为，仍获取、披露、使用或者允许他人使用该商业秘密的，视为侵犯商业秘密。

对于侵犯上述秘密的行为，《反不正当竞争法》第 21 条规定了处罚措施：经营者以及其他自然人、法人和非法人组织违反本法第九条规定侵犯商业秘密的，由监督检查部门责令停止违法行为，没收违法所得，处十万元以上一百万元以下的罚款；情节严重的，处五十万元以上五百万元以下的罚款。第 32 条规定了举证责任：在侵犯商业秘密的民事审判程序中，商业秘密权利人提供初步证据，证明其已经对所主张的商业秘密采取保密措施，且合理表明商业秘密被侵犯，涉嫌侵权人应当证明权利人所主张的商业秘密不属于本法规定的商业秘密。

商业秘密权利人提供初步证据合理表明商业秘密被侵犯，且提供以下证据之一的，涉嫌侵权人应当证明其不存在侵犯商业秘密的行为：① 有证据表明涉嫌侵权人有渠道或者机会获取商业秘密，且其使用的信息与该商业秘密实质上相同；② 有证据表明商业秘密已经被涉嫌侵权人披露、使用或者有被披露、使用的风险；③ 有其他证据表明商业秘密被涉嫌侵权人侵犯。

科研机构要加强商业秘密管理。

第一，要制定商业秘密管理规章制度。商业秘密管理应主要包括内部商业秘密管理机构设置、企业涉密信息梳理、商业秘密范围划定等，还应包括员工工作档案管理制度、离职员工跟踪管理制度、主要竞争对手跟踪管理制度、信息发布审批制度、合作交流等内容。具体来说，一是应明确规定商业秘密管理的基本原则、法律法规依据、适用范围等，这些构成商业秘密管理制度的基本条款。应明确商业秘密保护工作的具体含义，写明商业秘密保护工作的领导原则，强调建立商业秘密保护体系的决心。应明确商业秘密管理制度的适用范围。二是应明确规定各部门的职责，应根据商业秘密的重要程度、易于实施的程度、成本高低等因素结合科研机构情况对商业秘密进行分级管理。三是应明确保密期限、知悉范围、涉密区域和载体管理，在最小范围内限定具体岗位和具体人员，按最小化、精准化原则严格界定保密区域，落实保密责任，对载体实行统一购置、统一标识、统一备案、跟踪管理。四是应明确人员管理。员工入职时应当由人力资源管理部门做好知识产权背景调查，签订相关协议文件。针对涉密人员进行追踪式档案管理。对离职员工要告知保密事项，交回保密载体。五是要加强会议、计算机网络安全管理，对外信息发布与新闻宣传管理。会议室要密闭处理，参会人员要签订保密协议或承诺。涉密计算机要做网络物理隔离，未经允许，不允许通过电子邮件、U盘等传送涉密信息，必要时应通过涉密计算机和光盘传送。

第二，设置商业秘密保护措施。针对具体情况设计具体的保密措施，包括对内部员工的保密协议、员工离职的保密协议、对外部访问人员等及客户的保密协议、竞业限制协议、保密软硬件的设置、保密区域的划分及技术措施设定、档案室保密措施的设定和管理等内容。在日常对外交流中，要注意对涉及商业秘密交流的员工进行定时、专项培训，并且制定相关规章制度。对于合作交流信息应予以提前备案和内部审查，避免商业秘密泄露。对于供应商、客户、合作伙伴，应当明确提出保密要求，他们最好作出单方书面保密承诺。对于来访参观人员，应正式通过访问手册等提出保密要求，如禁止记录、录音、录像、拍照，禁止取得样品等。对于部分涉密场所，如实验室、中试车间等，可以通过悬挂"保密重地，谢绝参观"等字样予以标示。在深度合作交流中，尤其是与企业进行合作研发、合资投资、委托开发生产等工作中要重视商业秘密管理。一是要加强合同内容审查。进行合作研发、合资投资、委托开发等项目时，应当在合同中明确商业秘密内容和归属，就相关保密事项专门签订保密协议，约定对相关项目的专有信息、图纸、设计等资料和认定为机密或秘密的资料，双方均应负保密义务。二是加强商业秘密保护技术防范。采取技术手段，如加密等加强规范项目合作中的数据资料交互。

第三，做好商业秘密管理。要对全体员工进行商业秘密培训，对员工分类型、分阶段、分内容培训，重点应培训商业秘密法律法规和侵犯商业秘密的刑事法律风险，要制作商业秘密法律风险培训手册以便查阅，要培育形成企业保密文化。要按照执行、发现问题、处理问题以及再修改的循环过程管理商业秘密。要就商业秘密管理体系的运行进行检查与考核，设立奖励与惩处机制以及评价改进机制，并且对泄密事件的应对作出明确的规定和演练。

15.3 基础管理知识产权风险

1. 人力资源管理

员工知识产权泄密风险。员工知识产权泄密风险是科研机构面临的突出问题之一。科研机构员工在日常工作中或参加相应科研活动时可能存在对技术秘密类知识产权的故意或无意泄露，尤其是在专利申请前发表论文、参加国内外学术交流。该问题的出现主要原因在于员工对单位知识产权尤其是商业秘密的理解与认知不足，因此需要科研机构加强涉密教育和知识产权管理。

新入职人员的知识产权风险。新入职人员知识产权风险主要是新员工可能把原单位的职务知识产权带到新单位，并在新单位开展科研工作，从而造成对原单位商业秘密侵权和职务发明的权属侵权。这些风险的出现在很大程度上取决于新员工对不同单位知识产权规定的理解和遵守，也要求科研机构加强涉密教育和知识产权管理，开展相应的知识产权尽职调查。

离职人员的知识产权风险。离职人员知识产权风险主要是指离职人员将本单位的知识产权带走，侵犯本单位的职务发明权益和或商业秘密。这一问题产生的原因在于员工没有遵守科研机构知识产权规定、劳动合同的约定。尤其是一些科研机构的研究生毕业后将属于原单位的职务发明在后来的工作单位申请专利，造成对科研机构知识产权合法权益的侵害。因此需要科研机构加强知识产权制度建设，加强员工知识产权保密教育，加强离职环节的监管。

学术交流中的知识产权风险。学术交流是科研机构知识产权风险多发领域，学术交流中的知识产权风险主要是知识产权侵权风险和泄密风险，学术交流中的学术报告可能涉嫌对他人知识产权的侵权，如论文剽窃、数据造假、署名不当等，也可能涉嫌对处于保密阶段技术的公开。这就要求科研机构要制定明确的制度，明确规定在学术交流中严禁学术不端行为，对单位保密的技术做好保密工作，在交流之前填写保密承诺书，严格限定交流范围。知识产权尽职调查是指科研机构针对员工入职包括学生入学、临时工作人员入职时对其是否可能侵犯他人知识产权权益等违反法律法规的行为而进行的调查活动。一般包括以下内容：一是本人作为发明人、申请人或权利人的专利权，作品完成人的论文专著等著作权，商业秘密的技术专有权的名称、法律状态、权属、重要性、价值等。二是要调查其知识产权的权属风险、法律纠纷风险、质押许可等合同风险，价值包括技术价值（主要是技术先进性与成熟性）、法律价值（主要是专利权利稳定性和不可规避性代表的专利质量）、市场价值（主要是获得投资的可能性和投资规模）。三是要调查其知识产权诚信档案记录、科研和知识产权管理记录等，必要时要到原单位对重点人面对面调查。

2. 科研设施管理

重大科研基础设施和大型科研仪器开放共建共享的知识产权风险。科研机构在牵头建设或参与重大科研基础设施和大型科研仪器建设中，一般会被要求遵守在建设与使用科研基础设施和大型科研仪器中产生的知识产权要向成员许可的协议规定。但目前科研机构在重大科研设施和大型科研仪器建设和共享使用中存在知识产权允许其他成员使用范围不清、许可条件不清、侵犯成员前景知识产权等问题。这就要求科研机构要有相应的知识产权规定，要明确重大科研基础设施共建共享知识产权协议条款，要加强科研基础设施的知识产权管理。如参加重大科研基础设施和大型科研仪器建设的成员知识产权都归成员所有，但成员应向其他成员授予非独占、非可撤销、免付费的全球许可，知识产权不仅包括专利权、著作权、商业秘密专有权、商标权、设施名称权，还要明确各成员的在科研设施共建中的信息、资料、图纸等也应当向其他成员许可，但是对属于商业秘密信息误用应赔偿损失。对于成员前景知识产权，鼓励成员向其他成员授予非独占、非可撤销、免付费的全球许可。

如国际热核聚变计划制定了《建立 ITER 国际聚变能源组织联合实施 ITER 项目协议》，专门制定了信息和知识产权附则。该附则第 2 条第 4 款规定：如果一成员产生或获得知识产权的完全所有权，为执行本协议，该成员应及时通知所有其他成员和ITER组织并提供此类知识产权的详细信息。第3条规定是针对无论是否有版权的信息和科学出版物的传播，每一成员均应被允许作为非商业用途，翻译和公开传播在执行本协议中直接产生的信息。第4条是关于由成员、国内机构或实体产生或并购的知识产权。如果受保护的标的物是由成员、国内机构或实体产生的，成员、国内机构或实体有权根据适用法律和法规在所有国家获得该知识产权所有权利、所有权和权益。在执行本协议的过程中，通过国内机构或实体行事的任何成员应在平等和非歧视的基础上，向其他成员和ITER组织授予其知识产权不可撤销、非排他、免许可费的许可。背景知识产权应为拥有方的财产。除机密信息和商业秘密外的背景知识产权，要求成员在ITER组织的项目中，包括国际热核聚变实验堆设施建造、操作、使用或集成技术以进行研究和开发；维护或修理；在任何公共采购之前理事会认为必要，应在平等和非歧视基础上向其他成员和ITER组织授予该背景知识不可撤销的、非独占、免费的许可，他们有权授予其境内研究机构和高校为公共资助研发项目的分许可。

仪器设备管理中的知识产权风险。在购买、使用和维护仪器设备全过程中会存在知识产权风险。在购买阶段，需要注意供应商提供的仪器是否有知识产权，尤其是专利技术，以及是否存在与其他公司的知识产权冲突。在使用和维护阶段，需要遵守制造商规定的使用条件，以防止违反使用许可协议的情形。此外，仪器设备的软件部分也可能涉及软件许可和知识产权侵权问题，需要加强知识产权管理。

实验用品、软件、耗材采购中的知识产权风险。科研机构在采购过程中可能面临多方面知识产权风险。实验用品采购存在供应商知识产权侵权问题，例如购买的设备或化学试剂可能存在对他人专利、商标或著作权的侵权问题。软件采购需要关注是否存在未授权使用软件的风险和软件使用是否遵守许可协议规定的问题，尤其是软件使用了开源软件代码，要注意软件供应商是否申请了专利、是否将发明向社会开源等。耗材也会涉及对他人商标、专利等知识产权的不当使用甚至侵权、假冒问题，科研机构需要确保采购的耗材不会侵犯他人知识产权。

3. 合同管理

合同管理中的知识产权风险主要是指科研机构签署合同中的知识产权

风险以及未按合同要求进行知识产权管理带来的风险。通过签订知识产权合同保护科研机构知识产权，或者在合同中加入知识产权保护条款是科研机构重要的知识产权保护方式。包含知识产权条款的合同主要是指单位与科研人员签订的劳动合同和保密合同。知识产权合同主要是指在科研合作如委托研发、联合研发、共建实验室、涉外专利申请等过程中对本单位知识产权保护的合同。签订合同能够有效保护各方的权益，但不完善的合同可能会产生相应的知识产权风险。

首先，劳动合同中合同条款的模糊性可能引发知识产权权属纠纷和侵权纠纷。合同条款模糊、不明晰会导致合同各方在知识产权方面的权责关系不清，为未来合同履行阶段带来不确定性，尤其是职务知识产权权属，应明确规定背景知识产权、项目知识产权以及前景知识产权。其次，除劳动合同中职务知识产权属于单位外，还存在职务科技成果完成人或职务发明人未经审批将本属于商业秘密的技术申请为专利导致技术秘密不当公开，未经知识产权质量管理部门管理擅自委托知识产权代理机构撰写专利文件并递交申请导致专利质量低下，未经批准放弃知识产权权益或者将职务知识产权私自下放给职务科技成果完成人或职务发明人。

科研项目合同中的知识产权风险。一是知识产权管理不到位风险。科研项目合同中对知识产权高质量创造、组合创造和持续创造约定不清楚，没有明确科研项目研发中形成知识产权的质量管理措施和形成知识产权要形成组合效应、专利组合、标准必要专利、高价值专利，也没有明确项目结束以后知识产权事务费支付问题，就会导致项目结束不再布局知识产权从而导致项目成果对产业无法形成控制力的严峻问题。二是知识产权侵权纠纷，侵权风险主要是合同实施会造成对他人知识产权的侵权，如具有商业目的的委托研发或合作开发合同在执行中使用了他人的知识产权会造成对他人知识产权的侵权，即使是科研机构接受企业委托如果不是转为科学研究和试验目的使用他人知识产权也会造成对他人知识产权的侵权。在科技成果和知识产权转移中，即使科研机构拥有知识产权，但在转移后企业实施有可能造成对他人知识产权的侵权，而这个问题在科研机构普遍存在，但却不被重视，因此存在较大风险。三是未按合同规定进行严格的知识产权管理可能导致对他人知识产权的侵权，造成知识产权滥用或未经授权的使用。对于重大科技项目，如果不按照招标或者合同中关于知识产权管理规定的要求进行管理，则会导致不能及时结题验收，影响科研项目的整体进展。

15.4 科研项目知识产权风险

15.4.1 研发立项中的知识产权风险

知识产权检索不充分。知识产权检索结果将对立项阶段科研项目的预期目标、主要技术参数和指标、技术路线、所要解决的关键问题及解决途径、可能的创新点等会产生重要影响。知识产权检索不充分会造成对研究开发和技术发展现状不清楚，不能充分了解当前技术水平，错失领域内已有的创新成果。对未来技术发展判断错误，造成无法确定发明创造专利申请是否具有创新点和新颖性，也会导致专利申请盲目。由于知识产权检索不全，还可能会导致科研项目立项时被主管部门驳回，或者虽被立项但却是重复研究、低水平研究。

知识产权分析不充分。实施科研项目知识产权全过程管理，意味着知识产权不再只是创新活动的目标和结果，而是要将知识产权作为工具贯穿创新活动全过程的手段和方法，通过对检索结果的分析指导未来的科研投入和知识产权布局。专利分析工具如技术功效矩阵构建、专利款代表的技术生命周期分析等知识产权分析方法与工具在科研项目知识产权全过程管理中起着重要作用。知识产权分析不充分表现为知识产权检索结果不能深入挖掘和理解相关专利文献的内在逻辑、科研投入重点和知识产权布局方向，进而影响对技术发展趋势的准确把握，影响对未来技术发展方向的准确判断。此外，在科研项目立项阶段，知识产权分析的缺陷会使科研团队难以精准地把握领域内科研的空白点和潜在的创新点，从而影响项目的战略规划和技术路径选择。

专利布局不科学。专利布局不科学主要是没有正确掌握专利布局的方法，如技术功效矩阵方法、技术生命周期法等。专利布局不科学，可能会错失潜在的创新点，制定错误的研发策略，也会影响技术路线出现错误，导致研究开发经费投入效率低下和错失机会。在科学技术高速发展的技术领域，不科学的专利布局还会导致错失市场机会，对企业、高校、教科研机构在行业中的地位和声望产生负面影响。

总而言之，如果不建立有效的知识产权检索分析管理制度，就可能存在项目立项和研发过程中知识产权检索不充分、知识产权信息利用不充分等问题，从而造成重复研发或侵权他人知识产权的情况发生，也可能出现对技术发展现状和市场竞争态势的了解不足，导致立项的目标不明确、研发方向出现偏差的风险。如果在此基础上进行专利布局和其他知识产权的布局，还会导致专利布局不科学和出现资源投入的浪费。由于对竞争态势、市场需求和技术发展趋势判断失误，也将会带来后续产业化和商业化难以实现的风险。没有专家对专利布局提出建议并形成合理规划，也会导致后续产业化和商业化难以实现的风险。

15.4.2 申请维持中的知识产权风险

发明信息披露不充分的风险。由于专利代理机构的市场化和竞争性，科研人员完成的发明创造如果直接交由专利代理机构撰写文件，则会造成发明不披露或披露不充分的问题，这是我国很多专利不能转化实施的突出问题。一些科研人员不提供技术交底书，甚至编造虚假技术方案，或者交给专利代理机构编写专利文件，这都会造成以后的专利申请难以成功授权和难以转化实施的问题。其主要原因是科研机构缺乏知识产权管理部门和管理制度，或者知识产权管理制度落后，不能进行科学的知识产权布局。加强申请维持中的知识产权风险防范，必须建立相应的知识产权管理机构，配备专职的知识产权管理人员，履行发明披露评估的责任，重点评估其商业化的前景。对于未能通过评估的发明创造应作为商业秘密进行保护，对于已申请专利的技术才允许发表论文和公开学术交流。

专利文件质量差的风险。专利质量低是目前我国科研机构的通病和突出问题，主要表现为专利权稳定性不足或者专利会被绕开、被规避设计等。低质量专利不仅难以保障转让许可和作价入股实施的权益，也会造成诉讼困难，严重影响知识产权的价值实现。科研机构缺乏专门的知识产权管理机构和人员，由科研人员自行申请专利，支付知识产权事务费，则必然会导致专利申请质量低的问题。即使科研机构有管理机构或者管理人员，如果不管理或者管理能力不高，也会造成专利申请质量低的问题。科研机构管理人员尤其是投资专员缺乏对代理师的遴选和管理机制，可能导致代理师不能充分理解发明的技术细节尤其是商业化前景，专利难以转化实施，这也是专利质量低的表现。

15.4.3 知识产权评估中的知识产权风险

科研机构普遍缺乏知识产权价值评估体系和分级管理机制，可能带来知识产权价值判断不准确造成的利益损失和知识产权风险。对于知识产权价值度评估，评估不准确会导致不能商业化的技术申请了专利，会导致不该维持的专利缴纳了年费，不该转化运用推广的专利不断在推广应用，浪费了科研机构大量的人力财力。

知识产权价值的评估受多种复杂因素的影响，不仅包括知识产权的价值度，与市场需求、竞争态势等紧密相关的市场因素，也包括评估方法和工具的选择。价格评估不准确会导致专利技术难以转让许可，价格过高则超过购买方心理预期，知识产权难以转移。如果知识产权价格评估过低，则会造成国有资产流失，对科研机构是较大的责任风险。同时也会影响职务发明人的利益分配。在评估阶段虽然很难得到准确的知识产权价格，但完全能通过改进评估方法、评级技术和评估机制，尽可能地接近知识产权的真正价值。

15.4.4 转移转化中的知识产权风险

在知识产权转移转化实施中存在侵权和被侵权的风险。自己创办企业实施知识产权也会侵犯他人知识产权，虽然科研机构不会侵权，但创办企业可能造成侵权。而目前的科研机构很少做这方面的知识产权检索和分析。知识产权被侵权是科研机构的知识产权被他人侵权的情形，如果知识产权质量不高则会被无效掉，无法通过诉讼获得应得的利益；即使质量高被无效不掉，科研机构还得通过维权保护自己的知识产权，这就需要支付大量的法律费用。知识产权侵权和被侵权行为发生将会给科研机构和其他创新主体带来财务与名誉上的双重损失。

转让许可的知识产权风险。一项科技成果往往有多项知识产权，而知识产权为不同的专利权人拥有。科研机构在转让许可科技成果过程中，可能只转让许可了自己的知识产权，而无法转让许可他人关于该科技成果的知识产权。在知识产权转移转化过程中，科研机构转移的知识产权由企业实施可能会侵犯他人的知识产权，科研机构应承担相应的间接责任。如果明知自己的科技成果知识产权不是全部知识产权则属于故意行为，给企业造成损失的应当承担相应的赔偿责任。

作价入股的知识产权风险。根据《促进科技成果转化法》和《公司法》，对于科技成果转化而言，理论上具有可转让的财产性质的知识产权都可以用来出资。但是，知识产权申请权、使用权由于权利不稳定或者不完整，作价入股会存在难以获得授权、受到较多限制等问题，也难以享受科技成果作价入股的递延纳税优惠政策。如果专利申请权不能获得授权，根据《专利法》等的规定，有故意行为的应当返还已支付的技术使用费，造成损失的还应当承担赔偿责任。由于专利许可权受所有权的制约，其作价入股的案例较少。常见的情况还包括知识产权作价评估不合规、价值贬损和出资知识产权的权利瑕疵等，均会产生严重的知识产权风险。

销售制造的知识产权风险。科研机构下属企业生产制造和销售产品时，可能存在侵犯他人知识产权的风险。产品的生产制造是一个复杂的过程，企业拥有的可能只是生产过程中某些环节的知识产权。企业可能面临所生产销售产品或零部件侵犯他人知识产权的现象，尤其是产品或零部件涉及他人的知识产权。根据《专利法》及有关司法解释，未经专利权人许可，擅自实施有关制造、销售、许诺销售、使用、进口行为的构成侵权，应承担法律责任。

科研人员在知识产权转移转化中可能会因为违法问题面临诉讼风险。例如在转化活动中利用职务之便，将技术资料和数据等职务科技成果占为己有，侵犯单位的合法权益。或以科技成果转化和知识产权运用的名义，非法集资、弄虚作假、骗取奖励和荣誉称号、诈骗钱财、非法牟利等。根据《促进科技成果转化法》规定，科研人员有上述行为，将取消相关奖励和荣誉称号，没收违法所得并处以罚款。给他人造成经济损失的，应依法承担民事赔偿责任；构成犯罪的，还将依法追究刑事责任。

转移活动关联交易会导致风险增加。首先，在科技成果和知识产权转移活动中,科研人员可能故意隐瞒与科研项目研究相关联的企业,以及与之相关的交易。科研人员也可能故意隐瞒创办或参股的企业信息,以所在科研单位或高校名义以该科研人员创办或参股企业的名义,联合申请财政性科研经费项目,共同拥有知识产权,并将知识产权转移转化收益划拨到创办或参股的企业,造成国有资产流失。科研人员还可能故意隐瞒应当回避的利害关系人信息,以所在科研单位或高校名义并以该利害关系人的名义,联合申请财政性科研经费项目,共同拥有知识产权并将知识产权转移转化收益划拨给该利害关系人,造成国有资产流失。其次,科研人员可能会擅自增加关联企业,以及与之有相关的交易。或者故意违反公开透明原则和招投标制度,将创办或参股企业列为科研项目共同承担单位,共同拥有知识产权并将知识产权转移转化收益划拨给该利害关系人,造成国有资产流失。还有未经甲方单位同意,擅自改变承担单位信息,通过不正当手段,将创办或参股企业列为承担单位等。

综上所述,在转让许可环节,对被许可转让方的知识产权尽职调查不充分,可能会因为被转让方而陷入知识产权纠纷,也可能存在专利价值被严重低估的风险。在作价入股环节,如果未对投资人进行尽职调查,则存在极大的泄密、侵权等风险。在知识产权作价评估时,如果没有选择专业的有资质的评估机构,则可能存在知识产权价值被低估、价值不能充分实现的风险。在制造销售环节,如果自行制造产品,而未做好保密工作,会存在泄密风险。如果委托其他企业代为制造产品,合作过程中会存在技术方案外泄的风险。此外,不注重销售合同中知识产权权利义务,也可能产生知识产权风险。例如,销售合同规定科研机构要将包含产品中的所有知识产权许可给客户,并且该许可是免费的、永久的、无限制范围的,甚至是有分许可权的。这类条款存在模糊或者歧义时,很可能在合同存续期内引发争端,造成相关的知识产权风险和损失。

15.4.5　国有资产处置的风险

财政部 2019 年 9 月 23 日《关于进一步加大授权力度　促进科技成果转化的通知》(财资〔2019〕57 号)明确规定,科技成果所有权属于国家,国家授权中央级研究开发机构、高等院校是持有人。国家授权中央级研究开发机构、高等院校的主管部门办理科技成果作价投资形成国有股权的转让、无偿划转或者对外投资等管理事项，无须报财政部审批或者备案。中央级研究开发机构、高等院校将科技成果转让、许可或者作价投资，由单位自主决定是否进行资产评估。对科技成果作价入股形成的国有股权的转让、无偿划拨等权限已经下放到高校科研机构的主管部门，但主管部门如何自主决定并没有具体措施。在实践过程中，存在串通作弊、暗箱操作等低价处置国有资产的情况，造成国有资产流失。国有资产处置风险的关键点在于科研项目管理中的处置流程是否规范。规范的处置流程应包括明确的决策程序、审批流程和监督制度，以确保处置行为合法、公正、透明。科研机构应建立健全的国有资产处置管理制度，明确处置的程序和标准，规范知识产权项目资产的流转和处置过程，以降低国有资产流失的潜在风险。

15.4.6 侵权诉讼中的知识产权风险

知识产权侵权损害赔偿存在难以获得的风险。不是所有的知识产权侵权诉讼都可以获得赔偿。这一问题的根本原因在于专利权质量，如果专利权不符合授权条件则会被无效掉从而不侵权，如果写的范围较窄则有可能被规避设计从而不侵权。据统计，2021年北京知识产权法院专利侵权平均赔偿88万元。例如，朗科诉旋极，赔偿4 000万元；搜狗诉百度，要求赔偿1.6亿元。我国国家知识产权局专利局复审和无效审理部每年受理的专利侵权案件被无效的比例高达50%。国家知识产权局公布的《2022年中国专利调查报告》显示，2018—2022年我国企业专利权人涉及专利侵权诉讼案件法院判定零赔偿的平均比例达到33.92%。这表明企业有约1/3的概率在花费了人力、物力以后，得不到任何赔偿，凸显了企业在专利维权过程中面临的困境。

专利被无效的风险。专利权无效是在专利权授予之后，被发现其具有不符合专利法及其实施细则中有关授予专利权的条件，并经国家知识产权局复审部确认并宣告其无效的情形。在侵权诉讼中，除了可能涉及财务赔偿外，被告方还会竭力举证原告专利权无效。宣告专利权无效主要是对专利权的新颖性和创造性的挑战。专利权被宣告无效的风险主要源于专利质量。专利申请不符合授权条件即使授权了也会被无效掉。

诉前禁令与财产保全担保的风险。在一些专利权侵权诉讼案件中，专利权人为了固定证据，或者防止侵权造成的损失扩大，会提起诉前禁令和财产保全。首先，专利权人在申请诉前禁令时需要向法院证明专利权受到实质性侵害，并且存在紧急情况需要采取禁令措施以防止进一步损害。法院对证据的要求相当严格，因此专利权人必须能够提供具有说服力的证据支持其主张。如果未能满足这些要求，法院可能拒绝颁发禁令，使专利权人未能获得期望的保护。其次，申请人提出诉前禁令和证据保全申请时，应当提供担保；不提供担保的，驳回申请。申请有错误的，申请人应当赔偿被申请人因停止有关行为所遭受的损失。也即如果申请了诉前禁令和财产保全担保，但申请人不起诉或者申请错误给被申请人造成损失，申请人还需要进行赔偿。因此作为原告，存在因申请错误给自己造成损失的风险。在申请诉前禁令或财产保全前，相关机构应聘请专家评估专利的稳定性，掌握充分损失证据，轻易不使用诉前禁令等手段。

15.4.7 企业上市的知识产权风险

上市是科研机构衍生企业发展的重要途径，但上市的流程严苛且复杂，企业的资产状况要经历第三方机构的严格审查。资产状况的真实性、准确性、完整性以及清晰度是影响企业上市成功的重要因素。企业需要提供翔实的财务报表和其他相关信息，以便审查机构对企业的财务状况有全面的了解。如果企业在这方面存在虚报、漏报或者信息不清晰等问题，可能会导致上市过程受阻或被拒绝，面临不能上市的风险。

知识产权在科研机构衍生企业的上市过程中占据着重要地位，企业需要清晰而准确地披露其知识产权的状况，包括专利、商标、著作权等方面的信息。突击申请知识产权，即在上市前仓促提出知识产权申请，不仅可能导致知识产权的质量不高，而且在审查过程中这一事实会被揭露。这种情况不仅影响企业的上市进程，还可能对企业的信誉和长期发展造成负面影响。不少企业在上市过程中存在知识产权信息披露不真实、不准确、不完整、不清晰以及不规范的情况。突击申请和知识产权信息披露存在问题会导致上市申请被驳回，造成巨大损失已经不是个别现象。

除此之外，企业申请上市过程中还存在以下知识产权风险。一是潜在侵权风险。权属不明可能会导致知识产权的使用存在潜在的法律风险。在企业上市前，确保知识产权的所有权清晰明确是至关重要的。任何权属不明的情况都可能在上市过程中引发争议，影响企业的信誉和上市计划。在中国证监会的反馈意见中，江苏云涌电子科技股份有限公司被要求披露是否存在纠纷或潜在纠纷，以确保在知识产权领域的合规性。二是权利无效风险。青岛英派斯健康科技股份有限公司由于实用新型专利被全部无效，在证监会反馈意见中被要求披露涉诉专利对发行人收入、利润的贡献，相关诉讼的进展情况，以及是否对发行人构成重大不利影响。三是未决诉讼风险。知识产权是企业生产和销售的重要资产，如果企业在上市前陷入知识产权纠纷，尤其是专利权纠纷，不仅会造成企业负担较大的诉讼成本，影响当期的财务状况，还会使企业进一步发展或保持持续盈利的能力处于一种不确定的状态。而不确定意味着企业对这些知识产权的使用存在一定的风险，会对企业的上市造成负面影响。《中国科创板企业诉讼分析报告（2019—2021）》显示，2019—2021年，科创板上市企业共发生相关司法诉讼7839件。从立案案由来看，发明专利权纠纷为272件、占比3.5%，是案件数量排名第三位的案由。可见，科创板拟上市企业面临的知识产权侵权纠纷风险较高，需要科研机构高度重视。

15.5 科研机构知识产权风险管理

15.5.1 基础管理中的知识产权风险管理对策

（1）知识产权人力资源管理中的风险管理。首先，应该在人事合同中与员工约定知识产权权属、奖励报酬、保密义务、造成知识产权损失的责任等。其次，要加强入职、离职人员的知识产权管理，对新入职员工进行适当的知识产权背景调查，签署知识产权声明文件，形成记录。对离职、退休的员工进行知识产权事项提醒，明确有关职务发明的权利和义务，签署知识产权协议或竞业限制协议。要加强学生的知识产权管理，学生因毕业等原因离开科研机构时，应签署知识产权协议或保密协议。要加强项目组人员的知识产权管理，针对重大科研项目进行项目组人员（包括学生）知识产权背景调查；必要时签署保密协议；在论文发表、学位答辩、学术交流等学术事务前，应进行信息披露的审查，防止泄密；在项目组人员退出科研项目时，进行知识产权提醒。最后，组织对员工和学生的知识产权培训，提升知识产权意识。

（2）科研设施管理中的知识产权风险管理。在风险应对方面，首先，在采购实验用品、软件、耗材时进行供应商知识产权尽职调查，主要是针对供应商资质、供应商的知识产权背景进行必要的调查和审查。其次，处理实验用过物品时应进行相应的知识产权检查，及时处置好实验用过物品上的数据等，形成记录文件。再次，在仪器设备管理办法中明确知识产权要求；对外租借仪器设备时，应在租借合同中约定知识产权事务。最后，国家重大科研基础设施和大型科研仪器向社会开放时，应对用户身份信息进行保密，在使用过程中形成的知识产权和科学数据应及时申报权利，在用户使用前应与用户约定知识产权事务以及要求用户在发表著作、论文等成果时标注利用科研设施仪器情况。

（3）合同管理中的知识产权风险防范。科研机构应加强合同中的知识产权管理，对合同中的知识产权条款进行审查，确保其合规且清晰，并形成记录，以便在未来的合同管理中能够进行追溯和核查。进行知识产权对外委托业务时，应签订书面合同，并约定知识产权权属、保密等相关事项，以维护委托方和受托方的合法权益。在进行委托开发或合作开发时，应签订书面合同，明确约定知识产权权属、许可及利益分配、后续改进的权属和使用、发明人的奖励和报酬、保密义务等，明确双方权责，规范知识产权关系，降低合作中潜在的风险。科研机构承担涉及国家重大专项等政府项目时，应充分了解该项目的知识产权管理规定，并按照要求进行管理。政府项目往往有严格的知识产权管理要求，包括但不限于产权归属、权利归属、数量指标、保密义务等方面。科研机构在签署相关合同前应充分了解并适应这些规定，确保知识产权的合规管理，以防范政府项目中可能出现的法律和合同层面的风险。

15.5.2 科研项目中的知识产权风险管理对策

（1）立项和研发中的知识产权风险管理。第一，科研机构应建立有效的知识产权信息管理制度。建立信息收集渠道，及时获取所属领域产业发展与有关主体的知识产权信息，提供准确的知识产权信息支持。对知识产权检索工作加以规范，基本流程应包括核实检索需求以及分解检索目标，保障检索质量。第二，进行初步检索、IPC检索、同义词检索和组合检索，并记录检索过程。第三，建立专利信息分析利用机制，对信息进行分类筛选和分析加工，形成产业发展、技术领域、专利布局等有关知识产权信息分析报告，并加以有效分析利用，为决策提供有力支持。分析可以包括知识产权基本信息、生命周期、技术功效矩阵、技术优势、技术依赖性、技术宽度、专利影响、核心专利、法律状态九个方面。第四，构建行业和技术领域的专家库，形成稳定的工作机制，对专利布局提出建议和意见。这是管理知识产权风险的关键一环，包括积极引入行业专家，形成一个多层次、多领域的专家团队，提供专业的知识产权战略咨询。通过与专业人才的紧密合作，能够更加精准地把握行业动态，制定科学的专利布局策略，降低未来技术竞争和专利侵权的风险。第五，进行知识产权战略布局管理，要充分运用技术功效矩阵、技术路线图、生命周期等分析工具，对科研项目可能产生的知识产权进行挖掘和布局，实现和优化科研项目创新目标，提高科研项目创新效率，创造更多知识产权。应有效引导科研项目选择原始创新、改进创新或集成创新等创新方式，形成原创、组合、转用发明等不同类型知识产权，从而引导优化科研方向和资源投入。

（2）申请维持中的知识产权风险管理。首先，应建立科研项目发明披露机制，科研人员在发明创造完成后两个月内将发明创造项目基本信息、资助情况、技术状况、保密情况、商业化前景以及后续研发情况进行披露，尤其是发明存在的技术先进性和成熟度、专利检索式、市场盈利分析等向内部的技术转移和知识产权运营管理机构进行披露。其次，知识产权专家组就科研机构的专利进行评估，主要评估撰写的专利文件质量，包括专利稳定性、不可规避性、权利要求体系设计的合理性、技术发展、与技术标准的关联性、市场价值、侵权风险。经评估认为能够市场化的发明创造应当申请专利保护，专利质量高的发明创造应当申请专利保护。而不能市场化的发明创造应当继续研发或者作为商业秘密保护，专利质量低的专利文件应返回由代理机构提高专利质量。还应当积极培育标准必要专利和开展专利组合布局工作。

在知识产权权利获取管理的重点是分析知识产权的授权前景和授权费用缴纳，有的时候可以选择放弃获取知识产权，这包括国外知识产权申请获取的管理。因此要考虑预算约束，要在预算许可情况下选择最有可能实施的国家或地区进行保护。知识产权维持管理的基础是要有一批高质量的有效知识产权，因此首要对知识产权进行分类分级管理，区分出有价值的专利和无价值的专利，分级分类可以为科研机构保留最有价值的知识产权，放弃无价值的知识产权。然后决定是否缴纳知识产权年费，只有价值较大的知识产权才缴纳年费进行维持，价值较小的在不改变权属的情况下可以非排他方式许可企业并由企业缴纳年费。无价值的则直接放弃权利，进入公知领域。

（3）专利评估和分级中的知识产权风险管理。科学、合理的知识产权价值评估是科研项目知识产权转移转化和投资的基础，也是双方达成交易的重要依据。知识产权价值评估不仅要评估技术的先进性、成熟性和配套性，也要评估市场化的可能性和获利性，还要评估知识产权的法律状态。知识产权价值评估管理的重点是知识产权价值评估方法的选择和不同知识产权价值评估参数的选择，但是知识产权交易价格成交的根本在于双方的谈判。此外，知识产权的价值评估是一个动态的过程，在维持期间，要持续评估知识产权是否存在技术贬值问题，是否有替代技术出现，要及时调整知识产权价值评估的各种参数，完善科研项目知识产权的价值评估结果。

（4）国有资产处置的风险管理。科研机构应建立财政性科技计划项目形成科技成果知识产权的处置流程，建立知识产权权属放弃和下放审批程序，使其符合国家相关法律法规的要求。在科技成果转化过程中，通过串通作弊、暗箱操作等低价处置国有资产的，要依据国家有关规定进行惩处。此外，主管部门要承担科技成果转化有关国有资产管理的主体责任，加强对科技成果作价投资形成国有股权的转让、无偿划转和对外投资等事项的审批管理。主管部门也要加强对中央级研究开发机构、高等院校自主转化科技成果的监督，落实监管职责。

（5）转化实施中的知识产权风险管理。首先，建立知识产权纠纷应对机制，制订有效的风险规避方案，及时发现和监控知识产权风险，避免侵犯他人知识产权。要及时跟踪和调查相关知识产权被侵权的情况，适时通过行政和司法途径主动维权，有效保护自身知识产权。其次，在许可和转让前要进行知识产权尽职调查，确保知识产权的有效性。知识产权许可和转让要签订书面合同，明确双方的权利和义务，其中许可合同应当明确规定许可方式、范围、期限等；监控许可和转让流程，预防与控制许可和转让风险，包括合同的签署、备案、执行、变更、中止与终止，以及知识产权权属的变更等。再次，作价投资应调查技术需求方以及合作方的经济实力、管理水平、所处行业、生产能力、技术能力、营销能力等。根据需要选择有资质的第三方进行知识产权价值评估。要签订书面合同，明确受益方式和比例。最后，在制造销售环节，应与客户就知识产权的保密、知识产权许可、知识产权侵权责任等进行约定，避免产生纠纷。

（6）侵权诉讼中的知识产权风险管理。首先，作为原告应该明确知识产权诉讼策略，是选择和解还是诉讼。如果选择诉讼则需要对专利质量有充分的把握，要能收集到有效的证据，形成完整的证据链，才能获得损害赔偿。其次，要评估专利的价值和专利被无效的风险，选择和解和诉讼应根据诉讼的收益与成本定夺。最后，谨慎提出诉前禁令和财产保全担保。当然，由于科研机构不存在制造、销售、许诺销售、使用和进口等侵犯他人知识产权的行为，科研机构可以诉讼为策略开展知识产权许可。

（7）企业上市的知识产权风险管理。拟上市企业应按照中国证监会的规定尽到知识产权相关信息披露的义务，在上市期间应该建立知识产权纠纷应对机制，一方面避免陷入知识产权纠纷，另一方面如果陷入知识产权纠纷也应迅速采取措施和进行危机公关。科研机构和下属企业应加强知识产权管理。企业必须拥有相应的知识产权，企业已经有专利或软件著作权等必须有清晰的盈利模式。企业的专利、商标等已在境内外申请保护并大部分已经获得授权。企业在持续创新方面有充足的知识产权储备，并已经在相关领域申请了知识产权保护。企业的知识产权管理要正规。企业的人力资源与知识产权之间构建和谐良性循环关系。以知识产权为基础的无形资产权属明晰。企业独立董事中必须有具备知识产权知识的专业人士。

例如，纵横股份是钢铁研究总院成立的上市企业，其科创板 IPO 申请于 2020 年 4 月 20 日受理，2021 年 1 月 29 日获批网上发行。纵横股份在 IPO 期间，共涉及被起诉专利侵权的案件 5 起，专利被提起无效宣告的案件 5 起。在专利诉讼案件中，专利权人在济南市中级人民法院向纵横股份提起专利侵权诉讼，诉讼请求包括：停止制造、销售、许诺销售侵权产品，销毁全部库存和专用模具，用户停止使用侵权产品；支付涉案发明专利临时保护期使用费并赔偿原告经济损失及维权合理开支等。在专利无效中，请求人对纵横股份5件发明专利向专利局提起了专利无效宣告。

成都纵横自动化技术股份有限公司（纵横股份）在上市期间带诉过会是一个典型的案例。纵横股份是一家高科技企业，在上市过程中受到了他人知识产权无效宣告和诉讼的阻击。该公司针对专利侵权诉讼实施了以下5项应对措施：① 充分披露专利侵权诉讼的诉讼情况、目前所处阶段和案件的最新进展。② 委托律师事务所对涉案侵权产品进行拆机分析，对纵横股份相关产品、应用场景和技术路线与涉案专利技术特征进行比对，并出具法律意见书论证，认为纵横股份全系列产品未侵犯原告专利技术，不构成侵权。③ 声明即使原告主张纵横股份全系列产品侵权，也不会对纵横股份造成重大不利影响，不会构成本次发行上市的障碍。涉案产品为单一系列产品，营收占比小。披露原告对另一系列产品继续提起专利侵权诉讼的潜在风险，该系列产品的营收占比也较小。④ 说明发行人在不断更新已有产品，不断丰富产品系列，持续提升产品及服务的市场竞争力，发行人围绕核心技术及相关产品已储备丰富的在研项目。即使诉讼出现不利后果，未来停止销售侵权产品亦不会对公司业务造成重大影响。⑤ 充分披露形成发行人主营业务收入的核心专利在产品中的运用情况及形成主营业务收入的具体体现，并详细介绍核心技术所采取的保护措施。

纵横股份针对专利无效宣告提出3点应对措施：① 出具被无效专利的三性复核报告，论证发行人拥有的已授权发明专利具有较高稳定性，相关专利被整体宣告无效的风险较低。② 说明发行人核心技术采取专利、著作权、技术秘密等多种保护措施，即使部分发明专利被无效也不会导致发行人核心技术的丧失或被模仿，不会对发行人核心技术造成重大不利影响，也不会对发行人持续生产经营构成重大不利影响。③ 说明工业无人机系统涉及的技术领域广、产业链较长，拥有较高的技术壁垒和综合优势，即使部分发明专利被无效也不会对发行人持续生产经营构成重大不利影响。最终该公司带诉过会，在科创板上市成功。

15.6　小结

本章研究了科研机构知识产权风险管理，分析了科研机构在知识产权基础管理和科研项目知识产权管理中的知识产权风险。首先对知识产权相关风险进行识别，其次对各类知识产权风险进行分析，最后提出科研机构知识产权风险管理的对策。

第一，要加强基础设施管理中知识产权风险识别与管理。主要通过人事合同、知识产权协议、竞业限制协议、保密协议、知识产权背景调查、知识产权提醒等方式加强知识产权风险管理。要完善科研设施管理制度，明确知识产权的归属与责任。要加强大型科研仪器基础设施和实验用品采购中的知识产权风险管理。要加强合同管理中知识产权风险管理，明确各类合同中的知识产权条款审查，规范合同管理。

第二，要加强科研项目知识产权管理中的知识产权风险识别与管理。对于每个阶段面临的知识产权风险，要充分利用知识产权检索分析、科研组织知识产权标准化管理等，加强知识产权风险与防范。要建立知识产权信息管理制度，建立知识产权评估专家库，加强专利质量管理，提高科研成果与知识产权的价值。

第十六章 知识产权法规与政策

知识产权法律法规和政策是科研机构落实创新驱动发展战略和推动科技创新的制度保障,也是实现科研机构知识产权战略与规划目标的重要手段。目前,我国知识产权法律体系比较完善,但知识产权政策还比较分散,还没有构成体系,还存在许多与创新驱动发展战略和知识产权强国战略不相适应的问题。构建面向创新驱动发展和知识产权强国建设的知识产权政策体系,是加强科研机构知识产权管理的现实需要,是提升科研机构知识产权创造和运用能力的必然要求。

16.1 国际知识产权条约

从 20 世纪 80 年代起,我国相继参加了主要的知识产权保护国际公约、条约和协定。重要的国际条约如下。

1. 《世界知识产权组织公约》

世界知识产权组织(World Intellectual Property Organization,WIPO)是联合国 15 个专门机构之一,总部设在瑞士日内瓦。1967 年 7 月在瑞典斯德哥尔摩成立,1970 年 4 月生效,是在保护工业产权巴黎公约和保护文学艺术作品伯尔尼公约两个联盟基础上成立的。它目前管理着涉及知识产权保护的 16 部关于工业产权条约、7 部版权条约和《建立世界知识产权组织公约》共 24 项条约。截至 2020 年,有 193 个国家加入了世界知识产权组织。其主要任务是协调各国知识产权的立法和程序,为工业产权国际申请提供服务,交流知识产权信息,向发展中国家及其他国家提供法律和技术援助,为解决私人知识产权争端提供便利,利用信息技术和因特网作为存储、查询和使用有价值的知识产权信息的工具。我国于 1980 年 6 月正式承认《世界知识产权组织公约》并成为成员国。

2.《保护工业产权巴黎公约》

《保护工业产权巴黎公约》(Paris Convention on the Protection of Industrial Property)简称《巴黎公约》,于 1883 年 3 月 20 日在巴黎签订,1884 年 7 月 7 日生效,由世界知识产权组织管理。《巴黎公约》的保护范围主要是工业产权,包括发明专利权、实用新型、工业品外观设计、商标权、服务标记、厂商名称、产地标记或原产地名称以及制止不正当竞争等。《巴黎公约》的基本目的是保证每一个成员国的工业产权在所有其他成员国都得到保护。它规定了国民待遇原则、国际优先权原则❶、(国际展览会)临时保护原则、强制许可原则、宽限期原则❷和一些对成员国国内立法的最低要求。到 2022 年 7 月 6 日为止,缔约方总数为 179 个国家。中国于 1985 年 3 月 19 日成为该公约成员国。

3.《保护文学艺术作品伯尔尼公约》

《保护文学和艺术作品伯尔尼公约》(Berne Convention for the Protection of Literary and Artistic Works),简称《伯尔尼公约》,是关于著作权保护的国际条约,由世界知识产权组织管理。该公约保护的作品范围是缔约国国民的或在缔约国内首次发表的一切文学艺术作品。"文学艺术作品"包括文学、科学和艺术领域内的一切作品,还包括"演绎作品",只要不损害原作的著作权,这种改造就得到与原作同等的保护。该公约生效时保护期未满的作品也给予保护,即有追溯力。《伯尔尼公约》1886 年缔结,生效至今进行过 8 次补充和修订,截至 2021 年 3 月共有 179 个签约国。它规定了国民待遇原则、自动保护原则、独立保护原则(地域保护原则)、最低限度保护原则。该公约规定,每个缔约国都应自动保护在伯尔尼联盟所属的其他各国中首先出版的作品和保护其作者是上述其他各国的公民或居民的未出版的作品。签约各国必须保证使属于其他成员国国民的作者享受该国的法律给予其本国国民的权利。该公约将作者列为第一保护主体,保护其包括精神权利和财产权利在内的专有权利。为支持发展中国家教育和科学研究的需要,该公约 1971 年修

---

❶ 发明专利和实用新型优先权期为 12 个月,外观设计和商标注册优先权期为 6 个月。

❷ 对于未交专利年费商标续展费被撤销的专利商标给予 6 个月的宽限期。

订的附件规定，成员国可以按照公约规定的范围和程序发放翻译或复制有版权作品的强制许可证。我国 1992 年加入《伯尔尼公约》。

4.《商标国际注册马德里协定》

《商标国际注册马德里协定》(Madrid Agreement for International Registration of Trade Marks)，简称《马德里协定》，是简化商标在其他国家注册手续的国际协定。1891 年 4 月 14 日在马德里签订，1892 年 7 月生效。《马德里协定》与 1989 年签署的《商标国际注册马德里协定有关议定书》(简称《马德里议定书》) 称为商标国际注册马德里体系。截至 2022 年 4 月《马德里协定》有 128 个成员国。《马德里协定》保护的对象是商标和服务标志，主要内容包括商标国际注册的申请、效力、续展、收费等。《马德里协定》规定：商标的国际注册程序是协定的成员国国民，或在成员国有住所或有真实、有效营业所的非成员国国民，首先在其所属国或居住或没有营业所的成员国取得商标注册，然后通过该国商标主管机构，向设在日内瓦的世界知识产权组织国际局提出商标的国际注册申请。如果申请得到核准，由国际局公布，并通知申请人要求给予保护的有关成员国。这些成员国可以在一年内声明对该项商标不予保护，但需要说明理由；申请人可以向该国主管机关或法院提出申诉。凡在一年内未向国际局提出驳回注册声明的，可以视为已同意了商标注册。经国际局注册的商标享有 20 年有效期，并且可以不限次数地续展。该协定还规定，如果取得了国际注册的商标在其取得国际注册之日起 5 年内被本国商标主管机关撤销了其本国注册或宣告本国注册无效，则该商标在协定其他成员国的商标注册也将随之被撤销。只有当取得国际商标注册届满 5 年之后，该商标在协定各其他成员国的注册才能独立于其本国注册。我国于 1989 年加入《马德里协定》，1995 年加入《马德里议定书》。

5.《专利合作条约》

《专利合作条约》(Patent Cooperation Treaty, PCT) 是继《保护工业产权巴黎公约》之后专利领域最重要的国际条约，是国际专利制度发展史上的一个重要里程碑。该条约于 1970 年 6 月 19 日由 35 个国家在华盛顿签订，1978 年 6 月 1 日开始实施。由总部设在日内瓦的世界知识产权组织管辖。该条约各缔约国的国民或者居民都有权提出国际申请。PCT 申请分为两个阶段：国际阶段和国内阶段。国际阶段主要是受理 PCT 国际专利申请和对申请进行形式审查，进行国际检索，进行国际初步审查（可选）。而在国内阶段，相关 PCT 成员国审查决定 PCT 专利申请是否能获得该国的专利权。PCT 申请具有两个特点：一是程序单一。一份申请可以以一种语言向一个受理局提出，在进入各国家阶段以前可代替多份外国申请；以最小的花费，向外国提出申请的决定可以延迟到自优先权日起 30 个月；在进入国家阶段之前，可以对发明的经济价值及获得专利的可能性进行估计。二是具有较大的灵活性。如需避免更多花费，可以不再进行申请或不进入国家阶段；国际阶段做出的修改对所有的指定/选定的国家均有效力。我国于 1994 年 1 月 1 日加入 PCT，成为 PCT 的正式成员国，同时我国国家知识产权局也成为 PCT 的受理局、国际检索单位和国际初审单位。截至 2018 年 9 月 30 日，已有 152 个国家加入了该条约。

6.《与贸易有关的知识产权协定》

《与贸易有关的知识产权协定》（Agreement on Trade-Related Aspects of Intellectual Property Rights，TRIPs）是世界贸易组织（WTO）法律框架的组成部分，于 1994 年 WTO 成立时通过。与 WTO 的其他条约一样，批准 TRIPs 的国家或者单独关税区也必须一揽子接受包括《货物贸易多边协定》《服务贸易总协定》等 WTO 法律框架内的其他多边协定。该协定明确了知识产权是一种私权，要求成员国对知识产权给予有力保护。例如，著作权保护期必须延长至作者去世后 50 年，而电影与摄影作品保护期固定为 50 年且至少满 25 年；著作权必须自动授予，而非基于任何如登记、续期程序等"正式手续"；计算机程序必须被认定为版权法保护下的"文字作品"并获得相应的保护期，版权的国家豁免必须遵循《伯尔尼公约》中的三步测试法。除非公共利益需要，专利权必须在所有技术领域中得到认可，且有效期至少为 20 年，专利权人必须有禁止进口侵权产品的权利，政府对专利的强制许可仅限于一定情况；专有权的排除必须得到限制，并依法提供不与之存在冲突的作品一般实施与专利一般实施；不允许对计算机程序及专利权持有人的合法利益进行不合理歧视；与专利权有关的第三方之合法利益应当得到重视；TRIPs 同时具备最惠国待遇条款。2001 年，我国成为 TRIPs 成员国。

7.《布达佩斯条约》

《布达佩斯条约》是《国际承认用于专利程序的微生物保存布达佩斯条约》

（Budapest Treaty on the International Recognition of the Deposit of Microorganisms for the Purposes of Patent Procedure）的简称，是巴黎公约成员国缔结的专门条约之一。该条约1977年4月27日由布达佩斯外交会议通过，1980年9月26日修正。

《布达佩斯条约》的主旨在于解决微生物样品保藏的问题，避免各国专利机构重复而复杂的微生物保藏程序，减少申请人的费用负担。根据该条约，专利申请人可以向国际管理机构备案有关微生物，从而在申请专利时获得其他缔约方的承认。根据该条约，当一项专利申请涉及使用特定的微生物时，申请人可以选择将该微生物样品交由指定的国际机构进行保藏，并通过该机构向公众披露该样品的信息。

中国政府于1995年3月30日向世界知识产权组织递交加入书。1995年7月1日中国成为该条约的成员国。截至2021年12月，《布达佩斯条约》缔约方总数为67个国家。

8.《视听表演北京条约》

《视听表演北京条约》是世界知识产权组织管理的一项国际版权条约，旨在保护表演者对其录制或未录制的表演所享有的精神权利和经济权利。《视听表演北京条约》是关于表演者权利保护的国际条约，该条约赋予视听作品的表演者依法享有许可或禁止他人使用其在表演作品时的形象、动作、声音等一系列表演活动的权利。词曲作者和歌手等声音表演者、电影演员等视听作品的表演者享有的复制、发行等权利。

2012年6月26日，世界知识产权组织（WIPO）主办，国家新闻出版总署（国家版权局）、北京市人民政府承办的保护音像表演外交会议在北京举办了闭幕式，同时正式签署《视听表演北京条约》。2014年4月24日，第十二届全国人民代表大会常务委员会第八次会议表决通过批准《视听表演北京条约》。《视听表演北京条约》于2020年4月28日起正式生效。

9.《海牙协定》

《工业品外观设计国际保存海牙协定》（The Hague Agreement concerning the International Deposit of Industrial Designs）于1925年11月6日在海牙缔结，1928年生效。该协定自签订后做过多次修订，有1925年海牙文本、1934年伦敦文本、1960年海牙文本、1967年斯德哥尔摩文本（1979年经修订补充）、

1999 年的日内瓦文本。

我国 2022 年 5 月加入《海牙协定》1999 年日内瓦文本，并成为 1999 年文本的第 68 个缔约方和海牙联盟的第 77 个成员，1999 年文本于 2022 年 5 月 5 日在中国生效。截至 2022 年 2 月，海牙联盟共有 77 个成员，涵盖 94 个国家，美、欧、日、韩等主要国家和地区都已加入。

《海牙协定》是保护工业产品外观设计的一项国际条约，与《商标马德里协定》和《专利合作条约》共同构成工业产权领域的三大业务体系。具有任何一个海牙联盟成员国国籍或在该国有住所或经营场所的个人或单位都可以申请"国际保存"。申请人只要向世界知识产权组织国际局进行一次申请，就可以在要想得到保存的成员国内获得工业品设计权利。申请国际保存时，不需要先在一个国家的知识产权部门得到外观设计的批准，只通过一次保存，可以同时在几个国家取得保护。国际保存的期限为 5 年，期满后可以延长 5 年。

10.《RCEP 协定》

《区域全面经济伙伴关系》(Regional Comprehensive Economic Partnership，RCEP) 由东盟十国发起，邀请中国、日本、韩国、澳大利亚、新西兰共同参加，通过削减关税及非关税壁垒，建立 15 国统一市场的自由贸易协定。2020 年 11 月 15 日，东盟十国以及中国、日本、韩国、澳大利亚、新西兰 15 个国家正式签署 RCEP，标志着全球规模最大的自由贸易协定正式达成。

RCEP 知识产权章包含 83 个条款和过渡期安排、技术援助 2 个附件，是 RCEP 内容最多、篇幅最长的章节。该章节涵盖了作品、商标、地理标志、专利、外观设计、遗传资源、传统知识和民间文艺、反不正当竞争、知识产权执法、合作、透明度、技术援助等领域，旨在通过有效和充分地创造、运用、保护和实施知识产权权利来深化经济一体化和合作，以减少对贸易和投资的扭曲和阻碍。

除此之外，我国还于 1996 年加入了《工业品外观设计国际分类洛迦诺协定》，1997 年加入了《国际专利分类斯特拉斯堡协定》，1999 年加入了《保护植物新品种国际公约》，2007 年加入了《世界知识产权组织版权条约》和《世界知识产权组织表演和录音制品条约》等。

16.2 我国相关知识产权法律

我国 1982 年制定了《商标法》、1984 年制定了《专利法》、1990 年制定了《著作权法》、2020 年通过了涵盖知识产权领域的民事基本法——《民法典》等，奠定了中国知识产权法律制度的基本框架。近年来，我国知识产权法律法规逐步由适应改革开放需要转向激励和促进创新方面。根据加入世界贸易组织的承诺与国际组织及公约的要求，以及我国创新发展的实际需要，我国对知识产权法律法规进行了不断的修改完善，知识产权立法与世界主要发达国家基本处于同一水平，具备了与世界主要国家一致的知识产权法律制度，符合与贸易有关的知识产权协议（TRIPs）的要求。

1. 民法典

《民法典》是新中国第一部以法典命名的法律，在法律体系中居于基础性地位，也是市场经济的基本法。

《民法典》共 7 编、1260 条，各编依次为总则、物权、合同、人格权、婚姻家庭、继承、侵权责任，以及附则。通篇贯穿以人民为中心的发展思想，着眼满足人民对美好生活的需要，对公民的人身权、财产权、人格权等作出明确翔实的规定，并规定侵权责任，明确权利受到削弱、减损、侵害时的请求权和救济权等，体现了对人民权利的充分保障，被誉为"新时代人民权利的宣言书"。2020 年 5 月 28 日，第十三届全国人民代表大会第三次会议通过了《民法典》，自 2021 年 1 月 1 日起施行。婚姻法、继承法、民法通则、收养法、担保法、合同法、物权法、侵权责任法、民法总则同时废止。

《民法典》未将知识产权纳入成编，专门的知识产权条款仅对知识产权法的单行法范畴进行明确规定，其余相关条款仅仅是在民法法律关系梳理过程中偶然涉及知识产权领域内问题时进行简单提及，例如在第 123 条规定，"民事主体依法享有知识产权。知识产权是权利人依法就下列客体享有的专有的权利：① 作品；② 发明、实用新型、外观设计；③ 商标；④ 地理标志；⑤ 商业秘密；⑥ 集成电路布图设计；⑦ 植物新品种；⑧ 法律规定的其他客体"。第444条规定,"以注册商标专用权、专利权、著作权等知识产权中的财产权出质的,质权自办理出质登记时设立。知识产权中的财产权出质后,出质人不得转让或者许可他人使用,但是出质人与质权人协商同意的除外。出质人转让或者许可他人使用出质的知识产权中的财产权所得的价款,应当向质权人提前清偿债务或者提存"。第1185条规定,"故意侵害他人知识产权,情节严重的,被侵权人有权请求相应的惩罚性赔偿"。但是并没有规定知识产权的基本原则,包括知识产权保护的期限、原则以及相关制度。目前知识产权相关内容主要体现在四大部门法以及相关保护条例,《民法典》尚未对知识产权领域的体系结构进行深入梳理和探讨,缺乏像"知识产权编"这样的综合性规范安排。

2. 专利法

我国《专利法》于1984年3月12日由全国人大常委会第四次会议通过,1985年1月19日,国务院颁布《专利法实施细则》,《专利法》及其实施细则于1985年4月1日起施行。1980年中国专利局成立,1988年专利局上升为国务院直属局。党的十一届三中全会后,《专利法》经过近30次修订,《专利法》及其实施细则重要的有1992年、2000年、2008年和2020年的四次修订。

我国在第四次《专利法》修订中加强维护专利权人的合法权益,增强创新主体对专利保护的信心,充分激发全社会的创新活力。主要修改内容如下。

一是完善外观设计保护相关制度。《专利法》第2条规定,"外观设计,是指对产品的整体或者局部的形状、图案或者其结合以及色彩与形状、图案的结合所作出的富有美感并适于工业应用的新设计"。第29条规定,"申请人自发明或者实用新型在中国第一次提出专利申请之日起十二个月内,或者自外观设计在中国第一次提出专利申请之日起六个月内,又向国务院专利行政部门就相同主题提出专利申请的,可以享有优先权"。第42条规定,"发明专利权的期限为二十年,实用新型专利权的期限为十年,外观设计专利权的期限为十五年,均自申请日起计算"。

二是完善职务发明制度,促进专利实施和运用。《专利法》第6条规定,"执行本单位的任务或者主要是利用本单位的物质技术条件所完成的发明创造为职务发明创造。职务发明创造申请专利的权利属于该单位,申请被批准后，该单位为专利权人。该单位可以依法处置其职务发明创造申请专利的权利和专利权，促进相关发明创造的实施和运用"。

三是新增诚实信用原则。《专利法》第20条规定，"申请专利和行使专利权应当遵循诚实信用原则。不得滥用专利权损害公共利益或者他人合法权益。滥用专利权，排除或者限制竞争，构成垄断行为的，依照《反垄断法》处理"。

四是完善专利行政保护制度。《专利法》第41条规定，"专利申请人对国务院专利行政部门驳回申请的决定不服的，可以自收到通知之日起三个月内向国务院专利行政部门请求复审。国务院专利行政部门复审后，作出决定，并通知专利申请人。专利申请人对国务院专利行政部门的复审决定不服的，可以自收到通知之日起三个月内向人民法院起诉"。

五是新增专利权期限补偿制度。《专利法》第42条规定，"自发明专利申请日起满四年，且自实质审查请求之日起满三年后授予发明专利权的，国务院专利行政部门应专利权人的请求，就发明专利在授权过程中的不合理延迟给予专利权期限补偿，但由申请人引起的不合理延迟除外。为补偿新药上市审评审批占用的时间，对在中国获得上市许可的新药相关发明专利，国务院专利行政部门应专利权人的请求给予专利权期限补偿。补偿期限不超过五年，新药批准上市后总有效专利权期限不超过十四年"。

六是加强专利转化服务。《专利法》第48条规定，"国务院专利行政部门、地方人民政府管理专利工作的部门应当会同同级相关部门采取措施，加强专利公共服务，促进专利实施和运用"。

七是完善专利权评价报告制度。《专利法》第66条规定，"专利侵权纠纷涉及新产品制造方法的发明专利的，制造同样产品的单位或者个人应当提供其产品制造方法不同于专利方法的证明。专利侵权纠纷涉及实用新型专利或者外观设计专利的，人民法院或者管理专利工作的部门可以要求专利权人或者利害关系人出具由国务院专利行政部门对相关实用新型或者外观设计进行检索、分析和评价后作出的专利权评价报告，作为审理、处理专利侵权纠纷的证据；专利权人、利害关系人或者被控侵权人也可以主动出具专利权评价报告"。

八是完善举证责任。《专利法》第71条规定，"人民法院为确定赔偿数额，在权利人已经尽力举证，而与侵权行为相关的账簿、资料主要由侵权人掌握的情况下，可以责令侵权人提供与侵权行为相关的账簿、资料；侵权人不提供或者提供虚假的账簿、资料的，人民法院可以参考权利人的主张和提供的证据判定赔偿数额"。

九是加大对侵犯专利权的赔偿力度，更有效地维护发明者的权益，促进科技创新。《专利法》第71条规定，"对故意侵犯专利权，情节严重的，可以在按照上述方法确定数额的一倍以上五倍以下确定赔偿数额。权利人的损失、侵权人获得的利益和专利许可使用费均难以确定的，人民法院可以根据专利权的类型、侵权行为的性质和情节等因素，确定给予三万元以上五百万元以下的赔偿"。

十是新增药品专利纠纷早期解决程序有关条款。《专利法》第76条规定，"药品上市审评审批过程中，药品上市许可申请人与有关专利权人或者利害关系人，因申请注册的药品相关的专利权产生纠纷的，相关当事人可以向人民法院起诉，请求就申请注册的药品相关技术方案是否落入他人药品专利权保护范围作出判决。国务院药品监督管理部门在规定的期限内，可以根据人民法院生效裁判作出是否暂停批准相关药品上市的决定。药品上市许可申请人与有关专利权人或者利害关系人也可以就申请注册的药品相关的专利权纠纷，向国务院专利行政部门请求行政裁决。国务院药品监督管理部门会同国务院专利行政部门制定药品上市许可审批与药品上市许可申请阶段专利权纠纷解决的具体衔接办法，报国务院同意后实施"。

我国2023年12月11日通过的《专利法实施细则》主要做了以下四个方面的修改。

一是关于诚实信用原则。《专利法》第20条规定了诚实信用原则："申请专利和行使专利权应当遵循诚实信用原则。不得滥用专利权损害公共利益或者他人合法权益"。《专利法实施细则》修改主要体现在三个方面：第11条规定，专利申请人"提出各类专利申请应当以真实发明创造活动为基础，不得弄虚作假"；第88条规定，"专利权人不得通过提供虚假材料、隐瞒事实等手段，作出开放许可声明或者在开放许可实施期间获得专利年费减免"；第100条规定了上述违法行为的行政责任："由县级以上负责专利执法的部门予以警告，可以处10万元以下的罚款。"

二是关于优先权制度。《专利法》规定了外观设计专利申请的优先权制度。《专利法实施细则》规定,发明或实用新型专利申请中的附图可以作为外观设计专利申请优先权的基础,外观设计专利申请人提出优先权请求后,并不会导致作为优先权基础的发明或实用新型专利申请被视为撤回。《专利法实施细则》规定允许发明和实用新型专利申请人在优先权提出期限届满后2个月内请求恢复优先权,前提是有正当理由。《专利法实施细则》还规定,申请人提出优先权请求后,可以在规定的期限内增加或改正优先权请求;或者利用作为优先权基础的在先申请的内容补正当前申请的说明书或权利要求书所缺失的内容。

三是外观设计国际保护。《专利法》将外观设计保护客体延伸到局部外观设计,并将外观设计的保护期从10年延长到15年。《专利法实施细则》规定,"按照海牙协定已确定国际注册日并指定中国的外观设计国际申请,视为向国务院专利行政部门提出的外观设计专利申请",该国际注册日视为国内申请的申请日。"国际局公布外观设计国际申请后,国务院专利行政部门对外观设计国际申请进行审查"。国务院专利行政部门审查后没有发现驳回理由的,作出授权决定。无论授权与否,国务院专利行政部门均将审查决定通知国际局。《专利法实施细则》还在外观设计专利申请的优先权要求、新颖性宽限期、分案申请、设计要点简要说明、权利变更手续等方面都规定了具体要求。

四是开放许可制度。《专利法》引入了专利开放许可制度,鼓励专利权人主动公布许可条件,方便实施者获得专利许可。《专利法实施细则》规定,专利权人在发放许可声明时应写明的专利号、专利权人姓名(名称)、许可费标准与支付方式、许可期限等;双方达成开放许可后,"应当凭能够证明达成许可的书面文件向国务院专利行政部门备案"。专利权人在开放许可声明中要明确说明专利许可的核心条款,尤其是许可费标准。规定专利权人公布许可条件、对开放许可协议进行备案。专利局在决定给予官费减免时,还会对开放许可协议是否实际被履行进行审查。

《专利法实施细则》还规定了延迟审查请求实现,第56条第2款首次明确"申请人可以对专利申请提出延迟审查请求"。

3. 商标法规

我国《商标法》于1982年8月23日第五届全国人民代表大会常务委员

会第二十四次会议通过，后经过 1993 年 2 月 22 日第一次修正、2001 年 10 月 27 日第二次修正、2013 年 8 月 30 日第三次修正和 2019 年 4 月 23 日第四次修正。《商标法实施条例》于 2002 年 8 月 3 日以国务院令第 358 号公布，2014 年 4 月 29 日国务院令第 651 号修订。第四次修正后的《商标法》共有 8 章 73 条，《商标法实施条例》共有 10 章 99 条。

第四次修正后的《商标法》第一章是总则，第二章是商标注册的申请，第三章是商标注册的审查和核准，第四章是注册商标的续展、变更、转让和使用许可，第五章是注册商标的无效宣告，第六章是商标使用的管理，第七章是注册商标专用权的保护，第八章是附则。这次修改主要包括以下内容。

一是增加诚实信用原则条款，有助于建立和维护公平竞争的商业环境，促进商标制度的健康发展。《商标法》第 7 条规定，"申请注册和使用商标，应当遵循诚实信用原则"。

二是增强商标使用义务，明确商标需要以使用为目的。《商标法》第 4 条规定，"自然人、法人或者其他组织在生产经营活动中，对其商品或者服务需要取得商标专用权的，应当向商标局申请商标注册。不以使用为目的的恶意商标注册申请，应当予以驳回"。

三是规范商标代理行为，明确商标代理机构在知道或者应当知道委托人存在恶意注册行为的情况下不得接受委托。《商标法》第 19 条规定，"商标代理机构知道或者应当知道委托人申请注册的商标属于本法第四条、第十五条和第三十二条规定情形的，不得接受其委托"。

四是对商标代理机构的恶意申请商标注册、恶意诉讼行为明确提出处罚措施。《商标法》第 68 条规定，"对恶意申请商标注册的，根据情节给予警告、罚款等行政处罚；对恶意提起商标诉讼的，由人民法院依法给予处罚"。

五是提高侵权赔偿数额，将法定赔偿额上限提高到 500 万元。《商标法》第 63 条规定，"权利人因被侵权所受到的实际损失、侵权人因侵权所获得的利益、注册商标许可使用费难以确定的，由人民法院根据侵权行为的情节判决给予五百万元以下的赔偿"。

随着社会主义市场经济的深入发展，市场主体知识产权意识增强，更加重视品牌建设，在产生庞大商标需求的同时也带来了一系列问题，需要对我国的商标法进行修改。2023 年 1 月 13 日，国家知识产权局发布了《中华人民共和国商标法修订草案（征求意见稿）》，向社会各界公开征求关于商标法修改的意见，此次修订对现行《商标法》进行了多项重大乃至突破性的调整，将《商标法》扩充为10章101条，其中新增32条，从现有条文中拆分形成新条文6条，实质修改条文45条，基本维持现有法条内容27条，进一步理顺了商标法体系。具体修改内容包括完善商标授权确权程序；强化商标使用义务，规范互联网环境下的商标使用；加强商标专用权保护，打击商标侵权行为；加强商标监督管理，规制商标违法行为等。

4. 著作权法

《著作权法》由第七届全国人民代表大会常务委员会第十五次会议于1990年9月7日通过，并于2001年、2010年、2020年进行三次修订，共有6章67条。《著作权法实施条例》由国务院令第359号于1991年5月30日发布，分别在2011年和2013年进行了修订，共38条。与科研机构著作权管理相关的内容主要有：

一是作品和著作权。《著作权法》保护的作品是指文学、艺术和科学领域内具有独创性并能以一定形式表现的智力成果，包括：① 文字作品；② 口述作品；③ 音乐、戏剧、曲艺、舞蹈、杂技艺术作品；④ 美术、建筑作品；⑤ 摄影作品；⑥ 视听作品；⑦ 工程设计图、产品设计图、地图、示意图等图形作品和模型作品；⑧ 计算机软件；⑨ 符合作品特征的其他智力成果。

著作权包括下列人身权（1～4）和财产权（5～17）：① 发表权，即决定作品是否公之于众的权利；② 署名权，即表明作者身份，在作品上署名的权利；③ 修改权，即修改或者授权他人修改作品的权利；④ 保护作品完整权，即保护作品不受歪曲、篡改的权利；⑤ 复制权，即以印刷、复印、拓印、录音、录像、翻录、翻拍、数字化等方式将作品制作一份或者多份的权利；⑥ 发行权，即以出售或者赠与方式向公众提供作品的原件或者复制件的权利；⑦ 出租权，即有偿许可他人临时使用视听作品、计算机软件的原件或者复制件的权利，计算机软件不是出租的主要标的的除外；⑧ 展览权，即公开陈列美术作品、摄影作品的原件或者复制件的权利；⑨ 表演权，即公开表演作品，以及用各种手段公开播送作品的表演的权利；⑩ 放映权，即通过放映机、幻灯机等技术设备公开再现美术、摄影、视听作品等的权利；⑪ 广播权，即以有线或者无线方式公开传播或者转播作品，以及通过扩音器或者其他传送符号、声音、图像的类似工具向公众传播广播的作品的权利，但不包括本款第12项规定的权利；⑫信息网络传播权，即以有线或者无线方式向公众提供，使公众可以在其选定的时间和地点获得作品的权利；⑬摄制权，即以摄制视听作品的方法将作品固定在载体上的权利；⑭改编权，即改编作品，创作出具有独创性的新作品的权利；⑮翻译权，即将作品从一种语言文字转换成另一种语言文字的权利；⑯汇编权，即将作品或者作品的片段通过选择或者编排，汇集成新作品的权利；⑰应当由著作权人享有的其他权利。著作权人可以许可他人行使前款第5项至第17项规定的权利，并依照约定或者本法有关规定获得报酬。著作权人可以全部或者部分转让本条第一款第5项至第17项规定的权利，并依照约定或者本法有关规定获得报酬。

中国公民、法人或者非法人组织的作品，不论是否发表，依照本法享有著作权。外国人、无国籍人的作品根据其作者所属国或者经常居住地国同中国签订的协议或者共同参加的国际条约享有的著作权，受本法保护。外国人、无国籍人的作品首先在中国境内出版的，依照本法享有著作权。未与中国签订协议或者共同参加国际条约的国家的作者以及无国籍人的作品首次在中国参加的国际条约的成员国出版的，或者在成员国和非成员国同时出版的，受本法保护。

自然人为完成法人或者非法人组织工作任务所创作的作品是职务作品，除本条第2款的规定以外，著作权由作者享有，但法人或者非法人组织有权在其业务范围内优先使用。作品完成两年内，未经单位同意，作者不得许可第三人以与单位使用的相同方式使用该作品。主要是利用法人或者非法人组织的物质技术条件创作，并由法人或者非法人组织承担责任的工程设计图、产品设计图、地图、示意图、计算机软件等职务作品；报社、期刊社、通讯社、广播电台、电视台的工作人员创作的职务作品；法律、行政法规规定或者合同约定著作权由法人或者非法人组织享有的职务作品，作者享有署名权，著作权的其他权利由法人或者非法人组织享有，法人或者非法人组织可以给予作者奖励。

二是著作权人。著作权属于作者，创作作品的自然人是作者。由法人或者非法人组织主持，代表法人或者非法人组织意志创作，并由法人或者非法人组织承担责任的作品，法人或者非法人组织视为作者。在作品上署名的自然人、法人或者非法人组织为作者，且该作品上存在相应权利，但有相反证明的除外。作者等著作权人可以向国家著作权主管部门认定的登记机构办理作品登记。与著作权有关的权利参照适用前两款规定。改编、翻译、注释、整理已有作品而产生的作品，其著作权由改编、翻译、注释、整理人享有，但行使著作权时不得侵犯原作品的著作权。两人以上合作创作的作品，著作权由合作作者共同享有。没有参加创作的人，不能成为合作作者。合作作品的著作权由合作作者通过协商一致行使；不能协商一致，又无正当理由的，任何一方不得阻止他方行使除转让、许可他人专有使用、出质以外的其他权利，但是所得收益应当合理分配给所有合作作者。合作作品可以分割使用的，作者对各自创作的部分可以单独享有著作权，但行使著作权时不得侵犯合作作品整体的著作权。

受委托创作的作品，著作权的归属由委托人和受托人通过合同约定。合同未作明确约定或者没有订立合同的，著作权属于受托人。著作权属于自然人的，自然人死亡后，其规定的权利在本法规定的保护期内，依法转移。著作权属于法人或者非法人组织的，法人或者非法人组织变更、终止后，其规定的权利在本法规定的保护期内，由承受其权利义务的法人或者非法人组织享有；没有承受其权利义务的法人或者非法人组织的，由国家享有。

三是著作权的保护期。作者的署名权、修改权、保护作品完整权的保护期不受限制。自然人的作品，其发表权、本法规定的财产权利的保护期为作者终生及其死亡后 50 年；法人或者非法人组织的作品、著作权（署名权除外）由法人或者非法人组织享有的职务作品，其发表权的保护期为 50 年；本法规定的权利的保护期为 50 年，但作品自创作完成后 50 年内未发表的，本法不再保护。视听作品，其发表权的保护期为 50 年；本法规定的权利的保护期为 50 年，但作品自创作完成后 50 年内未发表的，本法不再保护。

四是作品的合理使用。在下列情况下使用作品，可以不经著作权人许可，不向其支付报酬，但应当指明作者姓名或者名称、作品名称，并且不得影响该作品的正常使用，也不得不合理地损害著作权人的合法权益：① 为个人学习、研究或者欣赏，使用他人已经发表的作品；② 为介绍、评论某一作品或者说明某一问题，在作品中适当引用他人已经发表的作品；③ 为报道新闻,在报纸、期刊、广播电台、电视台等媒体中不可避免地再现或者引用已经发表的作品;④报纸、期刊、广播电台、电视台等媒体刊登或者播放其他报纸、期刊、广播电台、电视台等媒体已经发表的关于政治、经济、宗教问题的时事性文章,但著作权人声明不许刊登、播放的除外;⑤报纸、期刊、广播电台、电视台等媒体刊登或者播放在公众集会上发表的讲话,但作者声明不许刊登、播放的除外;⑥为学校课堂教学或者科学研究,翻译、改编、汇编、播放或者少量复制已经发表的作品,供教学或者科研人员使用,但不得出版发行;⑦国家机关为执行公务在合理范围内使用已经发表的作品;⑧图书馆、档案馆、纪念馆、博物馆、美术馆、文化馆等为陈列或者保存版本的需要,复制本馆收藏的作品;⑨免费表演已经发表的作品,该表演未向公众收取费用,也未向表演者支付报酬,且不以营利为目的;⑩对设置或者陈列在公共场所的艺术作品进行临摹、绘画、摄影、录像;⑪将中国公民、法人或者非法人组织已经发表的以国家通用语言文字创作的作品翻译成少数民族语言文字作品在国内出版发行;⑫以阅读障碍者能够感知的无障碍方式向其提供已经发表的作品;⑬法律、行政法规规定的其他情形。

为实施义务教育和国家教育规划而编写出版教科书,可以不经著作权人许可,在教科书中汇编已经发表的作品片段或者短小的文字作品、音乐作品或者单幅的美术作品、摄影作品、图形作品,但应当按照规定向著作权人支付报酬,指明作者姓名或者名称、作品名称,并且不得侵犯著作权人依照本法享有的其他权利。

五是出版、表演、录音录像、播放。图书出版者出版图书应当和著作权人订立出版合同,并支付报酬。图书出版者对著作权人交付出版的作品,按照合同约定享有的专有出版权受法律保护,他人不得出版该作品。著作权人应当按照合同约定期限交付作品。图书出版者应当按照合同约定的出版质量、期限出版图书。图书出版者重印、再版作品的,应当通知著作权人,并支付报酬。图书出版者经作者许可,可以对作品修改、删节;报社、期刊社可以对作品作文字性修改、删节,对内容的修改,应当经作者许可。出版者有权许可或者禁止他人使用其出版的图书、期刊的版式设计,权利的保护期为10年。

六是法律责任和执法措施。下列行为为侵权行为：① 未经著作权人许可，发表其作品的；② 未经合作作者许可，将与他人合作创作的作品当作自己单独创作的作品发表的；③ 没有参加创作，为谋取个人名利，在他人作品上署名的；④ 歪曲、篡改他人作品的；⑤ 剽窃他人作品的；⑥ 未经著作权人许可，以展览、摄制视听作品的方法使用作品，或者以改编、翻译、注释等方式使用作品的，本法另有规定的除外；⑦ 使用他人作品，应当支付报酬而未支付的；⑧ 未经视听作品、计算机软件、录音录像制品的著作权人、表演者或者录音录像制作者许可，出租其作品或者录音录像制品的原件或者复制件的，本法另有规定的除外；⑨ 未经出版者许可，使用其出版的图书、期刊的版式设计的；⑩ 未经表演者许可，从现场直播或者公开传送其现场表演，或者录制其表演的；⑪ 其他侵犯著作权以及与著作权有关的权利的行为，应当根据情况承担停止侵害、消除影响、赔礼道歉、赔偿损失等民事责任。

除本法和有关法规另有规定的外，下列行为为侵权行为：① 未经著作权人许可，复制、发行、表演、放映、广播、汇编、通过信息网络向公众传播其作品的；② 出版他人享有专有出版权的图书的；③ 未经表演者许可，复制、发行录有其表演的录音录像制品，或者通过信息网络向公众传播其表演的；④ 未经录音录像制作者许可，复制、发行、通过信息网络向公众传播其制作的录音录像制品的；⑤ 未经许可，播放、复制或者通过信息网络向公众传播广播、电视的，本法另有规定的除外；⑥ 未经著作权人或者与著作权有关的权利人许可，故意避开或者破坏技术措施的，故意制造、进口或者向他人提供主要用于避开、破坏技术措施的装置或者部件的，或者故意为他人避开或者破坏技术措施提供技术服务的，法律、行政法规另有规定的除外；⑦ 未经著作权人或者与著作权有关的权利人许可，故意删除或者改变作品、版式设计、表演、录音录像制品或者广播、电视上的权利管理信息的，知道或者应当知道作品、版式设计、表演、录音录像制品或者广播、电视上的权利管理信息未经许可被删除或者改变，仍然向公众提供的，法律、行政法规另有规定的除外；⑧ 制作、出售假冒他人署名的作品的，应当根据情况承担停止侵害、消除影响、赔礼道歉、赔偿损失等民事责任，构成犯罪的，依法追究刑事责任。

侵犯著作权或者与著作权有关的权利的，侵权人应当按照权利人因此受到的实际损失或者侵权人的违法所得给予赔偿；权利人的实际损失或侵权人的违法所得难以计算的，可以参照该权利使用费给予赔偿。对故意侵犯著作权或者与著作权有关的权利，情节严重的，可以在按照上述方法确定数额的一倍以上五倍以下给予赔偿。权利人的实际损失、侵权人的违法所得、权利使用费难以计算的，由人民法院根据侵权行为的情节，判决给予五百元以上五百万元以下的赔偿。赔偿数额还应当包括权利人为制止侵权行为所支付的合理开支。人民法院为确定赔偿数额，在权利人已经尽了必要举证责任，而与侵权行为相关的账簿、资料等主要由侵权人掌握的，可以责令侵权人提供与侵权行为相关的账簿、资料等；侵权人不提供，或者提供虚假的账簿、资料等的，人民法院可以参考权利人的主张和提供的证据确定赔偿数额。人民法院审理著作权纠纷案件，应权利人请求，对侵权复制品，除特殊情况外，责令销毁；对主要用于制造侵权复制品的材料、工具、设备等，责令销毁，且不予补偿；或者在特殊情况下，责令禁止前述材料、工具、设备等进入商业渠道，且不予补偿。

5. 集成电路布图设计法规

国务院常务会议 2001 年 3 月 28 日，审议通过了《集成电路布图设计保护条例》，共 6 章 36 条，以行政法规单独立法的形式确认了对集成电路布图设计专有权的保护。2001 年 9 月 18 日，国家知识产权局发布了《集成电路布图设计保护条例实施细则》，从程序和手续上保证条例规定的基本权利义务实现，共分 6 章 43 条。此外，国家知识产权局还于 2001 年 11 月 28 日发布了《集成电路布图设计行政执法办法》，就国家知识产权行政机关处理侵犯布图设计专有权的纠纷，调解侵犯布图设计专有权的具体程序、办法作了更进一步的阐释。最高人民法院于 2001 年 10 月 30 日发布了《最高人民法院关于开展涉及集成电路布图设计案件审判工作的通知》，就案件的归类、管辖、诉前责令停止有关行为、中止诉讼等实践操作进行了明确。国家知识产权局于 2019 年 4 月 8 日发布了《集成电路布图设计审查与执法指南（试行）》的通知，进一步加强集成电路布图设计专有权保护，提高集成电路布图设计审查、执法工作的效率与水平。集成电路布图设计法规设计的主要内容有：

一是保护的客体。法规所保护的集成电路布图设计，是指集成电路中至少有一个是有源元件的两个以上元件和部分或者全部互连线路的三维配置，或者为制造集成电路而准备的上述三维配置。

二是保护的条件。受保护的布图设计应当具有独创性，即该布图设计是创作者自己的智力劳动成果，并且在其创作时该布图设计在布图设计创作者和集成电路制造者中不是公认的常规设计。

三是申请、登记制度。布图设计专有权必须经国家知识产权行政部门，即国家知识产权局登记后才受法律保护。申请布图设计登记应提交布图设计登记申请表、布图设计的复制件或者图样等材料。中国单位或个人可以自行提交有关申请，也可以委托专利代理机构办理。国外申请人必须经过国家知识产权局指定的代理机构办理。如果布图设计在世界上任何地方首次商业利用之日起2年内没有提出登记申请的，将不再予以登记。

四是保护的专有权。经登记注册后，布图设计权利人享有下列专有权。第一，对受保护的布图设计的全部或者其中任何具有独创性的部分进行复制。第二，将受保护的布图设计、含有该布图设计的集成电路或者含有该集成电路的物品投入商业利用。权利人可以将专有权转让或者许可他人使用其布图设计，也可以依法继承。如权利人发现有侵权行为，有权申请诉前临时禁令，责令侵权人停止有关行为，并进行财产保全。

五是保护的期限。布图设计专有权的保护期为10年，自布图设计登记申请之日或者在世界任何地方首次投入商业利用之日起计算，以较前日期为准。但是，在任何情况下，布图设计自创作完成之日起15年后，不再受上述法规保护。

6. 植物新品种保护法规

我国于1997年3月20日发布了《植物新品种保护条例》，根据2013年1月31日《国务院关于修改〈中华人民共和国植物新品种保护条例〉的决定》进行第一次修订，根据2014年7月29日《国务院关于修改部分行政法规的决定》进行第二次修订，2022年11月21日向社会公开征求修订意见。这是该条例自1997年颁布实施以来，首次进行全面修订。我国于1999年4月23日加入了《国际植物新品种保护公约》。我国先后制定了《农业植物新品种保护条例实施细则》《农业部植物新品种复审委员会审理规定》《农业植物新品种权侵权案件处理规定》《农业植物新品种权代理规定》等规章制度。农业和林业部门组建了植物新品种保护办公室和复审委员会，绝大多数省级农、林业行政部门成立了植物新品种保护工作领导小组和办公室；农业部还成立了植物新品种繁殖材料保藏中心，植物新品种保护办公室制定了植物品种审查指南等。《植物新品种保护条例》主要内容如下。

一是品种权内容和归属。植物新品种，是指经过人工培育的或者对发现的野生植物加以开发，具备新颖性、特异性、一致性和稳定性并有适当命名的植物品种。完成育种的单位或者个人对其授权品种，享有排他的独占权。一个植物新品种只能授予一项品种权。两个以上的申请人分别就同一个植物新品种申请品种权的，品种权授予最先申请的人；同时申请的，品种权授予最先完成该植物新品种育种的人。利用授权品种进行育种及其他科研活动、农民自繁自用授权品种的繁殖材料的可以不经品种权人许可，不向其支付使用费。

二是授予品种权的条件。申请品种权的植物新品种应当属于国家植物品种保护名录中列举的植物的属或者种。授予品种权的植物新品种应当具备新颖性，新颖性是指申请品种权的植物新品种在申请日前该品种繁殖材料未被销售，或者经育种者许可，在中国境内销售该品种繁殖材料未超过1年；在中国境外销售藤本植物、林木、果树和观赏树木品种繁殖材料未超过6年，销售其他植物品种繁殖材料未超过4年。授予品种权的植物新品种应当具备特异性，特异性是指申请品种权的植物新品种应当明显区别于在递交申请以前已知的植物品种。授予品种权的植物新品种应当具备一致性，一致性是指申请品种权的植物新品种经过繁殖，除可以预见的变异外，其相关的特征或者特性一致。授予品种权的植物新品种应当具备稳定性，稳定性是指申请品种权的植物新品种经过反复繁殖后或者在特定繁殖周期结束时，其相关的特征或者特性保持不变。授予品种权的植物新品种应当具备适当的名称，并与相同或者相近的植物属或者种中已知品种的名称相区别。

三是品种权的申请和受理。申请品种权的，应当向审批机关提交符合规定格式要求的请求书、说明书和该品种的照片。对符合条例规定的品种权申请，审批机关应当予以受理，明确申请日、给予申请号，并自收到申请之日起1个月内通知申请人缴纳申请费。对不符合或者经修改仍不符合条例规定的品种权申请，审批机关不予受理，并通知申请人。中国的单位或者个人将国内培育的植物新品种向国外申请品种权的，应当向审批机关登记。

四是品种权的审查与批准。申请人缴纳申请费后，审批机关对品种权申请的下列内容进行初步审查。申请人按照规定缴纳审查费后，审批机关对品种权申请的特异性、一致性和稳定性进行实质审查。对经实质审查符合条例规定的品种权申请，审批机关应当作出授予品种权的决定，颁发品种权证书，并予以登记和公告。审批机关设立植物新品种复审委员会。对审批机关驳回品种权申请的决定不服的，申请人可以自收到通知之日起3个月内，向植物新品种复审委员会请求复审。植物新品种复审委员会应当自收到复审请求书之日起6个月内作出决定，并通知申请人。申请人对植物新品种复审委员会的决定不服的，可以自接到通知之日起15日内向人民法院提起诉讼。

五是期限、终止和无效。品种权的保护期限，自授权之日起，藤本植物、林木、果树和观赏树木为20年，其他植物为15年。

六是罚则。未经品种权人许可，以商业目的生产或者销售授权品种的繁殖材料的，品种权人或者利害关系人可以请求省级以上人民政府农业、林业行政部门依据各自的职权进行处理，也可以直接向人民法院提起诉讼。省级以上人民政府农业、林业行政部门依据各自的职权处理品种权侵权案件时，为维护社会公共利益，可以责令侵权人停止侵权行为，没收违法所得和植物品种繁殖材料；货值金额5万元以上的，可处货值金额1倍以上5倍以下的罚款；没有货值金额或者货值金额5万元以下的，根据情节轻重，可处25万元以下的罚款。假冒授权品种的，由县级以上人民政府农业、林业行政部门依据各自的职权责令停止假冒行为，没收违法所得和植物品种繁殖材料；货值金额5万元以上的，处货值金额1倍以上5倍以下的罚款；没有货值金额或者货值金额5万元以下的，根据情节轻重，处25万元以下的罚款；情节严重，构成犯罪的，依法追究刑事责任。省级以上人民政府农业、林业行政部门依据各自的职权在查处品种权侵权案件和县级以上人民政府农业、林业行政部门依据各自的职权在查处假冒授权品种案件时，根据需要，可以封存或者扣押与案件有关的植物品种的繁殖材料，查阅、复制或者封存与案件有关的合同、账册及有关文件。销售授权品种未使用其注册登记的名称的，由县级以上人民政府农业、林业行政部门依据各自的职权责令限期改正，可以处1 000元以下的罚款。

征求意见稿的主要修改内容包括：对EDV（Essentially Derived Variety：实质性派生品种）制度实施步骤和办法作出规定；扩大保护范围及保护环节；延长保护期限；完善侵权假冒案件处理措施；明确权利恢复的情形；增加对不诚信行为处罚的规定；建立植物新品种保护专业队伍。

7. 知识产权海关保护法规

《中华人民共和国知识产权海关保护条例》根据《中华人民共和国海关法》制定，目的是实施知识产权海关保护，促进对外经济贸易和科技文化交往，维护公共利益。由国务院于2003年12月2日发布，自2004年3月1日起施行。根据2010年3月24日《国务院关于修改〈中华人民共和国知识产权海关保护条例〉的决定》第一次修订。根据2018年3月19日《国务院关于修改和废止部分行政法规的决定》第二次修订。共计5章32条。主要内容如下。

一是知识产权保护内容。知识产权海关保护，是指海关对与进出口货物有关并受中华人民共和国法律、行政法规保护的商标专用权、著作权和与著作权有关的权利、专利权（以下统称知识产权）实施的保护。国家禁止侵犯知识产权的货物进出口。进口货物的收货人或者其代理人、出口货物的发货人或者其代理人应当按照国家规定，向海关如实申报与进出口货物有关的知识产权状况，并提交有关证明文件。

二是知识产权的备案。知识产权权利人可以依照本条例的规定，将其知识产权向海关总署申请备案；申请备案的，应当提交申请书。海关总署应当自收到全部申请文件之日起30个工作日内作出是否准予备案的决定，并书面通知申请人；不予备案的，应当说明理由。知识产权海关保护备案自海关总署准予备案之日起生效，有效期为10年。知识产权有效的，知识产权权利人可以在知识产权海关保护备案有效期届满前6个月内，向海关总署申请续展备案。每次续展备案的有效期为10年。

三是扣留侵权嫌疑货物的申请及其处理。知识产权权利人发现侵权嫌疑货物即将进出口的，可以向货物进出境地海关提出扣留侵权嫌疑货物的申请。知识产权权利人请求海关扣留侵权嫌疑货物的，应当提交申请书及相关证明文件，并提供足以证明侵权事实明显存在的证据。知识产权权利人请求海关扣留侵权嫌疑货物的，应当向海关提供不超过货物等值的担保，用于赔偿可能因申请不当给收货人、发货人造成的损失，以及支付货物由海关扣留后的仓储、保管和处置等费用；知识产权权利人直接向仓储商支付仓储、保管费用的，从担保中扣除。具体办法由海关总署制定。

四是调查和处理。海关发现进出口货物有侵犯备案知识产权嫌疑的，应当立即书面通知知识产权权利人。知识产权权利人自通知送达之日起3个工作日内依照本条例规定提出申请，并依照本条例规定提供担保的，海关应当扣留侵权嫌疑货物，书面通知知识产权权利人，并将海关扣留凭单送达收货人或者发货人。知识产权权利人逾期未提出申请或者未提供担保的，海关不得扣留货物。收货人或者发货人认为其货物未侵犯知识产权权利人的知识产权的，应当向海关提出书面说明并附送相关证据。涉嫌侵犯专利权货物的收货人或者发货人认为其进出口货物未侵犯专利权的，可以在向海关提供货物等值的担保金后，请求海关放行其货物。知识产权权利人未能在合理期限内向人民法院起诉的，海关应当退还担保金。

海关发现进出口货物有侵犯备案知识产权嫌疑并通知知识产权权利人后，知识产权权利人请求海关扣留侵权嫌疑货物的，海关应当自扣留之日起30个工作日内对被扣留的侵权嫌疑货物是否侵犯知识产权进行调查、认定；不能认定的，应当立即书面通知知识产权权利人。

知识产权权利人申请扣留侵权嫌疑货物，符合本条例规定，并依照本条例规定提供担保的，海关应当扣留侵权嫌疑货物，书面通知知识产权权利人，并将海关扣留凭单送达收货人或者发货人。知识产权权利人申请扣留侵权嫌疑货物，不符合本条例的规定，或者未依照本条例规定提供担保的，海关应当驳回申请，并书面通知知识产权权利人。

收货人或者发货人认为其货物未侵犯知识产权权利人的知识产权的，应当向海关提出书面说明并附送相关证据。涉嫌侵犯专利权货物的收货人或者发货人认为其进出口货物未侵犯专利权的，可以在向海关提供货物等值的担保金后，请求海关放行其货物。知识产权权利人未能在合理期限内向人民法院起诉的，海关应当退还担保金。

海关对被扣留的侵权嫌疑货物进行调查，请求知识产权主管部门提供协助的，有关知识产权主管部门应当予以协助。知识产权主管部门处理涉及进出口货物的侵权案件请求海关提供协助的，海关应当予以协助。海关对被扣留的侵权嫌疑货物及有关情况进行调查时，知识产权权利人和收货人或者发货人应当予以配合。知识产权权利人在向海关提出采取保护措施的申请后，可以依照《商标法》《著作权法》《专利法》或者其他有关法律的规定，就被扣留的侵权嫌疑货物向人民法院申请采取责令停止侵权行为或者财产保全的措施。海关收到人民法院有关责令停止侵权行为或者财产保全的协助执行通知的，应当予以协助。

海关依照本条例的规定扣留侵权嫌疑货物，知识产权权利人应当支付有关仓储、保管和处置等费用。知识产权权利人未支付有关费用的，海关可以从其向海关提供的担保金中予以扣除，或者要求担保人履行有关担保责任。侵权嫌疑货物被认定为侵犯知识产权的，知识产权权利人可以将其支付的有关仓储、保管和处置等费用计入其为制止侵权行为所支付的合理开支。

五是法律责任。被扣留的侵权嫌疑货物，经海关调查后认定侵犯知识产权的，由海关予以没收。海关没收侵犯知识产权货物后，应当将侵犯知识产权货物的有关情况书面通知知识产权权利人。被没收的侵犯知识产权货物可以用于社会公益事业的，海关应当转交给有关公益机构用于社会公益事业；知识产权权利人有收购意愿的，海关可以有偿转让给知识产权权利人。被没收的侵犯知识产权货物无法用于社会公益事业且知识产权权利人无收购意愿的，海关可以在消除侵权特征后依法拍卖，但对进口假冒商标货物，除特殊情况外，不能仅清除货物上的商标标识即允许其进入商业渠道；侵权特征无法消除的，海关应当予以销毁。

海关接受知识产权保护备案和采取知识产权保护措施的申请后，因知识产权权利人未提供确切情况而未能发现侵权货物、未能及时采取保护措施或者采取保护措施不力的，由知识产权权利人自行承担责任。知识产权权利人请求海关扣留侵权嫌疑货物后，海关不能认定被扣留的侵权嫌疑货物侵犯知识产权权利人的知识产权，或者人民法院判定不侵犯知识产权权利人的知识产权的，知识产权权利人应当依法承担赔偿责任。

进口或者出口侵犯知识产权货物，构成犯罪的，依法追究刑事责任。海关工作人员在实施知识产权保护时，玩忽职守、滥用职权、徇私舞弊，构成犯罪的，依法追究刑事责任；尚不构成犯罪的，依法给予行政处分。

8. 科技进步法

《科技进步法》于1993年7月2日第八届全国人民代表大会常务委员会

第二次会议通过，2007年12月29日第十届全国人民代表大会常务委员会第三十一次会议第一次修订，2021年12月24日第十三届全国人民代表大会常务委员会第三十二次会议第二次修订，自2022年1月1日起实施，共12章117条。该法涉及知识产权的内容主要有以下几个方面。

一是加强知识产权创造。首先是资金投入。《科技进步法》第21条规定，国家设立自然科学基金，资助基础研究，支持人才培养和团队建设；确定国家自然科学基金资助项目，应当坚持宏观引导、自主申请、平等竞争、同行评审、择优支持的原则；有条件的地方人民政府结合本地区经济社会实际情况和发展需要，可以设立自然科学基金，支持基础研究。第89条规定，国家设立基金，资助中小企业开展技术创新，推动科技成果转化与应用。国家在必要时可以设立支持基础研究、社会公益性技术研究、国际联合研究等方面的其他非营利性基金，资助科学技术进步活动。其次是权属规定。第32条规定，利用财政性资金设立的科学技术计划项目所形成的科技成果，在不损害国家安全、国家利益和重大社会公共利益的前提下，授权项目承担者依法取得相关知识产权，项目承担者可以依法自行投资实施转化、向他人转让、联合他人共同实施转化、许可他人使用或者作价投资等。并规定项目承担者应当依法实施前款规定的知识产权，同时采取保护措施，并就实施和保护情况向项目管理机构提交年度报告；在合理期限内没有实施且无正当理由的，国家可以无偿实施，也可以许可他人有偿实施或者无偿实施。还规定了国家介入权，项目承担者依法取得的本条第1款规定的知识产权，为了国家安全、国家利益和重大社会公共利益的需要，国家可以无偿实施，也可以许可他人有偿实施或者无偿实施。最后是税收优惠。第43条规定，从事高新技术产品研究开发、生产的企业；科技型中小企业；投资初创科技型企业的创业投资企业；法律、行政法规规定的与科学技术进步有关的其他企业按照国家有关规定享受税收优惠。

二是促进知识产权转化。《科技进步法》第90条规定，从事技术开发、技术转让、技术许可、技术咨询、技术服务的，按照国家有关规定享受税收优惠。第92条规定，国家鼓励金融机构开展知识产权质押融资业务，鼓励和引导金融机构在信贷、投资等方面支持科学技术应用和高新技术产业发展，鼓励保险机构根据高新技术产业发展的需要开发保险品种，促进新技术应用。第 42 条规定，国家完善多层次资本市场，建立健全促进科技创新的机制，支持符合条件的科技型企业利用资本市场推动自身发展；国家加强引导和政策扶持，多渠道拓宽创业投资资金来源，对企业的创业发展给予支持；国家完善科技型企业上市融资制度，畅通科技型企业国内上市融资渠道，发挥资本市场服务科技创新的融资功能。

三是扩大知识产权产品市场需求。《科技进步法》第 91 条规定，对境内自然人、法人和非法人组织的科技创新产品、服务，在功能、质量等指标能够满足政府采购需求的条件下，政府采购应当购买；首次投放市场的，政府采购应当率先购买，不得以商业业绩为由予以限制。政府采购的产品尚待研究开发的，通过订购方式实施。采购人应当优先采用竞争性方式确定科学技术研究开发机构、高等学校或者企业进行研究开发，产品研发合格后按约定采购。

四是支持知识产权提升竞争力，推动知识产权与技术标准结合。第 37 条规定，国家推动科学技术研究开发与产品、服务标准制定相结合，科学技术研究开发与产品设计、制造相结合；引导科学技术研究开发机构、高等学校、企业和社会组织共同推进国家重大技术创新产品、服务标准的研究、制定和依法采用，参与国际标准制定。

五是还规定了知识产权的使用。《科技进步法》第 34 条规定，国家鼓励利用财政性资金设立的科学技术计划项目所形成的知识产权首先在境内使用。前款规定的知识产权向境外的组织或者个人转让，或者许可境外的组织或者个人独占实施的，应当经项目管理机构批准；法律、行政法规对批准机构另有规定的，依照其规定。

9. 促进科技成果转化法

1996 年通过的《促进科技成果转化法》是专利技术等科技成果转化的综合立法。1999 年，科技部会同教育部、人事部、财政部、中国人民银行、国家税务总局、国家工商行政管理局又联合颁布了《关于促进科技成果转化的若干规定》。根据 2015 年 8 月 29 日第十二届全国人民代表大会常务委员会第十六次会议《关于修改〈中华人民共和国促进科技成果转化法〉的决定》修正。本次修改主要包括的内容如下：

一是科技成果内涵。《促进科技成果转化法》第 2 条规定，本法所称科技成果,是指通过科学研究与技术开发所产生的具有实用价值的成果。职务科技成果,是指执行研究开发机构、高等院校和企业等单位的工作任务,或者主要是利用上述单位的物质技术条件所完成的科技成果。本法所称科技成果转化,是指为提高生产力水平而对科技成果所进行的后续试验、开发、应用、推广直至形成新技术、新工艺、新材料、新产品,发展新产业等活动。第3条规定,科技成果转化活动应当有利于加快实施创新驱动发展战略,促进科技与经济的结合,有利于提高经济效益、社会效益和保护环境、合理利用资源,有利于促进经济建设、社会发展和维护国家安全。科技成果转化活动应当尊重市场规律,发挥企业的主体作用,遵循自愿、互利、公平、诚实信用的原则,依照法律法规规定和合同约定,享有权益,承担风险。科技成果转化活动中的知识产权受法律保护。科技成果转化活动应当遵守法律法规,维护国家利益,不得损害社会公共利益和他人合法权益。

二是组织实施。《促进科技成果转化法》第9条规定,国务院和地方各级人民政府应当将科技成果的转化纳入国民经济和社会发展计划,并组织协调实施有关科技成果的转化。第10条规定,利用财政资金设立应用类科技项目和其他相关科技项目,有关行政部门、管理机构应当改进和完善科研组织管理方式,在制定相关科技规划、计划和编制项目指南时应当听取相关行业、企业的意见;在组织实施应用类科技项目时,应当明确项目承担者的科技成果转化义务,加强知识产权管理,并将科技成果转化和知识产权创造、运用作为立项和验收的重要内容和依据。第11条规定,国家建立、完善科技报告制度和科技成果信息系统,向社会公布科技项目实施情况以及科技成果和相关知识产权信息,提供科技成果信息查询、筛选等公益服务。公布有关信息不得泄露国家秘密和商业秘密。对不予公布的信息,有关部门应当及时告知相关科技项目承担者。

三是保障措施。《促进科技成果转化法》第三章规定,科技成果转化财政经费,主要用于科技成果转化的引导资金、贷款贴息、补助资金和风险投资以及其他促进科技成果转化的资金用途;国家依照有关税收法律、行政法规规定对科技成果转化活动实行税收优惠;国家鼓励银行业金融机构在组织形式、管理机制、金融产品和服务等方面进行创新,鼓励开展知识产权质押贷款、股权质押贷款等贷款业务,为科技成果转化提供金融支持。国家鼓励政策性金融机构采取措施，加大对科技成果转化的金融支持；国家鼓励保险机构开发符合科技成果转化特点的保险品种，为科技成果转化提供保险服务；国家完善多层次资本市场，支持企业通过股权交易、依法发行股票和债券等直接融资方式为科技成果转化项目进行融资；国家鼓励创业投资机构投资科技成果转化项目。国家设立的创业投资引导基金，应当引导和支持创业投资机构投资初创期科技型中小企业。国家鼓励设立科技成果转化基金或者风险基金，其资金来源由国家、地方、企业、事业单位以及其他组织或者个人提供，用于支持高投入、高风险、高产出的科技成果的转化，加速重大科技成果的产业化。科技成果转化基金和风险基金的设立及其资金使用，依照国家有关规定执行。

四是技术权益。《促进科技成果转化法》第四章规定，科技成果完成单位与其他单位合作进行科技成果转化的，应当依法由合同约定该科技成果有关权益的归属。科技成果完成单位与其他单位合作进行科技成果转化的，合作各方应当就保守技术秘密达成协议；当事人不得违反协议或者违反权利人有关保守技术秘密的要求，披露、允许他人使用该技术。企业、事业单位应当建立健全技术秘密保护制度，保护本单位的技术秘密。职工应当遵守本单位的技术秘密保护制度。企业、事业单位可以与参加科技成果转化的有关人员签订在职期间或者离职、离休、退休后一定期限内保守本单位技术秘密的协议；有关人员不得违反协议约定，泄露本单位的技术秘密和从事与原单位相同的科技成果转化活动。职工不得将职务科技成果擅自转让或者变相转让。国家设立的研究开发机构、高等院校转化科技成果所获得的收入全部留归本单位，在对完成、转化职务科技成果做出重要贡献的人员给予奖励和报酬后，主要用于科学技术研究开发与成果转化等相关工作。科技成果转化后，由科技成果完成单位对完成、转化该项科技成果做出重要贡献的人员给予奖励和报酬。国有企业、事业单位依照本法规定对完成、转化职务科技成果做出重要贡献的人员给予奖励和报酬的支出计入当年本单位工资总额，但不受当年本单位工资总额限制、不纳入本单位工资总额基数。

五是法律责任。《促进科技成果转化法》第五章规定，利用财政资金设立的科技项目的承担者未依照本法规定提交科技报告、汇交科技成果和相关知识产权信息的，由组织实施项目的政府有关部门、管理机构责令改正；情节严重的,予以通报批评,禁止其在一定期限内承担利用财政资金设立的科技项目。国家设立的研究开发机构、高等院校未依照本法规定提交科技成果转化情况年度报告的,由其主管部门责令改正;情节严重的,予以通报批评。违反本法规定,在科技成果转化活动中弄虚作假,采取欺骗手段,骗取奖励和荣誉称号、诈骗钱财、非法牟利的,由政府有关部门依照管理职责责令改正,取消该奖励和荣誉称号,没收违法所得,并处以罚款。给他人造成经济损失的,依法承担民事赔偿责任。构成犯罪的,依法追究刑事责任。科技服务机构及其从业人员违反本法规定,故意提供虚假的信息、实验结果或者评估意见等欺骗当事人,或者与当事人一方串通欺骗另一方当事人的,由政府有关部门依照管理职责责令改正,没收违法所得,并处以罚款;情节严重的,由工商行政管理部门依法吊销营业执照。给他人造成经济损失的,依法承担民事赔偿责任;构成犯罪的,依法追究刑事责任。科技中介服务机构及其从业人员违反本法规定泄露国家秘密或者当事人的商业秘密的,依照有关法律、行政法规的规定承担相应的法律责任。科学技术行政部门和其他有关部门及其工作人员在科技成果转化中滥用职权、玩忽职守、徇私舞弊的,由任免机关或者监察机关对直接负责的主管人员和其他直接责任人员依法给予处分;构成犯罪的,依法追究刑事责任。违反本法规定,以唆使窃取、利诱胁迫等手段侵占他人的科技成果,侵犯他人合法权益的,依法承担民事赔偿责任,可以处以罚款;构成犯罪的,依法追究刑事责任。违反本法规定,职工未经单位允许,泄露本单位的技术秘密,或者擅自转让、变相转让职务科技成果的,参加科技成果转化的有关人员违反与本单位的协议,在离职、离休、退休后约定的期限内从事与原单位相同的科技成果转化活动,给本单位造成经济损失的,依法承担民事赔偿责任;构成犯罪的,依法追究刑事责任。

10. 反不正当竞争法

《反不正当竞争法》是为了促进社会主义市场经济健康发展,鼓励和保护公平竞争,制止不正当竞争行为,保护经营者和消费者的合法权益而制定的法律。1993年9月2日第八届全国人民代表大会常务委员会第三次会议通过,2017年11月4日第十二届全国人民代表大会常务委员会第三十次会议修订,根据2019年4月23日第十三届全国人民代表大会常务委员会第十次会议《关于修改〈中华人民共和国建筑法〉等八部法律的决定》修正。《反不正当竞争法》涉及知识产权的主要内容如下。

《反不正当竞争法》第9条规定了商业秘密和侵权行为：商业秘密是指不为公众所知悉、具有商业价值并经权利人采取相应保密措施的技术信息、经营信息等商业信息；经营者不得实施下列侵犯商业秘密的行为：① 以盗窃、贿赂、欺诈、胁迫、电子侵入或者其他不正当手段获取权利人的商业秘密；② 披露、使用或者允许他人使用以前项手段获取的权利人的商业秘密；③ 违反保密义务或者违反权利人有关保守商业秘密的要求，披露、使用或者允许他人使用其所掌握的商业秘密；④ 教唆、引诱、帮助他人违反保密义务或者违反权利人有关保守商业秘密的要求，获取、披露、使用或者允许他人使用权利人的商业秘密。经营者以外的其他自然人、法人和非法人组织实施前款所列违法行为的，视为侵犯商业秘密。第三人明知或者应知商业秘密权利人的员工、前员工或者其他单位、个人实施本条第一款所列违法行为，仍获取、披露、使用或者允许他人使用该商业秘密的，视为侵犯商业秘密。

《反不正当竞争法》第21条规定了处罚措施，经营者以及其他自然人、法人和非法人组织违反本法第九条规定侵犯商业秘密的，由监督检查部门责令停止违法行为，没收违法所得，处十万元以上一百万元以下的罚款；情节严重的，处五十万元以上五百万元以下的罚款。

《反不正当竞争法》第32条规定了举证责任：在侵犯商业秘密的民事审判程序中，商业秘密权利人提供初步证据，证明其已经对所主张的商业秘密采取保密措施，且合理表明商业秘密被侵犯，涉嫌侵权人应当证明权利人所主张的商业秘密不属于本法规定的商业秘密。商业秘密权利人提供初步证据合理表明商业秘密被侵犯，且提供以下证据之一的，涉嫌侵权人应当证明其不存在侵犯商业秘密的行为：① 有证据表明涉嫌侵权人有渠道或者机会获取商业秘密，且其使用的信息与该商业秘密实质上相同；② 有证据表明商业秘密已经被涉嫌侵权人披露、使用或者有被披露、使用的风险；③ 有其他证据表明商业秘密被涉嫌侵权人侵犯。

2022年11月22日，为了营造公平竞争的市场环境，维护经营者、消费者的合法权益和社会公共利益，切实解决监管实践中的突出问题，加快完善反不正当竞争法律制度，国家市场监督管理总局发布了《中华人民共和国反不正当竞争法（修订草案征求意见稿）》，修改的主要内容包括：① 完善数字经济领域反不正当竞争规则；② 加强对商业贿赂的规制；③ 新增不正当竞争行为的类型；④ 完善法律责任，提高违法成本。

此外《中华人民共和国刑法》也规定了侵犯商业秘密行为的刑事处罚措施。该法第219条规定，有下列侵犯商业秘密行为之一，情节严重的，处三年以下有期徒刑，并处或者单处罚金；情节特别严重的，处三年以上十年以下有期徒刑，并处罚金：① 以盗窃、贿赂、欺诈、胁迫、电子侵入或者其他不正当手段获取权利人的商业秘密的；② 披露、使用或者允许他人使用以前项手段获取的权利人的商业秘密的；③ 违反保密义务或者违反权利人有关保守商业秘密的要求，披露、使用或者允许他人使用其所掌握的商业秘密的。明知前款所列行为，获取、披露、使用或者允许他人使用该商业秘密的，以侵犯商业秘密论。本条所称权利人，是指商业秘密的所有人和经商业秘密所有人许可的商业秘密使用人。

为境外的机构、组织、人员窃取、刺探、收买、非法提供商业秘密的，处五年以下有期徒刑，并处或者单处罚金；情节严重的，处五年以上有期徒刑，并处罚金。

16.3 科技计划知识产权政策

我国科研机构知识产权管理没有单独的立法，科研机构知识产权管理政策主要体现在科技部等政府部门的有关规章中。近年来，我国发布了一系列科技计划知识产权政策，为科研机构知识产权管理创造了较好的法规和政策环境。

1.《关于加强与科技有关的知识产权保护和管理工作的若干意见》

科技部2000年12月13日发布了《关于加强与科技有关的知识产权保护和管理工作的若干意见》（国科发政字〔2000〕569号）。该意见首先指出，加强与科技有关的知识产权保护和管理是促进科研机构和高新技术企业进行体制创新和技术创新的主要途径和重要保证，并提出加强与科技有关的知识产权保护和管理工作是科技管理体制创新的重要内容和主要目标之一。主要内容如下。

一是调整科技成果的知识产权归属政策，激励科研机构、高新技术企业和广大科技人员积极参与技术创新活动。第一次提出"承担国家计划项目知识产权归承担单位所有，精神权利归发明人所有"的规定，"除了保证重大国家利益、国家安全和社会公共利益为目的，并由科技计划项目主管部门与承担单位在合同中明确约定外，执行国家科技计划项目所形成科技成果的知识产权，可以由承担单位所有"；"执行国家科技计划项目所产生的发明权、发现权及其他科技成果权等精神权利，属于对项目单独或者共同作出创造性贡献的科技人员"；"承担单位应当依法落实并保障科技成果完成人员取得相应的经济利益"。还提出了转化和保护知识产权的要求，"承担单位应当建立和完善科技成果的知识产权管理制度及相应的转化制度，应对其所有的科技计划项目研究成果采取必要措施，依法申请相关知识产权并加以管理和保护，对侵犯其知识产权的违法行为，有责任寻求法律手段予以制止。对于承担单位无正当理由不采取或者不适当采取知识产权保护措施，以及无正当理由在一定期限内确能转化而不转化应用科技计划项目研究成果的，科技计划项目的行政主管部门可以依法另行决定相关研究成果的知识产权归属，并以完成成果的科技人员为优先受让人"。

二是改革科技计划管理体制，把知识产权管理纳入科技计划管理工作的全过程。第一次提出知识产权全过程管理的规定。"各级科技行政管理部门要结合科技规划、重大专项、专题、课题的立项和进展，制定相应的知识产权战略，进行必要的知识产权状况分析和评估。要充分运用知识产权信息资源，选准高起点，突破国外专利封锁，选择最优化的技术开发及产业化路线，避免低水平重复研究。要从知识产权管理入手，提升科技计划立项的质量和科研目标的准确性。科技计划项目立项应当以独立的知识产权中介服务机构提供该项目技术领域的知识产权状况评估报告为基础，并在项目研究与开发过程中，及时进行知识产权信息分析。要结合研究与开发的具体情况，适时适当的选择知识产权保护方式，使科技成果及时形成知识产权。"还提出了支持知识产权布局的政策，"科技行政管理部门可以根据科技计划项目的具体情况，单列资金，用于补助承担单位取得相关知识产权的申请费用和维持费用；对于有国际市场前景的，可以补助承担单位用于取得外国相关知识产权的申请费用和维持费用。知识产权保护和管理制度完善与否，应当成为各级科技行政管理部门确定申报或者投标科技计划项目承担单位的资格指标之一"。

三是改革科技成果管理和鉴定制度，将知识产权管理纳入科技成果管理体系，扩展科技成果的法律内涵和外延。该意见提出，"科技行政管理部门及其他科技成果鉴定机构组织科技成果鉴定之前，应当要求科技成果完成者提交完整准确的知识产权报告；对于需要申请专利的，应当要求当事人及时申请专利后再行组织鉴定"。

四是增加各项科技管理工作的知识产权内涵，将知识产权拥有量及其保护和管理制度建设状况作为资格认定、职称评定、奖励评审等项工作的重要指标。各级科技行政管理部门要将拥有知识产权的数量、质量及其保护与管理制度完善与否，作为高新技术企业认定、高技术产品评审、中小企业技术创新基金申请等的重要资格指标和条件；将形成并拥有知识产权的数量及其质量作为评定科研机构、高新技术企业和科技人员科研贡献及能力的重要指标之一。同时，要将知识产权保护和管理工作列入各地方、各部门科技管理工作的重要内容，逐步推行知识产权考核指标体系，并将相关知识产权保护和管理制度建设完备与否、管理水平高低，作为地方党政领导目标责任制和干部考核、晋升的重要内容。

此外，该意见还提出，要进一步提高科研机构和高新技术企业的知识产权保护意识和管理水平，加强科技人员流动中知识产权特别是技术秘密的保护和管理工作，鼓励知识和技术作为生产要素参与分配，加强技术合同管理工作，保障技术提供方通过技术成果转让或者知识产权许可实施获得相应收益；还提出了一些政策，如支持知识产权中介服务机构的建设，推动科研机构和高新技术企业知识产权自我保护和管理的社会组织建设的政策；提出提高科研机构和高新技术企业及科技人员的知识产权法律意识，营造有利于科技进步的知识产权法治环境；以及提出加强国际科技合作与交流中的知识产权保护和管理等。

2.《关于国家科研计划项目研究成果知识产权管理的若干规定》

国务院办公厅 2002 年 3 月转发科技部和财政部《关于国家科研计划项

目研究成果知识产权管理的若干规定》（国办发〔2002〕30号）。该规定明确了国家科研计划项目研究成果的知识产权归属，提出了对计划项目知识产权管理和保护的要求。

一是除涉及国家安全、国家利益和重大社会公共利益的以外，科研项目研究成果形成的知识产权，国家授予项目承担单位；承担单位可以依法自主决定实施、许可他人实施、转让、作价入股等，并取得相应的收益。

二是为了确保科研项目成果切实发挥应有的经济、社会效益，国家根据需要，保留对科研项目研究成果无偿使用、开发、使之有效利用和获取收益的权利。对涉及国家安全、国家利益和重大社会公共利益的项目，科技计划归口管理部门应当在立项或验收时予以确认，明确知识产权管理方式，拟定转化和应用方案。

三是承担单位作为科研项目成果的知识产权权利人，在其无正当理由不实施转化项目成果、影响公众对成果的应用时，政府有权予以干预。国务院有关主管部门和省、自治区、直辖市人民政府可以根据需要，报请国务院批准，决定科研项目研究成果在一定的范围内推广应用，允许指定的单位实施，并区别不同情况，决定由实施单位或无偿使用，或由实施单位按照国家有关规定向项目承担单位支付知识产权使用费。

四是项目承担单位转让科研项目研究成果知识产权时，成果完成人享有同等条件下优先受让的权利。

此外，为了促进科研项目承担单位加强知识产权保护，该规定提出了若干具体措施。包括：科技计划管理部门要将取得知识产权作为下达课题的基本目标要求，把知识产权管理贯穿于立项、执行、验收等科研计划管理的全过程；要求承担单位建立知识产权管理制度，对科研项目成果切实履行知识产权保护责任。同时，为解决项目承担单位支付知识产权申请、维持等费用的困难，文件规定，经财政部门批准，在国家有关科研计划经费中可以开支知识产权事务费，用于补助负担上述费用确有困难的项目承担单位。

3.《关于加强国家科技计划知识产权管理工作的规定》

科技部2003年4月4日发布的《关于加强国家科技计划知识产权管理工作的规定》（国科发政字〔2003〕94号）主要有以下内容。

一是科技计划项目要实施知识产权战略。国家科技计划项目的申请、立项、执行、验收以及监督管理中全面落实专利战略。各类科技计划应当根据各自特点确定知识产权目标，把专利权、植物新品种权、计算机软件著作权、技术秘密等知识产权的取得、保护和运用，作为科技计划管理的重要内容。

二是科技计划指南编制需要进行知识产权调查。科技行政管理部门编制科技计划项目指南时，对于明确提出技术指标要求的重点领域，应委托有关机构对国内外的知识产权状况进行调查，形成调查分析报告，作为制定发布指南的依据和确定项目研究开发路线的参考，避免研究开发盲目性和重复性。知识产权调查和分析报告向项目申请单位公开。

三是将知识产权状况作为项目申请和立项的必要条件。科技计划项目申请单位应当具备完善的知识产权管理制度，有专门的机构或人员负责知识产权事务，有用于知识产权管理和保护工作的专门经费，并为应用开发类申请项目指定专门的知识产权协调员。申请国家科技计划项目应当在项目建议书中写明项目拟达到的知识产权目标。科技行政管理部门应当把知识产权作为独立指标列入科技计划项目评审指标体系。对批准立项的项目，应在项目合同或计划任务书中明确约定项目的知识产权具体目标、任务。科技行政管理部门在下达任务书或签订合同时，对涉及国家安全、国家利益和重大社会公共利益的项目，应当明确约定国家对研究成果拥有的权利，并指定机构负责成果及其知识产权的管理，同时保障研究开发人员根据法律法规和政策应当享有的精神权利、奖励和报酬。

四是项目承担单位应加强相关知识产权管理工作。要指定专人负责项目的知识产权管理工作，并根据需要委托知识产权中介机构代理知识产权申请保护事宜。要对项目执行中形成的资料、数据的保管和使用，专利申请、植物新品种登记、软件登记等保护手续的履行等，承担单位应当做出明确规定。对可能形成专利的科研项目，承担单位要建立论文发表的登记审查制度，以保证科研成果能够符合专利审查条件。要对项目的知识产权权属问题做出详细规定，确保国家科技计划项目成果的知识产权权属清晰。要在项目执行过程中跟踪该领域的知识产权动态，及时调整研究策略和措施。要安排项目参与人员参加知识产权培训，向有关人员说明项目的知识产权管理政策，并就项目的知识产权归属、资料和数据保管与使用、技术秘密的保密义务等签订协议。

五是加强项目执行和验收的知识产权管理情况监督和验收。在中期检查工作中，要对项目承担单位的知识产权工作进行评价。在组织项目验收时，要对项目的知识产权管理和保护情况做出评价。项目承担单位在验收时应当提交项目形成的成果的知识产权清单，包括论文、数据、非专利技术的技术秘密保护情况，专利、植物新品种、软件的知识产权申请、审查、登记或授权的法律文件；对项目研发中与第三方的知识产权关系等做出说明。未能完成合同或计划任务书约定的知识产权目标的，应提交情况说明报告。

六是允许列支知识产权事务费。国家科技计划项目经费中可以列支知识产权事务经费，用于专利申请和维持等费用。经财政部门批准，在国家有关科研计划经费中可以开支知识产权事务费，用于补助负担上述费用确有困难的项目承担单位，和具有抢占国际专利竞争制高点意义的重大专利的国外专利申请和维持费。

七是支持知识产权商业化。第一，明确将国家科技计划项目研究成果及其形成的知识产权授予承担单位。除涉及国家安全、国家利益和重大社会公共利益的以外，国家授予项目知识产权归承担单位，项目承担单位可以依法自主决定实施、许可他人实施、转让、作价入股等，并取得相应的收益。第二，对承担国家科技计划项目获得知识产权的质量和数量较高的单位，给予表彰奖励，并在新项目评审中优先安排；建立和完善计划项目知识产权统计和公报制度，为公众提供计划项目成果知识产权信息平台，促进计划项目成果的扩散和应用。第三，引导项目承担单位以计划项目的研究开发为龙头，以向产业领域应用和转移为目的，与相关产业领域的企业建立知识产权（技术）联盟。各类科技成果产业化计划、科技型中小企业创新基金等，对知识产权联盟的科技创新活动给予重点支持。

4.《国家科技重大专项知识产权管理暂行规定》

科技部、国家发展改革委、财政部、国家知识产权局制定的《国家科技重大专项知识产权管理暂行规定》于2010年7月1日印发，2010年8月1日起施行。

（1）牵头与组织单位责任。重大专项牵头组织单位在专项领导小组领导下，全面负责制定符合本重大专项科技创新和产业化特点的知识产权战略；

制定和落实本重大专项知识产权管理措施；建立知识产权工作体系，落实有关保障条件；对重大成果的知识产权保护、管理和运用等进行指导和监督；建立重大专项知识产权专题数据库，推动知识产权信息共享平台建设，建立重大专项知识产权预警机制；推动和组织实施标准战略，研究提出相关标准中的知识产权政策。各重大专项实施管理办公室应当设立专门岗位、配备专门人员负责本重大专项知识产权工作。重大专项领导小组和牵头组织单位可以根据需要，委托知识产权服务机构对本重大专项知识产权战略制定和决策提供咨询和服务。

项目（课题）责任单位要提出项目（课题）知识产权目标，并纳入项目（课题）合同管理；制定项目（课题）知识产权管理工作计划与流程，将知识产权工作融入研究开发、产业化的全过程；指定专人具体负责项目（课题）知识产权工作，根据需要委托知识产权服务机构对项目（课题）知识产权工作提供咨询和服务；组织项目（课题）参与人员参加知识产权培训，保证相关人员熟练掌握和运用相关的知识产权知识；履行本规定提出的各项知识产权管理义务，履行信息登记和报告义务，积极推进知识产权的运用。各项目（课题）知识产权工作实行项目（课题）责任单位法定代表人和项目（课题）组长负责制。

（2）重大专项实施过程知识产权管理。牵头组织单位在编制五年实施计划时，应当组织开展知识产权战略研究，对本重大专项重点领域的国内外知识产权状况进行分析。主要包括本重大专项技术领域的知识产权分布和保护态势、主要国家和地区同行业的关键技术及其知识产权保护范围、对我国相关产业发展的影响、本重大专项研究开发和产业化的知识产权对策等。项目（课题）申报单位提交申请材料时，应提交本领域核心技术知识产权状况分析，内容包括分析的目标、检索方式和路径、知识产权现状和主要权利人分布、本单位相关的知识产权状况、项目（课题）的主要知识产权目标和风险应对策略及其对产业的影响等。还应当对拟在研究开发中使用或购买他人的知识产权作出说明。

牵头组织单位应把知识产权作为立项评审的独立评价指标，合理确定其在整个评价指标体系中的权重。对批准立项的项目（课题），应当在任务合同书中明确约定知识产权任务和目标。多个单位共同承担的项目（课题）应当就研究开发任务分工和知识产权归属及利益分配签订协议。

项目（课题）实施过程中，责任单位应密切跟踪相关技术领域的知识产权及技术标准发展动态，据此按照有关程序对项目（课题）的研究策略及知识产权措施及时进行相应调整。各重大专项应当建立本领域知识产权专题数据库，并向项目（课题）责任单位开放使用。项目（课题）责任单位在提交阶段报告和验收申请报告中应根据要求报送知识产权信息，内容包括知识产权类别、申请号和授权（登记）号、申请日和授权（登记）日、权利人、权利状态等。

在三部门、重大专项领导小组组织开展的监测评估中，应当对各重大专项知识产权战略制定情况、项目（课题）评审知识产权工作落实情况、知识产权工作体系和制度建设情况、项目（课题）责任单位知识产权管理状况、项目（课题）知识产权目标完成情况、所取得知识产权的维护、转化和运用情况进行调查分析，做出评估判断，提出对策建议。项目（课题）验收报告应包含知识产权任务和目标完成情况、成果再开发和产业化前景预测。未完成任务合同书约定的知识产权目标的，项目（课题）责任单位应当予以说明。

（3）知识产权的归属和保护。重大专项产生的知识产权，其权利归属按照下列原则分配；涉及国家安全、国家利益和重大社会公共利益的，属于国家，项目（课题）责任单位有免费使用的权利。除上述情况外，授权项目（课题）责任单位依法取得，为了国家安全、国家利益和重大社会公共利益的需要，国家可以无偿实施，也可以许可他人有偿实施或者无偿实施。项目（课题）任务合同书应当根据上述原则对所产生的知识产权归属做出明确约定。

论文、学术报告等发表、发布前，项目（课题）责任单位要进行审查和登记，涉及应当申请专利的技术内容，在提出专利申请前不得发表、公布或向他人泄露。对作为技术秘密保护的科技成果，项目（课题）责任单位应当明确界定、标识予以保护的技术信息及其载体，采取保密措施，与可能接触该技术秘密的科技人员和其他人员签订保密协议。涉密人员因调离、退休等原因离开单位的，仍负有协议规定的保密义务，离开单位前应当将实验记录、材料、样品、产品、装备和图纸、计算机软件等全部技术资料交所在单位。

权利人拟放弃重大专项产生或购买的知识产权的，应当进行评估，并报牵头组织单位备案。未经评估放弃知识产权或因其他原因导致权利失效的，由重大专项领导小组、牵头组织单位根据各自职责对项目（课题）责任单位及其责任人予以通报批评，并责令其改进知识产权管理工作。

项目（课题）责任单位可以在项目（课题）知识产权事务经费中列支知识产权保护、维护、维权、评估等事务费。项目（课题）验收结题后，项目（课题）责任单位应当根据需要对重大专项产生的知识产权的申请、维持等给予必要的经费支持。

（4）知识产权的转移和运用。重大专项牵头组织单位、知识产权权利人应积极推动重大专项产生的知识产权的转移和运用，加快知识产权的商品化、产业化。重大专项产生的知识产权信息，在不影响知识产权保护、国家秘密和技术秘密保护的前提下，项目（课题）责任单位应当广泛予以传播。鼓励项目（课题）责任单位将获得的自主知识产权纳入国家标准，并积极参与国际标准制定。重大专项产生的知识产权，应当首先在境内实施。许可他人实施的，一般应当采取非独占许可的方式。向境内机构或个人转让或许可其独占实施；向境外组织或个人转让或许可的；因并购等原因致使权利人发生变更的，应当报牵头组织单位审批。向境外组织或个人转让或许可的，经批准后，还应依照《中华人民共和国技术进出口管理条例》执行。

知识产权转让、许可主体为执行事业单位财务和会计制度的事业单位，或执行《民间非营利组织会计制度》的社会团体及民办非企业单位的，按照《事业单位国有资产管理暂行办法》规定执行。

重大专项产生的知识产权，各项目（课题）责任单位应当首先保证其他项目（课题）责任单位为了重大专项实施目的的使用。项目（课题）责任单位为了重大专项研究开发目的，需要集成使用其他项目（课题）责任单位实施重大专项产生和购买的知识产权时，相关知识产权权利人应当许可其免费使用；为了重大专项科技成果产业化目的使用时，相关知识产权权利人应当按照平等、合理、无歧视原则许可其实施。项目（课题）责任单位为了研究开发目的而获得许可使用他人的知识产权时，应当在许可协议中约定许可方有义务按照平等、合理、无歧视原则授予项目（课题）责任单位为了产业化目的的使用。

对重大专项产生和购买的属于项目（课题）责任单位的知识产权，为了国家重大工程建设需要推广应用；对产业发展具有共性、关键作用需要推广应用；为了维护公共健康需要推广应用；对国家利益、重大社会公共利益和国家安全具有重大影响需要推广应用。牵头组织单位可以要求项目（课题）责任单位以合理的条件许可他人实施；项目（课题）责任单位无正当理由拒绝许可的，牵头组织单位可以决定在批准的范围内推广使用，允许指定单位一定时期内有偿或者无偿实施；获得指定实施的单位不享有独占的实施权。取得有偿实施许可的，应当与知识产权权利人商定合理的使用费。

国家知识产权局可以根据专利法及其实施细则和《集成电路布图设计保护条例》的相关规定，给予实施重大专项产生的发明专利、实用新型专利和集成电路布图设计的强制许可或者非自愿许可。

鼓励项目（课题）责任单位以科技成果产业化为目标，按照产业链建立产业技术创新战略联盟，通过交叉许可、建立知识产权分享机制等方式。按照产业链不同环节部署项目（课题）的重大专项，牵头组织单位应当推动建立产业技术创新战略联盟。

在项目结束后五年内，项目（课题）责任单位或重大专项知识产权被许可人或受让人应当根据重大专项牵头组织单位的要求，报告知识产权应用、再开发和产业化等情况。项目（课题）责任单位应当依法奖励为完成该项科技成果及转化做出重要贡献的人员。

科技部、国家发展改革委、财政部制定的《国家科技重大专项（民口）管理规定》于2017年6月1日印发，自发布之日起施行。其中第九章对于重大专项的成果、知识产权和资产管理做了如下规定：各重大专项要建立知识产权保护和管理的长效机制，制定明确的知识产权目标，指定专门机构和人员负责知识产权工作，跟踪国内外相关领域知识产权动态，形成知识产权分析报告，为科学决策提供参考。各重大专项要建立知识产权管理、考核和目标评估制度。必要时，可委托知识产权专业机构负责相关工作；在重大专项牵头组织单位的指导下，专业机构具体负责重大专项成果与知识产权的管理；重大专项取得的相关知识产权的归属和使用，按照《科技进步法》《促进科技成果转化法》《国家知识产权战略纲要》等执行。对承担重大专项项目（课题）形成的知识产权，有向国内其他单位有偿或无偿许可实施的义务；专业机构应与项目（课题）承担单位事先约定知识产权归属、使用、许可等事项，促进成果转化和应用，为实现重大专项总体目标提供保证；各重大专项要采取切实措施促进科技成果的转化和产业化。对取得的涉及国家秘密的成果，依照国家保密法律法规进行管理；重大专项项目（课题）实施过程中形成的无形资产，由项目（课题）承担单位负责管理和使用。成果转化及无形资产使用产生的经济效益按《促进科技成果转化法》和国家有关规定执行；使用中央财政资金形成的固定资产，按照国家有关规定执行。

目前，我国国家科技计划体系包括五类科技计划（专项、基金等）：① 国家自然科学基金：在原有国家自然科学基金的基础上，进一步完善管理，加大资助力度，加强基金与其他类科技计划的有效对接。② 国家科技重大专项：在国家科技重大专项的基础上，进一步改革创新组织推进机制和管理模式，突出重大战略产品和产业化目标控制专项数量与其他科技计划加强分工与衔接，避免重复投入。③ 国家重点研发计划：将科技部管理的国家重点基础研究发展计划（863），国家高技术研究发展计划（973），国家科技支撑计划，国际科技合作与交流专项国家发展改革委及工信部共同管理的产业技术研究与开发资金，农业部和国家卫生和计划卫生委员会等13个部门的公益性行业科研专项，整合形成一个国家重点研发计划。该计划在2023年机构改革时分别交由不同产业部门管理。④ 技术创新引导专项（基金）：对国家发展改革委、财政部管理的新兴产业创投基金，科技部管理的政策引导类计划、科技成果转化、引导基金，财政部、科技部等四部委共同管理的中小企业发展专项资金中支持科技创新合作，以及其他支持企业技术创新的专项资金（基金）进行分类整合。⑤ 基地和人才专项：对科技部管理的国家（重点）实验室、国家工程技术研究中心、科技基础条件平台、创新人才推进计划，国家发展改革委管理的国家工程实验室，国家工程研究中心，国家认定企业技术中心等合并规定合理规定，进一步优化布局，按功能定位分类整合，加强相关人才计划的顶层设计和相互衔接。以上5类科技计划专项基金等需要全部纳入统一的国家科技管理平台管理，加强项目查重，避免重复申报和重复资助。

我国尽管出台了许多科技计划,但是并未出台相应的知识产权管理规定,并且我国目前有关科技项目知识产权管理办法仍存在许多问题,现有知识产权质量评定方法较为有限,反映知识产权的价值指标依旧停留在专利数量上,对于知识产权高质量创造、知识产权组合以及项目发展后续布局等没有提及,尚不能有效满足现实需求。

16.4　科技创新知识产权政策

2006年年初,我国颁布了《国家中长期科学和技术发展规划纲要(2006—2020年)》(以下简称《中长期科技规划纲要》),确立了我国今后15年的科技工作指导方针:"自主创新、重点突破、支撑发展、引领未来",并确立了我国2020年科学技术发展的总体目标:"自主创新能力显著增强""进入创新型国家行列"。《国家中长期科学和技术发展规划纲要(2006—2020年)》还强调指出,"要把提高自主创新能力摆在全部科技工作的突出位置,必须把提高自主创新能力作为国家战略"。为落实《中长期科技规划纲要》,我国出台了60条配套政策;为落实中长期规划纲要和配套政策,国家发展改革委、科技部等有关部门相继制定出台了78项政策实施细则。此后,科技部等部门发布了一系列科技创新政策文件。2019年科技部启动《2035国家中长期科学和技术发展规划纲要》的研究编制,我国科技创新政策体系更加完善。

我国2006年《国家中长期科学和技术发展规划纲要(2006—2020年)》配套政策是创造和保护知识产权,提出了五项知识产权政策的要点:一是掌握关键技术和重要产品的自主知识产权;二是积极参与制定国际标准,推动以我为主形成技术标准;三是切实保护知识产权;四是缩短发明专利审查周期,主要涉及知识产权管理;五是加强技术性贸易措施体系建设。在实施文件上,发布了《我国应掌握的自主知识产权的关键技术和产品目录》《我国信息产业拥有自主知识产权的关键技术和重要产品目录》。《2035国家中长期科学和技术规划纲要》专设第30专题创新创业与科技成果转化、第31专题知识产权与技术标准战略,主要是完善科技成果转化的体制与机制、激励知识产权高质量创造与高效益运用、强化知识产权与技术标准的融合等。除此之外，我国的科技创新政策还包括引进消化吸收再创新政策、人才队伍政策、教育与科普政策、科技创新基地与平台政策等。

16.5　中国科学院知识产权政策

中国科学院知识产权政策主要体现在两个文件中。第一个文件是中国科学院办公厅2020年4月27日印发的《中国科学院院属单位知识产权管理办法》，对中国科学院2011年印发的《中国科学院研究机构知识产权管理暂行办法》进行了全面修改完善。第一部分是关于知识产权创造。第5条规定了知识产权质量：中国科学院在重大项目的立项、过程管理和验收等环节，要明确提出对知识产权的管理要求，加强对所形成知识产权的质量评估，推动项目产生更多高价值的知识产权。第6条规定了发明披露：院属单位要从源头上加强申请或登记前相关科技成果的披露管理以及知识产权的策划与管理，逐步建立完善科技成果披露制度和知识产权申请前评估制度。既要避免因丧失新颖性等无法获得保护，又要切实提升专利申请质量，积极培育标准必要专利，形成高价值专利或组合，支撑创新型产业发展。第7条规定了权利下放：除因涉及国家安全、国家利益和重大社会公共利益而在项目任务书或者合同中另有约定的以外，承担国家、院级项目获得的知识产权由承担任务的院属单位享有。第8条规定了职务发明：执行本单位的任务或者主要是利用本单位的物质技术条件所完成的发明创造是职务发明创造，依法取得的知识产权归所在院属单位。院属单位可根据国家有关规定赋予科研人员职务科技成果所有权或长期使用权；院属单位与科研人员进行职务科技成果所有权分割的，要按照权利义务对等原则，明确各自承担的专利费用与获得的收益分配，由科研人员个人承担的专利费用不得使用财政经费支付。第9条规定了权利归属：院属单位与国内外组织或个人开展科技合作、接受委托开发、提供技术咨询服务等科技活动，要签订科技合作或委托开发或技术咨询服务合同或协议，并在合同或协议中明确约定相关知识产权的归属。第10条规定了登记变更：院属单位变更或终止后，由继承其权利义务的法人单位继受取得原有知识产权，并依法履行登记变更手续。第 11 条规定了奖励报酬：依法取得知识产权后，职务发明人、设计人等完成人有在知识产权文件中署名和依法获得荣誉与奖励、报酬的权利。

第二部分为知识产权运用。第 12 条规定了知识产权运营体系建设：中国科学院逐步建立"核心+网络"模式的知识产权运营工作体系，以中国科学院知识产权运营管理中心为核心，构建覆盖全院的知识产权运营服务网络；依托中国科学院控股有限公司，通过市场化机制补充并完善知识产权运营服务网络，协助院属单位开展知识产权转化与运用工作。第 13 条规定了知识产权运用：院属单位应采取许可、转让、作价投资、共同实施或自行实施等方式，大力推动知识产权运用和转化实施工作。院属单位获得授权 3 年以上无正当理由未转化实施的专利，由院主管部门指定相关机构开展评估与运营，扣除运营成本后，运营收益归知识产权所属院属单位。院属单位坚持自行运营的，需向院主管部门承诺在一定期限内完成运营并提出具体的工作方案及计划。第 14 条规定了资产评估：院属单位将知识产权许可、转让或者作价投资，由单位自主决定是否进行资产评估；也可通过协议定价、在技术交易市场挂牌交易、拍卖等方式确定价格。通过协议定价的，应在本单位公示知识产权名称和拟交易价格等相关信息，公示时间不少于 15 日，依法依规办理。第 15 条规定了向外转让：对于院属单位向国外机构、个人或国内的外资控股企业转让或许可知识产权，或者与其共同实施、作价投资知识产权的，应经本单位保密审核、报主管领导批准，并报国家有关部门审批，依法依规办理。第 16 条规定了国防专利：院属单位转让国防和保密知识产权，要依据《国防专利条例》等相关规定执行，进行保密审核，并报主管领导批准，依法依规办理。第 17 条规定了配合转化：知识产权的职务发明人、设计人等要配合本单位做好相关知识产权的转化运用，依据本单位知识产权管理办法或与本单位签订的协议享有相应的权益。该单位对上述活动要予以支持。第 18 条规定了奖励报酬：院属单位采取许可、转让、作价投资、共同实施或自行实施等方式转化运用知识产权获得收益时，要依照《促进科技成果转化法》等国家相关法律法规及院内相关规定对职务发明人、设计人，以及为转化运用做出重要贡献的科研、管理与支撑人员等，给予合理的奖励和报酬。院属单位要对上述人员获得奖励和报酬的方式、数额和时限做出规定，并符合国家相关法律和政策的规定。

　　第三部分是知识产权保护。第19条规定了知识产权保护责任：院属单位要加强知识产权保护，建立健全知识产权保护制度，密切监控知识产权侵权行为，及时采取有效的知识产权保护措施。第20条规定了技术秘密保护：院属单位要建立技术秘密登记制度，采取必要的保密措施，包括建立保密制度、订立保密协议及采取其他合理的措施保护本单位技术秘密。第21条规定了保密知识产权：经本单位保密审核认定应申请国防或保密知识产权的，要委托具有国防或保密资质的知识产权服务机构代理。对需要解密的国防或保密知识产权，要经本单位知识产权管理部门和保密部门审核，并报主管领导批准，依法办理。第22条规定了内部侵权处罚：工作人员、相关人员剽窃、窃取、篡改、非法占有、假冒、擅自转让、变相转让以及许可使用，或者以其他方式侵害院属单位取得的知识产权合法权益的，院属单位要责令其改正，并视情况决定是否对直接责任人给予相应的处理。对无处理权的，院属单位要提请并协助有关行政部门依法做出处理，追究其法律责任；涉嫌犯罪的要移送司法机关追究刑事责任。第23条规定了外部侵权防范：任何组织或个人未经中国科学院及院属单位授权或许可，剽窃、窃取、篡改、非法占有、假冒、擅自转让、变相转让以及许可使用，或者以其他方式侵害院属单位知识产权的，中国科学院及院属单位有权追究其法律责任。第24条规定了保护措施：院属单位要依法积极通过行政和法律诉讼等手段制止侵害本单位知识产权的行为，维护本单位合法权益。从调解、仲裁、诉讼中获得的侵权赔偿或者补偿费，扣除调解、仲裁、诉讼等相应成本后的剩余部分，要作为院属单位 许可他人实施知识产权的收益，按相关规定或协议奖励发明人、设计人，以及为维权做出重要贡献的人员。第25条规定了侵犯他人知识产权责任：院属单位及其工作人员、相关人员不得侵犯其他组织或个人的知识产权。凡因侵犯其他组织或个人知识产权造成损失或受到法律诉讼的，由直接责任人承担责任。

　　第四部分是知识产权管理。第26条规定了知识产权管理体系：中国科学院在院所两级知识产权管理工作体系的基础上，进一步加强院级知识产权管理职能。院级知识产权管理职能是贯彻落实国家知识产权战略部署，制定院知识产权战略规划与工作计划，指导院属单位开展知识产权创造、运用、保护和管理工作。院属单位知识产权管理职能是贯彻落实院知识产权战略部署，制定本单位知识产权战略规划、管理办法和工作计划，组织和推进本单位知识产权创造、保护、运用和管理工作，并向院提交年度报告。第 27 条规定了单位责任：院属单位要建立健全知识产权规章制度和管理工作体系，应有一名所级领导分管知识产权工作，设立或指定专门部门承担本单位的知识产权管理职能。第 28 条规定了知识产权考核奖励：院属单位要建立知识产权战略研究机制，将知识产权战略作为本单位科技创新规划的重要组成部分；制定有关考评体系和激励措施时，合理确定知识产权转化运用实际成效的权重，不得简单将专利申请量或授权量作为绩效考核、岗位聘任或职称评定等的考核指标；不再对专利申请给予资助奖励，逐步减少对专利授权的资助奖励。第 29 条规定了知识产权培训：中国科学院继续完善知识产权培训工作体系，进一步加强对院属单位知识产权工作分管领导、管理骨干、科技人员、知识产权专员等的知识产权培训，提高全院工作人员和相关人员的知识产权意识和能力。第 30 条规定了知识产权全过程管理：院属单位要实行科研项目知识产权全过程管理，将知识产权管理贯穿于项目的选题立项、组织实施、结题验收、成果转化等各个环节，并为重大科研项目配备知识产权专员，提供服务支撑工作。知识产权专员原则上应获得院颁发的资格证书。对于工作业绩突出的知识产权专员，院属单位要给予合理的奖励或报酬，并在绩效考核、岗位聘任或职称评定中给予优先考虑或适当倾斜。第 31 条规定了档案管理：院属单位要规范知识产权档案管理工作，在科研工作中及时建档归档。职务发明人、设计人及相关人员要将法律文件和相关技术资料及时上交。在院信息化建设总体框架下，院属单位要加强知识产权技术档案的信息化建设，提高知识产权管理的信息化水平。第 32 条规定了劳动合同；院属单位与工作人员、相关人员签订聘用合同、劳动合同或者有关协议时，要包括知识产权保护、竞业限制等相关条款，明确双方的权利义务及违约责任。院属单位派出参加学习、进修、合作研究的工作人员要做好技术档案、资料等的移交工作，未经书面许可不得将本单位的知识产权私自处置。在此期间工作获得的知识产权，其权利归属要由院属单位与接收组织通过合同约定。第 33 条规定了离职管理：工作人员在离职前，要将与研究工作有关的全部技术资料、实验材料、实验设备、样品、产品和有关技术 秘密资料等交回所在院属单位。特殊岗位要签订离职保密协议,包含知识产权的相关条款。离职后,未经原院属单位书面许可,不得复制、发表、泄露、使用、许可或转让上述资料、材料和信息,不得利用其在原单位获得或掌握的知识产权或资料、材料和信息从事有损于原单位利益的活动。

  第二个文件是中国科学院办公厅 2022 年 6 月 6 日印发的《中国科学院战略性先导科技专项管理办法》。该办法专设第六章知识产权与成果管理。第 45 条规定:先导专项实行知识产权全过程管理制度。依托单位和专项负责人全面负责所承担专项的知识产权管理工作。各级任务实施单位应建立知识产权保护工作的长效机制。专项应按照《中国科学院院属单位知识产权管理办法》,实行知识产权专员制度,配备知识产权专员,协助专项负责人推进和落实知识产权管理的各项具体工作。第 46 条规定:专项实施方案应对国内外知识产权情况和前景进行分析评估,制定知识产权策略。任务书应对各级任务实施单位知识产权归属及权益分配作出明确约定,充分体现权属单位和科研人员的合法权益。第 47 条规定:各级任务实施单位应做好专项知识产权保护工作,建立严格的技术秘密保护制度,加强对发表论文、出版专著、申请专利、申报奖励等管理。第 48 条规定:专项应动态跟踪国内外相关领域研发进展与知识产权情况,适时调整研发策略,进行高价值专利挖掘与专利战略布局,提升知识产权质量。第 49 条规定:专项应及时分析总结知识产权工作进展情况,结合年度工作报告,提交至院级科技专项信息管理服务平台。涉及国家秘密的专项成果,按国家及院有关保密规定进行管理。第 50 条规定:各级任务实施单位应及时分析总结知识产权创造情况,形成知识产权清单,制定转移转化策略,积极推动科技成果转化和产业化,按照任务书及相关合同约定的知识产权归属及权益分配原则进行处理。鼓励专项将各类科技成果转化收益反哺后续科学研究。第 51 条规定:与院外企事业单位开展技术合作,应明确约定知识产权归属及权益分配原则,切实保护我院合法权益。因未履行知识产权管理职责,造成知识产权流失或其他损失的,相关任务实施单位和相关任务负责人应承担相应的责任。第 52 条规定:专项形成的研究成果在发表论文、出版专著、申请专利、申报奖励时,应优先标注"中国科学院战略性先导科技专项资助"及专项编号,英文标注"Supported by the Strategic Priority Research Program of the Chinese Academy of Sciences,Grant

No. XDA/B/C 0000000"，作为阶段考核和综合绩效评价的依据。第53条规定：科学传播局会同业务局，积极做好先导专项成果宣传工作，按院有关成果发布规定客观准确发布专项产出的各类科技成果，积极做好科学普及等公益性工作，通过多种渠道宣传专项成果、传播科学思想、弘扬科学家精神。中国科学院适时将先导专项进展及成效等情况向国务院报告并向院内外通报。

16.6　知识产权政策体系

目前，《中长期科技规划纲要》及其配套政策以及有关部门颁布的近80项实施细则中，已有许多规定进入了新颁布的《科技进步法》《专利法》《企业所得税法》等法律规章中。在《中长期科技规划纲要》及其规划配套政策中，政策分类分为按照政策工具进行分类和按照科技创新活动进行分类两种，《中长期科技规划纲要》及其规划配套政策将知识产权作为工具类政策而非科技创新活动类政策。而且，《中长期科技规划纲要》及其配套政策中的知识产权政策没有涵盖知识产权创造、运用、保护和管理的全部环节，只是涵盖了创造和保护的一部分内容，在知识产权运用方面涵盖得很不够，知识产权创造、运用等政策主要体现在科技投入、税收优惠、政府采购、投融资政策之中。同时，《中长期科技规划纲要》知识产权政策和《国家知识产权战略纲要》提出的政策多是思路性和原则性的政策。

现有的知识产权政策与其他政策之间既有交叉，又不完整。从知识产权类型来看，现有多数科学政策、技术政策、产业政策、创新政策和贸易政策的核心都是或者大多涉及知识产权创造运用，但这些政策知识产权创造运用的政策又有较多缺失。由于知识产权也是重要的政府职能，随着知识产权与产业创新发展的紧密结合需要，有必要重塑现有科技政策、产业政策和知识产权政策，构建涵盖创造、运用、保护、管理和服务全链条的知识产权政策体系。知识产权一般包括知识产权创造、知识产权申请与审查、知识产权行政与司法保护、知识产权转移转化几个环节，具有自身的逻辑和特点，知识产权政策具有相对的独立性、完整性和系统性（图16-1）。

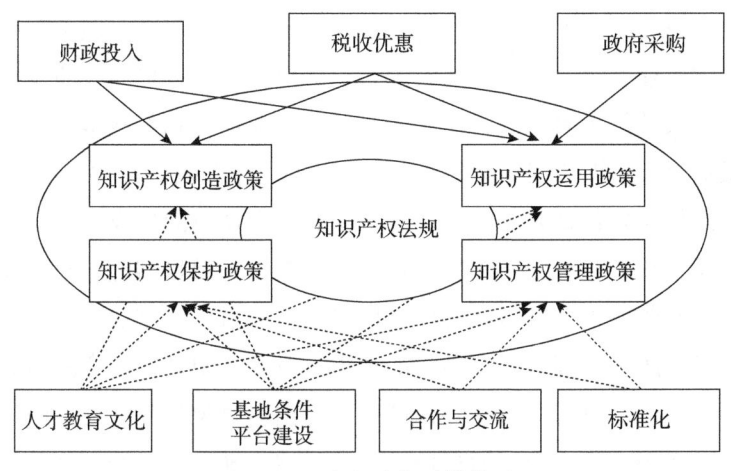

图 16-1 知识产权政策体系

国内外目前的知识产权政策研究如表 16-1 所示。

表 16-1 知识产权政策研究现状

研究重点	主要研究内容		
知识产权质量研究	质量评价：创造质量、撰写质量、审查质量	收费标准、资助政策与知识产权质量	知识产权质量措施
知识产权运用研究	知识产权运营突出问题	知识产权运用模式	知识产权运营政策
知识产权保护研究	最优知识产权保护水平	知识产权侵权赔偿额	惩罚性赔偿制度
知识产权管理政策研究	政府管理体制机制与改革	企事业单位知识产权管理	知识产权管理方法与软件系统

16.6.1 知识产权创造政策

知识产权创造是知识产权政策的重要起点，主要包括知识产权研发创造、知识产权权利获取和知识产权权利范围拓展三个方面。

1. 知识产权研发创造

知识产权研发创造政策主要包括形成知识产权的经费投入与研究开发政策、知识产权审查授权政策以及知识产权保护范围拓展促进政策。我国知识产权经费投入和研发政策主要依据《科技进步法》，涉及的政策是科技投入政策，包括科技经费投入与经费管理政策。知识产权研发创造政策主要是以创造知识产权为目标的研究开发投入与研发过程管理政策，但不包括科学基建费、科学事业费等经费管理政策。知识产权研发创造也涉及研发税收优惠政策，从税收政策工具来看，研究开发经费税前加计扣除政策的主要目标也是为了激励形成知识产权的研究开发创造活动（宋河发，2013）。

知识产权研发创造政策目标不是传统意义上现行的研究开发从投入到产出再到知识产权的过程，不是仅仅重视立项投入和项目结题验收的经费管理政策与项目验收政策，其目标是面向世界科技前沿、国家战略需求、经济主战场和人民健康创造高水平高质量的知识产权及知识产权组合的研究开发活动和知识产权创造过程。这是知识产权研发创造政策与科技投入政策最重要的不同点。面向市场需求，通过检索全球科技文献尤其是专利文献，找到研究开发的重点，明确未来的知识产权及其组合尤其是重要技术标准的专利池构建和知识产权归属，实行研究开发全过程知识产权管理（宋河发，2013），将研究开发产出的科技创新成果申请有效知识产权保护，形成有效知识产权组合，不仅有利于改变过去专利申请不足、高质量专利少，绝大多数专利不能成为技术标准必要专利的低效率问题，更有利于显著提升科技创新的效率，有利于掌握创新的主导权，是自主创新的重要路径。

知识产权创造政策的政策工具主要是研发经费投入、税收优惠政策和人才支持政策。从激励知识产权研发创造方面看，目前主要的研发经费政策工具包括科技项目知识产权费用列支政策（国科发政字〔2003〕94号和财教〔2011〕434号文件），税收优惠政策工具主要包括研究开发经费税前加计扣除政策，人才支持政策工具主要是人才劳务费用列支政策和教育培训费用税前扣除政策。

（1）研发费用加计扣除政策。

《企业所得税法》第4条："企业所得税的税率为25%。非居民企业取得本法第3条第3款规定的所得，适用税率为20%。"企业的开发新技术、新产品、新工艺发生的研究开发费用等支出可以在计算应纳税所得额时加计扣除。《企业所得税法实施条例》规定，企业所得税法所称研究开发费用的加计扣除，是指企业为开发新技术、新产品、新工艺发生的研究开发费用，未形成无形资产计入当期损益的，在按照规定据实扣除的基础上，按照研究开发费用的50%（后为100%）加计扣除；形成无形资产的，按照无形资产成本的 150（后为 200）% 摊销。

财政部 2007 年发布的《关于企业加强研发费用财务管理的若干意见》（财企〔2007〕194）号规定，"企业研发费用，指企业在产品、技术、材料、工艺、标准的研究、开发过程中发生的各项费用，包括：① 研发活动直接消耗的材料、燃料和动力费用。② 企业在职研发人员的工资、奖金、津贴、补贴、社会保险费、住房公积金等人工费用以及外聘研发人员的劳务费用。③ 用于研发活动的仪器、设备、房屋等固定资产的折旧费或租赁费以及相关固定资产的运行维护、维修等费用。④ 用于研发活动的软件、专利权、非专利技术等无形资产的摊销费用。⑤ 用于中间试验和产品试制的模具、工艺装备开发及制造费，设备调整及检验费，样品、样机及一般测试手段购置费，试制产品的检验费等。⑥ 研发成果的论证、评审、验收、评估以及知识产权的申请费、注册费、代理费等费用。⑦ 通过外包、合作研发等方式，委托其他单位、个人或者与之合作进行研发而支付的费用。⑧ 与研发活动直接相关的其他费用，包括技术图书资料费、资料翻译费、会议费、差旅费、办公费、外事费、研发人员培训费、培养费、专家咨询费、高新科技研发保险费用等"。

（2）人才劳务费用列支政策。

2015 年 11 月 2 日财政部、国家税务总局、科技部发布的《关于完善研究开发费用税前加计扣除政策的通知》（财税〔2015〕119 号）规定，允许加计扣除的研发费用的具体范围包括：人员人工费用；直接投入费用；折旧费用；无形资产摊销；新产品设计费、新工艺规程制定费、新药研制的临床试验费、勘探开发技术的现场试验费；其他相关费用以及财政部和国家税务总局规定的其他费用。此后，国家税务总局又印发《关于研发费用税前加计扣除归集范围有关问题的公告》（国家税务总局 2017 年第 40 号），财政部、国家税务总局、科技部印发《关于企业委托境外研究开发费用税前加计扣除有关政策问题的通知》（财税〔2018〕64 号），财政部、国家税务总局、科技部印发《关于提高研究开发费用税前加计扣除比例的通知》（财税〔2018〕99 号），国家税务总局印发《关于发布修订后的〈企业所得税优惠政策事项办理办法〉的公告》（国家税务总局 2018 年第 23 号）。财政部、税务总局、科技部 2018 年 6 月 25 日联合发布《关于企业委托境外研究开发费用税前加计扣除有关政策问题的通知》（财税〔2018〕64 号），规定委托境外进行研发活动所发生的费用，按照费用实际发生额的80%计入委托方的委托境外研发费用。委托境外研发费用不超过境内符合条件的研发费用三分之二的部分'委托境外个人进行的研发活动不享受研发费用加计扣除；委托方应到科技行政主管部门进行登记。

2021年3月5日，李克强总理在2021年政府工作报告中明确要利用税收优惠机制激励企业加大研发投入，延续执行研发费用加计扣除75%的政策，同时将制造业企业加计扣除比例提高到100%。2021年3月24日，国务院总理李克强主持召开国务院常务会议，决定自2021年1月1日起将制造业企业研发费用加计扣除比例由75%提高至100%；改革研发费用加计扣除清缴核算方式，允许企业自主选择按半年享受加计扣除优惠。

2023年3月26日财政部、国家税务总局发布《关于进一步完善研发费用税前加计扣除政策的公告》规定，企业开展研发活动中实际发生的研发费用，未形成无形资产计入当期损益的，在按规定据实扣除的基础上，自2023年1月1日起，再按照实际发生额的100%在税前加计扣除；形成无形资产的，自2023年1月1日起，按照无形资产成本的200%在税前摊销。

我国知识产权创造政策中的加计扣除政策存在的问题主要有：一是我国研发费用加计扣除率是渐进提升的，尚没有找到最优的加计扣除率，而且不同行业需要的最优加计扣除率可能也不同。二是还有很多知识产权事务费没有列入加计扣除范围，如职务发明人的奖励报酬，除手续费以外的知识产权申请审查费、申请审查维持费、复审费、著录项目变更手续费、优先权要求费、恢复权利要求费、无效宣告请求费、强制许可请求费、登记费、印刷费、附加费、年费和诉讼费用、诉讼律师费、现金奖励报酬、知识产权转移转化贷款利息保险担保费等费用，不利于企业知识产权综合能力的提升。三是如果将符合条件的全部知识产权事务费列入研发费用加计扣除范围，知识产权费用一定会超过10%规定的上限（宋河发，2018）。

（3）知识产权事务费列支政策。

2006年，财政部、科技部共同制定了《国家重点基础研究发展计划专项经费管理办法》（财教〔2006〕159号）、《国家科技支撑计划专项经费管理办法》（财教〔2006〕160号）、《国家高技术研究发展计划（863计划）专项经费管理办法》（财教〔2006〕163号）和《公益性行业科研专项经费管理试行办法》(财教〔2006〕129号)和《关于改进和加强中央财政科技经费管理若干意见的通知》等文件。2011年9月29日,财政部、科技部《关于调整国家科技计划和公益性行业科研专项经费管理办法若干规定的通知》(财教〔2011〕434号)将课题经费分为直接费用和间接费用两类。其中,直接费用是指在课题研究开发过程中发生的与之直接相关的费用,主要包括设备费、材料费、测试化验加工费、燃料动力费、差旅费、会议费、国际合作与交流费、出版/文献/信息传播/知识产权事务费、劳务费、专家咨询费和其他支出等。国务院2014年3月12日发布《关于改进加强中央财政科研项目和资金管理的若干意见》(国发〔2014〕11号),要求规范项目预算编制、及时拨付项目资金、规范直接费用支出管理、完善间接费用和管理费用管理、改进项目结转结余资金管理办法、完善单位预算管理办法;进一步下放预算调整审批权限,在严格控制会议费、差旅费、国际合作与交流费的同时,项目实施中发生的三项支出之间可以调剂使用;结合一线科研人员实际贡献公开公正安排绩效支出,体现科研人员价值,充分发挥绩效支出的激励作用;项目承担单位不得在核定的间接费用或管理费用以外再以任何名义在项目资金中重复提取、列支相关费用;规范科研项目资金使用行为、改进科研项目资金结算方式、完善科研信用管理、加大对违规行为的惩处力度。中共中央办公厅、国务院办公厅2016年7月31日印发《关于进一步完善中央财政科研项目资金管理等政策的若干意见》(中办发〔2016〕50号文),要求改进中央财政科研项目资金管理方法,提出了一系列给科研人员"松绑+激励"的政策措施。一是简化预算编制科目;二是提高间接费用比重,加大绩效激励力度;三是明确劳务费开支范围和标准;四是改进结转结余资金留用处理方式;五是规范管理横向经费。

知识产权事务费允许列支政策本意是鼓励科研人员将职务发明申请知识产权保护,但是由于知识产权事务费缴纳与否的决定权在科研人员手中而非在单位科技成果转化机构手中,就必然会产生不必要申请专利保护而申请专利保护的情形发生,这是导致专利质量低,数量大的突出问题。

2. 知识产权权利获取

知识产权权利获取政策主要包括权利归属政策、审查授权政策、收费政策、资助政策、费用减缴政策。获取知识产权权利是知识产权创造政策的重要内容，除依法律规定自动产生的著作权等知识产权外，专利权、集成电路布图设计专有权、植物新品种权等都是依申请而产生的知识产权。这些类型的知识产权既是研发创造出来的权利，也是国家机关审查确定的权利。知识产权权利获取主要是国家知识产权行政部门经过审查、审批、注册、公告等许可的垄断权利。知识产权权利获取涉及的法律主要有《专利法》及《专利法实施细则》《商标法》及《商标法实施条例》《集成电路布图设计保护条例》《植物品种保护条例》等法律法规。相应的政策措施包括《专利审查指南》《商标审查审理指南》等知识产权审查和授权规定，还包括为鼓励专利申请或授权的知识产权收费政策、知识产权资助政策、费用减缓政策。

（1）知识产权权属政策。

知识产权权属政策主要包括职务发明知识产权的权利归属政策和职务发明人权益政策。在职务发明知识产权归属上，我国法律法规坚持职务发明原则。

2021年修正的《科技进步法》第32条规定了利用财政性资金设立的科学技术计划项目所形成的科技成果，在不损害国家安全、国家利益和重大社会公共利益的前提下，授权项目承担者依法取得相关知识产权。

2020年修正的《专利法》（中华人民共和国主席令第55号）第6条规定，执行本单位的任务或者主要是利用本单位的物质技术条件所完成的发明创造为职务发明创造。职务发明创造申请专利的权利属于该单位，申请被批准后，该单位为专利权人。该单位可以依法处置其职务发明创造申请专利的权利和专利权，促进相关发明创造的实施和运用。

2015年修正的《促进科技成果转化法》（中华人民共和国主席令第32号）第18条规定，国家设立的研究开发机构、高等院校对其持有的科技成果，可以自主决定转让、许可或者作价投资，但应当通过协议定价、在技术交易市场挂牌交易、拍卖等方式确定价格。通过协议定价的，应当在本单位公示科技成果名称和拟交易价格。

我国是社会主义国家，财政资金设立科技计划项目形成科技成果的知识产权的所有权理应属于国家，知识产权下放后属于承担单位，这与西方国家知识产权权利人拥有所有权不同。很多人认为《科技进步法》第32条就是中国的拜杜法案，但是如果与成为35USC美国专利法一部分的《拜杜法案》规定相比较，可以发现两国有很多不同：一是美国只限于联邦层面支持的项目才可以将知识产权授予承包者。二是项目支持方式，只有联邦拨款、资助或合同项目的知识产权才可以将知识产权授予承担者，而其他项目不授予。三是知识产权授予的对象，只有公共大学、企业和非营利组织包括公益科研机构，而不是全部，因为公共大学和非营利机构具有公益性。

（2）审查授权政策。

我国知识产权审查指南主要包括《专利审查指南》和《商标审查审理指南》。《专利审查指南》是《专利法》及其实施细则的具体化，经历了多次修改以适应专利法，2023年12月21日公布《专利审查指南》(2023)，自2024年1月20日起施行，新公布的《专利审查指南》主要包括六个部分。第一部分为初步审查。第二部分为实质审查，包括不授予专利权的申请、说明书和权利要求书、新颖性、创造性、实用性、单一性和分案申请、检索、是指审查程序、关于涉及计算机程序的发明专利申请审查的若干规定、关于化学领域发明专利申请审查的若干规定、关于中药领域发明专利申请审查的若干规定。第三部分为进入国家阶段的国际申请的审查。第四部分为复审与无效请求的审查。第五部分为专利申请及事务处理，是适用于各个程序的通用规则。第六部分为外观设计国际申请。《商标审查审理指南》是商标评审案件审理的重要依据，可以规范商标审查审理程序，保障商标审查审理各环节法律适用统一和标准执行一致性。《商标审查审理指南》分为上下两编，上编为形式审查和事务工作编，下编为商标审查审理编。形式审查和事务工作编共涉及五个部分。第一个部分是商标申请形式审查，明确了形式审查一般性要求，明确了商标注册、异议、评审、撤销等各项业务形式审查工作标准。第二个部分是商品服务和商标检索要素的分类，主要规定了商品服务分类、商标文字检索要素分类、图形要素分类以及其他检索要素分类。第三个部分是其他商标业务审查，主要明确了商标变更、续展等程序的处理。第四个部分是马德里商标国际注册审查，主要明确了马德里商标国际注册申请、异议以及后续业务等各项业务审查标准。第五个部分是商标申请事务处理，对商标费用、文件接收与送达、证明文件、商标档案、商标公告等内容进行了规范。商标审查审理编主要包括一个概述、十七个商标审查审理实体性标准以及一个审查意见书等相关内容。

知识产权审查授权是知识产权保护机制的核心，实现严格知识产权保护依赖于高水平的知识产权创造机制建设。专利审查质量不仅体现在防止该授权的专利不授权和不该授权的专利授权，还体现在对科技创新成果授予合理的专利权利保护范围上。我国目前以行政手段提升专利质量，不断压缩审查周期，加上审查员上岗培训不足和执业时间短，我国近年来的专利撤回率和驳回率大幅提高，都超过了50%。根据世界知识产权组织2021年的统计指标，我国专利撤回和驳回案件数量占专利结案数量的2/3，远超很多国家。我国专利审查意见大多是专利缺乏创造性，申请人为获得授权，往往会将从属权利要求技术特征作为附件技术特征补充到独立权利要求中，造成独立权利要求字数不断增加，从而使得专利保护范围变窄，这是另一种的专利质量低的表现，也严重影响创新成果保护和企业竞争力，专利驳回案件量大幅度增加更会导致一些创新成果无偿向社会公开。

（3）知识产权收费政策。

我国在颁布《专利法》及其实施细则时就颁布了专利收费标准，后分别在1992和2001年进行了调整。1985—1993年，我国发明专利申请费每件为550元，实用新型为80元，外观设计为80元；1994—2000年，我国发明专利申请费每件为1 650元，实用新型为300元，外观设计为250元；2001年之后，三种专利申请阶段费用分别提高到3 400元、450元和450元。我国专利授权后费用为：1994年以前发明专利平均年费为每件940元，实用新型为100元，外观设计为118.75元，颁证费等100元。1994—2000年，发明专利平均年费为每件2 905元，实用新型为940元，外观设计为475元，颁证费等增加到200元。2001—2009年平均年费标准分别提高到4 115元、1 120元和1 120元，2008年后颁证费等调整为255元。

1992年，国家物价局、财政部发布了《关于商标注册费收费标准及其使用范围的通知》（〔1992〕价费字325号）。1995年，国家计划委员会、财政部下发了《关于商标业务收费标准的通知》（计价格（1995）2404号），财政部、国家计委《关于增加商标注册管理收费项目及有关问题的通知》（财综字〔1995〕88号）将商标申请事务从产品扩展到产品和服务。2008年，国家发展改革委、财政部发布《关于网上商标注册收费标准及有关问题的通知》（发改价格〔2008〕2579号）。2019年国家知识产权局商标局发布《关于调整商标注册收费标准的公告》。目前，我国商标纸质申请收费标准为受理商标注册费 300 元（限定本类 10 个商品。10 个以上商品，每超过 1 个商品，每个商品加收 30 元），补发商标注册证费 500 元，受理转让注册商标费 500 元，受理商标续展注册费 500 元，受理续展注册迟延费 250 元，受理商标评审费 750 元，变更费 150 元，出具商标证明费 50 元，受理集体商标注册费 1 500 元，受理证明商标注册费 1 500 元，商标异议费 500 元，撤销商标费 500 元，商标使用许可合同备案费 150 元。我国商标接受电子发文的网上申请收费标准为受理商标注册费 270 元（限定本类 10 个商品；10 个以上商品，每超过 1 个商品，每个商品加收 27 元），补发商标注册证费 45 元，受理转让注册商标费 450 元，受理商标续展注册费 450 元，受理续展注册迟延费 225 元，受理商标评审费 675 元（待开通），变更费 0 元，出具商标证明费 45 元，受理集体商标注册费 1 350 元，受理证明商标注册费 1 350 元，商标异议费 450 元（待开通），撤销商标费 450 元（待开通），商标使用许可合同备案费 135 元。

1995 年发布的《关于执行商标业务收费标准具体办法的通知》新增收费规定：申请商品商标或服务商标注册，在同类商品或服务类别上申报 10 个以内的商品或服务项目，在《商标注册申请书》上填写，并缴纳商标规费 1 000 元。如果另增加申报商品或服务项目，应在《商标注册申请书》附页上填写，同时，每增加一个商品或一个服务项目另缴纳商标规费 100 元。原机电部计算机软件登记办公室 1992 年 4 月 18 日发布的计算机软件著作权登记收费项目和标准规定：软件著作权登记申请费 250 元/件次，如申请登记多种文档，每增加一种文档，增收 80 元；申请例外交存手续费 320 元/件次；软件权利转移备案费转让或许可 300 元/件次；继承 200 元/件次。软件著作权续展费：550 元/件次；软件著作权登记证书、软件权利转移备案证书和软件著作权续展证书费各为 50 元/件；变更或补充登记费 150 元/件次。异议请求费：150 元/件次；复审请求费：150 元/件次；软件源程序封存保管费：100 页内 120 元，超过 100 页的，每增加一页增收 2 元。请求延期处理费：第一次 100 元/件次；第二次 200 元/件次。

国家知识产权局 2017 年 6 月 30 日发布的国家知识产权局公告第 246 号《关于执行新的集成电路布图设计保护费收费标准的公告》公布的集成电路布图设计保护费收费标准为：布图设计登记费每件 1 000 元，布图设计登记复审请求费每件 1 000 元，著录事项变更手续费，每件每次 50 元，延长期限请求费每件每次 150 元，恢复布图设计登记权利请求费每件 500 元，非自愿许可使用布图设计请求费每件 150 元，非自愿许可使用布图设计支付报酬裁决费每件 150 元。

制定知识产权收费政策的目的主要是为了弥补知识产权审查的成本。近年来，美国、日本、欧洲、韩国等主要国家知识产权局都不断提升了知识产权的费用标准。但我国知识产权收费标准尤其是专利费用政策很多年没有修改，标准一直没有提高，这不仅与知识产权事业发展的新形势不相适应，也不适应提升知识产权质量和促进专利转化运用的新要求。知识产权费用标准过低不仅会造成审查质量下降问题，也会同时造成审查周期延长等问题。

（4）知识产权资助政策。

为了规范政府资助知识产权工作，指导地方实施导向正确、程序严谨、监督有力的专利资助政策，国家知识产权局 2008 年 1 月 21 日发布了《关于专利申请资助工作的指导意见》（国知发管字〔2008〕11 号），提出专利资助工作的目标是促进专利质量的提升和促进自主创新成果的知识产权化，申请资助的原则是因地制宜、部分资助、突出重点、避免重复、衔接配套。各项资助的比例一般不超过70%，实施、向国外申请、重点项目、获得专利金奖、国家或地方知识产权示范企业、中小企业专利申请资助比例可提高到85%，获得授权发明专利能提供检索报告证明的可提高到95%。应将资助重点从申请转向保护、实施和信息利用上来。一项专利只能获得一级知识产权局的资助。要避免非正常专利申请获得资助。各级知识产权局应对单位或个人每年申请数量和额度进行适当限制。

2013年国家知识产权局发布《关于进一步提升专利申请质量的指导意见》。该指导意见提出了提升专利申请质量的政策导向和建立有利于提升专利申请质量的监管机制，要求优化区域专利评价工作导向，完善专利一般资助政策，推行专利专项资助政策，突出专利奖励政策的质量导向，强化对非正常专利申请的查处、严肃处理套取专利资助和奖励资金行为、进一步规范专利代理行为，各地要完善地方专利申请资助政策并将结果上报国家知识产权局。

资助政策主要是地方制定的政策，例如《北京市专利申请资助金管理暂行办法》（京财文〔2006〕3101 号），上海 2012 年新修订的《上海市专利资助办法》提出了对专利申请资助的政策，但随着政策的发展，这两个政策都已失效。

2021年1月27日国家知识产权局发布《关于进一步严格规范专利申请行为的通知》（国知发保字〔2021〕1号）规定调整专利资助政策，要求2021年6月底前要全面取消各级专利申请阶段的资助。各地方不得以资助、奖励、补贴等任何形式对专利申请行为给予财政资金支持。"十四五"期间，各地方要逐步减少对专利授权的各类财政资助，在2025年以前全部取消。各地方要着力优化专利资助相关财政资金的使用管理，强化专利保护运用，重点加大对后续转化运用、行政保护和公共服务的支持。

近年来，为了提升知识产权质量，各地逐渐取消了对知识产权申请的资助，一些地方还取消了对授权的资助。专利资助政策应当与其他政策相协调，目前取消资助对提升专利质量具有重要意义，但是近年来加强落实高质量发展决策部署，如果高校科研机构和企业普遍建立了专业化知识产权运营管理机构，成本费用由该机构支付而非由课题费支出，专利申请主要是为了面向运用，即使对专利申请进行资助也不会导致专利质量降低，而此时是否取消专利申请资助对专利质量关系不大。

（5）知识产权费用减缴政策。

2016年7月27日财政部、国家发展改革委发布《关于印发〈专利收费减缴办法〉的通知》（财税〔2016〕78号）规定了以下内容。一是减缴专利收费范围：① 申请费（不包括公布印刷费、申请附加费）；② 发明专利申请实质审查费；③ 年费[自授予专利权当年起6年（后改为10年）内的年费]；④ 复审费。二是申请减缴条件：① 上年度月均收入低于3500元（年4.2万元）的个人；② 上年度企业应纳税所得额低于30万元的企业；③ 事业单位，社会团体、非营利性科研机构。两个或者两个以上的个人或者单位为共同专利申请人或者共有专利权人的，应当分别符合前款规定。三是减缓政策：专利申请人或者专利权人为个人或者单位的，减缴本办法第二条规定收费的85%。两个或者两个以上的个人或者单位为共同专利申请人或者共有专利权人的，减缴本办法第二条规定收费的70%。四是应缴费用：经国家知识产权局批准的收费减缴请求，专利申请人或者专利权人应当在规定期限内，按照批准后的应缴数额缴纳专利费。收费减缴请求批准后，专利申请人或者专利权人发生变更的,对于尚未缴纳的收费,变更后的专利申请人或者专利权人应当重新提交收费减缴请求。如表 16-2 所示。

表 16-2 专利费用减缴

项目对象	申请费	发明专利申请审查费	年费（授权后 10 年）	复审费
个人或单位	85%	85%	85%	85%
两个或以上单位或个人	70%	70%	70%	70%

我国专利费用减缴政策在减轻申请人负担、激励申请人积极申请专利上发挥了积极作用。随着我国专利申请数量的快速增长,在我国专利年费长期没有增加的情况下,费用减缴政策虽然在一定程度上激励了专利申请,降低了申请者的负担,但是会增加低质量的专利申请,因此有必要审视专利费用减缴政策的正面和负面作用,优化减缴政策,严格经济困难证明的审查。

3. 知识产权权利范围拓展

知识产权政策还涉及知识产权国外权利获取,以及知识产权权利范围拓展。知识产权保护范围拓展政策主要是知识产权国际申请资助政策。国际申请和保护国家越多,产生或创造的知识产权权利就越多。知识产权保护范围拓展反映了国内外知识产权的布局和情况,平均每项专利申请获得专利权的国家数量越多,表明知识产权的覆盖的范围就越大,获取的垄断势力和可能的收益就会越大（宋河发,2013）。为支持国内申请人积极向国外申请专利,保护自主创新成果,中央财政从 2009 年起设立资助向国外申请专利专项资金,并制定了《资助向国外申请专利专项资金管理暂行办法》(财建〔2009〕567 号)。2012 年又对该办法做了修改（财建〔2012〕147 号）。2016 年财政部公布《废止和失效的财政规章和规范性文件目录（第十二批）》中决定废止此政策。但一些地方如上海市开始加大对国际专利申请给予资助。

我国对国外专利申请进行资助极大地促进了我国知识产权的国际保护,也较好地保护了我国的国际贸易。政府资助主要是为了弥补知识产权申请过程中存在的市场失灵问题,一些西方国家对市场主体向中国、印度、俄罗斯等国的专利国际申请资助一定比例的费用,我国却在 2012 年废止了该政策。目前,我国虽然已成为 PCT 申请第一大国,但其所占国内具名申请量的比例并不高,而且相当一部分 PCT 申请没有在国家阶段获得授权。

16.6.2 知识产权运用政策

知识产权运用的目标主要是利用知识产权制度强化创新管理、提高竞争力和将知识产权转化为生产力。知识产权运用政策包括知识产权强化创新能力与竞争力的竞争性运用政策和知识产权商业化运用政策。前者主要是将专利与技术标准结合、诉讼方式许可的政策，后者包括知识产权转移扩散政策、知识产权创业政策和知识产权产业化政策三个主要方面政策。当前，除《科技进步法》《专利法》等法律法规有明确规定外，我国促进知识产权扩散的政策主要有以知识产权为核心的技术市场政策、产权交易所政策、技术转移中心政策、工程（技术）研究中心政策等。促进知识产权创业的政策主要有知识产权评估政策与质押贷款政策、针对知识产权的科技型中小企业创新基金和创业引导基金、科技成果转化引导基金政策。促进产业化的政策主要有以知识产权为表现形式或重要条件的科技成果产业化及"火炬计划"政策、高技术产业化项目与基地政策、专利产业化项目与基地政策、产业结构优化升级项目政策、技术标准创新基地政策以及投融资政策等。

构建结合技术标准的专利池或专利组合是有效运用知识产权制度提升产业自主创新能力和竞争力的有效途径，专利池是专利许可实施的重要途径，专利与技术标准结合是专利产生对产业影响力以至控制力的重要手段。我国的技术标准政策主要是与知识产权相关的国家技术标准战略和相关标准化政策，而专利池政策主要是一些重大技术标准和标准化组织的专利池许可的政策。专利池构建涉及的主要法律是《反不正当竞争法》和《民法典》，政策主要是国家标准化管理委员会和国家知识产权局 2013 年 12 月 19 日联合发布的《国家标准涉及专利的管理规定（暂行）》。中国技术标准，一是要求披露专利信息，并给出专利披露的表格和网上披露数据库；二是要求披露专利许可政策，主要包括知识产权权利人向标准化组织或专利池的许可政策和专利权人或标准化组织向成员或第三方的许可政策。

知识产权商业化运用的政策工具主要是财政投入、税收优惠、投融资政策和政府采购。从激励知识产权运用来看，目前主要的财政投入政策是知识产权商业化和产业化的无偿资助政策。主要的税收优惠是企业所得税、增值税和营业税优惠政策。主要的金融政策是促进知识产权商业化运用的种子资金、风险投资、引导基金、银行贷款以及保险政策。主要的政府采购政策是政府对自主创新产品服务的采购政策。

知识产权商业化运用的基础是必须拥有一批有效的知识产权。有效的知识产权是最重要和最有价值的部分，有效知识产权还是知识产权运用的前提。目前，影响专利有效性和维持率的主要因素是专利的质量和组合问题，但政策也会产生重要影响，如知识产权考核验收政策和专利收费标准、专利费用减缴办法、知识产权申请资助政策等。

1. 知识产权评估政策

资产评估政策主要有：国务院1991年11月16日颁布的《国有资产评估管理办法》，根据2020年11月29日《国务院关于修改和废止部分行政法规的决定》进行了修订；原国家国有资产管理局1992年7月18日发布的《国有资产评估管理办法施行细则》；国务院国有资产监督管理委员会2005年8月25日发布的《企业国有资产评估管理暂行办法》；财政部2001年12月31日发布的《国有资产评估管理若干问题的规定》，财政部等2010年8月12日发布的《关于加强知识产权质押融资与评估管理支持中小企业发展的通知》；财政部和国家知识产权局2006年4月19日发布的《关于加强知识产权资产评估管理工作若干问题的通知》；2017年9月8日中国资产评估协会发布关于印发《资产评估执业准则——无形资产》的通知（2017修订）（中评协〔2017〕37号）、关于印发修订《专利资产评估指导意见》的通知（2017）（中评协〔2017〕49号）、关于印发修订《著作权资产评估指导意见》的通知（2017）中评协〔2017〕50号以及关于印发修订《商标资产评估指导意见》的通知（2017）中评协〔2017〕51号；2023年8月21日中评协发布关于印发《资产评估执业准则——知识产权》的通知（中评协〔2023〕14号）以及2023年9月1日正式发布的《专利评估指引》国家标准。

我国目前主要的知识产权资产评估政策是中国资产评估协会2017年9月8日发布的《专利资产评估指导意见》。该意见提出执行专利资产评估业务，应当对专利及其实施情况进行调查，包括必要的现场调查、市场调查，并收集相关信息、资料等。调查过程收集的相关信息、资料包括：①专利资产的权利人及实施企业基本情况；②专利证书、最近一期的专利缴费凭证；③专利权利要求书、专利说明书及其附图；④专利技术的研发过程、技实验报告，专利资产所属技术领域的发展状况、技术水平、技术成熟度、同类技术竞争状况、技术更新速度等有关信息、资料；如果技术效果需检测，还应当收集相关产品检测报告；⑤ 与分析专利产品的适用范围、市场需求、市场前景及市场寿命、相关行业政策发展状况、宏观经济、同类产品的竞争状况、专利产品的获利能力等相关的信息、资料；⑥ 以往的评估和交易情况，包括专利权转让合同、实施许可合同及其他交易情况。

执行专利资产评估业务，应当分析下列事项及其对专利资产价值的影响：① 专利权利要求书、专利说明书及其附图的内容；② 专利权利要求书所记载的专利技术产品与其实施企业所生产产品的对应性。分析的因素包括：① 专利法律因素：权利属性及权利限制、专利类别、专利的法律状态、专利剩余法定保护期限、专利的保护范围等；② 专利技术因素：替代性、先进性、创新性、成熟度、实用性、防御性、垄断性等；③ 专利经济因素：专利资产的取得成本、获利能力、许可费、类似资产的交易价格等。

中国资产评估协会2023年8月22日制定发布的《资产评估执业准则——知识产权》规定：知识产权资产，是指知识产权权利人拥有或者控制的，能够持续发挥作用并且带来经济利益的知识产权权益，包括专利、商标、著作权、商业秘密、集成电路布图设计、植物新品种等资产权益。涉及地理标志等知识产权资产的评估另行规范；知识产权资产评估，是指资产评估机构及其资产评估专业人员遵守法律、行政法规和资产评估准则，根据委托对评估基准日特定目的下的知识产权资产价值进行评定和估算，并出具资产评估报告的专业服务行为；知识产权资产评估的评估目的通常包括转让、许可使用、出资、质押融资、诉讼、仲裁、司法执行财产处置、财务报告等；知识产权资产通常与其他资产共同发挥作用，执行知识产权资产评估业务应当根据评估目的和评估对象的具体情况分析、判断知识产权资产的作用，明确知识产权资产的收益模式，并考虑其价值影响因素，合理确定知识产权资产的价值。

国家知识产权局2022年10月25日印发了《专利开放许可使用费估算指引（试行）》（国知办发运字〔2022〕56号），规定专利开放许可使用费估算方法：一是参考该专利已自行实施产生的收益，计算公式是：① 专利开放许可年均使用费 = 自行实施专利产品年均利润 × 专利对产品的利润的贡献

率 × 调整系数。② 按销售额提成或利润提成支付。③ 专利开放许可使用费提成率 = 专利对产品的销售额或利润的贡献率 × 调整系数。

二是参考该专利已许可实施的使用费。估算公式是：① 专利开放许可年均使用费 = 已签订的专利普通许可合同年均使用费 × 调整系数。② 按销售额提成或利润提成支付。无入门费：专利开放许可使用费提成率 = 已签订的专利普通许可合同提成率 × 调整系数。有入门费：专利开放许可使用费提成率 = 已签订的专利普通许可合同提成率 × 调整系数。③ 专利开放许可入门费 = 已签订的专利普通许可合同入门费 × 调整系数。

三是参考同行业专利实施许可统计数据。计算方式：① 固定或可折算金额支付。专利开放许可年均使用费 = 同行业统计平均每件专利金额 × 调整系数。② 按销售额提成或利润提成支付。无入门费：专利开放许可使用费提成率 = 同行业统计平均提成率 × 调整系数。有入门费：专利开放许可使用费提成率 = 同行业统计平均提成率 × 调整系数。③ 专利开放许可入门费 = 同行业统计平均入门费 × 调整系数。

我国目前的知识产权评估政策还都比较上位。成本法只是按照实际发生的知识产权检索分析、代理和官费核算，显然太低，即使将开发费用列入成本也不能反映知识产权的真实成本，更无法确定间接费用和合理的利润率，从而确定所采取的价格。市场法只是按照市场中的已成交知识产权确定待评估知识产权的价格，并没有考虑知识产权的质量和与主营业务的关联性。收益现值法没有考虑与知识产权质量、知识产权质量与主营业务关联性相关的风险报酬率。

2. 知识产权质押贷款政策 ❶

知识产权质押融资业务在我国发展历史较早。我国 1995 年颁布的《担保法》明确知识产权可以作为质押客体。国家知识产权局从 2006 年开始推动银行参与知识产权质押融资试点。从 2008 年 12 月到 2010 年 7 月，我国先后确定了 3 批共 16 个城市作为知识产权质押融资试点城市。2016 年又确定了 11 个单位为知识产权质押融资示范单位。国家知识产权局制定了一系列知识产权质押贷款支持政策，知识产权质押融资形成了市场主导、政府参与、政府

---

❶ 此部分根据宋河发、房海娅发表于《中国知识产权》期刊的文章《大力开展知识产权金融创新，有效推动知识产权转化运用》进行了删节。

主导三大类政策模式。各地积极探索，综合运用引导资金补贴、贷款贴息、保险担保费补贴、风险资金补偿、尽职免责等政策，积极发展直接质押、混合质押、许可权质押，形成了补贴、贷款贴息等业务模式，构建起了包括政府、银行、保险公司、担保公司、评估机构在内的知识产权金融生态。我国2022年全国专利商标质押融资额达4 868.8亿元，质押项目达1.6万笔。知识产权质押贷款政策主要有：国务院2009年9月19日颁布的《关于进一步促进中小企业发展的若干意见》；财政部等部门2010年8月12日发布的《关于加强知识产权质押融资与评估管理支持中小企业发展的通知》；国家知识产权局2021年11月15日发布的国家知识产权局公告第461号关于《专利权质押登记办法》的公告。

《专利权质押登记办法》规定，国家知识产权局负责专利权质押登记工作。以专利权出质的，出质人与质权人应当订立书面合同；质押合同可以是单独订立的合同，也可以是主合同中的担保条款；出质人和质权人应共同向国家知识产权局办理专利权质押登记，专利权质权自国家知识产权局登记时设立。专利权质押登记申请经审查合格的，国家知识产权局在专利登记簿上予以登记，并向当事人发送《专利权质押登记通知书》。专利权经过资产评估的，当事人还应当提交资产评估报告。专利权质押期间，出质人未提交质权人同意转让或者许可实施该专利权的证明材料的，国家知识产权局不予办理专利权转让登记手续或者专利实施许可合同备案手续。出质人转让或者许可他人实施出质的专利权的，出质人所得的转让费、许可费应当向质权人提前清偿债务或者提存。有下列情形之一的，当事人应当持专利权质押登记注销申请表、注销证明或当事人签署的相关承诺书，向国家知识产权局办理质押登记注销手续：① 债务人按期履行债务或者出质人提前清偿所担保的债务的；② 质权已经实现的；③ 质权人放弃质权的；④ 因主合同无效、被撤销致使质押合同无效、被撤销的；⑤ 法律规定质权消灭的其他情形。国家知识产权局收到注销登记申请后，经审核，向当事人发出《专利权质押登记注销通知书》，审核期限按照本办法第10条办理登记手续的期限执行。专利权质押登记的效力自注销之日起终止。

我国知识产权质押融资发展迅速，但规模仍然不大，很多企业对该政策不了解，相当一部分企业知识产权质量不高，银行贷款额占知识产权价值评估额的比例较低。现有无形资产价格评估缺乏对知识产权特征规律的深刻理解，缺乏对技术经济的研究和管理团队的评估，缺乏科学价值评估方法，评估结果很难取得金融机构的认可。知识产权质押贷款的评估、担保等中介费用较高。地方有些质押贷款风险政策过分强调政府参与，政府要为知识产权质押贷款承担大部分损失，并不适合大规模推广。知识产权质押贷款保险模式则存在参与门槛高，推广难度大的问题。

3. 税收优惠政策

（1）增值税政策。

知识产权运用涉及的增值税重要政策主要有：《中华人民共和国增值税暂行条例》（国务院令第691号，2008年修订、2016年修订、2017年修改）；《中华人民共和国增值税暂行条例实施细则》（财政部、国家税务总局令第65号，2008、2011年修改）；《关于印发〈营业税改征增值税试点方案〉的通知》（财税〔2011〕110号，财政部、国家税务总局2011年11月16日印发）；财政部、国家税务总局关于《将铁路运输和邮政业纳入营业税改征增值税试点的通知》（2013修改）（财税〔2013〕106号）（部分失效）。

修订后的《中华人民共和国增值税暂行条例》规定，在中华人民共和国境内销售货物或者加工、修理修配劳务（以下简称劳务），销售服务、无形资产、不动产以及进口货物的单位和个人为增值税的纳税人，应当依照本条例缴纳增值税。纳税人销售货物、劳务、有形动产租赁服务或者进口货物，税率为17%。纳税人销售交通运输、邮政、基础电信、建筑、不动产租赁服务，销售不动产，转让土地使用权，销售或者进口下列货物，税率为11%：①粮食等农产品、食用植物油、食用盐；②自来水、暖气、冷气、热水、煤气、石油液化气、天然气、二甲醚、沼气、居民用煤炭制品；③图书、报纸、杂志、音像制品、电子出版物；④饲料、化肥、农药、农机、农膜；⑤国务院规定的其他货物。纳税人销售服务、无形资产，税率为6%。纳税人出口货物，税率为零；但是，国务院另有规定的除外。境内单位和个人跨境销售国务院规定范围内的服务、无形资产，税率为零。税率的调整，由国务院决定。农业生产者销售的自产农产品；避孕药品和用具；古旧图书；直接用于科学研究、科学试验和教学的进口仪器、设备；外国政府、国际组织无偿援助的进口物资和设备；由残疾人的组织直接进口供残疾人专用的物品；

销售的自己使用过的物品项目免征增值税。纳税人销售货物、劳务、服务、无形资产、不动产（以下统称应税销售行为）应纳税额为当期销项税额抵扣当期进项税额后的余额。销项税额计算公式为销项税额＝销售额 × 税率。小规模纳税人发生应税销售行为，实行按照销售额和征收率计算应纳税额的简易办法，并不得抵扣进项税额。应纳税额计算公式为应纳税额＝销售额 × 征收率，小规模纳税人增值税征收率为3%，国务院另有规定的除外。

《营业税改征增值税试点方案》提出试点的主要税制安排包括：在现行增值税17%标准税率和13%低税率基础上，新增11%和6%两档低税率。租赁有形动产等适用17%税率，交通运输业、建筑业等适用11%税率，其他部分现代服务业适用6%税率。交通运输业、建筑业、邮电通信业、现代服务业、文化体育业、销售不动产和转让无形资产，原则上适用增值税一般计税方法。金融保险业和生活服务业，原则上适用增值税简易计税方法。纳税人计税依据原则上为发生应税交易取得的全部收入；对一些存在大量代收转付或代垫资金的行业，其代收代垫金额可予以合理扣除。服务贸易进口在国内环节征收增值税，出口实行零税率或免税制度。

财政部、国家税务总局关于《将铁路运输和邮政业纳入营业税改征增值税试点的通知》（2013修改）（财税〔2013〕106号）规定：应税服务，是指陆路运输服务、水路运输服务、航空运输服务、管道运输服务、邮政普遍服务、邮政特殊服务、其他邮政服务、研发和技术服务、信息技术服务、文化创意服务、物流辅助服务、有形动产租赁服务、鉴证咨询服务、广播影视服务。应税服务的具体范围按照本办法所附的《应税服务范围注释》执行。提供有形动产租赁服务，税率为17%；提供交通运输业服务、邮政业服务，税率为11%；提供现代服务业服务（有形动产租赁服务除外），税率为6%；财政部和国家税务总局规定的应税服务，税率为零；增值税征收率为3%。用于适用简易计税方法计税项目、非增值税应税项目、免征增值税项目、集体福利或者个人消费的购进货物、接受加工修理修配劳务或者应税服务。其中涉及的固定资产、专利技术、非专利技术、商誉、商标、著作权、有形动产租赁，仅指专用于上述项目的固定资产、专利技术、非专利技术、商誉、商标、著作权、有形动产租赁项目的进项税额不得从销项税额中抵扣。

2018年3月28日，国务院常务会议决定，将制造业等行业增值税税率从 17% 降至 16%，将交通运输、建筑、基础电信服务等行业及农产品等货物的增值税税率从 11% 降至 10%。2019 年国务院政府工作报告提出，深化增值税改革，将制造业等行业现行 16% 的税率降至 13%，将交通运输业、建筑业等行业现行 10% 的税率降至 9%，确保主要行业税负明显降低；保持 6% 一档的税率不变。

我国最典型的针对产业增值税优惠政策主要是软件和集成电路产业增值税税收优惠政策。中共中央、国务院 1999 年 8 月 20 日印发的《关于加强技术创新，发展高科技，实现产业化的决定》，对开发生产软件产品的企业，其软件产品可按 6% 的征收率计算缴纳增值税。国务院 2000 年印发的《鼓励软件产业和集成电路产业发展的若干政策》[国发 2000（18）号]]第 5 条规定："对增值税一般纳税人销售其自行开发生产的软件产品，2010 年前按 17% 的法定税率征收增值税，对实际税负超过 3% 的部分即征即退，由企业用于研究开发软件产品和扩大再生产。"第 41 条规定："对增值税一般纳税人销售其自产的集成电路产品（含单晶硅片），2010 年前按 17% 的法定税率征收增值税，对实际税负超过 6% 的部分即征即退，由企业用于研究开发新的集成电路和扩大再生产。"财政部、税务总局、海关总署 2000 年印发的《关于鼓励软件产业和集成电路产业发展有关税收政策问题的通知》（财税〔2000〕25 号），对增值税一般纳税人销售其自行开发生产的软件产品或集成电路产品，按 17% 的法定税率征收增值税后，对软件企业增值税实际税负超过 3%，集成电路生产企业超过 6% 的部分实行即征即退政策。

知识产权转移增值税优惠政策主要有：财政部、国家税务总局 2016 年 3 月 24 日印发《关于全面推开营业税改征增值税试点的通知》（财税〔2016〕36 号）；《营业税改征增值税试点过渡政策的规定》，"纳税人提供技术转让、技术开发和与之相关的技术咨询、技术服务"免征增值税。试点纳税人申请免征增值税时，须持技术转让、开发的书面合同，3 个月内到纳税人所在地省级科技主管部门进行认定，并持有关的书面合同和科技主管部门审核意见证明文件报主管税务机关备查。

我国目前涉及知识产权的增值税政策还存在以下不足：一是由于缺乏对知识产权产品和自主知识产权产品的认定政策，我国尚没有建立面向具有自主知识产权的产业尤其是高新技术、战略性新兴产业、未来产业的增值税优惠政策，即使是创新水平很高，具有高价值专利、驰名商标等知识产权的产品也不能享受相应的增值税优惠政策。二是购买国外知识产权、高校科研机构知识产权转让许可收入缴纳增值税时很难抵扣进项税。三是现有技术转让取得收入免征增值税审核的时间只有3个月，时间过短。

（2）所得税政策。

知识产权运用涉及的所得税政策主要有：《中华人民共和国企业所得税法》（2017年、2018年修订）、《中华人民共和国企业所得税法实施条例》（2007年3月16日颁布，2008年1月1日施行，2019年修订）和相关政策。

除上述研发支出加计扣除政策外，我国高新技术企业所得税政策规定，国家高新技术产业开发区内新创办的高新技术企业经严格认定后，自获利年度起两年内免征所得税，两年后减按15%的税率征收企业所得税。科技部等2016年1月29日印发了《高新技术企业认定管理办法》（国科发火〔2016〕32号），修改了高新技术企业认定的条件：① 企业申请认定时须注册成立一年以上。② 企业通过自主研发、受让、受赠、并购等方式，获得对其主要产品（服务）在技术上发挥核心支持作用的知识产权的所有权。③ 对企业主要产品（服务）发挥核心支持作用的技术属于《国家重点支持的高新技术领域》规定的范围。④ 企业从事研发和相关技术创新活动的科技人员占企业当年职工总数的比例不低于10%。⑤ 企业近三个会计年度（实际经营期不满三年的按实际经营时间计算，下同）的研究开发费用总额占同期销售收入总额的比例符合如下要求：最近一年销售收入小于5 000万元（含）的企业，比例不低于5%；最近一年销售收入在5 000万元至2亿元（含）的企业，比例不低于4%；最近一年销售收入在2亿元以上的企业，比例不低于3%。其中，企业在中国境内发生的研究开发费用总额占全部研究开发费用总额的比例不低于60%。⑥ 近一年高新技术产品（服务）收入占企业同期总收入的比例不低于60%。⑦ 企业创新能力评价应达到相应要求。⑧ 企业申请认定前一年内未发生重大安全、重大质量事故或严重环境违法行为。

科技部2016年6月22日印发的《高新技术企业认定管理工作指引》（国科发火〔2016〕195号）规定，高新技术企业认定所指的知识产权须在中国境内授权或审批审定，并在中国法律的有效保护期内，知识产权权属人应为申请企业；不具备知识产权的企业不能认定为高新技术企业。高新技术企业认定中，对企业知识产权情况采用分类评价方式，其中：发明专利（含国防专利）、植物新品种、国家级农作物品种、国家新药、国家一级中药保护品种、集成电路布图设计专有权等按Ⅰ类评价；实用新型专利、外观设计专利、软件著作权等（不含商标）按Ⅱ类评价；按Ⅱ类评价的知识产权在申请高新技术企业时，仅限使用一次。申请认定时专利的有效性以企业申请认定前获得授权证书或授权通知书并能提供缴费收据为准。企业科技人员是指直接从事研发和相关技术创新活动，以及专门从事上述活动的管理和提供直接技术服务的，累计实际工作时间在183天以上的人员，包括在职、兼职和临时聘用人员。企业销售收入为主营业务收入与其他业务收入之和。企业创新能力主要从知识产权、科技成果转化能力、研究开发组织管理水平、企业成长性等四项指标进行评价，各级指标均按整数打分，满分为100分，综合得分达到70分以上（不含70分）为符合认定要求。

在技术转让企业所得税政策上，我国优惠政策主要有：《国家税务总局关于实施高新技术企业所得税优惠政策有关问题的公告》；国家税务总局关于发布修订后的《企业所得税优惠政策事项办理办法》；《财政部、税务总局关于进一步实施小微企业所得税优惠政策的公告》。自2015年10月1日起，全国范围内的居民企业转让5年（含，下同）以上非独占许可使用权取得的技术转让所得，纳入享受企业所得税优惠的技术转让所得范围。居民企业的年度技术转让所得不超过500万元的部分，免征企业所得税；超过500万元的部分，减半征收企业所得税。全民所有制企业进行技术转让以及在技术转让过程中发生的与技术转让有关的技术咨询、技术服务、技术培训的所得，年净收入在30万元以下的，可暂免征收所得税。发生的与技术转让无关的技术咨询、技术服务、技术培训等所得，则不能按上述规定享受免税优惠，应照章征收所得税。集体所有制性质的单位进行技术转让，以及在技术转让过程中发生的与技术转让有关的技术咨询、技术服务、技术培训的所得，年净收入在30万元以下的，暂免征收所得税；超过30万元的部分，以及发生的与技术转让无关的技术咨询、技术服务、技术培训等所得，应按规定缴纳所得税。

2020年8月28日，国务院批复原则同意《深化北京市新一轮服务业扩大开放综合试点建设国家服务业扩大开放综合示范区工作方案》：在中关村国家自主创新示范区特定区域开展技术转让所得税优惠政策试点，在试点期限内，将技术转让所得免征额由500万元提高至2 000万元。财政部、税务总局、科技部、国家知识产权局2020年12月25日发布的《关于中关村国家自主创新示范区特定区域技术转让企业所得税试点政策的通知》（财税〔2020〕61号）规定，在中关村国家自主创新示范区特定区域内注册的居民企业，符合条件的技术转让所得，在一个纳税年度内不超过2 000万元的部分免征企业所得税；超过2 000万元部分减半征收企业所得税。

在特产业所得税政策方面，国务院《关于印发新时期促进集成电路产业和软件产业高质量发展若干政策的通知》（国发〔2020〕8号）规定，国家鼓励的集成电路线宽小于28纳米（含），且经营期在15年以上的集成电路生产企业或项目，第一年至第十年免征企业所得税。国家鼓励的集成电路线宽小于65纳米（含），且经营期在15年以上的集成电路生产企业或项目，第一年至第五年免征企业所得税，第六年至第十年按照25%的法定税率减半征收企业所得税。国家鼓励的集成电路线宽小于130纳米（含），且经营期在10年以上的集成电路生产企业或项目，第一年至第二年免征企业所得税，第三年至第五年按照25%的法定税率减半征收企业所得税。国家鼓励的线宽小于130纳米（含）的集成电路生产企业纳税年度发生的亏损，准予向以后年度结转，总结转年限最长不得超过10年。国家鼓励的集成电路设计、装备、材料、封装、测试企业和软件企业，自获利年度起，第一年至第二年免征企业所得税，第三年至第五年按照25%的法定税率减半征收企业所得税。国家鼓励的集成电路设计、装备、材料、封装、测试企业条件由工信部会同相关部门制定。国家鼓励的重点集成电路设计企业和软件企业，自获利年度起，第一年至第五年免征企业所得税，接续年度减按10%的税率征收企业所得税。

在知识产权作价入股所得税政策上，财政部、税务总局2016年9月28日印发的《关于完善股权激励和技术入股有关所得税政策的通知》（财税〔2016〕101号）规定，对企业或个人以技术成果投资入股，企业或个人可以选择递延至转让股权时，按股权转让收入减去技术成果原值和合理税费后的差额计算缴纳所得税。同时规定，无论投资者选择适用哪一项政策，被投资企业均可按技术成果评估值入账并在税前摊销扣除。

我国涉及知识产权的所得税政策还存在不少问题。一是高技术企业认定中知识产权与主营业务的关系不清楚，"支撑作用"不是法律用语，与"产品落入知识产权保护范围"和"产品对知识产权产生侵权"含义不同，知识产权对高技术产业创新发展的作用发挥不够。二是企业技术转让收入2 000万元免所得税的门槛仍然较低。三是知识产权作价入股递延纳税政策没有明确是先交税再奖励还是先奖励再交税，也没有明确是按照知识产权入股价值还是股权转让价值缴纳企业和个人所得税，也没有明确作价入股失败是否需要补缴所得税。四是一些地方对高校科研机构四技合同收入年终结余征收企业所得税于法无据。

（3）其他税收政策。

除上述政策外，在印花税政策方面，我国1988年颁布了《中华人民共和国印花税暂行条例》；全国人大常委会2021年6月10日通过《中华人民共和国印花税法》，规定技术合同包括技术开发、转让、咨询、服务等合同（不包括专利权、专有技术使用权数据），印花税税率为价款、报酬或者使用费的万分之三贴花；产权转移书据包括商标专用权、著作权、专利权、专有技术使用权等，转移书据的印花税税率为万分之三。

在个人所得税政策上，财政部、国家税务总局、科技部《关于科技人员取得职务科技成果转化现金奖励有关个人所得税政策的通知》（财税〔2018〕58号，2018年5月29日）规定，依法批准设立的非营利性研究开发机构和高等学校根据《促进科技成果转化法》规定，从职务科技成果转化收入中给予科技人员的现金奖励，可减按50%计入科技人员当月"工资、薪金所得"，依法缴纳个人所得税。科技人员享受税收优惠政策须同时符合以下条件：①科技人员是指非营利性科研机构和高校中对完成或转化职务科技成果作出重要贡献的人员。非营利性科研机构和高校应按规定公示有关科技人员名单及相关信息（国防专利转化除外）。②科技成果是指专利技术（含国防专利）、计算机软件著作权、集成电路布图设计专有权、植物新品种权、生物医药新品种，以及科技部、财政部、税务总局确定的其他技术成果。③科技成果转化是指非营利性科研机构和高校向他人转让科技成果或者许可他人使用科技成果。现金奖励是指非营利性科研机构和高校在取得科技成果转化收入三年（36个月）内奖励给科技人员的现金。④非营利性科研机构和高校转化科技成果，应当签订技术合同，并根据《技术合同认定登记管理办法》，在技术合同登记机构进行审核登记，并取得技术合同认定登记证明。

（4）金融支持政策。

近年来，党中央、国务院高度重视知识产权金融工作。2023年，国务院印发《专利转化运用专项行动方案（2023—2025年）》，提出"要推进多元化知识产权金融支持，加大知识产权融资信贷政策支持力度，探索推进知识产权证券化，完善全国知识产权质押信息平台和保险服务体系"。国家知识产权局、国家发展改革委、科技部等部门2012年11月13日联合印发《关于加快培育和发展知识产权服务业的指导意见》（国知发规字〔2012〕110号），提出"发展知识产权评估、价值分析、交易、转化、质押、投融资、运营、托管等商用化服务"。国务院办公厅2016年4月21日印发《促进科技成果转移转化行动方案》，要求吸引社会资本投入，引导和鼓励地方设立创业投资引导、科技成果转化、知识产权运营等专项资金（基金），引导信贷资金、创业投资资金以及各类社会资金加大投入，大力发展创业投资，培育发展天使投资人和创投机构，支持初创期科技企业和科技成果转化项目。国务院2017年7月27日颁布《关于强化实施创新驱动发展战略，进一步推进大众创业万众创新深入发展的意见》（国发〔2017〕37号），要求"促进知识产权、基金、证券、保险等新型服务模式创新发展"；"促进科技成果、专利在企业的推广应用"；"完善债权、股权等融资服务机制"；"稳妥推进投贷联动试点工作。推广专利权质押等知识产权融资模式，鼓励保险公司为科技型中小企业知识产权融资提供保证保险服务"；"持续优化科技型中小企业直接融资机制，稳步扩大创新创业公司债券试点规模"；"支持政府性融资担保机构为科技型中小企业发债提供担保"。

我国涉及知识产权的金融政策主要是知识产权作价入股股权投资政策与知识产权融资政策。我国采取按投资额列支成本的政策。国家税务总局《关于实施创业投资企业所得税优惠问题的通知》（国税发〔2009〕87号）规定：创业投资企业采取股权投资方式投资于未上市的中小高新技术企业2年（24个月）以上，凡符合条件的，可以按其对中小高新技术企业投资额的70%，在股权持有满2年的当年抵扣该创业投资企业的应纳税所得额；当年不足抵扣的，可以在以后纳税年度结转抵扣。财政部、税务总局2018年5月14日联合发布的《关于创业投资企业和天使投资个人有关税收政策的通知》（财税〔2018〕55号）规定，符合该政策的被投资企业类型应为初创科技型企业，条件为：① 在中国境内（不包括港、澳、台地区）注册成立、实行查账征收的居民企业；② 接受投资时，从业人数不超过 200 人，其中具有大学本科以上学历的从业人数不低于 30%；资产总额和年销售收入均不超过 3 000 万元；③ 接受投资时设立时间不超过 5 年（60 个月）；④ 接受投资时以及接受投资后 2 年内未在境内外证券交易所上市；⑤ 接受投资当年及下一纳税年度，研发费用总额占成本费用支出的比例不低于 20%。创业投资企业的条件包括：① 在中国境内（不含港、澳、台地区）注册成立、实行查账征收的居民企业或合伙创投企业，且不属于被投资初创科技型企业的发起人；② 符合《创业投资企业管理暂行办法》（国家发展改革委等 10 部门令第 39 号）规定或者《私募投资基金监督管理暂行办法》（中国证监会令第 105 号）关于创业投资基金的特别规定，按照上述规定完成备案且规范运作；③ 投资后 2 年内，创业投资企业及其关联方持有被投资初创科技型企业的股权比例合计应低于 50%。天使投资个人条件包括：① 不属于被投资初创科技型企业的发起人、雇员或其亲属（包括配偶、父母、子女、祖父母、外祖父母、孙子女、外孙子女、兄弟姐妹），且与被投资初创科技型企业不存在劳务派遣等关系；② 投资后 2 年内，本人及其亲属持有被投资初创科技型企业股权比例合计应低于 50%。

但是我国知识产权作价入股股权融资还存在不少问题：一是由于以技术为主创业的科技型企业存在巨大的技术风险、市场风险、经营风险等，以知识产权商业化为主的作价入股和融资实际上非常不足。二是我国创业投资机构的发展水平总体较低，不仅数量少，投资额度小，而且投资手段有限，关键在于缺乏懂技术、懂市场、懂投资、懂知识产权的高水平国际化的投资家。应加大培训力度。三是我国创业投资的定位是有一定规模的中小企业，但由于安全性的考虑，很多商业银行和多数创投风投机构倾向于投资成熟期企业，而不愿投向创新型中小企业，尤其是初创期具有专利的企业。四是创业投资基金退出渠道仍不畅通。应建立多层次资本市场体系，完善创业投资的退出机制。五是现行政策缺乏对知识产权申请权、许可使用权作价投资的税收优惠政策，一些地方还将知识产权申请权和使用权作价出资作为虚假出资。

近年来，我国知识产权保险、知识产权证券化、知识产权融资租赁、知识产权信托等新业务知识产权金融产品发展也取得显著成绩。各地积极探索，综合运用政府补贴、贷款贴息、风险资金池、母基金投资、奖励，以及投贷保、投贷评、投保评、投贷保评联动，积极推动知识产权价值和价格评估方法创新，支持和促进知识产权金融健康快速发展，知识产权金融已成为我国知识产权转化运用和科技成果转化不可或缺的重要抓手。

知识产权保险产品于21世纪初引入我国。国家知识产权局自2012年起至今，通过在有条件的地方推动先行先试与实践探索等方式，先后推动150多个知识产权城市开展知识产权保险试点工作。中国银保监会联合国家知识产权局、国家版权局2019年8月6日发布《关于进一步加强知识产权质押融资工作的通知》（中国银保监发〔2019〕34号），鼓励保险公司在风险可控的情况下，开展与知识产权质押融资相关的保证保险业务；鼓励保险机构开展知识产权被侵权损失保险、侵权责任保险等保险业务。2022年，我国知识产权保险规模超过1 100亿元。为了克服知识产权保险机制本身存在的逆淘汰等问题，各地相继出台扶持政策，鼓励保险公司利用信用保证保险。青岛市、中山市等地开展了政府风险资金池介入的专利质押贷款保险探索。北京市制定和优化了专利诉讼保险政策，研究制定专利技术商业化保险政策，专利诉讼保险成为北京市服务业扩大开放十大典型案例之一。广州等地积极开发海外知识产权侵权保险产品，平安银行积极探索知识产权价值评估评估师责任保险。

知识产权信托、融资租赁、担保、评估等知识产权金融工具发展也较快。以中国音乐著作权集体管理协会、中国文字著作权集体管理协会为代表的著作权信托业务发展已经较为成熟。以专利池为代表的专利权信托也开始起步，华为技术公司、中兴通讯、大唐电信、小米、欧派等公司加入了汽车物联网专利池。北京市设立专项资金研究和支持元宇宙专利池建设。安徽2019年开展了基于知识产权收益权的融资型信托，共募集首期资金2 000万元。北京在2000年对四家中关村科技中小企业开展了知识产权贷款融资信托。北京、广州、上海等地方政府在知识产权融资租赁领域上进行了一系列有益探索，不断助推知识产权融资租赁项目落地，知识产权融资租赁涵盖了专利权、著作权、电视转播权等知识产权客体，融资规模普遍在1亿元左右，期限3年左右。其中，北京市文化科技融资租赁股份有限公司累计实现文化企业知识产权融资租赁项目超过350个，投放金额超过70亿元。我国有很多担保公司、评估公司开展知识产权担保和评估业务，知识产权质押贷款、融资租赁、股权投资等基本得到资金担保和评估服务支持，地方政府也对这些服务费进行了补贴支持。

知识产权证券化是目前我国近年来发展较快最具中国特色的知识产权融资模式。美国1997年就开展知识产权证券化实践，但近年美、欧、日等国家或地区知识产权证券化几乎全部停滞。中共中央、国务院2018年4月11日印发《关于支持海南全面深化改革开放的指导意见》，赋予海南"鼓励探索知识产权证券化"的重大改革创新任务；国务院2018年5月4日印发《关于印发进一步深化中国（天津）自由贸易试验区改革开放方案的通知》（国发〔2018〕14号），鼓励"探索知识产权证券化业务"；中共中央、国务院2019年1月24日印发《关于支持河北雄安新区全面深化改革和扩大开放的指导意见》，"鼓励开展知识产权证券化融资和知识产权质押融资"；国务院2019年2月22日批复《北京市服务业扩大开放综合试点工作方案》（国函〔2019〕16号），鼓励"探索知识产权证券化"。国家知识产权局和中国证监会2018年成立"推动知识产权证券化试点指导工作组"，正式推进此项工作。我国各地政府积极作为，充分发挥市场的基础性作用，知识产权证券化在全球一枝独秀。武汉知识产权交易所较早开始探索知识产权证券化，形成了债股可转换的知识产权融资票据模式。我国2018年12月首支知识产权证券化标准化产品"第一创业-文科租赁一期资产支持专项计划"在深圳证券交易所成功获批。截至2023年9月底，中国上海、深圳两个证券交易所共发行了119单知识产权证券化产品，融资金额达到268亿元。目前，我国知识产权证券化形成了包括许可模式、质押贷款模式、融资租赁模式和保理模式，而且独创出了二次许可模式，并取得了巨大成功。

但是我国知识产权金融支持知识产权转化运用作用还存在一些问题。我国知识产权金融总体规模不大、知识产权金融支持法律政策不健全、知识产权金融市场配套机制不完善、知识产权质量低等制约知识产权金融发展（宋河发，房海娅，2023）。

（5）政府采购政策。

《中长期科技规划》配套政策对政府采购涉及的全部基本环节进行了明确规定，包括自主创新产品认定、政府采购评审办法、采购合同管理、政府首购和订购、本国货物认定与外国产品审核，以及国防采购自主创新产品等。为落实上述配套政策，财政部、科技部、国家发展改革委等有关部门制定和发布了《自主创新产品政府采购预算管理办法》《自主创新产品政府采购合同管理办法》《自主创新产品政府采购评审办法》《关于实施促进自主创新政府采购政策的若干意见》《政府采购进口产品管理办法》《关于开展2010年度自主创新产品认定工作的通知（征求意见稿）》，国务院办公厅还发布了《关于进一步加强政府采购管理工作的意见》，实施细则数量达到6个。

在自主创新产品认定制度方面，2006年科技部、国家发展改革委和财政部三部门联合出台《国家自主创新产品的认定管理办法（试行）》，2008年三部门在国家科技计划项目成果形成的产品、高新技术企业、创新型企业中组织开展了自主创新产品认定试点工作。在试点工作基础上，三部门于2009年10月联合发布了《关于开展2009年国家自主创新产品认定工作的通知》，正式启动国家自主创新产品认定工作。在综合考虑中外各方意见的基础上，三部门于2010年4月9日发布了《关于开展2010年国家自主创新产品认定工作的通知（征求意见稿）》，对引起外方争议的部分条款进行了修改，并广泛征询和吸纳各方意见。

在政府首购和订购制度方面，2007年财政部制定出台《自主创新产品政府首购和订购管理办法》，对"首购"和"订购"的含义作出了界定，明确了首购订购需满足的条件，同时提出了首购订购的监督检查要求。有关部门还制定出台了鼓励使用国产首台（套）装备的政策文件《首台（套）重大技术装备试验、示范项目管理办法》（发改工业〔2008〕224号），对经认定的首台（套）重大技术装备试验、示范项目给予优先安排用地审查、优先安排环保评估、优先纳入科技支撑计划、对用户给予装备价格一定比例的风险补助等政策支持。

在国货认定制度和购买进口产品制度方面，2007年财政部出台了《政府采购进口产品管理办法》，2008年财政部发布了《关于政府采购进口产品管理有关问题的通知》。两个文件的出台，明确了在关境和海关监管区域产品的认定和已流通产品的认定管理。

在政府采购制度方面，2007年财政部出台了《自主创新产品政府采购预算管理办法》《自主创新产品政府采购评审办法》和《自主创新产品政府采购合同管理办法》3个文件。2010年10月，财政部发布《政府采购代理机构资格认定办法》(财政部令第61号),规范政府采购代理机构资格认定工作,加强政府采购代理机构资格管理。

在上述政策发布后,美国联邦贸易委员会即于2009年发布了《中国知识产权侵权、自主创新政策及其对美国经济的影响》的报告,依据美国驻华使馆对在华5000多家企业的调查,对中国的自主创新政策提出了批评。美中贸易委员会在2010年5月还公开发布了对我国《关于开展2010年度自主创新产品认定工作的通知(征求意见稿)》的修改建议,重点对"自主知识产权"要求、"进口替代"、"价格优惠"等提出了不同意见。

2011年6月,科技部和财政部宣布停止执行《国家自主创新产品的认定管理办法(试行)》和上述三个文件,并要求各省(区、市)对自主创新产品认定政策进行了全面清理,我国自主创新产品政府采购政策处于停止状态。2016年,国务院办公厅又对该政策进行了清理。

16.6.3 知识产权保护政策

知识产权保护是国家司法机关和行政机关根据法律规定对知识产权权利人的合法权利进行的保护,主要包括知识产权司法保护、行政执法保护和社会协同保护三个方面。知识产权保护政策主要分三类。

1. 知识产权保护法律法规

知识产权保护的法律主要有:《民法典》《专利法》及其实施细则;《商标法》及其实施条例;《著作权法》及其实施细则;《反不正当竞争法》和《科技进步法》《专利代理条例》《知识产权海关保护条例》《植物新品种保护条例》《集成电路布图设计保护条例》等。

2. 知识产权司法解释和行政保护规章

最高人民法院知识产权保护司法解释主要包括专利、商标和著作权三类。专利司法保护政策涉及申请权纠纷,案件管辖与法律适用,诉前禁令与财产保全、证据保全等;商标司法保护政策涉及案件管辖与法律适用,诉前禁令和财产保全、证据保全,损害赔偿计算等;著作权司法保护政策涉及著作权集体管理、网络著作权纠纷等。

最高人民法院2007年发布的《最高人民法院关于审理侵犯知识产权纠纷案件应用法律若干问题的解释》还就办理侵犯知识产权刑事案件具体应用

法律问题进行了解释。最高人民法院 2009 年 3 月 30 日还发布了《关于贯彻实施国家知识产权战略若干问题的意见》，2009 年 4 月 21 日发布了《关于当前经济形势下知识产权审判服务大局若干问题的意见》。2009 年 12 月 21 日公布了《关于审理侵犯专利权纠纷案件应用法律若干问题的解释》，并于 2015 年进行了修改，涉及受案范围、管辖权、中止、财产保全、权利归属、权利要求解释、处罚、侵权赔偿计算、诉讼时效等共 26 条。2010 年 6 月 29 日发布了《关于为加快经济发展方式转变提供司法保障和服务的若干意见》，2016 年 3 月 22 日公布了《关于审理侵犯专利权纠纷案件应用法律若干问题的解释（二）》（2020 年修正）。上述司法解释虽然在一定程度上加强了对知识产权的保护力度，但仍然存在部分问题，如侵权赔偿数额由于侵权证据难以获得保持在较低水平、功能性特征撰写的权利要求的技术特征很难判断、标准必要专利有关规定与国际标准专利的一般规定不符合等。

2012 年 8 月 14 日，国家工商行政管理总局负责起草的《关于知识产权领域反垄断执法的指南》公布，知识产权领域反垄断主要是反"利用知识产权排除、限制相关市场竞争"，涉及包括滥用市场地位的情形、许可中违背交易人意愿的附加交易条件、搭售行为等，但对欺骗性许可限制的规定还不充分。2016 年 2 月 5 日，国家工商行政管理总局发布《关于知识产权领域反垄断执法的指南（征求意见稿）》。该指南细化界定了涉及知识产权的垄断协议、滥用市场支配地位、经营者集中等行为，并对涉及标准制定和实施的垄断行为、专利联营著作权集体管理组织的行为作出界定，并就何种情形可以主张豁免给出了具体指引。2015 年 12 月 31 日，国务院反垄断委员会发布了《关于滥用知识产权的反垄断指南（征求意见稿）》，并于 2017 年 3 月 23 日公布了新的征求意见稿，该指南主要包括两个方面：第一个方面是可能排除、限制竞争的知识产权协议。第二个方面是涉及知识产权的滥用市场支配地位行为。

知识产权行政执法保护政策主要是《专利行政执法办法》（2015 年修正）、《驰名商标认定和保护规定》（2014 年修订）、《商标印制管理办法》（1998 年、2004 年、2020 年修订）、《著作权行政处罚实施办法》等。

3. 知识产权保护专项行动

知识产权保护专项行动主要指有关知识产权保护司法和行政执法部门开

展的知识产权保护专项行动。如国家知识产权强国建设工作部际联席会议办公室印发的《2024年知识产权强国建设推进计划》（国知联办〔2024〕6号）提出了司法保护的专项行动：一是服务高水平科技自立自强，开展"检察护企"专项行动，依法严惩侵犯商业秘密犯罪，持续加大对关键核心技术、新兴产业领域知识产权保护。二是组织开展"昆仑2024"专项行动，依法严厉打击各类侵犯知识产权犯罪，强化对重点领域的打击整治，挂牌督办一批重特大案件。行政法保护的专项行动有：一是推动落实《关于新时代加强知识产权执法的意见》，组织开展"守护知识产权"专项执法行动，推动开展知识产权全链条执法机制建设试点。二是组织开展打击网络侵权盗版"剑网2024"专项行动、青少年版权保护季行动、打击院线电影盗录传播专项整治、文创产品知识产权保护专项行动。三是针对重点领域、关键环节、高风险渠道，组织开展知识产权海关保护专项行动，强化跨境电商、市场采购等新业态知识产权海关保护，健全知识产权关企联系机制，加强对中小企业知识产权保护个性化指导与服务。

16.6.4 知识产权管理政策

除了知识产权创造、运用和保护政策外，知识产权管理政策主要包括国家和地方政府的知识产权行政管理政策和企事业单位自身知识产权管理政策两个方面。

国家级政府部门知识产权管理的职能主要包括知识产权发展规划、知识产权审查、知识产权行政执法、知识产权国际协调保护、知识产权产业化等。因此，除了知识产权审查、产业化和知识产权行政保护政策分属知识产权创造、运用和保护政策外，国家知识产权管理政策主要包括知识产权发展计划管理政策、知识产权中介机构管理的政策、知识产权人才教育培养政策、知识产权国际交流合作政策等。

1. 国家知识产权管理机构改革

我国在1980年成立了中国专利局，1998年将中国专利局更名为国家知识产权局，2018年重组国家知识产权局并划归国家市场监督管理总局管理，实现了商标、专利、集成电路布图设计、地理标志等知识产权的统一管理，大大提高了知识产权审查和管理能力。地方知识产权部门改革全部到位，知识产权行政执法纳入大市场监管执法体系。2023年3月，我国启动新一轮国务院机构改革，将国家知识产权局由国家市场监督管理总局管理的国家局调整为国务院直属机构，大幅提升了国家知识产权局在国家行政机构中的位置。

2. 知识产权发展计划管理政策

"十三五"以来，我国知识产权发展计划管理政策主要有《知识产权强国建设纲要》《"十四五"国家知识产权保护和运用规划》《知识产权公共服务"十四五"规划》《专利和商标审查"十四五"规划》，以及每年度的《知识产权强国建设推进计划》等。知识产权中介机构管理政策主要指知识产权代理、咨询服务机构管理政策，专利代理机构管理政策有《专利代理条例》（2018修订）、《专利代理管理办法》（2019年修订）等。知识产权人才管理政策如《知识产权人才"十四五"规划》《专利代理人执业培训办法（试行）》等。地方的知识产权管理政策主要是制定落实国家知识产权发展计划管理政策、知识产权中介机构管理的政策、知识产权人才教育培养政策、知识产权国际交流合作政策等。

3. "十四五"国家知识产权保护和运用规划

该规划规定了坚持质量优先、强化保护、开放合作、系统协同的基本原则。以到2025年，知识产权强国建设阶段性目标任务如期完成，知识产权领域治理能力和治理水平显著提高，知识产权事业实现高质量发展，有效支撑创新驱动发展和高标准市场体系建设，有力促进经济社会高质量发展，知识产权保护迈上新台阶、知识产权运用取得新成效、知识产权服务达到新水平、知识产权国际合作取得新突破为主要目标，提出了全面加强知识产权保护，激发全社会创新活力、提高知识产权转移转化成效，支撑实体经济创新发展、构建便民利民知识产权服务体系，促进创新成果更好惠及人民、推进知识产权国际合作，服务开放型经济发展、推进知识产权人才和文化建设，夯实事业发展基础以及实施保障等具体建议。

4. 知识产权公共服务"十四五"规划

该规划提出知识产权公共服务是知识产权管理部门及相关政府部门或公共服务机构承担或者主导开展的，围绕知识产权创造、运用、保护、管理等主要环节，按照党中央、国务院有关知识产权的重大决策和战略部署，为社会公众和创新主体提供相关公共服务政策、公共服务产品、信息公共服务、数据开放共享、便利化政务服务、政策业务咨询等基础性服务的授益性行为。知识产权公共服务的基础是公共服务体系，载体是公共服务机构和基础设施，内容是提供政策保障以及免费或低成本的公共产品和公共服务，目标是围绕知识产权全链条提供高质量的知识产权公共服务供给，助力提高知识产权创造质量，强化知识产权保护综合效能，提升知识产权运用效益，营造良好的创新环境和营商环境，激发全社会创造力和市场活力，有力推动创新型国家建设和经济社会高质量发展。该规划在分析了知识产权公共服务取得的成就和面临的形势后提出了知识产权公共服务的总体要求和发展目标，包括政府主导、多元参与、系统协调、均等可及、需求导向、服务规范、问题导向，提升效能四个基本原则。

5. 专利和商标审查"十四五"规划

该规划坚持高质量发展、坚持需求导向、坚持稳中求进的基本原则，围绕申请质量提升、审查质量和效率提高、审查服务优化、审查国际化合作深化等方面设置了定性目标，针对进一步提高专利和商标审查质量和效率，设置了11项预期性定量指标。该规划共设置七个方面主要任务：① 持续完善审查制度；② 稳步提升审查质量；③ 继续提高审查效率；④ 协同推进申请质量提升；⑤ 提升审查组织机构运行效能；⑥ 深化审查"放管服"改革；⑦ 全面深入开展审查审理业务国际合作。此外，该规划还从廉政风险防控、人才队伍、经费、信息化及审查文化建设五个方面建立了保障措施，以确保"十四五"末如期完成预定的目标。

企事业单位知识产权管理政策主要包括知识产权管理制度与战略制定、知识产权组织机构建设与人员配置、科技创新活动的知识产权管理、知识产权自我保护管理等。知识产权管理政策可以是政府出台的指导性管理政策，也可以是企事业单位自己制定的管理政策。加强企事业单位知识产权管理的指导性政策如国家知识产权局制定的《企业专利管理办法》《企业知识产权管理办法》《企业专利工作交流试行办法》《关于进一步加强企业知识产权工作的若干意见》《关于实施中小企业知识产权战略推进工程的通知》等。

企事业单位知识产权管理政策主要是政府部门指导企事业单位制定知识产权管理制度与战略，建立知识产权组织机构建设和配置人员，推进知识产权管理与科技项目管理紧密结合。这些政策在知识产权管理制度与战略上，主要包括知识产权信息检索、档案管理、教育培训、转移转化、发明人奖励激励等内容；在知识产权组织机构与人员配置管理上，主要包括知识产权披露、申请、评估、转移转化、产业化和管理人员、知识产权实务人员培训等内容。在科技创新项目知识产权管理上，主要包括知识产权检索分析、权利分析、战略布局、专利池与标准分析、价值评估、实施许可等内容；在知识产权自我保护管理上，主要是在人员聘用、合作研究、外出学习、出国交流、权利归属等方面对知识产权侵权的监测、调查和采取保护的措施，以及与知识产权司法和行政执法部门进行合作应对侵权的措施。

国家知识产权局机构改革加强了知识产权审查职能的统一和行政执法指导职能的增强。知识产权工作涉及科技、产业、贸易、司法、海关等多个部门，对技术类和产业类知识产权的审查、管理和保护等工作极为重要。

16.6.5 知识产权服务业政策

2012年11月13日，国家知识产权局、国家发展改革委、科技部等部门印发了《关于加快发展高技术服务业的指导意见》的通知（国知发规字〔2012〕110号），指出"知识产权服务业，主要是指提供专利、商标、版权、商业秘密、植物新品种、特定领域知识产权等各类知识产权'获权—用权—维权'相关服务及衍生服务，促进智力成果权利化、商用化、产业化的新型服务业，是现代服务业的重要内容，是高技术服务业发展的重点领域"。并将知识产权服务业划分为知识产权代理服务、知识产权法律服务、知识产权信息服务、知识产权商用化服务、知识产权咨询服务、知识产权培训服务六类主要领域的知识产权服务业。

目前我国知识产权代理服务业存在问题主要有以下几个方面：知识产权代理服务质量有待提高、知识产权服务业务范围有待拓展、知识产权服务业行业监管有待加强、高水平知识产权代理人才不足；知识产权法律服务业发展存在问题是我国对知识产权尽职调查重视程度不够、知识产权评估机制有待完善、知识产权海外维权能力不足；知识产权信息服务业发展存在问题是知识产权公共信息服务平台实用性有待提升、知识产权公共信息服务平台商业化运营现象严重、知识产权市场化信息服务机构能力不足、知识产权社会信息服务机构市场竞争能力弱；知识产权商用化服务业发展存在问题是知识产权公共运营服务模式单一、知识产权运营公共服务平台市场化运营、高校内部知识产权运营机构建设缓慢、知识产权运营社会服务机构缺乏有效盈利模式、知识产权运营配套金融服务体系落后；知识产权咨询服务业发展存在问题是知识产权服务机构检索分析能力不足、高端知识产权智库建设缓慢、缺乏标准必要专利评估机构；知识产权培训服务业发展存在问题是政府买单导致高端培训发展缓慢、知识产权培训规范性不足、知识产权培训内容有待完善、高校知识产权培训人才与社会需要不对接。

16.7 科研机构知识产权政策体系

科研机构知识产权政策体系主要包括知识产权高质量创造政策体系、知识产权高效益运用政策体系、知识产权高水平保护政策体系、知识产权高标准管理政策（宋河发，2018）、知识产权高效率服务政策五个方面。如表16-3和图16-2所示。

表16-3 科研机构知识产权政策体系

政策类型	政策内容		
知识产权高质量创造政策	研发创造政策	权利获取政策	保护范围拓展政策
知识产权高效益运用政策	知识产权竞争性、竞争力政策	知识产权诉讼性运用政策	知识产权运营政策
知识产权高水平保护政策	行政保护政策	司法保护政策	验收考核政策
知识产权高标准管理政策	战略规划政策	机构知识产权管理政策	知识产权专项管理政策
知识产权高效率服务政策	公共服务政策	社会化服务政策	—

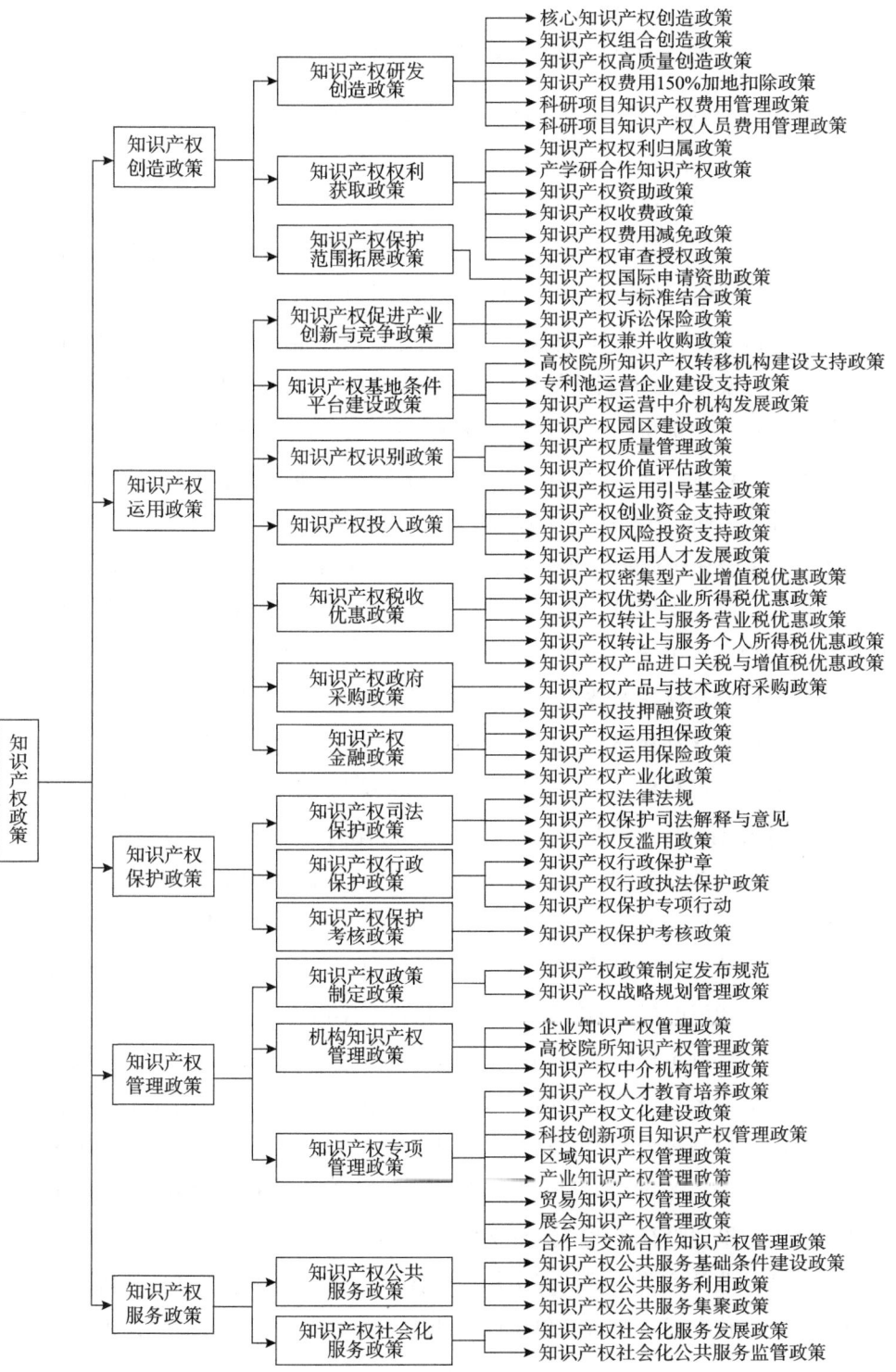

图 16-2 知识产权政策体系

16.7.1 知识产权创造政策体系发展

知识产权创造政策未来发展重点应当是以知识产权运用为目标制定完善知识产权高质量高价值创造政策。

1. 完善知识产权研发创造政策

第一，制定科技创新项目立项、验收知识产权高质量创造政策。一是整合各类科技计划，制定统一的知识产权政策，要明确规定知识产权数量、质量指标和知识产权质量管理机制。二是制定专业化内部技术转移机构建设支持政策。支持有条件的高校科研机构建立集技术转移、知识产权管理和种子资金为一体的专业化内部机构，配置专业化人才队伍，并形成相互合作和约束的机制。三是建立健全创新主体知识产权运营管理机制和流程。要全面建立职务发明披露评估流程、专利质量评估流程。申请专利保护的技术一定是能够转化的技术，一定是专利质量高的专利文件，一定是标准或产品必要的专利。

第二，制定支持科技创新活动知识产权有效组合政策。一是制定科技创新项目知识产权组合布局政策，形成组合效应；建立健全知识产权运营管理机构，申请专利保护的技术一定能够转化的技术。要指导企事业单位运用多种方法明确专利战略布局的方向和重点，引导研发投入的方向和重点，科研经费要支持可授权、可实施和可组合为有竞争力的新产品新服务知识产权的研究开发创造。二是制定《标准必要专利培育工作指南》，探索引导培育产业关键核心技术专利三是支持面向产业发展前沿和市场需求的以自主知识产权为基础，以企业为主体，以技术标准为纽带的创新联盟发展，创造必要专利等知识产权，构建专利池或专利组合，以价值链整合产业链与创新链，培育和引导知识产权和创新集群发展，推进产学研合作。

第三，要制定科研项目知识产权持续创造政策。面向国家战略需求和产业创新发展需要，国家自然科学基金、国家重点研发计划、国家重大科技专项、战略性科技先导专项、高技术产业化项目等科技计划都应制定知识产权持续创造政策，不因项目结束而不再布局高质量和高价值专利等知识产权，不因项目成果还没有转化实施而放弃知识产权，或者不再布局知识产权。

第四，改革完善知识产权考核指标体系，积极推动适用于各类科技创新项目、产业化项目、企事业单位创新能力评价、人才引进及职称评审等，建立以知识产权高质量、转化成效为主要指标的考核评价指标,如高价值发明专利拥有量、专利独权字数与权利要求数、最终实施率、专利被引用率等。二是国家自然科学基金、国家重点研发计划、国家重大科技专项等要加大高价值发明专利拥有量、必要专利和知识产权实施率的考核。高技术产业化、高技术特色产业、专利产业化、产业结构优化升级等项目等要加大有效知识产权和知识产权实施收益的权重,而且把这些指标作为承担单位今后承担新科技创新计划项目的重要依据。三是高新技术企业认定、创新型企业认定等各类认定项目要增加知识产权与企业主营业务的关系、知识产权实施收益对主营业务的贡献份额等指标。

第五,要完善科技创新经费管理政策。一是取消我国科技经费管理政策中允许列支知识产权事务费的政策,支持和推动企事业单位建立知识产权集中管理机构,课题组不能自行在课题经费中列支专利申请和代理费、年费等知识产权事务费,由单位知识产权管理部门统筹提取和使用项目的知识产权申请和代理费、年费等知识产权事务费。二是优化知识产权事务费科目,允许课题列支知识产权分析、知识产权咨询服务等费用。

第六,要强化税收政策对知识产权创造的激励。一是要扩大目前技术开发费加计扣除政策的范围。应允许各类科技创新项目发生的知识产权费用在税前列入成本,允许将形成的各种知识产权有关费用无论是否形成无形资产都一次性列入管理费的当期费用,并实行200%和更高所得税税前加计扣除,降低企业知识产权创造的负担,促进知识产权与研究开发的结合;也可以允许企业尤其是上市企业和国有企业为绩效考核选择分年摊销,并取消其他费用不超过10%的规定,允许各种知识产权费用据实加计扣除。二是研究推动专利产品等自主知识产权优势企业所得税优惠政策,推动通过自主创新形成自主知识产权优势的企业享受高新技术企业所得税15%税率优惠政策,引导建立我国知识产权产品统计制度,促进我国知识产权产业快速发展。

2. 知识产权授权创造政策

第一,大力引导提升专利撰写质量。加强知识产权代理监管,坚决打击黑代理、转代理,加强低费用代理、低授权率代理的监控。推动创新主体通过专业化内部知识产权运营管理机构和委托外部服务机构开展知识产权申请前质量评估。全面推行《专利代理服务指导标准》,发布高质量服务机构名单。鼓励和支持代理机构提升机构内部管理和质量控制水平。严格专利代理资格考试，进一步加大代理师考前培训力度，重点加强实际技能的考查，增加外语交流能力的考察。建立代理师业务实践制度，尤其是强化知识产权审查和诉讼实践，并作为代理师报考的必要条件。建立终身学习培训制度、专业技术分类制度和职称晋升制度，强化对代理师的内在激励。

第二，提高知识产权审查质量。完善专利法律法规政策，全面建立审查员检索报告向全社会公开制度。建立审查最佳案例库，重点评价检索、审查、驳回、授权、复审、无效与最佳案例的符合程度。全面建立高级审查员构成的知识产权审查质量专家组，定期对审查员审查质量进行评价，并将审查质量与审查绩效挂钩。研究制定知识产权审查质量标准。加强与美日欧韩专利局的合作，提升审查员对专利文献和科学文献的检索能力和效率。加强审查员业务培训，建立审查员与科研人员双向交流任职或挂职制度。进一步完善专利质量抽样制度，完善客户满意度调查体系。专利审查要在说明书发明有益效果和特点部分增加专利实施描述的要求，要对专利实施的可能性、实施条件、实施程度、实施可能存在问题等进行客观说明。

第三，加大知识产权国外布局的引导和支持。完善海外知识产权资助办法，要加大知识产权海外专项资助资金力度，而不是简单地取消资助政策。一是支持重点产业知识产权申请。在 WTO 框架下，支持我国企事业单位通过 PCT、马德里协定等途径在海外布局知识产权，抢占制高点，尤其是要支持高技术产业和战略性新兴产业知识产权领域国际知识产权布局。二是要完善知识产权海外专项资助资金的支持方式，重点支持授权专利和国内已经实施的专利。三是拓宽海外知识产权资助范围。要扩大专项资金的支持范围，允许对驰名商标、重要植物新品种、核心版权产业软件著作权的国际申请和保护费用也应给予一定比例的资助。四是加强国际协调保护。建立我国驻主要国家使馆知识产权专员制度，向主要国家知识产权局派驻知识产权专员，协调对我国知识产权保护。

16.7.2 知识产权运用政策体系发展

我国应以问题为导向建立以知识产权有效商业化为核心的知识产权有效运用政策体系。

1. 建立和发展知识产权运用机构

第一，支持组建市场化的知识产权运营管理公司。以中国科学院、教育部和行业院所等为主要依托，引入民间资本，建立具有国家主权基金性质、政府引导、多元化投资的知识产权运营公司，如信息通信、新能源知识产权运营管理公司等，将分散的国有企事业单位的知识产权组合打包，以非排他、非可转让许可方式低价或免费许可给国内企业，并有效应对跨国企业、国外专利许可公司、专利钓饵公司的竞争与打压。

第二，推动中介型技术转移和知识产权运营机构转型发展。推动第三方技术转移机构转型发展，将市场化中介型技术转移机构转制为设立独立资金账号、政府监管资金的复杂第三方机构，或者转变为高校和研究机构的嵌入式具有技术转移、知识产权管理和种子投资的专业化服务机构，或转变为以产业技术标准为依托的产业专利池运营机构，促进产业结构优化升级和产业自主可控。

第三，全面建立专业化内部技术转移机构。全国重点大学和国家科研机构都要建立技术转移、知识产权管理和种子投资三位一体、相互合作与相互约束的技术转移办公室、技术转移公司，兼具管理和运营职责。要摒弃现有简单落后的技术转移人才短期培训与发证制度，建立专门的学历教育与职业资格考试并行的技术经理人资格考试制度，建立以技术经理人为主体的技术转移人才队伍。要允许技术转移机构获得技术转移收益20%比例的收益。要允许将技术转移收入与技术经理人工资绩效挂钩。

第四，改革知识产权交易模式。鼓励探索债股可转换、按价值的单位许可权、股权担保的实施现金流模式的知识产权证券化。改进知识产权价值评估方法与模型，基于人工智能、大模型等新技术开发科学的知识产权实时价格评估系统、侵权比对系统。技术交易所和知识产权交易中心应开发和建立知识产权及其形成股权的竞价系统。知识产权司法保护和行政执法机构要向交易机构派驻知识产权保护工作组，提供及时知识产权保护保障。

2. 优化知识产权收费结构

第一，优化专利费用减缴政策。要改变为企业减负而维持知识产权收费标准甚至降低收费标准的做法，应主要根据我国科技创新能力和水平建立合适的收费标准。提高专利各项收费标准尤其是专利检索、审查和年费标准，形成申请阶段费用标准较低，申请后维持阶段费用标准开始较低往后较快增高的费用结构，对权利要求超过20项实行渐进增加的额外收费标准，或取消超项收取附加值的政策。

第二，实行专利收费优惠政策。在提高专利收费标准尤其是年费标准的基础上，要对符合财政资助条件、规模较小、国家重点发展产业等国内大学、科研机构和中小企业、高技术产业、战略性新兴产业、未来产业实行专利收费优惠政策而非减缴政策，收费标准优惠的比例为现行标准的50%～60%。对实施开放许可、已许可的专利再给予10%～20%的费用优惠。

3. 完善各类知识产权运用资金投入政策

第一，加大财政资金对知识产权运用的支持力度。建立常态化知识产权运用财政专项资金。一是通过建设资金支持高校科研机构建立内部专业化知识产权运营管理机构，每家每年支持50万元左右，连续支持3～5年。支持企业开发知识产权产品，对拥有专利产品、标准必要专利的企业给予奖励，每个产品给予10万元的所得税抵扣额度。三是支持市场化中介型技术转移机构转制为具有担保功能和服务能力的复杂第三方机构，转变为能开展嵌入式具有技术转移、知识产权管理和种子投资的专业化服务机构，转变为以产业技术标准为依托的产业专利池运营机构，每家支持200万～500万元。重大科技专项和重点研发计划等国家科技计划必须安排不低于1%比例的经费开展知识产权检索分析和导航工作。

第二，改革完善财政资金支持方式。改革财政资金支持方式，要以母基金引导、担保等方式支持高校科研机构建立种子期投资资金，以母基金引导、投资担保、奖励、跟进投资等方式支持地方知识产权运营资金的发展，以贷款贴息、奖励等方式支持具有自主知识产权的中小高新技术企业知识产权实施转化，以奖励、风险补助、跟进投资等方式支持创业投资管理企业发展。

第三，完善创业引导基金支持政策。扩大科技型中小企业创业引导基金规模，提高资助额度，将引导资金重点向经过自主创新的具有自主知识产权的创新成果及其集成、工程化和创业环节倾斜，贷款贴息向产业化阶段倾斜。鼓励以母基金方式在主要高校、科研机构和地方政府建立一批国家扶持，地方投资为主，民间参与的科技成果转化或知识产权创业基金。支持风投、创投公司投资知识产权转化和创业，对"投早投小"的风投可以给予更高比例的投资额折算成本抵扣比例。

4. 完善知识产权运用的税收政策

第一，扩大对自主知识产权优势产业的增值税税收优惠覆盖面，对高技术企业、战略性新兴产业、高技术服务业企业都允许实行按销售收入低税率计征增值税的政策，规模低于 500 万元的具有自主知识产权高技术企业应享受免前 5 年增值税的政策。要根据实际税负测算进一步降低增值税税率，允许高技术服务业、知识产权服务业、研发服务业、设计服务业实行最低税率。

第二，完善金融服务机构税收优惠政策。应进一步提高企事业单位知识产权技术转让免营业税的最低额度，通过实行累进优惠政策减免知识产权转移的所得税，将免税起征点从 2 000 万元进一步提高到 5 000 万元，超过 5 000 万元的部分可减半征收技术转让方的营业税或增值税。应将技术转让免征增值税审核的时间扩展到半年。对开展知识产权质押贷款业务的商业银行、对开展知识产权商业化保险业务的保险公司实行最低营业税或增值税税收优惠政策，营业税税率可下调 1～2 个百分点。

第三，明确知识产权商业化成本与收入事项。由于高校科研机构技术转移收入增值税缴纳抵扣进项比较困难，可以实行 3% 的低增值税率政策。公益性高校科研机构科技成果转化收入不应作为应缴纳所得额。应明确鼓励非职务知识产权交易和转化，对知识产权转让所得可以按照 70% 作为成本，并允许其在知识产权创造的整个时间段内按月计算应税所得额和缴纳个人所得税。

第四，将知识产权申请权和许可使用权作价出资纳入递延纳税范围。应明确规定知识产权申请权和使用权转让，只有办理了财产权转移手续和经过登记公告的才可以作价出资而且不属于虚假注资。应明确规定知识产权申请权和使用权作价出资的条件，知识产权是经过检索的，知识产权申请权和使用权是经过权利评价的，知识产权是处于有效状态的。

5. 深化保险政策对知识产权商业化的支持

要确定欲转计专利或专利组合的合适保险费率，以实现知识产权 1 到 3 年是否实现商业化的企业为保险对象，推动各类保险公司开展针对知识产权转让许可和作价入股的保险和再保险业务试点。加大政府的支持力度，政府担保资金要开展知识产权商业化的担保，要减免保险公司知识产权转化保险业务的增值税，将企业知识产权商业化保险费列入 100% 加计扣除范围。由于知识产权商业化成功的概率较低，要鼓励知识产权供需双方和中介机构都加入保险，政府科技成果专项基金、科技成果转化引导基金、科技型中小企业创新基金和引导基金都应对保险给予适度的补贴，还要建立对保险公司的再保险业务。

6.完善发展知识产权投融资政策

第一，完善知识产权金融法律政策。应制定知识产权证券化法规，明确知识产权证券化的基础资产不仅要包括知识产权租赁、质押、许可形成的债权，还应包括知识产权实施、作价入股收益权形成的债权。应在《中华人民共和国信托法》中明确知识产权可以作为信托财产，允许探索知识产权申请权、使用权作为信托财产的可行性。应在《民法典》合同篇中明确规定租赁物不应排除知识产权；尽快出台《融资租赁法》，明确规定租赁物可以包括知识产权，同时要制定知识产权融资租赁政策，明确知识产权和申请权可以作为融资租赁的客体。应制定和实施政府介入的专利技术商业化保险政策，各地要优化知识产权质押贷款、知识产权保险政策。要加大税收政策对知识产权金融的支持力度，尤其是要对知识产权金融服务所得实行增值税、所得税优惠政策。

第二，加快和完善创业板发展。要放开利用知识产权上市创业板的限制，通过加强监管促进创业板的健康发展。要加强中小企业上市辅导，大力支持具有或掌握知识产权组合尤其是专利组合的自主知识产权优势企业通过资本市场直接上市融资。建立创业板和中小企业板上市企业知识产权考核指标体系，强化知识产权审核和披露制度建设，发挥上市企业知识产权的核心关键作用。

第三，健全金融机构知识产权服务机制。支持开展知识产权金融业务的银行、融资租赁机构、信托机构、保险机构、担保机构、证券公司等有条件的知识产权金融机构设置专门的知识产权管理团队，解决知识产权转化运用中的信息和风险不对称问题。知识产权金融服务机构要建立知识产权技术、法律、市场、管理评价的指标体系和流程。建立各地政府知识产权金融发展引导基金与知识产权金融机构的协同工作机制，通过母基金投资、贴息、风险补偿、后奖励等方式引导和支持银行、融资租赁机构、信托机构、保险机构、担保机构、证券公司等开展知识产权金融业务，慎用知识产权资助资金。支持地方政府建立知识产权金融失败后知识产权拍卖、知识产权形成企业股权交易等处置机制。支持保险机构开展针对知识产权质押贷款、融资租赁、信托、股权投资的保险业务，支持开展针对各类知识产权保险、担保的再保险、再担保业务。整合科技企业、金融机构、产业园区、交易所等资源，建立产业园区企业知识产权融资需求和金融机构相关融资产品对接机制，开展联合授信业务，为企业提供定制化的知识产权金融方案。将知识产权金融服务纳入政府采购目录，支持企业创新发展（宋河发，房海娅，2023）。

7. 加强政府采购对知识产权运用的激励

第一，优化自主创新产品认定政策。为避免国外的质疑，应将"自主创新产品"改为"创新产品"，应将现有自主创新产品的认定条件改为"拥有专利等（技术类）知识产权或使用权"和"拥有商品注册商标专有权或使用权"。即使"拥有国外专利和商标等知识产权或使用权"的产品也可以被我国认定为创新产品，即使获得普通许可使用权的创新产品也可以纳入我国政府采购范围，这有利于引进先进技术，有利于促进本国本地就业和经济增长。

第二，改善新产品政策。优化自主创新产品认定标准仍然是不够的。国家和省级重点新产品计划关于新产品的规定与自主创新产品认定很相近，但还存在一定差异。新产品应具有知识产权，新产品必须在国内或区域内首次开发成功并生产，并且质量要合格。而自主创新则是在全球范围内具有创新性，但不一定属于首次开发成功。首次开发成功和生产是促进科技成果产业化，以及促进就业与经济发展的必要条件。因此，可借鉴新产品首次开发成功的要求，并将新产品认定标准改为在国内或区域内首次开发成功并具有全球新颖性和创造性。新产品必须符合国家产业、技术等政策，符合国家技术标准。国家产业和技术政策是指导产业创新发展的主要政策工具，技术标准是规制技术发展和促进自主创新的重要规范。用新产品认定政策代替自主创新产品认定政策有利于保护本国产业创新。随着科技的迅速发展，新产品生命周期不断缩短，不可能都达到发明专利20年的长度。如信息通信产品专利公开后5年、生物医药类新产品10年、机械电子类新产品8年，因此政府采购支持的新产品认定期限不宜过长，一般5年为宜。

第三，恢复中小企业创新产品政府采购政策。原有自主创新产品认定条件改为新产品认定条件后，应恢复废止的政策文件中对中小企业自主创新产品在投标、合同评审、预算等方面的优惠政策，中小企业创新产品符合完善后的国家和地方新产品认定条件的应当优先采购。

第四，完善深化首购和订购政策。首台首套产品是政府采购促进大中型企业自主创新的重要政策。一方面，政府首购可以有效降低企业研究开发的风险；另一方面，对企业大型装备新产品首次进入市场有着重大需求拉动作用和示范作用。完善目前的首购和订购政府采购政策，重点是将首台首购和订购政府采购政策的认定条件改为"国家和地方新产品"。为充分发挥对首台首套产品的激励作用，应当在符合《补贴与反补贴协议》情况下，允许实行普惠的后补偿式研发采购政策，即根据首台首套设备的研发成本补贴其一定比例的研发经费。

第五，制定自主知识产权技术标准。自主知识产权必须是主要通过自身研究开发活动形成的以专利、软件著作权或技术秘密专有权、植物新品种权等主要类型的知识产权为客体的具有数量或价值占绝对多数或相对多数的知识产权。外购取得的知识产权并且拥有知识产权所有权，只有获得绝对或相对主导收益的知识产权产品与服务才能成为自主知识产权产品与服务，才能纳入自主创新产品目录。一方面应指导企业将专利等自主知识产权纳入技术标准中；另一方面还要根据各类国内外技术标准规定的指标、参数等有意识地进行研究开发并获取专利权。

16.7.3 知识产权保护政策体系发展

一是建立国家知识产权高级人民法院，适当增加新的知识产权法院。建立国家知识产权高级人民法院，专门负责知识产权复审和无效案件上诉，专利、植物新品种、集成电路布图设计、技术秘密、计算机软件、涉及驰名商标认定及垄断纠纷的一审案件上诉和重大技术类知识产权案件一审，或其他具有重大公共意义知识产权案件的审判。在现有北京、上海、广州、海口知识产权法院和知识产权法庭的基础上，根据经济发展需要在东北、中部、西部、成渝等区域新建一批知识产权法院，负责辖区内有技术类、驰名商标类、垄断类知识产权民事和行政案件等案件一审。外观设计专利权、商标权、除计算机软件著作权外的著作权及其邻接权、不正当竞争诉讼案件等，涉及知识产权假冒、合同、权属、使用费、奖励报酬、财产保全、发明人设计人资格、行政管理纠纷案件一审和二审仍由原地方法院、中级人民法院和高级人民法院管辖。最高人民法院知识产权审判庭负责知识产权侵权申诉案件申诉和重大技术类知识产权案件二审。对于知识产权法院和知识产权法庭判决不服的，可以上诉至国家知识产权高级人民法院，对国家知识产权高级人民法院和省级人民法院判决不服的，可以向最高人民法院知识产权法庭申诉和上诉。

二是增加知识产权法院员额法官编制，加大理工科背景法官遴选力度。最高人民法院根据全国知识产权案件数量、人员编制、机构设置等情况确定全国知识产权法院和知识产权法庭法官的员额。各高级人民法院根据案件数量、员额比例、法官数量等情况对辖区内知识产权法院和知识产权法庭的法官员额做出动态调整。应较大幅度增加知识产权法院员额法官编制，充实审判力量，面向聘任制、聘用制的书记员等审判辅助人员定向招录法官助理和检察官助理，扩大知识产权法官队伍。在注重法官知识产权法学专业性的同时，加大理工科背景知识产权法官的遴选力度，遴选具有国际视野的知识产权人才，建立拥有良好技术背景的专业化知识产权法官队伍。

三是进一步明确惩罚性赔偿适用条件，建立证据开示制度和侵权损害评估制度。制定相关政策，明确和细化惩罚性赔偿制度中故意侵权和情节严重的认定条件。要把生效的法院判决和行政裁决以及权利人提供相应证据与担保物作为认定知识产权故意侵权的情形，要把知识产权侵权发生的频度、时间和对权利人造成的实际损害作为惩罚性赔偿倍数的依据。改革知识产权侵权人不提供有关资料而以原告主张为赔偿依据的规定，全面实施知识产权侵权损害第三方评估制度。制定知识产权侵权损害评估第三方评估机构认定制度、黑名单制度和报告采用标准，允许知识产权法院在判决侵权人赔偿数额时采纳第三方评估机构出具的损害评估报告作为确定权利人的损失或侵权人的非法获利的证据。建立知识产权证据开示制度，制定完整的证据开示程序和规则，赋予当事人请求对方当事人或第三人提供与案件事实有关的事实材料的权利。研究制定知识产权侵权损失知识产权价值和贡献度计算规则，不断完善知识产权侵权赔偿制度和惩罚性赔偿制度。

四是建立法院与专利局复审和无效审理部的合作机制，解决循环诉讼问题。改变知识产权复审无效案件上诉案件由北京知识产权法院管辖的做法，由国家知识产权高级人民法院受理和审理各类知识产权复审和无效案件的上诉案件。为切实限制重复的知识产权复审和无效宣告行为，解决知识产权循环诉讼问题，应建立国家知识产权高级人民法院与国家知识产权局专利局复审部、商标局商标复审部的紧密合作机制，在国家知识产权高级人民法院内部设立专利复审部知识产权法院巡回分部，直接参与专利商标等知识产权侵权诉讼案件相关的无效宣告案件的审理。对事关我国产业安全、社会影响大、标的额超过一定数额的知识产权侵权案件，国家知识产权法院应吸收国家知识产权局复审部参加庭审，共同及时判定知识产权的有效性。

16.7.4 知识产权管理政策体系发展

一是赋予国家知识产权局知识产权综合行政管理职责，设立科技、工业和信息化、贸易、市场监管等管理部门内设知识产权机构，强化知识产权对科技创新、产业发展、贸易、市场监管等的促进作用。经济高质量发展离不开科技创新和产业的高质量发展，高水平科技自立自强和现代产业自主可控更要依靠专利、技术秘密等各类技术类知识产权的高水平创造和高效益运用。由于知识产权工作涉及多个部门，建议赋予国家知识产权局知识产权综合行政管理职责，指导地方政府知识产权管理尤其是知识产权行政执法工作，负责全国重大案件知识产权行政执法和跨区域知识产权侵权案件协调执法。同时，在科技、工业、贸易、市场监管等管理部门中设立知识产权部门，强化知识产权对科技创新、产业发展、贸易、市场监管的促进作用，实现知识产权管理与科技、经济、贸易、产业的紧密结合，促进信息共享、政策衔接和资源协调，以提高整体管理效果。各地成立独立的省市两级政府知识产权行政管理部门，并成立省市两级知识产权行政执法稽查局，受同级知识产权部门和市场监管综合执法局的双重领导。

二是明确地方知识产权部门行政管理和行政执法职能，健全知识产权执法机构权限和职责，建设专业化知识产权执法人才队伍，不断提升知识产权行政执法能力。明确规定地方知识产权部门查处知识产权假冒、惩处知识产权侵权等行政执法职能，增加地方知识产权部门促进科技创新、产业发展、贸易公平、维护公共利益等综合协调管理职能。参照著作权法和商标法，加强专利、商业秘密等知识产权行政执法权限和手段建设，赋予知识产权行政执法机构询问权、查处权、调查权和处罚权，增加知识产权行政执法机构查处故意侵权、群体侵权、反复侵权行为和知识产权滥用行为的职能，赋予行政执法机构查封、扣押、没收、销毁侵权商品和专门用于制造侵权商品的工具的职能。以原知识产权系统执法人员为基础，遴选有技术背景的知识产权法学人才，建立专业化的知识产权行政执法机构执法人才队伍。持续开展知识产权行政执法人才培训，重点培训知识产权侵权判定相关知识与技能。建立和完善知识产权行政执法机构人才使用、晋升和退出机制，不断提升知识产权行政执法人才队伍的素质和能力。

三是推进市场化收费制度改革，建设创新主体内部专业化知识产权管理机构和人才队伍，强化知识产权代理能力建设，不断完善专利审查和代理质量建设机制。切实贯彻落实保护知识产权就是保护创新的原则，纠正单纯为了提升审查质量和压缩审查周期而刻意以创造性不足驳回导致专利保护范围大幅压缩和技术无偿公开等不当做法，强化对应授权而不授权专利的审查监督力度。坚持知识产权收费主要是为了弥补审查成本的原则，运用市场化机制，通过提高收费标准淘汰和排除低质量知识产权申请。推进创新主体集技术转移、知识产权管理、种子资金为一体的内部专业化机构建设，改革落后的技术经理人资格认证制度，全面建立技术转移经理人资格考试和认证制度，建立专业化知识产权管理人才队伍。严格专利代理师报考和资格考试，强化知识产权代理职业能力培训，推动建设专业化的知识产权代理服务机构。

四是推进科研项目知识产权全过程管理。制定统一规范的国家科技创新计划知识产权全过程管理规定，实施制定科技进步法实施细则。引导企业、高校和科研机构强化科技创新活动的知识产权全过程管理，通过知识产权分析引导科技投入和优化科技资源布局，提高知识产权高质量、组合创造和可持续创造，形成知识产权组合效应，培育标准和产品必要专利，提高科技创新投入的针对性和创新效率。强化研究开发整个过程的知识产权管理，所有研究开发项目立项、验收和转化都要提交独立的知识产权分析报告，对科技创新项目是否能立项和结题提出独立评价意见，还要将项目知识产权转化实施情况作为单位未来能否承担同类项目的重要依据。

16.7.5 知识产权服务业政策体系发展

一是知识产权代理服务业发展政策应着力标准建设，增强服务能力和水平；着力创新模式，推动代理行业做大做强；着力规范管理，加大行业监管力度；着力培养人才，提高队伍整体素质。

二是知识产权法律服务业发展政策应完善知识产权尽职调查服务，完善知识产权评估机制，建立知识产权海外维权援助体系和风险预警体系。

三是知识产权信息服务业发展政策应大力推进知识产权信息服务基础设施建设，完善知识产权信息服务体系，加大对知识产权信息市场化服务机构的扶持力度。

四是知识产权商用化服务业发展政策应健全知识产权运营服务体系，设立政府知识产权运用引导基金，支持发展各类有效的知识产权运营机构，完善知识产权投融资体系，建立技术转移资格认证制度和知识产权专员制度。

五是知识产权咨询服务业发展政策应加强知识产权咨询服务业的能力建设，加强知识产权咨询服务的宣传与培训力度，协调知识产权咨询服务公司机构建设。

六是知识产权培训服务业发展政策应强化知识产权人才培训服务体系，完善知识产权培训模式，强化知识产权人才能力培训，完善知识产权管理人员政策，加强知识产权培训评估管理。

16.8　小结

建设知识产权强国和科技创新强国，最重要的是要增强知识产权创造和运用能力；实现中国式现代化，最重要的是要实现知识产权和科技创新的现代化。因此，必须构建符合跨界创新和产业发展规律、涵盖知识产权全链条的以知识产权创造运用为主体的知识产权政策体系，对现有的财政政策、税收优惠政策、政府采购政策、投融资政策和各类考核评估验收政策进行系统改革完善。

建立和完善知识产权政策体系，必须研究知识产权政策发展的趋势和规律，围绕知识产权创造、保护、运用、管理和服务全链条，系统研究知识产权政策理论基础、研究范式、研究方法、政策工具、政策协同，要深化知识产权政策研究方法和评估方法，引入人工智能大模型技术研究就我国知识产权强国建设中的重大知识产权政策问题，明确知识产权政策改革发展的方向，为建立知识产权政策科学体系奠定基础。

参考文献

ADNER R, 2006. Match your innovation strategy to your innovation ecosystem[J]. Harvard Business Review, 84（4）: 98.

ANDERSEN J B, 2011. What are innovation ecosystems and how to build and use them [J]. Innovation Management, 16（2）: 50-57.

ARGONNE NATIONAL LABORATORY, 2013. Website of Argonne National Laboratory[EB/OL].（2023-10-01）. www.anl.gov/Administration/index.html.

ARROW K J, 1962. Economic welfare and the allocation of resources for invention[C]// NELSON R R, ed. The rate and direction of inventive activity. Princeton: Princeton University Press: 609-626.

ASSOCIATION OF UNIVERSITY TECHNOLOGY MANAGERS, 1998. AUTM press release[R]. Chicago: AUTM.

AUDRETSCH D B, BELITSKI M, 2017. Entrepreneurial ecosystem in cities: Establishing the framework conditions[J]. The Journal of Technology Transfer, 42（5）: 1030-1051.

BAO Z F, CHEN L, 2019. Construction of evaluation index system of technological innovation capability of SMEs in manufacturing industry based on AHP method[J]. IOP Conference Series: Materials Science and Engineering, 612（3）: 032116.

BARON J, POHLMANN T, 2018. Mapping standards to patents using declarations of standard-essential patents and Systems of Technological Classification[J]. Journal of Economics & Management Strategy, 27（3）: 504-534.

BARZEL Y, 1968. Optimal timing of innovation[J]. Review of Economics and Statistics, 50: 348-355.

BAUDRAS E, 2013. The delicate issue of employee inventor compensation[EB/OL].（2013-11-01）[2025-03-01].http://www.consulegis.com/wp-content/uploads/2013/11/The-Delicate-

Issue-of-Employee-Inventor-Compensation.pdf.

BLIND K, THUMM N, 2004. Interrelation between patenting and standardization strategies: empirical evidence and policy implications[J]. Research Policy, 33 (10): 1583-1598.

BOURGEOIS J, 2005. Guidelines on the application of Article 81 (3) of the EC Treaty or how to restrict a restriction[J]. Legal Issues of Economic Integration, 32 (2): 111-121.

BURKE P, REITZIG M, 2007. Measuring patent assessment quality - Analyzing the degree and kind of (in) consistency in patent offices' decision making[J]. Research Policy, 36: 1404-1430.

BURRONE E, 2015. Consultant, SMEs Division Standards, Intellectual Property Rights (IPRs) and Standards-setting Process[EB/OL]. (2015-10-15). http://www.wipo.int/sme/en/documents/ip_standards.htm#P4_83.

CARLSON S C, 1999. Patent Pools and the Antitrust Dilemma[J]. Yale J. on Reg, 16: 389.

CHANG S H, CHANG H Y, Fan C Y, 2018. Structural model of patent quality applied to various countries[J]. International Journal of Innovation Science, 10 (3): 371-384.

CHEEPTHAM N, CHANTAWANNAKUL P, 2001. Intellectual property management and awareness at the university level in the biotechnology era: a Thai perspective [J]. World Patent Information (23):373-378.

CHEN Y S, CHANG K C, 2010. The relationship between a firm's patent quality and its market value—The case of US pharmaceutical industry[J]. Technological Forecasting and Social Change, 77 (1): 20-33.

CHENG T Y, 2012. A New Method of Creating Technology/Function Matrix for Systematic Innovation without Expert[J]. Journal of Technology Management & Innovation, 7 (1): 18-27.

CHOI J P, 2010. Patent Pools and Cross-Licensing in the Shadow of Litigation[J]. International Economic Review, 51 (4): 441-460.

CLARK J, CRITHARIS M, KUNIN S, 2000. Patent pools: A solution to the problem of access in biotechnology patents?[J]. Biotechnology Law Report, 19 (6): 697-706.

COUNCIL ON GOVERNMENTAL RELATIONS, 1999. The Bayh-Dole Act: A Guide to the Law and Implementing Regulations[R]. Washington, DC: Author.

CRICELLI L, GRECO M, GRIMALDI M, 2014. An overall index of intellectual capital[J].

Management Research Review, 37（10）: 880-901.

DAIM T U, RUEDA G, MARTIN H, et al., 2006. Forecasting emerging technologies: use of bibliometrics and patent analysis[J]. Technological Forecasting and Social Change, 73（8）: 981-1012.

DAMODARAN A, 1994. Damodaran on Valuation[M]. New York: Wiley.

DASGUPTA P, STIGLITZ J E, 1980. Uncertainty, industrial structure and the speed of R&D[J]. Bell Journal of Economics, 11（1）: 1-28.

DE SAINT-GEORGES M, VAN POTTELSBERGHE DE LA POTTERIE B, 2013. A quality index for patent systems[J]. Research Policy, 42（3）: 704-719.

DELLA MALVA A, LISSONI F, LLERENA P, 2013. Institutional change and academic patenting: French universities and the Innovation Act of 1999[J]. Journal of Evolutionary Economics, 23（1）: 211-239.

DRAHOS P, 1996. A Philosophy of Intellectual Property[M]. Dartmouth: Dartmouth Publishing.

ERNST H, 2003. Patent information for strategic technology management[J]. World Patent Information, 25（3）: 233-242.

ESSEN J, MEURER M J, 2008. The costs and benefits of patents to innovators[EB/OL]. （2008-03-17）[2023-10-01]. https://patentlyo.com.

EUROPEAN CHAMBER, 2012. Dulling the Cutting-Edge: How Patent-Related Policies and Practices Hamper Innovation in China[R]. Brussels: EU Chamber.

EUROPEAN COMMISSION, 2017. Communication from the Commission to the Institutions on Setting out the EU Approach to Standard Essential Patents[EB/OL]. （2017-11-29）[2023-10-01]. https://ec.europa.eu/docsroom/documents/26583.

FEHLE F, TSYPLAKOV S, 2005. Dynamic risk management: Theory and evidence[J]. Journal of Financial Economics, 78（1）: 3-47.

FREEMAN C, 1995. The national system of innovation in historical perspective[J]. Cambridge Journal of Economics, 19（1）: 5-24.

FRIEDMAN J S, SILBERMAN J, 2003. University technology transfer: Do incentives, management, and location matter?[J]. The Journal of Technology Transfer, 28（1）: 17-30.

GASSMANN O, ZIEGLER N, RUETHER F, et al., 2012. The role of IT for managing intellectual property – An empirical analysis [J].World Patent Information（34）: 216-223.

GEORGIA-PACIFIC Corp. v. U.S., 1970. Plywood-Champion Papers, Inc., 318 F. Supp. 1116（S.D.N.Y. 1970）, modified, 446 F.2d 295（2d Cir. 1971）.

GOLDSCHEIDER R, GORDON A H, 2006. Licensing best practices: Strategic, territorial, and technology issues[M]. Hoboken: Wiley & Sons.

GOLLIN M A, 2008. Driving innovation: Intellectual property strategies for a dynamic world[M]. Cambridge: Cambridge University Press: 11-21.

GRAF S W, 2007. Improving patent quality through identification of relevant prior art: Approaches to increase information flow to the patent office[J]. Lewis & Clark Law Review, 11（4）: 495-519.

GRINDLEY P, TEECE D, 1997. Managing intellectual capital: Licensing and cross-licensing in semiconductors and electronics[J]. California Management Review, 39（2）: 84-101.

GUANGDONG PROVINCIAL HIGH PEOPLE'S COURT,2013. Final Judgment of Huawei v. IDC Standard Essential Patent License Fee Dispute[Z]. Case No. 306.

GUELLEC D, VAN POTTELSBERGHE DE LA POTTERIE B, 2007. The Economics of the European Patent System: IP Policy for Innovation and Competition[M]. Oxford: Oxford University Press.

HALL B H, HARHOFF D, 2004. Post-grant reviews in the US patent system: Design choices and expected impact[J]. Berkeley Technology Law Journal, 19（1）: 989-991.

HALL B H, THOMA G, TORRISI S, 2007. The market value of patent and R&D: Evidence from European firms[R]. NBER Working Paper No. 13426.

HANEL P, 2006. Intellectual property rights business management practices: A survey of the literature[J]. Technovation, 26（8）: 895-931.

HELMERS C, 2012. Economic and Scientific Advisory Board Workshop on Patent Quality[R]. Munich, 2012-05-07.

HEMPHILL T A, 2005. Technology standards development, patent ambush, and US antitrust policy[J]. Technology in Society, 27（1）: 55-67.

HENDERSON R, JAFFE A B, TRAJTENBERG M, 1998. Universities as a source of commercial technology: A detailed analysis of university patenting, 1965–1988[J]. Review of Economics and Statistics, 80 (1): 119-127.

HICKS D, BREITZMAN T, OLIVASTRO D, et al, 2001. The changing composition of innovative activity in the US: A portrait based on patent analysis[J]. Research Policy, 30(4): 681-703.

HIGHAM K, DE RASSENFOSSE G, JAFFE A B, 2021. Patent quality: Towards a systematic framework for analysis and measurement[J]. Research Policy, 50 (4): 104-215.

HIRSCHEY M, RICHARDSON V J, 2004. Are scientific indicators of patent quality useful to investors?[J]. Journal of Empirical Finance, 11 (1): 91-107.

HOLL J M, 1997. Argonne National Laboratory 1946-96[M]. Champaign: University of Illinois Press.

HU Z T, MA X Z, LIU Z Z, et al, 2016. Harnessing deep neural networks with logic rules[C]//Proceedings of the 54th Annual Meeting of the Association for Computational Linguistics. Berlin, Germany: ACL: 2415-2425.

JAIN K, SHARMA V, 2006. Intellectual property management system: An organizational perspective[J]. Journal of Intellectual Property Rights, 11 (4): 330-333.

JEFFERSON D J, MAIDA M, FARKAS A, et al, 2017. Technology transfer in the Americas: common and divergent practices among major research universities and public sector institutions[J]. The Journal of Technology Transfer, 42 (6): 1307-1333.

JUN S, PARK S S, JANG D S, 2012. Technology forecasting using matrix map and patent clustering[J]. Industrial Management & Data Systems, 112 (5): 786-807.

KEILN T, 2002. De-facto standardization through alliances-lessons from Bluetooth[J]. Telecommunications Policy (26): 205-213.

KENNEY M, PATTON D, 2009. Reconsidering the Bayh-Dole Act and the current university invention model[J]. Research Policy, 38 (9): 1407-1422.

LANJOUW J O, SCHANKEMAN M, 2004. Patent quality and research productivity: measuring innovation with multiple indicators[J]. Economic Journal, 114 (495): 465-479.

LAYNE-FARRAR A, 2008. Innovative or indefensible? An empirical assessment of patenting within standard setting[R].

LAYNE-FARRAR A, PADILLA J, SCHMALENSEE R, 2007. Pricing patents for licensing in standard setting organisations: making sense of FRAND commitments[J]. Antitrust Law Journal, 74 (3): 671-706.

LEMLEY M A, 2002. Intellectual property rights and standard-setting organizations[J]. California Law Review, 90 (6): 1889-1980.

LEMLEY M A, 2007. Ten things to do about patent holdup of standards (and one not to) [J]. Boston College Law Review, 48 (1): 149-168.

LERNER J, STROJWAS M, TIROLE J, 2007. The design of patent pools: the determinants of licensing rules[J]. The RAND Journal of Economics, 38 (3): 610-625.

LINK A N, SIEGEL D S, VAN FLEET D D, 2011. Public science and public innovation: Assessing the relationship between patenting at U.S. National Laboratories and the Bayh-Dole Act[J]. Research Policy, 40 (6): 1094-1099.

LIU T W, CHIN K S, 2010. Development of audit system for intellectual property management[J]. Expert Systems with Applications, 37 (6): 4504-4518.

LOCKE J, 1980. Second treaties of government[M]. Indianapolis: Hackett.

LOURY G L, 1979. Market structure and innovation[J]. Quarterly Journal of Economics, 93 (3): 395-410.

LUO Y, 2018. Study on the contribution of technical capital to enterprise value: a case of biopharmaceutical industry[D]. Shihezi: Shihezi University.

MACHA- STADLER I, PÉREZ-CASTRILLO D, VEUGELERS R, 2007. Licensing of university inventions: the role of a technology transfer office[J]. International Journal of Industrial Organization, 25 (3): 483-510.

MALACKOWSKI J E, BARNEY J A, 2008. What is patent quality? A merchant banc's perspective[J]. Les Nouvelles (3): 123-134.

MANSFIELD E, 1988. Industrial R&D in Japan and United States: a comparative study[J]. American Economic Review, 78 (2): 223-228.

MARIANI M, ROMANELI M, 2007. "Stacking" and "picking" innovation: the patent behavior of European inventors[J]. Research Policy, 36 (1): 128-142.

MCCARTHY J T, SCHECHTER R E, FRANKLYN D J, 1991. McCarthy's desk encyclopedia of intellectual property[M]. Washington: Bureau of National Affairs.

MCDONALD L, CAPART G, BOHLANDER B, et al., 2004. Management of intellectual property in publicly-funded research organisations: Towards European guidelines[J]. Office for Official Publications of the European Communities (1): 15-30.

MEADE B, 2012. Eight species of patent strategy-Part 3: How intellectual property management develops from level 3 to level 4[M/OL]. New York: Springer: 50-65[2025-03-11]. http://basicip.wordpress.com.

MERGES R P, 1988. Commercial success and patent standards: Economic perspectives on innovation[J]. California Law Review, 76 (4): 805-876.

MERGES R P, 1999. As many as six impossible patents before breakfast: Property rights for business concepts and patent system reform[J]. Berkeley Technology Law Journal, 14 (2): 1577-1585.

MERGES R P, 1999. Business Concepts and Patent System Reform[J]. Berkeley Technology Law Journal, 14 (1): 577-615.

MERRILL S A, MAZZA A M, 2010. Managing university intellectual property in the public interest[M]. Washington DC: National Academies Press: 120-150.

MOWERY D C, ZIEDONIS A A, 2001. Numbers, quality and entry: How has the Bayh-Dole Act affected US university patenting and licensing?[C]//JAFFE A B, LERNER J, STERN S. Innovation policy and the economy. Cambridge: MIT Press: 50-70.

MOWERY D C, ZIEDONIS A A, 2002. Academic patent quality and quantity before and after the Bayh-Dole act in the United States[J]. Research Policy, 31 (3): 399-418.

MOWERY D C, ZIEDONIS A A, NELSON R R, et al., 2001. The growth of patenting and licensing by US universities: An assessment of the effects of the Bayh-Dole Act of 1980[J]. Research Policy, 30 (1): 99-119.

MUELLER W F, 1962. The origins of the basic inventions underlying DuPont's major product and process innovations[C]//NELSON R R. The rate and direction of inventive activity. Princeton: Princeton University Press: 200-230.

MUSICO A, 2010. What drives the university use of technology transfer offices? Evidence from Italy[J]. The Journal of Technology Transfer, 35 (2): 181-202.

NARAYANAN V K, 2000. Managing technology and innovation for competitive advantage[M]. New York: Prentice Hall.

NORDHAUS W D, 1962. Invention, growth, and welfare: A theoretical treatment of technological change[M]. Cambridge, MA: MIT Press.

OECD, 2005. Compendium of patent statistics[R]. Paris: OECD Publishing: 17[2012-03-20]. http://www.oecd.org/dataoecd/60/24/8208325.pdf.

OH D S, PHILLIPS F, 2016. Innovation ecosystem: A critical examination[J]. Technovation, 54: 1-6.

PALFREY J, 2012. Intellectual property strategy[M]. Cambridge, MA: MIT Press: 4, 87-100.

PAPAIOANNOU T, WIELD D, CHATAWAY J, 2009. Knowledge ecologies and ecosystems? An empirically grounded reflection on recent developments in innovation systems theory[J]. Environment and Planning C: Government and Policy, 27（2）: 319-339.

PEBERDY M, STROWEL A, 2013. Employee's rights to compensation for inventions: A European perspective[M]//PLC Life Sciences Handbook 2009/10. London: Practical Law Company: 1-15.

PENMAN S H, 2007. Financial statement analysis and security valuation[M]. New York: McGraw-Hill.

PHILIPP M, 2006. Patent filing and searching: Is deflation in quality the inevitable consequence of hyperinflation in quantity?[J]. World Patent Information, 28（2）: 117-121.

PITKETHLY R H, 2001. Intellectual property strategy in Japanese and UK companies: patent licensing decisions and learning opportunities[J]. Research Policy, 30: 425-442.

PITTAWAY L, ROBERTSON M, MUNIR K, et al, 2004. Networking and innovation: a systematic review of the evidence[J]. International Journal of Management Reviews, 5（3/4）: 137-168.

PROD'HOMME D, 2013. Measuring, explaining and addressing patent quality issues in China[J]. Intellectual Asset Management（3/4）: 41-47.

QUEENSLAND GOVERNMENT, 2010. Research management framework[EB/OL].（2010-08-10）[2023-10-01].http://www.communities.qld.gov.au/resources/about/research/research-management-framework.pdf.

RAZGAITIS R, 2002. Technology valuation[M]//GOLDSCHEIDER R. Licensing best practices. New York: Wiley.

REITZIG M, 2004. Strategic management of intellectual property[J]. MIT Sloan Management

Review, 45: 35-40.

REITZIG M, 2007. How executives can enhance IP strategy and performance[J]. MIT Sloan Management Review, 49: 37-43.

RESNIK D, 2003. A pluralistic account of intellectual property[J]. Journal of Business Ethics, 46: 319-335.

RUDIN D, 2007. Patent Licensing Assurances in Standards Organizations[EB/OL]. (2007-9-21) [2023-10-01]. http://standardslaw.com/?p=36.

RYSMAN M, SIMCOE T, 2011. A NAASTy alternative to RAND pricing commitments[J]. Telecommunications Policy, 35: 1010-1017.

SCELLATO G, CALDERINI M, CAVIGGIOLI F, et al., 2009. Study on the quality of the patent system in Europe[R]. Contract MARKT/2009/11/D, Official Journal of the European Union 2009/S 147-214675, 2011-03.

SCHANKERMAN M, PAKES A, 1986. Estimates of the value of patent rights in European countries during the post-1950 period[J]. Economic Journal, 97: 1-25. .

SCHEIER R, 1992. IBM fees take bite out of PC vendors' profits[N]. PC Week, 1992-05-18(20): 195.

SCHERER F M, 1972. Nordhaus's theory of optimal patent life: a geometric reinterpretation[J]. American Economic Review, 62: 422-427.

SCHETTINO F, STERLACCHINI A, VENTURINI F, 2008. Inventive productivity and patent quality: evidence from Italian inventors[J]. MPRA Paper, No. 7872.

SCHOEN A, DE LA POTTERIE B P, HENKEL J, 2014. Governance typology of universities' technology transfer processes[J]. The Journal of Technology Transfer, 39 (6): 123-456.

SCHUMPETER J A, 1911. Theorie der wirtschaftlichen Entwicklung[M]. Berlin: Duncker & Humblot.

SCHUMPETER J A, 1939. Business Cycles: A Theoretical, Historical and Statistical Analysis of the Capitalist Process[M]. New York: McGraw-Hill.

SCHUMPETER J A, 1943. Capitalism, Socialism and Democracy[M]. New York: Harper & Row.

SCOTCHMER S, 2004. Patent Quality, Patent Design, and Patent Politics[R]. Munich:

European Patent Office Economic Advisory Group.

SCOTCHMER S, GREEN J, 1990. Novelty and disclosure in patent law[J]. RAND Journal of Economics, 21 (1): 131-146.

SHAPIRO C, 2001. Navigating the patent thicket: Cross licensing, patent pools and standard setting[M]//ADAM B J, LERNER J. Innovation Policy and the Economy. Cambridge: MIT Press: 119-150.

SHEARER R, 2007. Business Power: Creating New Wealth from IP Assets[M]. Hoboken: John Wiley & Sons.

SIDAK J G, 2013. The meaning of FRAND, part I: Royalties[J]. Journal of Competition Law & Economics, 9 (4): 931-1055.

SIMON H A, 1977. The New Science of Management Decision[M]. New York: Harper & Row.

SKITOL R A, 2002. What Should We Call the New Antitrust?[R]. San Francisco: Economic Roundtable.

SMITH G V, PARR R L, 1998. Valuation of Intellectual Property and Intangible Assets[M]. 3rd ed. New York: Wiley.

SONG H, LI Z X, XU D W, 2016. The upsurge of domestic patent applications in China: Is R&D expenditure or patent subsidy policy responsible?[M]//Economic impacts of intellectual property-conditioned government incentives. Cham: Springer: 45-67.

SQUICCIARINI M, 2012. Measuring patent quality and radicalness[R]//OECD Expert Workshop. Paris: OECD.

STRICKLAND T J, GAMBLE J E, 2005. Crafting and Executing Strategy[M]. 14th ed. New York: McGraw-Hill Irwin.

SWANSON D G, BAUMOL W J, 2005. Reasonable and nondiscriminatory (RAND) royalties, standards selection, and control of market power[J]. Antitrust Law Journal, 73 (1): 1-58.

TASSEY G, 2000. Standardization in technology-based markets[J]. Research Policy, 29 (4): 587-602.

THOMAS J, 2002. The responsibility of the rule maker: comparative approaches to patent administration reform[J]. Berkeley Technology Law Journal, 17 (2): 728-761.

TRAPPEY A J C, TRAPPEY C V, WU C Y, et al., 2012. A patent quality analysis for innovative technology and product development[J]. Advanced Engineering Informatics, 26 (1): 26-34.

UNITED STATES INTERNATIONAL TRADE COMMISSION, 2010. China: Effects of Intellectual Property Infringement and Indigenous Innovation Policies on the U.S. Economy: Investigation No. 332-519[R]. Washington, DC: USITC.

UTTERBACK J M, 1996. Mastering the dynamics of innovation[M]. 2nd ed. Boston: Harvard Business Review Press.

VAN POTELSBERGHE B, 2011. The quality factor in patent systems[J]. Industrial and Corporate Change, 20 (6): 1755-1793.

WAGNER R P, 2006. The Patent Quality Index[R]. Philadelphia: University of Pennsylvania Law School.

WAGNER R P, 2009. Understanding patent-quality mechanisms[J]. University of Pennsylvania Law Review, 157 (6): 2135-2173.

WANG W M, CHEUNG C F, 2011. A semantic-based intellectual property management system (SIPMS) for supporting patent analysis[J]. Engineering Applications of Artificial Intelligence, 24 (8): 1510-1520.

WANG X, SONG W, LUO Z S, 2016. Research on patent policy making in Internet of things technology standards[J]. Science Research Management, 37 (6): 120-126.

WANG Y, PAN J F, PEI R M, et al., 2020. Assessing the technological innovation efficiency of China's high-tech industries with a two-stage network DEA approach[J]. Socio-Economic Planning Sciences, 71: 100810.1-100810.14.

WECKOWSKA D M, MOLAS-GALLART J, TANG P, et al, 2018. University patenting and technology commercialization—legal frameworks and the importance of local practice[J]. R&D Management, 48 (1): 88-108.

WEI G, WANG R, WANG J, et al, 2019. Methods for evaluating the technological innovation capability for the high-tech enterprises with generalized interval neutrosophic number Bonferroni mean operators[J]. IEEE Access, 7: 1-1.

WU Y, LI X, 2019. Both sides are crying foul, who is in charge of the essential patent license fee[N]. China Intellectual Property, 2019-12-16 (03).

XIAO Y G, ZOU Y, TANG M, 2018. Research on dilemma and optimizing mechanism of royalties for standard-essential patents[J]. Bulletin of Chinese Academy of Sciences, 33（3）: 256-264.

XU M H, CHEN J Q, 2007. Research on license fee allocation model of patent alliance: a circuit model[J]. Science Research Management, 28（6）: 143-148, 142.

YOUNG B, HEWITT-DUNDAS N, ROPER S, 2008. Intellectual property management in publicly funded R&D centres—A comparison of university-based and company-based research centres[J]. Technovation, 28（8）: 473-484.

ZHAO Q S, 2017. Study on judicial determination of reasonable license fee for standard essential patent[J]. Intellectual Property, 7: 10-23.

ZIPPER S, 1990. TI's patent blitz: keeping the wolf from the door[J]. Electronic News, 36（18）: 1-2.

佚名, 2004. The Patent Scorecard 2004[Z]. Technology Review, 107（2）: 4.

包海波, 2005. 大学和研究机构技术转移活动的激励机制分析——政府资助研究的知识产权管理制度创新[J]. 科技与经济（6）: 38.

毕晓丽, 洪伟, 2001. 生态环境综合评价方法的研究进展[J]. 农业系统科学与综合研究,（2）: 122-124+126.

陈杰, 闵锐武, 2006. 化产业政策与法规[M]. 青岛: 中国海洋大学出版社.

陈静, 冯国境, 2003. 中国公共事业管理体制改革研究仁[M]. 沈阳: 东北大学出版社.

陈守煜, 2002. 复杂水资源系统优化模糊识别理论与应用[M]. 吉林: 吉林大学出版社.

陈衍泰, 陈国宏, 李美娟, 2004. 综合评价方法分类及研究进展[J]. 管理科学学报（2）: 69-79.

陈颖, 张晓林, 2011. 专利技术功效矩阵构建研究进展[J]. 现代图书情报技术（11）: 1-8.

陈颖, 张晓林, 2012. 专利技术功效矩阵构建词汇模型研究[J]. 情报科学（30）: 1704-1719.

成思危, 2000. 中国事业单位改革——模式选择与分类引导[M]. 北京: 民主与建设出版社.

大卫•J•卡波斯, 保罗•R•米歇尔, 2017. 最小可销售专利实施单元的起源、沿革及走向[J]. 竞争政策研究（2）: 87-98.

翟东升, 陈晨, 等, 2012. 专利信息的技术功效与应用图挖掘研究[J]. 现代图书情报技术（7/8）: 96-102.

丁文严, 2022. 最高院开庭审理中国科学院诉英特尔专利侵权案 [EB/OL]. (2022-05-12). https://www.ipeconomy.cn/.

董涛, 2008. Ocean Tomo300^TM 专利指数评析 [J]. 电子知识产权 (5): 40-43.

范晓波, 2009. 中国知识产权管理报告 [M]. 北京: 中国时代经济出版社.

冯晓青, 2001. 企业知识产权战略 [M]. 北京: 知识产权出版社.

冯晓青, 2010. 国家知识产权战略视野下我国企业知识产权战略实施研究 [J]. 湖南大学学报 (社会科学版), 24 (1): 116-123.

符颖, 2006. 试论国家重点实验室的知识产权管理 [J]. 实验技术与管理 (11): 132-134.

傅剑清, 李艺虹, 2006. 我国专利法对职务发明规定之不足与完善——由一起专利纠纷案引发的思考 [J]. 知识产权 (5): 50-55.

高华, 1999. 职务发明创造及专利权归属探析 [J]. 科研管理 (20): 46-50.

高山行, 郭华涛, 2002. 中国专利权质量估计及分析 [J]. 管理工程学报 (3): 66-68.

高佐良, 2011. 专利资料检索与应用 [EB/OL]. (2011-09-28). http://www.wendang365/view/469301.

戈登. 史密斯, 罗素. 帕尔, 2012. 知识产权价值评估、开发与侵权赔偿 [M]. 夏玮, 译. 北京: 电子工业出版社.

葛仁良, 2006. 我国专利综合评价指标体系的设计与构建 [J]. 统计与决策 (15): 55-56.

葛霆, 周华东, 2007. 国际创新理论的七大进展 [J]. 中国科学院院刊 (6): 441-447.

葛永莉, 2020. 知识产权管理的理性思考浅析 [J]. 中国管理信息化, 23 (19). 145-146.

顾金亮, 2004. 国家科技计划知识产权管理的中美比较 [J]. 中国软科学 (4): 12-17.

关永宏, 2009. 论专利产业化与专利产业化基地建设 [J]. 黑龙江社会科学 (1): 77-80.

广东省高级人民法院, 2013. 华为诉IDC标准必要专利许可费率纠纷案终审判决书 [Z]. 广东省高级人民法院 (2013) 粤高法民三终字第306号 2013.

郭利平, 2007. 知识产权经济的特征及其测度指标体系研究 [J]. 中原工学院学报 (18): 11-15.

郭郢, 2006. 农业科研单位知识产权管理的难点浅析 [J]. 农业科技管理 (5): 51-52.

国家知识产权局, 2009. 审查指南 2010[M]. 北京: 知识产权出版社, 2011.

国家知识产权局, 2025. 欧洲专利局专利信息资源介绍 [EB/OL]. (2023-02-13) [2025-03-25]. www.cnipa.gov.cn.

国家知识产权局条法司, 2015. 外国专利法选译 [M]. 北京: 知识产权出版社.

国家知识产权局知识产权发展研究中心，2013. 2012 年全国专利实力状况报告 [R].

国家知识产权战略制定工作领导小组办公室，2007. 挑战与应对——国家知识产权战略论文集 [M]. 北京：知识产权出版社．

韩兴，2016. 高校知识产权管理标准化问题研究 [J]. 南京理工大学学报，29（1）：40-44.

杭州市发展研究中心课题组，2003. 国内外促进科研机构发展的政策调研 [R]. 杭州科技（1）．

何娇，2014. 云南省经济发展质量的区域差异时空分析 [J]. 云南农业大学学报：社会科学版，8（6）：21-27.

何炼红，2017. 多维度看待高价值专利 [N]. 中国知识产权报，2017-06-02（001）．

胡爱科，2011. 日本专利法之实施权制度研究 [D]. 重庆：重庆大学．

胡春艳，周付军，2020. 美国、英国科学基金组织知识产权管理的启示 [J]. 科技导报，38（24）：109-119.

胡海容，王志恒，2018. 高价值专利的判定与培育 [J]. 中国发明与专利，15（12）：15-21.

黄安心，2009. 物业管理原理 [M]. 重庆：重庆大学出版社．

黄庆，曹津燕，瞿卫军，等，2004. 专利评价指标体系（一）专利评价指标体系的设计和构建 [J]. 知识产权（9）：26.

黄微，2008. 基于专利质量测度的企业专利产出效率研究 [D]. 长春：吉林大学．

黄秀英，俞小英，1994. 知识产权无形财富：浅变科研机构知识产权意识薄弱的几种表现 [J]. 广东科技（6）：5-6.

黄迎燕，2007. 专利信息检索与利用 [M]. 北京：知识产权出版社．

江洪，王微，叶茂，2015. 我国企业知识产权管理前沿调查及对策研究 [J]. 科技管理研究，35（12）：140-145.

江苏省知识产权局\江苏省财政厅，2015. 关于印发江苏省高价值专利培育计划组织实施方案（试行）的通知 [EB/OL].（2015-04-17）[2019-07-16]. http：//www.czzht.com/index.php?c=content&a=show&id=21043.

江文清，2004. 高校国有资产经营管理理论 [D]. 成都：四川大学．

姜军伟，2013. 高新技术企业知识产权管理体系评价 [D]. 镇江：江苏科技大学．

蒋坡，2007. 知识产权管理 [M]. 北京：知识产权出版社．

蒋逊明，朱雪忠，2006. 专利权共有的风险及其防范对策研究 [J]. 研究与发展管理（18）：97-100.

金德林, 2003. 科研院所怎样保护知识产权——谈谈我院的防范措施与对策 [J]. 今日科技（10）: 23.

金菊良, 魏一鸣, 丁晶, 2004. 基于改进层次分析法的模糊综合评价模型 [J]. 水利学报（3）: 65-70.

金泽俭, 2012. 从无效程序审视发明专利质量 [R]. 国家知识产权局研究报告.

柯涛, 林葵, 2004. 知识产权管理 [M]. 北京: 高等教育出版社.

雷星晖, 莫凡, 2010. 基于FMEA方法的知识产权流程管理模式构建 [J]. 科技管理研究（4）: 202-204.

李春晓, 霍晓霞, 高红, 2006. 对评估品牌资产价值的Interbrand方法的思考 [J]. 时代金融（4）: 51-54.

李春燕, 石荣, 2008. 专利质量指标评价探索 [J]. 现代情报（2）: 146-149.

李海波, 孙桂芳, 1998. 国有资产管理 [M]. 上海: 立信会计出版社.

李洪兴, 汪培庄, 1994. 模糊数学 [M]. 北京: 国防工业出版社.

李立, 2001. 知识产权的保护与运作: 理论·实务·战略 [M]. 济南: 山东人民出版社.

李万, 常静, 王敏杰, 等, 2014. 创新3.0与创新生态系统 [J]. 科学学研究（12）: 1761-1770.

李薇薇, 2011. 中国企业模仿创新中的专利权属制度研究 [J]. 中国软科学（1）: 142-153.

李文波, 2003. 国立科研机构技术转移的知识产权问题 [J]. 中国科技论坛（4）: 61-64.

李文鹏, 梅姝娥, 谢刚, 2008. 以竞争优势为目标的企业知识产权管理 [J]. 科技管理研究（28）: 224-227.

李晓轩, 2004. 德国科研机构的评价实践与启示 [J]. 中国科学院院刊（4）: 12-15.

李琰, 曹凤霞, 王玲玲, 2016. 企业开展专利价值评估工作的若干问题研究 [J]. 中国发明与专利（1）: 30-33.

李扬, 刘影, 2014. FRAND标准必要专利许可使用费的计算——以中美相关案件比较为视角 [J]. 科技与法律（5）: 871.

李迎波, 2006. 知识产权管理绩效评价体系研究 [J]. 技术与创新管理, 27（1）: 71-74.

理查德. 瑞兹盖提斯. 金珺, 2008. 企业知识产权股价与定价 [M]. 傅年烽, 陈劲, 译. 北京: 知识产权出版社.

刘海波, 安涌洁, 任婧, 等, 2024. 科研机构知识产权贯标效果与机理研究——基于中国科学院问卷调查的分析 [J]. 科学学研究, 42（2）: 322-324.

刘佳, 2009. 基于流程管理的企业知识产权管理 [D]. 镇江：江苏大学.

刘平, 鲁卿, 2006. 基于 SWOT 分析的企业专利战略制定研究 [J]. 管理学报（4）：464-467.

刘亚非, 2006. 我国公益类科研机构发展探究 [D]. 沈阳：东北大学.

刘洋, 2011. 中国专利质量状况与影响因素研究 [D]. 北京：中国科学院大学.

刘影, 2017. 日本标准必要专利损害赔偿额的计算——以 "Apple Japan vs. Samsung" 案为视角 [J]. 知识产权（3）：104.

刘影, 2020. 日本标准必要专利必要性判定方法 [EB/OL].（2020-09-07）. https：//www.ciplawyer.cn/articles/145498.html.

刘友金, 易秋平, 2005. 技术创新生态系统结构的生态重组 [J]. 湖南科技大学学报：社会科学版（5）：67-70.

柳卸林, 丁雪辰, 王海兰, 2018. 从创新生态系统看中国如何建成世界科技强国 [J]. 科学性与科学技术管理（3）：3-15.

路甬祥, 2002. WTO 背景下中国技术发展的机遇与挑战 [J]. 中国软科学（1）：4.

吕薇, 2003. 日本的知识产权战略与管理 [R]. 国务院发展研究中心调查研究报告第 95 号.

栾春娟, 邓思铭, 2024. 专利质量动态监测二维指标模型构建与实证 [J]. 科学学研究（2）：375-382.

罗伯特·赖利, 罗伯特·施韦斯, 2000. 商业价值评估与知识产权分析手册 [M]. 北京：中国人民大学出版社.

罗国轩, 2007. 知识产权管理概论 [M]. 北京：知识产权出版社.

罗云, 2018. 技术资本对企业价值贡献的研究——以生物医药制造业为例 [D]. 石河子：石河子大学.

马海群, 2009. 现代知识产权管理 [M]. 北京：科学出版社.

马静, 2010. 基于知识转移的知识产权管理机制的研究 [D]. 长春：吉林大学.

马天旗, 2018. 高价值专利筛选 [M]. 北京：知识产权出版社.

毛昊, 孙莹, 刘洋, 2009. 韩资企业专利行为与其跨国母体专利战略问题研究——以韩国 LG 在华所属乐金公司为例 [J]. 科学学研究（4）：554-562.

米兰, 刘红光, 2010. 基于改进的 SWOT 模型的企业专利战略制定研究 [J]. 图书情报工作, 54（4）：100-104.

穆荣平, 樊永刚, 文皓, 2017. 中国创新发展：迈向世界科技强国之路 [J]. 中国科学院院刊（5）：512-519.

宁立志，2014. 先用权之学理展开与制度完善 [J]. 法学评论（5）：131-138.

潘正琼，2007. 高校知识产权管理过程中的利益平衡问题研究 [D]. 武汉：中南民族大学.

漆苏，杨为国，2008. 专利许可实施权转让研究 [J]. 科研管理（6）：89-94.

齐英，毕家寅，徐欣，等，2023. 基于层次分析法的知识产权供应链 ABS 风险评价研究——以 Q 企业为例 [J]. 现代营销（上旬刊）（8）：88-91.

乔永忠，朱雪忠，万小丽，等，2008. 国家财政资助完成的发明创造专利权归属研究 [J]. 科学学研究（6）：1181-1187.

秦天雄，2015. 标准必要专利许可费率问题研究 [J]. 电子知识产权（3）：84-89.

饶远，刘海波，张亚峰，2022. 制度理论视角下的新型研发机构知识产权管理 [J]. 科学学研究，40（6）：1075-1084.

施学哲，杨晨，徐军海，等，2016. 高新园区知识产权管理与服务绩效评价指标体系构建及研究 [J]. 中国科技论坛（2）：154-160.

斯蒂芬·罗宾斯，玛丽·库尔特，1997. Management[M]. 北京：中国人民大学出版社.

宋博文，栾春娟，2019. 知识产权管理学科研究中的焦点及核心 [J]. 科学与管理，39（1）：35-43.

宋河发，2006. 知识产权垄断及其对我国技术引进的影响 [J]. 科技与法律（1）：43-47.

宋河发，2009. 技术标准与知识产权关联及其检验方法研究 [J]. 科学学研究（2）：234-239.

宋河发，2013. 自主创新能力建设与知识产权发展 [M]. 北京：知识产权出版社.

宋河发，2015. 科研机构知识产权管理 [M]. 北京：知识产权出版社：247-249.

宋河发，2018. 面向创新驱动发展和知识产权强国建设的知识产权政策 [M]. 北京：知识产权出版社.

宋河发，2021. 财政性知识产权国有资产管理与权利下放研究 [J]. 科学学研究，39（5）：814-821.

宋河发，房海娅，2023. 大力开展知识产权金融创新，有效推动知识产权转化运用 [J]. 中国知识产权（12）：34-37.

宋河发，李玉光，曲婉，2013. 知识产权能力测度指标体系与方法及实证研究——以某国立科研机构为例 [J]. 科学学研究（12）：1826-1834+1825.

宋河发，李振兴，2014. 影响制约科技成果转化和知识产权运用的问题分析与对策研究 [J].

中国科学院院刊（5）：548-557.

宋河发，穆荣平，陈芳，2010.专利质量及其测度方法与测度指标体系研究[J].科学学与科学技术管理（4）：21-27.

宋河发，穆荣平，任中保，2006.自主创新与创新自主性测度[J].中国软科学（5）：48.

宋河发，曲婉，王婷，2013.国外主要科研机构和高校知识产权管理及其对我国的启示[J].中国科学院院刊（7）：448-460.

宋河发，王维佳，2023.企业技术类知识产权资产价格核算：方法改进与贡献率比较[J].科技促进发展（6）：259-271.

宋伟，2010.知识产权管理[M].合肥：中国科技大学出版社.

孙玉涛，栾倩，2016.专利质量测度"三阶段—两维度"模型及实证研究——以C9联盟高校为例[J].科学学与科学技术管理，37（6）：23-32.

谭东丽，孟昱君，曾令超，2022.基于熵权法与多元线性回归模型的专利侵权损害赔偿价值评估思考[J].中国资产评估（4）：41-46.

谭志松，胡国元，1999.知识经济与高校知识产权的保护及运用[J].湖北民族学院学报：哲学社会科学版（17）：76-78.

唐恒，付丽颖，冯楚建，2011.高新技术企业知识产权管理与绩效分析[J].中国科技论坛（5）：80-85.

陶鑫良，袁真富，2006.专利申请权与专利权归属及职务发明创造完成人奖酬刺度[A].国家知识产权局条法司《专利法》及《专利法实施细则》第三次修改专题研究报告（中卷）.北京：知识产权出版社.

陶遵菊，陶遵丽，贺传庆，2005.谈加强科研院所的知识产权保护科技情报开发与经济[J].科技情报开发与经济（15）：182-184.

陶遵丽，谷维龙，蒋志文，2003.加强科研项目管理中的知识产权保护[J].山东水利（1）：37.

田文锦，2009.知识产权管理基础[M].北京：中国财政经济出版社.

万小丽，2013.专利质量指标研究[M].北京：知识产权出版社.

汪琦鹰，杨岩合，2009.企业知识产权管理实务[M].北京：中国法制出版社.

汪张林，汪守霞，汪子微，2015.我国新能源汽车产业专利战略的SWOT分析与选择[J].学术论坛，38（8）：63-68.

王琛，赵连勇，2011.基于价值链的知识产权管理研究[J].现代经济信息（19）：240.

王芳，肖湘，邱枫，等，2015. 知识产权与国家高新区创新发展——基于回归分析法 [J]. 科技管理研究，35（11）：1-5.

王凤桐，张青，2004. 论科研院所知识产权人才培养 [J]. 中国石化（6）：12-13.

王涵，2008. 国家科技重大专项的知识产权全过程管理模式研究 [J]. 科学学与科学技术管理（10）：29-34.

王丽，张冬荣，张晓辉，等，2013. 利用主题自动标引生成技术功效矩阵 [J]. 现代图书情报技术（5）：80-86.

王明明，程蕾，2006. 国家科技计划中的知识产权管理研究 [J]. 标准科学（10）：36-38.

王胜兰，魏凤，2021. 企业技术创新能力评价新方法的研究 [J]. 运筹与管理，30（6）：198-204.

王维伟，吴亮东，尤琪，2011. 知识产权全过程管理体系的构建 [J]. 舰船科学技术（33）：192-196.

王鑫，宋伟，罗泽胜，2016. 物联网技术标准中的专利政策制定研究 [J]. 科研管理，37（6）：120-126.

王影航，2020. 高校职务科技成果混合所有制的困境与出路 [J]. 法学评论，38（2）：68-78.

王珍愚，纵刚，汪正虎，等，2012. 我国高校知识产权管理问题成因与改进 [J]. 科学学研究，30（10）：1488-1493.

王正志，2011. 中国知识产权指数报告 2011[R]. 北京：知识产权出版社．

魏雪君，2006. 用科学发展观构建新的专利评价指标体系 [J]. 科技管理研究（7）：172.

吴汉东，2008. 中国企业知识产权的战略框架 [J]. 法人（2）：40-41.

吴艳，李雪，2019. 双方都喊冤，标准必要专利许可费到底谁说了算 [N]. 中国知识产权报，2019-12-16.

肖延高，邹亚，唐苗，2018. 标准必要专利许可费困境及其形成机制研究 [J]. 中国科学院院刊，33（3）：256-264.

肖尤丹，2013. 面向国家知识产权战略实施的知识产权管理及其促进政策 [J]. 中国科学院院刊，28（4）：419-426.

徐波，刘辉，2018. 知识产权综合管理改革背景下知识产权行政执法探析 [J]. 电子知识产权（1）：60-69.

徐明华，陈锦其，2007. 专利联盟许可费分配模式研究：一个电路模型 [J]. 科研管理（6）：

143-148+142.

徐泽水,1998. 层次分析中判断矩阵排序的新方法——广义最小平方法 [J]. 系统工程理论与实践（9）：39-44.

许庆瑞,郑刚,陈劲,2006. 全面创新管理：创新管理新范式初探 [J]. 管理学报（3）：135-142.

薛韬,2001. 提高专利效益一个迫待解决的问题 [J]. 重庆改革（9）：24-26.

严复海,党星,颜文虎,2007. 风险管理发展历程和趋势综述 [J]. 管理现代化（2）：30-33.

阳顺英,2009. 高新技术企业成本管理方式研究 [J]. 中国乡镇企业会计（12）：132-134.

杨登才,李国正,2021. 高校专利质量评价体系重构与测度——基于 23 所高校的实证分析 [J]. 北京工业大学学报（社会科学版），21（2）：109-121.

杨明娟,2005. 专利实施权转让研究 [D]. 武汉：华中科技大学.

杨为国,杨明娟,2004. 专利实施权若干法律问题研究 [J]. 科研管理（6）：7-12.

杨晓慧,2002. 浅谈加强科研院所知识产权的保护 [J]. 中华医院管理杂志（18）：150-152.

杨志安,2008. 知识产权简明教程 [M]. 沈阳：辽宁大学出版社.

伊辉勇,游静,2008. 企业资源计划 [M]. 北京：石油工业出版社.

于智勇,2017. 高价值专利是产业转型升级的引擎 [N]. 中国知识产权报,2017-09-01（001）.

袁真富,2007. 论国家科技计划的知识产权管理政策挑战与应对 [M]. 北京：知识产权出版社：63-71.

斋藤优,1990. 发明专利经济学 [M]. 谢燮正,译. 北京：专利文献出版社.

张古鹏,陈向东,2012. 基于专利存续期的企业和研究机构专利价值比较研究 [J]. 经济学（季刊），11（4）：1403-1426.

张林,宋阳,2018. 企业技术创新能力评价体系构建研究 [J]. 商业经济研究（10）：114-117.

张圣怡,2001. 财团法人研究机构运用创业投资制度之探讨 [J]. 证管杂志（9）：1-11.

张胜,余碧仪,郭英远,等,2016. 陕西高校"技术开发多、技术许可少"现象分析——基于知识控制权的视角 [J]. 情报杂志,35（2）：201-7+127.

张先治,戴文涛,2011. 中国企业内部控制评价系统研究 [J]. 审计研究（1）：69-78.

张小丹,上官凤栖,2021. 基于层次分析法的 S 公司知识产权管理体系建设研究 [J]. 江苏科技信息,38（8）：28-33.

张轩, 1992. 美国国家实验室的技术转让政策与机制 [J]. 国际科技交流（2）: 17-20.

张轶, 周吉, 2014. 风险管理理论综述 [J]. 科技视界, （17）: 241.

张云球, 2006. 科研单位实现知识产权战略的探讨 [J]. 中国核工业（8）: 57-58.

赵启杉, 2017. 标准必要专利合理许可费的司法确定问题研究 [J]. 知识产权（7）: 10-23.

赵祖康, 1997. 加强科技管理 保护知识产权 [J]. 科技进步与对策（4）: 70.

郑成思, 2006. 知识产权论 [M]. 北京: 社会科学文献出版社.

郑秋莎, 2015. 基于指数平滑法与回归分析法的有效发明专利预测 [J]. 科技传播, 7（2）: 241-242.

中国技术交易所, 2011. 专利价值分析体系与操作手册 [M]. 北京: 知识产权出版社.

中国科学院创新发展研究中心, 2010. 2009中国创新发展报告 [M]. 北京: 科学出版社.

周延鹏, 2009. 专利的品质、价值与价格初探 [J]. 科技与法律（3）: 40-44.

周勇涛, 朱雪忠, 文家春, 2009. 专利战略变化: 内涵、时空范围与类型化 [J]. 科学学与科学技术管（12）: 22-24.

朱春玲, 马捷, 张放量, 2018. 战略视角下制药企业专利价值的增值路径——基于两个企业的案例研究 [J]. 管理案例研究与评论, 11（5）: 479-490.

朱迪·埃斯特林, 2010. 美国创新在衰落吗? [M]. 北京: 机械工业出版社.

朱妙春, 张立廷, 2001. 商标法修改的十项重要内容 [J]. 中国商标（12）: 16-18.

朱清平, 2003. 知识产权管理学科初探 [J]. 发明与创新: 大科技（4）: 36~37.

朱显国, 杨晨, 2010. 企业知识产权管理实务 [M]. 北京: 知识产权出版社.

朱欣昱, 2014. 基于价值评估体系的智能化数据挖掘手段研究 [R/OL]. 国家知识产权局2014年度自主研究项目研究报告, 13-18.

朱雪忠, 2010. 知识产权管理 [M]. 北京: 高等教育出版社.

朱雪忠, 乔永忠, 2009. 国家资助发明创造专利权归属研究 [M]. 北京: 法律出版社, 60.

朱宇, 黄志臻, 唐恒, 2011. 企业知识产权管理规范培训教材 [M]. 北京: 知识产权出版社.

朱韵韵, 2019. 标准必要专利许可费的司法确定 [D]. 上海: 华东政法大学.

宗禾, 2015. 中央事业单位科技成果"三权"改革试点显成效 [N]. 中国财经报, 2015-06-25（003）.

致谢

本书是过去多年中国科学院知识产权培训班和中国科学院大学公共政策与管理（知识产权）学院授课课程的总结，也是中国科学院《科研项目知识产权全过程管理理论与方法研究》，国家知识产权局《激励自主创新的知识产权政策与体系研究》等资助项目形成的成果总结，在第一版基础上进行了全面修订，不仅有知识介绍，更有很多研究思考。特此向中国科学院发展规划局、科技促进发展局、条件保障与财务局和国家知识产权局办公室、战略规划司、运用促进司、保护司等单位与领导的支持表示衷心感谢。

本书同时得到了中国科学院计算技术研究所、中国科学院大连化学物理研究所、中国科学院上海生命科学研究院、中国科学院宁波材料与工程研究所、中国农业科学院、钢铁研究总院、湖南农业科学院、山东省科学院等科研机构的大力支持，他们为本书提供了丰富的素材，也一并感谢。

感谢参加中国科学院知识产权培训班各期科研和管理人员的支持，我在每次讲课过程中都得到很多新的启发，能够不断思考，对本书进行不断完善。

特别感谢中国科学院科技战略咨询研究院穆荣平研究员长期以来对我的热情鼓励和对本书出版的大力支持，特别感谢刘海波、段异兵、肖尤丹、贺宁馨、吕磊、吕旭宁等同事的大力支持，本书借鉴了他们的部分研究成果。感谢研究生刘安琪、张铮、李竿影、卢楠、张思重、李振兴、吴博、廖奕驰、左诗玥等积极参与本书有关内容的研究编写和校对工作。

特别感谢知识产权出版社编辑尹娟老师，她在细心研究本书的设计、版式，认真校对每一个文字，终于使本书能与读者见面。

由于科研机构知识产权管理是复杂的研究课题，更由于本人水平有限，本书定有很多不足和疏漏之处，敬请专家学者和广大读者不吝赐教。

作者
2025 年 3 月 30 日